UNIVERSUM DER KUNST

HERAUSGEGEBEN VON ANDRÉ MALRAUX UND ANDRÉ PARROT

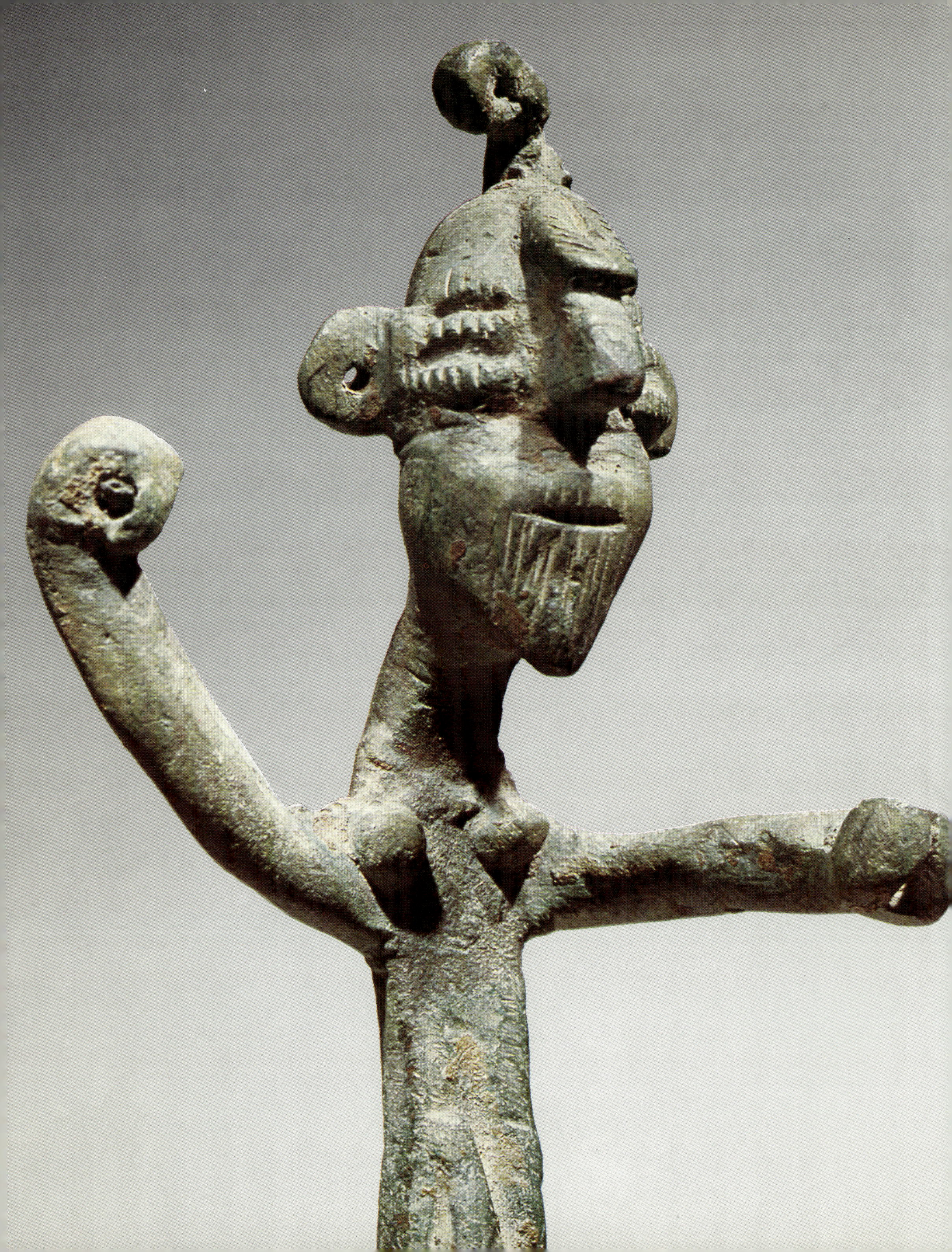

ANDRÉ PARROT · MAURICE H. CHÉHAB
SABATINO MOSCATI

DIE PHÖNIZIER

DIE ENTWICKLUNG DER PHÖNIZISCHEN KUNST
VON DEN ANFÄNGEN BIS ZUM
ENDE DES DRITTEN PUNISCHEN KRIEGES

VERLAG C.H.BECK MÜNCHEN

AUS DEM FRANZÖSISCHEN ÜBERTRAGEN VON FRANZ GRAF VON OTTING
UND WOLF-DIETER BACH

MIT 352 ABBILDUNGEN, DAVON 92 FARBIG

CIP-Kurztitelaufnahme der Deutschen Bibliothek

Parrot, André

Die Phönizier: d. Entwicklung d. phöniz. Kunst von d. Anfängen bis zum Ende d. 3. Pun. Krieges André Parrot; Maurice H. Chéhab; Sabatino Moscati. – 1. Aufl. – München: Beck, 1977. –
(Universum der Kunst)
ISBN 3 406 03023 8

NE: Chéhab, Maurice H.:; Moscati, Sabatino:

ISBN 3 406 03023 8

BILDDRUCK: DRAEGER FRÈRES, MONTROUGE, UND GEORGES LANG, PARIS
TEXTDRUCK: C. H. BECK'SCHE BUCHDRUCKEREI, NÖRDLINGEN
EINBAND: A. SCHRAML, MÜNCHEN

ERSTER TEIL

DIE PHÖNIZISCHE AMBIVALENZ

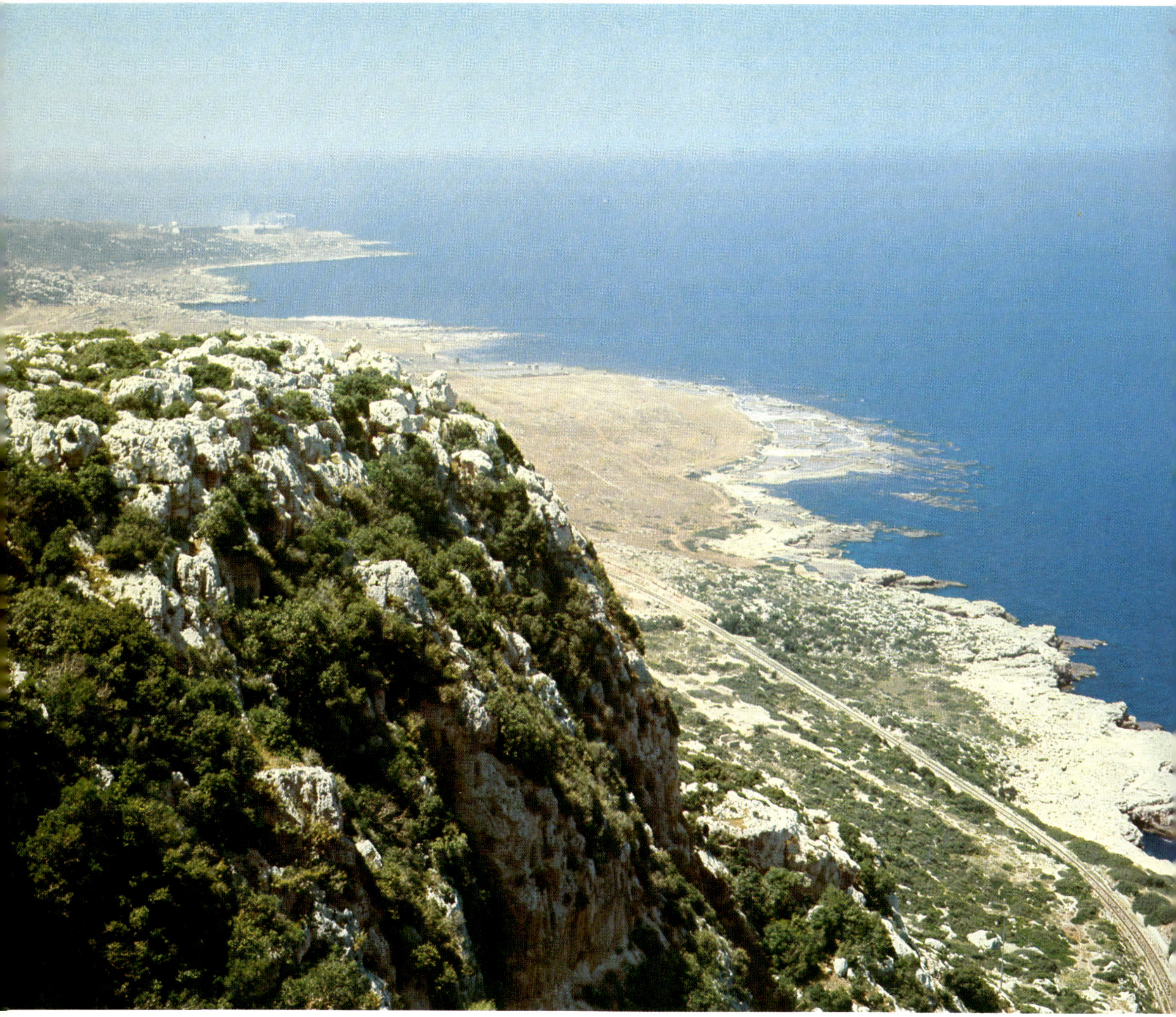

2 - Die phönizische Küste zwischen Batrûn und Ras el-Scheqqa, mit Blick nach Süden

Wer vom offenen Meere her, am Ende der Nacht und vor Sonnenaufgang, die libanesische Bergkette auftauchen sieht, empfängt einen unauslöschlichen Eindruck. Ein geschlossenes Massiv, düster und geheimnisvoll, in das einzudringen man sich scheut, weil man es für feindlich hält – bis zu dem Augenblick, wo sich, bei aufgehender Sonne, alles verwandelt. Nie hat Natur sich reizvoller dargeboten: nun treten Gebirgsdörfer hervor, Kirchenglocken begrüßen die Wiederkehr des Tages, den Sieg über die Finsternis. Wasserfälle stürzen die Schluchten hinab. Auf der Höhe von Afqa können die vom Blute des Adonis geröteten Gewässer sich nicht mehr mit den Fluten des Mittelmeers vereinigen: soeben ward der junge Gott zu Tode getroffen. Astarte, das ‹heilige Byblos›, der Nahr Ibrahim, die ganze schattenhafte Szenerie entfaltet sich, um Phönizien zu empfangen, ihm Gerechtigkeit widerfahren zu lassen und vor der Menschheit zu bezeugen, was sie ihm verdankt, vor allem jene geniale Erfindung: die kartesische Einfachheit des Alphabets. Rasch, fast ohne Widerstand es gutheißend, übernahm das Abendland dieses System, das uns heute so klar erscheint, daß man vielleicht meint, es habe kaum je etwas so Selbstverständliches gegeben. Ein System, das uns erlaubt, mühelos zu schreiben, leicht zu lesen, sich mit jedermann zu verständigen.

Es sind die Phönizier, denen wir hierfür Dank schulden; sie, an die man sich unwillkürlich erinnert, wenn zu Füßen der Felsenklippen die Wellen ans Ufer schlagen, unermüdlich den Gang der Zeit, den Wechsel von Siegen und Niederlagen begleitend. Ein Sieg war es, als einfallsreiche Schreiber vor etwa vierzig Jahrhunderten kühn verkürzte Schriftzeichen entwarfen, die Buchstaben werden sollten. Während im 4. und 3. Jahrtausend die Babylonier im Lande Sumer Hunderte von Piktogrammen benötigten, um ihre Botschaft weiterzugeben, und die Ägypter es nur zu Hieroglyphen gebracht hatten, besaßen die Phönizier die Verwegenheit, ihre Schrift über alle Erwartung hinaus zu vereinfachen. Etwa im 14. Jahrhundert war bereits in Ugarit erstmals ein Alphabet erdacht worden, bei welchem man sich nur noch rein formal auf die Keilschrift stützte. Wenig später, sagen wir im 13. Jahrhundert, befaßten sich die Gebaliten zu Byblos mit einem anderen System. Instinktiv entschieden sich die Menschen für eines, das ihnen am zugänglichsten dünkte; zugleich auch für eines – und dies ist paradox –, bei welchem es leichter schien, Irrtümer zu vermeiden. Genug davon. Den Phöniziern gebührt die Ehre der Erfindung. In Byblos, dem kanaanäischen Gebal, wurde sie unaufhaltsam entwickelt. Wer hätte gedacht, daß ihr eine solche Zukunft beschieden war?

Die Phönizier hatten, mit dem Rücken zur Wand, keine Wahl. Sie mußten hartnäckig der Unermeßlichkeit des Meeres die Stirn bieten. Es war nicht der Ozean, immerhin aber, wenn auch von diesem durch die Säulen des Hercules geschieden, eine bedrohliche Wassermasse, selbst für Leute, die entschlossen waren, ihr zu trotzen und sie zu bezwingen. Das Mittelmeer kennt keine eigentlichen Gezeiten, wohl aber Stürme; während der Äquinoktien, im März und im September, sind sie oft furchtbar. Von Anfang an waren die Phönizier Seeleute, kühne Seeleute. Ihre Schiffe, auf Besseres bedacht als auf Küstenschiffahrt, durchpflügten die Meere mit verblüffendem Wagemut. In der Heiligen Schrift lebt die Erinnerung an gefahrvolle Seereisen fort. Unvergessen sind die vierzehn Tage, die der heilige Paulus zwischen Kreta und Malta erlebte (Apostelgeschichte XXVII, 18–19), ebensowenig das Schicksal des Jonas, der auf der Fahrt nach Tarschisch (Kap. I–III) ins Wasser geworfen wurde, angeblich um das Schiff zu entlasten, in Wirklichkeit, um die Götter gnädiger zu stimmen.

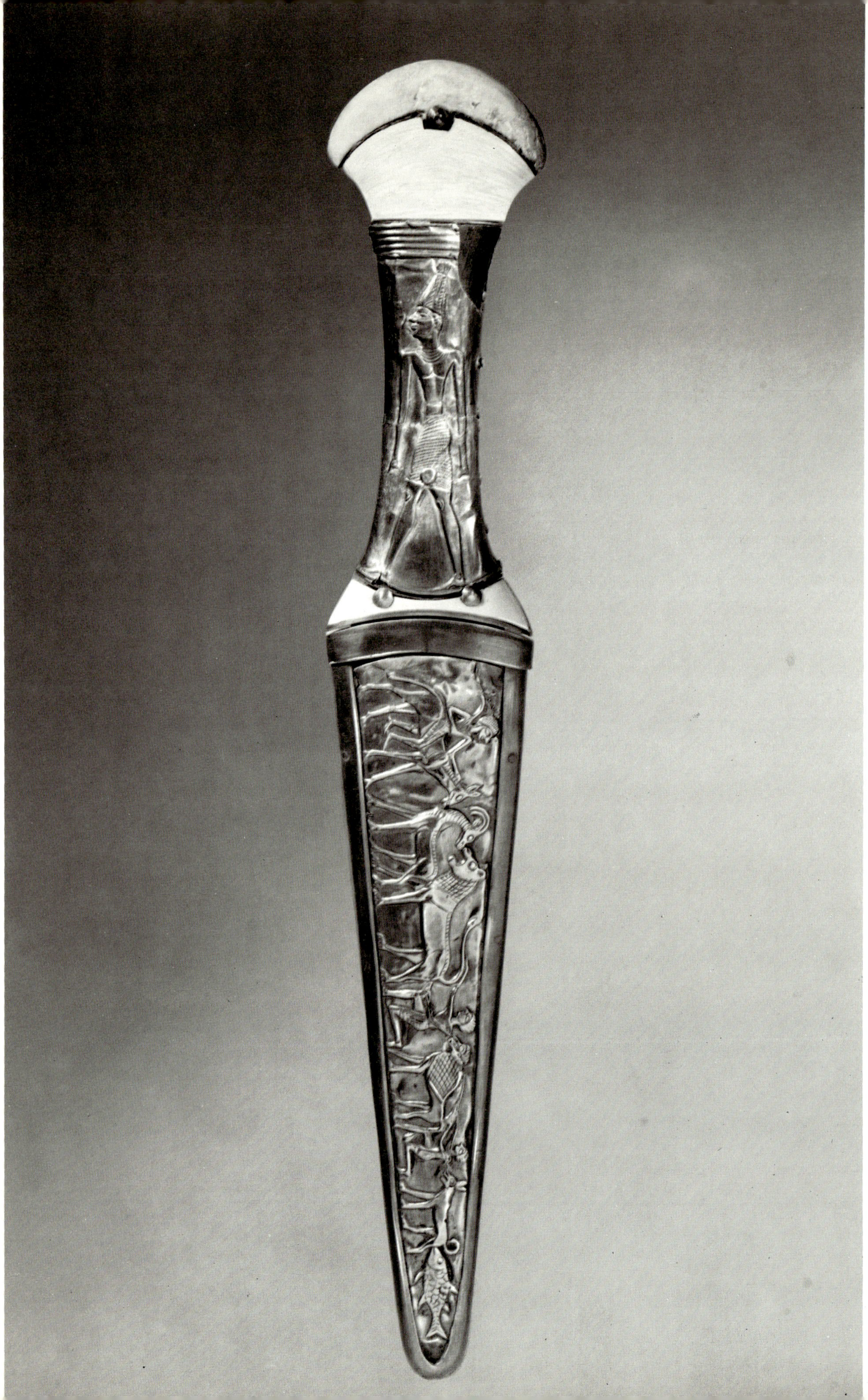

Um berühmte Seefahrer handelte es sich also, zuweilen auch um Piraten über weite Strecken. Mit Recht oder Unrecht sagt ihnen die Legende allerlei Raubzüge nach. Doch der Erfolg war da. Aus dem Binnenmeer drängten sie hinaus, neue Länder zu finden. Man gedenkt der Afrika-Umseglung des Karthagers Hanno (425 v. Chr.) und der Großtaten tyrischer Schiffer, die im Golf von Guinea anlegten, ebenso wie jener, die nach Ophir segelten, um Gold, Edelsteine, wertvolles Holz, Silber und Elfenbein zu holen, desgleichen so seltsame Tiere wie Affen und Pfauen; wessen man sich entsinnt, wenn man die Verzierung des von M. Dunand in Byblos gefundenen goldenen Dolches betrachtet.

Als Erfinder des Alphabets und als Seefahrer haben sich die Phönizier Achtung erworben, sie, deren Existenz mit dem so offenkundigen Handikap eines nachgerade winzigen Territoriums begonnen hatte. Eine bedeutende Entwicklung der Küstengebiete ist anzunehmen, und dies allen Hypothesen zufolge, gleich ob man Phönizien nördlich von Schukschan beginnen und bei Akko enden läßt oder ihm eine Ausdehnung vom Mons Cassius, noch nördlich von Ugarit, bis zur Saron-Ebene südlich des Karmel zugesteht: ein schmaler, übrigens fruchtbarer Streifen Landes zwischen dem Meer und der vordersten Linie der Berge, dazu einige Durchbrüche ins Innere, die zwischen den Seefahrern und dem Hinterland bequeme Beziehungen ermöglichten. Soviel über das Geographische; die politische Atmosphäre jedoch war voller Gefahren.

Sie hatten mit zwei Großmächten zu rechnen, Mesopotamien und Ägypten, wenn nicht mit dreien, als nämlich Anatolien sich mit der Flotte der Hethiter einmischte. Zwischen diesen Mächten wog Phönizien nicht schwer. Es wurde stets als Durchgangsgebiet angesehen, wo die Eroberer dauernd abwechselten, bald von Norden, bald von Süden vordringend. Auf den Felsen des Nahr el-Kelb, wenige Kilometer von Beirut, haben Heerführer oder Staatsoberhäupter Wert darauf gelegt, ein Zeichen ihres Durchzugs zu hinterlassen: Ägypter, Assyrer, Babylonier, Römer, näher zu uns Napoleon III. nebst allen, die ihnen nachfolgten bis zu unseren Tagen. Jeder wollte einige Quadratzentimeter auf dieser Klippe für sich in Anspruch nehmen, die so viele illustre Persönlichkeiten gesehen hat, Persönlichkeiten, deren Heere sich auf ihren Kriegs- oder Befreiungszügen mit einem schmalen, überhängenden Pfad über dem Meer, der äußersten westlichen Grenze ihrer Operationen, begnügen mußten.

Nichts war so aufschlußreich wie diese Paßstraße, bevor eine regellose Besiedlung einsetzte und sie ihres ursprünglichen Aussehens beraubte. Heute ist ihr Reiz dahin. Die historischen Reliefs verschwinden fast hinter modernen Bauten, wenn nicht hinter Fabriken. Die Plakette Napoleons III. (1860) sinkt infolge der Hebung des Bodens von Jahr zu Jahr tiefer ein. Und doch hätte diese phönizische Küste, geschichtsträchtig, wie sie ist, Besseres verdient, als so profaniert zu werden. Ihre nun entweihten Gewässer hatten zur Zeit Sargons von Assyrien, übrigens schon viel früher, wie auch noch lange danach, ein ungewöhnlich reges maritimes Leben gekannt. Ein Relief aus dem Palast von Chorsabad gemahnt an die pulsierende Geschäftigkeit, deren Schauplatz die Küste war. Die in den Wäldern des Libanon gefällten Bäume wurden ans Meer geschafft, auf eine Flottille kleiner Schiffe verfrachtet und hoch im Norden zur Weiterbeförderung auf dem Landweg entladen. Die Konvois hatten auf der Seeseite Tyros, dann Ruâd (das Arvad der Genesis) passiert, wie wir es unlängst beim Studium des assyrischen Reliefs, das sich heute im Louvre befindet, nachweisen konnten. Darin war ein ganzes Kapitel antiker Geschichte aufgeschlagen, währenddessen Assyrien sich für den Herrn der Welt hielt.

In den Augen jener Giganten wie Salmanassar, Sargon, Sanherib, Asarhaddon, die alle in ihren Annalen oder auf ihren Stelen die Namen von Tyros und Sidon verzeichnen ließen, waren die Phönizier nichts anderes als Tributpflichtige. Salmanassar III. oder Assurnasirpal II. (9. Jahrhundert v. Chr.) gefiel sich darin, auf den Bronzetüren aus Balawat den König von Tyros darzustellen: in Begleitung seiner Frau (oder seiner Tochter?) beobachtet er, jedoch ohne seine Insel zu verlassen, wie schwerbeladene Boote zum Festland, wo der Sieger sie erwartet, die Ge-

3 - phönizisch - Byblos, Obeliskentempel - Dolch in der Scheide: Reschef - Tiere und zwei Männer, die sich auf den König zubewegen (19.-18. Jh. v. Chr.) - Beirut

schenke bringen, zu denen der phönizische Monarch sich hatte verstehen müssen, um Schlimmerem zu entgehen: der Einnahme der Stadt, die lange Zeit sämtlichen Angriffen widerstand. Es ist kaum zu begreifen, daß der für unbesiegbar geltende Nebukadnezar gegen sie eine erfolglose Belagerung führte, die dreizehn Jahre dauerte. Es blieb Alexander dem Großen vorbehalten, die phönizische Stadt zu bezwingen, freilich erst, nachdem er sie mittels eines riesigen Damms mit der Festlandsküste verknüpft hatte. Dieser existiert noch immer und hat, verstärkt durch Sandbänke und dem, was Menschenhand hinzufügte, aus der Insel ein Vorgebirge gemacht.

Die Phönizier waren von tiefer Frömmigkeit. Ein sehr vielgestaltiges Pantheon bildete den Kern ihres Polytheismus, mit einem Ansatz zu ausgesprochener Monolatrie. Bereitwillig überantwortete sich jede Stadt einer Schutzgottheit. In Tyros verehrte man Melqart, dessen Heiligtum großen Zulauf hatte. In Byblos war es die Göttin Baalat, deren Kult jahrhundertelang in immer gleicher Gunst stand. Zur Zeit der Perser widmete König Jehomilk ihr eine Stele; in Sidon beriefen sich Tabnit und Eschmunazar auf Astarte, deren Priester sie sich nannten; an den Ufern des Nahr Awali betete man zu Eschmun; an der Quelle Afqa rief man Adonis an. Ungezählten Baals wurden Weihgaben dargebracht. Man ist versucht, deren Ikonographie in jenen eleganten, wir würden sogar sagen, edlen Gestalten wiederaufzufinden, die in hochmütiger Haltung einherschreiten und deren bronzene Körper mit einer dünnen Silber- oder Goldschicht überzogen waren, ein Verfahren, das der Prophet Jesaias ausdrücklich erwähnt (Kap. XXX, 22).

Indes, neben dieser ikonographisch hinlänglich belegten Götter- und Göttinnenwelt gab es gleichzeitig die Anbetung aufrechtstehender Steine, der Baitylien des Alten Orients. Eine ihrer meistzitierten Darstellungen findet sich auf der Münze des Macrinus (3. Jahrhundert n. Chr.), auf der man den heiligen Stein im Hof eines Heiligtums errichtet sieht, das aufzufinden bisher alle Ausgrabungsversuche fehlschlugen. Maurice Dunand entdeckte immerhin mitten in Byblos einen merkwürdigen Gebäudekomplex, den Obeliskentempel; nach den wertvollen, in Krügen eingelagerten Weihgaben zu urteilen, die den frommen Eifer der Gläubigen bezeugen, eine vielbesuchte Stätte. Zugleich geben diese Weihgaben die Vorstellung von einer Kunst, die es vermochte, alles, was die angrenzenden Kulturen an Bestem und Feinstem schon hervorgebracht hatten, sich anzueignen und zu einer eleganten und harmonischen Synthese zu verarbeiten. «Die Phönizier besaßen keinerlei Originalität», hatte der Marquis de Vogüé einmal notiert (1895). Ein überstrenges Urteil, das aber revidiert werden muß, da es vor den Entdeckungen von Pierre Montet und Maurice Dunand gefällt worden war.

Den Genannten ist es zu danken, daß sich unsere Kenntnisse vollständig und von Grund aus gewandelt haben – manchmal auch infolge von Funden, die auf Zufall beruhen. So entriß das Meer im Februar 1922 der Küstenklippe einen Felsbrocken, der beim Absturz in die Tiefe ein Königsgrab freigab, das erste einer Serie von Gräbern, die Pierre Montet untersuchen sollte; im Schacht V der Totengruft sieht er einen Sarkophag aus weißem Stein aufragen: die von Ittobaal, dem König von Byblos, für seinen Vater Ahiram errichtete Ruhestätte. An zwei Wänden des Sarges verläuft eine Inschrift, die sich als die älteste aller bekannten phönizischen Inschriften erwies (13. Jahrhundert v. Chr.). Außer der Inschrift finden sich Darstellungen, an denen man eine der wesentlichen Komponenten der Kunst Phöniziens wahrnimmt, das seine Eingebungen aus Ägypten bezog, mit dem es seit Urzeiten enge Beziehungen unterhielt. Von der 1. bis zur 6. Dynastie haben die Pharaonen, die im Libanon Holz und Harzessenzen holen kamen, Spuren ihres Durchzugs hinterlassen. Es gibt Vasen mit ihren Namen, die zeigen, welche Verehrung sie für die Baalat Gebal hegten. Man ist keineswegs erstaunt, auf einem Thron, zur Seite die Sphinx, Ahiram sitzen zu sehen, eine abwärts gekehrte Lotosblüte in der Hand, und vor ihm ein mit Speisen beladener Tisch, den ein Sklave vor den Fliegen, dieser Plage des Orients, beschützt; daneben Diener und Adoranten. Auf den Schmalseiten des Steinsargs sieht man Frauen, die klagen, und andere, die ihre Kleider zerreißen, sinnfällige Bilder der Trauer.

4 - phönizisch - Byblos - Obeliskentempel, Teilansicht (19.-18. Jh. v. Chr.)

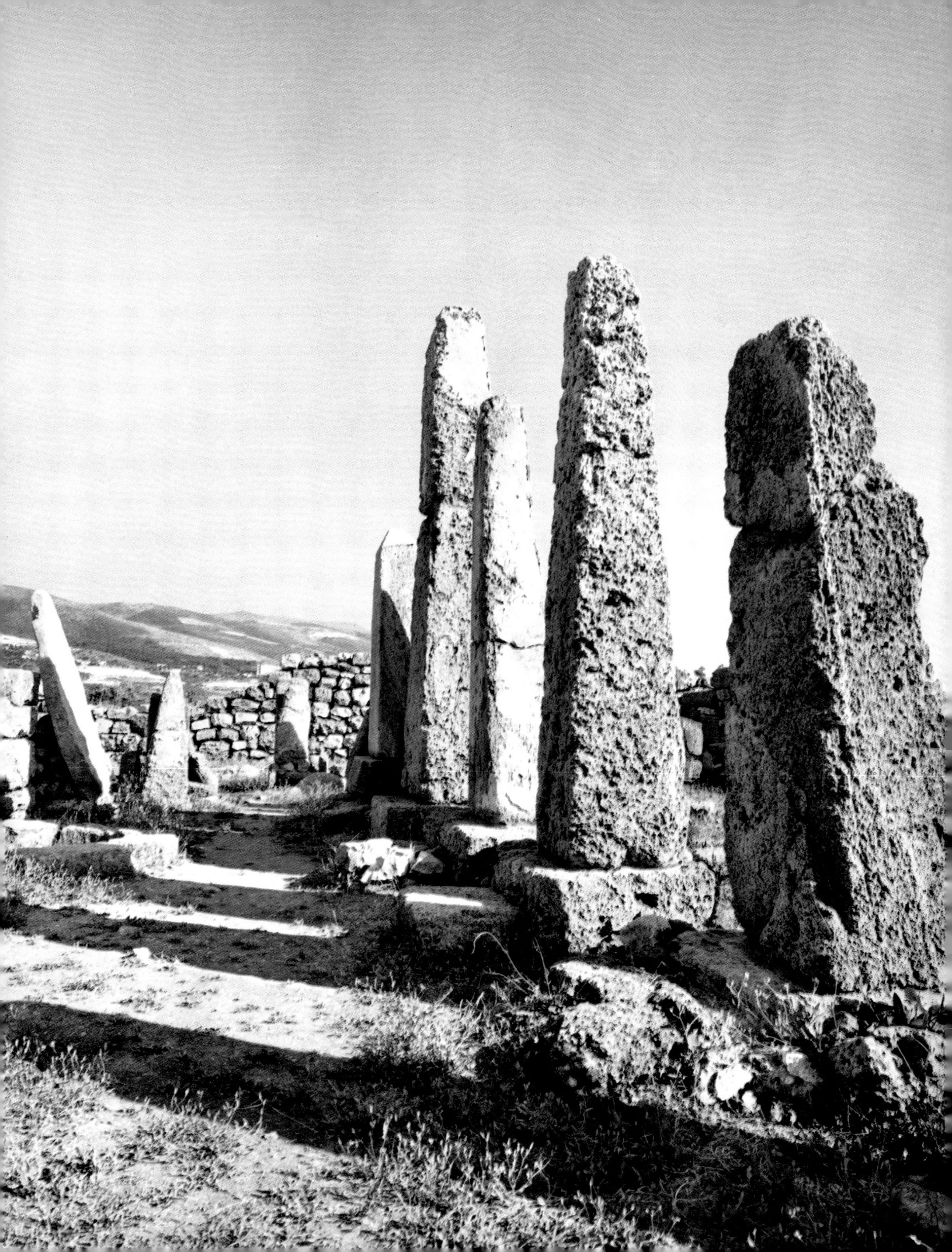

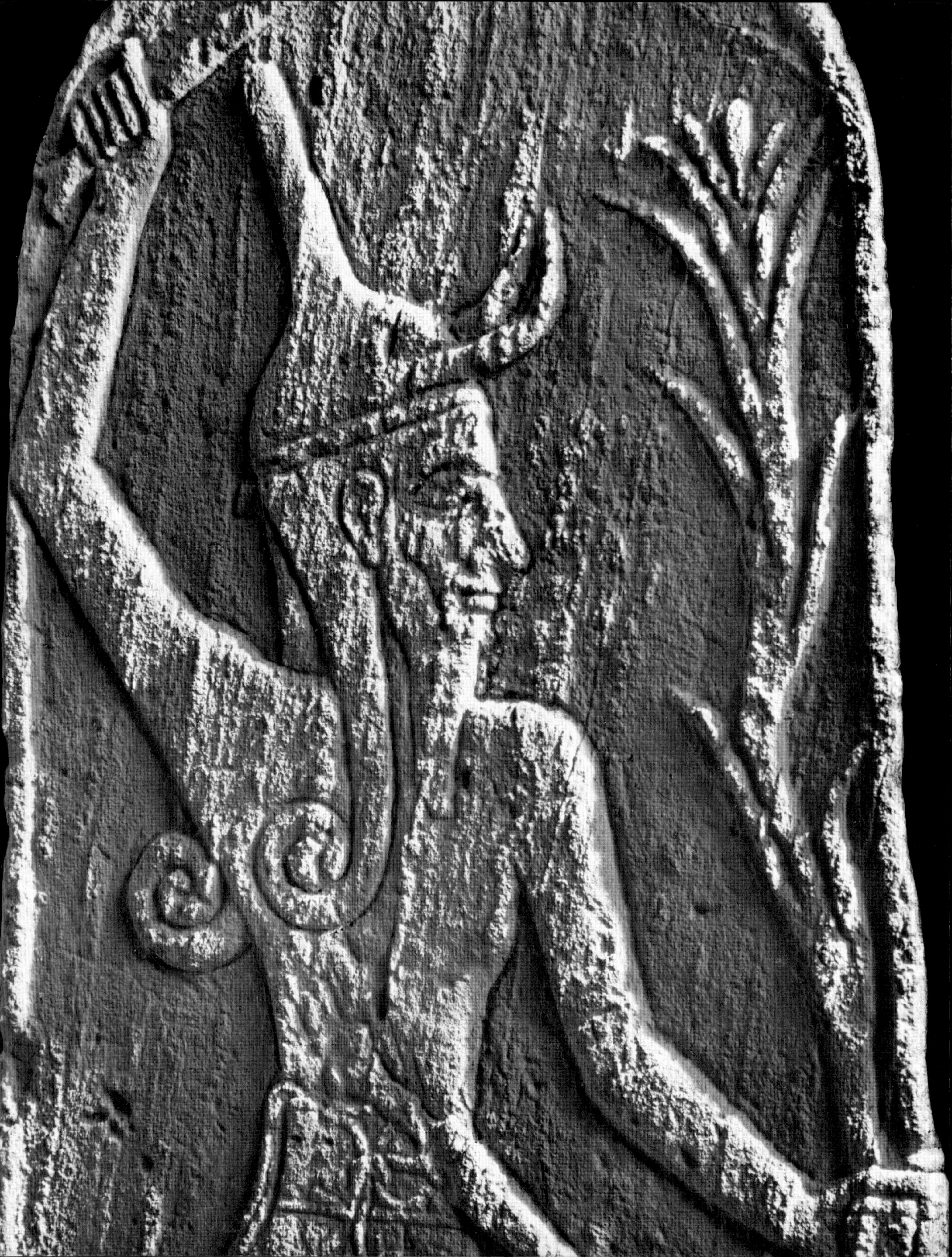

Der schwere Sarg ruht auf vier kauernden Löwen, wachsamen oder doch zum Wachen ersehenen Wächtern; denn tatsächlich versagten sie: das Grab ist der Plünderung nicht entgangen, trotz der Anrufung Hathors, trotz der auf dem Boden des Grabschachts eingeritzten kurzen Warnung: «Achtung! Hier unten lauert dein Verderben!», was auf immer jene Grabschänder abschrecken sollte, die das Altertum jahrhundertelang gekannt hat.

Von den Phöniziern zu sprechen, ohne Ugarit zu erwähnen, wäre ein schwerer historischer Fehler, doch muß sofort auf den Unterschied zwischen den aus dem gebalitischen Boden stammenden Funden und dem, was uns das von C.F.A. Schaeffer großenteils erforschte Ras Schamra offenbarte, hingewiesen werden. In beiden Fällen handelt es sich um Kanaanäer, aber die nördliche Stadt zeigt unleugbar einen syrischen Einschlag. Auch hier springt die Synthese ins Auge, jedoch konnten sich verschiedenartige Einflüsse frei auswirken. Der Deckel der Elfenbein-Pyxis aus Minet el-Beida weist mit Sicherheit auf die Mitwirkung der Ägäis und Mykenes hin. Der prachtvolle Baal der Blitze spricht für Anatolien: der kühn auftretende Gott trägt eine kegelförmige Tiara, aus der zwei Hörner hervorragen, um die vom Donnerkeil getroffenen Wolken aufzureißen und das Gewitter zu entfesseln, will sagen, den Regen der Fruchtbarkeit, symbolisiert in der belaubten Lanze.

Noch charakteristischer ist eine Stele. Bei ihr handelt es sich um eine Verquickung ägyptischer und aramäischer Themen. Ein Gott, gekrönt mit einer gestuften Tiara, sitzt auf einem thronartigen Lehnsessel, die Füße auf einem Schemel. Mit huldvoller Geste empfängt er einen

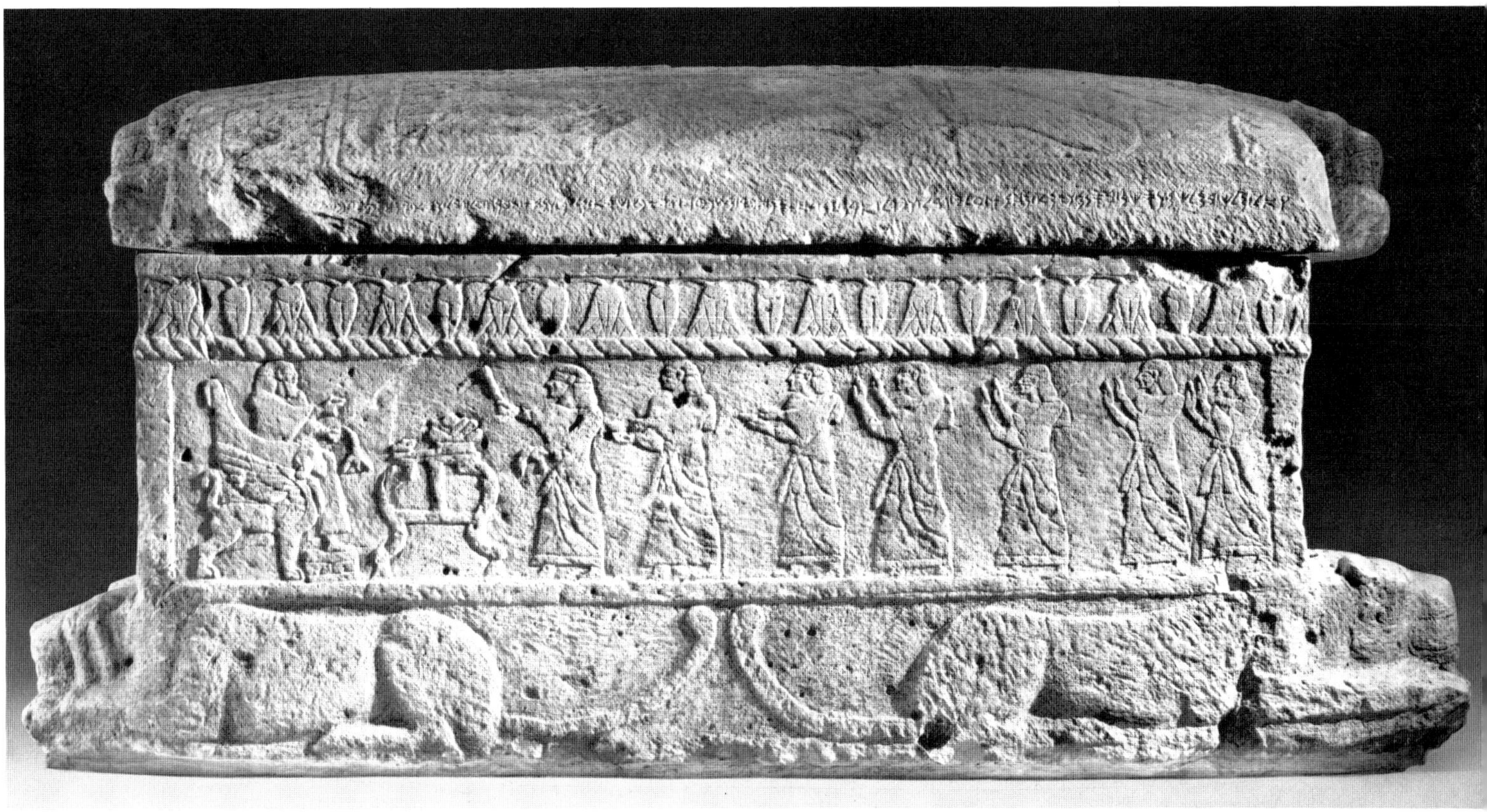

6 - phönizisch - Byblos - Sarkophag des Königs Ahiram: Der König empfängt eine Prozession von Opferträgern. (13. Jh. v. Chr.) - Beirut

← 5 - phönizisch - Ugarit - Stele. Ausschnitt: Der Gott Baal, bewaffnet mit einer Keule und einer belaubten Lanze (19.-18. Jh. v. Chr.) - Paris

Adoranten, der in der Rechten ein Zepter hält, das in einem Tierkopf endigt, und mit der Linken den Henkel eines Metallkrugs umfaßt. Das Gesicht dieser Person ist das eines jungen Mannes, der eine konische Mütze trägt. Man erkennt ihn unschwer als den König von Ugarit, der vor dem höchsten Gott seine Andacht verrichtet; gleich vielen anderen identifizieren wir letzteren mit El, dem Vater der Götter, den eine sternartig verzierte und geflügelte Scheibe als den Beherrscher des Himmels ausweist. In der ganzen Szene ist nichts mehr von gebalitischer Anmut zu finden. Es ist eine neue Welt, die man als fest in der irdischen Wirklichkeit verankert empfindet, wo die beiden Gewalten eng miteinander verbunden und gleichberechtigt sind: El der Weise, der Richter, der Höchste schlechthin. Alles in seiner Haltung, seiner Erscheinung ist Ausdruck unumschränkter Macht und einer ihres Rechts sicheren Gelassenheit; eine Gottheit gereiften Alters, gänzlich abweichend von den verschiedenen Ausprägungen des Reschef, diesen streitbaren, munteren, so quecksilbrigen Göttern. Ebensowenig ist er der Donnergott Hadad, der auf Gewitterwolken reitet. Der El von Ugarit ist ein friedlicher Greis, gesättigt an Jahren, aber stets wirkend; darum schuldet man ihm Respekt und Verehrung. Den gleichen Eindruck gewinnt man auch bei der Betrachtung jener bärtigen, goldplattierten Gottheit im Museum von Damaskus, die ebenfalls aus Ras Schamra stammt: ein Greis von hohen Jahren in sitzender Stellung, ruhevoll, unerschütterlich. So war nach allgemeiner Vorstellung der wahre El, Vater der Götter und Herr der Welt, beschaffen.

Die Kultur und die Kunst der Phönizier haben sich nicht nur im eigentlichen Phönizien offenbart, sondern – bedingt durch kriegerische Wechselfälle, aber auch durch Handelsbeziehungen – weit darüber hinaus. In dieser Hinsicht sind die regulären und irregulären Ausgrabungen, die seit einem Jahrhundert im Vorderen Orient stattfinden, unseren Kenntnissen weitgehend zugute gekommen.

Der phönizische Stil läßt sich in seinen Imitationen oder in seiner Inspiration leicht erkennen. Hierin täuscht sich kein Fachmann. Wir denken zunächst an die Elfenbeinkunst. Mehrere Fundorte sind in dieser Beziehung berühmt geworden. War Byblos auch in dieser Kunst nicht besonders reich an Funden, so erwies sich Ugarit als ergiebiger. Wir haben die mykenische Elfenbeinarbeit aus Minet el-Beida bereits erwähnt. Der Boden Ras Schamras vermochte die Bemühungen des Archäologen C.F.A. Schaeffer vollauf zu entschädigen: wir denken an die Verzierung von Prunkbetten, die Büste einer Königin (?), die Ausschmückung höfischen Hausrats. Doch ist die Ausstrahlung dieser Kunst weit über die Küste hinaus ins Innere vorgedrungen, bis zum Euphrat und selbst bis zum Tigris.

Wir können hier nur eine Aufzählung geben, aber sie ist von unerhörtem Reichtum. In dem aus dem 9. Jahrhundert v. Chr. stammenden Palast von Arslan Tasch, dem alten Chadatu, barg die Mission Thureau-Dangin einen bedeutenden Schatz von Elfenbeinarbeiten, der vielleicht zu dem Tribut gehört, den Benhadad III., der Sohn Hasa'els, an Adadnirari III. (810–783 v. Chr.) entrichten mußte, sofern er nicht aus der Plünderung der damaszener Hauptstadt durch Tiglatpilesar III. herrührt (732 v. Chr.). Trotz seiner Bedeutung war der Fund von Arslan Tasch im Augenblick seiner Entdeckung kein Einzelfall. Man findet in ihm Themen wieder, denen man zuvor im Irak, bei den von Layard und Loftus geleiteten Kampagnen in Nimrud, schon begegnet war: der Frau am Fenster, den trinkenden Hirschen, der ihr Kalb leckenden Kuh, den einander zugewandten widderköpfigen Sphingen, dem von Göttinnen beschützten Horus; Themen, die auch in Samaria wieder auftreten sollten, wo sie in die Verzierungen des königlichen Mobiliars Jerobeams II. (786–746 v. Chr.) Eingang fanden und die Bezeichnung ‹Elfenbeinpalast› rechtfertigten, die man der Residenz des Herrschers von Israel beilegt. Eine gleichartige, obschon minder reichhaltige Sammlung ergaben die Ruinen von Chorsabad, der Hauptstadt

7 - phönizisch - Ugarit - Stele. Ausschnitt: Der König von Ugarit bringt dem obersten Gott El ein Opfer dar (14. Jh. v. Chr.) - Aleppo

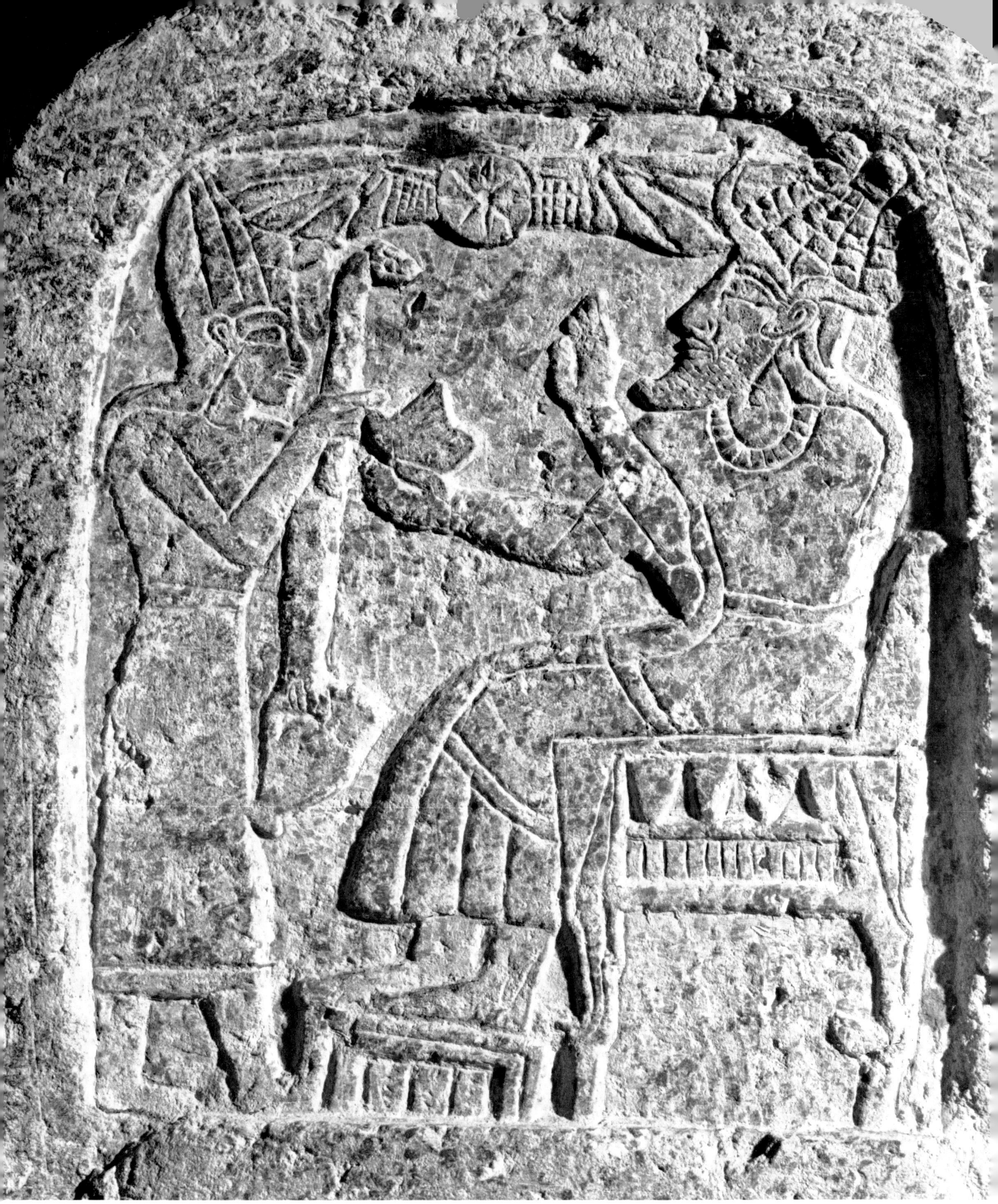

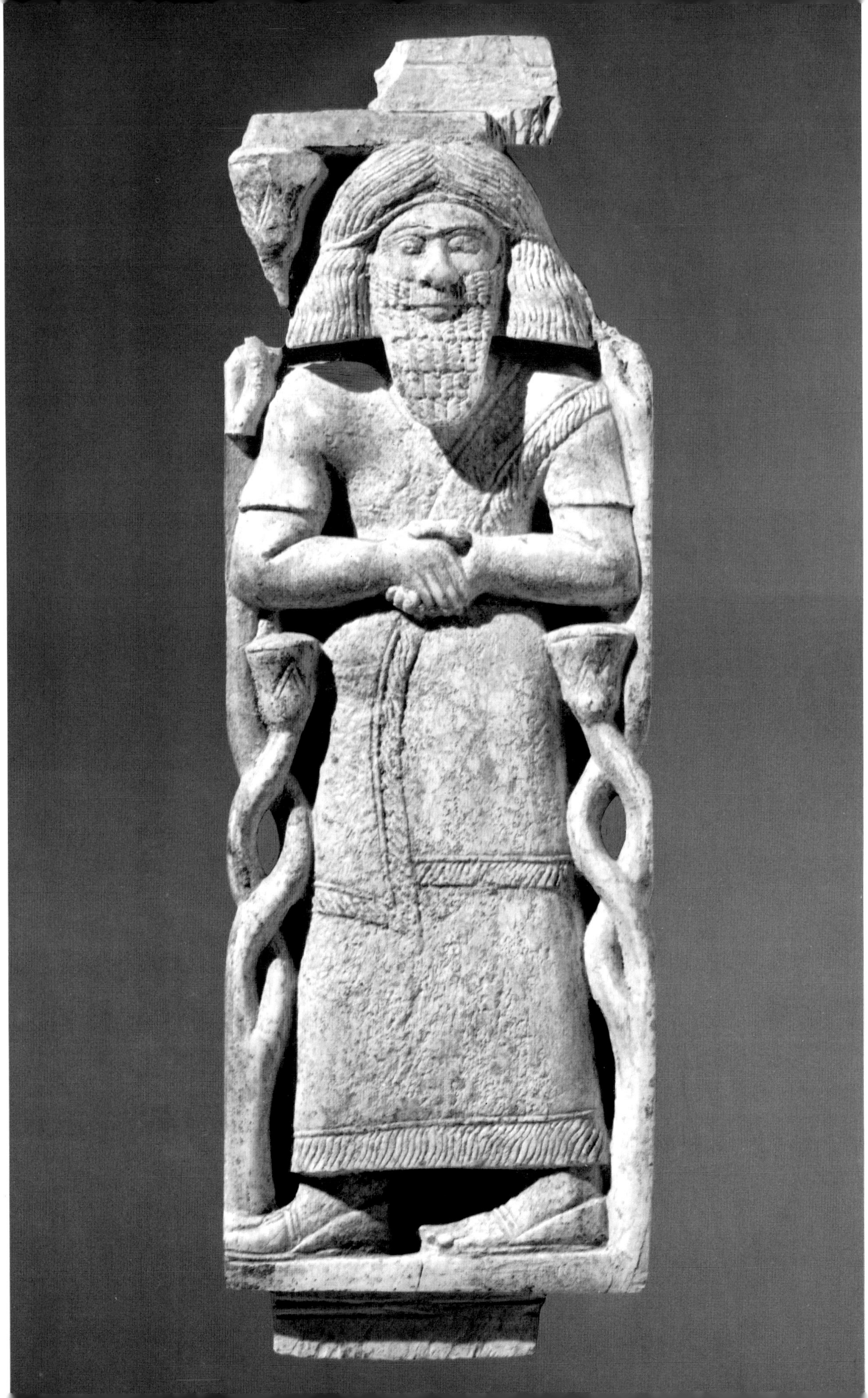

Sargons von Assyrien. Somit bekundet sich das Wirken der Phönizier noch im fernen Mesopotamien.

Dafür kann es nur zwei Erklärungen geben: Handelstätigkeit oder Kriegsbeute. Die Elfenbeintafeln fanden sich so gut wie identisch wieder. Bei gewissen Serien, zum Beispiel bei den von Layard entdeckten, bemerkte Barnett ein oder zwei phönizische Buchstaben, die das Zusammensetzen der Tafeln erleichtern sollten. Ihm war es ebenfalls gelungen, in der Sammlung des Britischen Museums eine Kartusche mit dem Namen von Ja'ubidi, dem König von Hamath, zu entziffern. Noch immer in Nimrud entdeckte man, diesmal im Zuge der Ausgrabungen Mallowans, ein aramäisches Ostrakon mit zahlreichen hebräischen und phönizischen Namen: Hannanel, Hasa'el, Menahem, Aggai. Ein Zweifel war nicht mehr zulässig. Phönizien war auf sozusagen friedliche Weise in mesopotamisches Gebiet eingedrungen. Sagt man Phönizien, so heißt das nicht, daß sich nicht mannigfache fremde Einflüsse erkennen ließen, namentlich ägyptische: die großartige gekrönte Sphinx, die man, in Nimrud noch einmal, in dem ‹Fort Salmanassar› freilegte, ist sehr wahrscheinlich eine phönizische Arbeit; desgleichen jene männliche Statuette derselben Herkunft, die mit ihren Locken und ihrem Halsschmuck eine wundervolle Illustration zum Bräutigam im Hohenlied abgegeben hätte (V, 10).

Auf Grund einer kleinen, leider beschädigten Lamelle mit der Aufschrift: «Unserem Gebieter Hasa'el, im Jahre . . .» ist man versucht, in einem Objekt aus dem Arslan-Tasch-Fund den König von Damaskus zu sehen. Billigt man die Identifikation, so stellt die massive, aufrechtstehende Figur mit Bart, langen Haaren und gefalteten Händen den Herrscher dar. Man fühlt, daß der Künstler vor allem wahr sein wollte, ohne sein Modell, einen weltlichen Monarchen und gefürchteten Gegner sowohl Israels wie Assurs, zu idealisieren. Nichts beweist im übrigen, daß diese Plakette nicht in Damaskus selbst hergestellt wurde. Vergessen wir nicht, daß im Hof der Omajjaden-Moschee 1948 eine Steinplatte entdeckt wurde, die im großen Maßstab eine geflügelte und gekrönte Sphinx wiedergibt, die eindrucksvolle Vergrößerung einer Elfenbeinplakette unleugbar phönizischen Stils. Die Herkunft der Funde verbürgt nicht zwangsläufig die Nationalität der Urheber. Im Falle der in Damaskus freigelegten Steinplatte kam es nicht mehr in Frage, an einen Importartikel zu denken. Eine Elfenbein-Plakette konnte von weither kommen; ein Orthostat aus Basalt war nur an Ort und Stelle zu arbeiten: zweifellos von aramäischen Steinmetzen, aber wieder einmal nach phönizischem Vorbild.

Wir sagten, Phönizien sei jahrhundertelang stets Durchgangsgebiet gewesen, dessen sich die Giganten des Augenblicks bedienten. Wir sagten auch, daß glücklicherweise das Meer da war, welches das Land vor dem Erstickungstod rettete. Auf der Seite der Ägäis konnten die Fenster nach Westen hin weit geöffnet bleiben. Dies ist die Erklärung dafür, daß, als die Stunde des ‹griechischen Wunders› schlug, Griechenland sich nicht undankbar erwies, sondern den Osten an seinen Errungenschaften teilnehmen ließ. Nichts veranschaulicht dies besser als die am Rande der Gärten von Sidon entdeckte Nekropole, deren geschändet, aber unbeschädigt aufgefundene Sarkophage im übrigen einige Probleme aufwerfen.

Was blieb zunächst, als diese unglaubliche Serie zu bewundern, die aussah, als habe man, um Eintönigkeit zu vermeiden, eine Auswahl besonders schöner Grabmäler getroffen. Wir haben kein Recht, sie unter dem Vorwand, an ihnen sei nichts ‹Phönizisches›, unbeachtet zu lassen. Fraglos stammen alle aus einer späten Epoche, keines entstand vor dem 6. Jahrhundert. Es ist die Zeit des triumphierenden Hellenismus. Wer kennt nicht jene meisterhaften Sarkophage des ‹Satrapen›, des ‹Lykiers›, der ‹Weinenden Frauen›, ‹Alexanders›? In Phönizien gefundene Werke, wird man vielleicht sagen, die aber entweder von griechischen Künstlern in Sidon selbst geschaffen wurden oder Importe waren. Die zweite Annahme scheint ziemlich unwahrscheinlich

8 - phönizisch - Arslan Tasch - Ornament von einem königlichen Bett: Hasa'el, König von Damaskus (?) (9. Jh. v. Chr.) - Paris

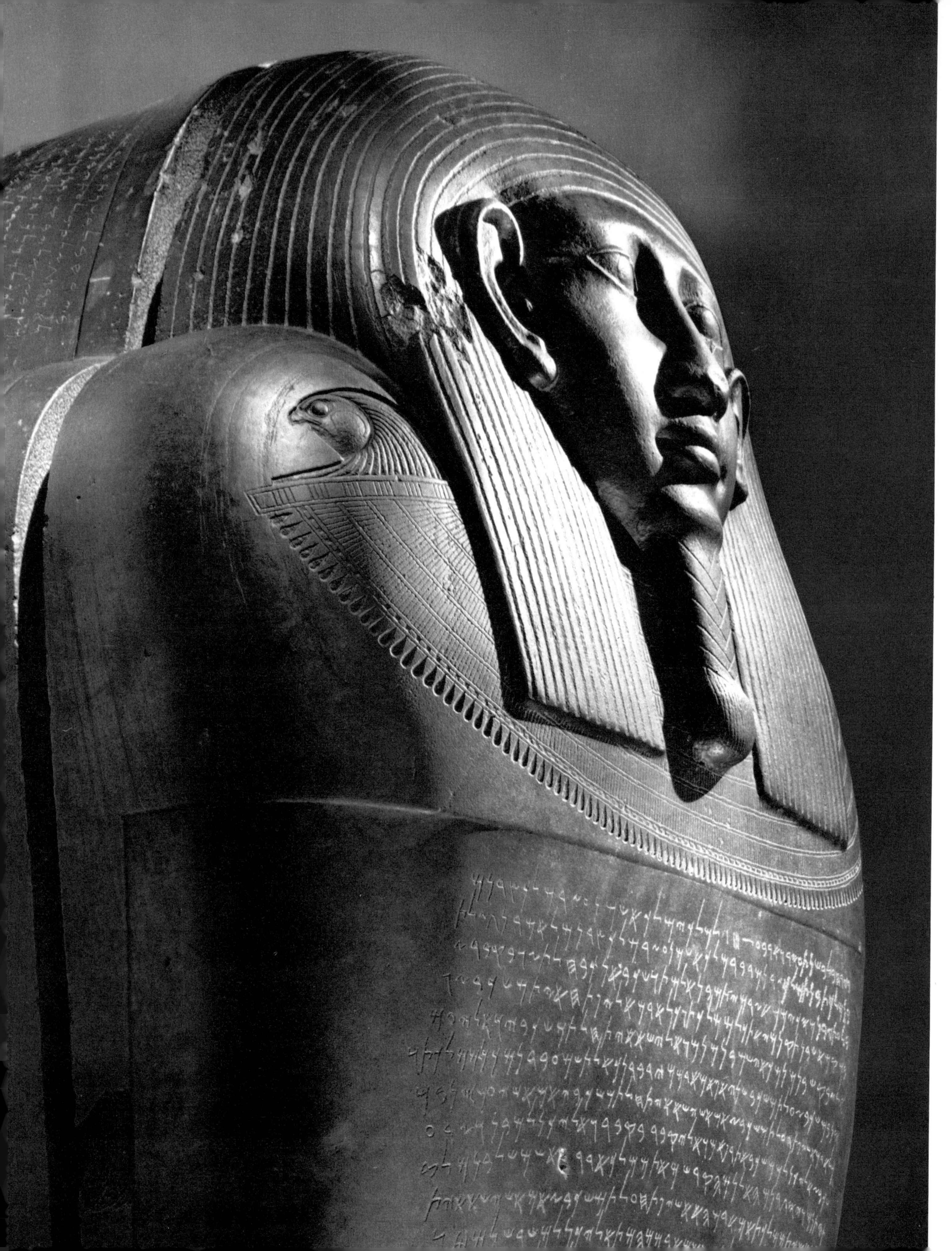

zu sein, denn wie hätte es gelingen können, diese Prachtstücke vor Beschädigungen oder Verstümmelungen zu bewahren, wenn sie aus Hellas gekommen wären? Allerdings gelangten sie im vorigen Jahrhundert ins Ottomanische Museum von Konstantinopel, ohne irgendeine Verletzung davonzutragen. Wie dem auch sei, die Kunstwerke sind vorhanden.

Eine Kunstgeschichte Phöniziens dürfte diese Sarkophage auch dann nicht übergehen, wenn ihnen eine spezifisch phönizische Inspiration nicht mit absoluter Sicherheit zugesprochen werden könnte. Immerhin lassen sich auf Grund einer sorgfältigen Analyse sehr verschiedenartige Quellen der Beeinflussung nachweisen. Der Sarkophag des ‹Lykiers› mit seinem spitzbogenförmigen Deckel, den Jagdszenen seiner Reliefs, den geflügelten Sphingen und den sich anblickenden Greifen weist auf Kleinasien. Der des ‹Satrapen› ist schwieriger zuzuordnen. Jener der ‹Weinenden Frauen› dagegen, weit entfernter Vorgänger des Sarkophags der ‹Weinenden› der Herzöge von Burgund, Philipps des Kühnen und Johanns ohne Furcht (15. Jahrhundert n. Chr.), atmet griechischen Geist. Und was wäre vom ‹Alexander-Sarkophag› zu sagen, dieser erstaunlichen Mischung aus Persischem und Griechischem mit Hirsch- und Löwenjagd, außer man versetzt sich in eine rein ionische Atmosphäre und täuscht sich nicht mit der Annahme eines gegen Ende des 4. Jahrhunderts anzuberaumenden Datums, da es ja offensichtlich ausgeschlossen ist, daß Alexander je in dieser prachtvoll szenisch verzierten Lade geruht hat.

Der Hellenismus hatte den höchsten Grad seiner Entfaltung erreicht, aber Ägypten ließ sich nicht verdrängen. Wiederum in Sidon waren zwei schwarze Sarkophage entdeckt worden, die des Tabnit und des Eschmunazar, jener 1887, dieser 1856. Der eine befindet sich heute in Istanbul, der andere im Louvre. Über sie ist viel geschrieben worden. Wie man weiß, hatte Tabnit, der König von Sidon und Priester der Astarte, ohne viel Federlesens den Sarg des ägyptischen Heerführers Penptah usurpiert, was uns zwei Inschriften bescherte, die eine in Hieroglyphen, die andere in phönizischer Schrift.

Eschmunazar, der Sohn Tabnits und ebenfalls stolz darauf, sich König von Sidon zu nennen, aber weniger skrupellos, hatte den schweren Sarg nicht geraubt, den er als erster beziehen sollte. Dennoch hatte das Beispiel seines Vaters ihm die ziemlich verständliche Befürchtung eingeflößt, irgendein Nachahmer könnte mit ihm ebenso verfahren. Darum war er besonders darauf bedacht gewesen, daß rings um ihn her kein kostbares Gefäß gefunden werden konnte. Dies der Inhalt einer längeren Inschrift von einundzwanzig Zeilen, einer der schönsten Proben semitischer Schrift. Ernest Renan hat über sie sehr abfällig geurteilt; sie sei, sagte er, «das langatmige Geschwätz eines kleinen Geistes, der um die Lade, die seine Gebeine einschließen würde, von läppischen Ängsten geplagt war». Erinnert man sich der ständigen Sorge der Verblichenen darum, daß ihre letzte Behausung von jeglicher Ruhestörung verschont bleibe, waren diese ‹Ängste› wohl zu entschuldigen. Trotz aller dieser Vorsichtsmaßnahmen, trotz der enormen Schwere des Sargdeckels, der auf dem Brustschild eingravierten Falken, der Verwünschungen ist dem König von Sidon die Grabschändung so wenig erspart geblieben wie allen seinen Gefährten und Nachbarn auf dem Gräberfeld.

Handelte es sich um Königsgräber, war deren Schicksal im Einklang mit den Sitten jener Zeit von vornherein besiegelt. Die angerufenen Götter hatten sich als ohnmächtig erwiesen, wie durchweg überall, wo man wußte, daß Schätze zu holen waren. Die Königsgräber von Ur oder des Tutenchamun bilden Ausnahmen, die die Regel bestätigen. Wer wüßte zu sagen, was alles heimlich in dieser Nekropole von Sidon ausgegraben wurde, in diesen Gärten, wo die Orangenbäume zur Zeit der Blüte weithin betäubende Düfte aussenden, zumal abends, nach Sonnenuntergang? Und wer könnte behaupten, daß alle Gräber entdeckt worden seien und daß sich nicht in diesem oder jenem Versteck noch welche befänden? Jedenfalls stellen unter den nach Dutzenden zählenden anthropoiden Sarkophagen die beiden Stücke, die die Namen Tabnits und seines Sohnes Eschmunazars tragen, nach wie vor die bedeutendsten dar. Hier, im Fall einer

9 - phönizisch - Sidon - Sarkophag des Königs Eschmunazar (Ausschnitt) (6. Jh. v. Chr.) - Paris

unmittelbaren Nachahmung der Ägypter, haben die Phönizier gezeigt, daß sie Besseres waren als geistlose und unpersönliche Kopisten. Aber schon ihren Lehrmeistern es gleichzutun, war eine gewaltige Leistung.

Doch finden sich auch Beispiele für Originalität. Zwei charakteristische Fälle: die aus Amrit stammende Stele eines Gottes, dessen Kopfschmuck in einem Uräus endigt und der auf einem Löwen heranreitet, wobei er mit einer Hand die Hinterläufe eines jungen Löwen festhält. Die Szene spielt in gebirgiger Gegend, was durch zwei Haufen übereinandergeschichteter Ziegel angedeutet wird. Oben an der Stele ruht eine Sonnenscheibe mit gesenkten Flügeln. Eine kurze Inschrift weiht die Stele dem Schadrapa, der ein Gott der Heilkunde gewesen zu sein scheint. Der zweite Fall: auf einem in Sidon von Georges Contenau entdeckten Sarkophag, der wohl nicht über das zweite nachchristliche Jahrhundert zurückreicht und folglich ganz in die graecorömische Periode fällt, findet sich eine einzigartige Darstellung. Während die Langseiten mit im Hochrelief skulptierten Girlanden, die aus Löwenmäulern herabhängen, geschmückt sind, zeigt die Schmalseite ein schwerbeladenes Schiff, ein phönizisches Schiff mit geblähten Segeln, das sich im aufgewühlten Meer seinen Weg bahnt. Die Seefahrt jener Zeit könnte nicht besser beschrieben werden als mit der berühmten Schilderung aus dem Munde des Propheten Ezechiel (XXVII–XXVIII), auch wenn sie chronologisch älteren Datums ist. In Luthers Übersetzung lautet sie:

«O Tyrus, die da liegt vorn am Meer, du sprichst: ich bin die Allerschönste! Dein Gebiet liegt mitten im Meer, und deine Bauleute haben dich aufs allerschönste zugerichtet. Sie haben all dein Tafelwerk aus Zypressenholz vom Senir gemacht und die Zedern von dem Libanon führen lassen und deine Mastbäume daraus gemacht; deine Ruder haben sie aus Eichen von Basan gemacht und deine Wände mit Elfenbein getäfelt, gefaßt in Buchsbaumholz von den Gestaden der Hethiter. Dein Segel war beste bunte Leinwand aus Ägypten...»

Der Schiffsbeschreibung folgt, nach wie vor durch Ezechiel, eine des Handels:

«Tarsis hat für dich Handel getrieben mit einer Fülle von Gütern aller Art und Silber, Eisen, Zinn und Blei auf deine Märkte gebracht. Jawan, Tubal und Meschech haben mit dir gehandelt und Sklaven und Geräte als Ware gebracht. Die Leute von Togarma haben dir Rosse und Reitpferde und Maulesel auf deine Märkte gebracht. Die Leute von Rhodos sind deine Händler gewesen, und viele Inseln haben Handel mit dir getrieben; sie haben mit Elfenbein und Ebenholz bezahlt... Die Edomiter ... haben Malachit, Purpur, bunte Stoffe, feine Leinwand, Korallen und Rubine auf deine Märkte gebracht... Arabien und alle Fürsten von Kedar haben mit dir Handel getrieben mit Schafen, Widdern und Böcken... Assur und ganz Medien haben mit dir gehandelt. Sie waren deine Händler mit Prachtgewändern, mit Mänteln von Purpur und bunten Stoffen, mit Teppichen von Purpur, mit geflochtenen und gedrehten Tauen im Handel mit dir. Tarsisschiffe waren die Käufer deiner Ware... Alle, die dich kannten unter den Völkern, haben sich über dich entsetzt, daß du so plötzlich untergegangen bist und nicht mehr aufkommen kannst!»

Sollte der mediterrane Osten das Schauspiel des untergehenden Tyros – zweifellos unter dem Ansturm Alexanders des Großen um 330 v. Chr. – mit solchen Gefühlen erlebt haben, so entsprechen sie nicht mehr dem heutigen Empfinden angesichts der kleinen Stadt, die auf eine unwiederbringliche Vergangenheit zurückblickt. Die Stadt Sûr, wo gegenwärtig der Emir Chéhab Ausgrabungen durchführt, erhebt sich über den Ruinen der phönizischen Metropole. Sie weckt kaum mehr Erinnerungen an deren Glanzzeit. Einzig das unablässig anbrandende Meer läßt manchmal, wenn das Wasser durchsichtig ist, Säulen aus weißem Marmor aufschimmern. Unterdessen ist im Osten der Stadt eine große Nekropole mit ihren szenisch verzierten Sarkophagen zutage getreten. Während der Arbeiten, durch die im Zentrum des besiedelten Gebiets die Ruinen der Kathedrale aus der Zeit der Kreuzzüge freigelegt werden, kamen eines Tages auch

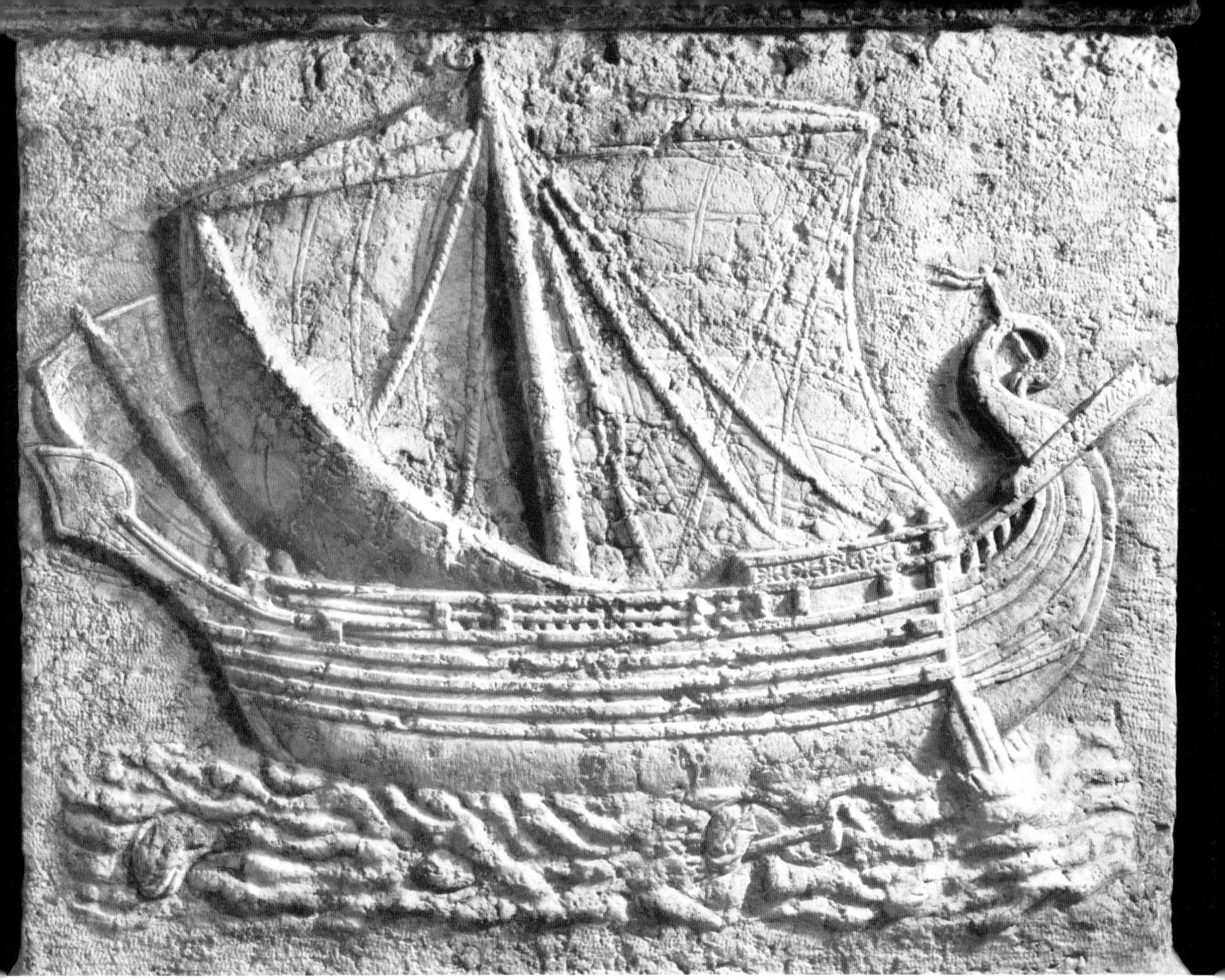

10 - Kunst Phöniziens in römischer Zeit - Sidon - Sarkophag. Ausschnitt einer Schmalseite: Ein Schiff (Etwa 2. Jh. n. Chr.) - Beirut

die Reste des Tempels des Melqart zum Vorschein, des phönizischen Baal, zu dem Hiram flehte, von allen der berühmteste Herrscher. Seine Handwerker hatten am Bau des Salomo-Tempels mitgewirkt, dem sie ihre Geschicklichkeit und Kunstfertigkeit sowohl als Steinmetze wie als Zimmerleute angedeihen ließen. Ihres Zeichens Seefahrer, waren die Phönizier auch als Bauleute berühmt. In der Elfenbeinschnitzerei kam ihnen niemand gleich, und sehr wahrscheinlich verdankt man ihnen die Palmen und Blumengirlanden (1. Könige VI, 32) wie auch die mit Goldblech verkleideten ‹Cherubim› des Tempels Salomonis.

In den östlich Phöniziens liegenden Randgebieten entwickelt sich zur Zeit der Römer eine wider Erwarten aufsehenerregende Architektur. Die Tempel von Byblos oder von Ugarit, so bedeutend sie waren, reichten selbst in ihrer Glanzzeit nicht an die Pracht heran, die man nach Anbruch der christlichen Ära erleben sollte. Baalbek aber, die Stadt des Sonnengottes Jupiter, bleibt ungeachtet der von Kriegen verursachten Zerstörungen für seine Besucher eine Manifestation der Macht, ein blendender Beweis für die Virtuosität der Architekten, die die Baupläne entwarfen und sie ausführen ließen.

In dieser Stadt des syrischen Grabenbruchs zwischen Libanon und Antilibanon verehrte man eine Göttertrias mit Jupiter an der Spitze, dem Gott der Elemente, des Donners, des Blitzes und sogar der Sonne. Von seinem Heiligtum sind nur mehr die berühmten sechs Säulen übrig, unschätzbare Reliquien eines universell gefeierten Tempels. Neben Jupiter-Hadad verehrte man die Göttin Atargatis in einem ganz in der Nähe liegenden Bauwerk, das besser erhalten ist als das des Jupiter und fälschlich ‹Bacchus-Tempel› genannt wird. Der dritte Gott der Trias dürfte Merkur gewesen sein, dessen Heiligtum zu lokalisieren ein noch offenes Problem darstellt.

Baalbek fesselte uns stets im höchsten Grade. Es war der Schauplatz unserer ersten Kampagnen auf orientalischem Boden. In den Gärten einer Oase außerhalb der Mauer, die die beiden großen Heiligtümer (Jupiter und Atargatis) einschließt, aber unweit von diesen, gruben wir 1927 eine gigantische Säule aus, deren Modell kaum von dem der Jupiter-Säulen abweicht. Wie ist dieses für sich stehende Monument zu deuten? Niemand hat je eine befriedigende Antwort geben können. Der unerwartete Fund bestätigte jedenfalls die Ahnung, daß noch vieles in dieser von Rom begünstigten Stadt zu entdecken bleibt. Aber wie viele Einzelheiten an dieser riesigen Architektur aus später Epoche erinnern nicht an den semitischen Ursprung des Kults! Am Eingang des sechseckigen Hofes des Jupiter-Tempels bezeichnete eine erhöhte Schwelle die Grenze zwischen profaner Zone und geweihtem Bezirk. Desgleichen gemahnte die Verzierung der Architrave, auf der Stiere und Löwen alternierten, an die zweifache Zuordnung: der Stier war das Attribut Hadads, der Löwe das der Ischtar-Atargatis. Die Reihenfolge der Höfe des Jupiter-Heiligtums (sechseckig, dann rechteckig) bedeutete das Fortschreiten auf dem Wege zum Göttlichen. Im fünfstufigen Altar-Turm endlich, der am Fuß der großen Treppe wiederaufgefunden wurde, sei, wie einige Forscher glauben, eine überraschende Reminiszenz an mesopotamische Zikkurats zu sehen.

Alle diese Kulte Baalbeks kommen, mehr oder weniger deutlich erkennbar, in den Darstellungen des Sonnengottes Jupiter zum Vorschein, von dem es, in Stein oder Metall, mehr als zwanzig Gestaltungen gibt. Die eindrucksvollste ist zweifellos die nach ihrem ersten Besitzer so benannte ‹Sursock-Bronze›, die sich heute im Louvre befindet. Der Verfasser der ersten Veröffentlichung über dieses Monument, René Dussaud, hatte bereits alles, was auf den Feldern ihres futteralartigen Gewandes abgebildet war, ausführlich beschrieben, jedoch bedürfen gewiß noch viele Einzelheiten der Erklärung. Im Rahmen unserer Studie sei lediglich folgendes vermerkt: der *kalathos*, der das Idol krönte, legt sehr sinnfällig die Idee der Fruchtbarkeit nahe, die man von der Gottheit erwartete. Diese war die römische Umformung des kanaanäischen Hadad, dessen Identität durch die beiden Stiere gesichert ist. So läßt sich bei dieser Bronze, über Zeiten und Regionen hinweg, die Verquickung verschiedener Kulte an ein und demselben Objekt beobachten.

Wir sagten weiter oben, daß Phönizien sehr früh auf mesopotamischem Gebiet Geltung gewann. Dieses Buch wird sich auch nachdrücklich mit der Wirksamkeit der Phönizier, diesmal im fernen mediterranen Westen, befassen. Kein Zweifel, sidonische Seefahrer waren beizeiten nach Regionen aufgebrochen, die sich für die Gründung von Handelsvertretungen als günstig erwiesen. Nach allgemeinem Übereinkommen setzt man die Gründung von Utica um 1100 v. Chr., etwa dreihundert Jahre vor Karthago an. Heute weiß man, daß Legenden mitunter ernst genommen zu werden verdienen, da sich des öfteren in ihnen ein unerwarteter historischer Kern zu erkennen gibt. Was lange für ein hübsches Märchen gehalten worden war, erfuhr durch die unlängst im Herzen Thebens entdeckten orientalischen Zylindersiegel glänzende Bestätigung. Wer hätte es je für halbwegs glaubwürdig gehalten, daß der Phönizier Kadmos auf der Suche

11 - Kunst Phöniziens in römischer Zeit - Baalbek - Sogenannter Bacchus-Tempel, Tor mit Blick auf die Cella (2. Jh. n. Chr.)

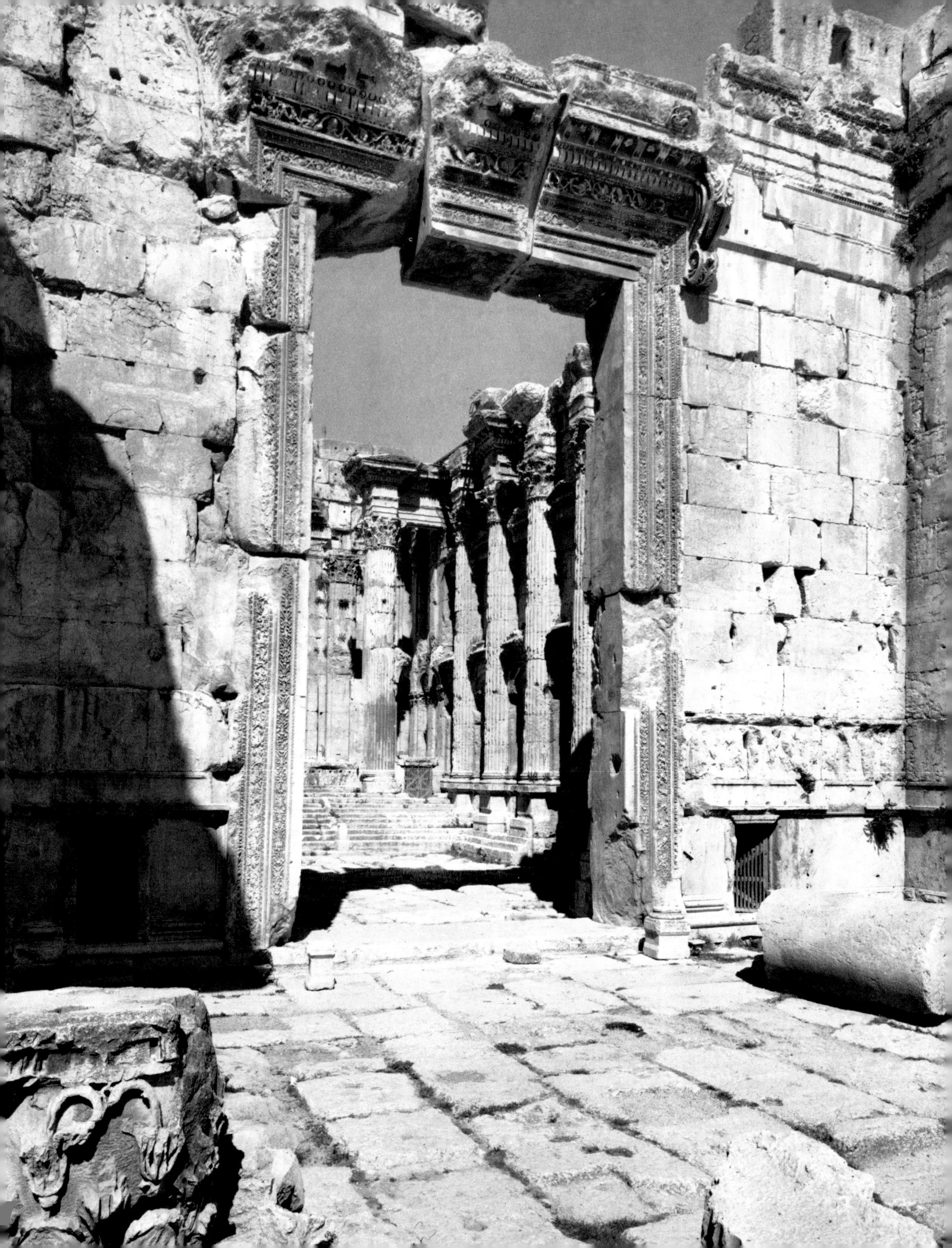

nach seiner Schwester Europa griechischen Boden betreten habe? Das Gleiche könnte man vom Auftauchen Elissas, alias Didos, in Afrika sagen, der Tochter des tyrischen Königs Mutto, die mit Tyrern höchstwahrscheinlich 814 v. Chr. Karthago (‹Qart-chadascht› = ‹Neustadt›) gegründet hatte.

Es ist der Beginn einer Besiedlungspolitik, die sich auf Sizilien (Motye), Sardinien (Olbia, Cagliari, Nora), Malta und Ibiza erstrecken sollte. Selten gab es eine so geglückte Expansion mit so frappanten Folgen. Deren eingehende Darstellung bleibt der Autorität S. Moscatis vorbehalten, dessen nachfolgende Ausführungen über dieses große Thema verdienen würden, schon hier eingeschaltet zu werden. Vorderhand wollen wir nur an die vorbildliche Anhänglichkeit der Karthager an Tyros erinnern, die bis zum Fall ihrer Stadt (146 v. Chr.) nicht verabsäumten, alljährlich an die *alma mater* eine Gesandtschaft abzufertigen mit dem Auftrag, im dortigen Melqart-Tempel ein Opfer darzubringen.

Wer hätte gedacht, daß die Phönizier, diese Abenteurer des Meeres, sich auf das Niveau der größten Erfinder, der verdienstvollsten Wohltäter der Menschheit würden erheben können? Solcher Ruhm gebührt ihnen für die Erfindung der Alphabetschrift, die über alle früheren Systeme obsiegte. Die Welt hatte viele solche Systeme gekannt, seit die Sumerer zunächst mit Piktogrammen experimentiert hatten. Um die Wende vom IV. zum III. Jahrtausend gab es noch Hunderte von Schriftzeichen in Uruk und in Dschemdet Nasr; fünfzehnhundert Jahre später nur mehr achtundzwanzig in Ugarit, zweiundzwanzig in Byblos: ein entscheidender Sprung, der den Anbruch einer neuen Ära markierte; eine Eroberung, die anders als die Kämpfe, aus denen Reiche hervorgingen, ohne jedes Blutvergießen verlief. Ein Sachverhalt, den man nicht vergessen darf und der es verdient, auf der Ehrentafel der friedlichen Siege verzeichnet zu werden.

12 - Kunst Phöniziens in römischer Zeit - Baalbek - Statue des Jupiter Heliopolitanus, sogenannte ‹Sursock-Bronze› (1. Jh. n. Chr.) - Paris

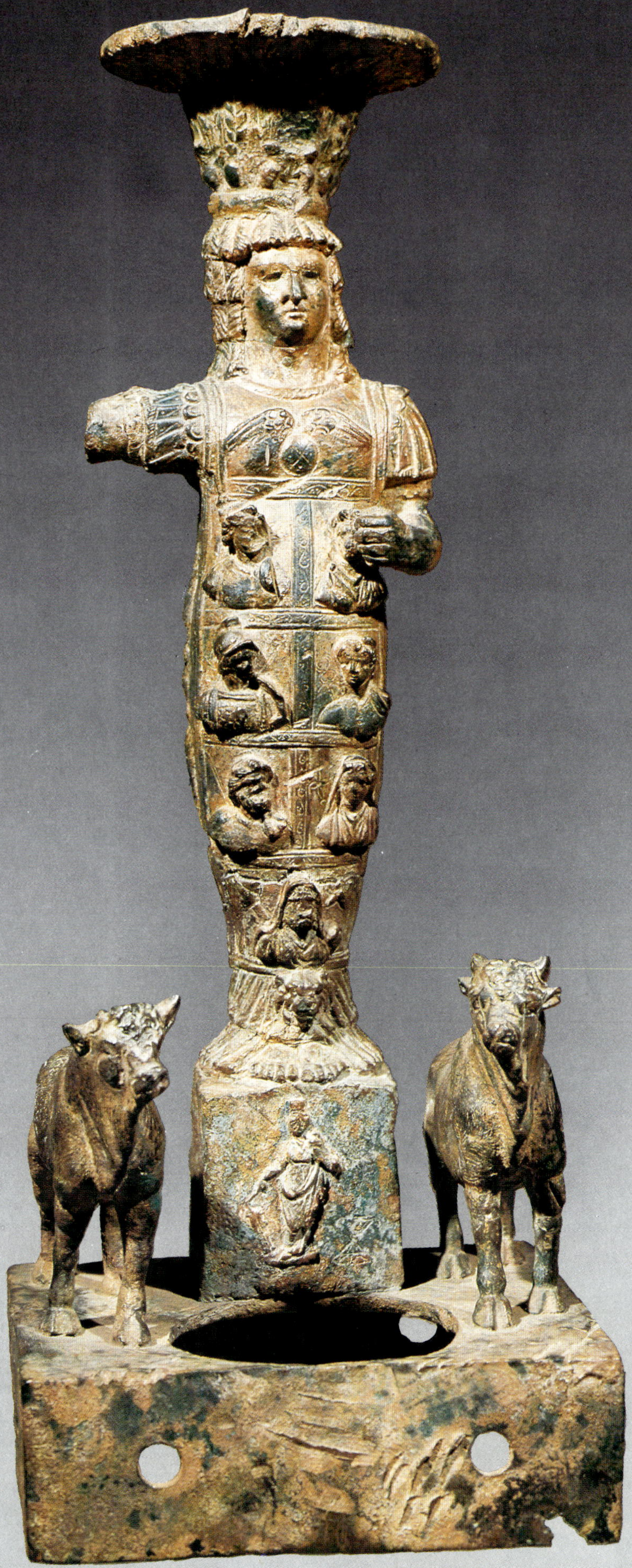

ZWEITER TEIL

DIE PHÖNIZIER IN VORDERASIEN

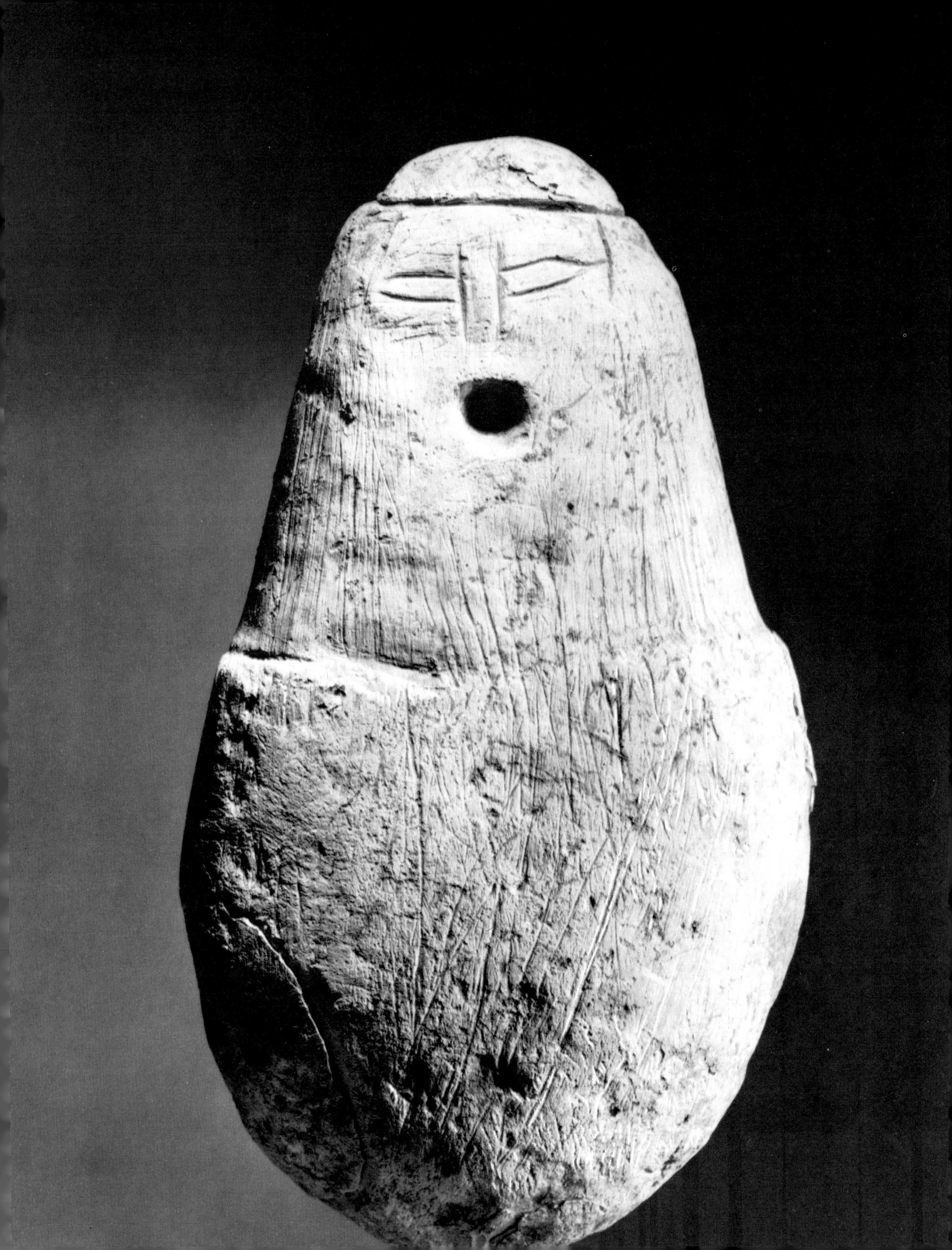

I

DIE VORGÄNGER DER PHÖNIZIER

Die physikalische Umwelt

Mehr als in jedem anderen Land des Nahen Orients sind die Bodengestaltung und die geographische Lage der Region, in der sich die Phönizier niedergelassen hatten, für die geschichtliche Entwicklung wie auch für die Formen und Ausdrucksweisen der Kunst ihrer Bewohner bestimmend gewesen.

Das gesamte am Ostrand des Mittelmeeres von ihnen besiedelte Gebiet besteht aus drei – zur gleichen Zeit wie Himalaja und Pyrenäen – aus dem Meer aufgestiegenen Gebirgsmassiven. Das Zentralmassiv, dessen Gipfelhöhe über 3000 Meter beträgt, hatte sich in zwei gleichlaufende Ketten gespalten, den Libanon und den Antilibanon. Diese Ketten werden im Norden durch minder hohe und minder zerklüftete Gebirgszüge bis zum heutigen Antiochien verlängert und im Süden durch Berge, die nur selten Höhen über 1500 Meter erreichen und zur arabischen Wüste allmählich abfallen.

Zwischen Libanon und Antilibanon dehnt sich die Hochebene der Bekaa, wo drei große Ströme entspringen. Der bedeutendste von ihnen, der Orontes, fließt entlang der nördlichen Massive nach Norden, biegt am Fuß des Amanus nach Westen um und mündet bei Antiochia ins Meer. Der Nahr el-Kebir entspringt unweit der Orontesquelle. Er verläuft zwischen dem Libanon und der ihn nach Norden verlängernden Bergkette in westlicher Richtung und ergießt sich bei Tripolis ins Meer. Auf der anderen Seite der Bekaa entspringt aus drei Quellen der Jordan; er fließt an der Ostseite der südlichen Bergkette entlang nach Süden und mündet schließlich ins Tote Meer.

Die einerseits vom Meer, andererseits vom Jordan begrenzten südlichen Massive waren einst für die aus der Wüste kommenden Völker das Land, wo Milch und Honig fließen. Ihr von einem geradlinigen Küstenstreifen gesäumtes Westgebiet war der antiken Schiffahrt wenig günstig, im Gegensatz zu den Küsten der mittleren und nördlichen Gebirge (Libanon und Alawiten-Staat), deren mehr gewundener Verlauf die Anlage kleiner Häfen ermöglichte.

Durch diese ganze Gebirgsregion hindurch verbanden verschiedene Pässe das Hinterland mit der Küste; aber nur die am Orontes und am Nahr el-Kebir entlangführenden Pässe gestatteten einen halbwegs bequemen Verkehr. Andere, mehr oder weniger schwer gangbare Pässe zweiter Ordnung führten über die Berge selbst oder umliefen sie. Der eine, der seinen Ausgang gegenüber der zyprischen Landzunge von der Küste nahm, endete am Mittellauf des Orontes; ein anderer ging von Byblos über die Bekaa nach Palmyrene; ein dritter verband Sidon mit Damaskus; ein vierter führte von Tyros zum Oberlauf des Jordan oder von Akko nach Beisan und zum Mitteljordan; ein letzter endlich wand sich um den Karmel und endete in der Gegend von Nazareth.

Der Mensch des Paläolithikums bewohnte diese üppig bewaldeten und nahezu unzugänglichen Regionen und durchlief die universellen Entwicklungsphasen der prähistorischen Existenz. Vor etwa 50000 Jahren, zur Moustérienzeit, in Höhlen hausend, gab er erste Erweise

13 - phönizisch - Byblos - Kleines neolithisches Baitylion (VI.-V. Jt.) - Beirut

einer künstlerischen Tätigkeit, indem er die Wände seiner Behausung mit Farben bemalte. Jedoch sind noch in keiner vorderasiatischen Höhle so schöne Malereien zutage getreten, wie man sie im Südwesten Europas gefunden hat.

Die ersten Formen

Im Neolithikum, vertraut bereits mit Fischfang und Ackerbau, legte der Mensch Siedlungen an; der Hügel von Byblos bewahrt davon ein reichhaltiges Material aus dem VI. und V. Jahrtausend, vibrierend vom Ausdruckswillen einer um mannigfaltige Gestaltung der Formen und Verzierungen bemühten Kunst.

Einige Schalen mit ausgeprägter Rundung scheinen von der Idee her entfernte Vorfahren einer Kunstform zu sein, die sehr viel später bei den Mayas auf der anderen Hemisphäre prädominiert. Der in diese Vasen und Schalen aus verfeinerter Tonerde eingeritzte Dekor ist sehr abwechslungsreich. Der Töpfer von Byblos versah entweder die Oberfläche dieser Gegenstände mit dem Abdruck einer Muschelschale, wodurch sie im Aussehen gewissen modernen Kunstschöpfungen sehr ähnlich wird; oder er zog mittels eines Stichels auf anderen Gefäßen fortlaufende oder unterbrochene Linien, Fischgrätenmuster oder sanft gewellte Doppellinien.

Auf einer Reihe von Vasen aus dieser Zeit sieht man getüpfelte Dreiecke in der Art der Mosaiken im Tempel von Uruk, die mitunter an die Dreiecke aus engmaschigem Gitterwerk der Keramik von Hassuna in Nordmesopotamien erinnern oder an bestimmte Motive der Keramik von Susa. Über sein erstmaliges Auftauchen hinaus ist es bemerkenswert, daß das Motiv des getüpfelten Dreiecks an der phönizischen Küste jedesmal dann erscheint, wenn sich deren Beziehungen zum Hinterland intensiver gestalten, zum Beispiel am Anfang des II. Jahrtausends und zur Zeit der Hyksos, aber wieder verschwindet, wenn diese Beziehungen zum Stillstand kommen oder rückläufig werden.

Ein anderer Umstand, der nicht auf Zufall beruhen kann, ist die verblüffende Ähnlichkeit zwischen den Tonfigurinen, die in Byblos gefunden wurden, und denen aus Eridu in Mesopotamien. Die stark geschlitzten, fast vertikal stehenden Augen und die gleichartige Haltung der nach vorn genommenen Arme lassen keinerlei Zweifel an der Verwandtschaft der beiden Gruppen.

Andere, mehr oder weniger zeitgenössische Objekte, die kleine Baitylien darstellen, zeigen weit weniger entwickelte Formen. Auf einem dieser heiligen Steine wollen zwei Striche und ein Loch Augen und Mund vorstellen. Auf einem anderen wurden mit einem Stichel Augen, Nase und Mund eingeritzt, Kopf und Gesicht mit üppig herabhängendem Haupt- und Barthaar versehen. Diese Baitylien, die man einer volkstümlichen religiösen Tradition verdankt, entsprechen in ihrer Schlichtheit dem Gemüt derer, die sie gestaltet oder gestiftet haben.

Im IV. Jahrtausend charakterisieren dieselben Phänomene die Kunst von Susa II und gleichermaßen die von Byblos. Susa II, das auf die ‹Sintflut› folgte, setzte auf eine mehr vergröberte und entartete Weise bestimmte Motive des ‹vorsintflutlichen› Susa I fort. Ebenso bedeutete in Byblos diese Chalkolithikum oder Äneolithikum genannte Epoche gegenüber der vorhergehenden einen gewissen Rückschritt, was die Reinheit der Tonware betrifft, die mit winzigen Brocken zerquetschten Kalks durchsetzt war; jedoch gelang es dem Töpfer, sehr große Krüge zu formen, die der Lagerung von Vorräten und mitunter der Beisetzung Verstorbener dienten.

Was kleinere Objekte angeht, Vasen oder Schalen, so entsprechen ihre Formen bestimmten Typen. Die Vasen haben häufig einen flachen Boden, sind nach oben trompetenförmig ausgeweitet oder schön gerundet und sitzen auf einem Dreifuß; die Schalen sind kielförmig wie die von Uruk IV in Mesopotamien.

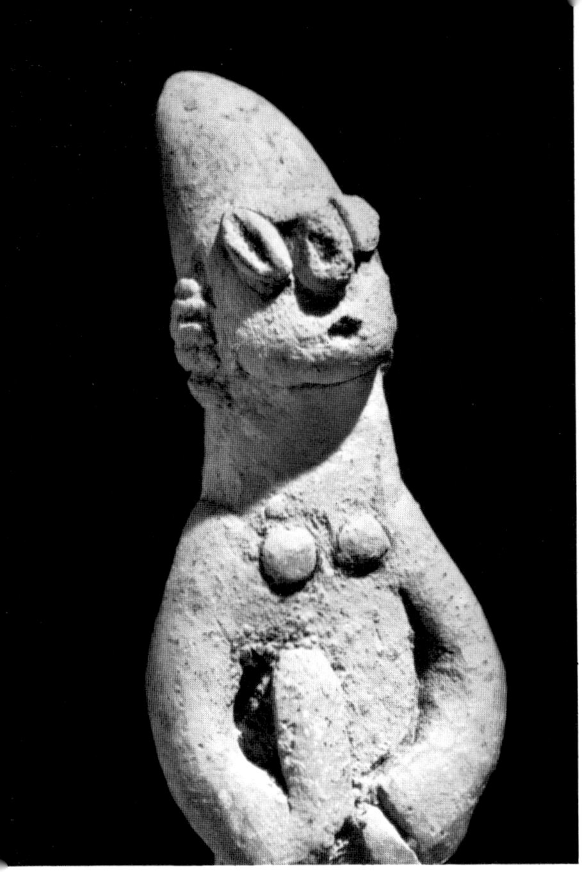

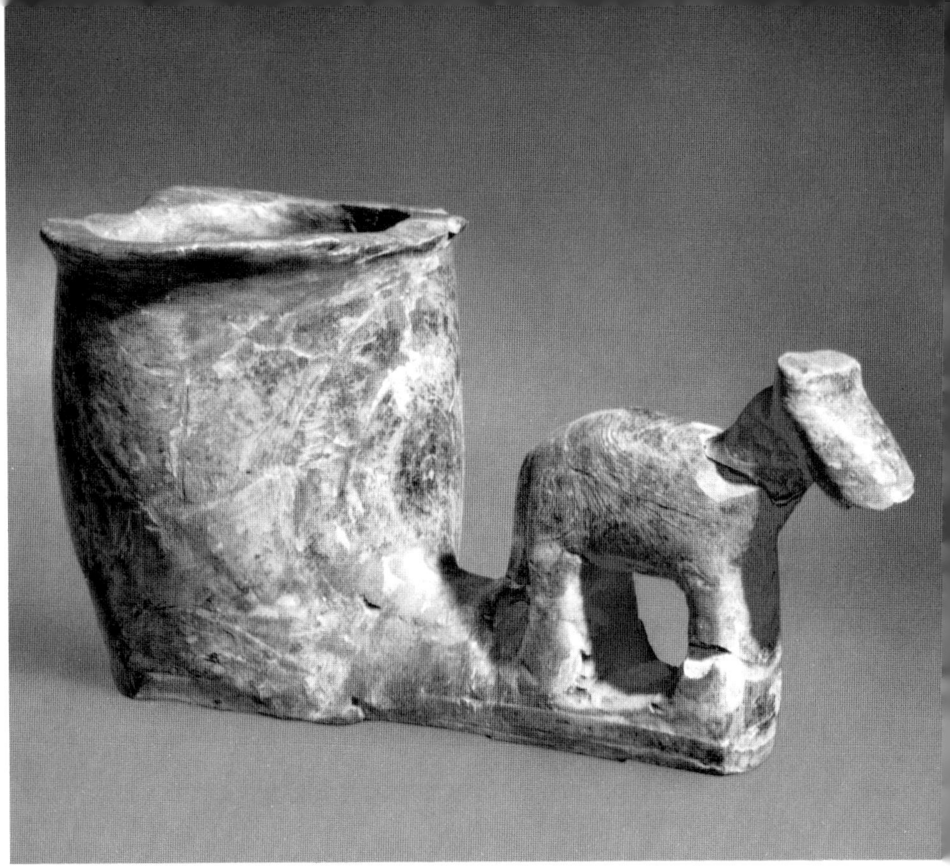

14 - phönizisch - Byblos - Statuettenfragment einer neolithischen Gottheit (V. Jt.) - Beirut

15 - phönizisch - Byblos - Vierfüßler und Vase (IV. Jt.) - Beirut

Zwischen den äneolithischen Erzeugnissen von Byblos und Mesopotamien bestehen andere Analogien. Die in einem der Riesenkrüge verwahrte Hämatitkeule, die dem Sohn eines Anführers gehörte, ist mit einer Manschette aus Silber ausgestattet in der Art des Straußeneis aus Ur in Chaldäa; und die aus einem Stück Elfenbein geschnittene Vase mit einem davorstehenden vierfüßigen Tier entspricht einem Motiv, das sich auch im Repertoire der Künstler von Ur findet.

Andere Analogien lassen uns die Wahl zwischen zwei Möglichkeiten: entweder haben Byblos und die mesopotamischen Städte ihre Anregungen aus denselben Quellen bezogen, oder Byblos hat seine Formen den Erzeugnissen des südlichen Mesopotamien entnommen. Jedenfalls aber sind die Arbeiten von Byblos, im Detail nicht so ausgearbeitet und primitiver, weniger ausdrucksvoll.

In dieser Periode, als die Schrift noch unbekannt war, haben die Vorgänger der Phönizier aus Byblos die Henkel ihrer Krüge mit verschiedenen Siegelabdrücken markiert, die samt und sonders einen geometrischen Dekor aus zumeist geraden, sich überschneidenden Linien aufweisen und manchmal dem Dekor verwandt sind, der die chinesischen Bronzen während nahezu dreier Jahrtausende kennzeichnete. Der gemeinsame Ursprung dieser Formen ist wohl in den Steppen und Ebenen des nördlichen Asien zu suchen, von wo immer wieder Invasionen ausgingen, im Südosten in Richtung auf China, im Westen und Südwesten auf Europa und Vorderasien. An diesen Invasionswellen waren die Völker Asiens beteiligt, die sich als Sumerer im Süden Mesopotamiens, als Hurriter in der südlichen Gebirgsgegend Armeniens und als Hattier im Zentrum Kleinasiens niederließen. Hatten sich nun die Vorgänger der Phönizier teilweise mit den asiatischen Völkern vermischt, oder standen sie lediglich mit ihnen in Beziehung? Die weitere Ausgrabungstätigkeit wird diesen Punkt klären, auf den die bisherigen Funde bereits einiges Licht werfen.

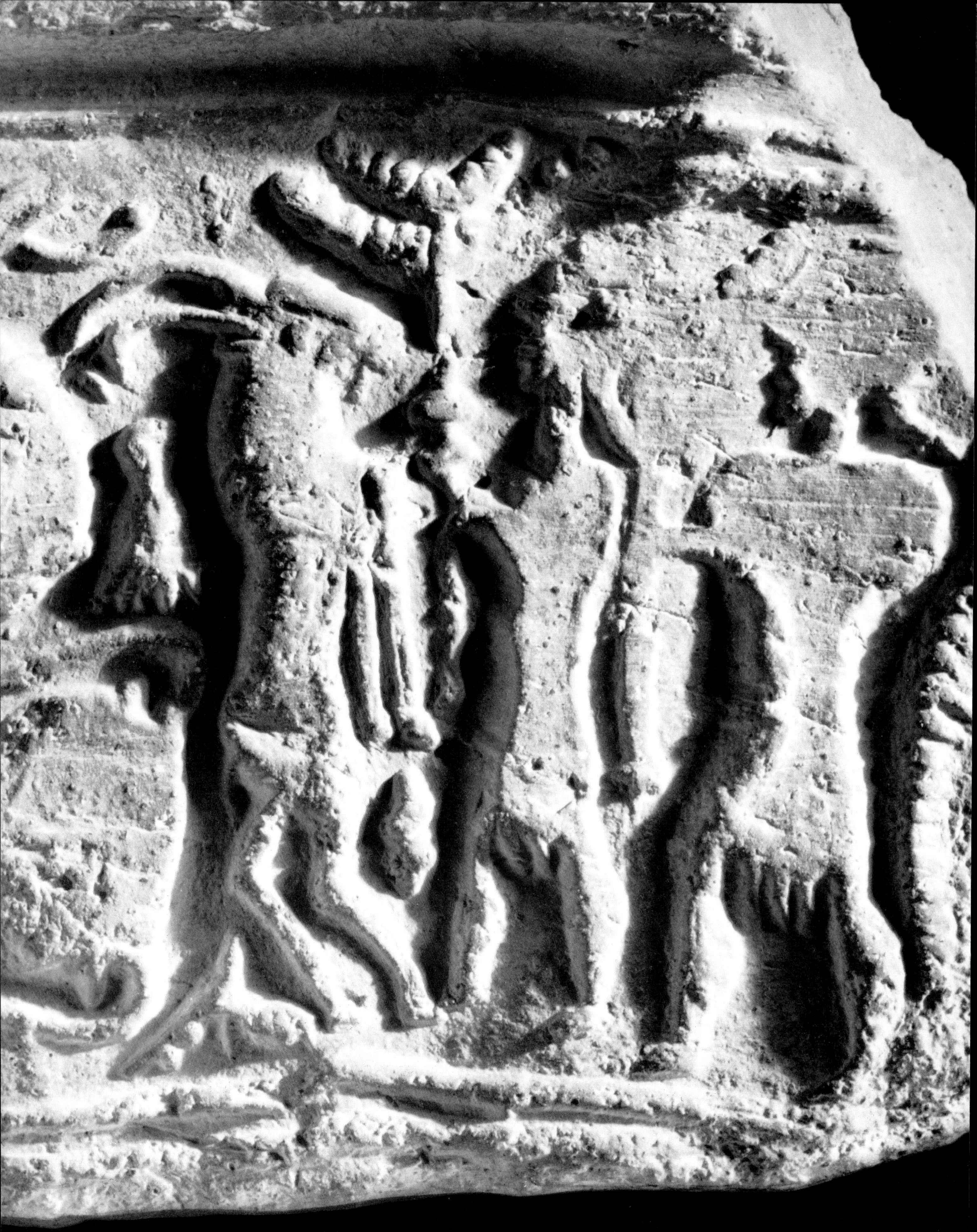

II

DAS III. JAHRTAUSEND

Der Einfluß Mesopotamiens

Am Ende des IV. Jahrtausends hat sich der Vordere Orient stabilisiert. Neben den Völkern Asiens waren die Semiten schon seßhaft geworden: Akkader im Zentrum Mesopotamiens, Amoriter im Innern Syriens und Kanaanäer entlang den Küstengebirgen und deren Ausläufern.

Die im Küstengebiet zwischen der Orontesmündung und dem Karmel siedelnden Kanaanäer sind bekannter unter dem Namen Phönizier. Sie blieben in Verbindung mit Mesopotamien, das ihren Dekor und ihre Architektur inspirierte. Ihr Dekor ist teils durch die Abdrücke auf den Krügen, teils durch Rollsiegel charakterisiert. Er besteht aus Cerviden, die, auf ihren Hinterläufen fast aufrecht stehend, sich an Pflanzen hochrecken, oder aus Löwen, die im Verhältnis zu ihren ohnehin massigen Körpern übergroße Köpfe haben und einen Stier oder einen Cerviden anfallen. In Phönizien jedoch sind diese Szenen, obschon sie die Eigentümlichkeiten der sumerischen Arbeiten beibehalten, minder schwerfällig behandelt.

Die architektonischen Entlehnungen ihrerseits erkennt man am Riß der Mauer, mit welcher sich Byblos, das antike Gebal, umgeben hatte und deren Stärke die Legende entstehen ließ, der Gott El habe sie errichtet, als er gegen seinen Vater Baal Schamêm revoltierte: etliche Meter dick und auf der Innenseite von vier Meter breiten Pfeilern gestützt, war diese Mauer, anstatt aus Ziegeln wie in Mesopotamien, von den Gebaliten aus den in ihrer Region reichlich vorhandenen Steinen errichtet. Übrigens schließt diese Befestigung Byblos nur von der Landseite her ein, da sich die Stadt vom Meere her keines Angreifers versah.

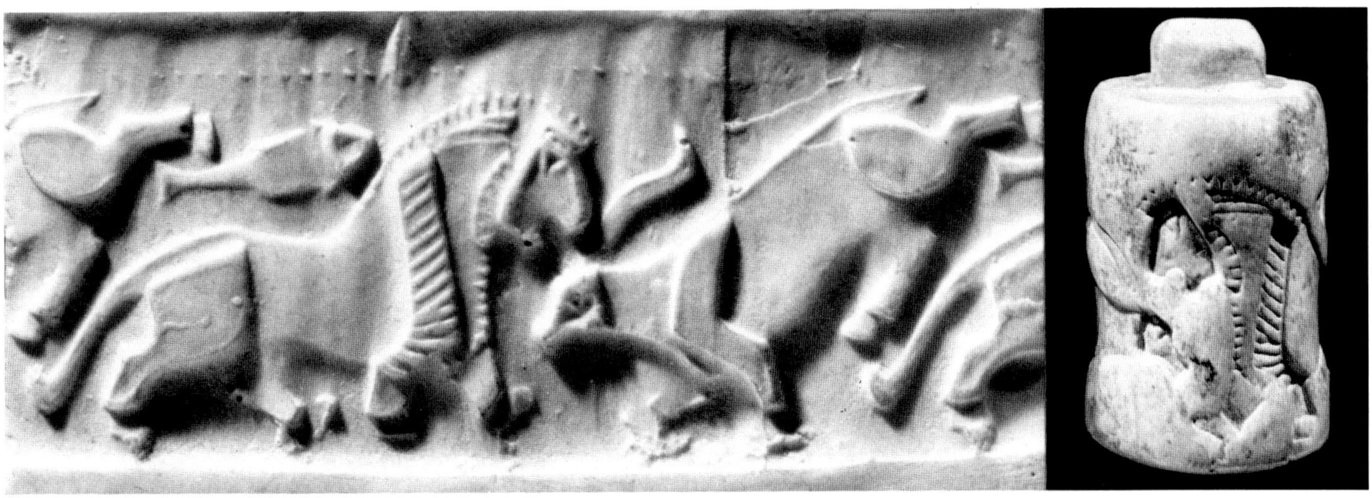

17 - phönizisch - Byblos - Abdruck und Siegelzylinder: Löwe, der einen Stier anfällt (Anfang III. Jt.) - Beirut

← 16 - phönizisch - Byblos - Fragment eines Siegelabdrucks vom mesopotamischen Typus: Sich aufrichtender Hirsch (Anfang III. Jt.) - Beirut

An den beiden Endpunkten der Mauer war das antike Byblos mit zwei Häfen ausgerüstet, einem im Süden und einem im Norden. Die ständigen Westwinde und die zeitweilig einsetzenden Nord- und Südwinde machten die Anlage zweier Häfen in allen phönizischen Städten notwendig.

Man erreichte den Nordhafen über eine durch die Mauer gelegte Poterne. Der Hauptzugang zur Stadt aber befand sich auf ihrer Nordostseite. Bei Gefahr war er durch hölzerne Fallgitter geschützt, die in die Rillen eines mit Steinplatten belegten Ganges eingriffen.

Im Lauf des III. Jahrtausends wuchs die Stadt zwischen ihrem Wall und den in ihrem Zentrum errichteten Sakralbauten heran. Die Wohngebäude hatten schließlich eine rechtwinklige Form angenommen; ihre Wände wurden bis zu einer gewissen Höhe aus Stein, darüber hinaus aus Holz gebaut. An den Ecken und an der Mittelachse der Langseiten waren steinerne Bodenplatten als Unterlage für die das Dach tragenden Säulen angebracht. In der Mitte größerer Räume war eine weitere Platte einer siebenten Säule zugedacht, die den Dachbalken zu stützen hatte. Die Dächer dieser Häuser waren höchstwahrscheinlich aus Schilf. Die Anordnung der Dachflächen wies eine leichte Neigung auf, wie es die Deckel der Sarkophage bezeugen, der Wohnstätten der Toten.

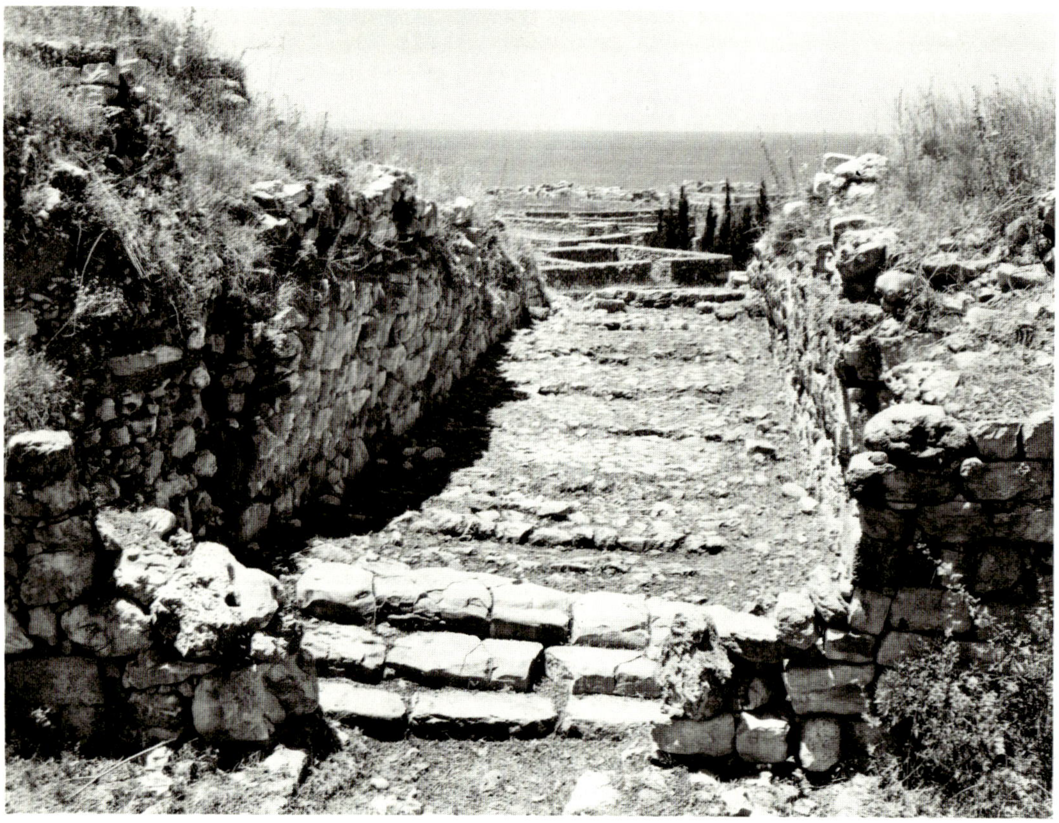

18 - phönizisch - Byblos - Haupteingang im Nordosten der Stadt mit Fugen für das Fallgatter (III. Jt.)

19 - phönizisch - Byblos - Die mit Vorsprüngen versehene Umfassungsmauer im Norden der Stadt (Ausschnitt) (III.-II. Jt.)

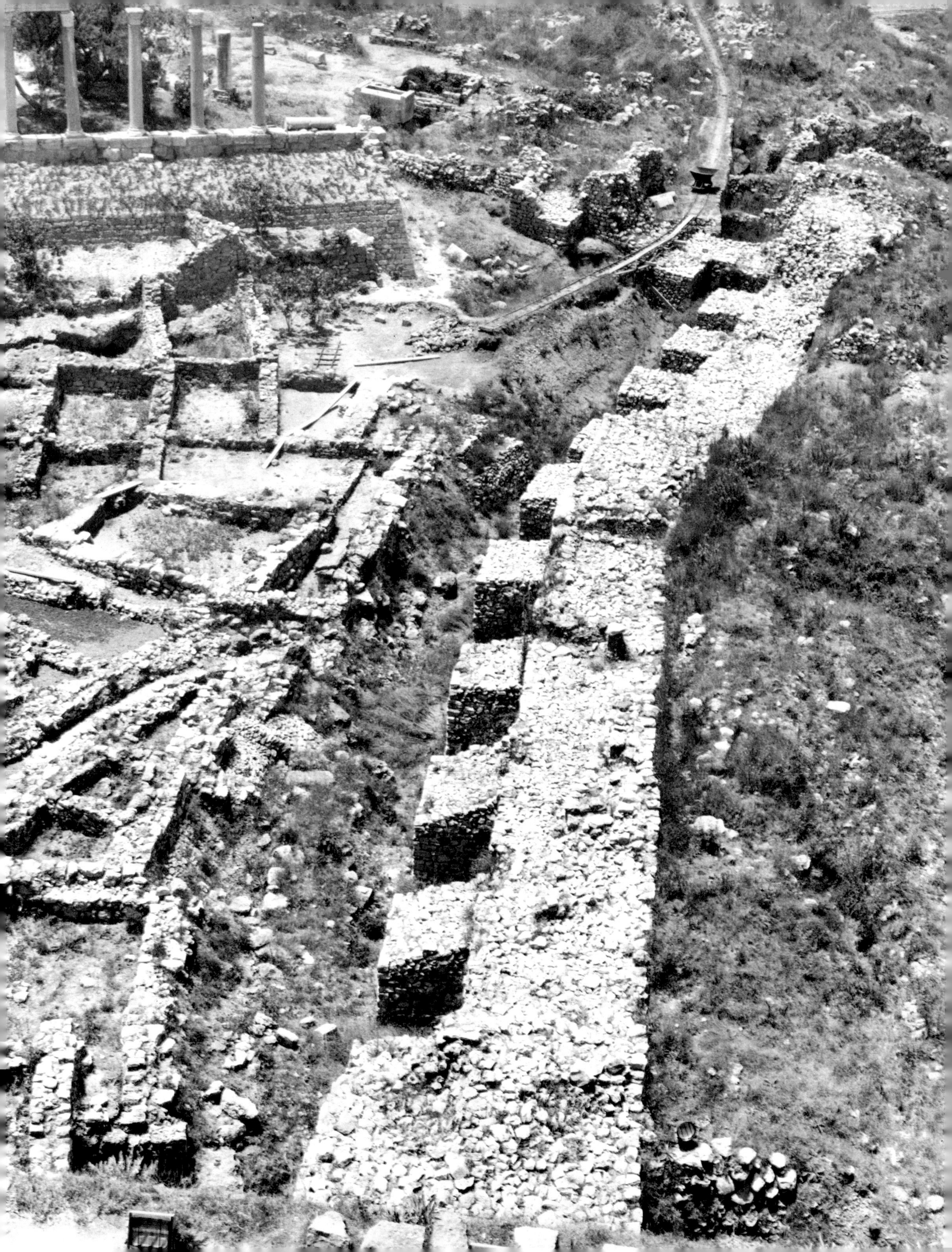

In einem Winkel des berühmten Baalat-Gebal-Tempels, unter dem Schutt, hinterließ der Phönizier des III. Jahrtausends die frühesten Zeugnisse seiner Kunst in Gestalt von Exvotos, die fast keine fremden Einflüsse aufweisen und mit gemalten, meist geometrischen Motiven verziert sind. An den zoomorphen Vasen, die zu dieser Opfergabe gehören, erfaßt man unmittelbar das Charakteristische seiner Kunst, die durch schematische Züge die bezeichnendsten Bewegungen und Stellungen des Tieres, das ihm als Modell diente, wiederzugeben vermag.

Stilisierung und Lebenswahrheit waren die Grundzüge der Gestaltungen dieses tätigen und wanderlustigen Volkes während seiner ganzen Geschichte, mit welchen Kunstformen immer es in mehr als dreitausend Jahren in Berührung gekommen war und was immer davon es übernommen oder sich assimiliert hatte.

Welch bewundernswerte Linienführung und gelungene Gestaltung beim Gehörn eines Stierkopfes, dessen Augen und Maul mit einigen Strichen nur eben angedeutet sind, oder noch bei einem anderen, gewichtig schreitenden Stier, dessen kleiner lebensvoller Kopf sich aus dem massigen Körper mit seinen deutlich hervortretenden Gelenkansätzen hervorreckt.

Die Gruppe zoomorpher Vasen, die diesen beiden Hauptstücken beigegeben war, setzt sich aus Stieren oder Enten zusammen, deren Anatomie dem Töpfer so wenig Kopfzerbrechen verursacht hat, daß es manchmal schwierig ist, den Vierbeiner vom Vogel zu unterscheiden. Sehr obenhin gestaltet, wirkt die Gruppe dennoch quicklebendig; sämtliche Tiere weichen in ihren

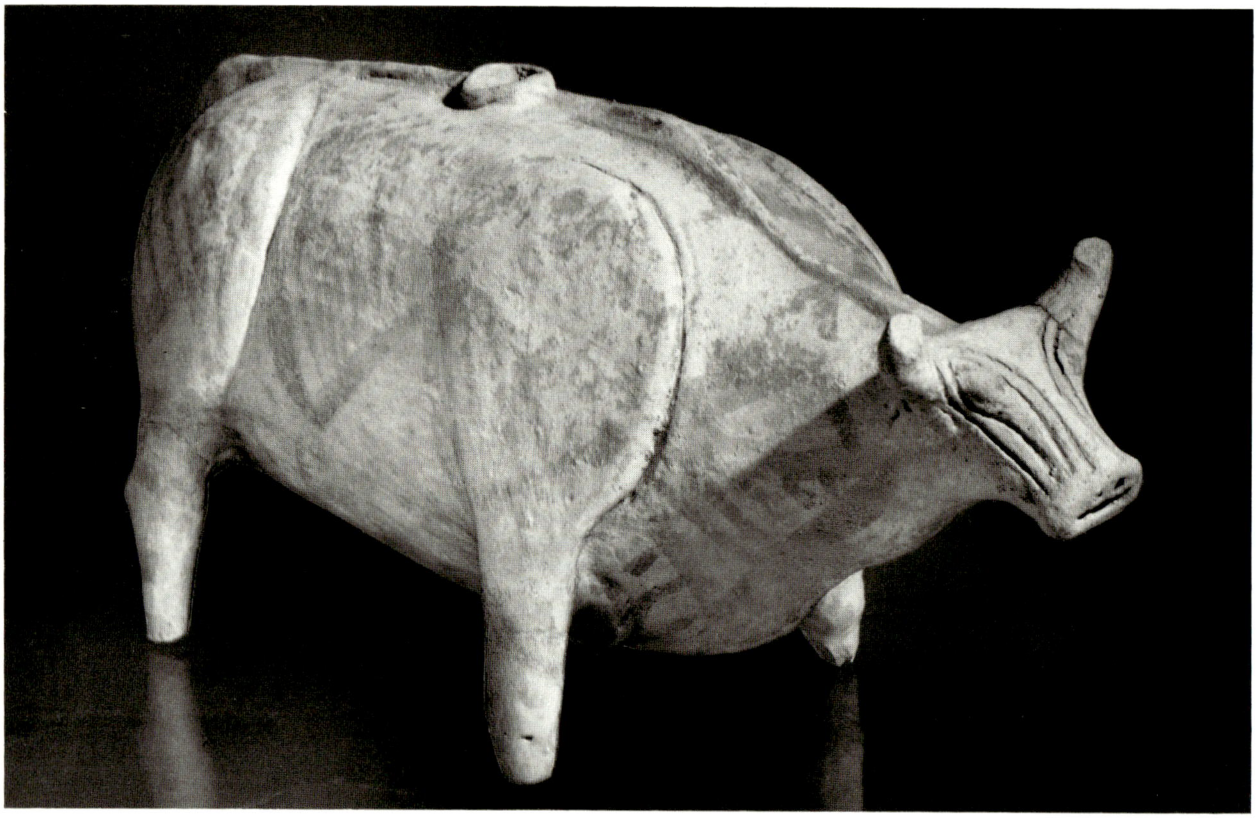

20 - phönizisch - Byblos, Tempel der Baalat Gebal - Gefäß in Form eines Stiers (III. Jt.) - Beirut

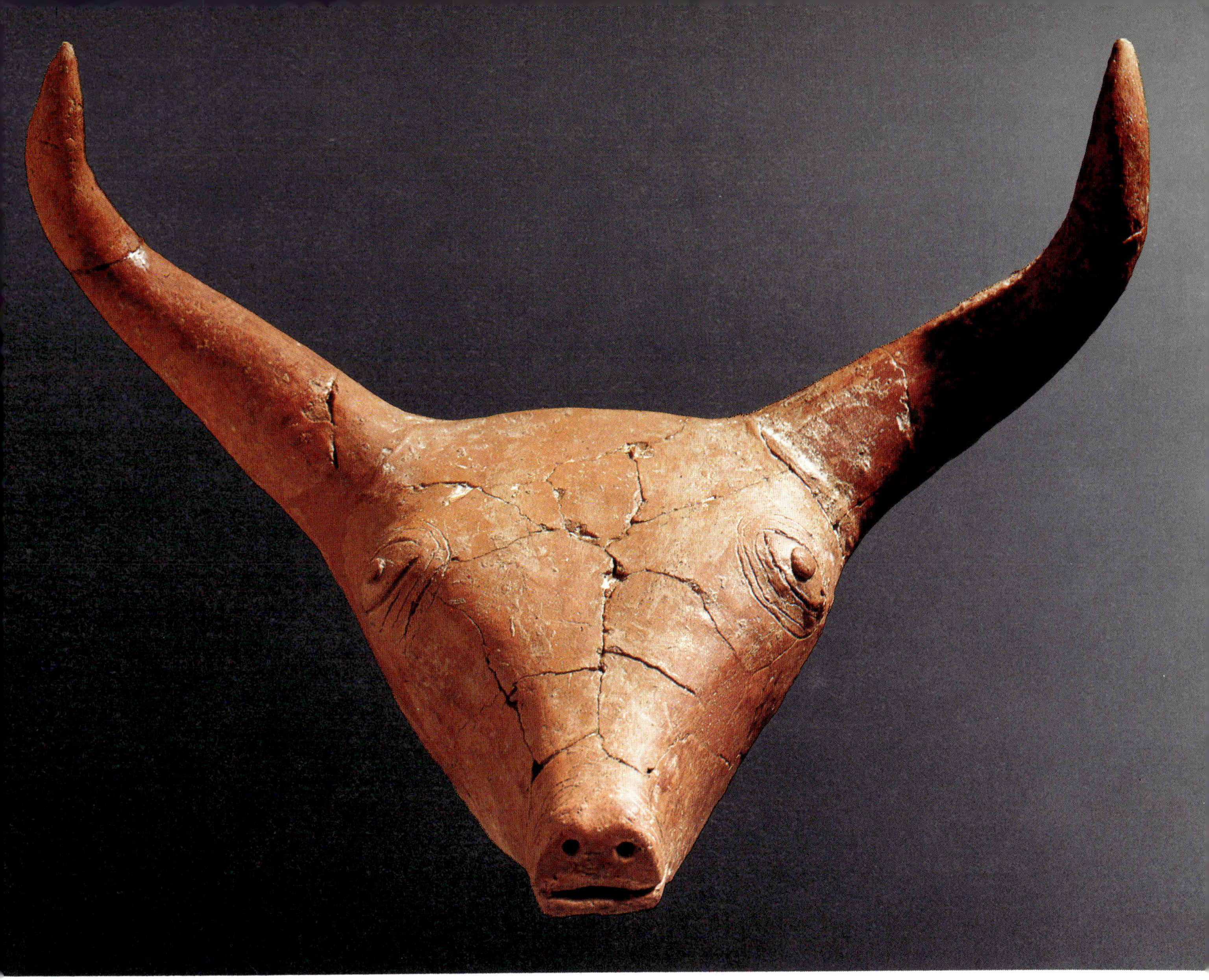

21 - phönizisch - Byblos, Tempel der Baalat Gebal - Stierkopf (III. Jt.) - Beirut

Stellungen ein wenig voneinander ab und sind, wie man sagen könnte, mit einem Anflug von Humor behandelt.

Diese fast karikaturistische Seite findet sich auch in der Gestaltung menschlicher Statuetten, an denen gewisse Züge übertrieben wurden, und vollends äußert sich der humoristische Einschlag in zwei einander zugewandten Figuren, die am Hals einer Vase emporklettern.

Neben solchen weitgehend selbständigen phönizischen Arbeiten lassen andere die Berührung mit fremden Kunstformen deutlich erkennen.

Angesiedelt im Schnittpunkt der antiken Welt, führten die Phönizier ein immer weniger isoliertes Dasein (vgl. S. 266); als Seefahrer und Händler knüpften sie in zunehmendem Maße dauerhafte Beziehungen zu anderen Ländern an, deren Kunstformen ihr reger Geist rasch assimilierte und in die eigene Ausdrucksweise übernahm, ohne sie jedoch jemals sklavisch zu kopieren. Welches auch der Einfluß war, der ihre Werke durchdrang, stets trugen sie den Stempel ihrer persönlichen Eigenart.

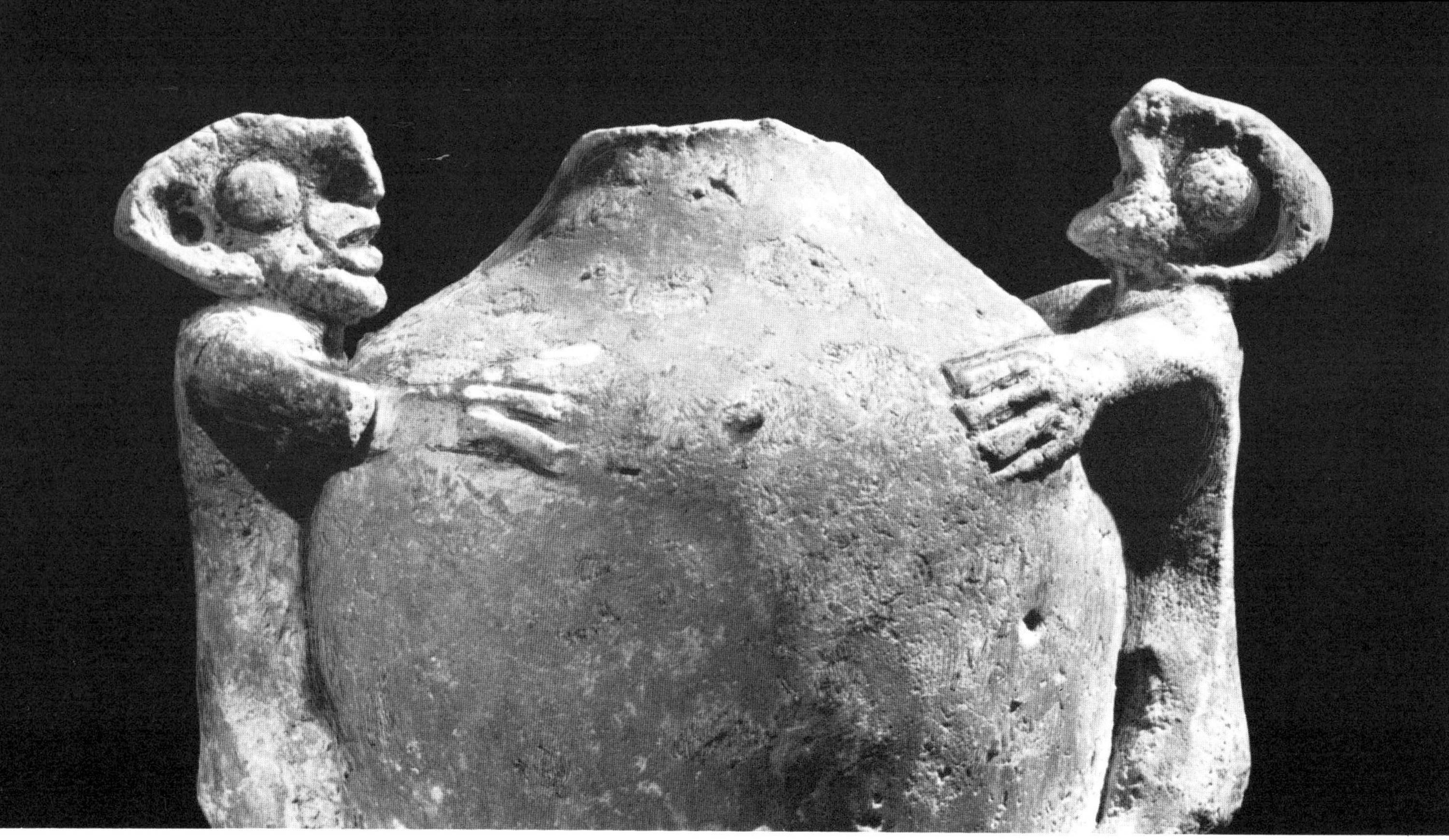

22 - phönizisch - Byblos, Tempel der Baalat Gebal - Karikierte Gestalten, die an einer Vase hochklettern (Ausschnitt) (Ende III. Jt.) - Beirut

Die Hinwendung nach Ägypten

Dem am Anfang des III. Jahrtausends noch überwiegenden mesopotamischen Einfluß sollte sich derjenige Ägyptens hinzugesellen. Die von Mesopotamien entlehnten Siegelzylinder aus Terrakotta, ursprünglich mißförmig und von ziemlich erheblichen Ausmaßen, waren mit Gruppen regelloser Striche verziert; bald aber werden die Formen regelmäßig, und die Striche, obgleich sie auf ein und demselben Siegel noch verschiedenartig ausfallen, fügen sich einer gewissen Ordnung. Später verlieren die Rollsiegel ihren Knauf, sie werden zunehmend kleiner, und an die Stelle der Striche treten Figuren, die mit dem fransengesäumten Zottenrock der Mesopotamier bekleidet sind; auf einem der kleinsten Rollsiegel offenbart sich der ägyptische Einfluß in der Kartusche des Pharaos Cheops, des Erbauers der Pyramide von Gise.

Dennoch ist dies nicht das erste Mal, daß dieser Einfluß auftaucht; ein großes Rollsiegel aus Stein, zweifellos aus der Zeit vor Cheops, zeigt sehr unbeholfen eingeritzte Hieroglyphen, und die Göttin von Byblos, die dort zweimal im Bilde einer Isis-Hathor erscheint, ist das eine Mal in falscher Blickrichtung hingesetzt, was ägyptischer Gepflogenheit widerspricht. Dieser Siegelzylinder trägt außerdem den Namen von Chai-Tau, eines in Ägypten verehrten Gottes und bekannt als Gottheit eines fremden Landes, des Landes Negau, in dem vier Arten von Bäumen wachsen. Könnte damit nicht ein phönizischer Landstrich gemeint sein?

Als das nördliche mit dem südlichen Reich unter einem Zepter vereinigt wurde, festigte Ägypten seinen Einfluß auf Phönizien aufs neue. Hinfort basierte die Wirtschaft von Byblos auf Ägypten, dem es sein Holz und seine für die Mumifizierung der Toten so geschätzten Harzprodukte lieferte.

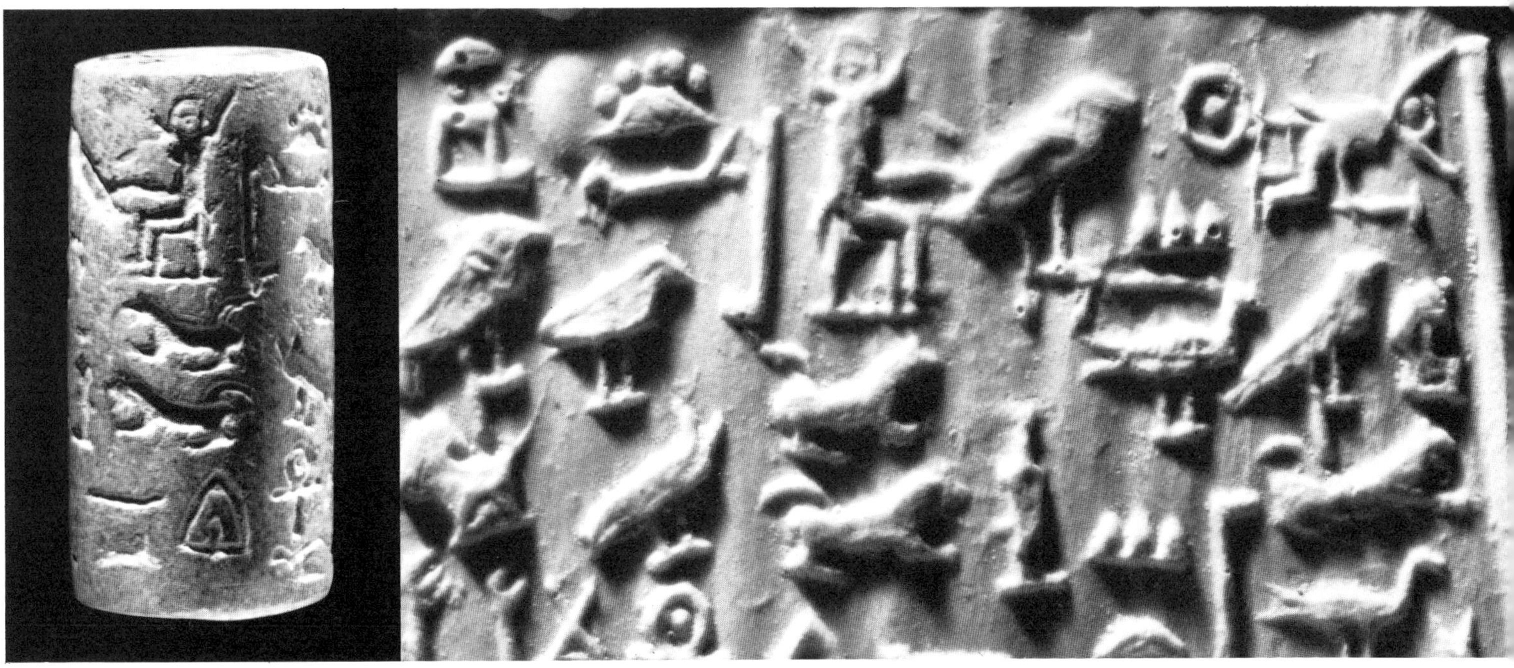

23 - phönizisch - Byblos - Siegelzylinder und Abdruck mit dem Namen von Chai-Tau (Anfang III. Jt.) - Beirut

Von der 1. bis zur 6. Dynastie ist der Einfluß Ägyptens in Byblos durch zahlreiche ägyptische Vasen nachzuweisen, Geschenke der Pharaonen für die Göttin von Byblos, eine andere Form der Isis-Hathor von Dendera. Kam doch, so die Legende, Isis nach Byblos, um den Körper ihres Gatten Osiris zu suchen, den sein Bruder Seth ins Meer geworfen hatte und dessen von den Wogen ans Ufer getragener Leichnam von einem Baum umschlossen worden war, der zum Grundpfeiler des Königspalastes wurde!

In dem Maße, wie sich die Beziehungen mit Ägypten intensivierten, sieht man die Spuren mesopotamischer Einflüsse in Byblos sich verringern; sie werden nur mehr durch einige mit farbig inkrustierten Dreiecken verzierte Steinvasen repräsentiert.

Die Amoriter in Byblos

Die soziale Revolution jedoch, die Ägypten am Ende des III. Jahrtausends erschütterte, unterbrach für mehr als hundert Jahre seine Verbindung mit Phönizien. Neben anderen Entbehrungen beklagten die Ägypter jener Periode ihr Getrenntsein von Byblos: «Man segelt heute nicht mehr nach Byblos. Wie nun für unsere Mumien die Pinien beschaffen, in deren Brettern man die Reinen beisetzt, mit deren Harzen man die Großen einbalsamiert?»

Übrigens wirkten jene Geschehnisse auf Byblos selbst zurück. Die Amoriter verwüsteten die Stadt, besonders erbittert gegen alles, was an Ägypten erinnerte. Der von ihnen gelegte Brand fand seine Nahrung in den hölzernen Aufbauten der Wohnhäuser und bedeckte die Stadt mit einer dicken Aschenschicht, die auf Jahrhunderte hinaus unter sich begrub, was feindlicher Zerstörungswut entgangen war.

Die Amoriter setzten sich eine Zeitlang in Byblos fest, was die von ihnen an der Peripherie der Stadt erbauten Häuser bezeugen. Das im Grundriß rechteckige Haus vom amoritischen Typ hatte wie die großen Nomadenzelte einen verhältnismäßig kleinen Zentralraum; dieser war durch versetzbare Zwischenwände von den nach außen liegenden Räumen getrennt, eine An-

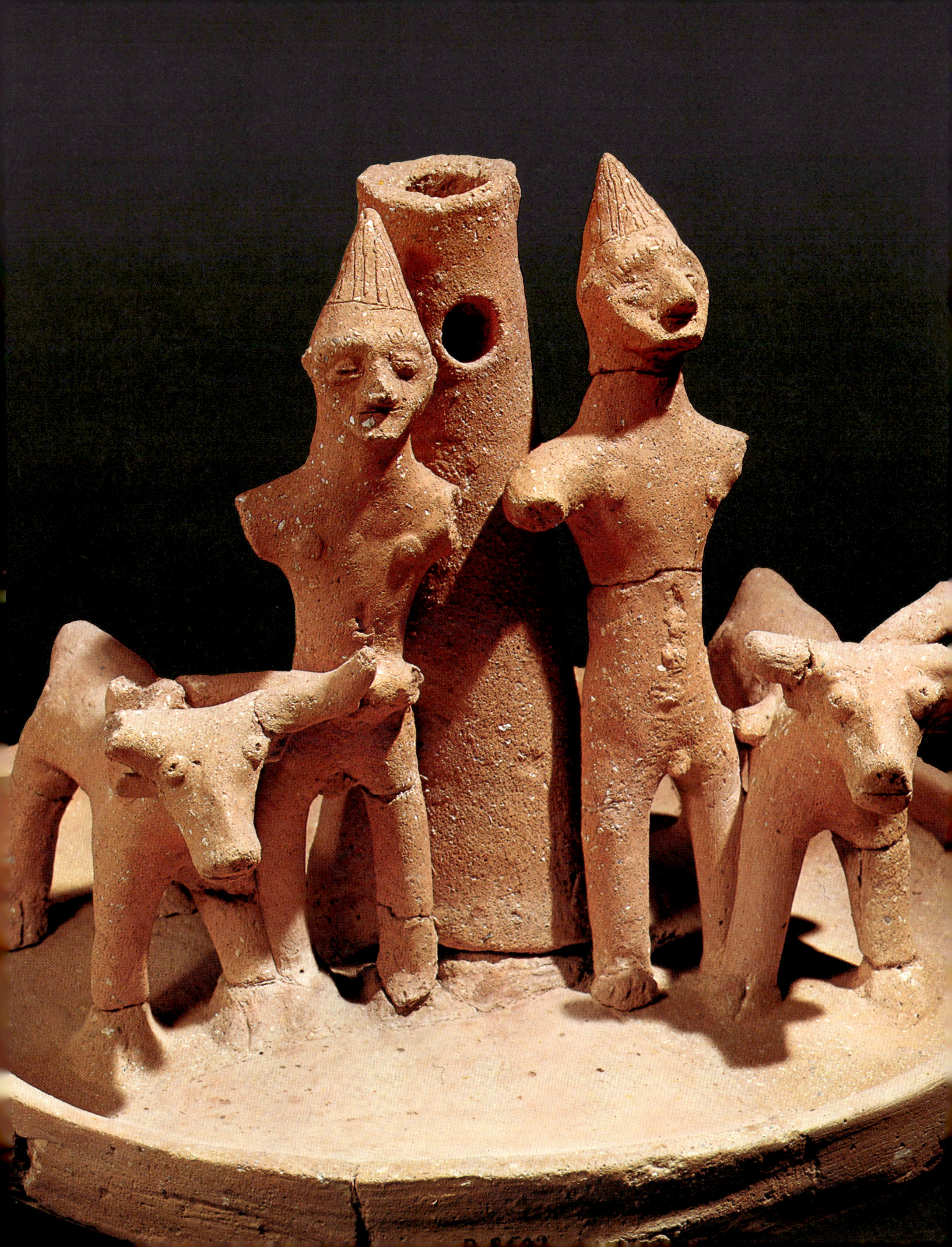

lage, die man noch heute in den alten Häusern von Mendschez antrifft, einem libanesischen Dorf nahe der syrischen Grenze.

Die internationalen Beziehungen

Der durch den unterbrochenen Kontakt mit Ägypten nur vorübergehend gedämpfte Unternehmungsgeist der Phönizier eröffnete sich rasch neue Betätigungsfelder. Zu Beginn des II. Jahrtausends stieß er durch den amoritischen Norden in das Euphrattal vor und stellte Verbindungen mit Ländern her, in denen Überfluß an Bronze herrschte. In der Tat wurde Bronze um die Wende vom III. zum II. Jahrtausend in den Küstenländern des Mittelmeeres immer häufiger verwendet, was jene zahlreichen ringförmigen Barren bekunden, die man in Byblos findet und die in ganz Europa vieltausendfach in Gebrauch waren. Diese Ringe von verschiedener Größe, teils mit und teils ohne Voluten, haben nicht nur als Schmuckstücke gedient, wiewohl sie manchmal in Gold oder Silber nachgebildet wurden; ihr beträchtliches Gewicht gestattet die Annahme, daß sie in einer Zeit, da Geld noch keineswegs gebräuchlich war, als Zahlungsmittel im Tauschhandel verwendet wurden.

Was die Beziehungen zu Mesopotamien betrifft, so sind sie nachgewiesen durch die Ausgrabungen von Mari, die uns lehren, daß hier gebalitische Stoffe sehr beliebt waren und daß König Zimrilim vom König von Byblos eine Goldvase erhalten hatte.

Durch seinen gleichermaßen nach Westen orientierten Handel stand Byblos auch mit der glanzvollen kretischen Kultur in Verbindung, was nicht nur durch eine Vase aus Kamares belegt wird, die in einem gebalitischen Grabe gefunden wurde, sondern auch durch Silbergefäße, die sich, ähnlich modernen Teekannen, nach oben verjüngen, sowie durch zahlreiche Skarabäen, in die vielerlei Kombinationen von ineinander verschlungenen oder freischwebenden Spiralen, zuweilen stilisierte konzentrische Kreise eingeritzt sind.

Dank vermehrter Kontakte mit fremden Kunstformen verbessert der Phönizier dieser Epoche die Modellierung der Körper und Köpfe seiner Bildwerke, ohne darum seiner Tendenz zur Schematisierung zu entsagen.

In einer Figurengruppe von zwei Bauern, die neben ihren Rindern stehen, sieht man beide Tendenzen vereinigt. Dagegen ist die konische Kopfbedeckung der beiden Gestalten typisch lokaler Natur. Die drei in einem analogen Sinne behandelten Affen, die zu dieser Gruppe gehören, halten sich mit den Händen die Ohren beziehungsweise die Augen oder den Mund zu mit den gleichen Gebärden und in derselben Stellung wie gewisse indische Figürchen unserer Tage.

24 - phönizisch - Byblos - Bauern mit der ‹lubbâde› auf dem Kopf, die bei ihren Rindern stehen (Anfang II. Jt.) - Beirut

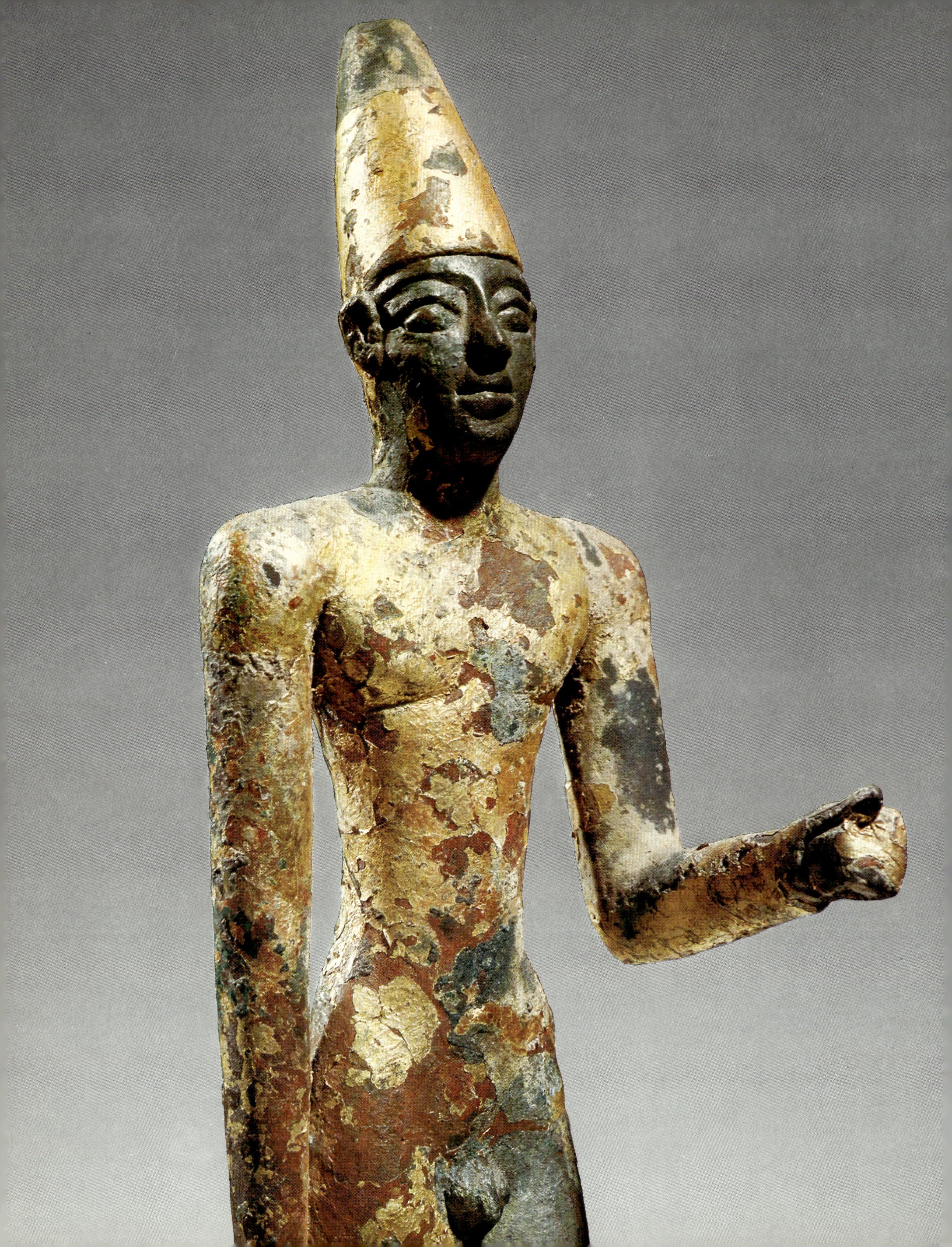

III

DIE SCHÄTZE VON BYBLOS

Königliches Geschmeide

Nach dem Ende der revolutionären Periode suchte die in anderer Form wiedereingesetzte Monarchie Ägyptens ihre Beziehungen zu den Ländern des Orients zu erneuern.

Im 19. und 18. Jahrhundert gestaltete sich das Verhältnis zu Byblos abermals sehr eng, und die Pharaonen überhäuften nicht mehr nur die Heiligtümer der Stadt, sondern ebenso und vor allem deren Herrscher mit reichen Geschenken; dies beweisen die vielen ägyptischen Kostbarkeiten, die sich in den Gräbern von Abi-schemu I., Japi-schemu-abi I. und anderen phönizischen Königen fanden; eine zerbrochene Vase, ein Balsamgefäß und ein goldgefaßtes Weihrauchkästchen aus Obsidian tragen die Kartusche Amenemhets III. oder IV. Neben diesen pharaonischen Geschenken diente aus Ägypten importiertes Gold sowohl zur Verarbeitung von Schmuckstücken für die Könige von Byblos als auch dazu, in Form fein gehämmerten Blattgolds die Bronzestatuetten zu überziehen, die diese Könige oder ihre Untertanen im Tempel den Göttern als Opfergaben darbrachten.

Die durch den ökonomischen und politischen Aufschwung ihres Landes reich gewordenen Könige von Byblos spielten sich auf ihrem winzigen Gebiet, dessen Horizonte sich bis in weit entfernte Länder öffneten, in der Tat wie kleine Pharaonen auf.

Ägyptische Etikette und ägyptische Kunst dienen ihnen als Vorbild, die Insignien der pharaonischen Königswürde als Schmuck: die hieroglyphenverzierte Uräuskrone, Amethystringe in Skarabäusform, goldenes Halsgeschmeide, das ein Falke mit ausgebreiteten Schwingen ziert, Pektoralien und Medaillons aus emailliertem Gold, deren Themen und vor allem deren Technik dem ägyptischen Repertoire entnommen sind. Der gebalitische König ging so weit, sein eigenes Zepter mit einer Hieroglypheninschrift zu dekorieren, in der er sich den Titel eines *heqa* zulegte, mit dem die Ägypter ein Oberhaupt bezeichneten und den sie auf Fürsten, manchmal auf den Pharao selbst anwandten. Sehen wir gegenwärtig nicht das gleiche Phänomen im Protokoll verschiedener Staaten sich begeben, die noch vor kurzem der britischen Krone unterworfen waren?

Was ihre Ruhestätten betrifft, so ahmten die Könige von Byblos nicht die Pharaonengräber nach, sondern waren es zufrieden, sich von den Grabmälern ägyptischer Großer inspirieren und Gräber in der Form der *mastaba* errichten zu lassen. Die Stufenpyramide, die sich über dem Boden erhob, ist jedoch verschwunden; nur die in den Fels gehauenen inneren Anlagen blieben vollständig erhalten. Sie bestehen aus Gewölben, in die 10 Meter lange Schächte hinabführen. Dort ruhte der Tote, behängt mit Schmuck, inmitten seiner Kostbarkeiten. So ließ der König Abi-schemu, um seinen Leichnam und die Schätze, mit denen er sich zu umgeben gedachte, zu schützen, in seiner Gruft einen von weither herbeigeholten großen Kalksteinblock aufstellen, aus dem die Wanne für seinen Sarkophag ausgehauen wurde. Ein anderer Steinblock, an der Oberseite mit Zapfen in Form riesiger Pilze ausgestattet, diente dieser Wanne als Deckel.

Nach ägyptischer Sitte trug der König Abi-schemu um den Hals ein goldgetriebenes Pektorale, das durch einen ziselierten Falken mit ausgebreiteten Flügeln geschmückt war. Anstatt

25 - phönizisch - Byblos - Der Gott Reschef (Ausschnitt) (19.-18. Jh. v. Chr.) - Beirut

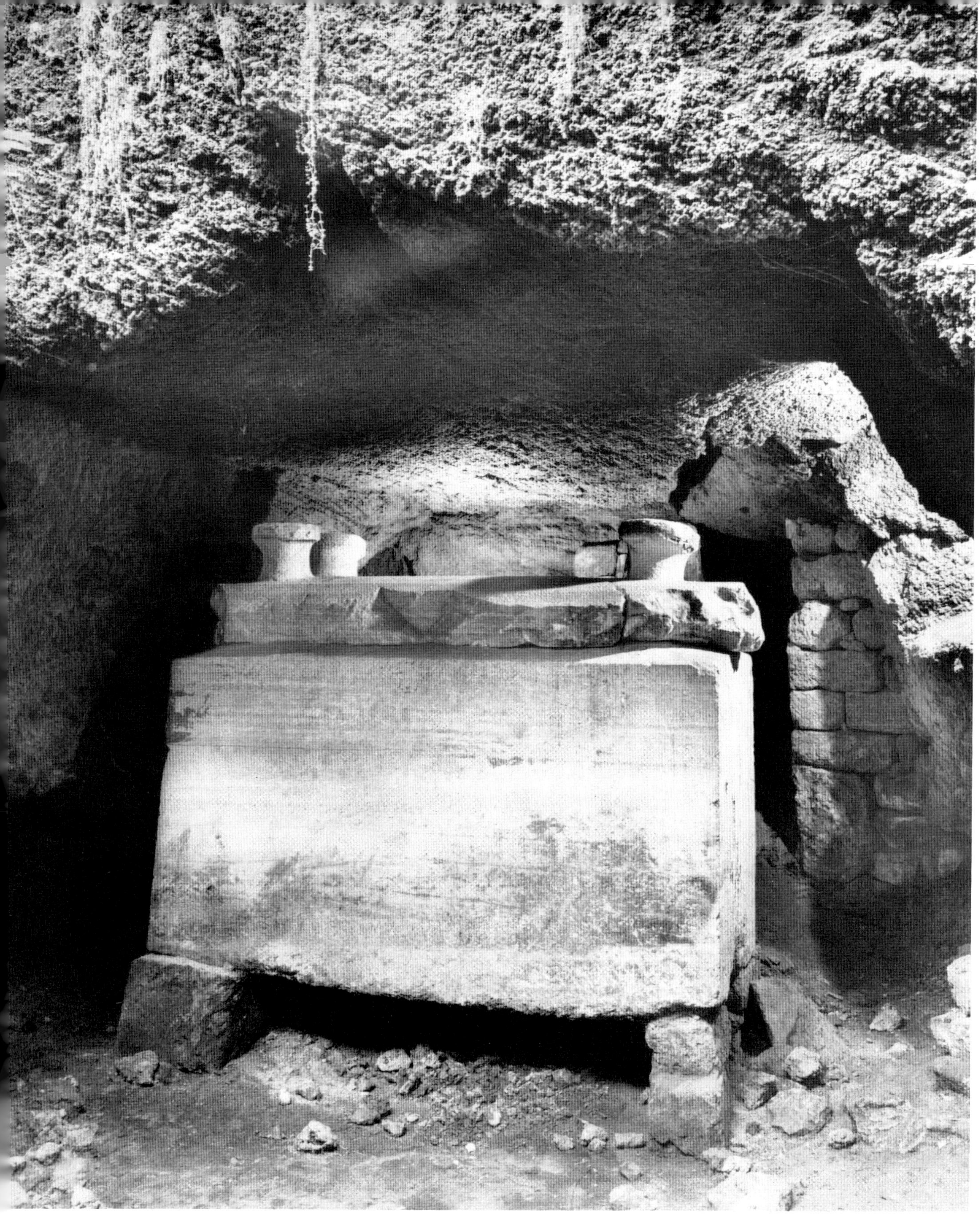

26 - phönizisch - Byblos - Sarkophag des Königs Abi-schemu in seiner Grabkammer (19. Jh. v. Chr.)

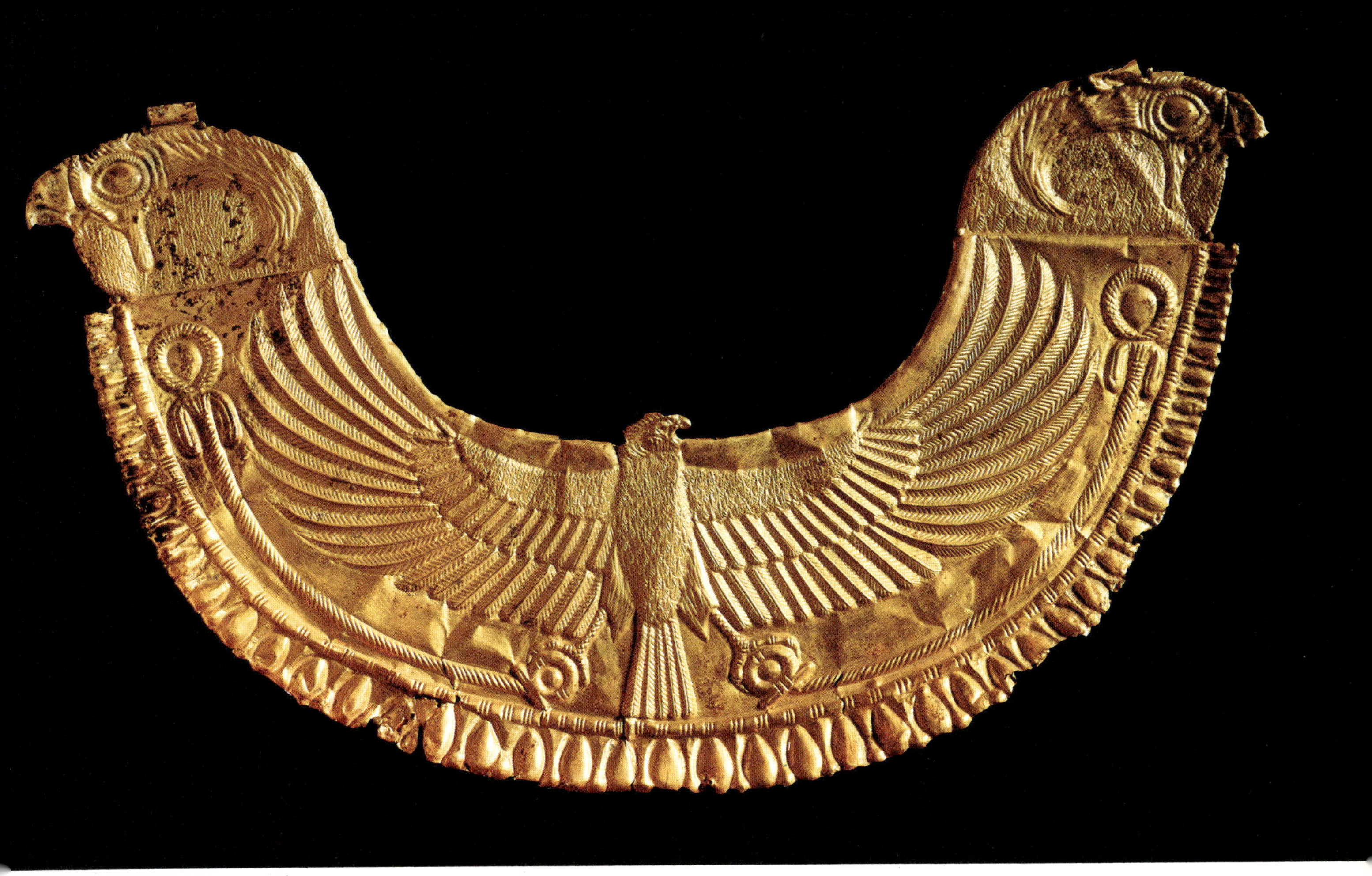

27 - phönizisch - Byblos - Pektorale des Königs Abi-schemu, verziert mit einem Falken, der Palmen hält (18. Jh. v. Chr.) - Paris

aber von der Platte Karneol- oder Amethystperlen herabhängen zu lassen, wie man es in Ägypten vorgezogen hätte, umrandete der phönizische Goldschmied die Platte mit einem getriebenen Perlenmuster. Jedoch kennzeichnete man auf diesem ägyptisch inspirierten Schmuckstück den phönizischen Charakter des Königs dadurch, daß man dem Siegel, das der Falke in seinen Fängen hält, eine Palme hinzufügte, deren oberste Blätter sich über Früchten oder anderen herabhängenden Blättern kreisförmig schließen. Die Palme ist gewissermaßen ein phönizisches Nationalemblem.

Indessen, so bedeutend der ägyptische Einfluß am Hofe von Byblos auch war, nahmen König und Künstler sich Freiheiten heraus, die ihre Unabhängigkeit dartun. Auf ein emailliertes Medaillon ließ der König nicht nur seinen semitischen Namen in goldenen Hieroglyphen schreiben, sondern er setzte auch diesen Namen nach Pharaonenart in eine Kartusche, eine Unverfrorenheit, die sich kein ägyptischer Prinz erlaubt haben würde. Zwar ist die Thematik dieser Medaillonverzierung völlig ägyptisch, aber deren Anordnung respektiert ägyptische Frömmigkeit und Sitte mitnichten. Zu beiden Seiten der Kartusche richten sich Uräusschlangen auf, verziert mit den Kronen von Ober- und Unterägypten; anstatt aber die Sonnenscheibe auf den Kopf des Uräus zu setzen, wie es ein Ägypter aus Ehrfurcht vor der Rangordnung seiner Gottheiten getan hätte, ziert sie hier nur dessen Hals.

Dieselben Freiheiten finden sich auf einem anderen, gleichfalls emaillierten Pektorale. Bei der nach Pharaonenart doppelten Darstellung des Königs von Byblos fühlte man sich nicht an den

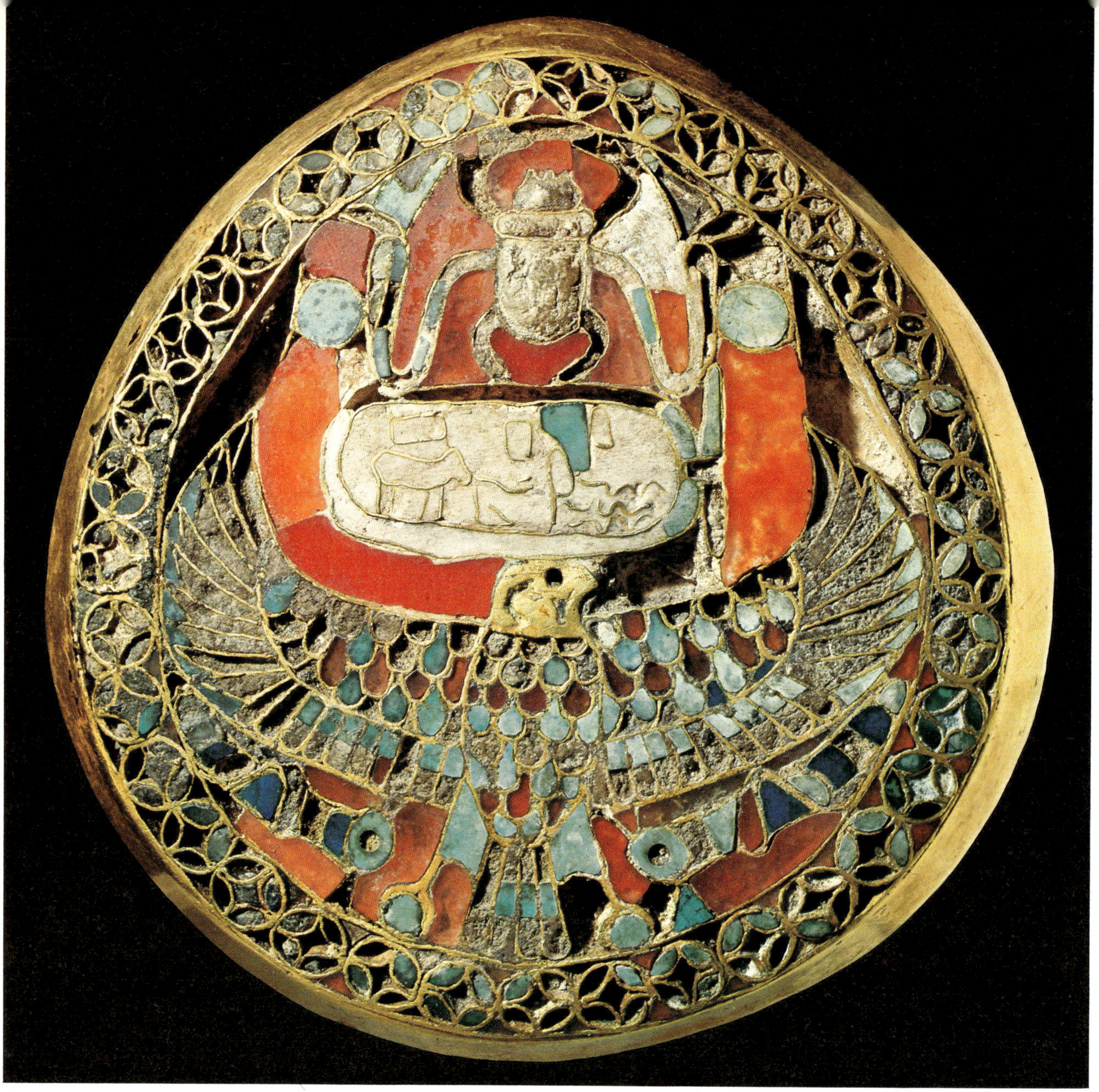

28 - phönizisch - Byblos - Medaillon mit dem in eine Kartusche eingesetzten Namen des Königs Japi-schemu-abi (18. Jh. v. Chr.) - Beirut

Sinn dieser Wiederholung gebunden, mit der man in Ägypten die doppelte Eigenschaft des Pharaos als König sowohl von Ober- wie von Unterägypten hervorheben wollte. Der phönizische Künstler, der keine Ursache hatte, sich dieser Symbolik anzuschließen, begnügte sich damit, deren Thema zu kopieren und den beiden Darstellungen seines Königs die gleiche Kopfbedeckung aufzusetzen. Außerdem liefert die Plumpheit der Lotossäulen, die das Kehlgesims stützen, einen, falls nötig, weiteren Beweis dafür, daß dieses Schmuckstück nicht von ägyptischer Hand herrührt.

Gleichfalls einheimisch ist ein mit den Goldschmiedearbeiten von Dahschur verwandtes Goldmedaillon, verziert mit einem emaillierten Skarabäus, der sich anschickt, in einen Lotoskelch zu schlüpfen. Diese Szene, die einen ägyptischen Vorwurf behandelt, bezieht sich auf die Legende vom Gotte Atum, der, eingehüllt in eine Lotosblüte, allabendlich das Totenreich besucht. Phö-

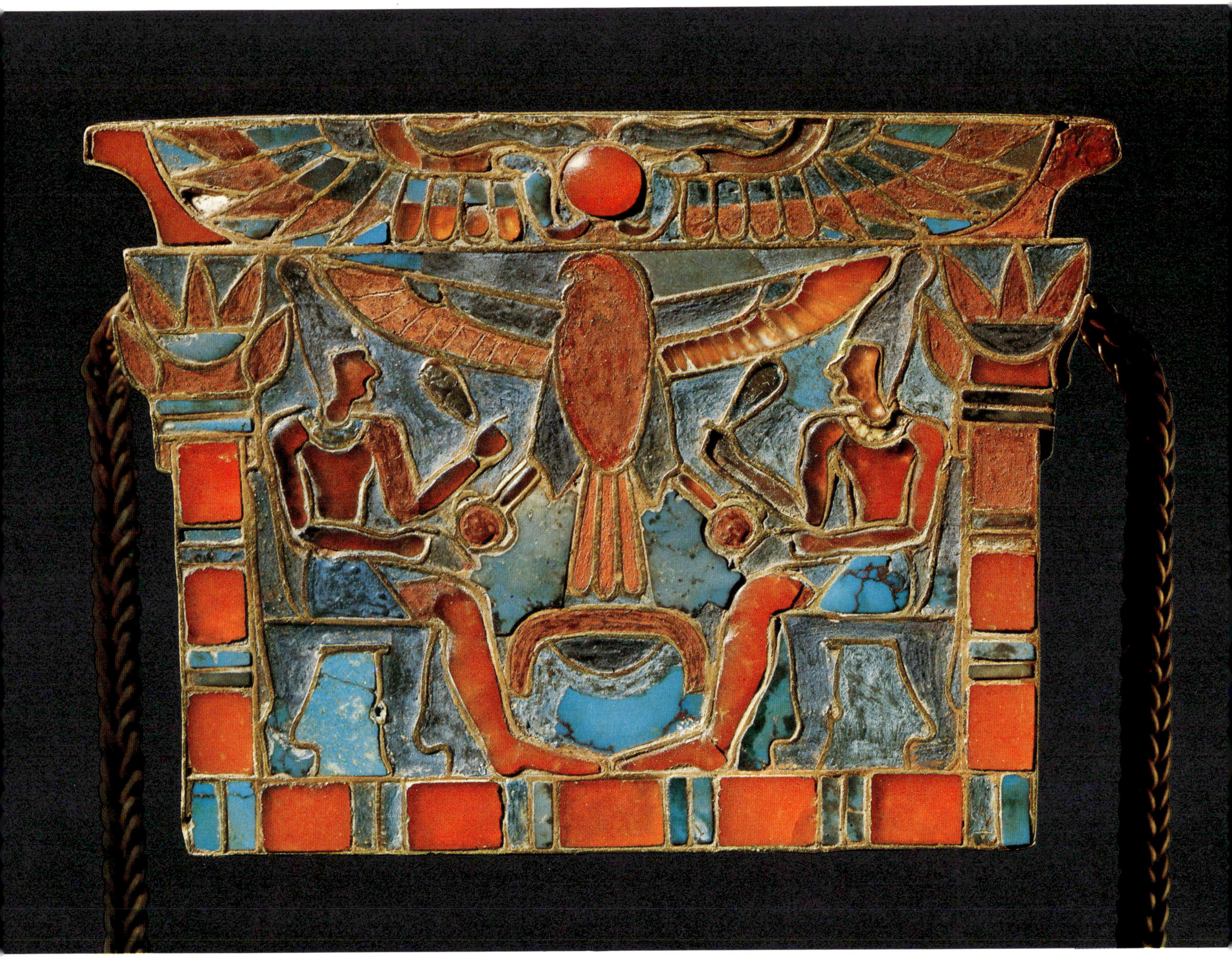

29 - phönizisch - Byblos - Pektorale des Königs Japi-schemu-abi (18. Jh. v. Chr.) - Beirut

nizischer Tradition gemäß ist die Darstellung naturgetreu, aber weder der Skarabäus noch die Blüte haben den eleganten und sozusagen akademischen Stil, den ihnen ein ägyptischer Künstler verliehen hätte.

Die Königsgräber bargen jedoch nicht nur ägyptische oder ägyptisch inspirierte Gegenstände. Zu dieser hauptsächlichen Quelle der Beeinflussung treten, manchmal auf ein und demselben Stück, andere Motive und Techniken hinzu, die anderen Kulturen entlehnt sind. So verhält es sich mit dem Zepter des Japi-schemu-abi: in der Form erinnert es an mesopotamische Sichelschwerter, aber auf beiden Seiten ist es mit einem Uräus und einer hieroglyphischen Inschrift geschmückt, deren Unbeholfenheit die phönizische Hand verrät.

Übrigens sind in diese Uräen Goldfäden eingelegt, eine Technik, die sich Ägypten nach der Unterwerfung der orientalischen Länder in der zweiten Hälfte des II. Jahrtausends zu eigen

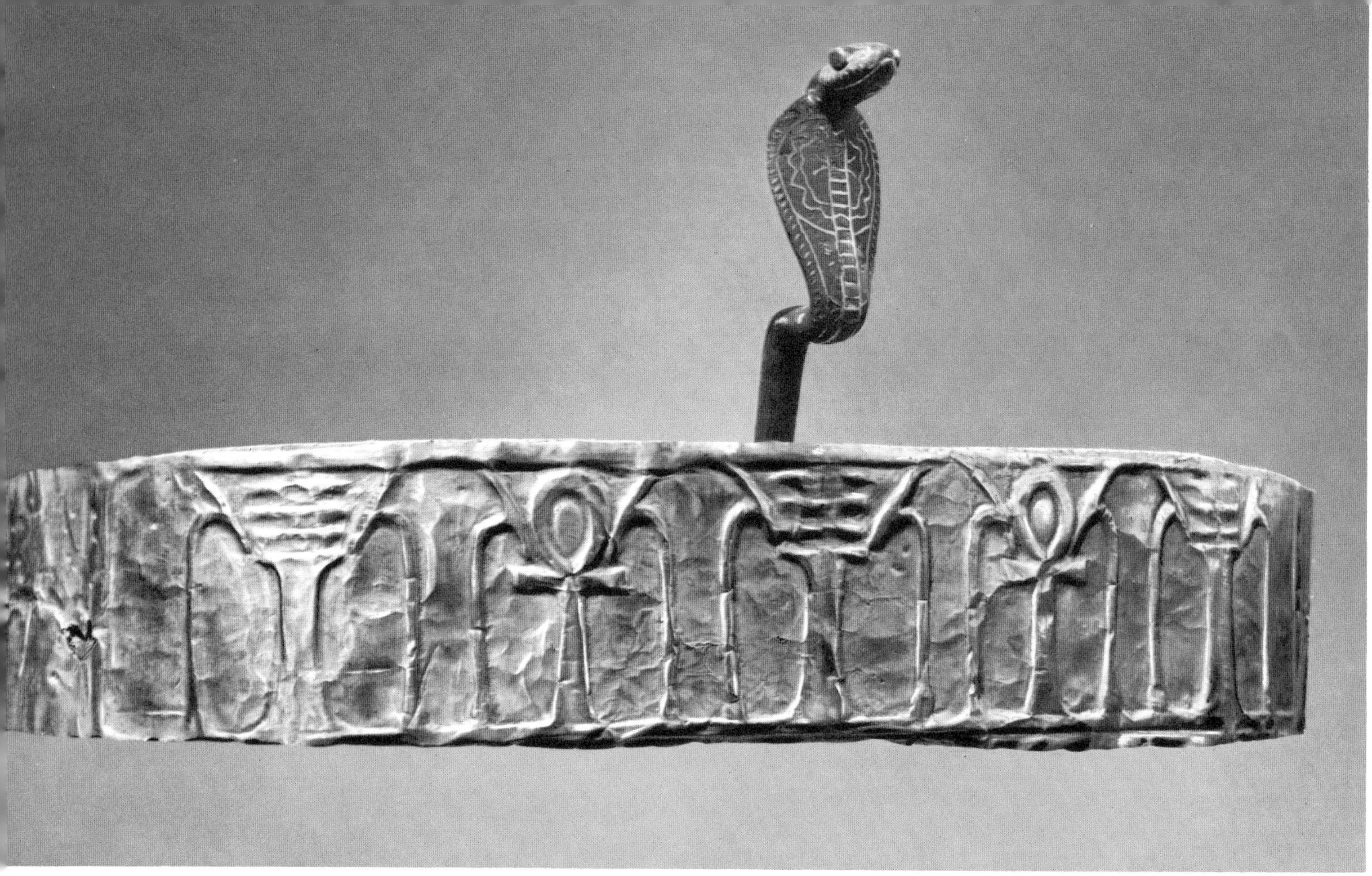

30 - phönizisch - Byblos - Krone des Königs Japi-schemu-abi (18. Jh. v. Chr.) - Beirut

machen sollte. Diese Technik ist sehr wahrscheinlich auf die zu Beginn des II. Jahrtausends bestehenden Verbindungen Phöniziens mit den transkaukasischen Ländern zurückzuführen. Sie wurde auch beim Uräus der Königskrone und bei den papyrusförmigen Kelchen von Byblos angewandt und scheint lange Zeit in Gunst gestanden zu haben, denn einige Jahrhunderte später wurden, wie man sehen wird, die Falken von Ugarit und die Gegenstände aus Kfar Hilda in der gleichen Technik ausgeführt.

In einem anderen Königsgrab fanden sich zwei Siegel, eines als Skarabäus nach ägyptischer Art gestaltet, das andere in Form eines Siegelzylinders im mesopotamischen Stil, aber mit kappadokischen Motiven verziert. Außer diesen Objekten, die den Einfluß ganz bestimmter Regionen aufweisen, bargen jene Gräber Geschmeide einer dem gesamten Orient gemeinsamen Kunst, zum Beispiel eine Rosette mit geöffneten Blütenblättern, ein von Ägypten später diesen Ländern entlehntes Motiv.

Man gab diesen Gräbern auch Silbergefäße bei, die durch ihren sich verjüngenden Bauch und ihren trompetenmundartigen Fuß in Kreta häufig vorkommenden Gefäßen sehr ähnlich sind. Ihrer Form sowie ihres Schnabels und ihres Henkels wegen hat man sie als die Vorfahren moderner Teekannen bezeichnet.

Gelegentlich zusammen mit Trinkbechern, die mit ineinander verschlungenen Spiralen verziert sind, bekunden diese Gefäße die ausgedehnten Beziehungen zwischen Byblos und der Ägäis am Anfang des II. Jahrtausends.

31 - phönizisch - Byblos - Zepter des Königs Japi-schemu-abi mit Hieroglypheninschrift (18. Jh. v. Chr.) - Beirut

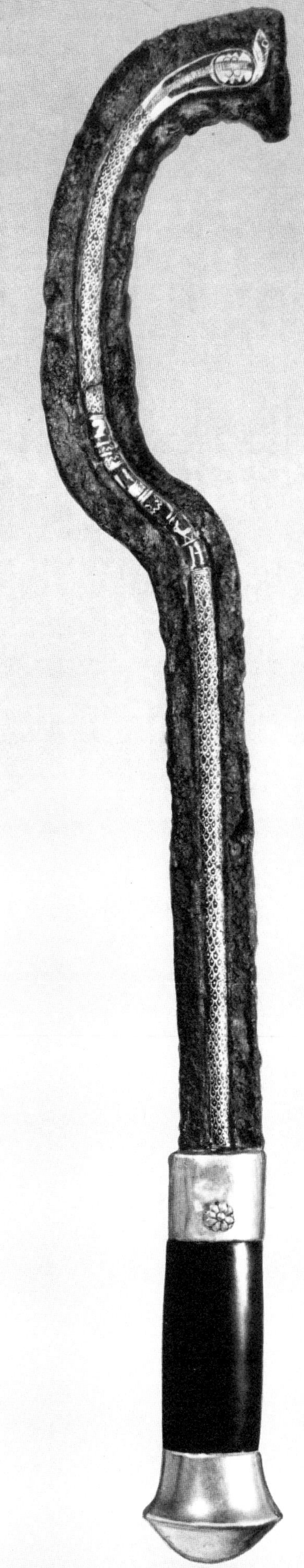

32 - phönizisch - Medaillon mit einem Skarabäus, der in eine Lotosblüte kriecht (19. Jh. v. Chr.) - Beirut

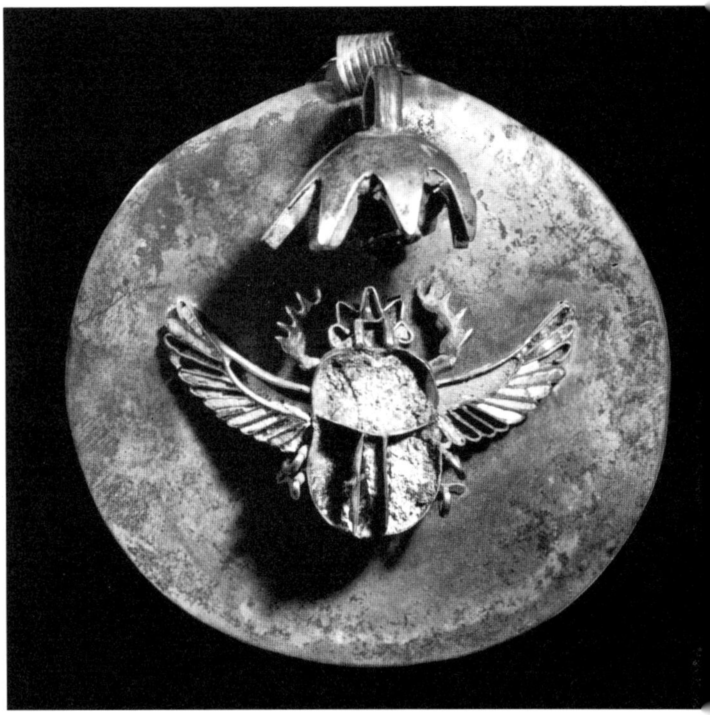

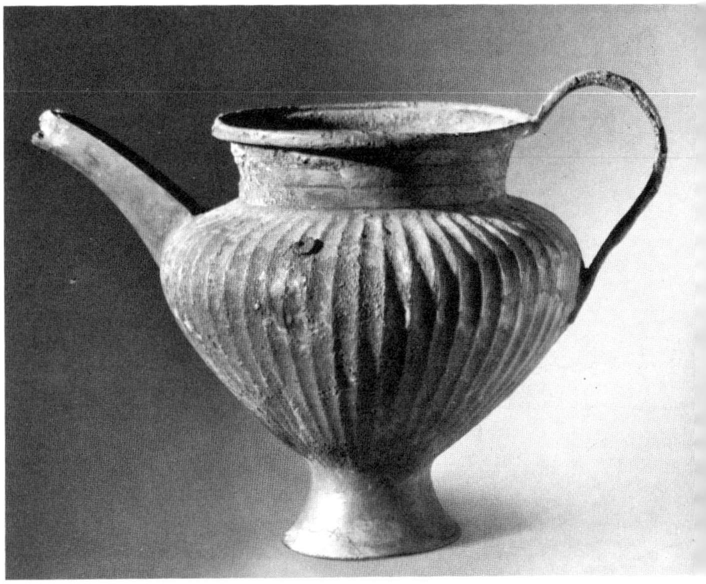

33 - phönizisch - Byblos - Vase des Königs Abi-schemu in Form einer Teekanne (19. Jh. v. Chr.) - Beirut

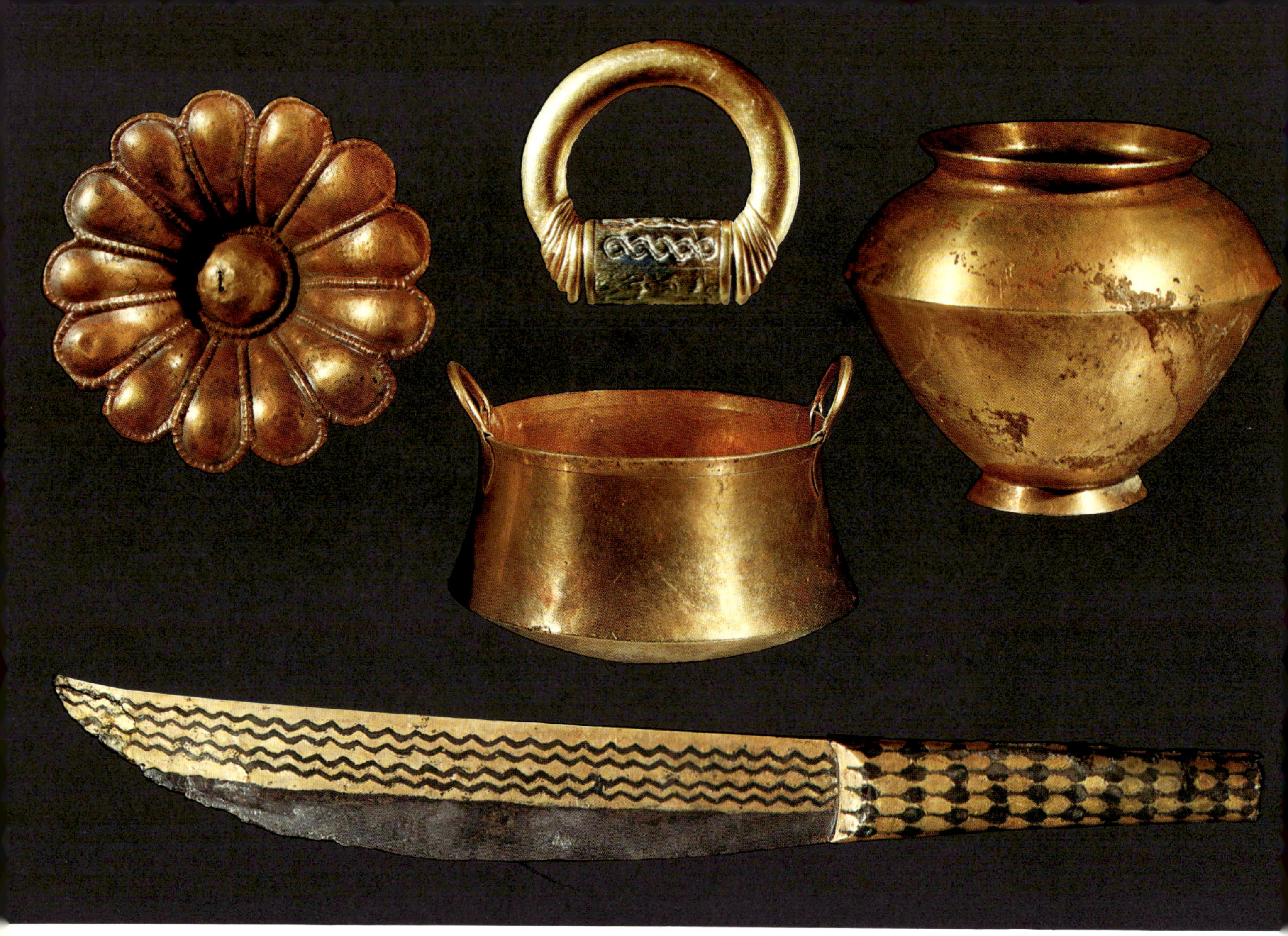

34 - phönizisch - Medaillon in Form einer Rosette (19. Jh. v. Chr.) - Beirut
35 - phönizisch - Zylinderförmiges Ringpetschaft (19. Jh. v. Chr.) - Beirut
36 - phönizisch - Gefäß mit deutlichem Schulterknick (19. Jh. v. Chr.) - Beirut
37 - phönizisch - Gefäß in Form eines Kessels (19. Jh. v. Chr.) - Beirut
38 - phönizisch - Byblos - Messer des Königs Japi-schemu-abi mit geometrischem Dekor (18. Jh. v. Chr.) - Beirut

Die Alten begnügten sich nicht damit, diesen Gefäßen eine elegante, zierlich kannelierte Wandung zu geben, sondern sie versahen sie an der Schulter mit einem kleinen Loch, in das ein zum Abgießen überschüssigen Wassers dienendes Röhrchen mündete. Im Inneren des mit einer offenen Lotosblüte geschmückten Deckels sorgte ein Sieb für das Entweichen des Dampfes.

Gewisse Goldgefäße zeigen eine kielartig gestaltete Form, die in Phönizien während des Neolithikums und Chalkolithikums weithin verbreitet war und im II. Jahrtausend wieder aufkam; zur Hyksos-Zeit erfuhr sie ihre höchste Ausprägung.

Eine andere Goldvase, ähnlich denen von Maikop, stellt einen Typus dar, der sich bis heute in den großen Kupferkesseln erhalten hat, die in einzelnen libanesischen Regionen noch benützt werden.

Wieder andere Objekte indessen bezeugen eine noch reinere phönizische Kunst, wie das in Silber und Gold gearbeitete Messer, das im Grabe von Japi-schemu-abi gefunden wurde. Nicht

39 - phönizisch - Byblos - L-förmiger Tempel, Gesamtansicht (III. Jt.)

nur die Form ist phönizisch, sondern ebenso der Dekor, der auf der Klinge aus Wellenlinien und auf dem Griff aus Tupfen besteht. Diese Motive, die zum üblichen Dekor-Repertoire phönizischer Arbeiten gehören, finden sich auch auf den Gewändern von als ‹Amu› bezeichneten Asiaten, deren Ankunft im Niltal die Fresken von Beni Hasan schildern.

Der Kult der Baitylien

Besser als der Königshof vermag der von allen Schichten der Bevölkerung frequentierte Tempel ein zuverlässiges Bild der Sitten und der Kunst Phöniziens zu vermitteln.

Über einem Teil des L-förmigen Tempels vom III. Jahrtausend errichteten die Gebaliten zur Zeit der Königsgräber eine Kultstätte. Das neue Heiligtum, dessen Architektur von äußerster Einfachheit ist, wurde in der ungebrochenen Tradition semitischer Tempel erbaut. Es besteht aus einer mehr oder weniger rechteckigen Umfassungsmauer, die den profanen vom geweihten Bezirk abgrenzt. Diese Trennung ist in den semitischen Kulten so wesentlich, daß die Israeliten sie sogar während ihres Zuges durch die Wüste beibehielten: als sie ihr Lager bei Qadesch aufschlugen, wurde der Platz, in dessen Mitte die Gesetzestafeln niedergelegt waren, eingefriedet.

Der Eingang zum Tempel von Byblos war durch eine Schwelle markiert. Diese Begrenzung besteht in der Architektur der Moscheen fort, deren Schwelle man nicht überschreiten darf, ohne sich seiner Schuhe entledigt zu haben, um aus dem Profanbezirk keinerlei Unreinheit in den Kultraum hineinzutragen.

Mitten im geweihten Raum des Tempels von Byblos wurde ein großes Baitylion aufgestellt, von dem nur der untere Teil erhalten blieb. Man begegnet der gleichen Anlage in Ägypten im Tempel des Ne-user-Re, in dessen Zentrum ein ziemlich schweres Baitylion aufragt, das Sonnensymbol einer Epoche, in der sich der Kult des Sonnengottes Re häufig in den pharaonischen

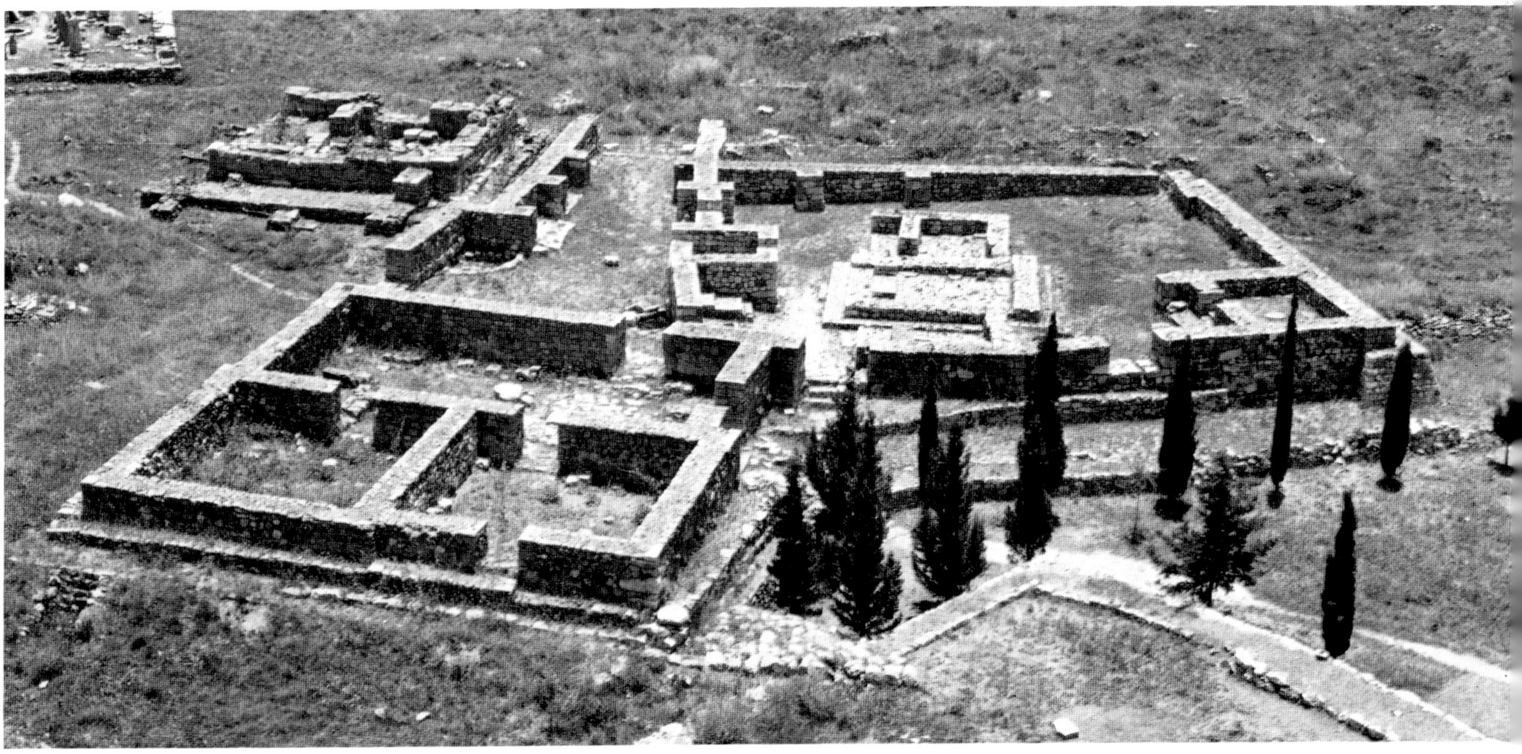

Namen der 5. Dynastie ausdrückt. Man fragt sich, ob nicht, als enge Beziehungen zwischen Ägypten und den asiatischen Ländern herrschten, semitische Sonnenkulte auf jenen Tempel zurückgewirkt haben.

Nahe bei dem zentralen Idol in Byblos sind kleine, für Trankopfer bestimmte Becken aufgestellt, die sich in ein größeres, rechts vom Eingang befindliches Becken ergießen.

In dem den Tempel umgebenden Hof hatten die Phönizier mehrfach Nachbildungen des zentralen Idols aufgestellt, so wie man heute in den Kirchen mehrere Darstellungen jener Heiligen anbringt, denen sie geweiht sind. Baitylien und kleine Obelisken stehen für sich allein oder in Gruppen. Einige Baitylien nähern sich in der Form mehr den Obelisken, wofern es nicht einfache Masseben, das heißt aufgerichtete Steine, sind; bei anderen, die das Idol veranschaulichen wollen, wurde zur Aufnahme der die Gottheit personifizierenden Statuette eine Nische ausgehöhlt. Die griechische Bezeichnung Baitylion selbst ist von den beiden semitischen Worten *bait* und *El* abgeleitet, deren Verbindung ‹Haus Gottes› bedeutet. In einer Ecke des Hofes, zu Füßen eines großen Baitylions, um das sich einige kleinere gruppieren, war eine Steinplatte dazu bestimmt, die Weihgaben der Gläubigen zu empfangen.

Zwei große, bei diesen Baitylien befindliche Krüge, von denen der eine sauberes Wasser enthielt und der andere das gebrauchte Wasser aufzunehmen hatte, fassen ein ziemlich niedriges Becken ein, das den vor der Andacht zu vollziehenden Reinigungen diente. Die Wasserbecken in den Höfen der Moscheen setzen diese Tradition fort.

In allen kanaanäischen Ländern wurden Baitylien errichtet, deren Kult selbst auf der arabischen Halbinsel noch ziemlich lange verwurzelt blieb. Es war der Prophet, der die letzten *ansâb* oder Steinsäulen des Tempels von Mekka zerstörte und damit einem vieltausendjährigen Kult ein Ende bereitete.

Das Innere des Tempels von Byblos entsprach nicht seiner architektonischen Dürftigkeit. Seine Reichtümer waren die Exvotos, die häufig in Krügen verwahrt wurden. Große Waffen

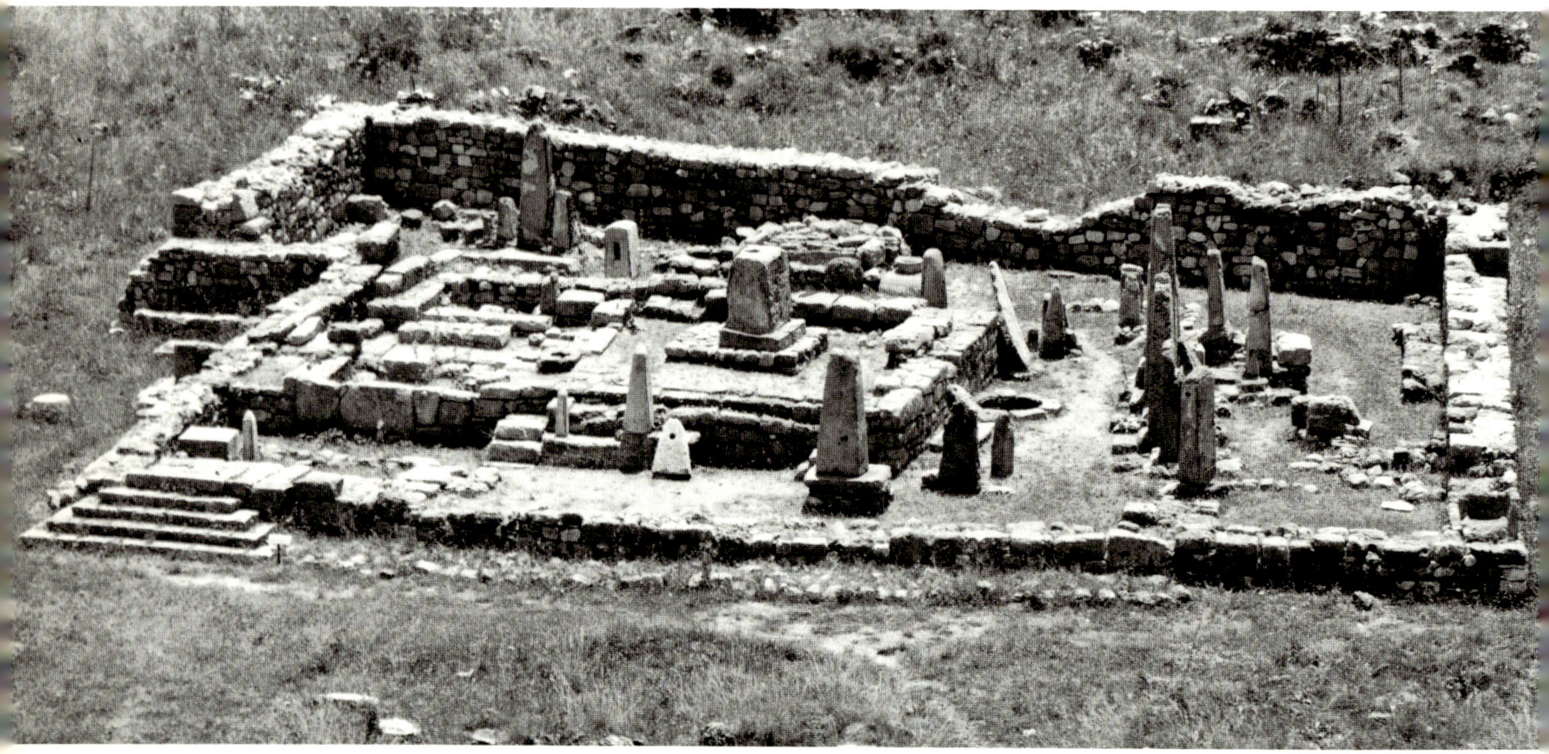

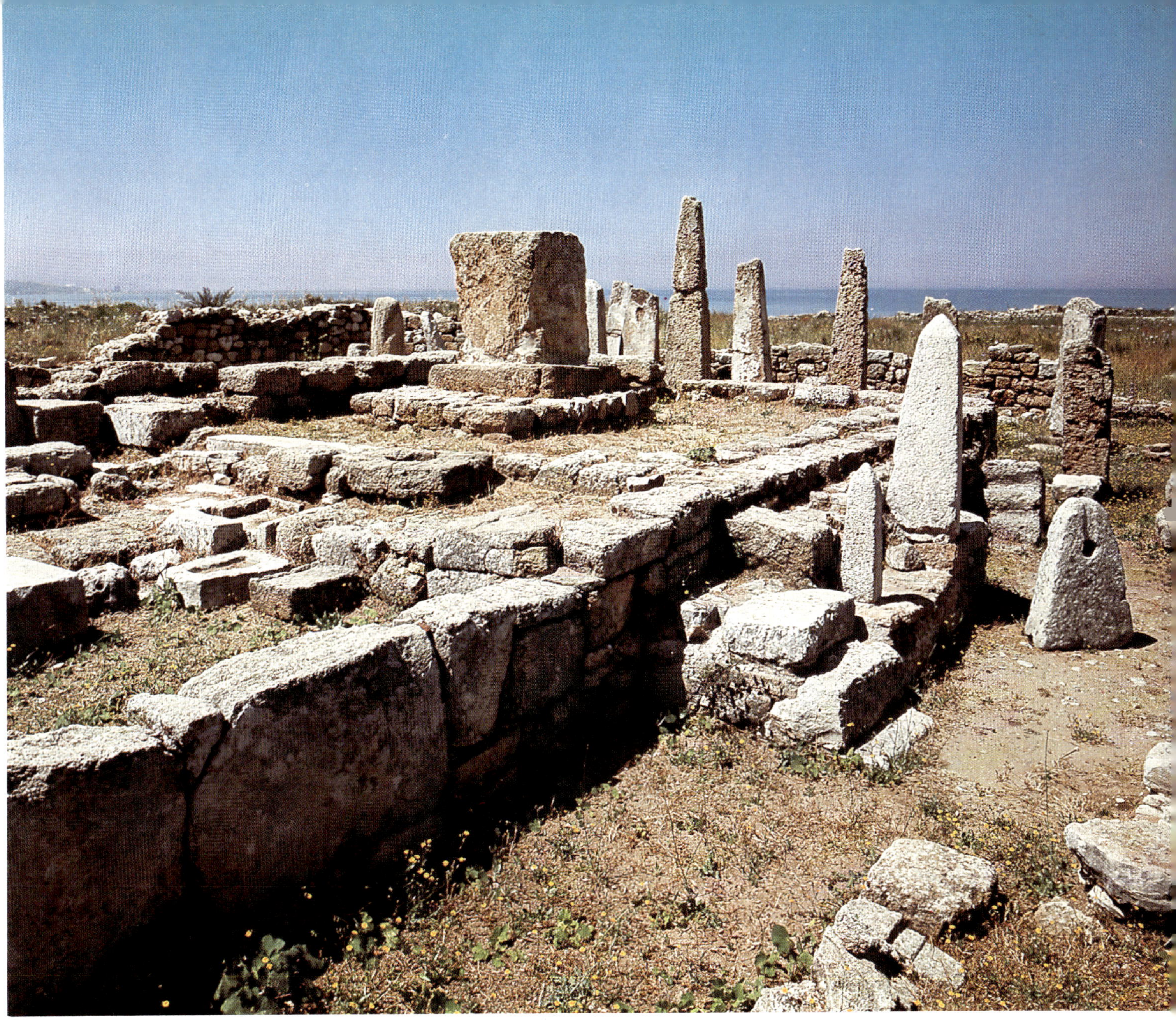

41 - phönizisch - Byblos - Obeliskentempel, Teilansicht (19.-18. Jh. v. Chr.)

wurden geräumigen, mehr oder weniger ovoid gebauchten Krügen anvertraut; kleine Opfergaben, die zum Teil aus Bronzestatuetten bestanden, legte man in kleine zylindrische Krüge, deren halbkugelförmige Deckel mit einem Stiel versehen sind.

Der phönizische Typus

Ziemlich viele der in diesen Gefäßen untergebrachten Statuetten sind in voller Bewegung und mit der *lubbâde* dargestellt, der konischen Mütze, die man in einigen Regionen des libanesischen Hochlandes noch trägt und die durch ein Kinnband auf dem Kopf festgehalten wird. Eines dieser Exvotos bestand aus einigen Dutzend solcher und untereinander völlig gleichartiger

40 - phönizisch - Byblos - Obeliskentempel, Gesamtansicht (19.-18. Jh. v. Chr.)

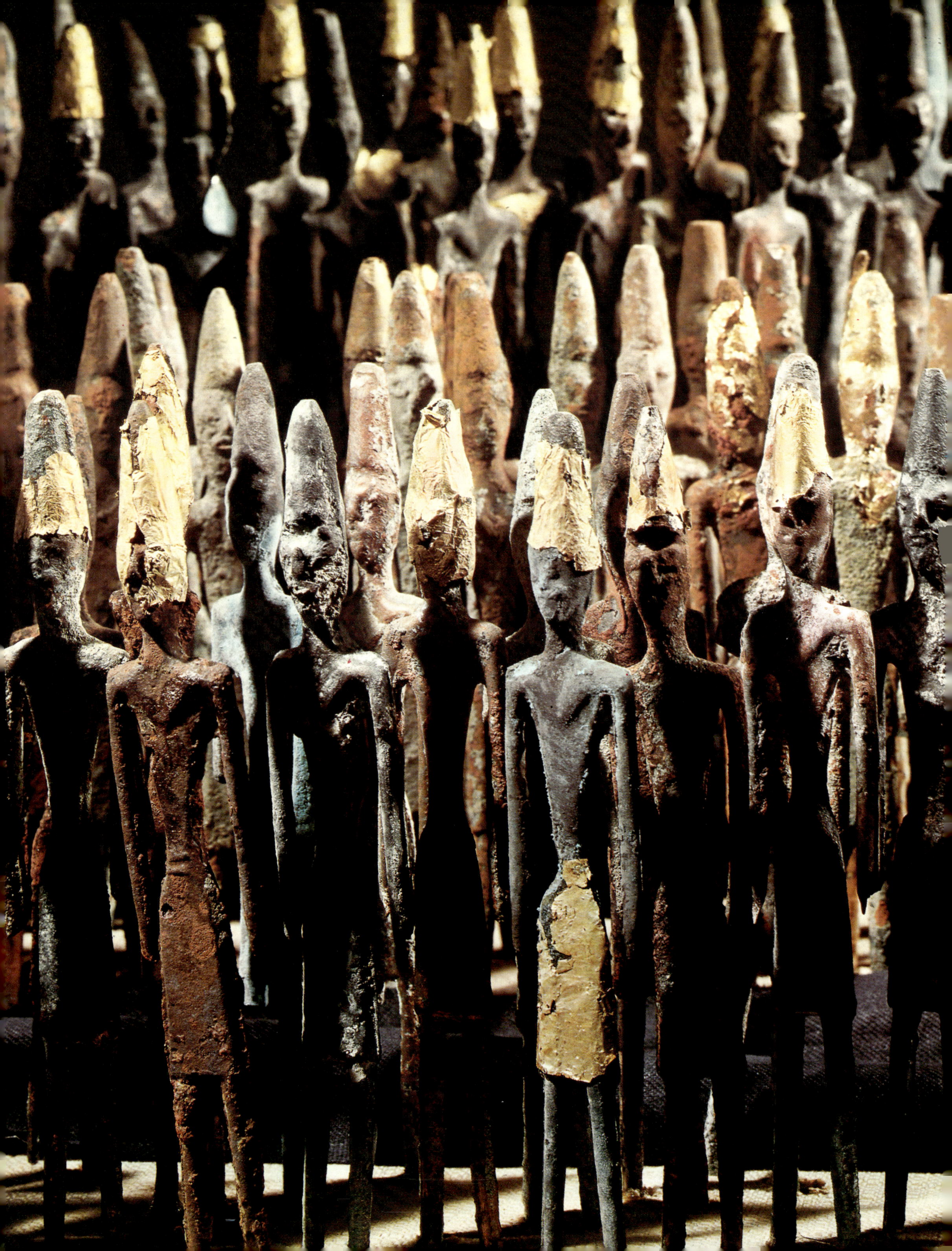

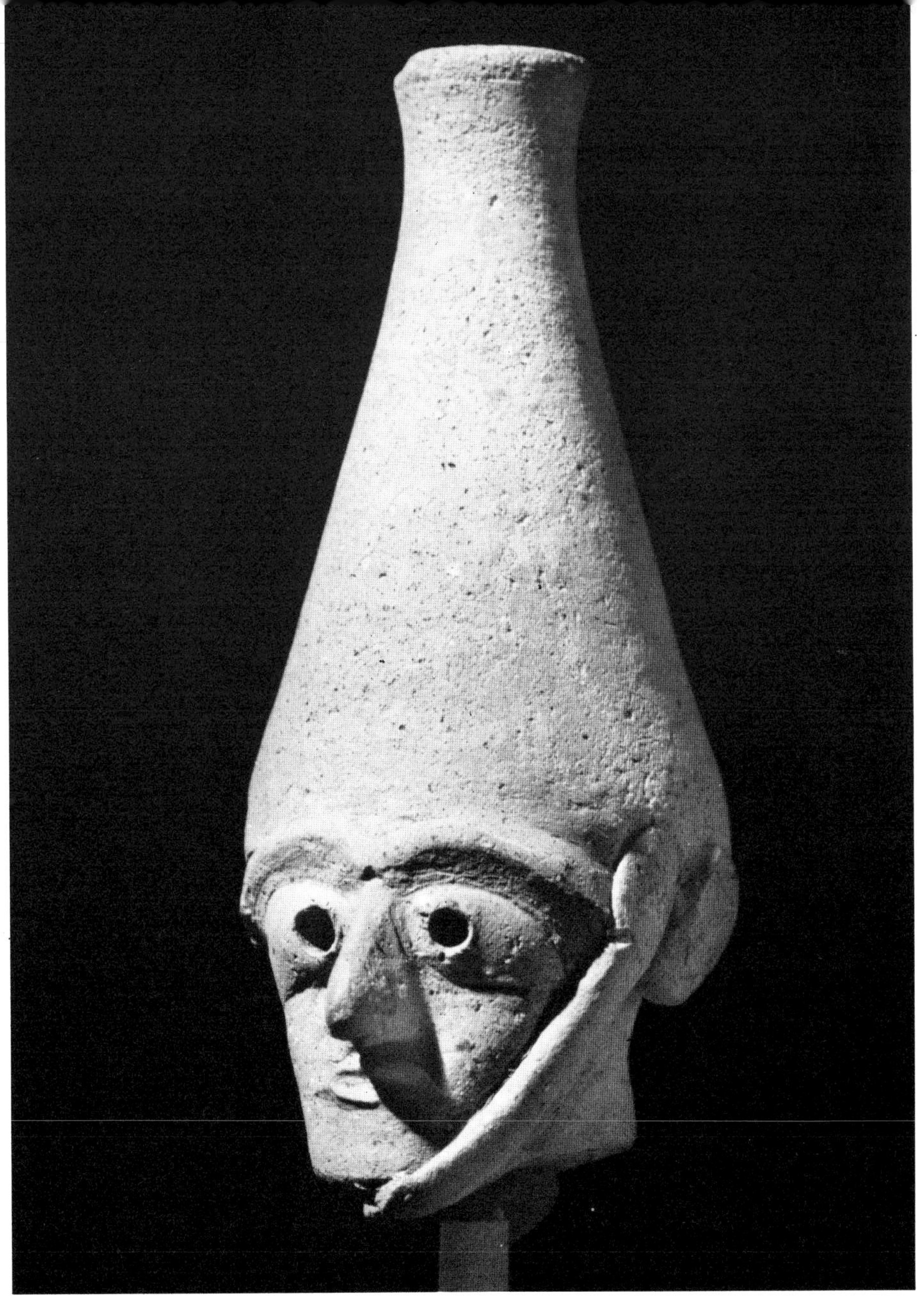

43 - phönizisch - Byblos - Phönizier, der eine ‹lubbâde› mit Kinnriemen trägt (18. Jh. v. Chr.) - Beirut

Statuetten; vielleicht repräsentierten sie eine Truppe, die vor ihrer Einschiffung diese Gabe in Stellvertretung ihrer selbst dem Tempel gestiftet haben mag.

Die meisten von ihnen waren mit einem hauchdünnen, sich ihren Konturen vollkommen anpassenden Goldblatt überzogen gewesen. Dieses Verfahren zeigt die große Geschicklichkeit der Phönizier, die übrigens von der Bibel gerühmt wird, wenn sie die von Tyrern ausgeführten vergoldeten Reliefs des Tempels beschreibt. Lange Jahrhunderte hielten die Phönizier in ihren Arbeiten an diesem Verfahren fest, und tausend Jahre später wurde es von ihnen wieder beim Elfenbein angewandt, das sie aus afrikanischen Ländern mitbrachten. Ihre vergoldeten Elfenbeinarbeiten weisen bereits auf die Goldelfenbeinkunst des Phidias voraus.

42 - phönizisch - Byblos - Gruppe schreitender Statuetten mit der ‹lubbâde› auf dem Kopf (19.-18. Jh. v. Chr.) - Beirut

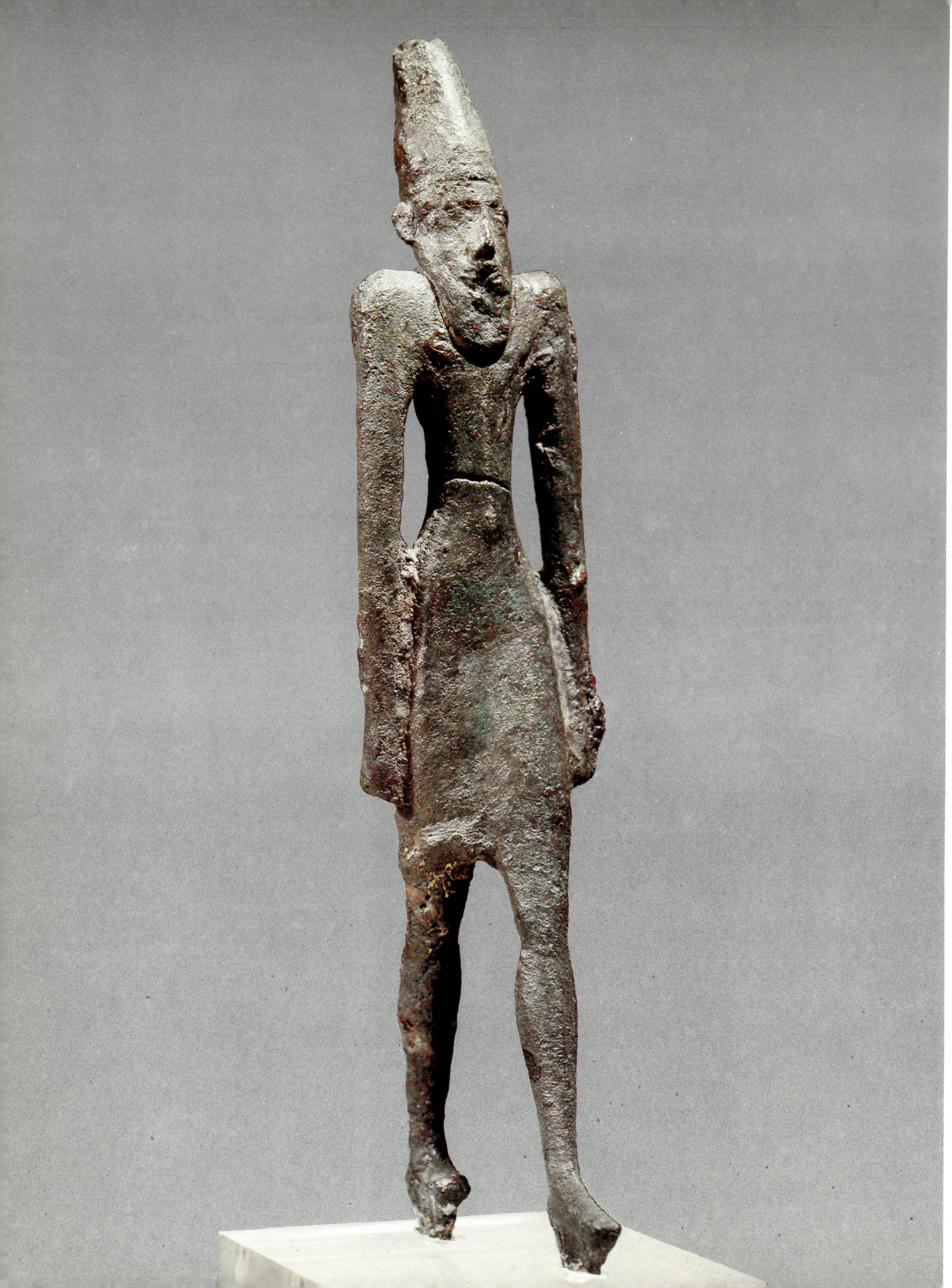

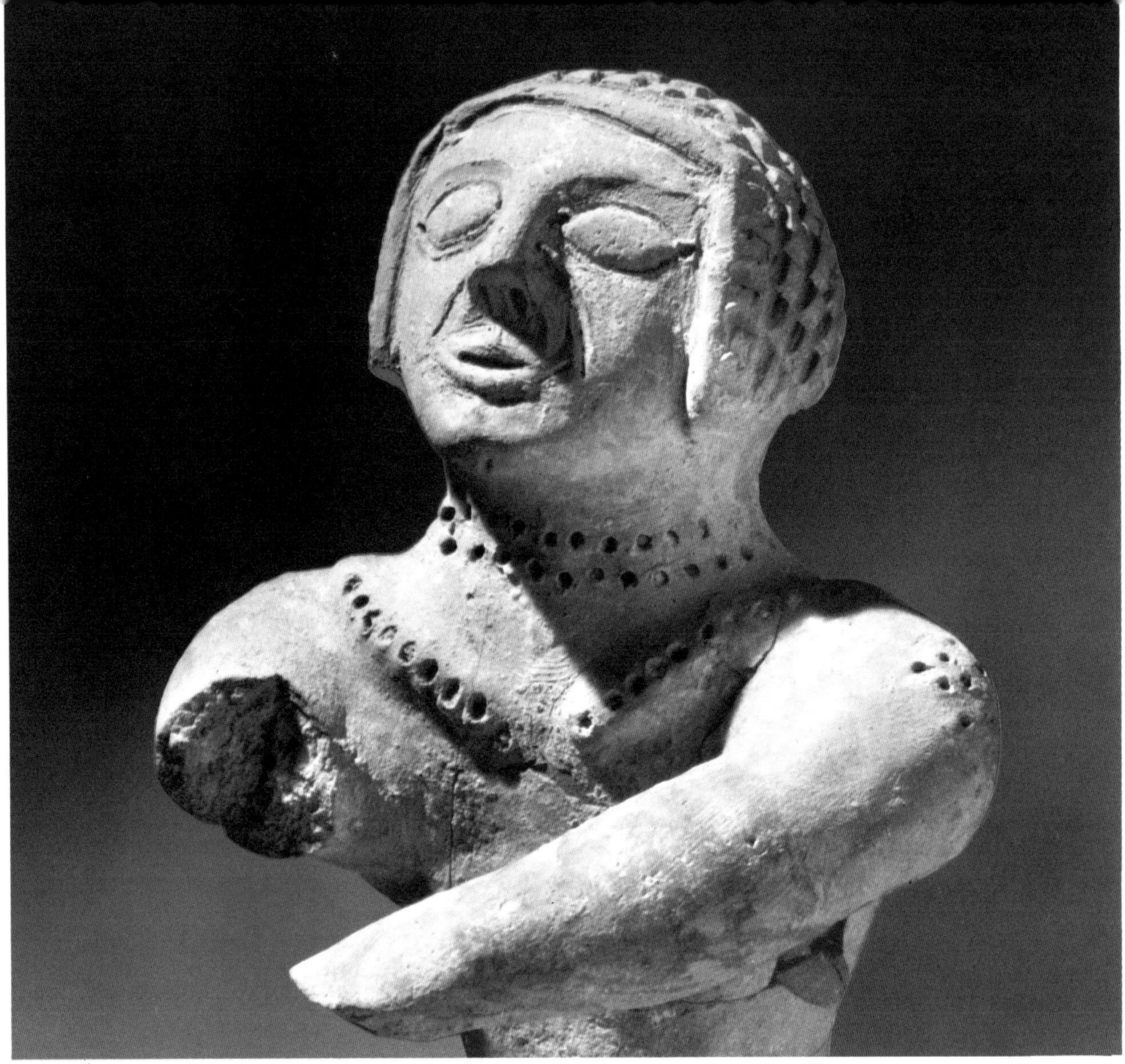

45 - phönizisch - Byblos - Statuette eines Phöniziers mit ägyptisierendem Kopf (Ausschnitt) (19.-18. Jh. v. Chr.) - Beirut

Jene Statuetten sind fast alle nach ägyptischer Art modelliert; langgestreckte Körper, gerade Schultern, ziemlich steif herabhängende Arme; andere dagegen, aus Terrakotta oder Bronze, mit bärtigen Gesichtern oder zuweilen bartlos und durch vorspringende Nasen charakterisiert, sind eindeutig semitisch. Alle, ob ägyptisierend oder von lokalem Habitus, tragen die konische phönizische Kopfbedeckung. Einige weisen ägyptisierende Züge auf, deren Plumpheit aber eine nichtägyptische Hand verrät, während andere wiederum den ägyptischen Typus so vollendet nachahmen, daß, wären nicht die konischen Mützen, man sie für ägyptische Werke halten könnte. Bei denjenigen, die einen Arm vorstrecken, dürfte es sich um Darstellungen des phönizischen Gottes Reschef handeln.

Manchmal treten auch auf ein und derselben Figur zwei verschiedene Einflüsse gleichzeitig hervor, etwa bei einer Gottheit ägyptisierenden Typs, die nach Art der hethitischen Götter Kleinasiens auf ihrem Tier-Attribut stehend dargestellt ist, oder auch bei sitzenden Gottheiten, die eine Hand in segnender Gebärde erheben, deren Köpfe nach ägyptischer Manier geschoren

44 - phönizisch - Byblos - Statuette eines bärtigen Mannes mit der ‹lubbâde› (19.-18. Jh. v. Chr.) - Beirut

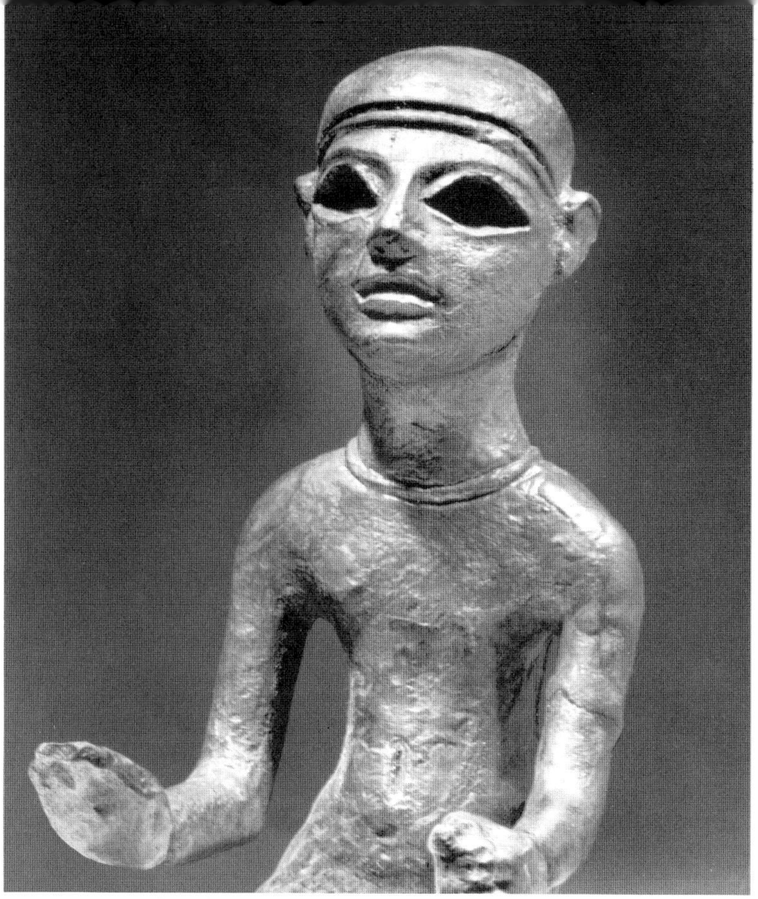

46 - phönizisch - Chalde - Statuette einer sitzenden Gottheit mit erhobener Hand (Ausschnitt) (8. Jh. v. Chr.) - Beirut

sind, die aber Mäntel anhaben, deren Säume einen Pelzbesatz aufweisen, entsprechend einer orientalischen Mode, die noch lange fortbestand.

Jedoch sind die orientalischen Einflüsse in der phönizischen bildenden Kunst zaghaft. Der ägyptisierende Typus, der vom Beginn des II. Jahrtausends an in ihr vorherrscht, bleibt über das 8. vorchristliche Jahrhundert hinaus erhalten, wie auf Grund einer Bronze aus Chalde unweit von Beirut und zahlreicher Terrakotta-Figuren aus Tyros festgestellt werden kann.

Die Fruchtbarkeitsgöttin

Diese von der Bibel so geschmähte und vom Christentum hartnäckig angefeindete Gottheit wurde lange Zeit hindurch, wie schon im Neolithikum, nackt dargestellt. Auf zwei Statuetten des 18. Jahrhunderts, die eine aus Terrakotta, die andere aus Bronze, sieht man sie eine oder beide Hände auf die Brüste legen, während die Pudenda durch ein punktiertes Dreieck bezeichnet wird. Der Typus der Bronzestatuette ist den Darstellungen der mesopotamischen Ischtar verwandt, doch ist ihr Körper ein wenig gestreckter.

Auf goldenen Anhängern des 13. Jahrhunderts, etwa aus Ras Schamra oder aus Kamid el-Loz in der Bekaa, wird ihre Darstellung reduziert auf einen ägyptisierenden Kopf, eingerahmt von Haar mit beiderseitigen Haarknoten, und ein Dreieck.

Mitunter auch beschränkt sich ihre Darstellung auf das Geschlechtsmerkmal allein, wie in jener Grotte nördlich von Tyros, deren Wände man zu Ehren der Göttin, der sie geweiht war, mit Graffito-Dreiecken bedeckt hat.

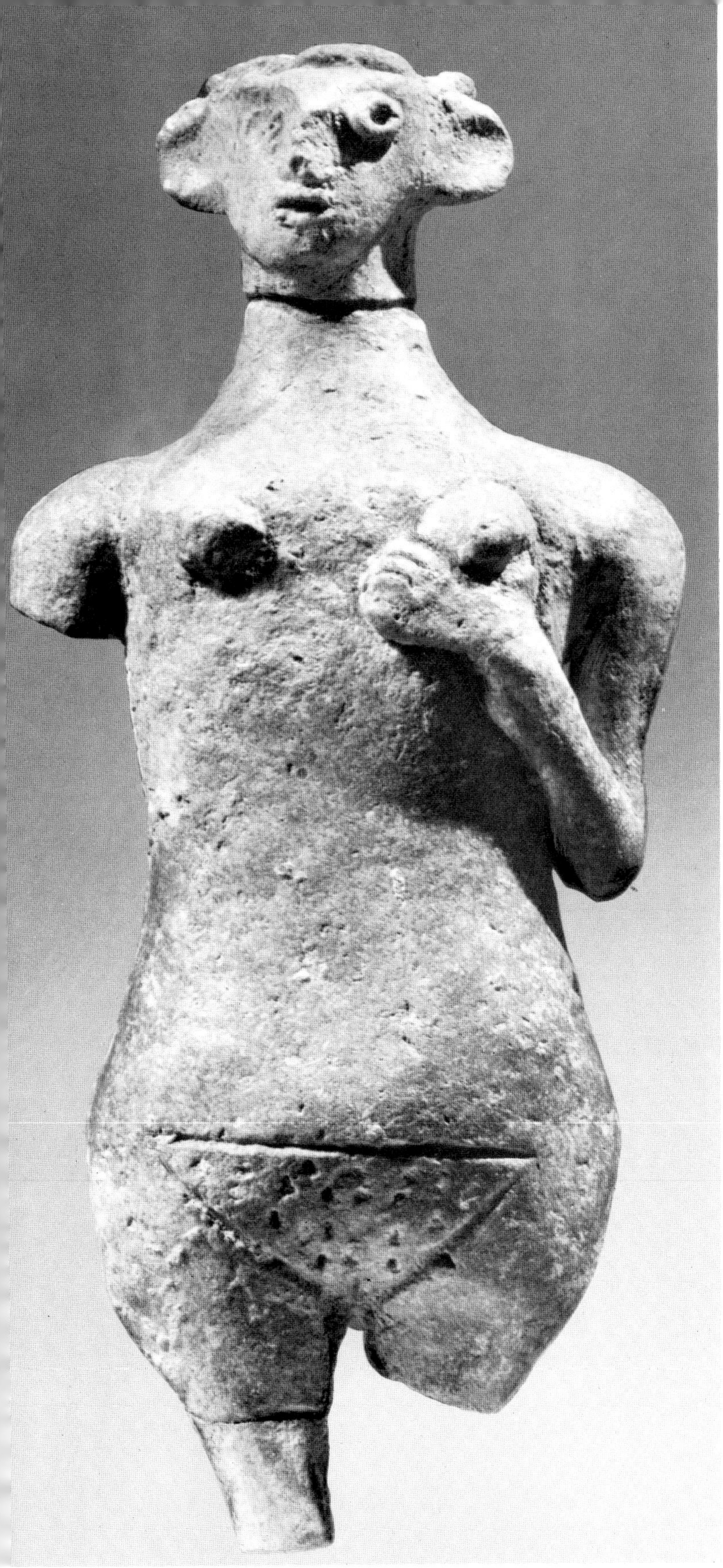

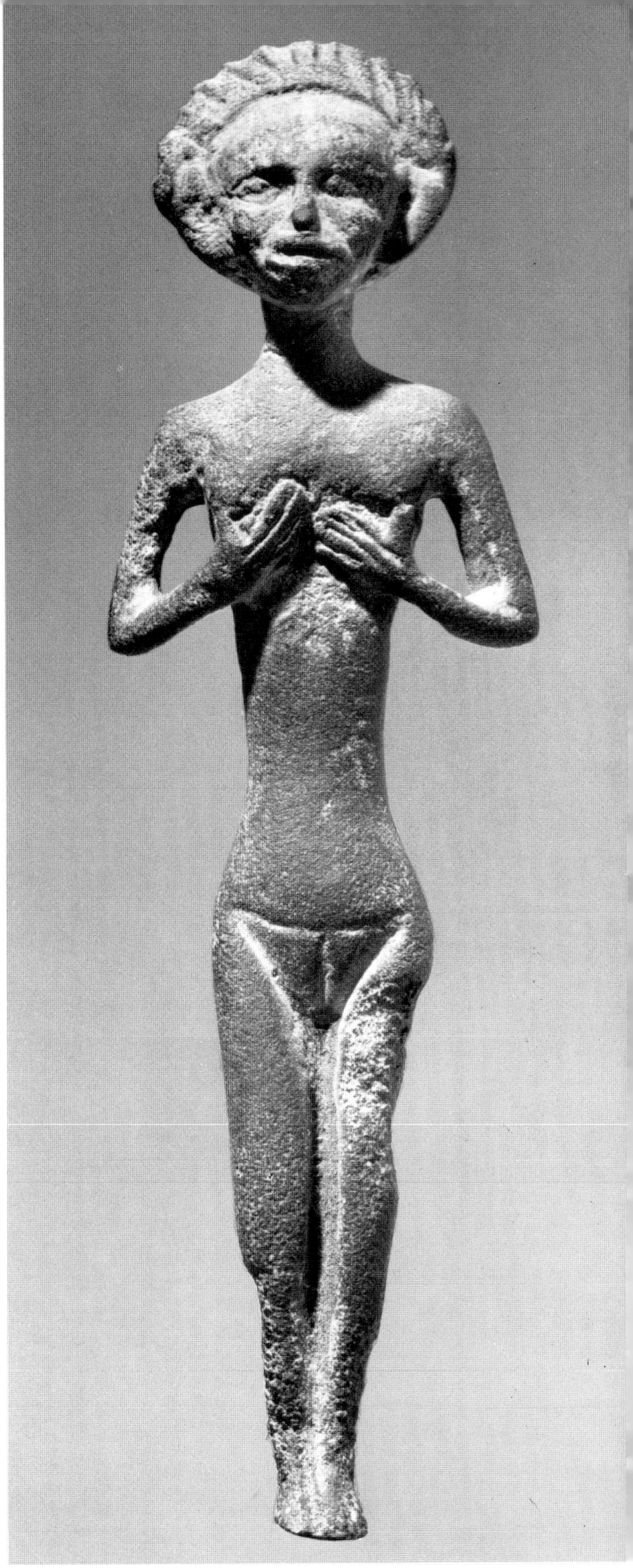

47 - phönizisch - Byblos - Statuette der Fruchtbarkeitsgöttin (18. Jh. v. Chr.) - Beirut
48 - phönizisch - Byblos - Statuette der Fruchtbarkeitsgöttin, die der mesopotamischen Ischtar ähnelt (18. Jh. v. Chr.) - Beirut

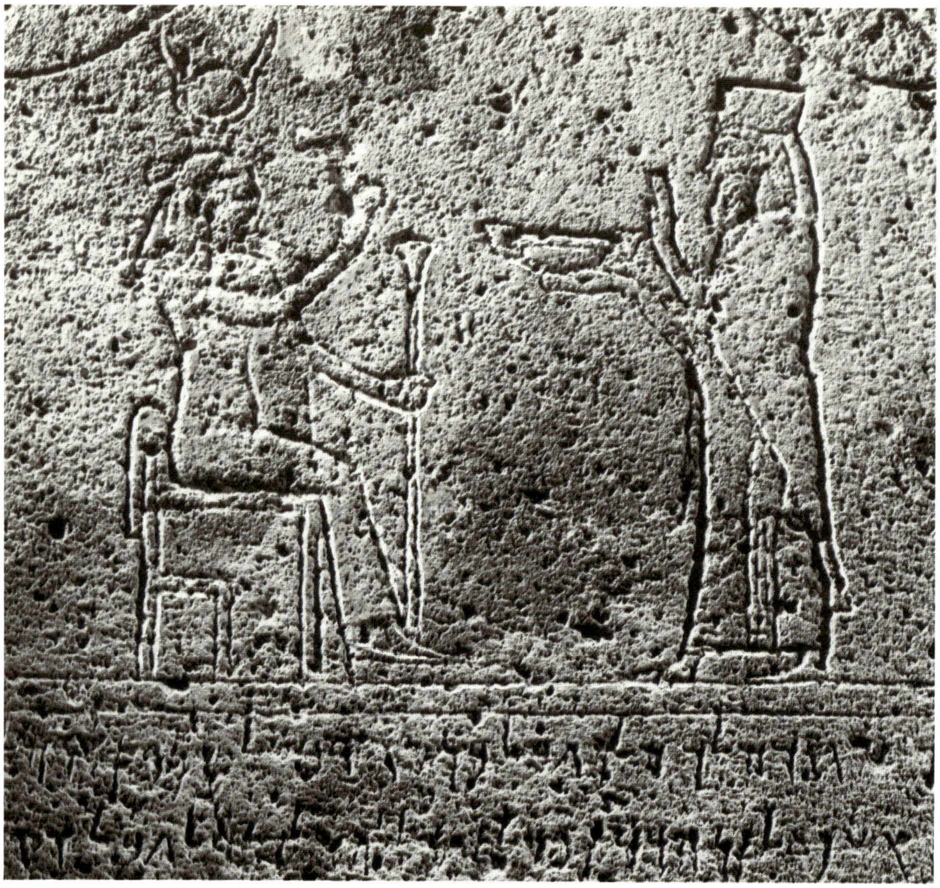

49 - phönizisch - Byblos - Stele. Ausschnitt: Der König Jehomilk vor der Baalat als Isis-Hathor (4. Jh. v. Chr.) - Paris

Neben dem Typus der nackten Göttin kommt ein anderer vor, der sie bekleidet wiedergibt und mit der ägyptischen Isis identifiziert, als deren geistige Erben sich gewisse Freimaurer verstehen.

Nach Art der mit Hathor identifizierten Isis setzen die Phönizier von Byblos ihrer Göttin die von den Hörnern einer säugenden Kuh eingefaßte Sonnenscheibe aufs Haupt. Dieser Typus, der in Byblos bereits am Anfang des III. Jahrtausends auf dem Siegelzylinder des Chai-Tau erscheint, kehrt im 13. Jahrhundert auf einer Elfenbeinarbeit aus Ras Schamra und noch später, nämlich im 4. vorchristlichen Jahrhundert, auf einer Stele in Byblos wieder, wo die Göttin sitzend die Huldigung des Königs Jehomilk entgegennimmt.

Wieder etwas später erscheint die Göttin in Gestalt einer schwangeren Frau oder einer Frau, die ihr Kind stillt; im 3. Jahrhundert tritt an die Stelle des Kindes ein kleiner geflügelter Eros, den sie in ihren Armen hält, ein Motiv, das man sich in christlicher Zeit in den Darstellungen Marias mit dem Kind zu eigen machen sollte. Soviel man heute weiß, ist dieser Typus vor allem im südlichen Phönizien verbreitet: in Sidon, Charâjib und Tyros.

Die Exvotos aus Fritte aus dem Obeliskentempel

Die Exvotos des Obeliskentempels, die sich aus mehr als dreihundert Objekten aus Fritte zusammensetzen, erweisen die hochgradige Assimilationsgabe der Phönizier. Auf Grund der Themen dieser Gruppe und vor allem der Art ihrer Ausführung würde man sie im ersten Augen-

50 - phönizisch - Tyros - Fragment einer Statuette der Muttergöttin (Ende 4. Jh. v. Chr.) - Beirut

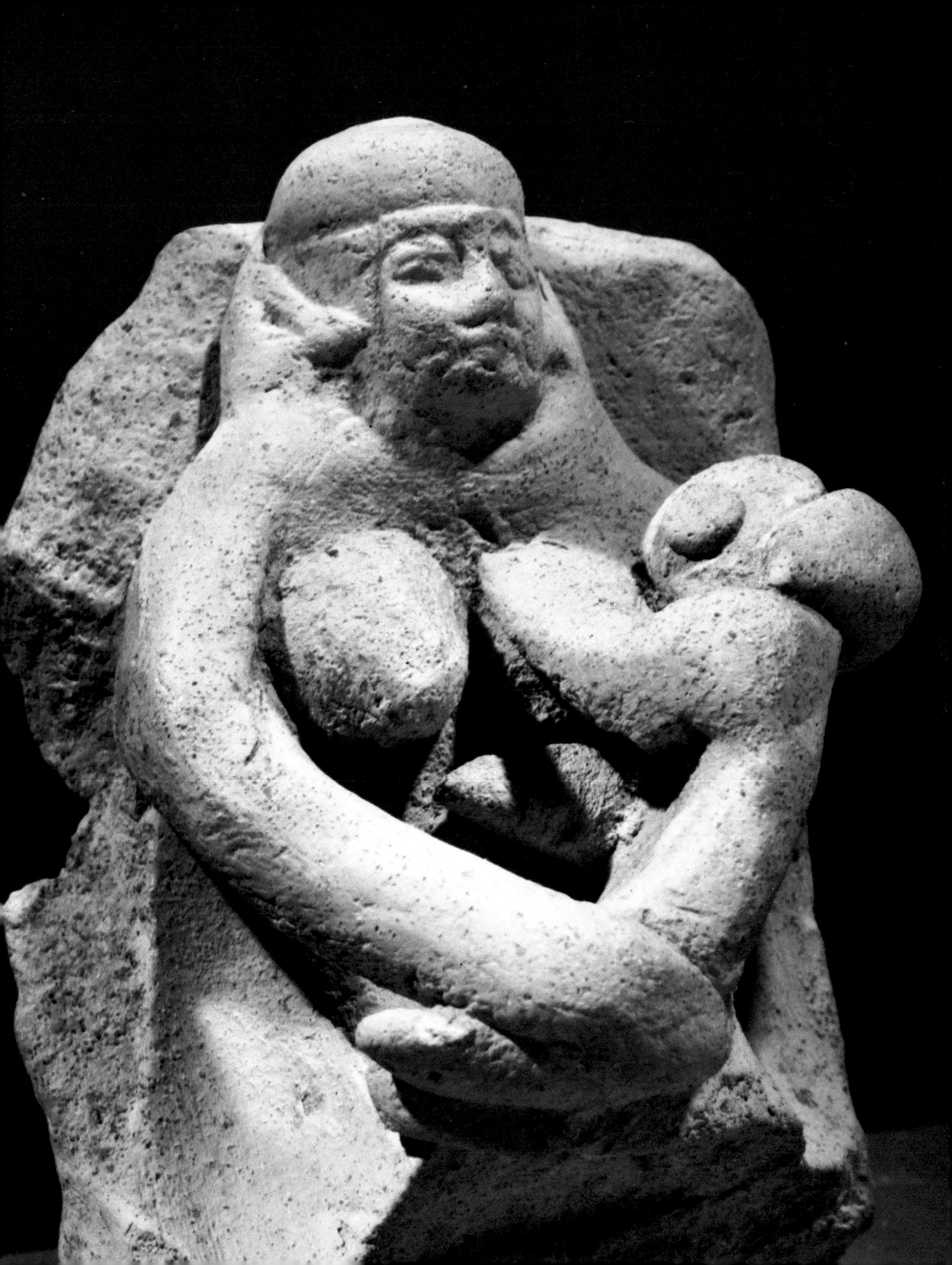

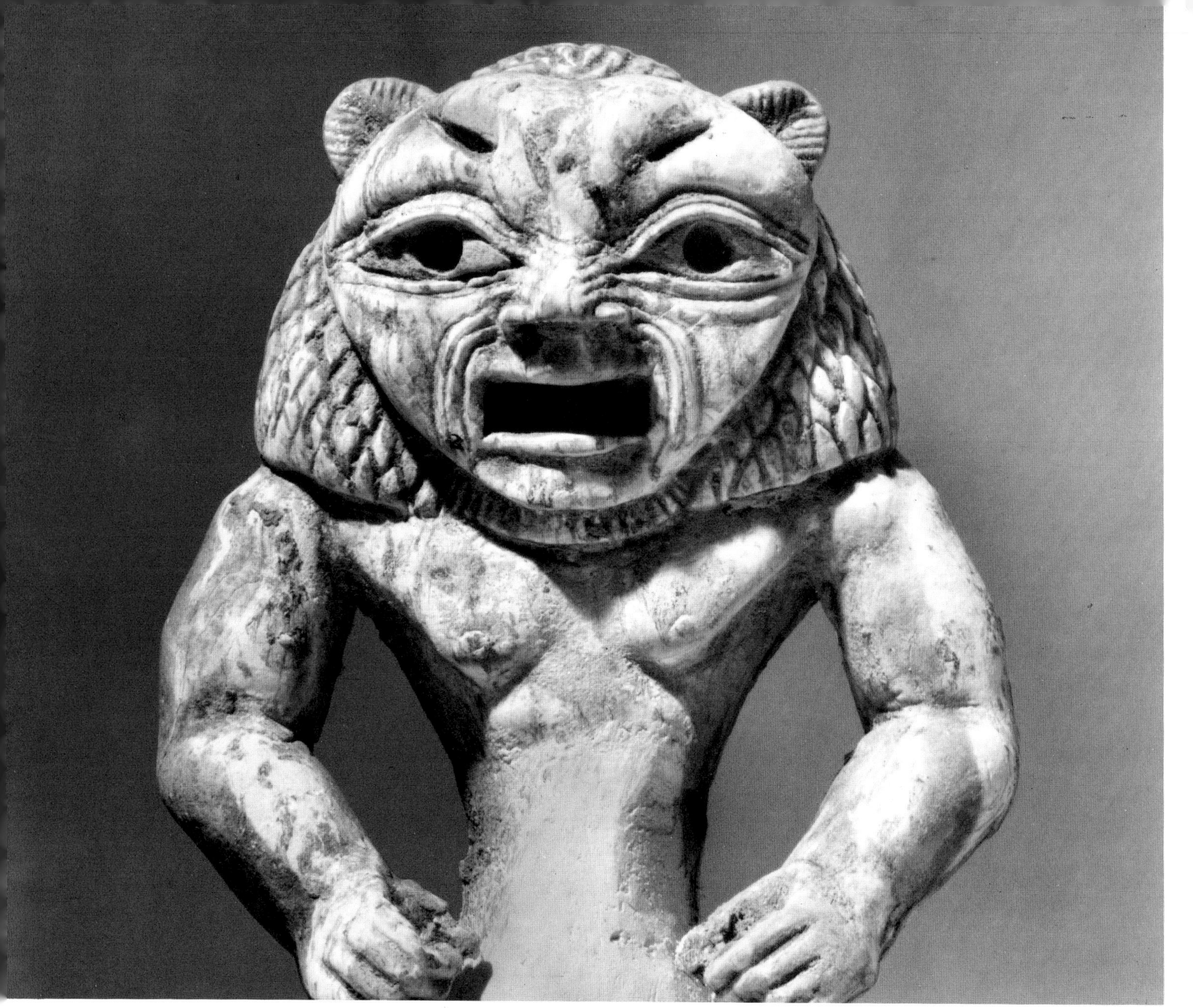

51 - phönizisch - Byblos, Obeliskentempel - Fragment einer Statuette des löwenköpfigen Gottes Bes (19.-18. Jh. v. Chr.) - Beirut

blick für eine rein ägyptische Arbeit halten; gewisse Merkmale aber deuten auf ihre phönizische Herkunft hin. Diese Merkmale treten teils in gewissen Dekors, teils in den Formen einzelner Objekte zutage, darüber hinaus in Einzelheiten der Ausführung.

Die strahlenförmigen Fächerpalmen, die den Deckel einer Pyxis zieren, stellen der Behandlungsweise und insbesondere der Anordnung nach eine typisch lokale Kunstform dar. Das Palmenmotiv bleibt im phönizischen Dekorrepertoire sehr lange erhalten und dient in hellenistischer Zeit einigen Städten sogar als Emblem. Ein Trinkgeschirr, Becher oder Kelch, mit leicht eingezogenem Bauch, trompetenartig ausgeweitetem Fuß und kleinem Henkel, der sich zwischen dem unteren Ansatz des Bauches und dem Fuß befindet, ist der Form nach unägyptisch. Ähnlich gestaltete Terrakottakelche wurden unter anderem im Grabe des Königs Abi-

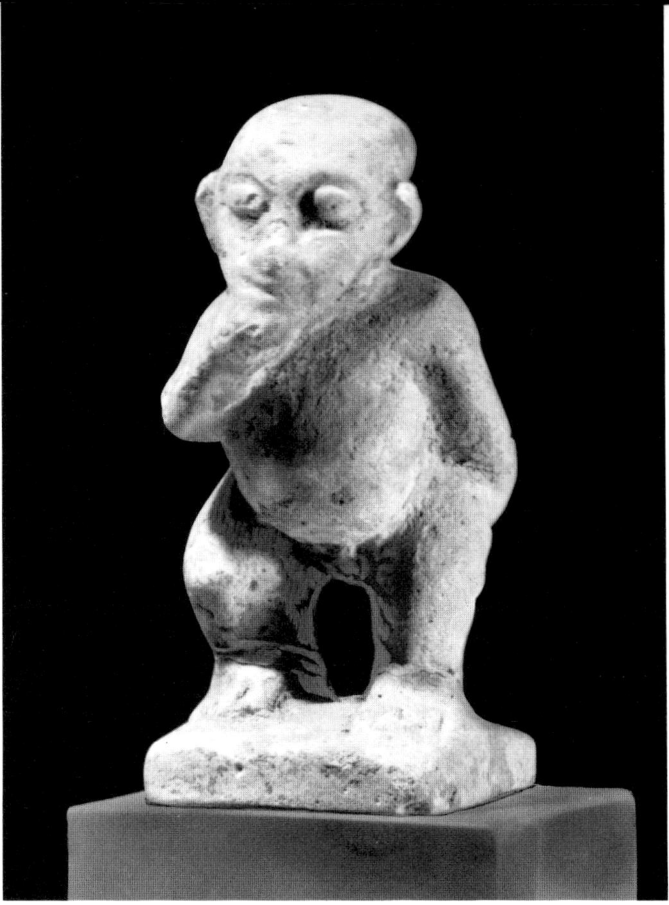

52 - phönizisch - Byblos, Obeliskentempel - Ägyptisierende Groteskstatuette (19.-18. Jh. v. Chr.) - Beirut

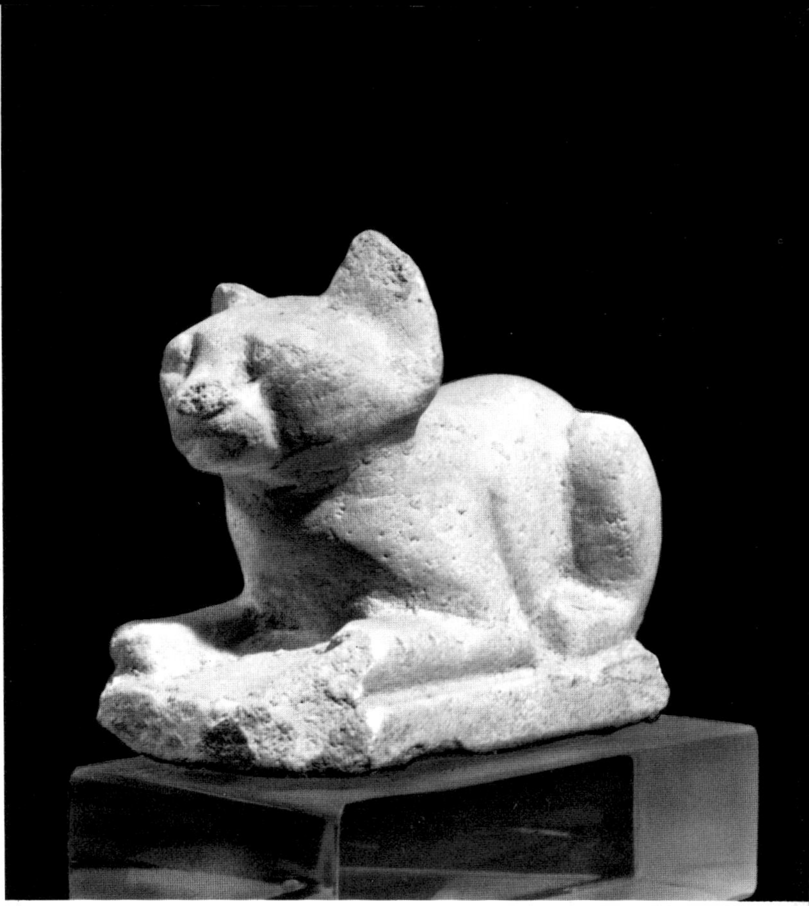

53 - phönizisch - Byblos, Obeliskentempel - Katzenfigurine (19.-18. Jh. v. Chr.) - Beirut

schemu von Byblos aus dem 19. Jahrhundert sowie in einem Grabe von Sinn el-Fil aus der Hyksos-Periode gefunden.

Übrigens ist der löwenköpfige Bes, der dieser Gruppe beilag, in Kalkstein aus dem Taurus gearbeitet und so betont muskulös, wie es der mehr auf Eleganz angelegten ägyptischen Manier widerspricht.

In den Tierfiguren aller Arten, die zu diesen Exvotos gehörten, findet sich die Schematisierungstendenz der phönizischen Tierbildnerei des III. Jahrtausends wieder, aber minder aufdringlich. Der Phönizier des II. Jahrtausends modelliert seine Tiere eingehender; nichtsdestoweniger nimmt er es mit den anatomischen Einzelheiten nicht allzu genau, sondern hat es mehr auf das lebendige Augenblicksbild abgesehen: aufgerichtete Affen oder hockende Paviane, schlummernde oder lauernde Katzen, Hunde verschiedener Rassen in wechselnden Posen, flüchtende Schakale, gravitätische Löwen, Igel mit gesträubten Stacheln und besonders brüllende, gehende oder liegende Nilpferde sind eindrucksvoll in ihrer Lebendigkeit und Kraft. Die treffsichere Ausführung dieser Nilpferde läßt vermuten, daß sie nach lebenden Vorbildern gearbeitet worden sind. Exotische Tiere in den königlichen Gärten zu halten, war eines der Prärogative orientalischer Herrscher; dort kann der Künstler leicht seine Modelle gefunden haben.

Zu den Exvotos aus Fritte zählt auch eine Anzahl grotesker Figuren, die sich aufs unterschiedlichste verhalten: übertrieben geblähten Bauchs gierig essend oder trinkend; vulgär lachend, eine Hand vor dem Mund, die andere auf der Hüfte; weinend, den Kopf zwischen den Händen oder sich die Augen reibend; mit gefalteten Händen in Gebetspose oder in Scheinkämpfe verwickelt. Wie man glaubte, verscheuchten diese Groteskfiguren dank der Erheiterung, die sie

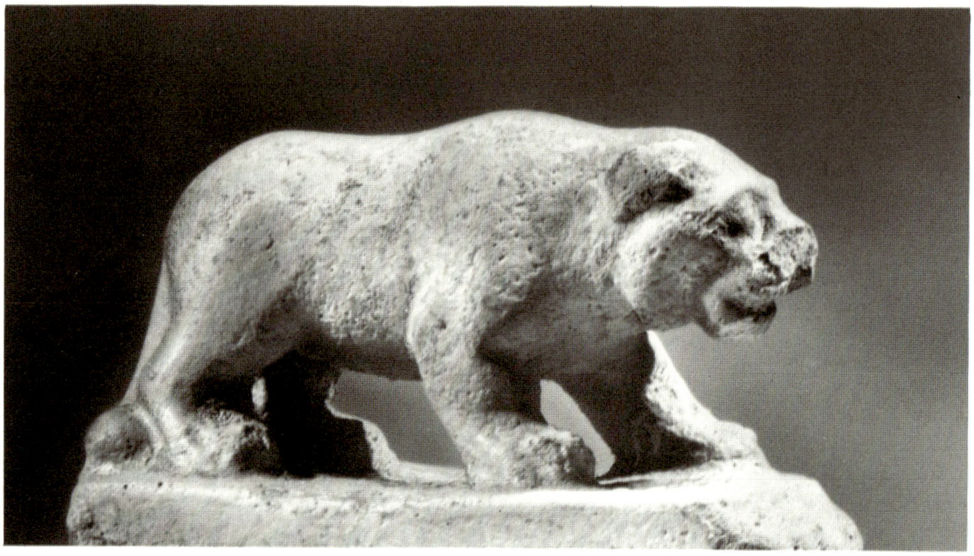

54 - phönizisch - Byblos, Obeliskentempel - Figurine einer Löwin (19.-18. Jh. v. Chr.) - Beirut

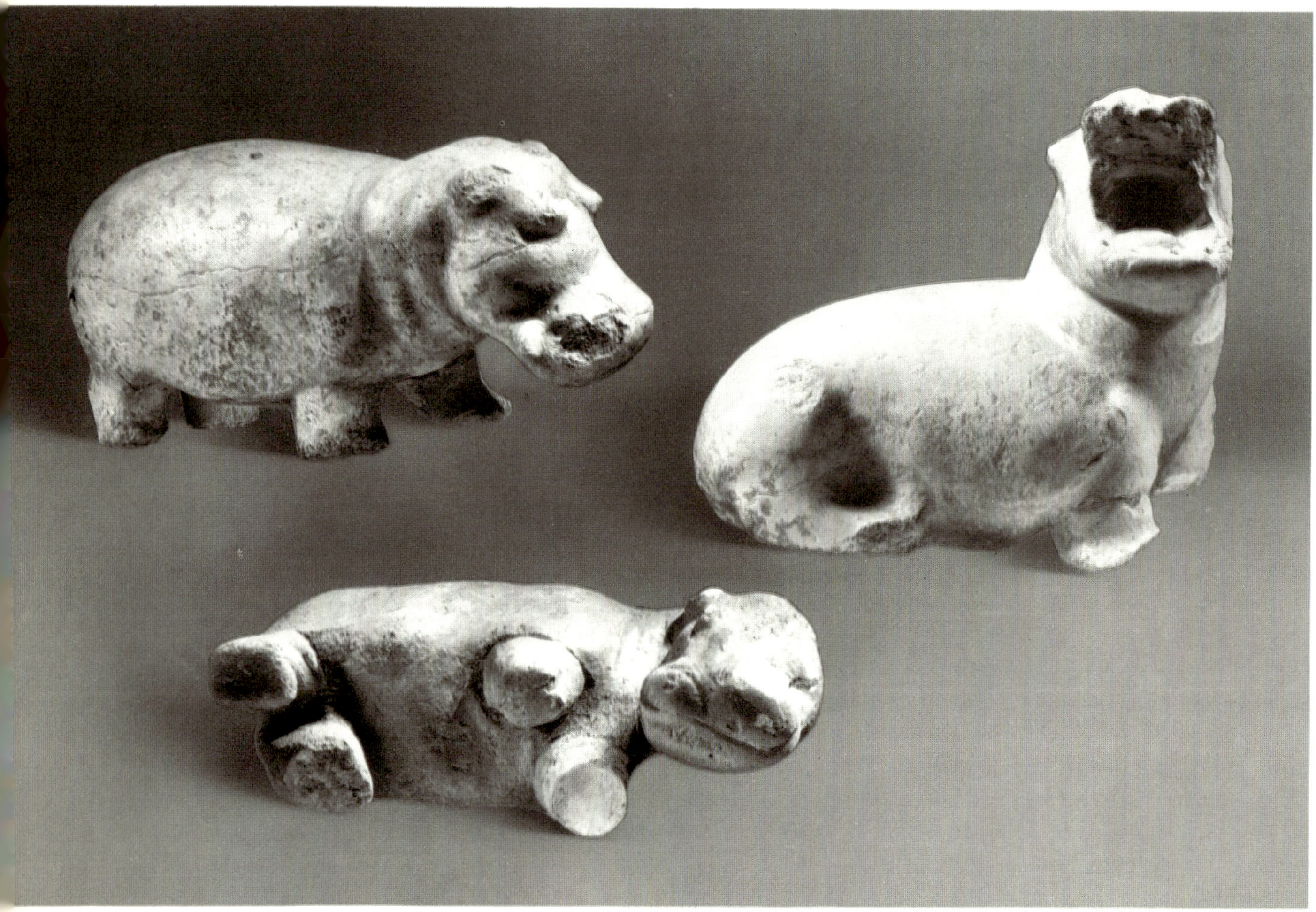

55 - 57 - phönizisch - Byblos, Obeliskentempel - Flußpferde in verschiedenen Stellungen: schreitend, brüllend und liegend (19.-18. Jh. v. Chr.) - Beirut

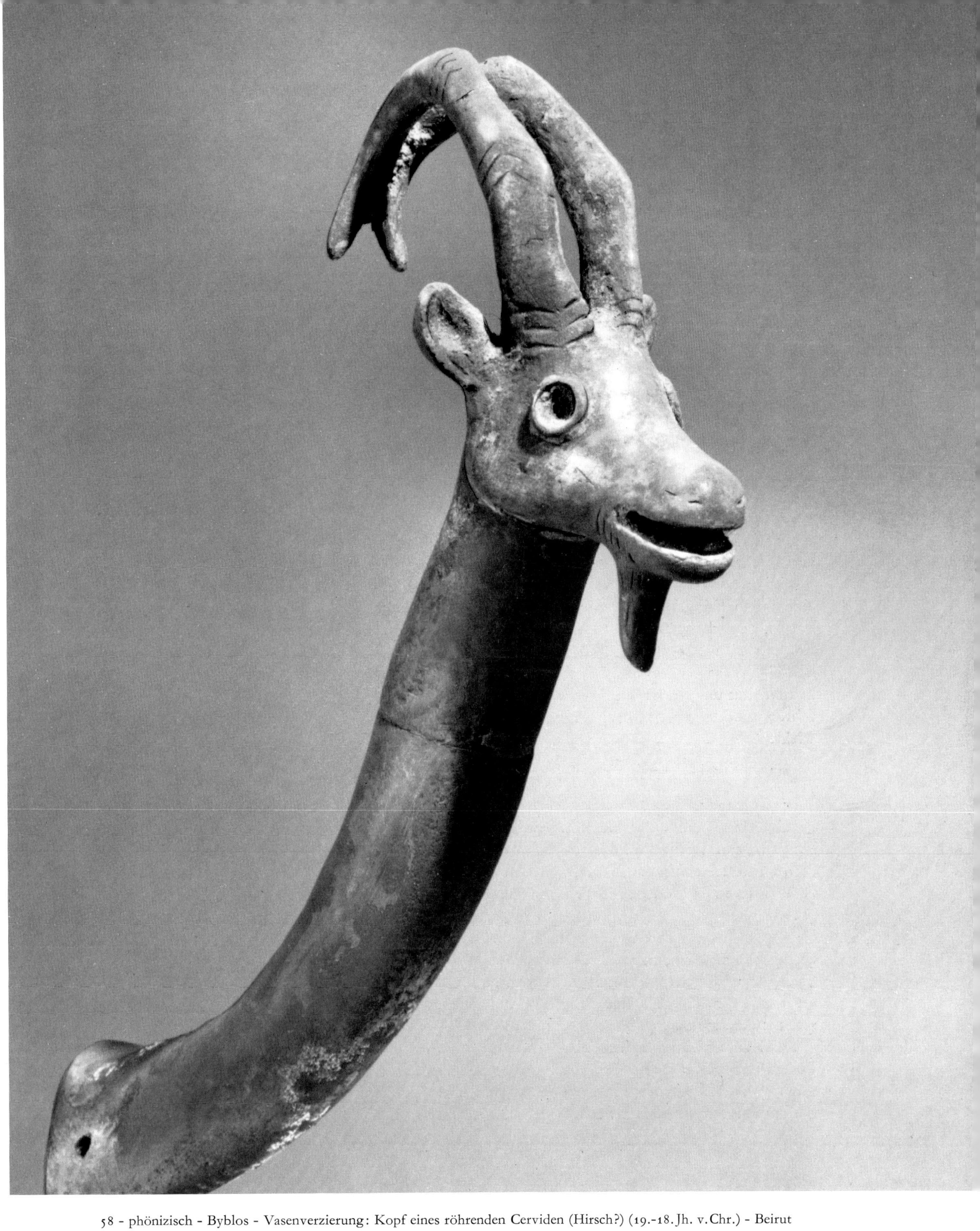

58 - phönizisch - Byblos - Vasenverzierung: Kopf eines röhrenden Cerviden (Hirsch?) (19.-18. Jh. v. Chr.) - Beirut

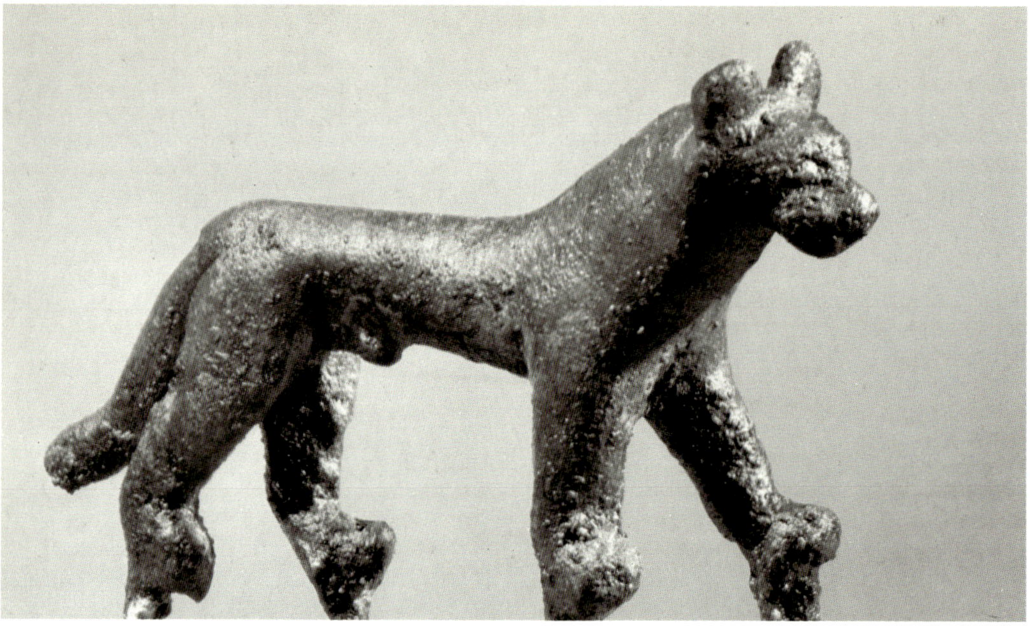

59 - phönizisch - Byblos - Figurine einer schreitenden Löwin (19.-18. Jh. v. Chr.) - Beirut

allgemein hervorriefen, die bösen Geister, die die Unfruchtbarkeit der Frauen und der Felder verursachten.

Einige an verschiedenen Stellen von Byblos gefundene Tierfiguren aus Metall waren in einem den Frittetieren entsprechenden Sinne behandelt. Etwa ein Cervide aus Gold, dessen langes, zurückgeworfenes Geweih an das erinnert, das die Tiere der Amu-Asiaten auf den Fresken von Beni Hasan tragen; der silberne Kopf eines röhrenden Hirschs, der vermutlich eine Vase geschmückt hatte; ein Stier aus Bronze, der auf seinen geschlossenen Hinterbeinen sitzt und dessen erschreckter Ausdruck durch die aufgerichtete Brust und die gespitzten Ohren wiedergegeben ist; eine Löwin, die durch langsamen, energiegeladenen Gang majestätisch wirkt.

Der Dolch

Zwei Exvotos aus Gold beziehungsweise aus Elektron – eines im Fundament einer Säule am Eingang zum Heiligtum, das andere in dessen Innerem, unter einem vom König Abi-schemu dem Gotte Reschef geweihten Obelisken verwahrt – erhärten zur Genüge, was der König von Byblos dem Pharao über die Tempelschätze seiner Stadt geschrieben hatte.

Diese königlichen Gaben aus dem 19., spätestens 18. Jahrhundert bestehen aus einer Sammlung von Waffen, deren einige nicht weniger als ein halbes Kilo wiegen. Das merkwürdigste Stück ist ein Dolch, der in seine Bestandteile zerlegt und dessen Klinge durch Umbiegen ihrer Spitze unschädlich gemacht worden war. Die Klinge dieser Prunkwaffe ist aus massivem Gold, Griff und Scheide sind mit einer ziemlich dicken, mit getriebenem Dekor versehenen Goldschicht überzogen.

Zwei verschiedene Szenen zieren den Griff. Auf der einen Seite sieht man einen stehenden Reschef ägyptisierenden Typs, mit phönizischer Mütze; auf der anderen wird ein mesopotamisches Thema behandelt: zwei Rücken an Rücken stehende Cerviden wenden liebkosend einander die Köpfe zu, wobei ihre Mäuler sich berühren; oberhalb der Szene ein dritter Hirsch, der friedlich äst.

60 - phönizisch - Byblos, Obeliskentempel - Dolchgriff: Rücken an Rücken stehende und vorüberziehende Hirsche (19.-18. Jh. v. Chr.) - Beirut

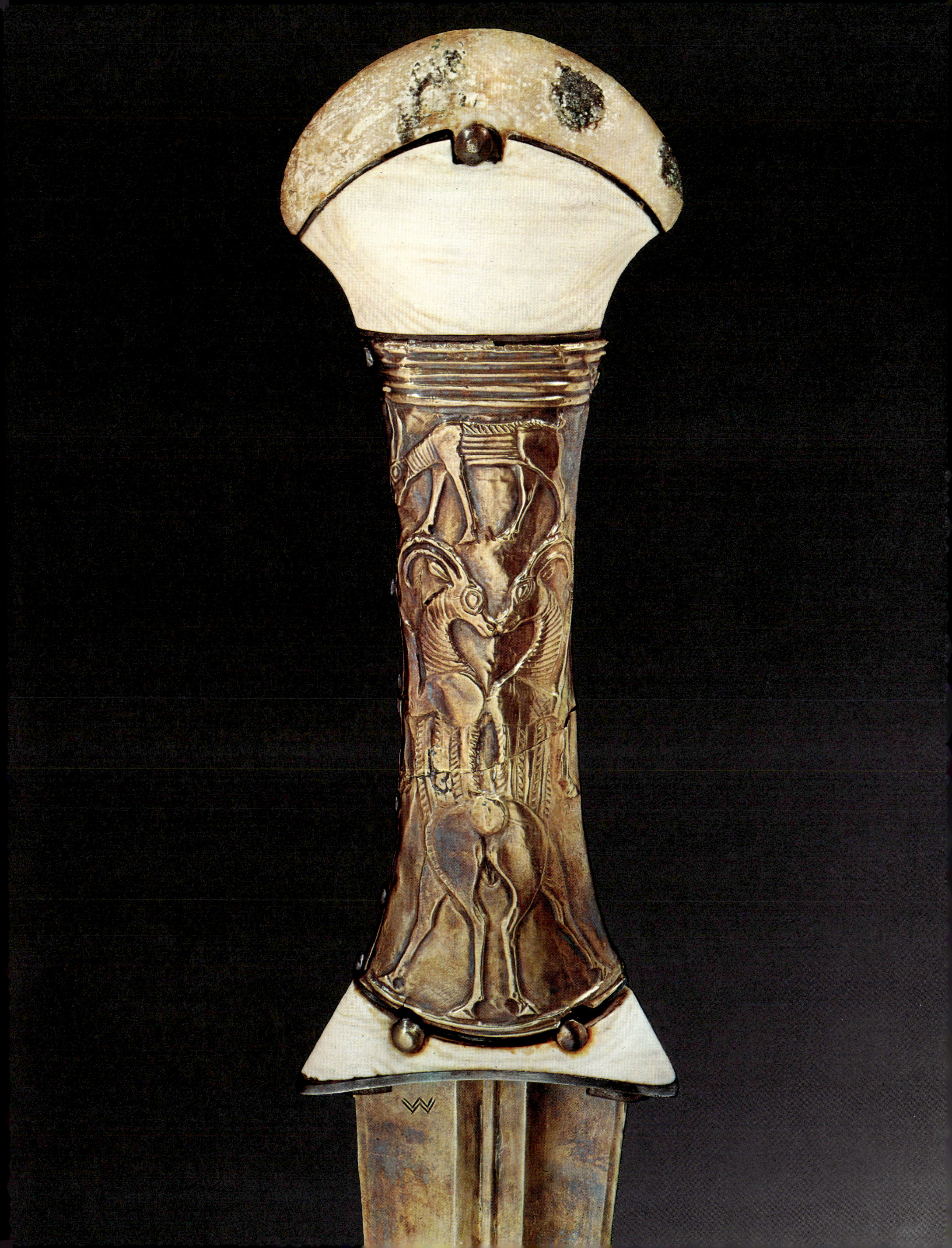

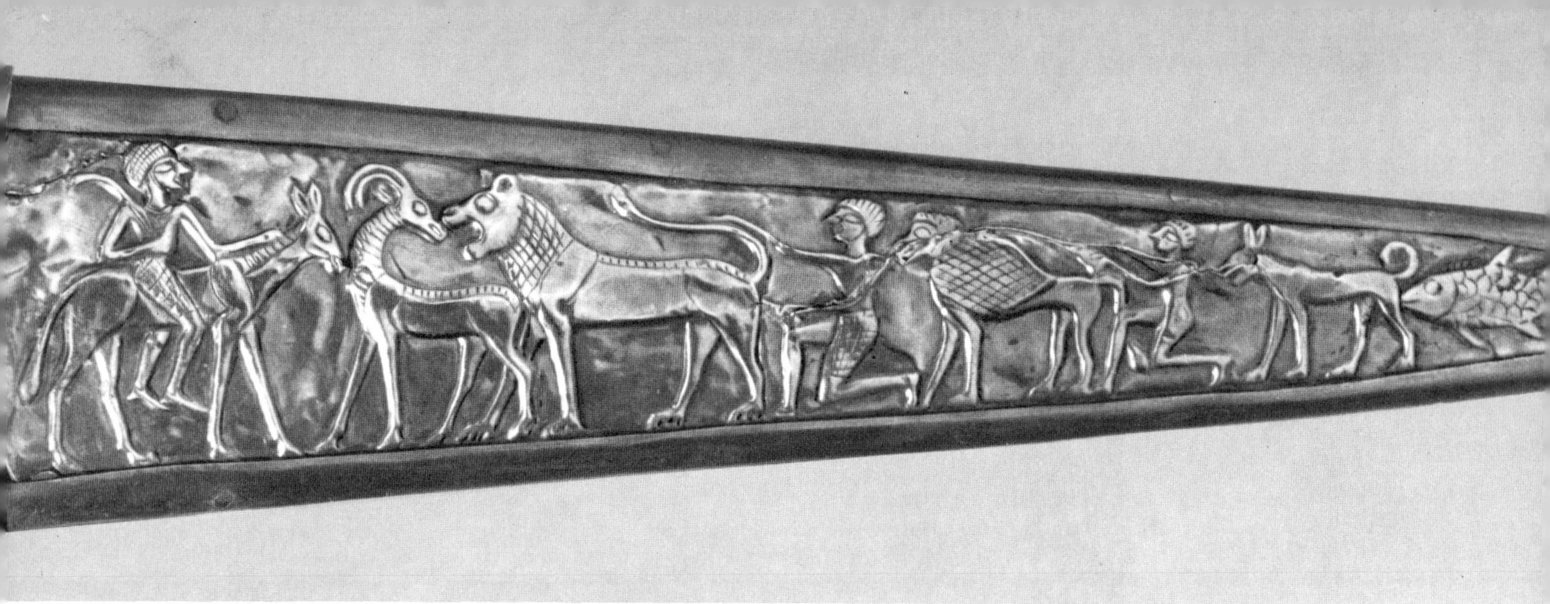

61 - phönizisch - Byblos, Obeliskentempel - Dolchscheide: Zug von Tieren mit zwei Männern, die sich auf den König zubewegen (19.-18. Jh. v. Chr.) - Beirut

Auf der Scheide spielen sich zwei nach der gleichen Vorlage getriebene Szenen ab, deren Thema verschiedenen Quellen entstammt. Vier Quadrupeden und ein Fisch, begleitet von zwei Männern, die ihr Tier anzustacheln scheinen, bewegen sich im Gänsemarsch auf den König zu, der auf einem Reittier sitzt und das Zepter oder einen gekrümmten Stock geschultert hat. Diese Szene läßt sich in ihrem Zusammenhang noch nicht befriedigend deuten, aber das Verhalten des Cerviden und des Löwen verdient Aufmerksamkeit. Der Cervide wendet den Kopf zurück nach dem Löwen, der mit aufgesperrtem Rachen nach dem Geäse des Hirsches schnappen zu wollen scheint.

Das durch die Siegel beziehungsweise die Siegelabdrücke des III. Jahrtausends bekannte Thema des einen Hirsch anfallenden Löwen wird im Lauf der Jahrhunderte immer weidgerechter. Während auf den damaligen Objekten diese Szene dargestellt wird, bevor es zum Angriff kommt, zeigt der Dolch schon das beginnende Geschehen; auf phönizischen Silbermünzen und einem Goldring aus dem 4. vorchristlichen Jahrhundert reißt der Löwe sogar sein Opfer.

Die Umwandlung dieses Motivs durch die Jahrhunderte ist ein frappantes Beispiel dafür, mit welchem Leben der Phönizier Themen fremder Herkunft erfüllen konnte, besonders wenn sie Tiere zum Gegenstand hatten.

Die Fensteräxte. Das Filigran.

Mit den zahlreichen Äxten, die zu diesen königlichen Weihgaben gehörten und deren ursprüngliche Form mesopotamisch ist, lieferten die phönizischen Goldschmiede einen Gradmesser für ihren guten Geschmack und die Gediegenheit ihrer Kunst. Eine dieser Äxte, die aus einer massiven Goldplatte gearbeitet ist, wahrt das Aussehen des mesopotamischen Modells. Sie ist rechteckig und an einer ihrer Breitseiten mit zwei runden Ausschnitten versehen, wobei das Blech nach innen umgebogen und mit Nieten am Stiel befestigt war. Dieser doppelten Lünette wegen spricht man von Fensteräxten.

Von dieser frühen Form behielt der Phönizier die Ausschnitte bei und gab im übrigen seiner Axt eine halbrunde Form von zierlichen und reinen Proportionen; um sie haltbarer zu machen, ersetzte er die Nieten durch eine mit der Axt fest verbundene Röhre, in die der Stiel eingeführt wurde.

62 - phönizisch - Byblos, Obeliskentempel - Krieger, bewaffnet mit Lanze, Dolch und Fensteraxt mit geradem Griff (19.-18. Jh. v. Chr.) - Beirut

63 und 64 - phönizisch - Byblos, Obeliskentempel - Fensteräxte mit Reliefs eines Widders und eines Hundes (19.-18. Jh. v. Chr.) - Beirut

In Byblos sind Formen, die zur Herstellung solcher Äxte sowie anderer Objekte dienten, wiedergefunden worden. Eine davon bewahrt die Matrize einer Statuette, die einen sitzenden Krieger darstellt, der seine durchbrochene Axt an einem gekrümmten Stiel geschultert hat.

Die Stiele dieser Äxte hatten nicht immer diese Form, wie sich aus der Bronzestatuette eines Kriegers im Obeliskentempel ergibt, der seine geradstielige Axt wie ein Schwert hält. Man darf daraus folgern, daß der Stiel, sofern er keinen Metallüberzug besaß, demnach aus einem Material bestand, das elastisch genug war, dem Schlag mehr Wucht zu verleihen, zumal die Waffe selbst ein ziemliches Gewicht hatte.

Jedoch formte sich diese Axt vom 18. zum 16. Jahrhundert Zug um Zug um, was den Archäologen eine vorzügliche Datierungshilfe an die Hand gibt. Zunächst noch halbrund und parallel zum Stiel, schrumpfte ihr Durchmesser mehr und mehr ein, bis sie zu diesem nur noch eine Senkrechte bildete; in ihrer Verfallsperiode sodann hatte die Klinge bloß noch das Ausmaß eines Griffels, an ihrer Unterseite leicht ausgehöhlt, wobei die Tülle nicht mehr als ein Fünftel der Länge betrug.

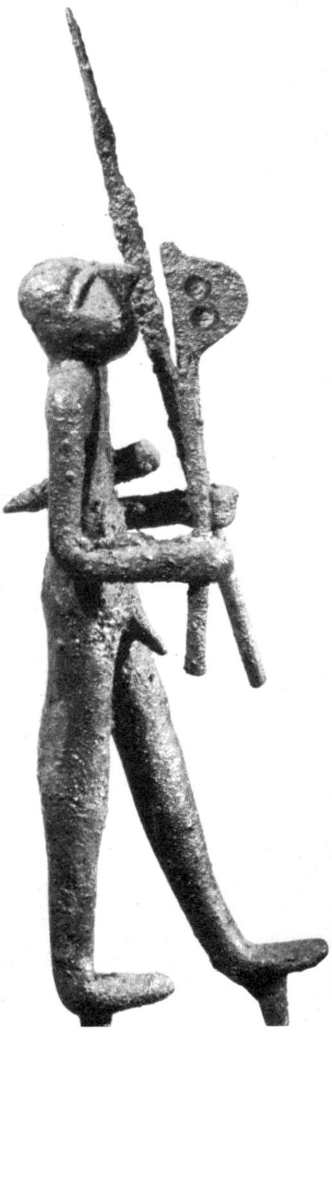

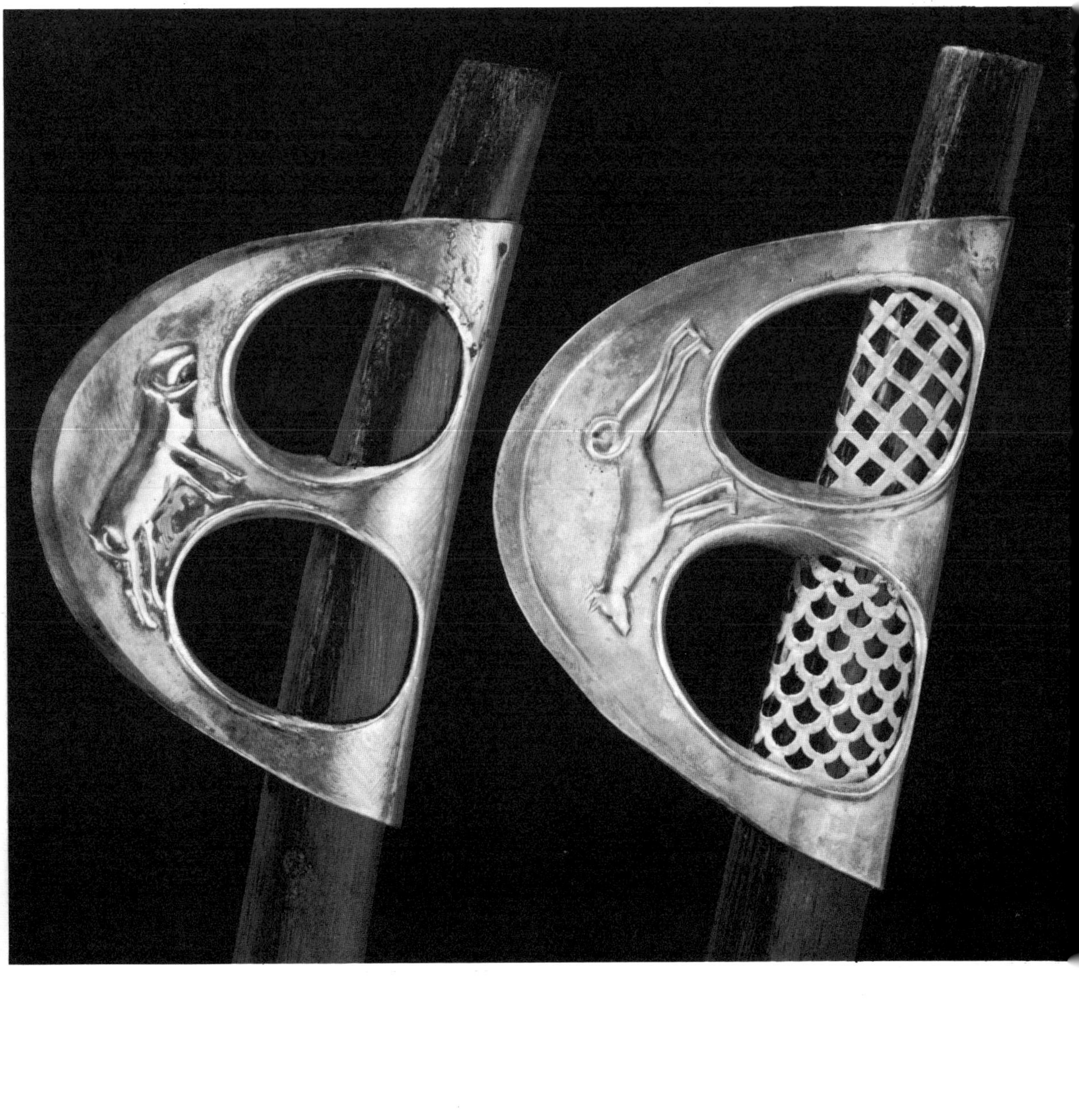

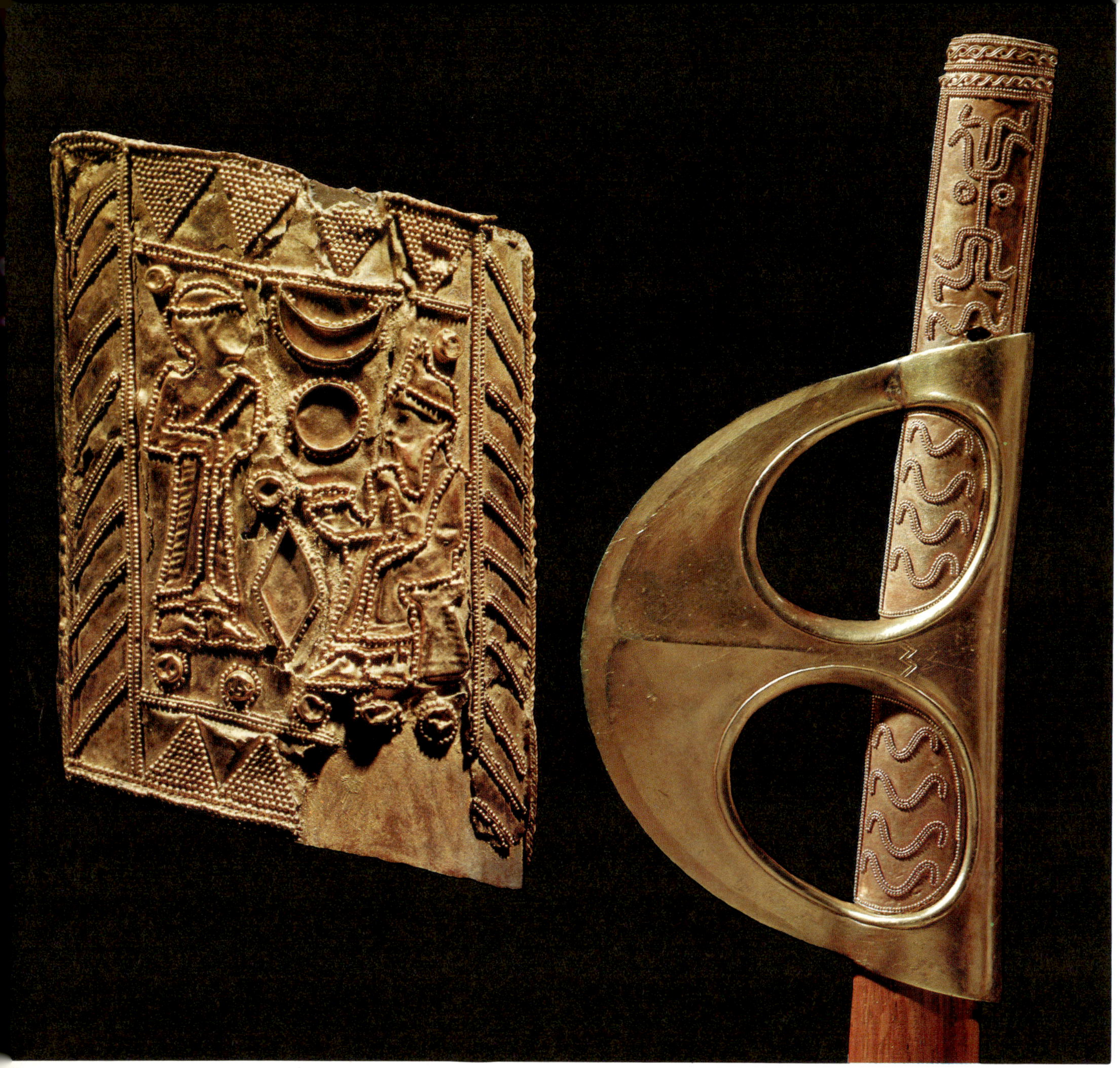

65 - phönizisch - Byblos - Fensteraxt. Ausschnitt des Griffs: Opferszene vor einer Gottheit (19.-18. Jh. v. Chr.) - Beirut

66 - phönizisch - Byblos, Obeliskentempel - Fensteraxt mit Filigranverzierung (19.-18. Jh. v. Chr.) - Beirut

67 - phönizisch - Byblos - Fensteraxt. Ausschnitt der Blende: Gilgamesch und Enkidu (19.-18. Jh. v. Chr.) - Beirut

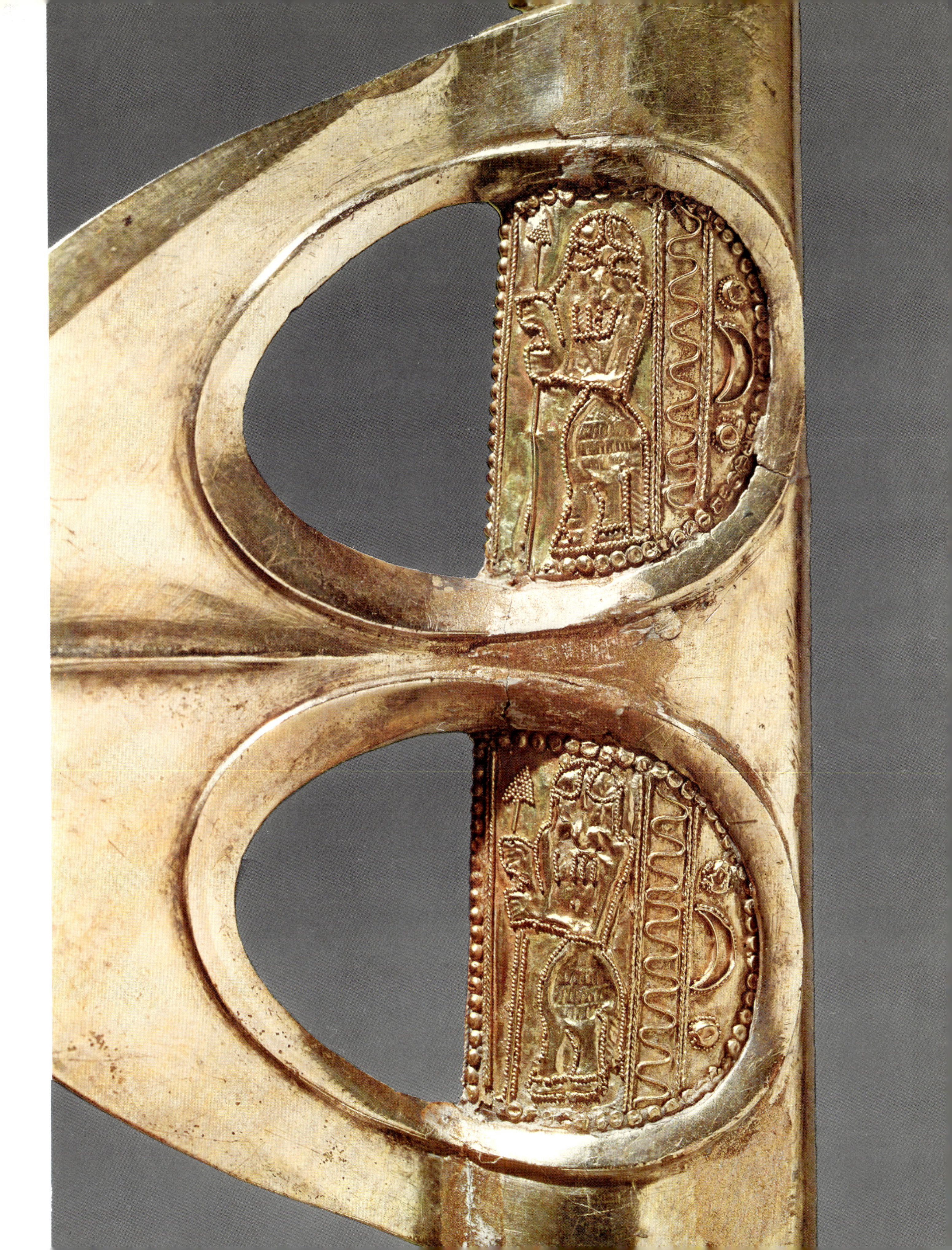

Die Verzierung der Goldäxte der königlichen Schatzkammer, insbesondere die aus Filigran, ist technisch und künstlerisch meisterhaft.

Bei diesen Verzierungen verfährt man auf verschiedene Weise; die einfachsten bestehen aus Reliefs von Tieren auf dem Axtblatt, Hunden oder Schafen, oder aus durchbrochenen Linienmustern, die einen Teil des Stiels umwinden. Am häufigsten aber und vor allem von feinster Ausführung ist der Filigrandekor aus geometrischen Motiven: getüpfelte Dreiecke, Wellenlinien und Flechtwerk, das an gemalte oder eingeritzte Motive der lokalen Keramik oder sogar an die berühmten mesopotamischen Mosaiken erinnert.

Manchmal lassen diese Filigrane die Umrisse eines figürlichen Dekors erkennen, wie auf den Blenden eines Stiels, der mit Darstellungen des Enkidu und des Gilgamesch, Gestalten der mesopotamischen Mythologie, geschmückt ist. Auf einem anderen Stiel gibt eine zugleich von Ägypten wie von Mesopotamien inspirierte Szene einen aufrecht stehenden Adoranten wieder, der einer sitzenden Gottheit huldigt. Hier wie dort füllen Halbmonde und Sternmotive das Bildfeld, ähnlich wie auf einem Medaillon aus dem Tempel von Byblos.

Die aus winzigen Kugeln geformten Filigrane, vom Goldschmied Stück um Stück aneinandergeschweißt, hatten tausend Jahre zuvor entfernte Vorfahren in den Kugeln des berühmten Dolchs von Ur. Aber welch ein Fortschritt in einem Jahrtausend! Die Filigrankugeln der Äxte von Byblos sind unvergleichlich viel kleiner als die auf dem Dolche von Ur.

In Ägypten und in derselben Epoche zeigt sich die gleiche verfeinerte Technik an kleinen Stäben, die die Archäologen für ausländische Erzeugnisse halten. Seit Byblos in seinen Tempeln die vielen Filigranobjekte freigegeben hat, ist es nicht mehr zweifelhaft, daß die in Ägypten gefundenen Stäbchen aus Phönizien stammen und daß diese ursprünglich importierte Technik sich unter den Händen phönizischer Goldschmiede zu einer Kunst hohen Ranges entwickelte.

Mitunter vereinfachten diese Goldschmiede das Verfahren, indem sie den Goldfaden in kleine Stücke zerschnitten, um ihm das Aussehen von Filigran zu geben. Diese Technik wird noch heute, ziemlich vergröbert, bei orientalischen Schmucksachen angewandt.

Sonnenräder und Palmen

Das gleiche Verfahren zeigt sich eindeutig an einem Rad aus Elektron aus dem Tempel von Byblos; hier ist die goldene Nabe mit übereinanderliegenden Dreiecken und Wellenlinien verziert. In Ägypten wurden entsprechende Räder aus der Zeit des Alten Reiches gefunden, aber aus minder wertvollem Material. Byblos hat uns einige solche Räder aus Alabaster, Bein und sogar Silber hinterlassen. Man darf indessen dabei nicht an Miniatur-Wagenräder denken. Nichts an ihnen weist auf eine derartige Bestimmung hin; um so weniger, als man niemals Paare dieser Räder aus kostbarem Material gefunden hat. In Ägypten nun, wo vor der Hyksos-Zeit das Rad eine volle Scheibe war, stellte man den Sonnengott Re durch eine von einem Reifen eingefaßte Scheibe dar, vermutlich nach dem Bilde eines Rades. Hieraus zu schließen, daß diese Formen Sonnensymbole waren, ist nur ein Schritt.

Ebenso weist ein aus dem Tempel von Byblos stammendes Rad aus massivem Gold und mit einem Karneol in der Mitte einen gravierten Dekor aus vier strahlenförmig angeordneten Palmen auf, nach Motiv und Anordnung eine in Phönizien ziemlich häufig vorkommende Verzierung. Der Deckel einer Pyxis aus Fritte trägt den gleichen Dekor, ebenso, leicht abgewandelt, ein steinerner Deckel.

Zu allen Zeiten war die Palme der phönizischen Symbolik teuer. In Arslan Tasch ist sie in Elfenbein geschnitten, mit breiten, zu beiden Seiten des Stammes schwer herabhängenden Blättern. Auf anderen Elfenbeinarbeiten gleicher Herkunft sind die Kronen der Palmen vertikal angeordnet, wie um einen perspektivischen Reiheneffekt zu erzielen.

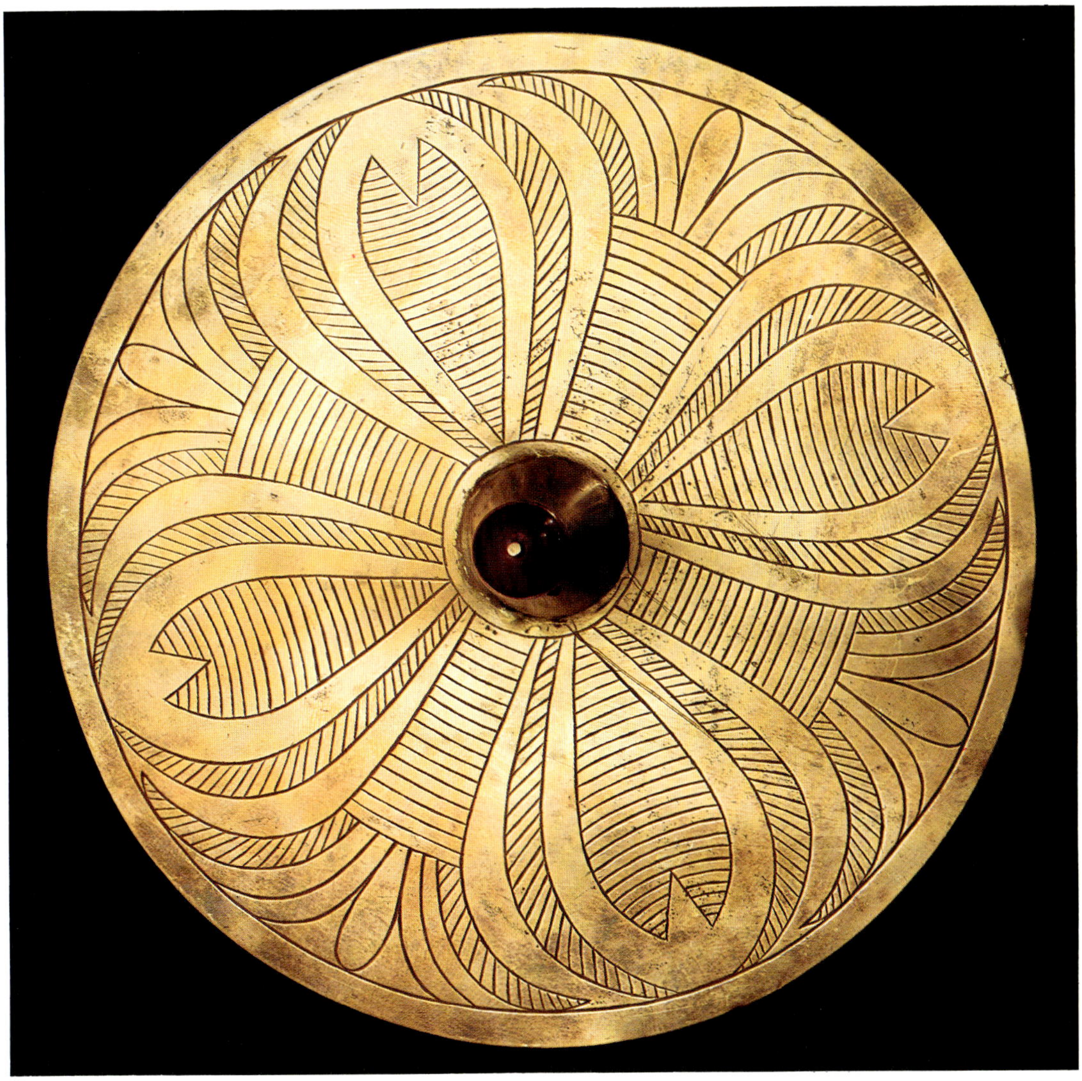

68 - phönizisch - Byblos, Obeliskentempel - Rad mit vier strahlenförmig angeordneten eingravierten Palmen (19.-18. Jh. v. Chr.) - Beirut

Der Symbolwert der Palme erhöht sich in der hellenistischen Epoche, wo sie auf Münzen schlechthin zum Emblem gewisser phönizischer Städte wird.

Die Mannigfaltigkeit an Formen und Verzierungen auf den im Obeliskentempel gefundenen Gegenständen läßt den Schluß zu, daß der ägyptische Einfluß, so dominant er, nach den Funden in den Königsgräbern zu urteilen, am Hofe war, sich bei den Votivgaben, mochten sie vom Hofe oder aus der Bevölkerung stammen, keineswegs mehr so stark auswirkte.

Aber gerade die Verschiedenartigkeit der ägyptischen, mesopotamischen, ägäischen, manchmal sogar hethitischen Einflüsse, die die Tempel- und etliche Gräberfunde offenbaren, zeigt die wahre Weltverbundenheit der Phönizier in jener Epoche. Ist nicht die Kunst einer Gesellschaft der Spiegel ihres politischen und wirtschaftlichen Lebens, zumal wenn es sich an einem Knotenpunkt des Weltverkehrs abspielt, wie es bei Byblos der Fall war?

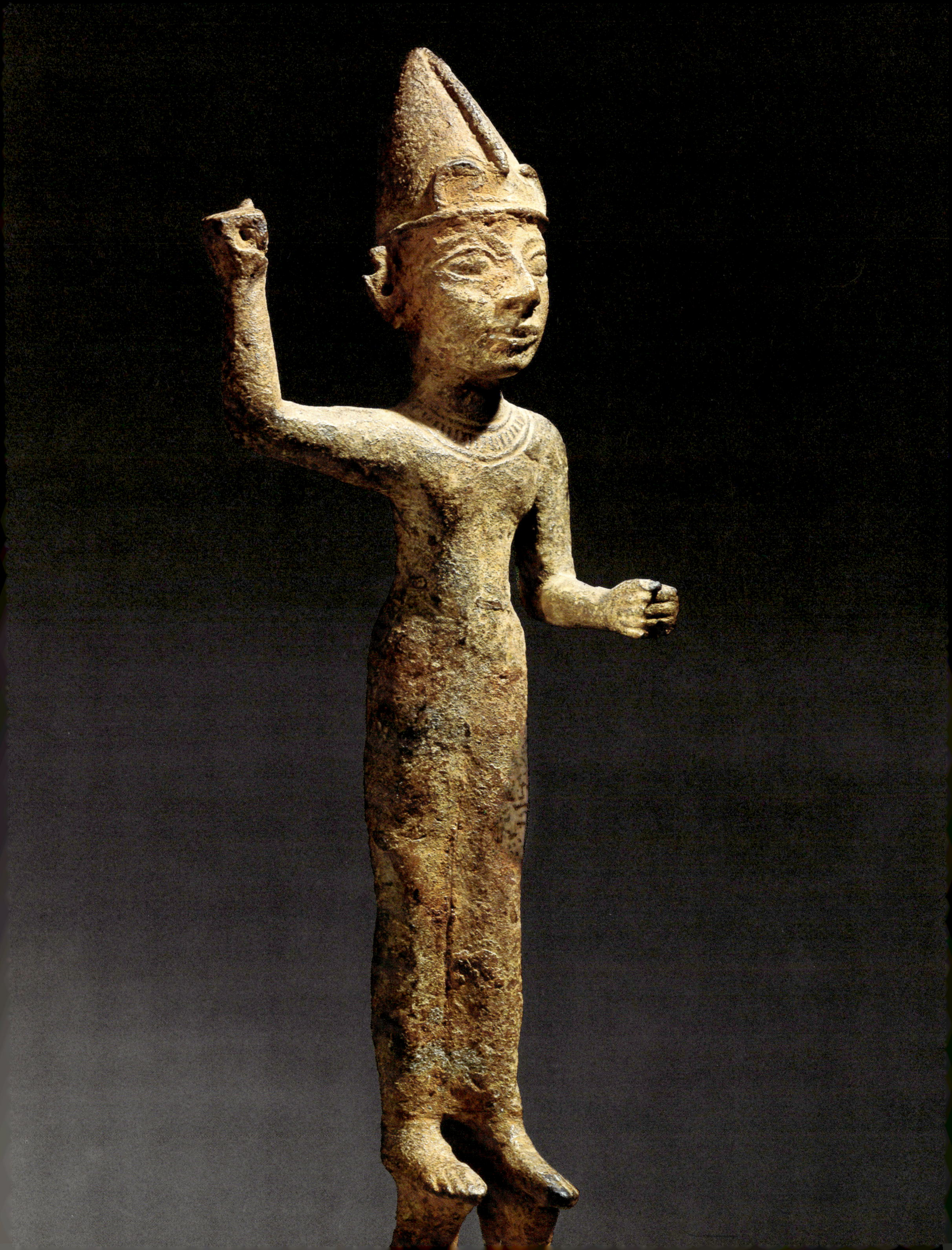

IV

VON DEN HYKSOS ZU DEN SEEVÖLKERN

Die Keramik

Im 17. und 16. Jahrhundert stand Phönizien vor einem neuen Wendepunkt seiner Kunst. Der Einbruch der Hyksos bewirkte eine Umwälzung im gesamten Orient. Die Fremdherrschaft, die nur wenig länger als ein Jahrhundert dauerte, schaltete ägyptische Einflüsse aus und brachte vor allem auf dem Gebiet der Keramik neue Formen, die sich durch eine zierlich-ovoide Rundung der Bäuche, schmale Hälse und eine geringfügige Erweiterung der Lippen auszeichnen.

Diese Eleganz rundet ein – zuweilen zweiteiliger – Henkel ab, der Lippen und Schulter der Vase auf eine gefällige Weise verbindet. Zwar bewahren manche Vasen den roten und nehmen andere gelegentlich den weißen Lüster an, die meisten aber werden unmittelbar auf dem Ton bemalt und entlehnen ihre Ziermotive der Ägäis in Form von Spiralen, konzentrischen Kreissegmenten oder Dreiecken mit entgegengesetzten Spitzen nach Art der Doppelbeile. Bei einigen Vasen vom Beginn dieser Periode heben sich von der glatten Fläche des schwarzen Tongrundes die lanzettartigen Blütenblätter zweier durch einen Streifen getrennter Blumen ab. Zwischen den Blütenblättern, die den Vasenkörper zieren, befinden sich getüpfelte Dreiecke, die mit einer weißen Materie ausgefüllt sind. Diese so zierliche Keramik, die in Tell Jahûdije, Ägypten, in Gräbern von Ausländern gefunden wurde, sticht vom plumpen und barbarischen Charakter ägyptischer Skulpturen der Hyksos-Zeit ab. Jedoch sind diese tiefgreifenden Unterschiede zweifellos den vielfältigen Begleitumständen der Hyksos-Invasion zuzuschreiben.

Der Orient und Ägypten

In den fünf Jahrhunderten, die auf die Vertreibung der Hyksos folgten, öffneten sich die orientalischen Länder Ägypten aufs neue, und lange Zeit war asiatisches Gebiet bis zum Euphrat den Ägyptern untertan. Nachdem sie Länder unterworfen hatten, die bedeutend größer waren als ihr eigenes anbaufähiges Gebiet, durch Ackerbau und Handel reichgewordene Länder, besaß Ägypten die Klugheit, jenen entlegenen Erdstrichen nicht seine Gesetze aufzuzwingen, sondern die Eigenart dieser Königreiche zu schonen und, statt sie zu unterjochen, vielmehr auf verschiedene Weise zu versuchen, sie zu gewinnen; bald wurden orientalische Prinzessinnen in die pharaonischen Harems aufgenommen und manche sogar in den Rang einer Königin erhoben.

In dieser Epoche internationaler Wechselbeziehungen übernahm die ägyptische Kunst von den eroberten Ländern gewisse Motive, ohne daß sie, deren Wesen innerlich schon gefestigt war, stärker davon berührt worden wäre. Im Gegenteil, der Einfluß ägyptischer Kunst auf die orientalischen Kunstformen setzte sich fort, blieb auch nicht auf die Küstengebiete beschränkt, sondern wirkte sich gelegentlich befruchtend auf das Landesinnere aus; dies zeigt ein in der Bekaa gefundener Reschef, der durch die Milde seiner Züge an die Statuen von Thutmosis III. erinnert, während daneben eine andere Statuette derselben Herkunft die an gewisse Statuetten aus Byblos gemahnenden kraftvollen Züge mit einer Schroffheit akzentuiert, die dem Charakter der Be-

69 - phönizisch - Bekaa - Statuette des Gottes Reschef (II. Jt.) - Beirut

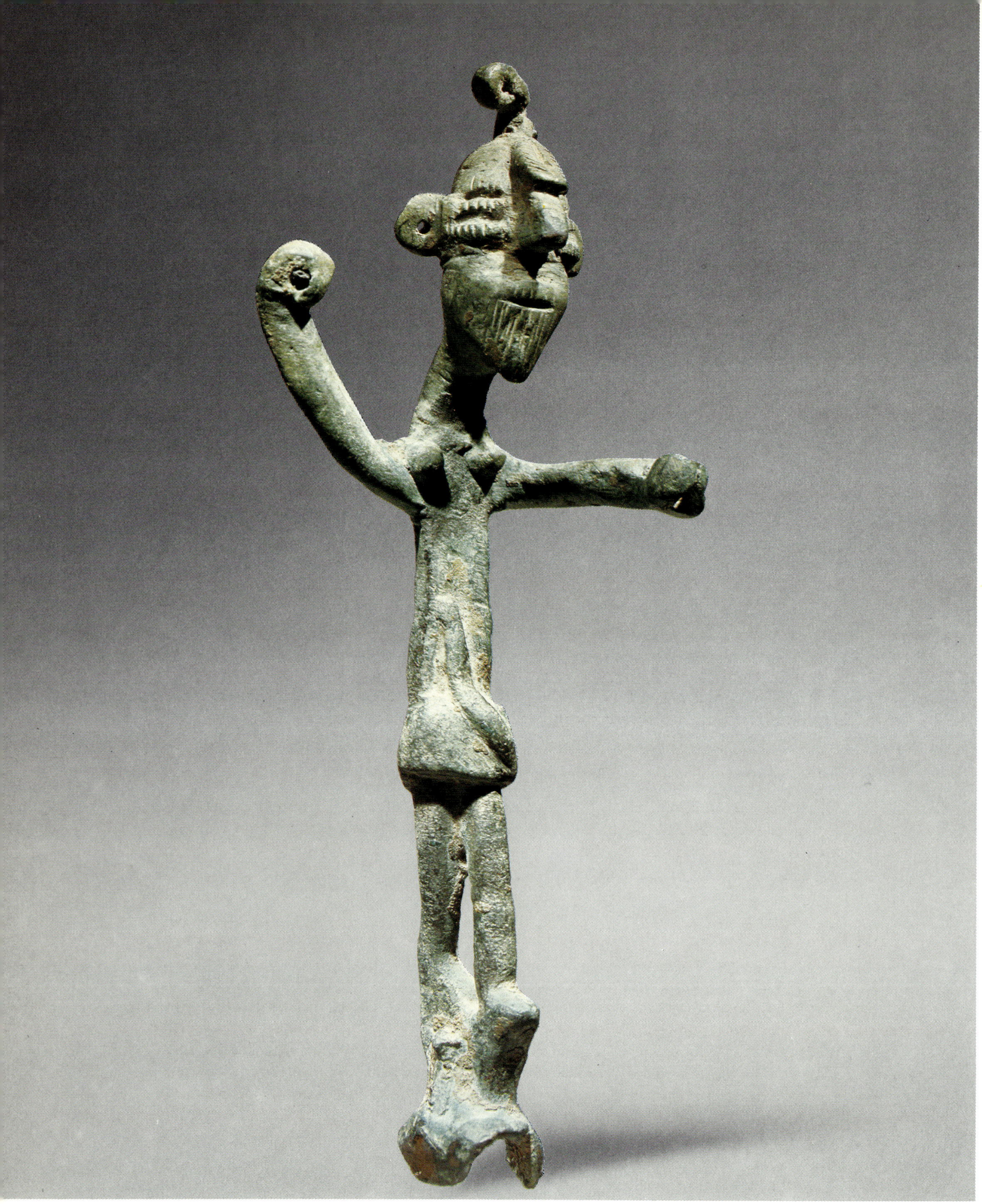

70 - phönizisch - Bekaa - Statuette einer Gottheit (II. Jt.) - Beirut

wohner jener Hochebene, klimatisch einer der rauhesten Landschaften des Nahen Ostens, entspricht.

Die phönizische Persönlichkeit

In dieser Epoche sehen wir die regionalen Züge und den unverwechselbaren Charakter der phönizischen Kunst sich durchsetzen. So ist die Stele aus Ugarit, die zwei Gestalten zu seiten eines Tischchens darstellt, nur im Hinblick auf die beiden von oben herabhängenden Lotosblüten ägyptisch beeinflußt; die beiden Gestalten aber, deren eine die konische Mütze aufhat, tragen dieselben orientalischen Kleider wie die den Pharaonen der 18. Dynastie huldigenden Asiaten auf den Darstellungen des 15. und 14. Jahrhunderts.

Ein anderer Typus von Asiaten, mit dem uns ägyptische Flachreliefs vertraut gemacht haben, wird durch eine Elfenbeinarbeit eines Bettes aus Ugarit bezeugt. Sie stellt eine spitzbärtige Figur in halbkniender Stellung dar, die eine andere, von der sie an den Haaren gepackt und mit einem langen Dolch bedroht wird, um Gnade anfleht. Mehr ägyptisierend ist die zweite Szene auf dieser Elfenbeinarbeit, worin ein Mann und eine junge Frau, vermutlich der König und die Königin, sich zärtlich umarmen.

71 - phönizisch - Sinn el-Fil - Gefäß mit gepunkteten Dreiecken und Doppelhenkel (17. Jh. v. Chr.) - Beirut

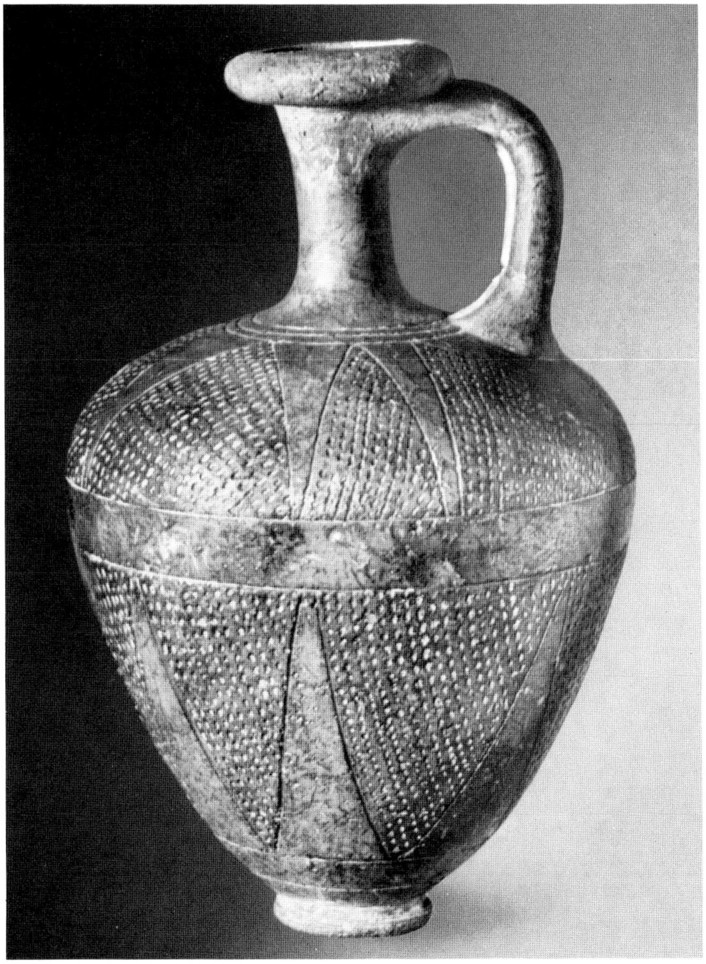

72 - phönizisch - Ugarit - Stele: Begegnung zweier Gestalten (14. Jh. v. Chr.) - Aleppo

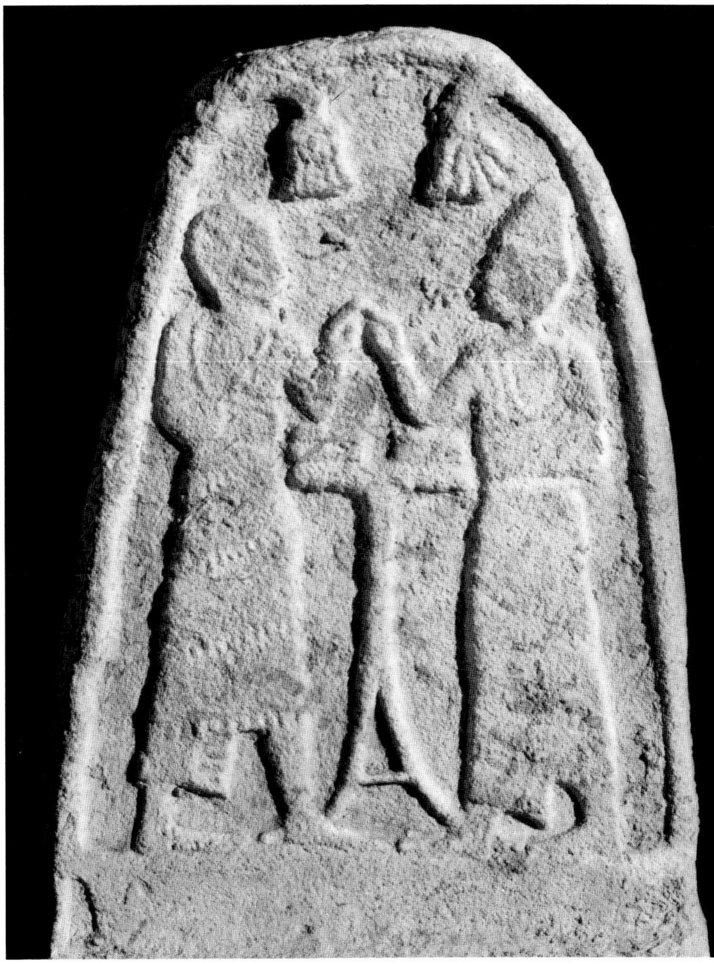

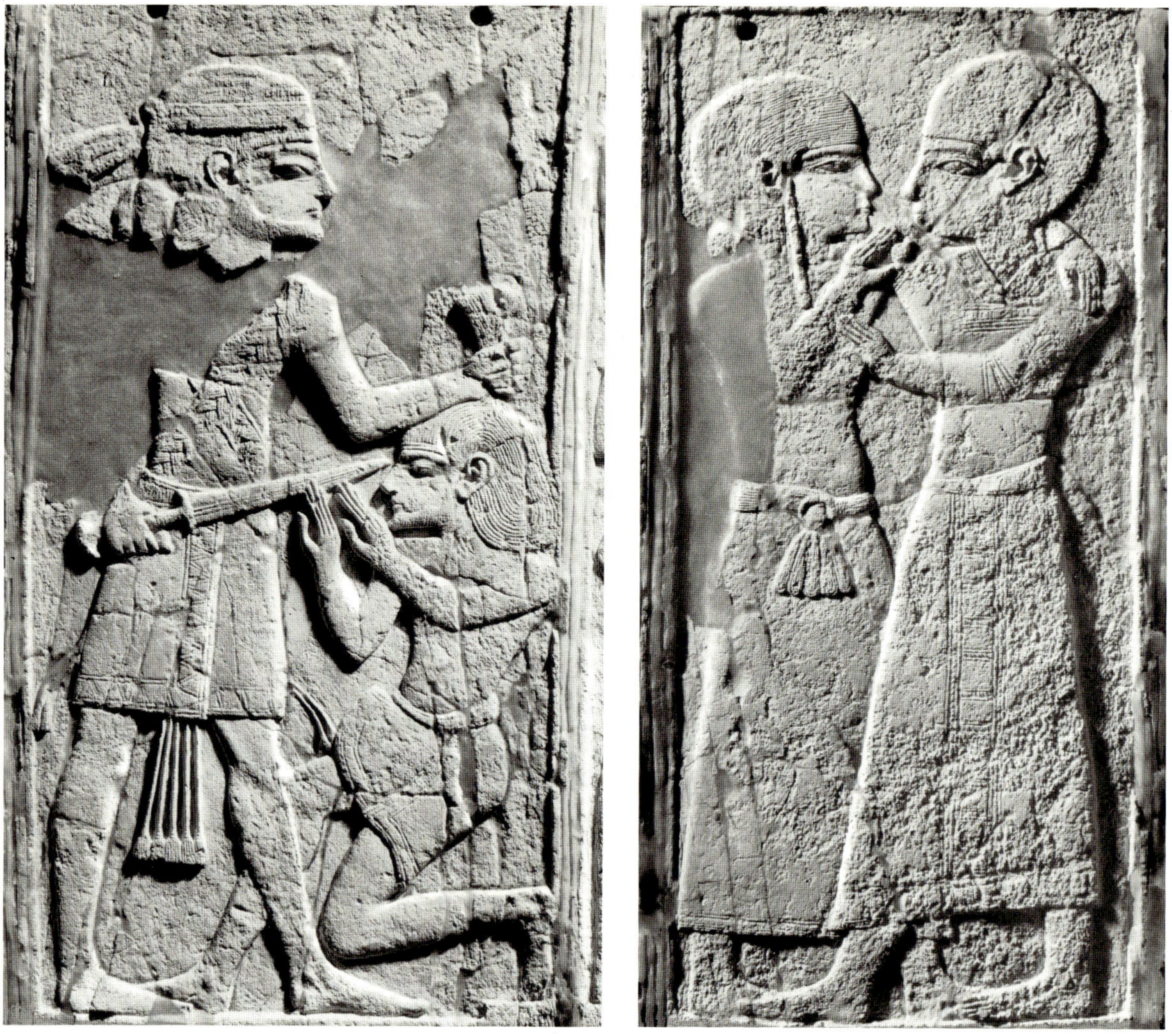

73 und 74 - phönizisch - Ugarit - Verzierungen eines Bettes: Der König richtet einen knienden Feind - König und Königin, sich umarmend (14. Jh. v. Chr.) - Damaskus

Dagegen ist die Jagdszene auf einer Goldschale aus Ugarit gänzlich orientalisch. Rund um das Zentralmotiv ziehen kleine Pferde im Galopp einen Wagen, von dessen Höhe herab der König, dem Gepräge nach eindeutig semitisch, seinen Bogen auf eine davonjagende Gazelle spannt, während zwei Stiere die Flucht ergreifen und ein dritter mit gesenktem Kopf gegen den Wagen anstürmt. Alles atmet intensivstes Leben in dieser Szene, in der die einzelnen Bewegungen der rennenden Tiere aufs packendste wiedergegeben sind.

Von noch ausgeprägterem orientalischem Charakter ist die in ein Flachrelief aus Ugarit geschnittene Szene, wo unter einer geflügelten Scheibe ein Adorant mit spitzer Kopfbedeckung und einer Schale in der Hand vor einem sitzenden Gott steht. Dieser Gott von Ugarit, mit langem und spitz zulaufendem Bart, trägt eine gerippte phönizische Kopfbedeckung, an der sich wie bei hethitischen Gottheiten Hörner befinden. Was alles aber ist an dieser Stele nicht rein phönizisch: das Aussehen des Gottes und sein Bart, der hohe zurückgebogene Sessel, der in einem Tierkopf endende Stab des Adoranten und vieles andere. Der ägyptische Anteil ist bescheiden an diesem Bild, in dem sich die phönizische Kunst so prägnant und individuell ausdrückt.

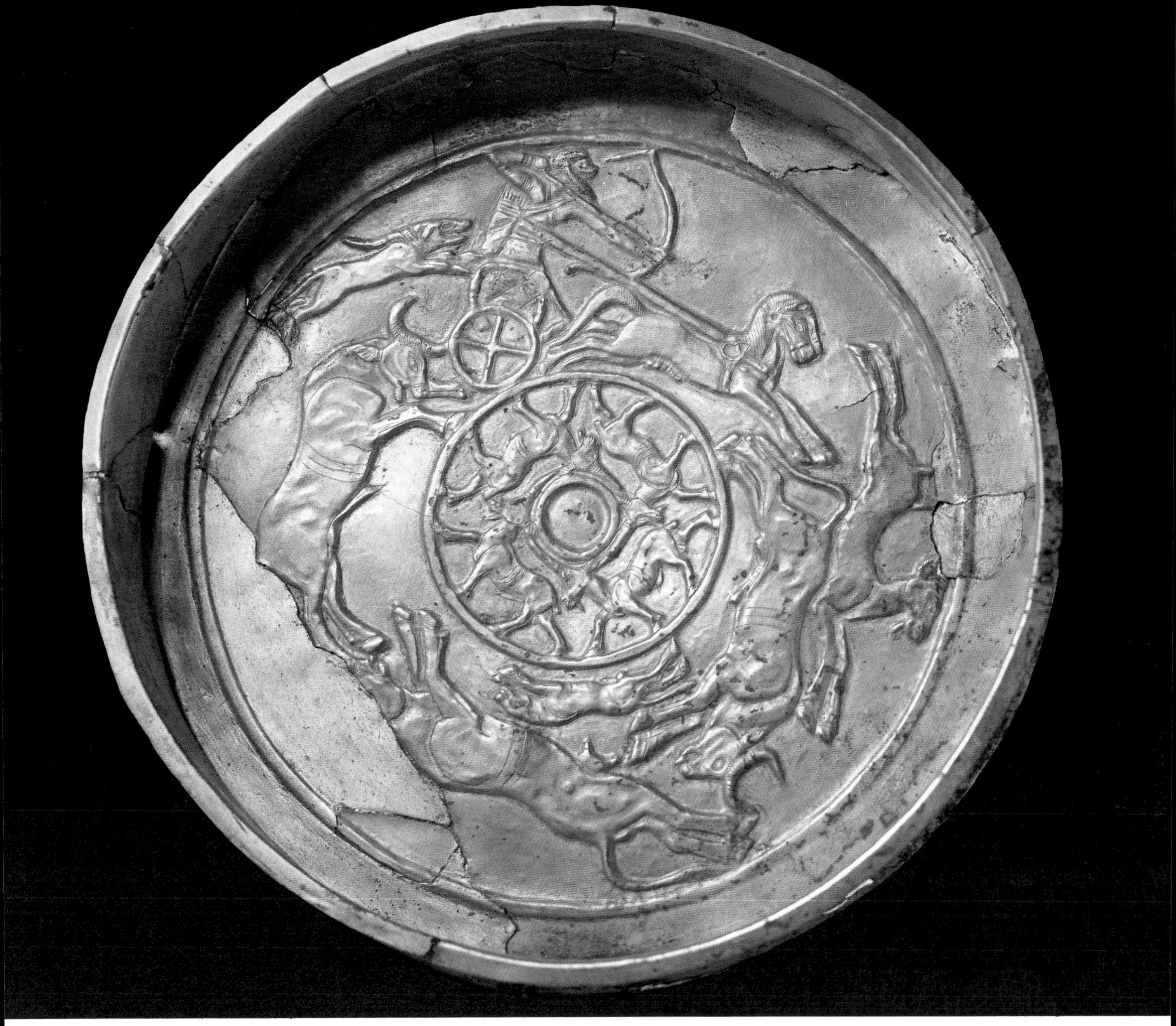

75 - phönizisch - Ugarit - Opferschale: Szenen einer Königsjagd (15.-14. Jh. v. Chr.) - Paris

Der Ahiram-Sarkophag

Der wichtigste Fund, der an der phönizischen Küste gemacht wurde, der berühmte Sarkophag des Königs Ahiram von Byblos, verdankt seine Bedeutung nicht nur den verschiedenen künstlerischen Einflüssen, die an ihm zutage treten, sondern vor allem dem alphabetischen Text, der dort eingraviert ist (vgl. S. 264).

Künstlerisch gesehen, gehört der Ahiram-Sarkophag deutlich einer Epoche an, da der hethitische Einfluß nach Süden drang und der ägyptische noch fest verankert war.

Die vier liegenden Löwen, die den Sarkophag tragen, mit Körpern in leichtem Relief und vollplastischen, an den Schmalseiten vorspringenden Protomen, sind in einer der hethitischen Kunst vertrauten Art behandelt. In den auf seinen vier Seiten ablaufenden Szenen weisen etliche Einzelheiten das Gepräge ägyptisierender Traditionen auf, namentlich die Lotosblumen und die Anordnung der Personen, die sich in einer Prozession auf den König zubewegen. Aber die bärtigen Köpfe des Königs und der beiden Deckelfiguren, ihre Kleidung aus einem gestreiften Rock und darüber einem fransenbesetzten und gegürteten Mantel, endlich das die Haare umschließende Band sind wiederum charakteristisch für die Semiten, die Phönizien bewohnten und solchergestalt auf zeitgenössischen ägyptischen Flachreliefs dargestellt wurden. Wie in Ägypten sind die Szenen des Sarkophags genügend schwach reliefiert, um die durch das starke Licht des Orients bedingten Schattenflecke zu vermeiden.

Mehr als ein Detail setzt den Sarkophag des Ahiram in Beziehung zu Stelen und Objekten aus Ugarit. Diese Analogien betreffen nicht nur die Gesichtszüge und die Barttracht des Königs, sondern auch seine Haltung und gewisse in der Szene dargestellte Möbel. So findet man das vor dem König stehende Tischchen sowohl auf einer Stele aus Ugarit wie in einem bronzenen Miniaturtisch wieder, dessen von der Platte herabhängende Granatäpfel an jene denken lassen, die nach der Bibel die beiden Säulen vor dem Tempel Salomos schmückten und die die Freimaurer als eines ihrer wichtigsten Symbole übernommen haben.

Dagegen besteht ein ziemlicher Unterschied zwischen dem Throne Ahirams und den Thronen aus Ugarit, deren Füße nach ägyptischer Art die Form von Tierpfoten haben. Wie bei den sogenannten ‹Astarte-Thronen› einer späteren Epoche stehen dem Throne von Byblos zwei ihn beschirmende Tiere zur Seite. Diese Tiere sind ägyptischen Sphingen nachempfunden, jedoch nach Art gewisser ägäischer Darstellungen mit Flügeln ausgestattet. Insgesamt gleicht der Thron Ahirams dem von der Bibel beschriebenen Bilde des Salomonischen Throns.

In Richtung auf Ahiram zu, der auf seinem Throne sitzt, bewegt sich ein Zug von Gestalten, die Opfergaben bringen. Den Zug führt der Sohn des Königs an, in der einen Hand ein Tuch, in der anderen einen Fliegenwedel, wodurch er sich als den ersten Diener des Königs ausweist. Auf einer Elfenbeinarbeit aus Meggido fällt diese Rolle der Frau des Königs zu.

Die Prozession, die sich auf der anderen Langseite des Sarkophags abspielt, setzt sich fort mit Gestalten einer mehr volkstümlichen Schicht, wie die Figur, die eine Ziege vor sich her treibt, oder die beiden Frauen mit einem Teller auf dem Kopf oder die beiden Träger von Krügen.

Auf jeder der zwei Schmalseiten haben vier Klageweiber ihr Obergewand zerrissen, das man an ihren Hüften herabhängen sieht, zerkratzen sich mit ihren Nägeln die Brust oder raufen sich vor Verzweiflung die Haare. Die Gewänder, die Männer wie Frauen auf diesem Sarkophag tragen, haben Kimono-Ärmel wie die Mäntel der heutigen Beduinen. Die nach unten in breiten Falten fallenden Kleider der Frauen sind von einer großen, rundgeschnittenen Schürze bedeckt.

Die Ausstrahlung Ugarits: Beziehungen zu Mykene

Schon der Ahiram-Sarkophag hat durch seine Löwen mit den reliefierten Körpern und den vollplastischen Protomen erwiesen, wie weit der hethitische Einfluß sich nach Süden erstreckte; erst recht nach Ugarit, einer Stadt, mit der das Hethiterreich im 14. Jahrhundert sehr feste kommerzielle und diplomatische Beziehungen unterhielt. So erstaunt es denn nicht, auf einer Stele dieser Stadt einen Baal zu sehen, der mit einer belaubten Lanze bewehrt ist, vorne Hörner und auf beiden Seiten des Kopfes einen Zopf hat, der nach hethitischer Mode in einer Spirale endigt. Dennoch macht sich, wenn auch diskret, ägyptischer Einfluß auf dieser Stele bemerkbar; die schlanke Gestalt des Gottes und die Gliederung seines Körpers entsprechen einer an der ägyptischen Kunst geschulten Auffassung.

76 und 77 - phönizisch - Byblos - Sarkophag des Königs Ahiram. Ausschnitte: Vier Klageweiber über zwei Löwenprotomen (13. Jh. v. Chr.) - Beirut

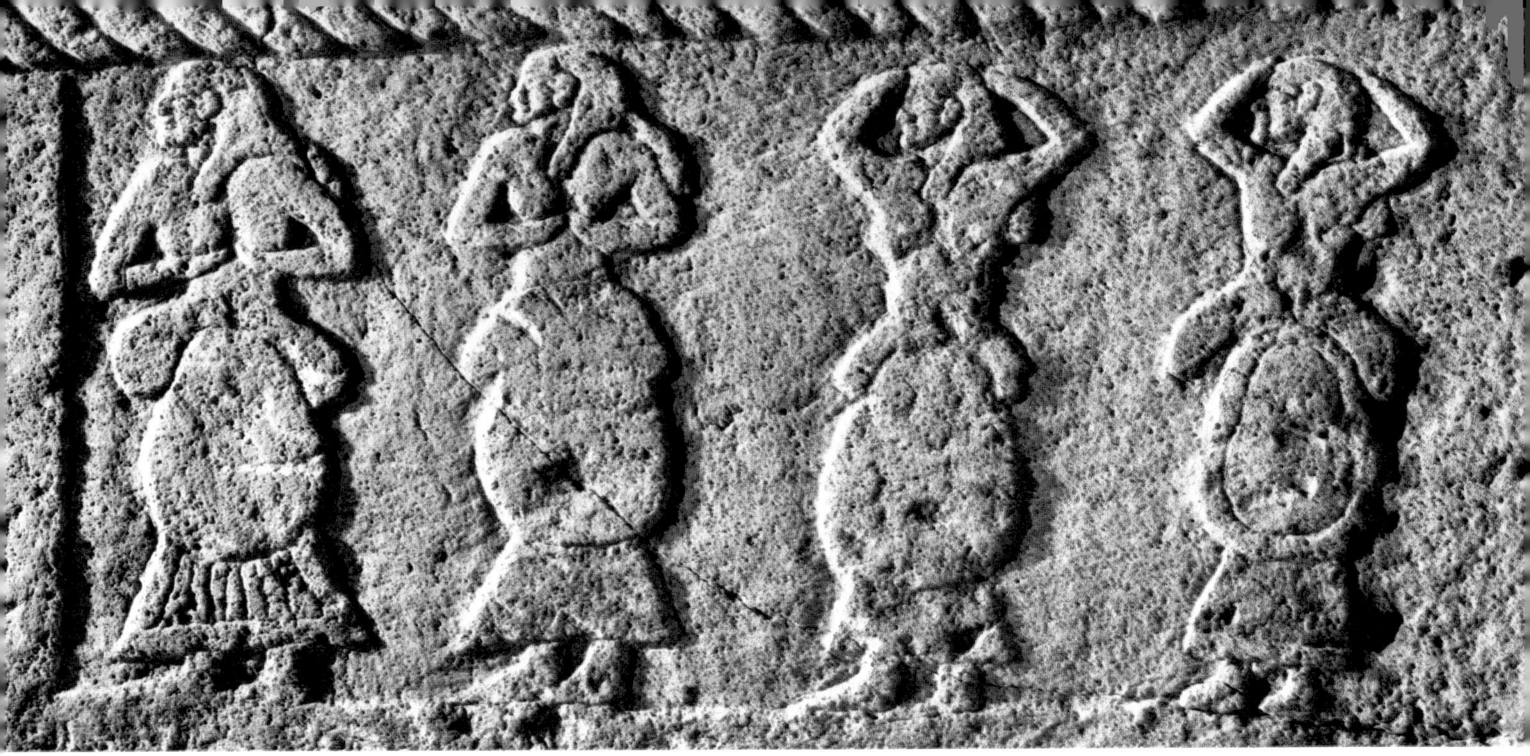

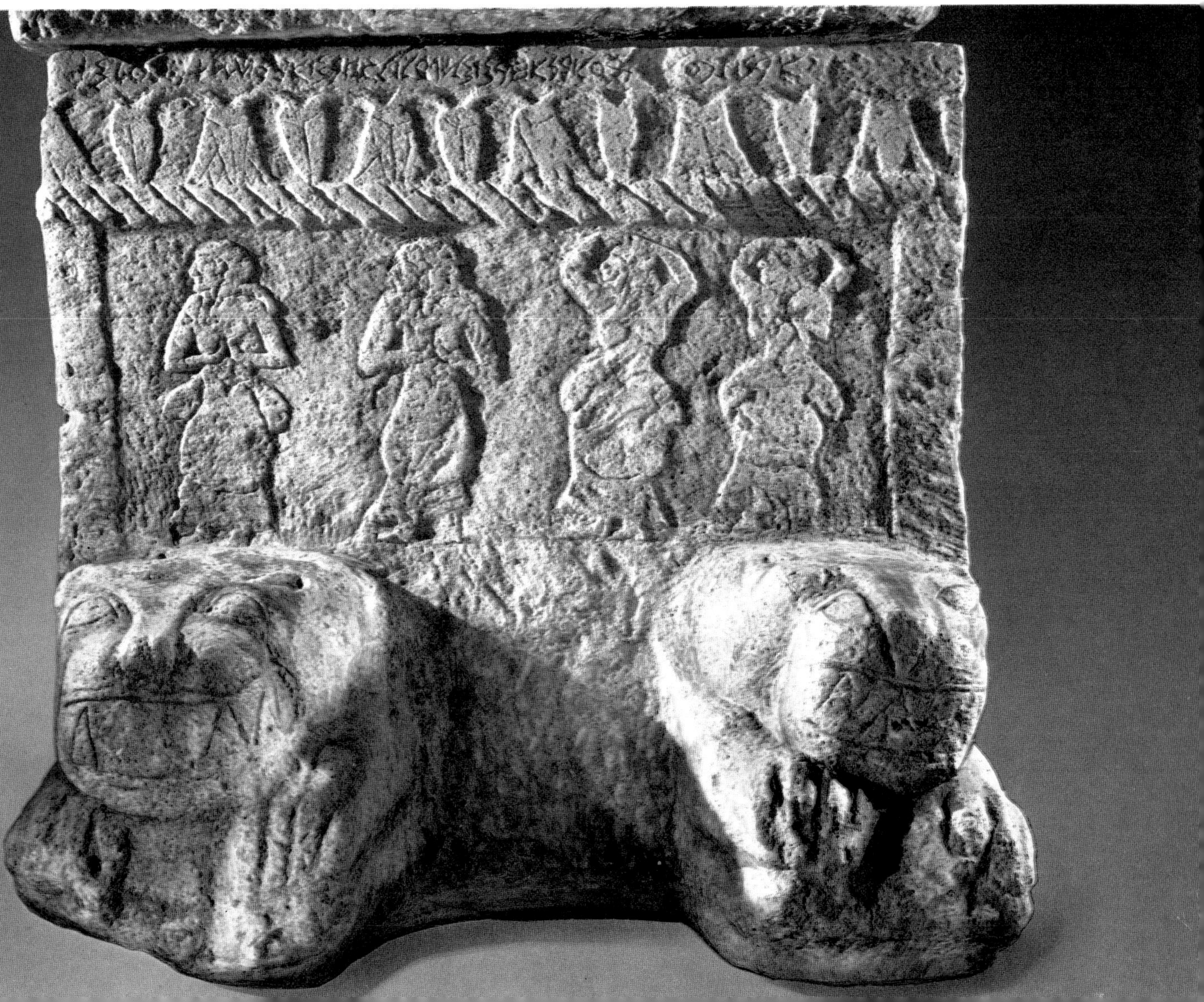

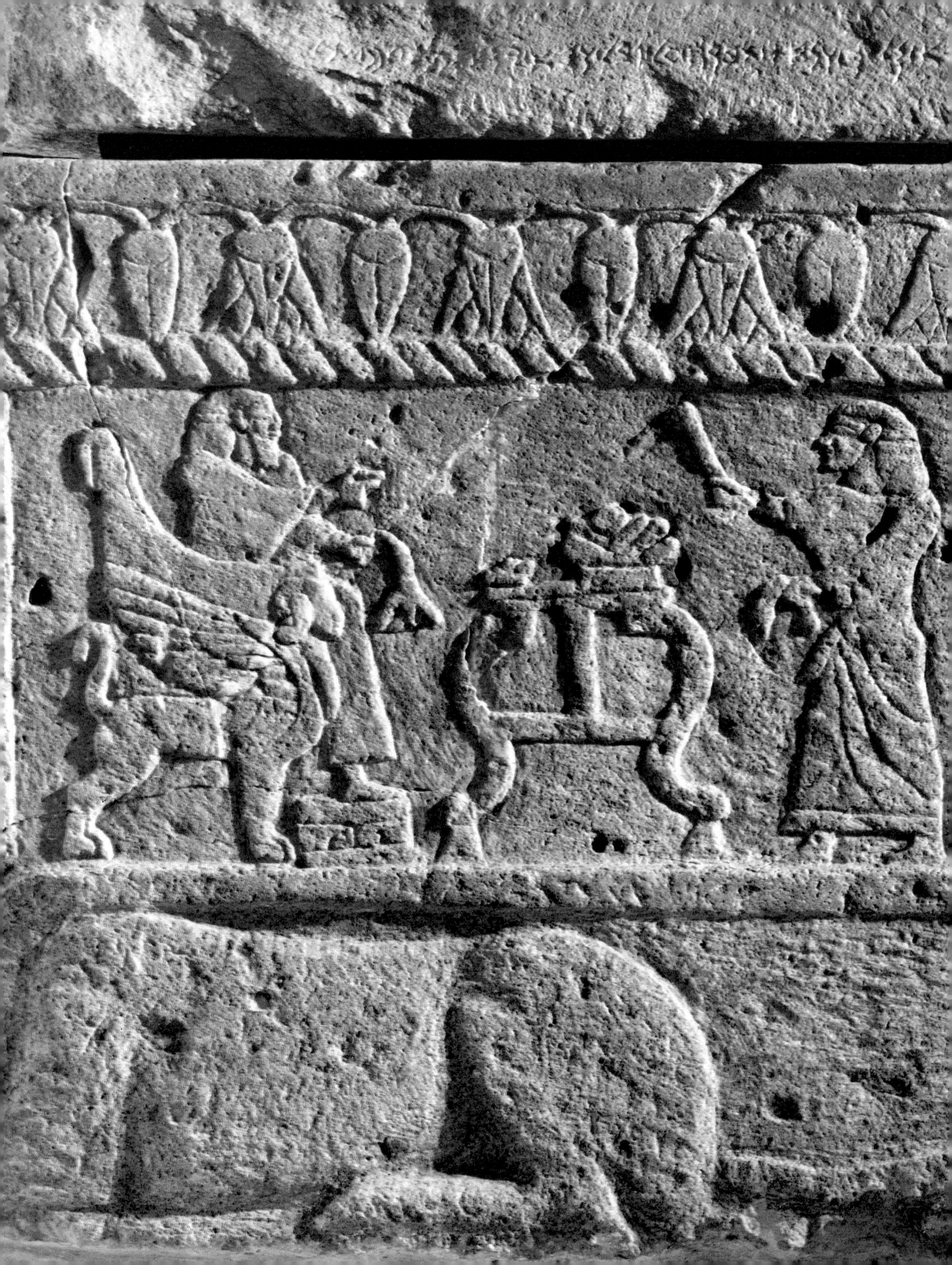

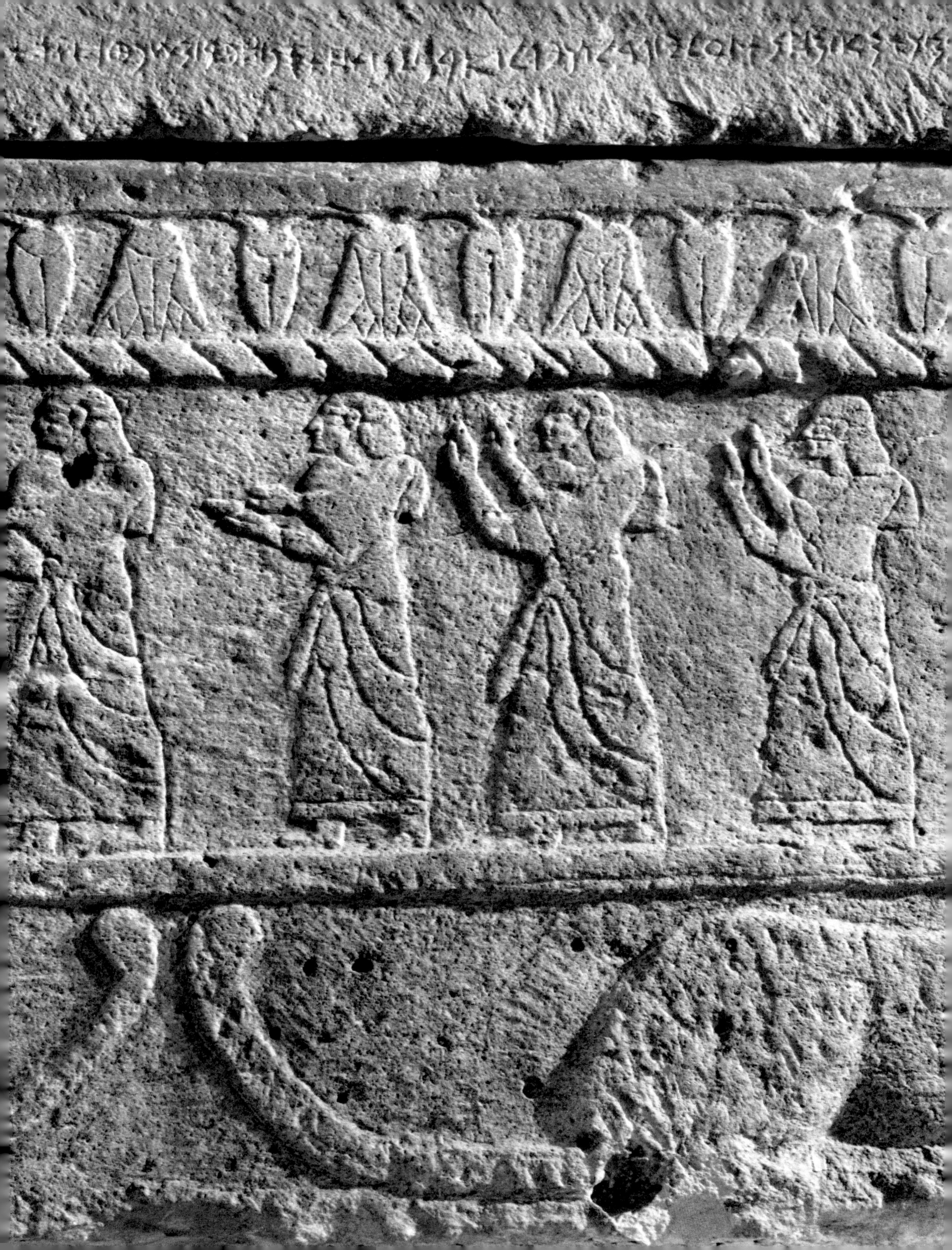

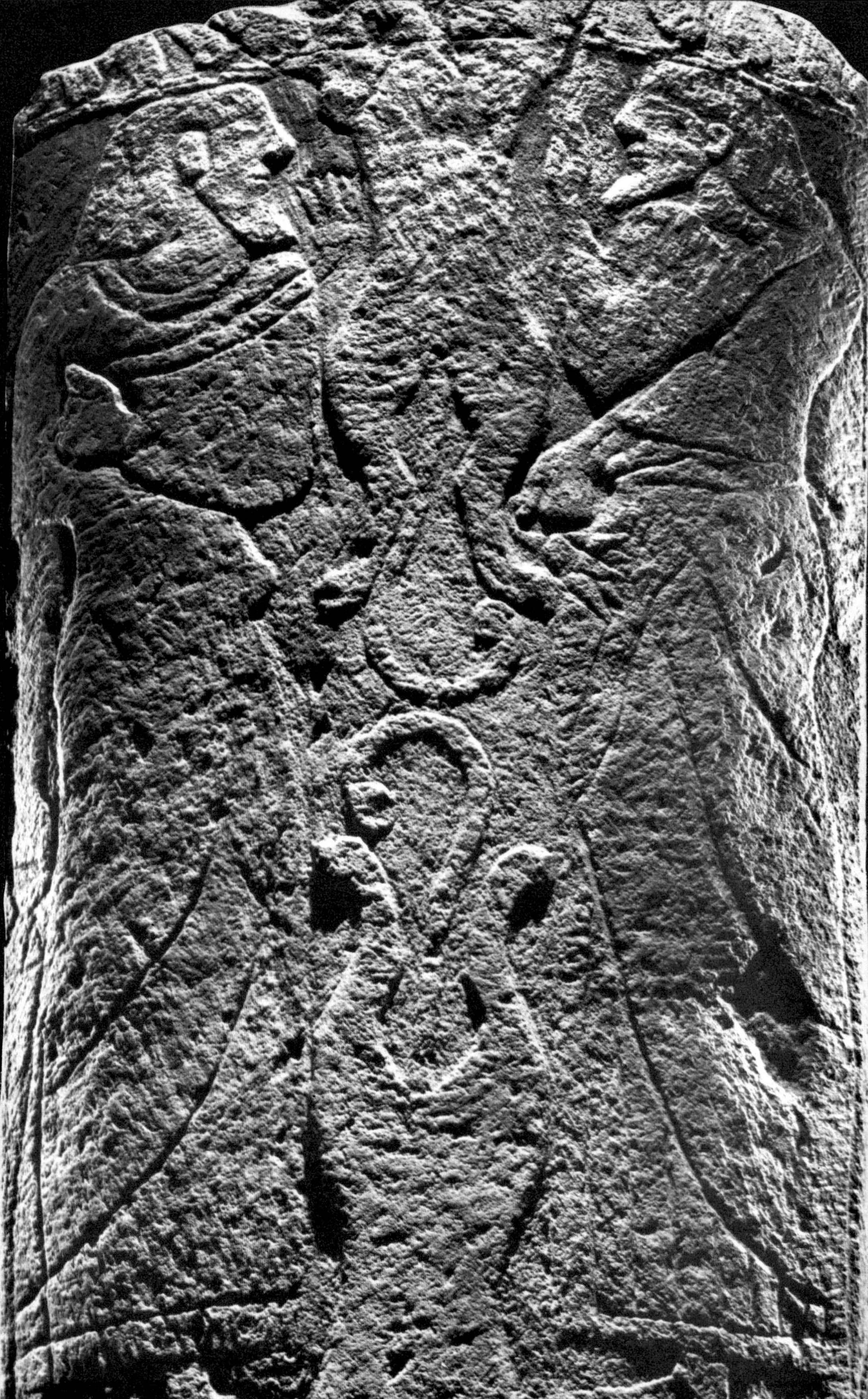

← 78 - phönizisch - Byblos - Sarkophag des Ahiram. Ausschnitt: Der König empfängt seinen Sohn und eine Prozession von Opfergabenträgern (13. Jh. v. Chr.) - Beirut

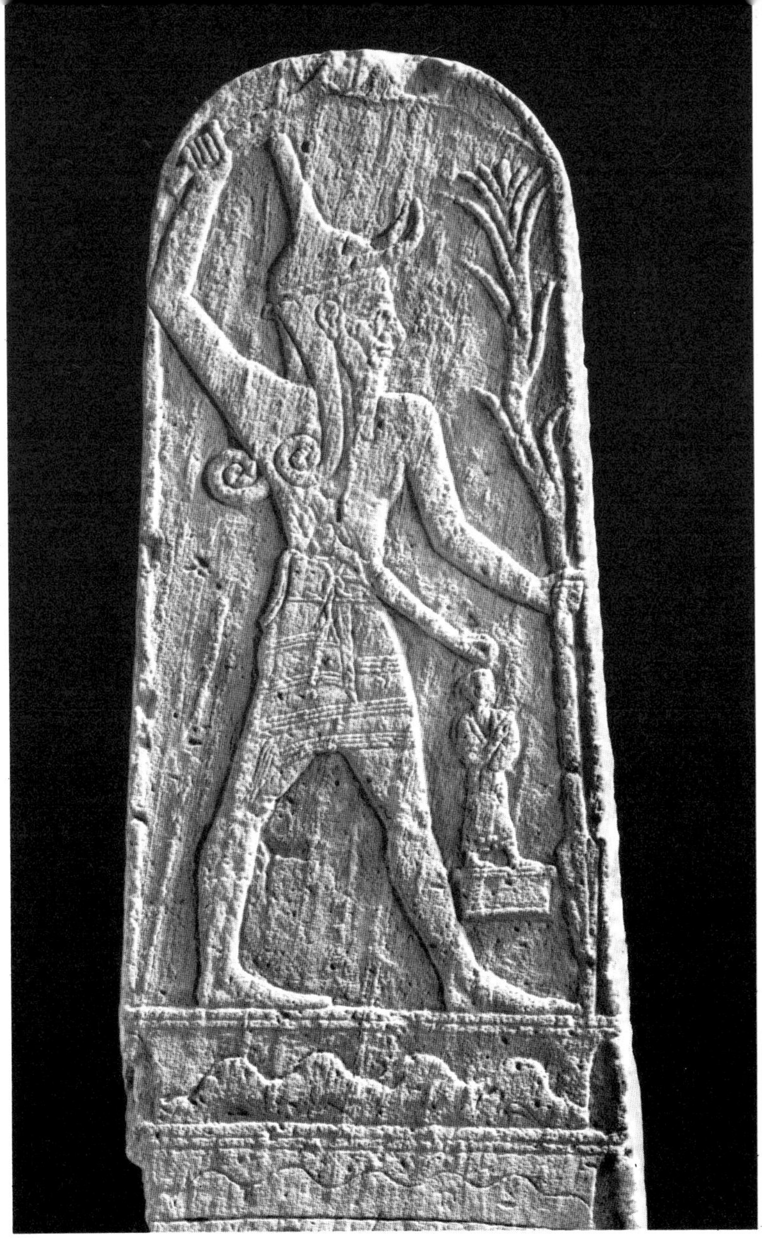

80 - phönizisch - Ugarit - Stele: Der Gott Baal, bewaffnet mit einer Keule und einer belaubten Lanze (19.-18. Jh. v. Chr.) - Paris

Ein anderer, aus Nachbarländern stammender Einfluß manifestiert sich in Ugarit an zwei Silberstatuetten mit übertrieben spitzen Nasen, eine Gesichtsbildung, der man im Norden Syriens so häufig begegnet und die sich im Süden zuweilen noch in Byblos oder Tyros findet. Noch heutigentags charakterisiert diese Nase die Bewohner jener Region.

Sogar die Hurriter haben einzelne Bronzestatuetten aus Ugarit beeinflußt; in den runden und bärtigen Köpfen zweier auf einem Votivwagen stehender Figuren aus Fritte kommt mesopotamischer Einfluß zum Vorschein.

Unter allen diesen auf die phönizische Kunst wirkenden fremden Einflüssen bleibt jedoch der ägyptische vorherrschend; daneben hat der allerdings minder verbreitete mykenische Einfluß an den phönizischen Küsten eine bedeutende Rolle gespielt und ist über die Küstengebirge hinaus bis in die Bekaa vorgedrungen, wo Rolf Hachmann schöne Trinkgefäße oder zoomorphe Vasen entdeckt hat, dergleichen bisher nur in Ugarit gefunden worden sind.

← 79 - phönizisch - Byblos - Sarkophag des Königs Ahiram. Ausschnitt des Deckels: Ahiram und sein Sohn Ittobaal (13. Jh. v. Chr.) - Beirut

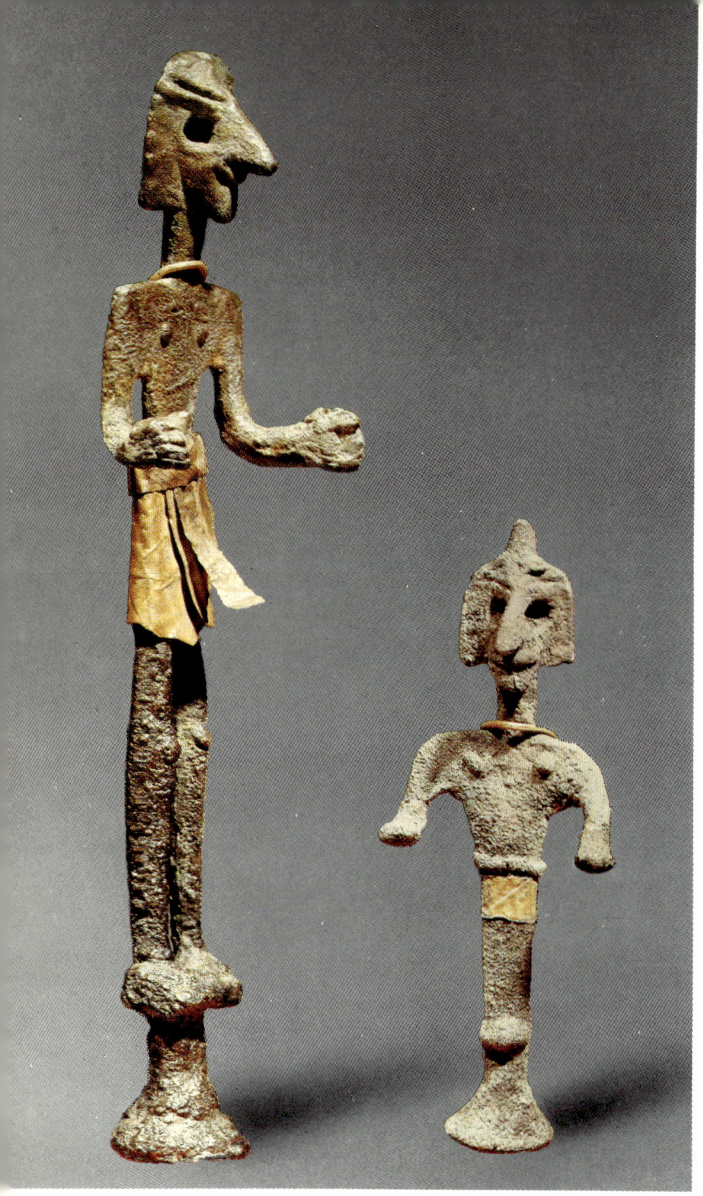

81 und 82 - phönizisch - Ugarit - Statuetten zweier Gottheiten mit einem Halsring (20.-19. Jh. v. Chr.) - Paris

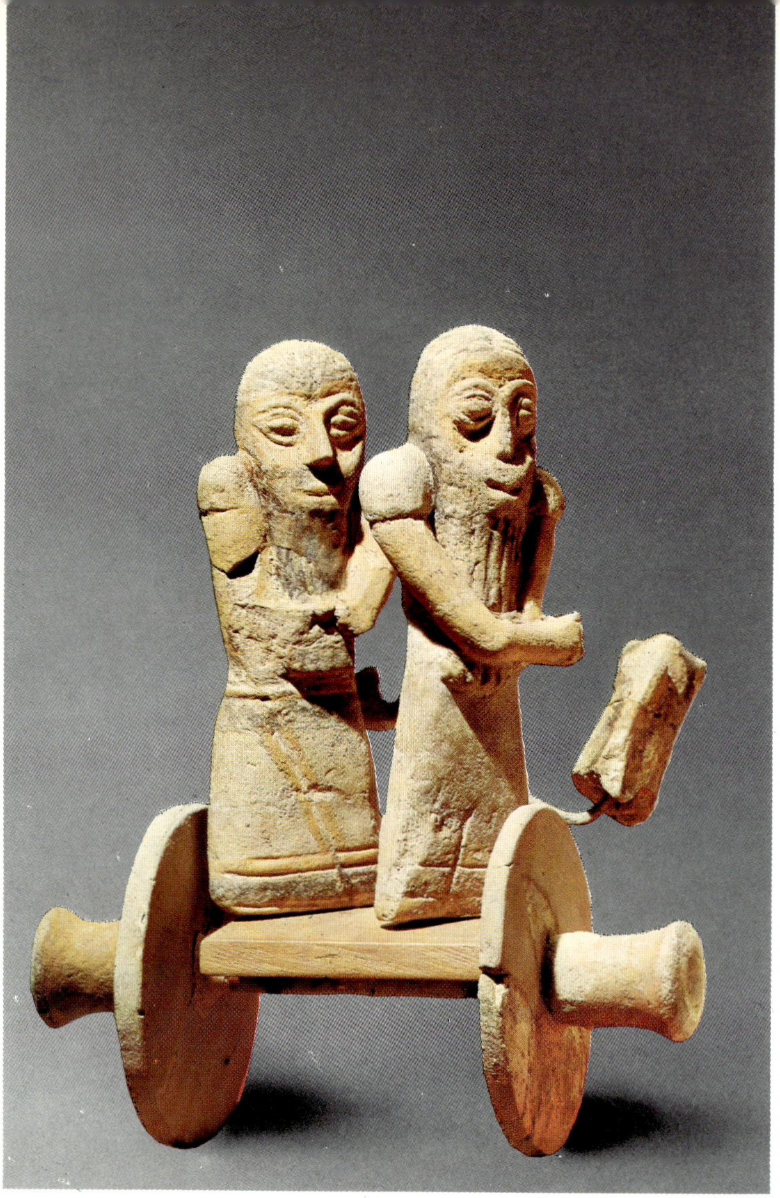

83 - phönizisch - Ugarit - Zwei Gestalten auf einem Votivwagen (13. Jh. v. Chr.) - Paris

Soll man vermuten, diese fremden Objekte hätten sich auf ihrer Wanderung nach Süden am Orontes wieder flußaufwärts gewandt und dann den Weg in die Bekaa eingeschlagen? In Wirklichkeit stand das gesamte Küstengebiet mit Mykene in Verbindung. Die Ausgrabungen von M. Dunand in Byblos, von P.-E. Guigues in Kfar Dscharra und unsere eigenen in Beirut haben zahlreiche ‹Steigbügelkannen› erbracht, mykenische Importware oder deren häufige Nachahmungen. Jedoch war es in Ugarit, gegenüber der Landzunge von Zypern, wo Claude Schaeffer eine große Anzahl typisch mykenischer Importvasen gefunden hat.

Schriftliche Quellen bezeugen, daß sich mykenische Schiffe lebhaft am Verkehr zwischen Phönizien und Ägypten beteiligten. Ugarit war nach Zypern zweifellos der wichtigste Hafen, den sie anliefen. Dies erklärt die Fülle aus Mykene importierter Produkte und den mykenischen Einfluß auf die Kunst Ugarits. Besonders typisch für diese phönizisch-mykenische Kunst ist eine den Deckel einer Pyxis zierende weibliche Figur mit länglicher Nase, Stirnlocke und mehrfach volantbesetztem Rock, die den graziösen Darstellungen mykenischer Frauen sehr nahe-

84 - phönizisch - Ugarit - Deckel einer Pyxis: Göttin zwischen zwei Steinböcken (14. Jh. v. Chr.) - Paris

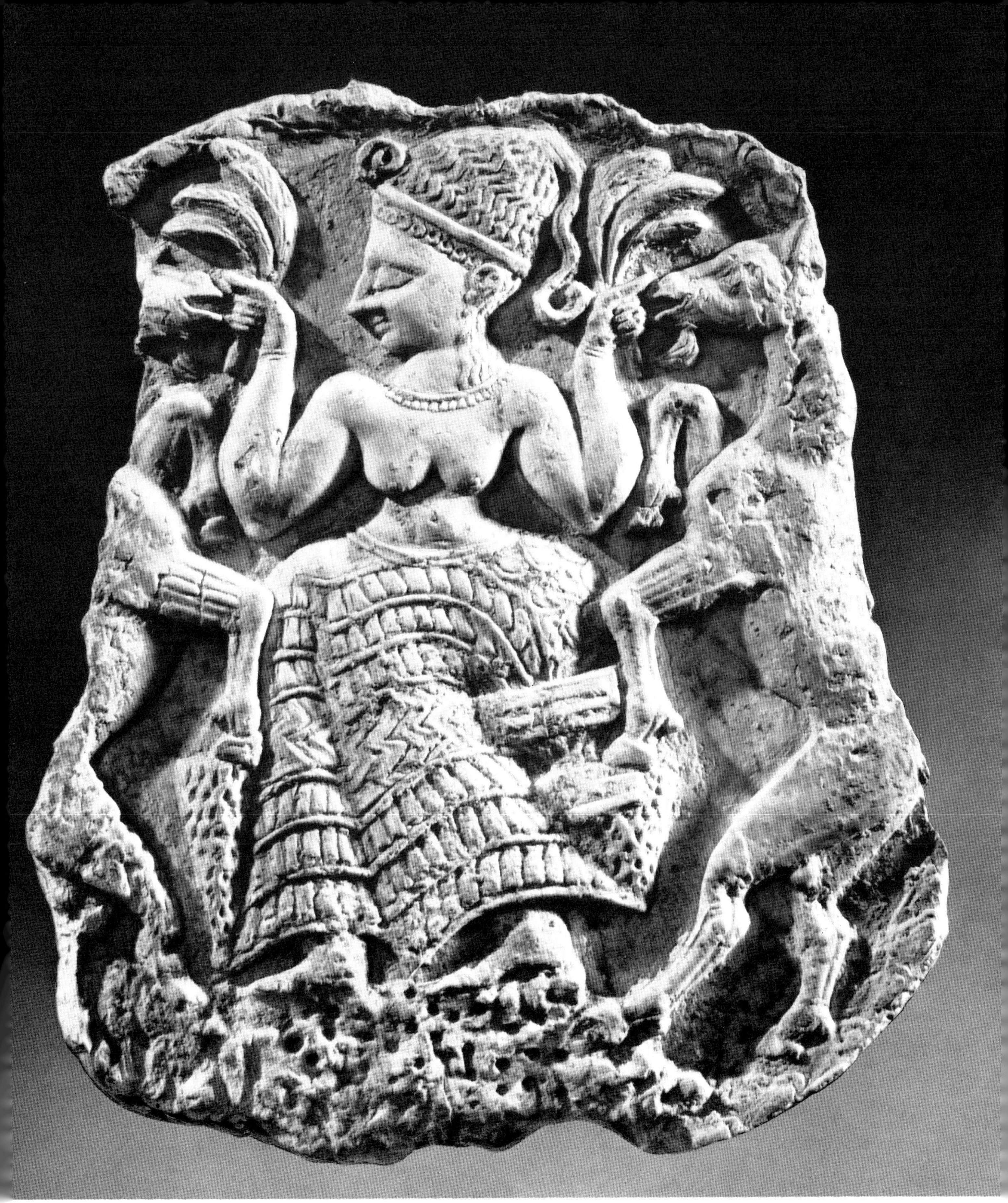

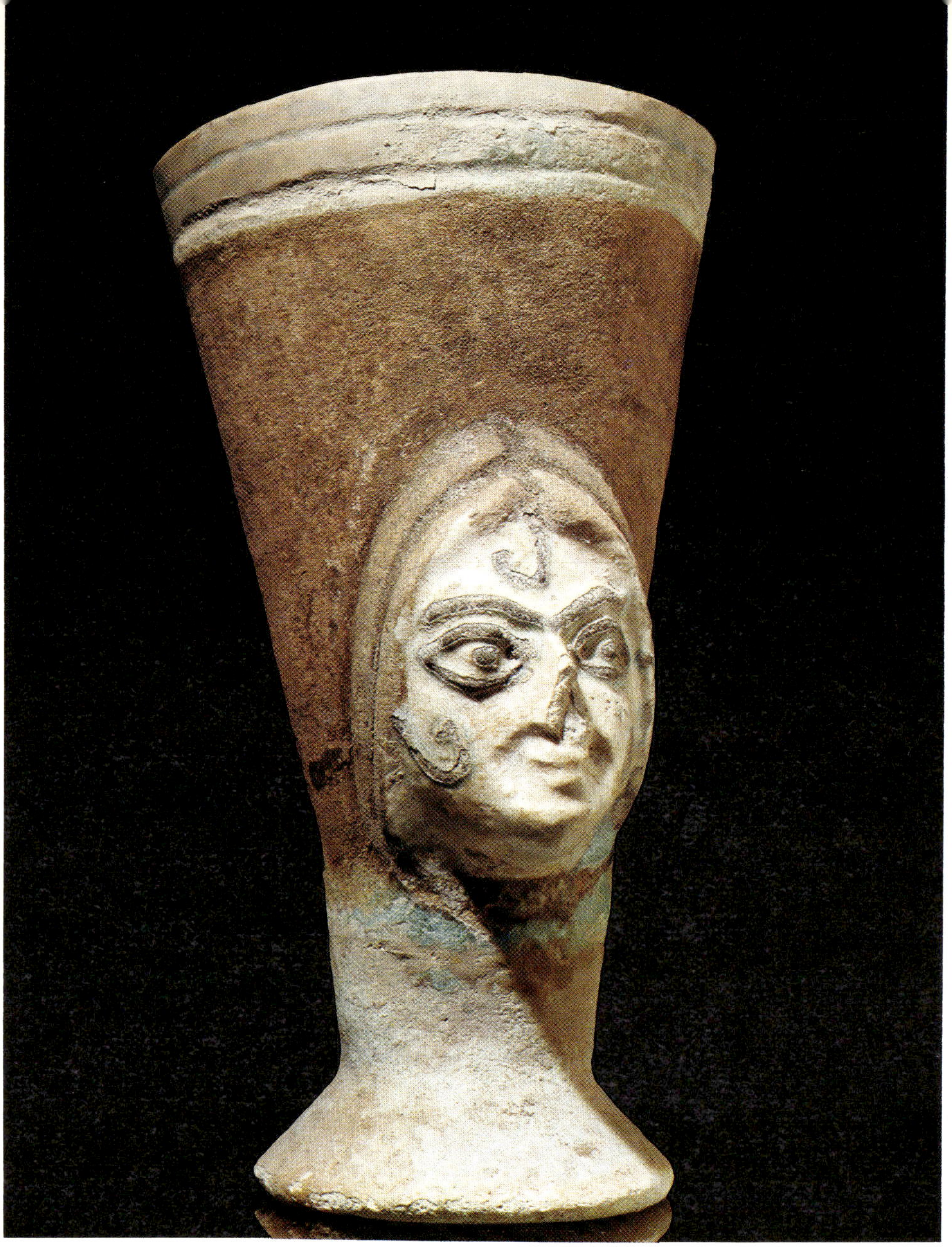

85 - phönizisch - Ugarit - Becher mit weiblichem Kopf (14.-13. Jh. v. Chr.) - Paris

kommt. Dieses Stück läßt deutlich den Hauptvorzug des phönizischen Künstlers erkennen, Eigenes und Fremdes harmonisch zu verschmelzen. Die vegetabilischen Elemente, die die Gottheit dieser Pyxis in jeder Hand hält, scheinen den mesopotamischen Lebensbaum zu vertreten, an dessen beiden Seiten sich Ziegen hochrecken. An einem Frittekopf, gleichfalls aus Ugarit, sind Stirn und Wangen nach mykenischer Mode mit Ringellöckchen geschmückt.

Die Geschicklichkeit der phönizischen Künstler, fremde Motive zu assimilieren, ist angesichts gewisser Arbeiten verblüffend. Zwei an der libanesisch-syrischen Küste entdeckte Opferschalen aus Gold erinnern durch ihre mäandrisch-ungestüme Linienführung sehr lebhaft an mykenische Arbeiten, jedoch ist das Rosettenornament in ihrer Mitte orientalischen Geistes. Darüber hinaus kann man sie wahrscheinlich einem von der ägäischen Kunst stark beeinflußten phönizischen Künstler zuschreiben.

Eine Elfenbeinscheibe aus Byblos zeigt ebenfalls Anklänge an mykenische Kunstformen. Eine wie auf den Goldschalen zentrale, jedoch besser entwickelte und stilisierte Rosette ist von vier Paaren ungefiederter antithetischer Greifen, die einen stehend, die anderen kauernd, umgeben, die ihrer Bewegung und Formung nach lokaler Herstellung sind.

Diese ägäisch-mykenisch gemischten Einflüsse machen sich auf Zypern noch bis ins 7. Jahrhundert v. Chr. an ziselierten Silberschalen bemerkbar.

Elfenbeinkunst

Was die Verwendung von Elfenbein betrifft, so gewann sie in der phönizischen Welt durch die sich vermehrenden Kontakte mit Afrika zunehmende Bedeutung; importiertes Elfenbein ergänzte die einheimischen Vorkommen. Daß es im Orient Elefanten gab, ist uns tatsächlich durch ägyptische Texte und Reliefs bezeugt. Von ihnen wissen wir, daß Thutmosis III. in Naharina zwischen Orontes und Euphrat Elefanten jagte und daß die Zyprioten den Pharaonen kleine Elefanten zum Geschenk machten.

Fraglos lokalen Charakters ist die berühmte Elfenbeinarbeit, die im Grabe des Königs Ahiram von Byblos gefunden wurde; sie stammt aus dem 13. Jahrhundert und hat ihren gefiederten Greifen dem mykenischen Repertoire entlehnt, aber ihr Zellenschmelz und die Muskulatur des

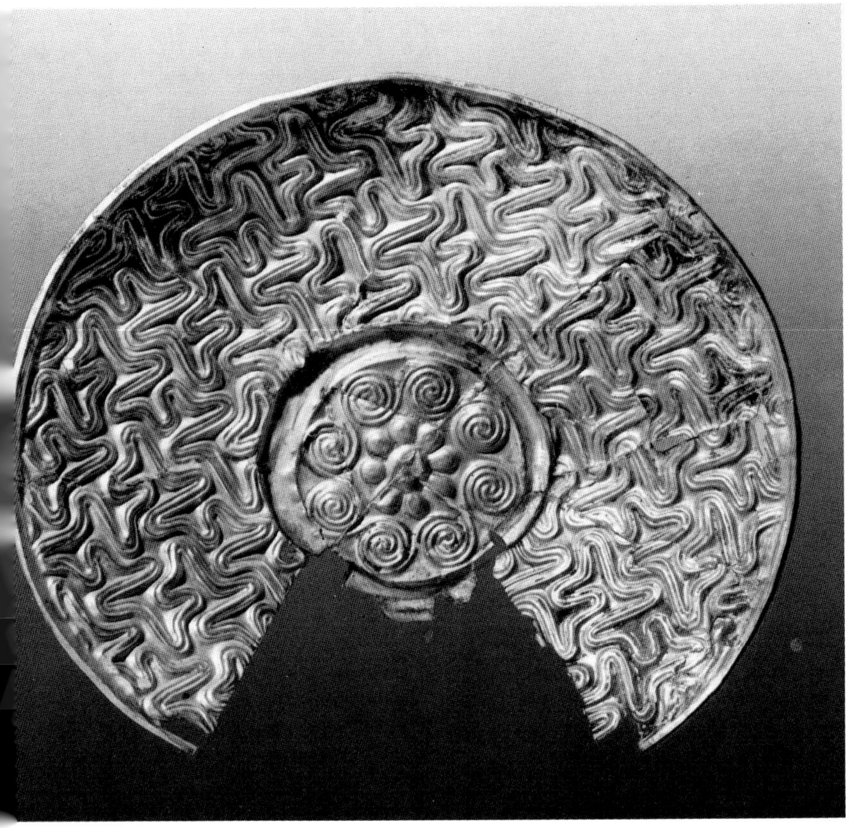

86 - phönizisch - Opferschale mit getriebenem Dekor in mäanderartigen Windungen (14. Jh. v. Chr.) - Beirut

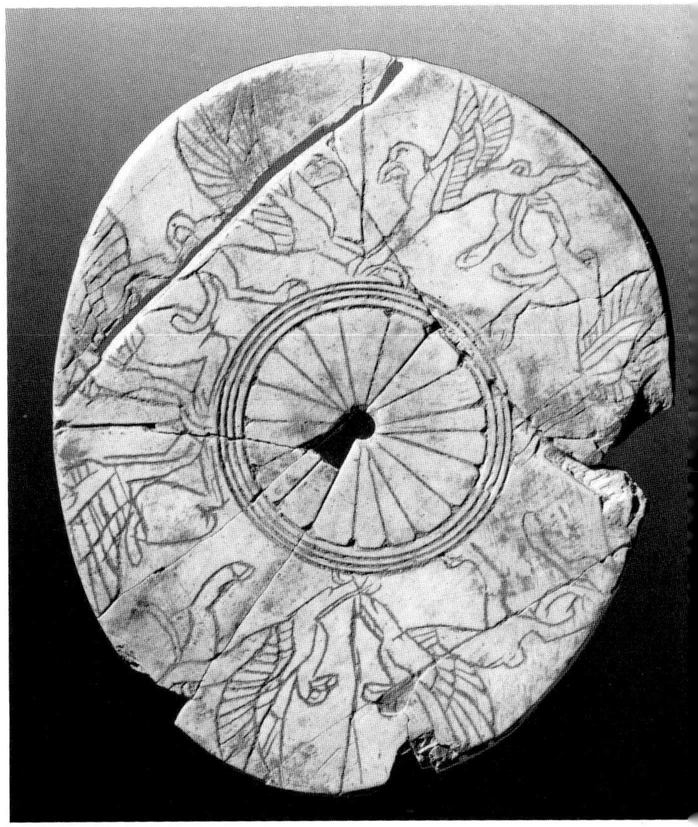

87 - phönizisch - Byblos - Scheibe mit Ritzdekor: Antithetische Greifen (13. Jh. v. Chr.) - Beirut

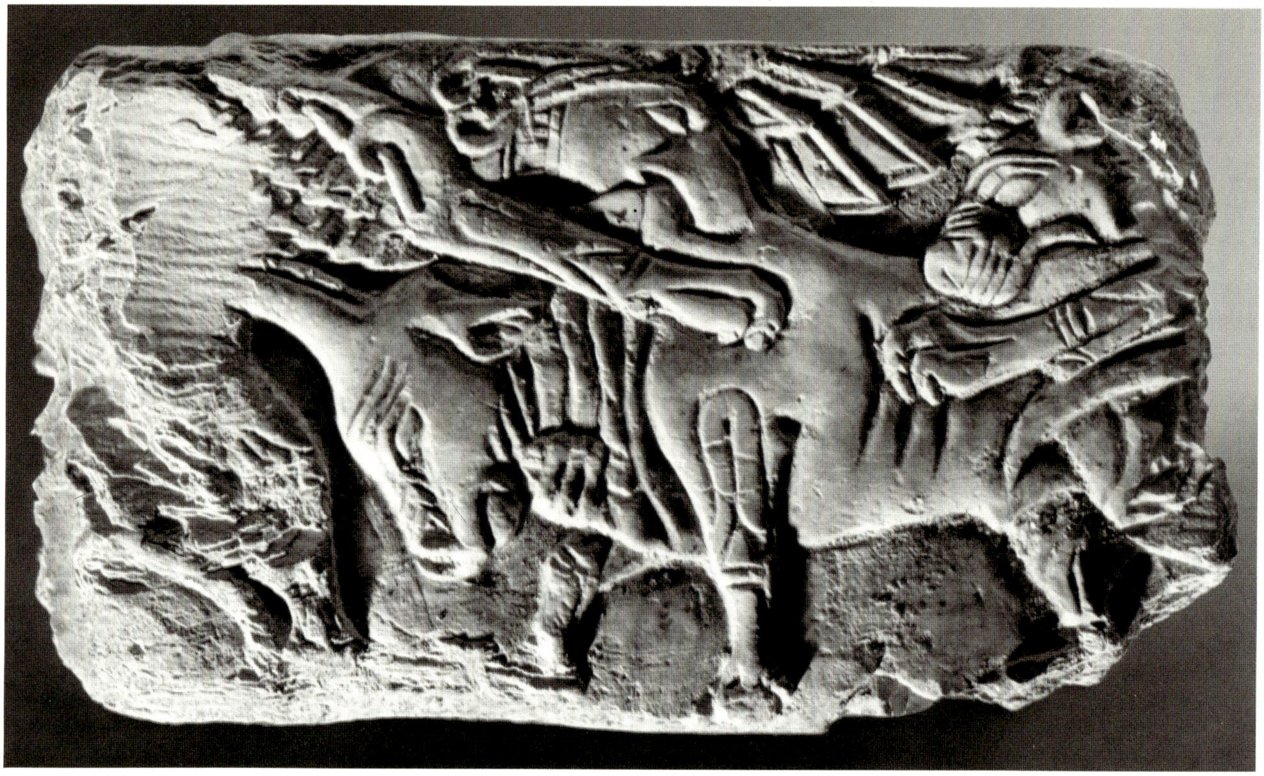

88 - phönizisch - Byblos - Stier, der von einem Greifen und einem Löwen angegriffen wird (13. Jh. v. Chr.) - Beirut

Stiers entsprechen mehr dem konventionellen Darstellungsstil orientalischer Tierfiguren; sie kündigt die bekannten Elfenbeinarbeiten von Meggido an, auch gewisse phönizische Arbeiten, die nach Nimrud gebracht und dort entdeckt wurden.

Zu jener Zeit wurden immer mehr Objekte aus diesem Werkstoff hergestellt, zum Beispiel die sehr schönen Schminktöpfe, die in Ugarit gefunden wurden. R. Saidah entdeckte ein noch vollkommeneres Exemplar dieser Art in der Nekropole von Sidon. Dieser Topf ist von ellipsoider Form, verlängert durch einen Entenkopf, der sich völlig nach dem Deckel umwendet, dessen Griff wiederum ein Vogel ist.

Sogar in Kamid el-Loz in der Bekaa wurde am Ende des II. Jahrtausends Elfenbein dazu verwendet, eine Gottheit ägyptisierenden Typs, aber dick übermalt, darzustellen. Der Schemel, auf dem sie sitzt, hat die gleiche Form wie der Miniaturschemel, der in dem von P. Montet in Byblos entdeckten Krug gefunden wurde. Ihrerseits hat die Göttin, ungeachtet einigen ägyptisierenden Anscheins, gebogene Augenbrauen, Augen im Relief und ein Lächeln, das jenes auf Darstellungen griechischer Frauen im 6. Jahrhundert v. Chr. vorwegnimmt.

Abschließend läßt sich sagen, daß der Phönizier, obgleich er seine Themen im allgemeinen der ägyptischen Kunst entnimmt, in der zweiten Hälfte des II. Jahrtausends weit weniger unter dem Einfluß Ägyptens steht als zu dessen Beginn. Während er sich an ägyptischen Formen schult, insbesondere was die Gestaltung des Körpers betrifft, übernimmt er hethitische, ägäische und vor allem mykenische Motive. Seine Kunst spiegelt die politische und kulturelle Bewegungsfreiheit wider, deren sich sein Land erfreute, den protokollarischen Vorschriften und Vasallenverträgen zum Trotz, die zu befolgen seine Könige den siegreichen, aber toleranten Pharaonen gegenüber verpflichtet waren.

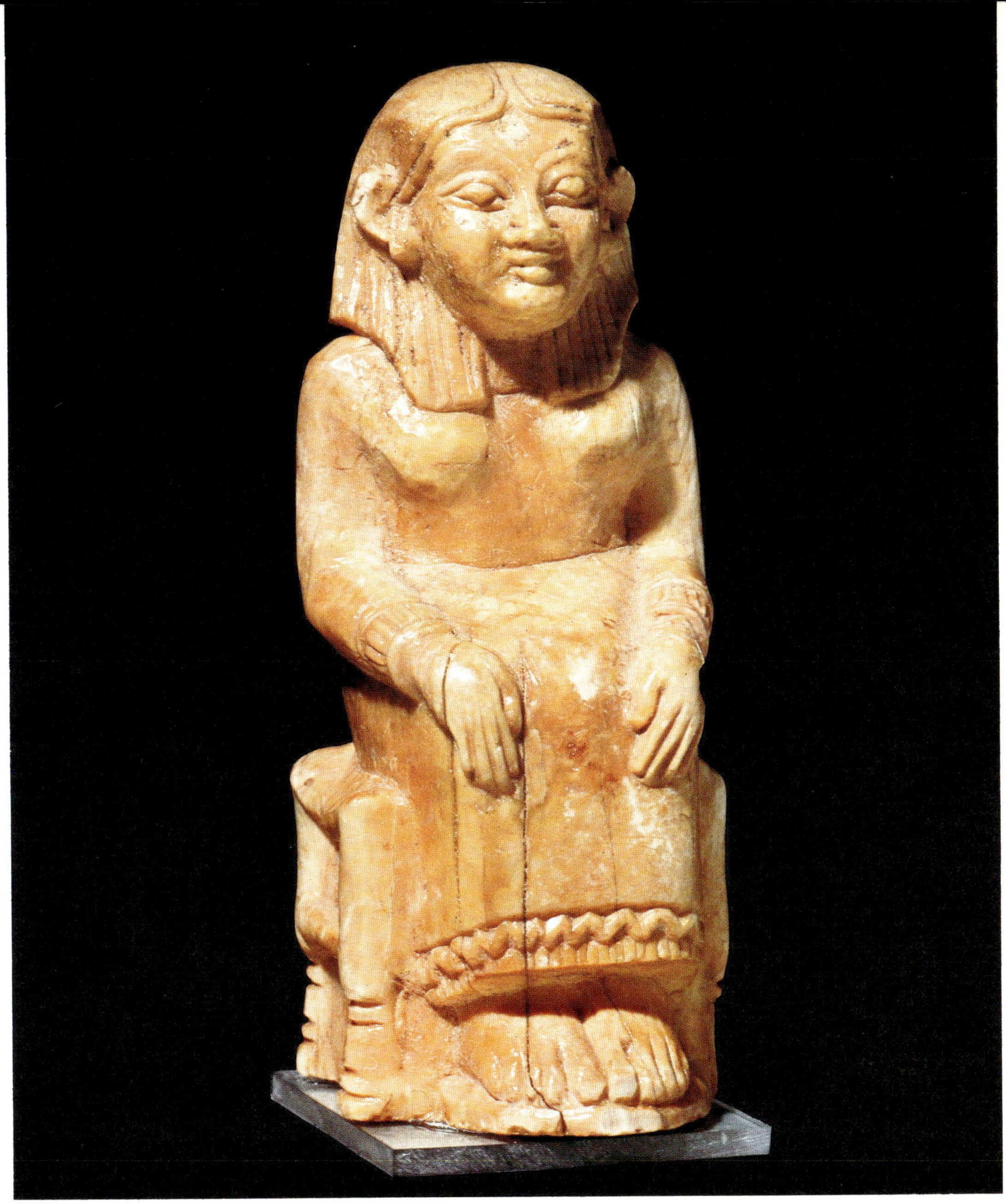

89 - phönizisch - Kamid el-Loz - Statuette einer sitzenden Göttin vom ägyptisierenden Typus (Ende II. Jt.) - Beirut

Die Seevölker

Die Jahre des Übergangs vom II. zum I. Jahrtausend bezeichnen abermals einen Wendepunkt in der phönizischen Kunst.

Durch indogermanische Einfälle wurde in den Randgebieten des Ägäischen Meeres die mykenische Kultur erstickt und ihre Bevölkerung nach dem Süden verjagt. Die Akteure dieses Dramas sind gemeinhin unter dem Namen ‹Seevölker› bekannt. Wellen von Flüchtlingen und Verfolgern überfluteten die Küsten Kanaans und Ägyptens. Die hochgewachsenen Eroberer kamen auf schmalen Schiffen und trugen Schwerter mit langen geraden Klingen aus Eisen, ein

Metall, das durch sie Verbreitung finden sollte, nachdem sie es lange Zeit allein besessen und verwendet hatten.

Der Pharao Ramses III., der sie endlich besiegte, steckte eine Anzahl von ihnen in sein Söldnerheer und zwang andere, nämlich die Philister, sich in der Region von Gaza, südlich des Landes Kanaan, als Vorhut Ägyptens anzusiedeln. Von dieser Region aus, die etwa dem heutigen Distrikt Gaza entspricht, dehnten die Philister ihr Gebiet nach Nordosten ins Land Kanaan aus.

Ungefähr um diese Zeit ist der berühmte Trojanische Krieg anzusetzen, besungen von Dichtern und unsterblich geworden durch Homer, die seinen Ursprung auf den Raub der Helena zurückführten.

Seine wirklichen Ursachen sind weniger poetisch. Wenn es tatsächlich die Neuankömmlinge waren, europäische Griechen also, die ihren Verwandten, den asiatischen Griechen, Troja streitig machten, dann aus dem Grunde, daß Troja das Tor zu den Dardanellen beherrschte, die den Zugang zu den reichen skythischen Regionen an der Nordküste des Schwarzen Meeres bildeten.

Die Vernichtung der mykenischen Kultur hatte zur Folge, daß die mykenische Schiffahrt nach dem Süden geschwächt wurde und nachgerade zum Erliegen kam. Diese Verkehrslücke forderte die Phönizier heraus, zusätzlich zum Seehandel mit Ägypten den mit der Ägäis aufzunehmen. Die Griechen selbst haben das Verdienst der Phönizier um die Lenkung ihrer ersten Schritte zur Entfaltung des sogenannten ‹griechischen Wunders› durchaus anerkannt.

90 - phönizisch - Sidon - Schminkdose in Form einer Ente mit einem Vogel auf dem Rücken (14. Jh. v. Chr.) - Beirut

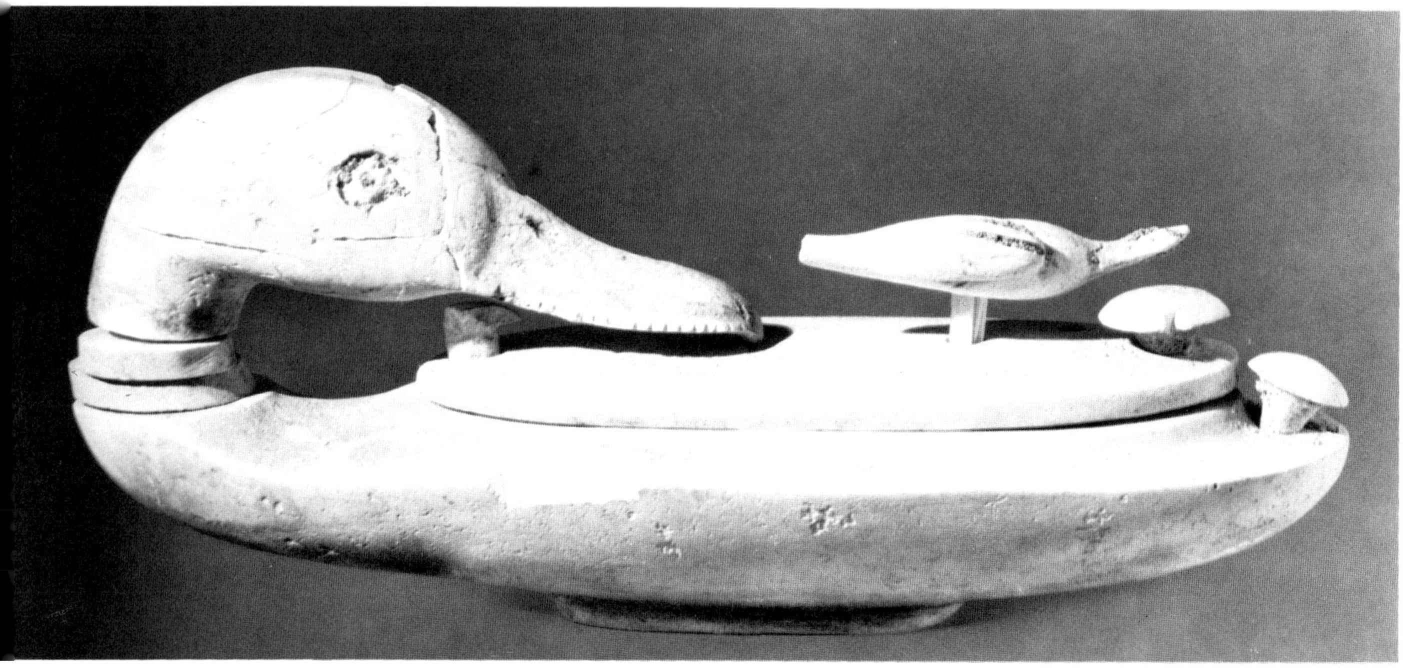

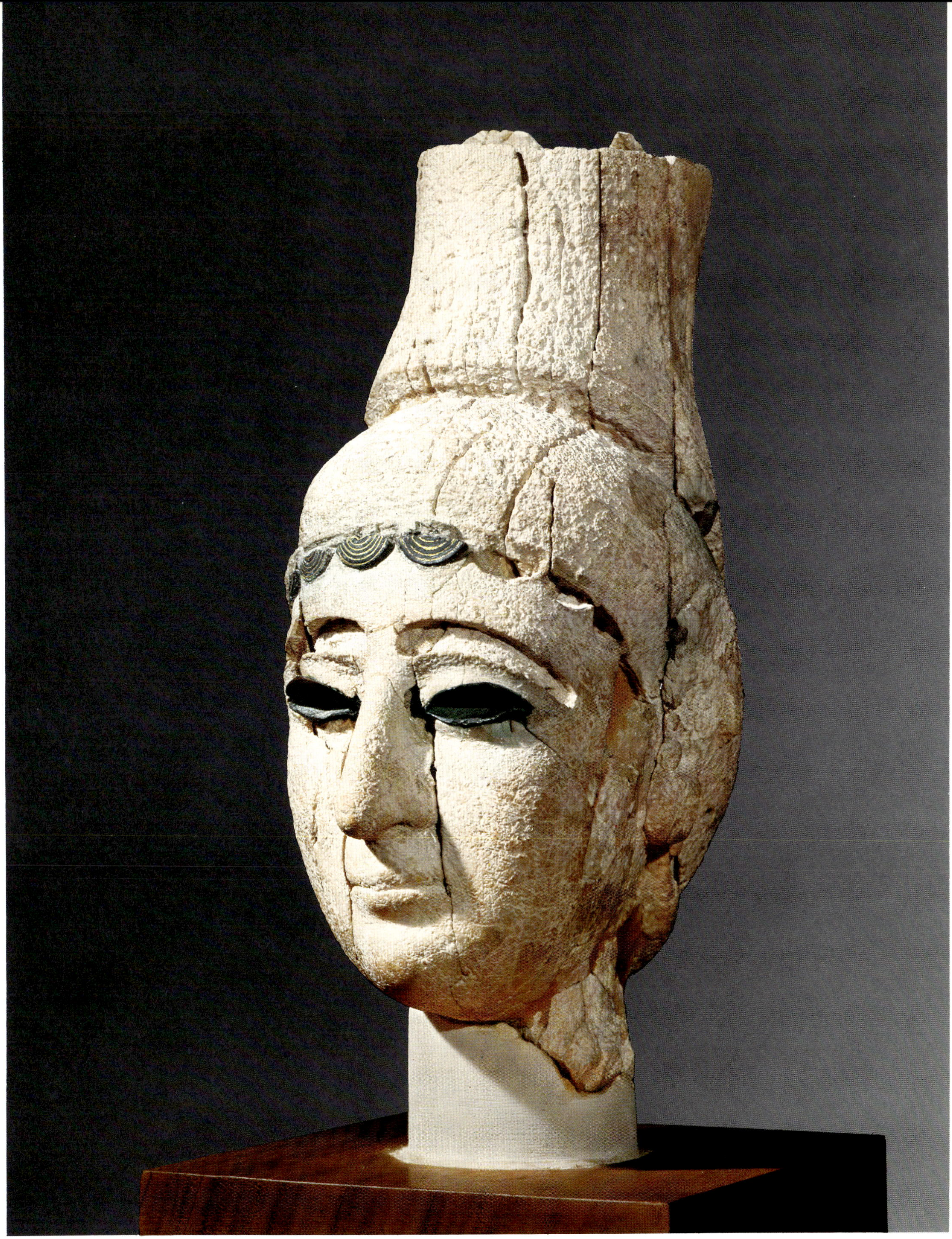

91 - phönizisch - Ugarit - Kopf einer Frau mit hohem Kopfputz (14. Jh. v. Chr.) - Damaskus

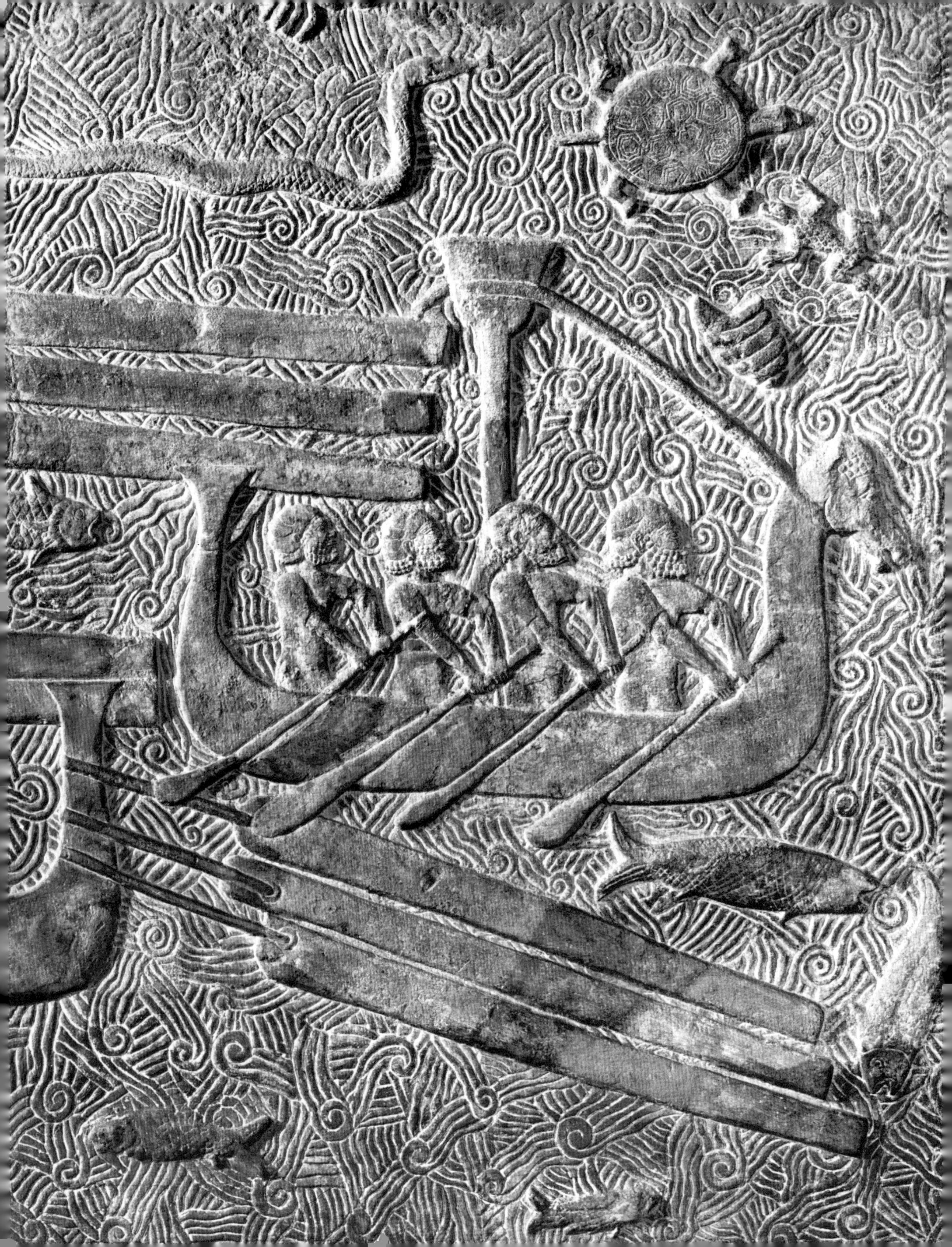

V

DIE EPOCHE DER PHÖNIZISCHEN EXPANSION

Die Keramik

Die typische Keramik vom Ende des II. Jahrtausends ist den Archäologen unter dem Namen ‹Philisterkeramik› bekannt; eine große Trinkschale dieser Gattung wurde in Qarâje bei Sidon gefunden. Sie hat die Form eines Kelches von betont elegantem Profil und ruht auf einem mäßig hohen zylindrischen Fuß, der sich an seiner Basis stark verbreitert. Ihr polychromer Dekor besteht aus abgeteilten Feldern, die von Streifen aus dünnen Parallellinien eingerahmt werden, die ihrerseits Streifen aus Wellen- oder Zickzacklinien einschließen. Auf den großen Feldern sind stilisierte Vögel abgebildet, deren Körper mit abwechselnden und in verschiedene Richtungen verlaufenden geometrischen Motiven bedeckt sind.

Die gleichzeitige griechische Keramik ist ebenfalls mit geometrischen Motiven geschmückt. Dieser Dekor, der von den ersten Erscheinungsformen seiner Kunst an der phönizischen Tradition entspricht, gewinnt in dieser Periode seinen raffiniertesten und elegantesten Ausdruck.

So zeigt eine große und schöne Vase aus Chalde vom 9. Jahrhundert auf der Schulter zwei langhalsige Enten in einer weit ausschwingenden Linienführung, deren Körper mit geometrischen Linienornamenten ausgefüllt sind, die an die Verzierung der Philisterkeramik erinnern.

Der Zusammenbruch oder der Niedergang der großen Reiche beschleunigte und erleichterte die phönizische Expansion im Mittelmeerraum. Ende des 9. Jahrhunderts gründeten die Phönizier Qart Hadascht, ‹Neustadt›, ein Name, den die Römer in ‹Karthago› umformten. Sie besaßen bereits Niederlassungen an den Küsten Etruriens, Siziliens, Galliens und insbesondere der Pyrenäenhalbinsel, als sie im 7. Jahrhundert in den Atlantik vorstießen und im 6. Jahrhundert, zweitausend Jahre vor Vasco da Gama, die Umseglung Afrikas unternahmen. Während dieser Periode erlebte die endgültig aus Griechenland vertriebene, aber auf Zypern und in Phönizien Halt findende mykenische Kunst eine Weiterentwicklung, zumindest in der Vasenmalerei.

Diese erstmals auf Zypern entdeckte Keramik wurde ‹zypriotisch› genannt, doch finden wir sie heute an der ganzen phönizischen Küste, dem Mutterland zahlreicher phönizischer Faktoreien an der Ostseite der Insel. Wenngleich gewisse Vasen mit Sicherheit zypriotisch sind, so gehören die meisten von ihnen einer Phönizien und den zyprischen Küsten gemeinsamen Art an. Aber Zypern konnte als Bindeglied dienen zwischen der Ägäis, dem Ursprungsland der diese Vasen zierenden Motive, und Phönizien, wo sie sich voll entfalteten. Ein schöner Beweis dafür sind die großen Brennöfen, die J. B. Pritchard in Sarafand an der libanesischen Küste und wir selbst in Tyros freilegten; in ihnen wurde diese Keramik hergestellt und gebrannt.

Es sind Vasen in Form eines Fäßchens, sehr häufig in dieser Epoche und typisch für sie, verwandt anderen Vasen mit ovoidem Bauch, trompetenartig endendem Fuß, langem, mehr oder weniger breitem Hals, der in der Mitte häufig durch eine Ausbuchtung markiert ist und in eine weitgeöffnete oder kleeblattförmige Lippe ausläuft; zu anderen Malen ragt ein mit einem Sieb ausgestatteter Schnabel über das Gefäß hinaus; die Henkel, im allgemeinen zwischen der Schulter und der Mitte des Halses ansetzend, springen gelegentlich vor. Diese mit einer rot lüstrierten

92 - assyrisch - Chorsabad, Palast des Sargon - Holztransport (Ausschnitt) (7. Jh. v. Chr.) - Paris

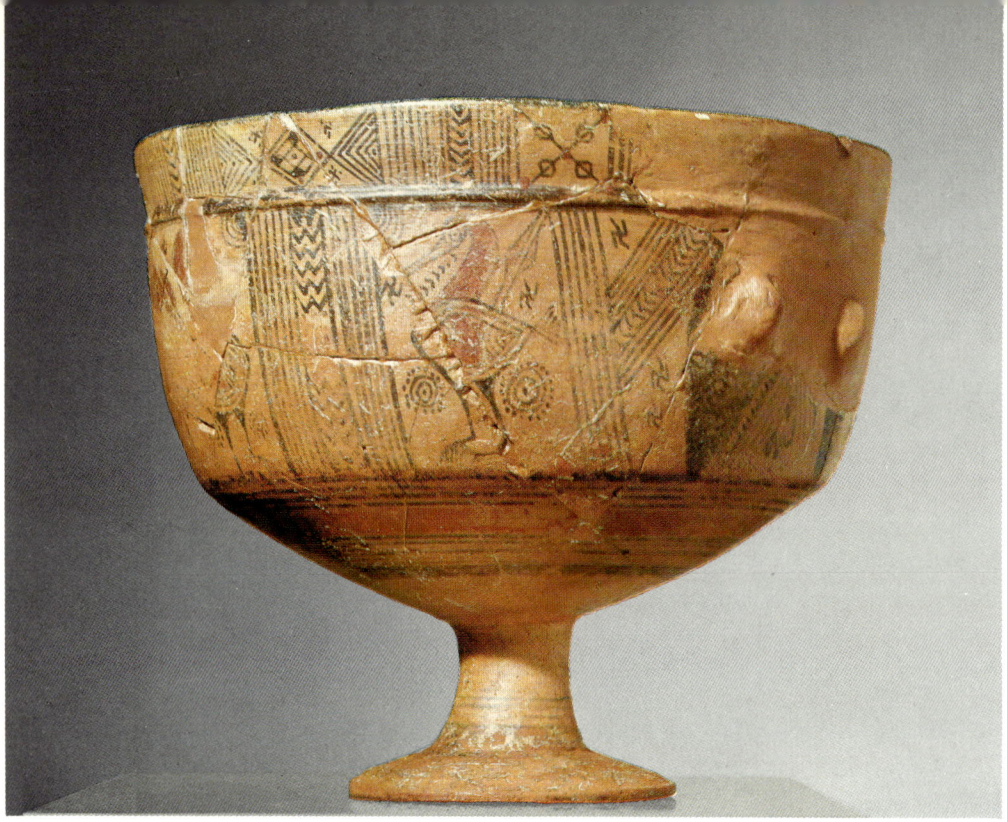

93 - phönizisch - Qarâje - Kelchförmige Schale mit Dekor der Philisterkeramik (11. Jh. v. Chr.) - Beirut

Engobe oder einer milchigen Farbe überzogenen Vasen sind abwechslungsreich bemalt und haben als Grunddekor konzentrische Ringe, wie sie tausend Jahre zuvor die Skarabäen zierten.

Auf einem solchen Tonfäßchen aus Tyros besteht der Dekor aus schwarzen, braunen und roten Linien oder aus weinroten Scheiben. Gegen Ende dieser Periode, im 8. und 7. Jahrhundert, gewinnt dieser anmutig phantasievolle Dekor ein immer strengeres Gepräge, und die konzentrischen Ringe, einst vertikal, zeigen die Tendenz, in Form von wenigen kräftigen Linien horizontal zu verlaufen. Eine ganze Gruppe großer Vasen, deren einige Aschenreste enthielten, ver-

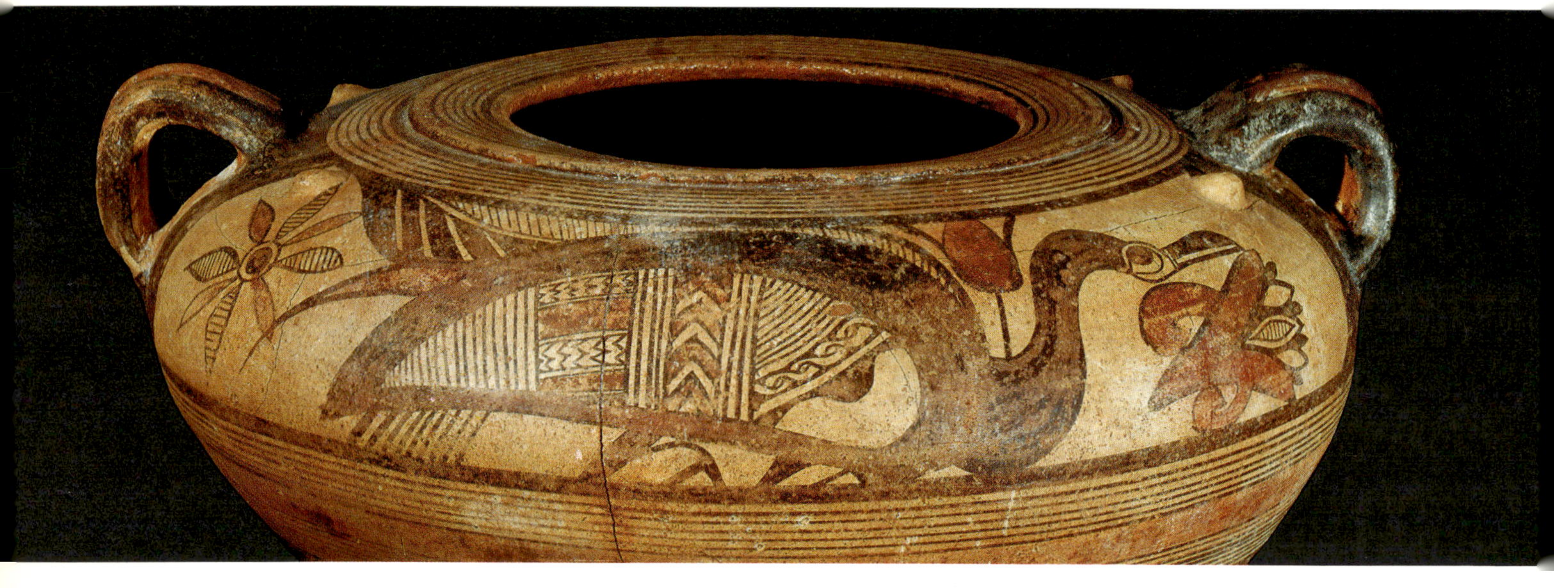

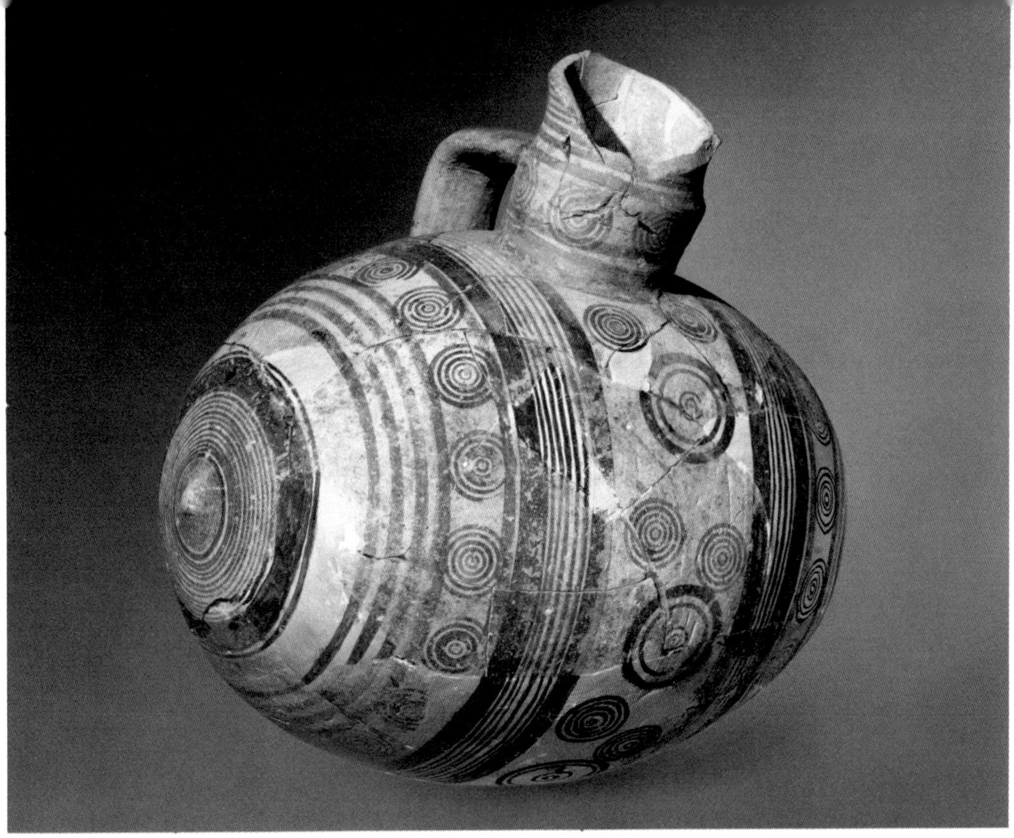

95 - phönizisch - Tyros - Tonnenförmiges Gefäß mit einem Dekor aus konzentrischen Kreisen (8. Jh. v. Chr.) - Beirut

anschaulicht diese Evolution im Dekor. Sie stammen aus Tell el-Raschadije, vermutlich dem antiken Palaetyros.

Dies also war der Stil, der den Dekor der phönizischen Keramik, insbesondere zwischen dem 9. und dem 7. Jahrhundert, charakterisiert, wie es auch die zahlreichen unbeschädigten Gräber der Nekropole von Chalde bezeugen, in denen der Tote zumeist liegend und umgeben von seinem Tafelgeschirr nebst einigen Waffen und Skarabäen ruht. Diese Nekropole gehörte zu einer Stadt, die sich zweifellos unter dem heutigen internationalen Flughafen befindet. Entsprechend der Barbarei, mit welcher die Assyrer besiegte Völker behandelten, haben sie wohl diese Stadt zerstört und deren Bewohner umgesiedelt. Die Zeit bedeckte die leicht gebauten Grabstätten ihrer Nekropole mit einer dicken Sandschicht, auf welcher sich Jahrhunderte später die Byzantiner ansiedelten.

Die Assyrer beherrschten Phönizien vom 9. bis zum 7. Jahrhundert, aber ihr Einfluß blieb trotz einer dreihundertjährigen Besetzung oberflächlich und erlosch mit ihrem Abzug; an der phönizischen Kunst hinterließ diese Zeit kaum irgendwelche Spuren.

Das Bett des Hasa'el

Zu den drückenden Kontributionen, die dem eroberten Land auferlegt wurden, gehörten zwei aus Elfenbein geschnitzte und phönizische Inschriften tragende Betten, die die Assyrer nach ihrem Sieg über den Damaszenerkönig Hasa'el aus Damaskus fortschleppten. Sie wurden in der Nähe des Euphrat wiedergefunden, nämlich in Chadatu, dem heutigen Arslan Tasch, einer der Residenzen des assyrischen Königs.

Die schönste Elfenbeinschnitzerei, die eines dieser Betten zierte, stellt einen Cerviden dar, der im Ausdruck an den in Byblos gefundenen silbernen Cervidenkopf aus dem 18. Jahrhundert

94 - phönizisch - Chalde - Mit Enten verziertes Gefäß (Ausschnitt) (9. Jh. v. Chr.) - Beirut

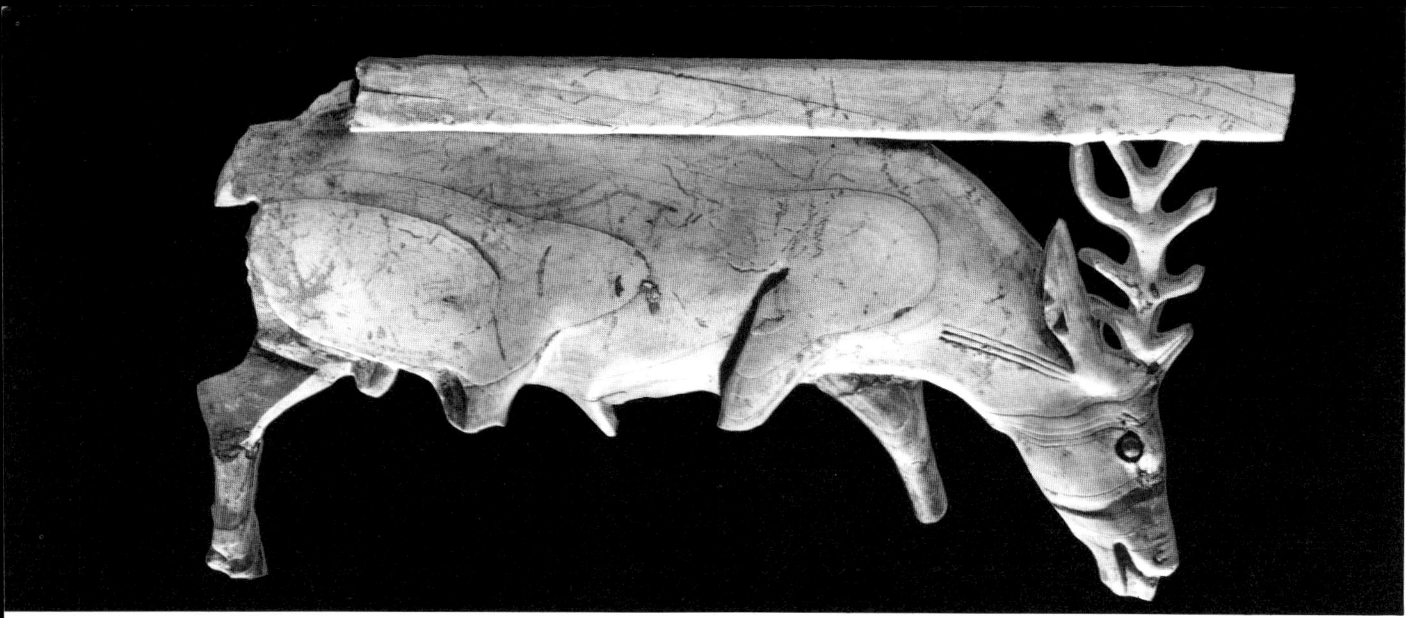

96 - phönizisch - Arslan Tasch - Verzierung eines königlichen Bettes: Hirsch (9. Jh. v. Chr.) - Paris

erinnert. In dieser Arbeit voller Leben und Natürlichkeit hat der phönizische Elfenbeinschnitzer die Geschicklichkeit so weit getrieben, daß die Zeichnung der Muskulatur mit dem Geäder seines Materials übereinstimmt.

Ein anderes Stück an diesem Bett stellt zwei sich anblickende, geflügelte Sphingen mit Widderköpfen dar, die von vertikal angeordneten und somit perspektivisch gereiht erscheinenden Palmen gerahmt sind. Die löwenartigen Körper dieser Widder drücken erhebliche Kraft aus, und in der Art, wie die Muskulatur der Tatzen behandelt ist, entdeckt man einen von der assyrischen Tierbildnerei stammenden konventionellen Einschlag. Der ägyptische Anteil kommt in der Doppelkrone auf den Widderköpfen und in der Perücke, die ihren Hals bedeckt, noch, wenn auch unbeholfen, zur Geltung, aber die derbe Zeichnung der von Lebenskraft strotzenden Flügel, mit denen die Sphingen ausgestattet sind, liegt ganz in der phönizischen Tradition.

Auf einem dritten Stück, das eine sitzende Sphinx darstellt, hat sich der Künstler von der ägyptischen Tradition gelöst: durch die frontale Wiedergabe des Gesichts mit dem lächelnden Ausdruck und durch die Verknüpfung des ausgespannten Flügels mit dem Fischgrätenmuster zwischen den Vorderbeinen der Sphinx, einem in der phönizischen Tierplastik während der assyrischen und zuweilen auch persischen Epoche sehr beliebten Motiv.

Zwei andere Elfenbeinteile zeigen zwei vom Typus her rein orientalische und dennoch voneinander sehr verschiedene Gestalten. Zwischen zwei Lotosgruppen mit geflochtenen Stengeln ist die eine frontal dargestellt mit Ausnahme der im Profil wiedergegebenen Füße. Über ihrem bis zu den Knöcheln reichenden fransenbesetzten Leibrock trägt sie einen gleichfalls mit Fransen versehenen und über der Brust gekreuzten dreiviertellangen Umhang. Ihr Bart ist von orientalischem Schnitt, und ihr knapp bis zur Schulter reichendes Haar wird durch einen Mittelscheitel geteilt. Ihre Hände liegen ineinander, eine typisch mesopotamische Ergebenheits- und Unterwerfungsgeste. Die andere Gestalt ist schlanker, größer und im Auftreten energischer, wenn auch der Körper auf ägyptische Weise wiedergegeben ist. Diese Gestalten, namentlich die zweite von ihnen, erinnern in der Art der Kleidung, dem energischen Verhalten und dem hohen Wuchs an Gestalten einer Szene, die auf einen in Byblos gefundenen Steatitblock graviert ist. Aufrecht zu seiten einer Palme, die wie jene zwischen den Widdern von Arslan Tasch stilisiert ist, tragen sie Gewänder mit fransenbesetzten Säumen. Die eine, mit ägyptisierendem Kopf, entspricht in der Kleidung den Figuren auf dem Deckel des Ahiram-Sarkophags, während die

98 - phönizisch - Arslan Tasch - Verzierung eines königlichen Bettes: Zwei antithetische Flügelsphingen mit Widderkopf (9. Jh. v. Chr.) - Aleppo

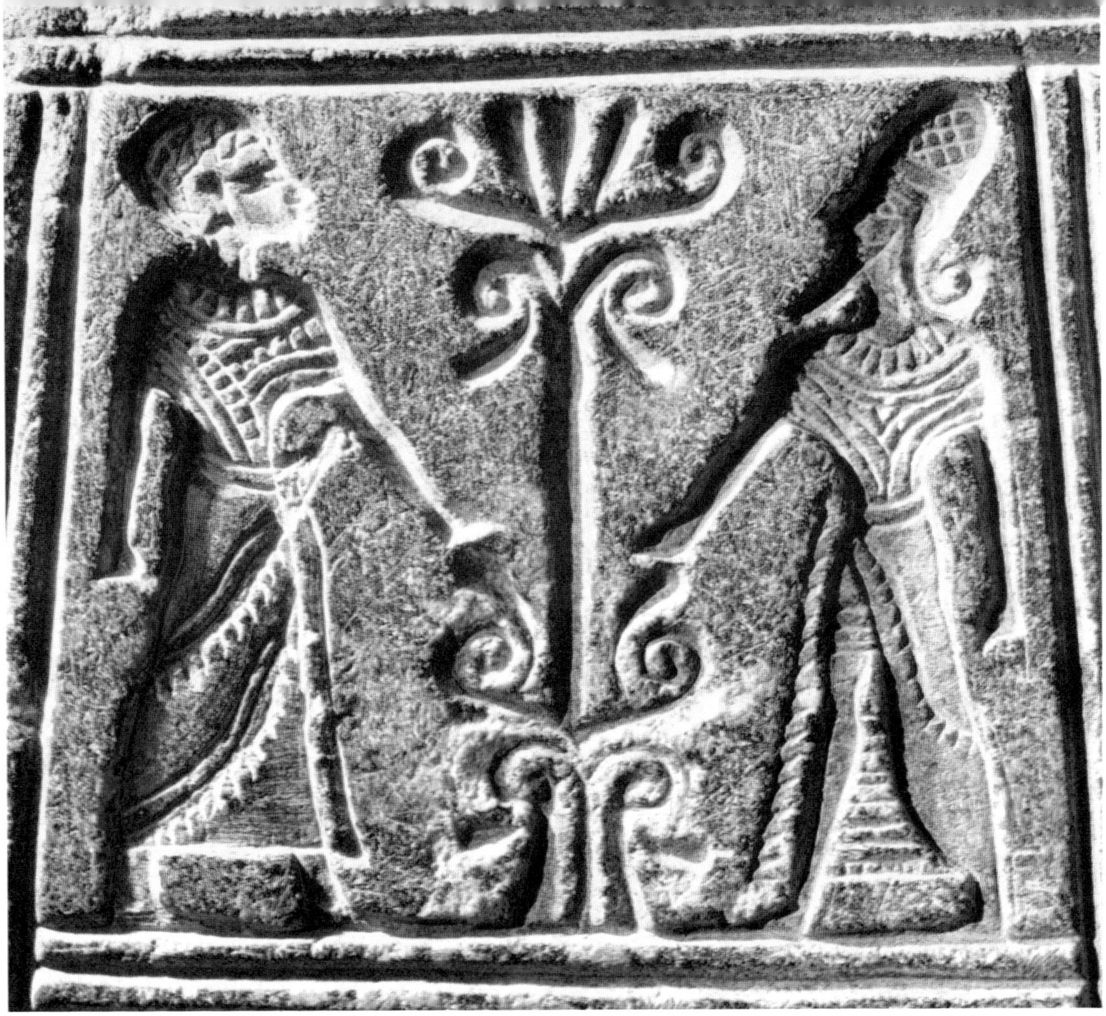

97 - phönizisch - Byblos - Zwei Könige leisten zu beiden Seiten einer Palme einen Eid (Ausschnitt) (Etwa 10. Jh. v. Chr.) - Beirut

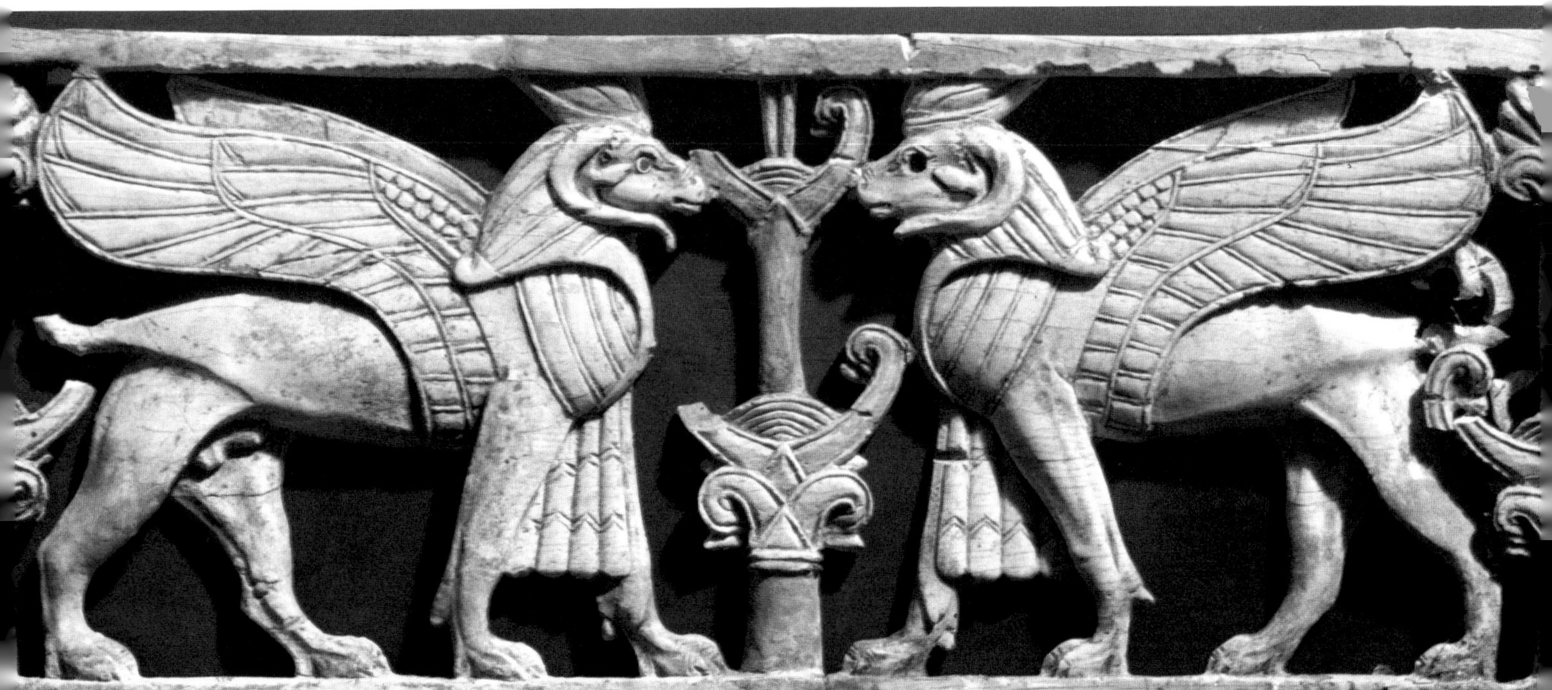

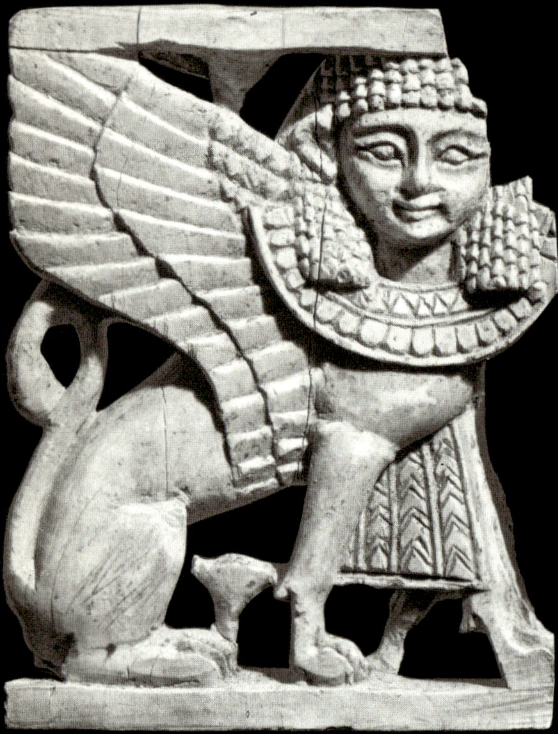

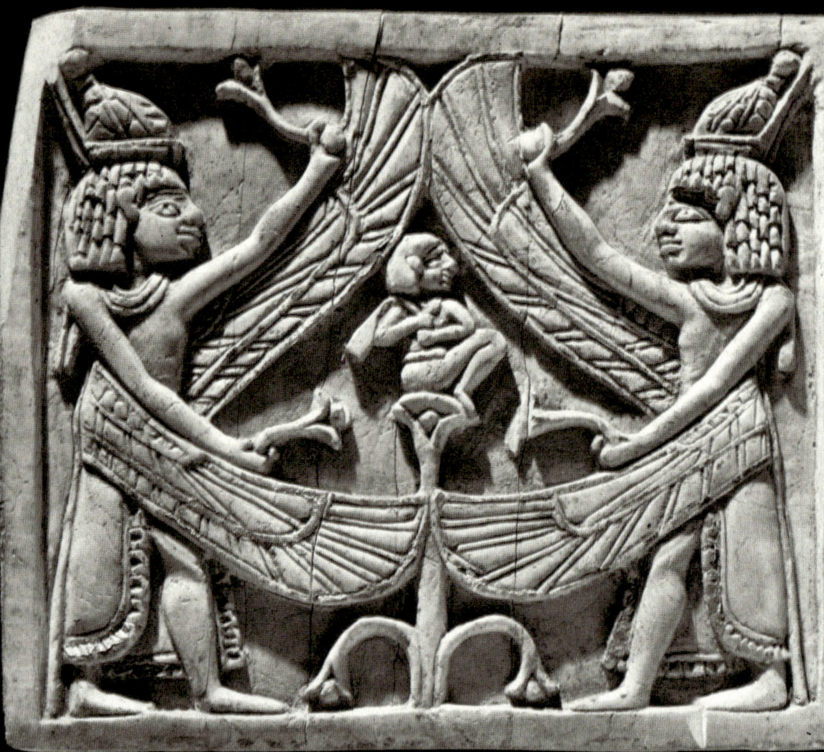

99 - phönizisch - Arslan Tasch - Verzierung eines königlichen Bettes: Sitzende Sphinx (9. Jh. v. Chr.) - Aleppo
100 - phönizisch - Arslan Tasch - Verzierung eines königlichen Bettes: Geburt des Horus (9. Jh. v. Chr.) - Paris

andere in ihrem gesamten Habitus mehr derjenigen von Arslan Tasch gleicht und wie diese ungezwungen breitbeinig mit weitgeöffnetem Mantel dasteht.

Wieder auf anderen Elfenbeinplaketten sieht man dem ägyptischen oder dem mykenischen Repertoire entlehnte Themen, zum Beispiel eine Darstellung der Geburt des Horus oder die ihr Kalb säugende Kuh.

Zwischen Ägypten und Griechenland

Vom 9. bis zum 7. Jahrhundert blieb die allgemein übliche Bildhauerkunst Phöniziens unter ägyptischem Einfluß, mochte sie auch sehr oft mit größter Freiheit ausgeübt worden sein.

Jedoch lassen sich im 6. Jahrhundert zunehmend genauere Nachahmungen ägyptischer Formen feststellen. Diese Tendenz wird besonders deutlich in der Statue aus Sarafand, die sich seit über hundert Jahren im Louvre befindet, ferner in jener der Sammlung Ford, die aus der Gegend von Sidon stammt, endlich in einer kleineren, kürzlich in Tyros gefundenen Statue. Diese Statuen haben leicht ausschwingende Hüften, die Brust ist mit vielen Kolliers geschmückt, und der Lendenschurz wird durch einen Gürtel festgehalten, von dem zwei Uräen mit erhobenen Köpfen herabhängen. Sollten diese stärker betonten ägyptischen Einflüsse nicht auf die abermals enger gewordenen Beziehungen zwischen Phönizien und Ägypten zurückgehen, in einer Epoche, da die Phönizier auf Verlangen des Pharao Necho jene Expedition unternahmen, die zur Umseglung Afrikas führte?

Gleichwohl war diese Rückwendung zu rein ägyptischen Formen nicht von langer Dauer. Vielmehr unterlag die phönizische Kunst im Lauf des 6. Jahrhunderts drei neuen Beeinflussun-

101 - phönizisch - Tyros - Ägyptisierende Statue (8. Jh. v. Chr.) - Beirut

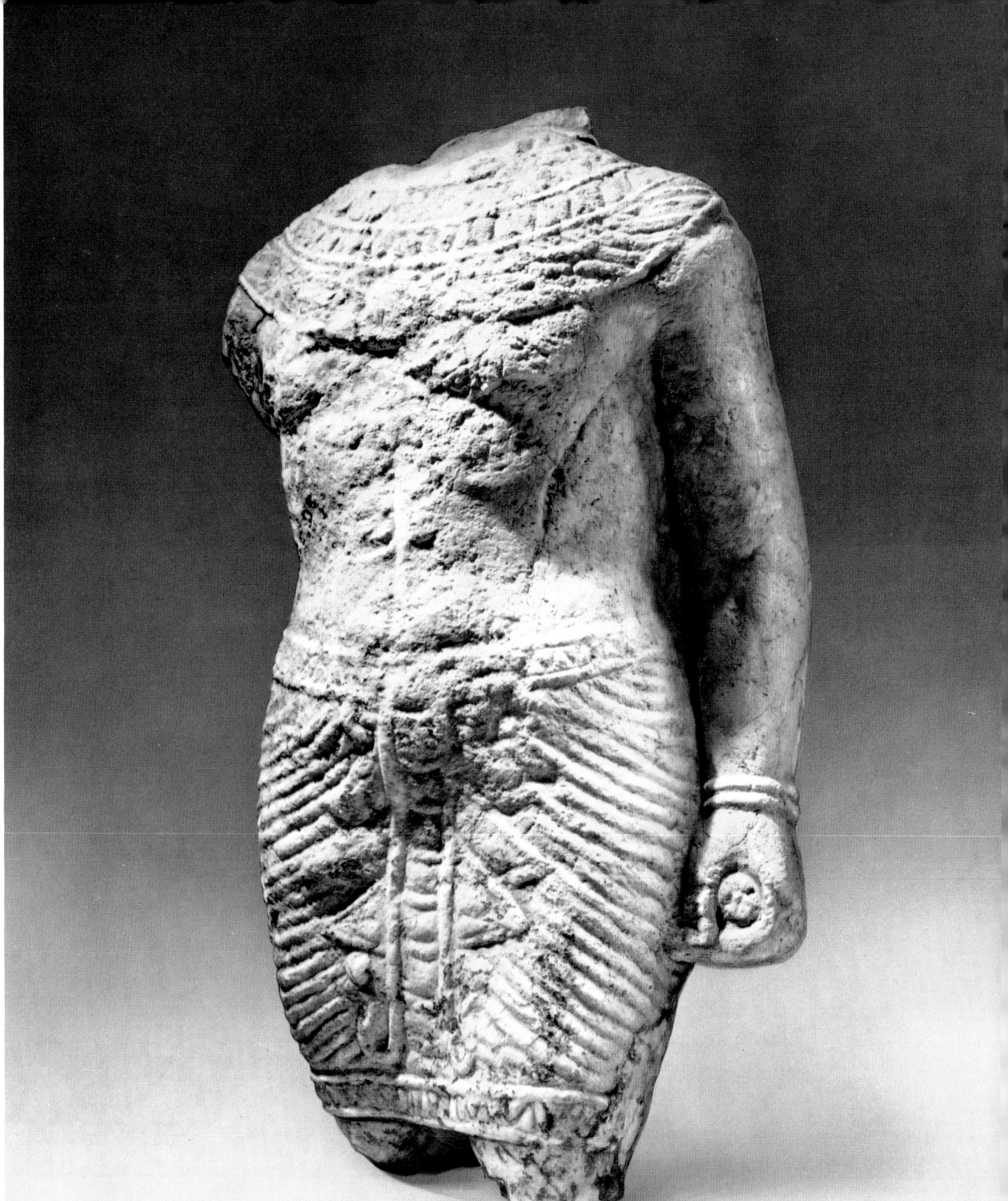

gen: der babylonischen, der persischen und am meisten der griechischen, wodurch die ägyptische immer mehr geschwächt wurde. Immerhin waren die ägyptischen Traditionen zu fest verwurzelt, um plötzlich aus einer Kunst zu verschwinden, die ihre Anregungen jahrhundertelang aus ihnen bezogen hatte; sie machten sich noch bis zur römischen Zeit bemerkbar, allerdings mehr und mehr in Form einer Reminiszenz an die Vergangenheit.

In den hohlen Terrakotta-Statuetten mit rundlichem Rücken, die auf die massiven Statuetten mit geradem Rücken folgten, sind die Züge noch ägyptisierend, aber die Enden des ägyptischen Kopftuchs sind durch dicke Wülste oder sogar durch grob geflochtene Besätze ersetzt, die an die, allerdings feineren, der skulptierten Figur auf dem Bett von Arslan Tasch erinnern. Einige dieser Statuetten stellen Frauen dar, die auf einer Doppelflöte spielen; bei diesen Musikantinnen, auch bei einem Bandolaspieler aus Sidon, denkt man an die berühmten *Syri*, die in den Wandelgängen der römischen Theater und Zirkusse auftraten und das Publikum durch ihre fremdartige und volkstümliche Musik fesselten.

Die babylonische Besetzung scheint in der phönizischen Kunst keine fühlbaren Spuren hinterlassen zu haben. Nebukadnezar wendete dreizehn Jahre seiner Regierung auf die Blockade von Tyros und die Belagerung Jerusalems. Unterdessen errichteten die Babylonier dem Eschmun, Stadtgott von Sidon, einen Tempel, und Nebukadnezar hinterließ mehrere Stelen an verschiedenen Orten, namentlich am Nahr el-Kelb, in der Nähe von Beirut, und in der Umgebung von Rible, im Norden der Bekaa.

Der griechische Einfluß

Sieht man von einigen Entlehnungen aus Persien ab, so waren es die Verbindungen mit Zypern und vor allem mit Griechenland selbst, die der phönizischen Kunst eine neue Richtung gaben.

Der Tempel des Eschmun in Sidon gibt gegenwärtig die Überreste dieser Periode frei. M. Dunand hat dort bereits einen vom archaischen Stil Griechenlands stark beeinflußten Kopf entdeckt, desgleichen eine erstaunlich gut erhaltene Büste: die Wellenlinien auf ihrer Perücke sind in der phönizischen Dekoration schlechthin traditionell, und die Kleidung ähnelt derjenigen der Statuen von Amrit. Aber durch ihre spitze Nase, ihre mandelförmigen Augen und ihr kaum angedeutetes Lächeln erinnert diese Büste an die griechischen *kuroi*. In einem Töpferofen in Sidon wurden sorgfältig zurechtgelegte Gußformen für Figurinen gefunden, deren Ausdruck und Gesichtszüge der Büste aus dem Eschmun-Tempel gleichen; diese Funde bezeugen die Vorliebe jener Epoche für die griechische Kunst.

Gewisse Figurinen aus dieser Zeit sind indessen von primitiver Form und technisch wie die Statuetten von Byblos im III. und II. Jahrtausend behandelt. Eines der typischsten Beispiele dafür ist eine Figur aus Tyros. Sie sitzt in ihrer Nische, bedeckt mit der konischen Mütze, hat vorstehende Augen und ein Halsband, an welchem Mondsichel und Sonnenscheibe hängen.

Eine Reiterstatuette des 8. Jahrhunderts, die aus der Nekropole von Chalde stammt, hat das gleiche Profil wie jene Figur. Sie sitzt auf einem Pferd mit hoher Mähne und entspricht einem in Phönizien und auf Zypern bis zur Achämenidenzeit üblichen Typus.

Gleichfalls aus der Nekropole von Chalde stammt eine Maske von gänzlich anderer Art. Sie ist das Abbild eines kreisförmigen Gesichts mit runden Augen und abstehenden Ohren. Das Haar und der Bart sind schwarz auf dem roten Tongrund aufgemalt. An einem ähnlichen Kopf aus Tyros stellen wir dieselben Charakteristika fest; aber im Gegensatz zur Maske von Chalde, die einen ernsten Ausdruck hat, drückt dieser kugelförmige Kopf mit runden Augen, gestutztem Schnurrbart und einem abstehenden, halbrunden Kinnbart Jovialität aus. Jene humoristische und lustige Note, die mit oder ohne Absicht die phönizischen Arbeiten der Vergangenheit kennzeichnete, macht sich weiterhin bemerkbar. Die zahlreichen Köpfe, die in Tyros zutage kamen,

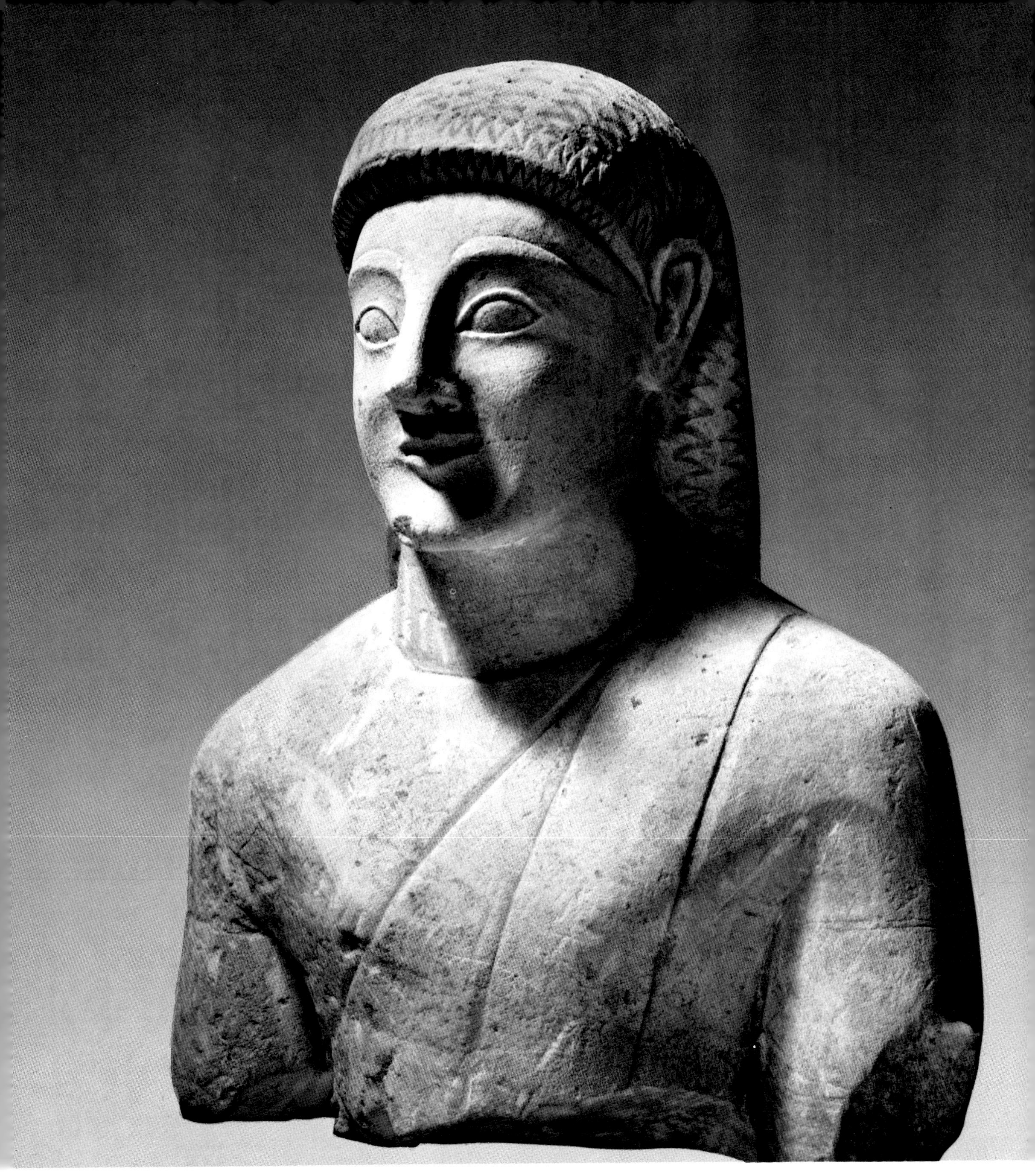

102 - phönizisch - Sidon, Eschmun-Tempel - Büste des zyprischen Typus (6. Jh. v.Chr.) - Beirut

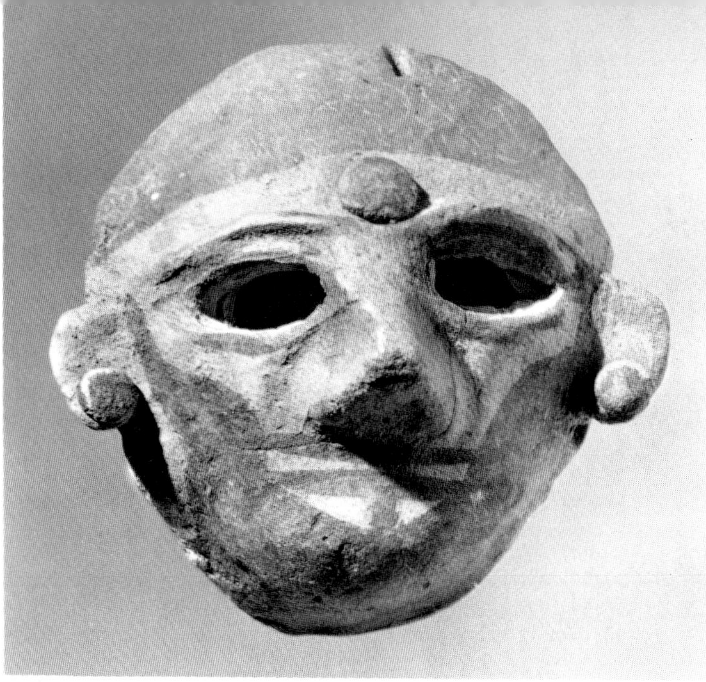

103 - phönizisch - Chalde - Bemalte Maske (8. Jh. v. Chr.) - Beirut

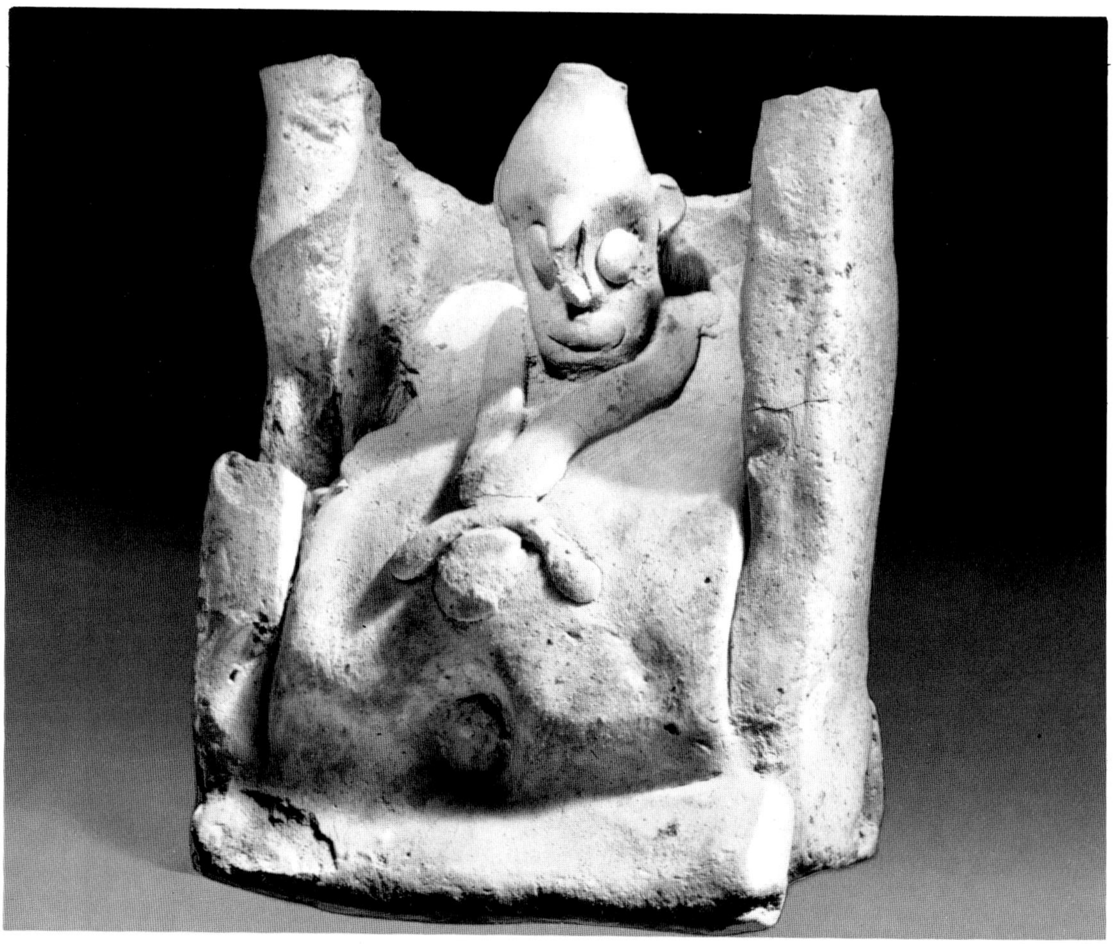

104 - phönizisch - Tyros - Sitzende Gottheit in einer Nische (7. Jh. v. Chr.) - Beirut

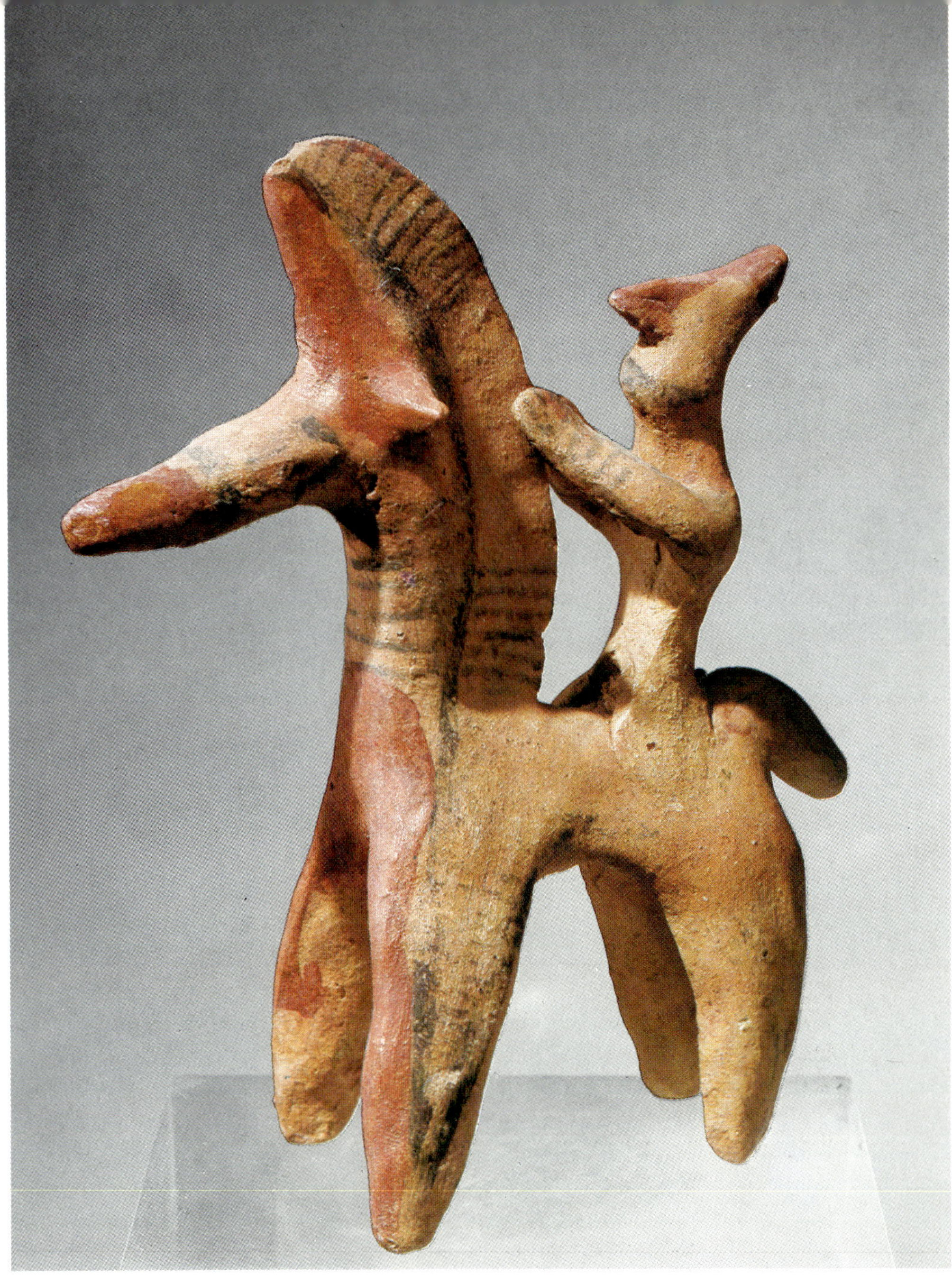

105 - phönizisch - Chalde - Reiter des zyprischen Typus (8. Jh. v. Chr.) - Beirut

sind gleichen Geistes wie jene, die aus den vielen im westlichen Mittelmeerraum und vor allem in Spanien gemachten Funden stammen.

Die anthropoiden Sarkophage von Sidon

Unter der Perserherrschaft vom Ende des 6. Jahrhunderts an nahmen die Phönizier aktiven Anteil an den von den neuen Eroberern unternommenen Feldzügen. Jedenfalls war Tabnit, der König von Sidon, an den Kriegen des Kambyses gegen Ägypten und Libyen beteiligt; und die phönizische Flotte lieh Dareios und später Xerxes bei deren Kriegszügen gegen die europäischen Griechen ihren Beistand.

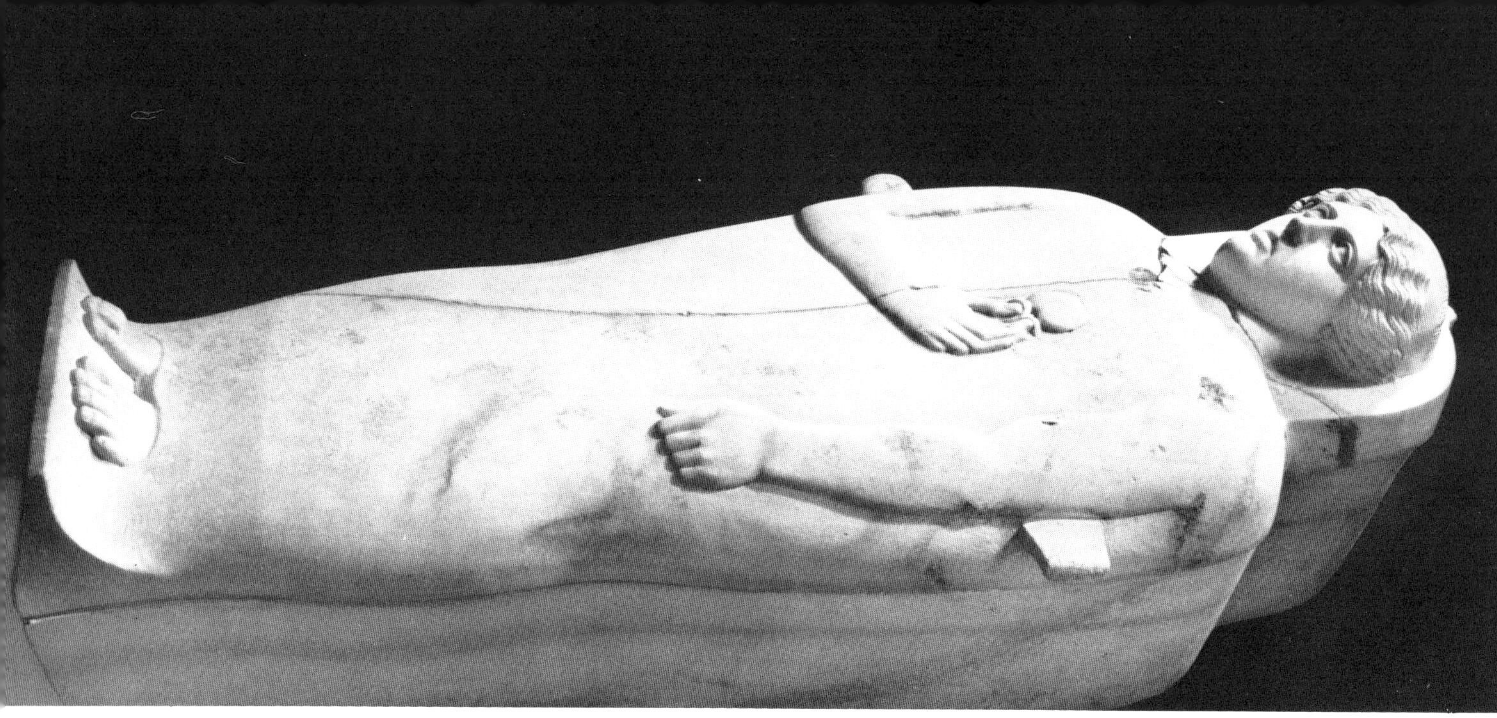

106 - phönizisch - Sidon - Anthropoider Sarkophag (4. Jh. v. Chr.) - Beirut

Tabnit brachte aus Ägypten einen anthropoiden Sarkophag mit, dessen hieroglyphische Inschrift den Namen einer Person hohen Ranges nennt; er begnügte sich damit, am Kopfende eine Fluchformel zum Schutz des Sarkophags hinzuzufügen. Nach seinem Beispiel ließ sein Sohn Eschmunazar seinen Sarkophag aus Ägypten kommen, dessen Inschrift jedoch löschen und durch eine zwanzig Zeilen lange phönizische Inschrift ersetzen.

Trotz der Niederlage von Salamis, die sie gemeinsam mit Xerxes 480 erlitten, nutzten die Phönizier den unter den Griechen ausgebrochenen Peloponnesischen Krieg dazu aus, ihre Beziehungen zu dem einen wie zum anderen Lager zu erneuern, und traten manchmal sogar als Unterhändler zwischen Athen und dem Perserkönig auf.

Obwohl nach wie vor unter persischer Oberherrschaft, öffnete sich Phönizien in steigendem Maß den griechischen Kunstformen, und im 4. Jahrhundert sah man bereits viele Griechen im Dienst der phönizischen Könige.

Die Beziehungen zwischen Phöniziern und Griechen verstärkten sich gleicherweise auf wirtschaftlichem Gebiet; Mengen griechischen Marmors gelangten an die phönizische Küste; Angehörige der Oberschicht und reiche Reeder ließen sich anthropoide Sarkophage anfertigen, nach dem Modell jener, die ihre Könige Tabnit und Eschmunazar aus Ägypten hatten kommen lassen.

Nichts zeigt so deutlich wie diese durch die Phönizier an den Küsten des westlichen Mittelmeeres verbreiteten Sarkophage den sich in der phönizischen Kunst abspielenden Prozeß, einer noch an gewisse ägyptische Formen und Traditionen gebundenen Kunst, die dennoch versuchte, hellenische Werke nachzuahmen.

Beseelt vom Wunsch, ihre Götter und Athleten zu ehren, ging es den Griechen im 5. Jahrhundert vor allem darum, die Schönheit des Körpers darzustellen, dessen Formen sie idealisierten. Erst im 4. Jahrhundert verlor sich diese Tendenz, als sie die Züge ihrer Philosophen und Staatsmänner zu verewigen begehrten.

Der phönizische Bildhauer erstrebte zwar nach Art der Griechen die Idealisierung der Formen, konnte aber nicht von seiner Gewohnheit lassen, exakte Porträts nach der geheiligten Tradition der Ägypter zu formen, die in ihrem Glauben an ein materielles Fortleben daran festhielten,

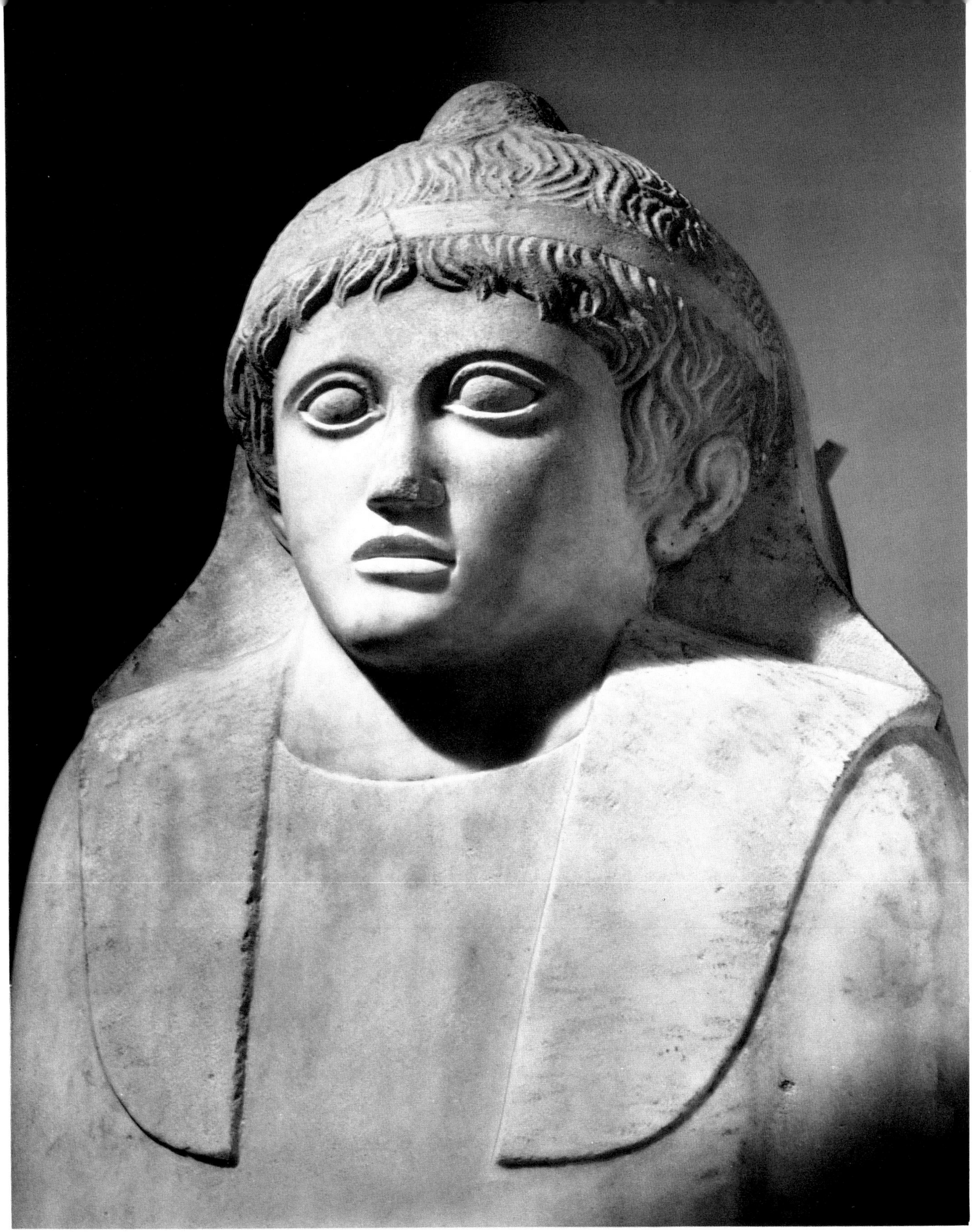

107 - phönizisch - Sidon - Anthropoider ägyptisierender Sarkophag (Ausschnitt) (5. Jh. v. Chr.) - Beirut

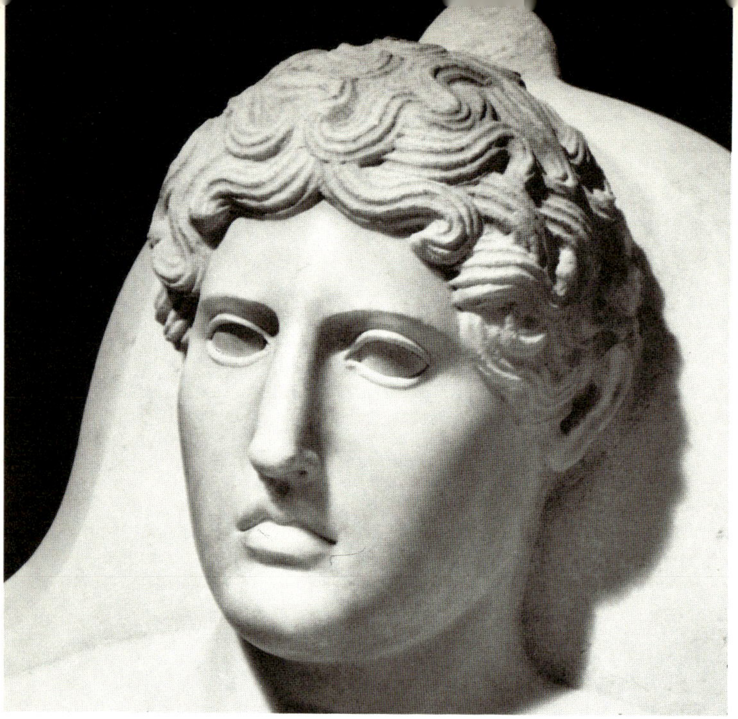

108 - phönizisch - Sidon - Anthropoider Sarkophag des griechischen Typus (Ausschnitt) (4. Jh. v. Chr.) - Beirut

ihre Toten getreu nachzubilden, damit die Seele, sollte die Mumie zerfallen, ihren Eigentümer wiederfinden könne.

Der griechische Einfluß zeigt sich in der Behandlung des Haares auf dem ägyptisierenden Kopf eines Sarkophags, der vom ägyptischen Kopftuch nur die auf die Schultern herabhängenden Zipfel wiedergibt.

Jedoch hat sich der phönizische Bildhauer sehr schnell mit der griechischen Kunst vertraut gemacht; die Köpfe an einigen dieser Sarkophage weisen Züge von großer Feinheit des Ausdrucks auf, und zuweilen heben sich modellierte Hals- und Schulterformen von der Marmormasse ab. Einige Sarkophage, an denen die Füße und die Arme in leichtem Relief dargestellt sind, kündigen bereits die karthagischen Sarkophage an, auf deren Deckeln der ganze Körper wiedergegeben ist.

Der Eschmun-Tempel in Sidon

In der phönizischen Inschrift, die Eschmunazar auf seinem Sarkophag hatte anbringen lassen, bekundet er, daß er und seine Mutter in Aïn Jdll dem Gotte Eschmun und der Göttin Astarte Tempel errichtet habe.

Dieses Gelände, auf welchem M. Dunand die Ausgrabungen leitet, hat bereits einen Komplex übereinandergetürmter und aneinandergereihter Baulichkeiten freigegeben, die in der Zeit vom 6. vorchristlichen bis zum 6. nachchristlichen Jahrhundert entstanden sind.

Der nach persischer Art erbaute Tempel des Eschmun schloß einen Tempel aus der babylonischen Epoche in sich ein. Dieser allein bildet ein Massiv von 70 mal 50 Metern und erreicht eine Höhe von etwa 20 Metern.

Den an den Berg gelehnten Tempel schließt nach oben eine Esplanade ab, die von einer Sockelmauer abgestützt war. Die großen Blöcke mit Fugenschnitt auf den vier Seiten gleichen durch ihre Zurichtung und ihre Form weitgehend denen des zeitgenössischen Palastes von

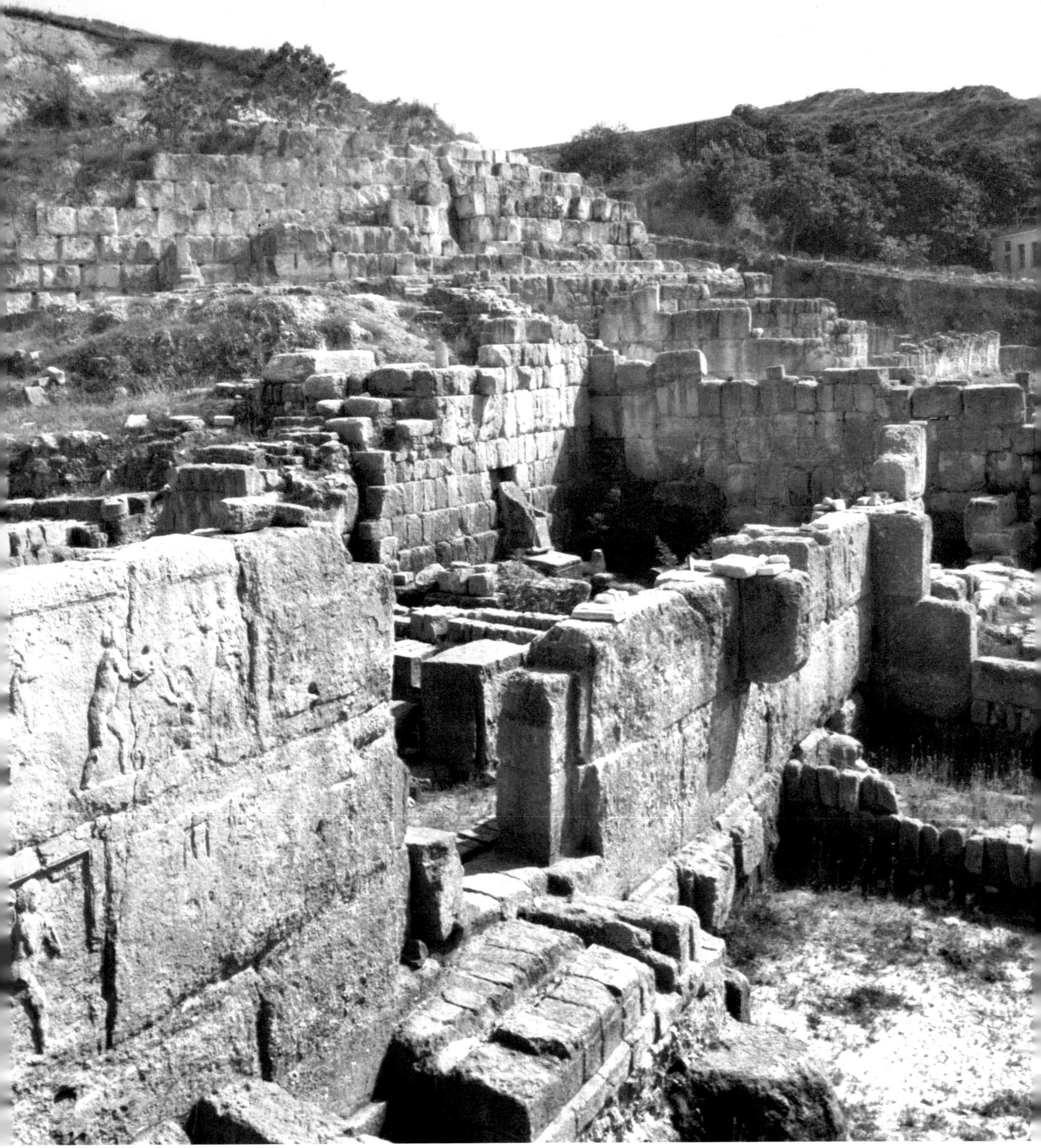

109 - phönizisch - Sidon - Eschmun-Tempel, Gesamtansicht (6.-3. Jh. v. Chr.)

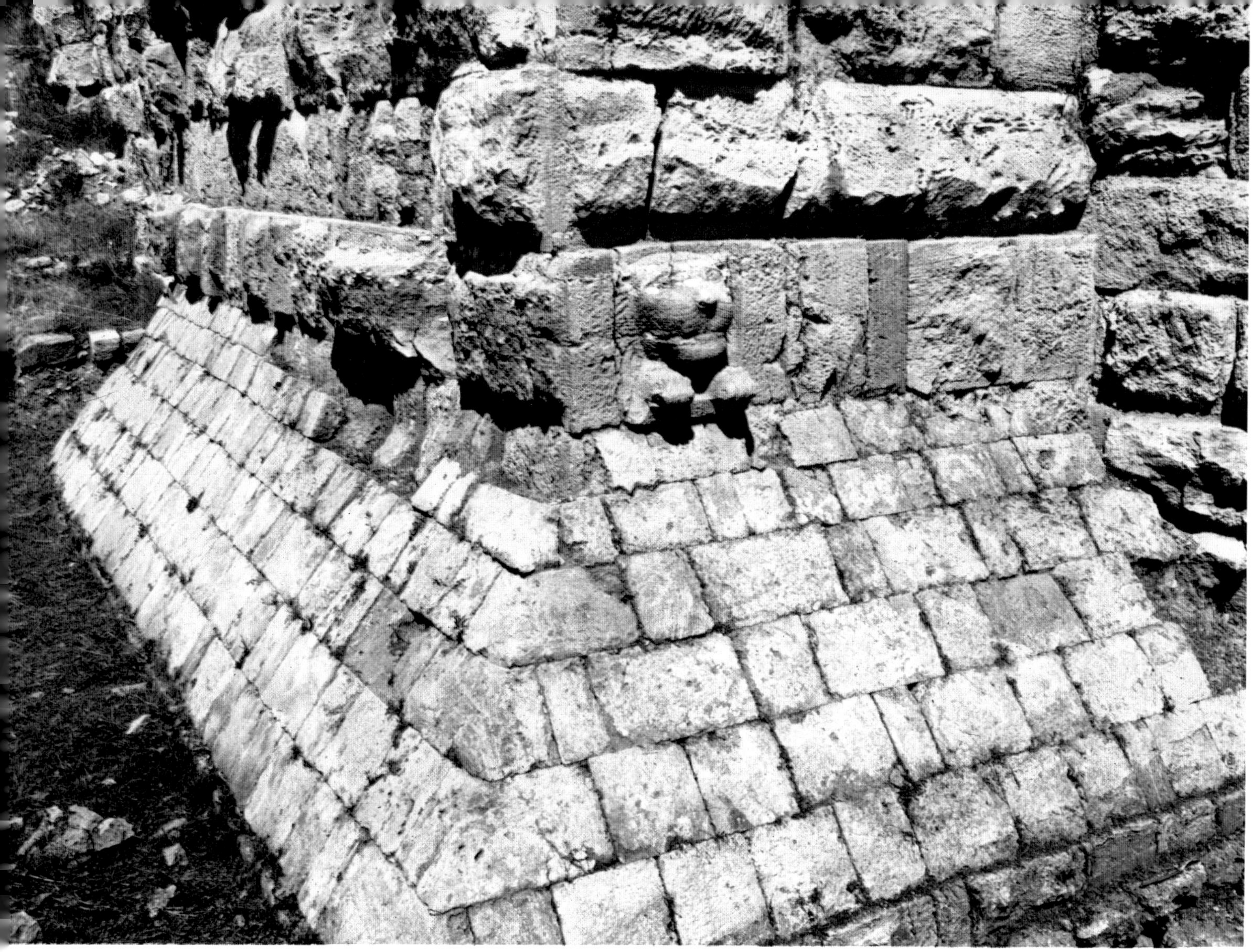

110 - phönizisch - Byblos - Perserzeitliche Festung: Mauerecke mit Löwenprotome (5.-4. Jh. v. Chr.)

Pasargadai. Bereits seit dem 9. Jahrhundert hatten die phönizischen Architekten darauf geachtet, daß durch eine sorgfältigere Steinbearbeitung auf einer, manchmal auf mehreren Seiten des Blocks ein glatter Streifen erzielt wurde. Der Fugenschnitt, der eine bessere Bindung der großen Blöcke ermöglichte, tritt sehr viel stärker in der römischen Epoche hervor, wo er auf den vier Seitenflächen des Blocks vorkommt, während der größte Teil von dessen Oberfläche grob bossiert bleibt. Bossenwerk und Fugenschnitt kamen in der Epoche der Kreuzzüge wieder zur Geltung, insbesondere im Schloß von Byblos, dessen Blöcke zum Teil einer Festung der Achämenidenzeit entnommen wurden, deren Freilegung M. Dunand betrieben hat.

Waren die achämenidischen Bauwerke schon so bedeutend, was erst soll man von den Bauten in Sidon sagen, dem Sitz der 5. Satrapie, die sich bis zur Euphratregion erstreckte und deren König oberster Befehlshaber der den Persern unterstellten Flotten war. Außerdem erwähnen griechische Texte in dieser Stadt einen *paradeisos* und einen *apadana* oder Palast, von dem bereits einige Elemente gefunden wurden, die seinen Reichtum bezeugen. Die Ausgrabungen, die vor etwa zehn Jahren an der Stelle begannen, wo jene Fragmente entdeckt worden waren, haben indessen das Niveau des Palastes noch nicht erreicht. Die freigelegten Fragmente gehörten zu Basen, Kapitellen und Säulen, die von ebensolchen aus Persepolis oder anderen Palästen der Achämenidenzeit inspiriert sind. Horizontale Ringe umlaufen den unteren Teil eines kannelierten Säulenschafts, der wiederum verwandte Züge mit den stuckverkleideten Säulentrommeln aus Sandstein aufweist, die sich am Eingang des *kothon* von Tyros erhoben.

Die Säule ruht auf einer Basis in Form einer abgeplatteten Kugel, gleich jenen, die auch die Assyrer kannten. Die aus breiten Randleisten bestehende Verzierung der Basis erinnert an die biblischen Beschreibungen der Kapitelle, die die berühmten Säulen *Jachin* und *Boaz* des Salomo-Tempels krönten. Eine ähnliche Basis wurde vor kurzem im Tempel des Eschmun entdeckt.

Was die Kapitelle in Form von Stierprotomen betrifft, so entsprechen sie den Kapitellen von Persepolis, unterscheiden sich aber von diesen durch ihr Material, den Marmor, und die natürlichere und lebendigere Wiedergabe ihres Vorwurfs. Kapitelle gleicher Ausführung wurden auch im Eschmun-Tempel gefunden; eines davon war von einer Nische umschlossen, die einer späteren Zeit angehört, und scheint Gegenstand eines besonderen Kults gewesen zu sein.

Im Gegensatz zu den Assyrern, die die Phönizier grausam behandelten, erwiesen die Perser ihnen viel Rücksichtnahme, was die Phönizier bewog, die für den Krieg gegen die Griechen mangelhafte persische Seerüstung zu vervollkommnen. Wenigstens bis zur Schlacht von Salamis übten die Könige von Sidon und Tyros einen maßgeblichen Einfluß auf die kriegerischen Beschlüsse aus, wobei ihre Ansicht sogar den Ausschlag gab. So mußte sich denn auch der König der Könige fügen, als die Phönizier es ablehnten, sich an dem von ihm geplanten Feldzug gegen Karthago, die Heimat ihrer Kinder, zu beteiligen.

Geschmeide und Throne der Astarte

In der achämenidischen Epoche war ganz Phönizien durch seinen aufblühenden Handel reich geworden. Um sich eine Vorstellung von diesem Reichtum zu machen, genügt es, sich an die griechischen Texte zu halten, die sich auf die Zerstörung Sidons durch Artaxerxes III. beziehen. Aus der Asche der niedergebrannten Stadt, heißt es da, habe man unzählige Goldklumpen geborgen, die vom geschmolzenen Geschmeide sidonischer Frauen herrührten.

Was Legende zu sein schien, erweist sich als Wirklichkeit. Das Grab einer Dame der sidonischen Aristokratie aus dem 5. oder 4. Jahrhundert v. Chr. liefert den Beweis. Die aus einem doppelten Goldband geflochtene Krone auf dem Kopf der Toten hat an der Stirnseite eine Rosette aus Email, deren Blätter mit Türkisen und Karneolen besetzt sind. Die Perlrandverzierung im Inneren der Rosette ist bei Schmuckstücken aus Byblos im 19. und 18. Jahrhundert traditionell. Verschiedene Teile von Halsketten, Perlen und Anhänger, bestehen aus zu Kügelchen oder zu Tönnchen verarbeitetem Gold, glatt oder gerippt, verziert mit Filigran von sehr großer Feinheit. Zwei Medaillons enthalten einen Achat in Filigranfassung, aus der Entenköpfe hervorlugen.

Ein anderes Stück, eines mit unheilabwehrender Kraft, stellt ein Gorgonenhaupt aus Gold dar, von abstoßendem und fratzenhaftem Typus, mit einer zwischen zwei langen Eckzähnen herabhängenden Zunge und der Stirn in eingerollten Löckchen aufliegendem Haar, das an die langen Locken einer Figur aus Arslan Tasch erinnert.

Eingraviert auf seiner abgeflachten Oberseite, zeigt ein Ring einen Löwen, der einen Hirsch zerfleischt, die Wiederholung der auf den Münzen von Byblos dargestellten Szene. Ein anderer Ring ist auf Grund seiner Technik und seiner Schönheit besonders fesselnd: der lose am Ring hängende Achat besitzt eine Fassung aus ziseliertem Efeu, von der aus Filigrandreiecke auf den Stein übergreifen.

Neben diesen Objekten, die ihren Vorwurf ägyptischen oder griechischen Themen entlehnen,

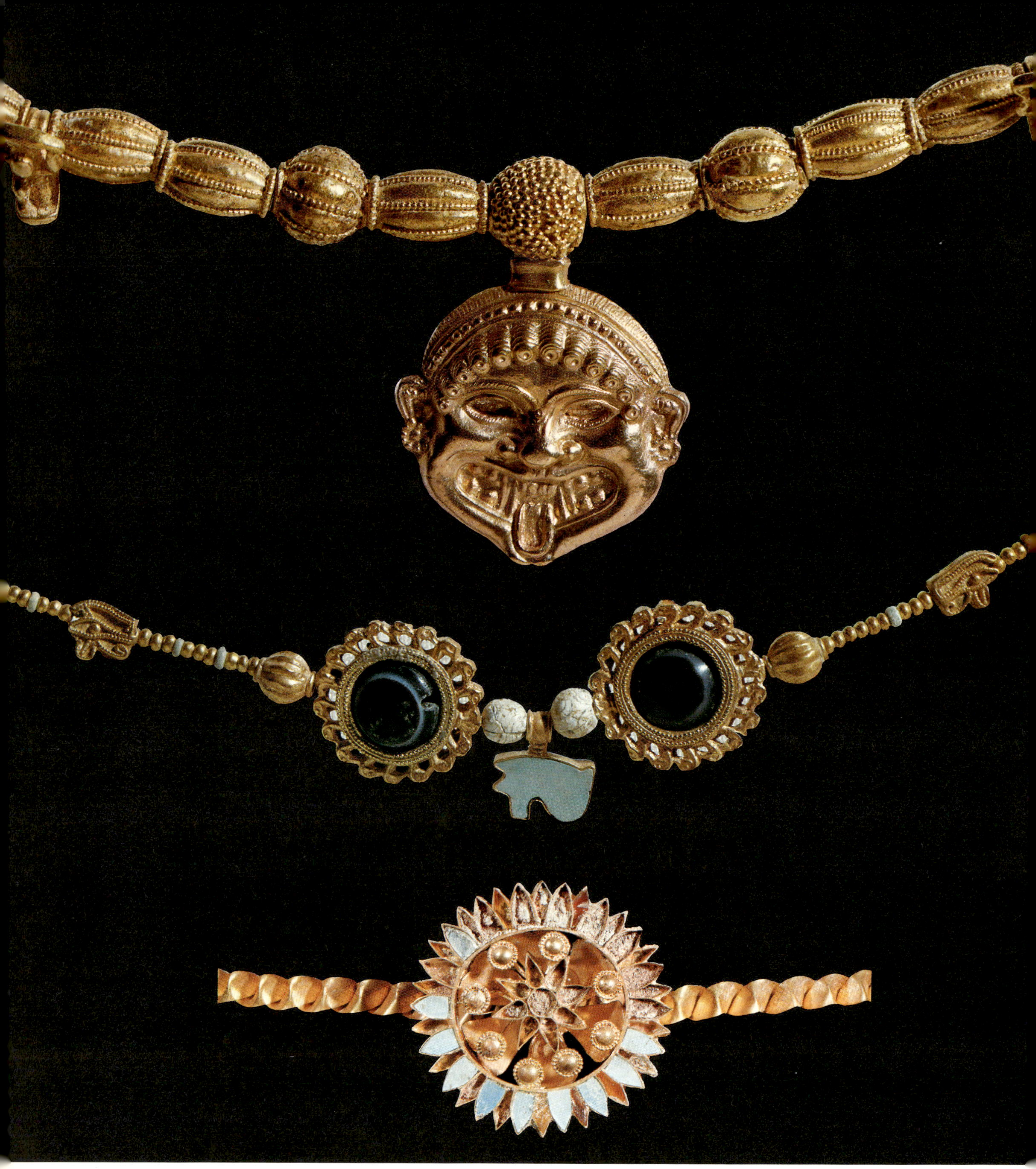

111 - phönizisch - Sidon - Halsschmuck mit Medaillon in Form eines grinsenden Gorgonenhauptes (Ausschnitt) (5.-4. Jh. v. Chr.) - Beirut

112 - phönizisch - Sidon - Halsschmuck mit zwei rings von Entenköpfen umgebenen Achaten (Ausschnitt) (5.-4. Jh. v. Chr.) - Beirut

113 - phönizisch - Sidon - Krone mit zentraler Rosette (Ausschnitt) (5.-4. Jh. v. Chr.) - Beirut

sind zwei andere, obgleich auch sie ägyptische Motive behandeln, von mehr orientalischer Prägung.

Das eine ist ein Kamm, den auf beiden Seiten eine geflügelte Sphinx ziert; aber während die Sphinx auf der einen Seite den ägyptisierenden Typus wahrt, ist die auf der anderen bärtig und von rein orientalischem Stil. Beide Sphingen sind im Gegensatz zu den ägyptischen mit Flügeln ausgestattet. Die Muskulatur ihrer Pranken wird durch parallele Linien angedeutet und zeigt eher assyrischen Einfluß. Die Profilhaltung und die Art, wie die Flügel die Figur umrahmen, ist weitgehend lokaler Art; aber das von vorn dargestellte Auge ist eine Reminiszenz an die ägyptische Kunst.

Das andere Objekt ist ein Amethyst, in den eine Opferszene geschnitten ist. Die Göttin sitzt auf einem Thron, flankiert von geflügelten Sphingen, die an die Thronsphingen der Isis-Hathor erinnern, während ihr langes, in Falten herabfallendes Gewand der achämenidischen Mode entspricht.

In mehr als einer Hinsicht stimmt die Darstellung auf dem hier abgebildeten Intaglio mit der in leichtem Relief skulptierten Szene zwischen den beiden Sphingen eines in Byblos gefundenen Thrones der Astarte überein. Die geflügelte Sonnenscheibe beherrscht auf beiden Darstellungen die Szene, und die Figuren tragen das weite, gefältelte Gewand achämenidischen Typs, der bis zum 2. Jahrhundert v. Chr. auf den Statuetten von Charâjib und den Stelen von Umm el-Amad fortbesteht. Auf einer dieser Stelen sieht man zwei Gestalten eine Pflanze besprengen, deren Blüten der ägyptischen Kunst entlehnt sind, ein den Phöniziern mindestens seit dem 8. Jahrhundert geläufiges Thema, wie sich auf Grund der Elfenbeinarbeiten von Arslan Tasch feststellen läßt.

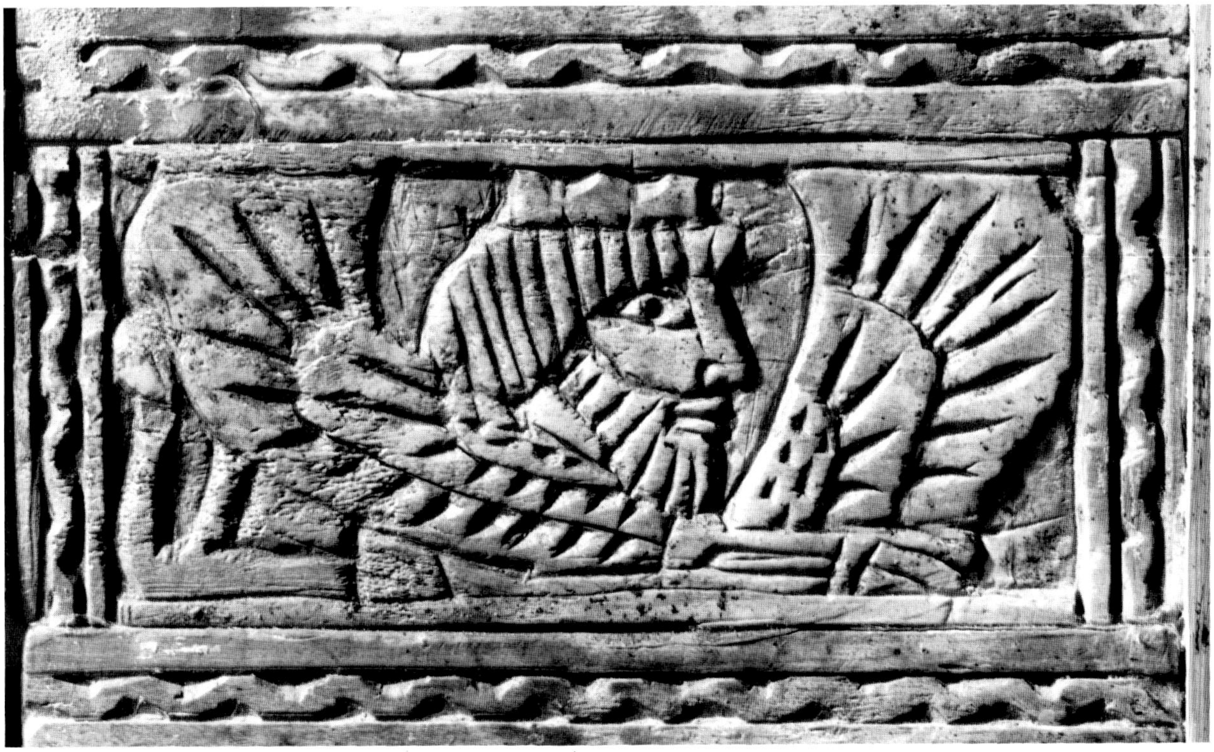

114 - phönizisch - Sidon - Kamm. Ausschnitt: Bärtige Sphinx des semitischen Typus (4. Jh. v. Chr.) - Beirut

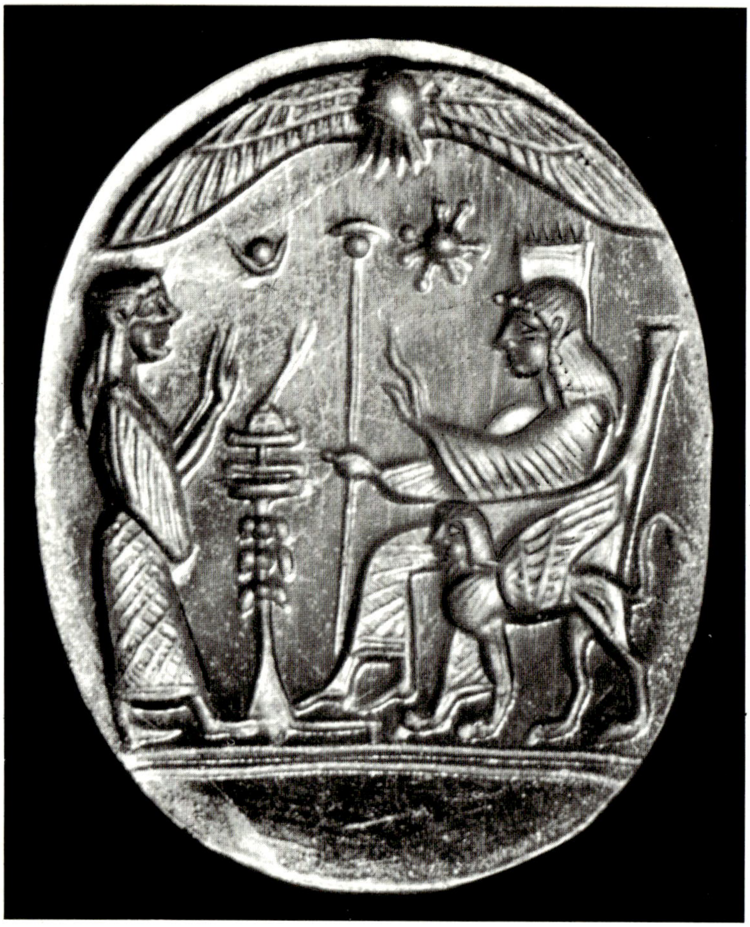

115 - phönizisch - Sidon - Kamee eines Armbands: Opferszene (4. Jh. v. Chr.) - Beirut

Was die von Sphingen flankierten Votivthrone der Astarte betrifft, so sind sie in Phönizien während der achämenidischen, hellenistischen und römischen Epochen weithin in Gebrauch. An den Seitenwänden des Eschmun-Tempels blieben die großartigsten dieser Throne erhalten.

Throne, Schmucksachen, anthropoide Sarkophage, sie alle bezeugen, bis zu welchem Grad die phönizischen Länder am Ende des 5. und zu Beginn des 4. Jahrhunderts von der griechischen Kunst durchdrungen waren.

Griechische Kunsthandwerker, Literaten, Philosophen, Bildhauer, Musiker und Söldner, eine ganze griechische Welt hatte sich in Sidon niedergelassen, beschirmt vom König Straton, dem ‹Philhellenen›. Diese Hellenisierung und der Wunsch, das drückend gewordene persische Joch abzuschütteln, schufen ein Klima, das der Eroberung durch Alexander günstig war, der denn auch als Befreier empfangen wurde.

116 - phönizisch - Sidon, Eschmun-Tempel - Votivthron der Astarte, von Sphingen flankiert und von Löwen umgeben (3. Jh. v. Chr).

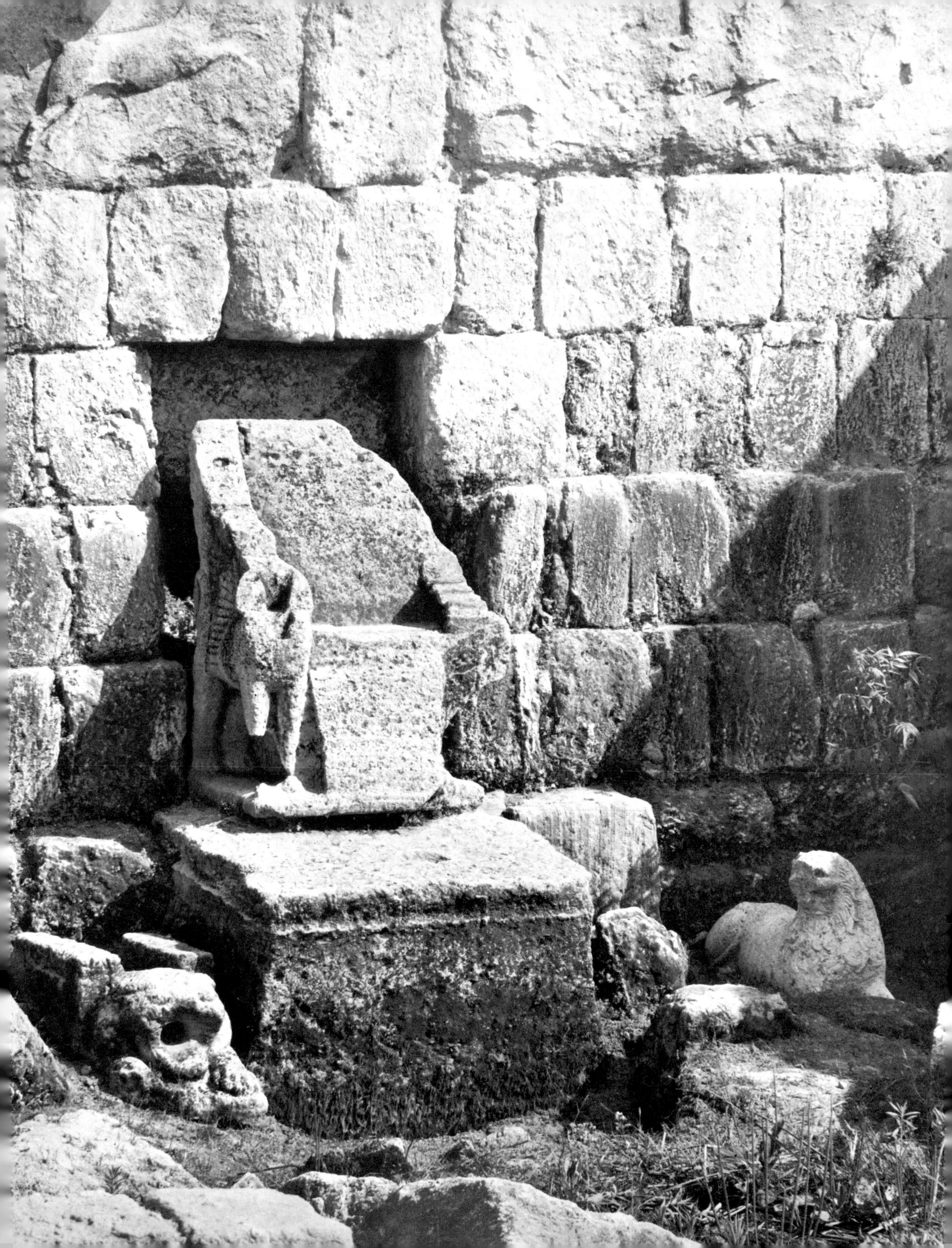

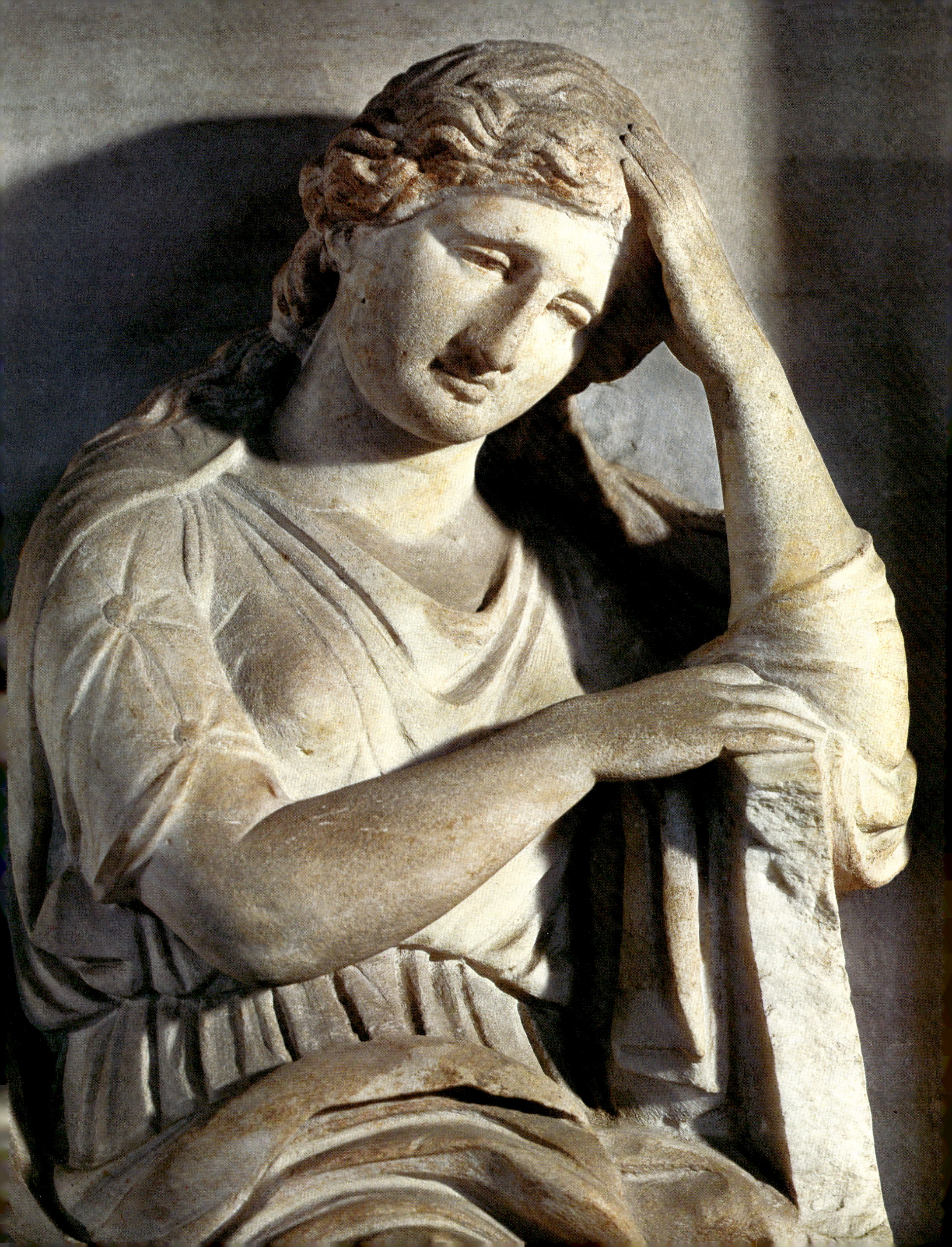

VI

DAS HELLENISIERTE PHÖNIZIEN

Die Königsnekropole von Sidon

Die starke, noch mitten in achämenidischer Zeit sich vollziehende Durchdringung Phöniziens mit griechischer Kunst ist unter anderem bezeugt durch den sogenannten ‹Sarkophag des Satrapen›, der im vorigen Jahrhundert in Sidon entdeckt wurde. Bart und Gesichtszüge der sitzenden Gestalt können ebensogut einem Satrapen wie einem König von Sidon angehören, letzterem sogar noch eher. Die Skulpturen dieses Sarkophags sind stark gräzisierend, sowohl durch den allgemeinen Charakter der Szenen wie durch die Eierstab- und Palmettenornamente, die sie umgeben.

Der sogenannte ‹Alexander-Sarkophag› wiederum, der aus derselben Nekropole stammt, ist er nicht das Meisterwerk griechischer Grabmalskunst? Auf der einen Seite liefern sich Griechen und Figuren in persischer Tracht einen erbarmungslosen Kampf; auf der anderen ist eine gemeinsame Jagd dargestellt, wobei die ehemaligen Gegner sich zu verbrüdern scheinen. Durfte man nicht mit einigem Recht in diesen Darstellungen eine Anspielung auf das Verhältnis zwischen Sidoniern und Griechen vor beziehungsweise nach der Eroberung durch Alexander erblicken? Die Kampfszene würde somit an die zahlreichen Kriege gegen die Griechen erinnern, an denen die Sidonier auf seiten der Perser beteiligt waren, während man in der Jagdszene versucht hätte, die freundschaftlichen Beziehungen, die sich nach der Eroberung ergaben, sinnfällig zu machen. Half nicht die sidonische Flotte Alexander sogar gegen Tyros?

Auch ein dritter Sarkophag derselben Nekropole, auf dem achtzehn Klagefrauen in verschiedenen, unendliche Trauer ausdrückenden Attitüden zwischen ionischen Säulen angeordnet sind, ist von großer Kunst und steht an Schönheit um nichts hinter den anderen Sarkophagen dieser Gruppe zurück.

Diese Sarkophage, desgleichen der jüngst im Eschmun-Tempel entdeckte Altar, den Gottheiten und eine von Tänzerinnen aufgeführte Farandole zieren, bekunden nicht minder den ausgesuchten Geschmack des sidonischen Hofes.

Hatte die griechische Kunst auf Phönizien schon vor der Eroberung durch Alexander eine so tiefe Wirkung ausgeübt, um wieviel mehr erst danach, als das Land, auf welche Weise immer, zur griechischen Welt gehörte! Die griechische Sprache wurde von allen Schichten der Bevölkerung gesprochen, und viele Phönizier leisteten unter hellenisierten Namen ihren Beitrag zur Entwicklung griechischer Wissenschaft und Kunst. Dennoch blieb, aller Hellenisierung ungeachtet, der phönizische Charakter, wenn auch nicht so offenkundig wie zuvor, erhalten.

Die phönizischen Stelen

Auch in Alexandria, der Residenz der Ptolemäer, war die Begeisterung für die griechische Kultur im Wachsen, und die Wandlung der Kunst der Phönizier, die zum Teil ihre Untertanen waren, machte unter dem Einfluß der Hauptstadt oder unmittelbar dem Griechenlands rasche Fortschritte. Zeugen dieser Wandlung, die vom 5. bis zum 3. Jahrhundert dauerte, sind die Stelen.

117 - ionisch - Sidon - Sogenannter ‹Sarkophag der weinenden Frauen› (360-350 v. Chr.) - Istanbul

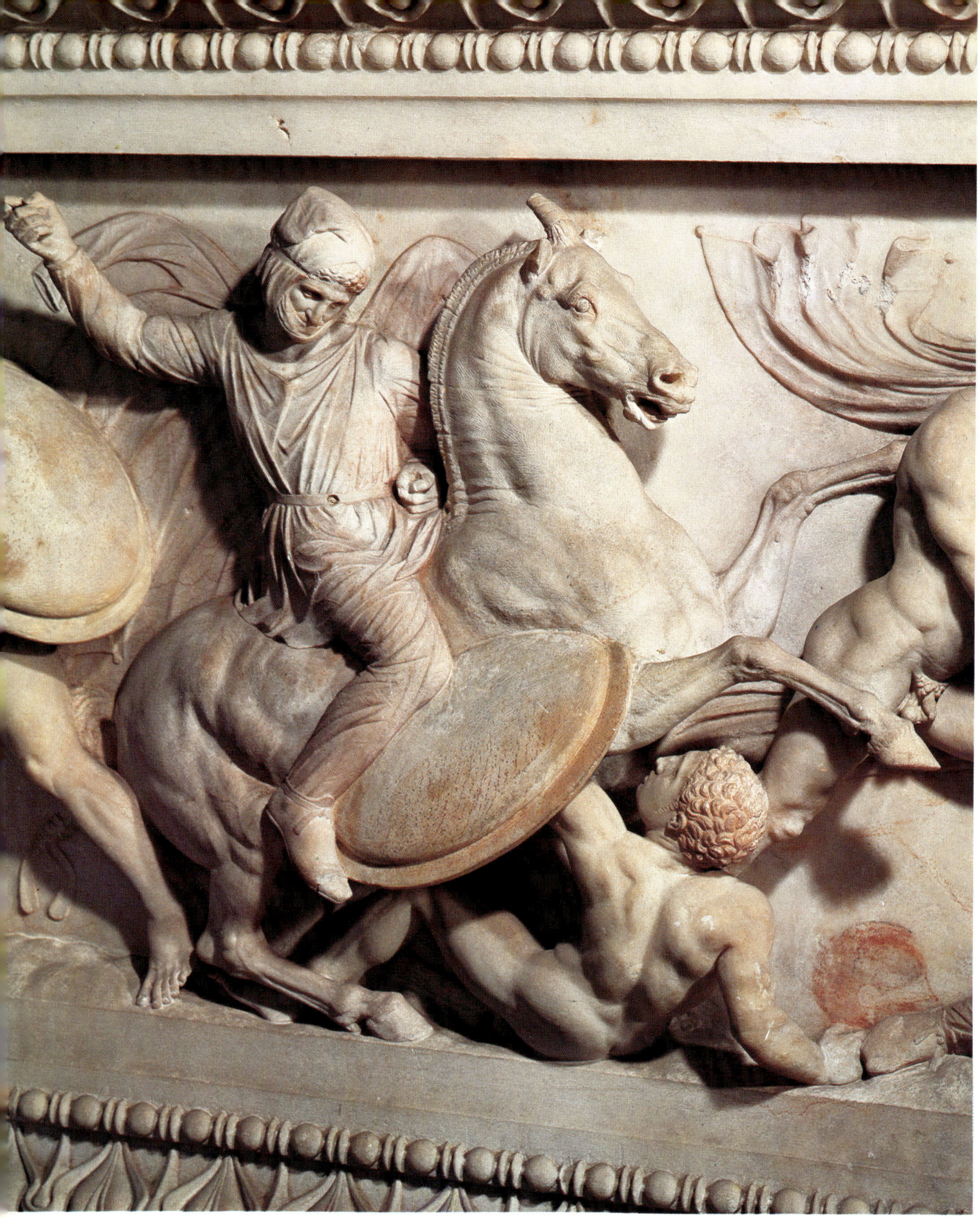

118 - graeco-anatolisch - Sidon - Sogenannter ‹Alexander-Sarkophag›: Schlacht zwischen den Griechen und Persern (Ausschnitt) (Um 305 v.Chr.) - Istanbul

120 - ionisch - Sidon - Sogenannter ‹Sarkophag der weinenden Frauen› (360-350 v.Chr.) - Istanbul

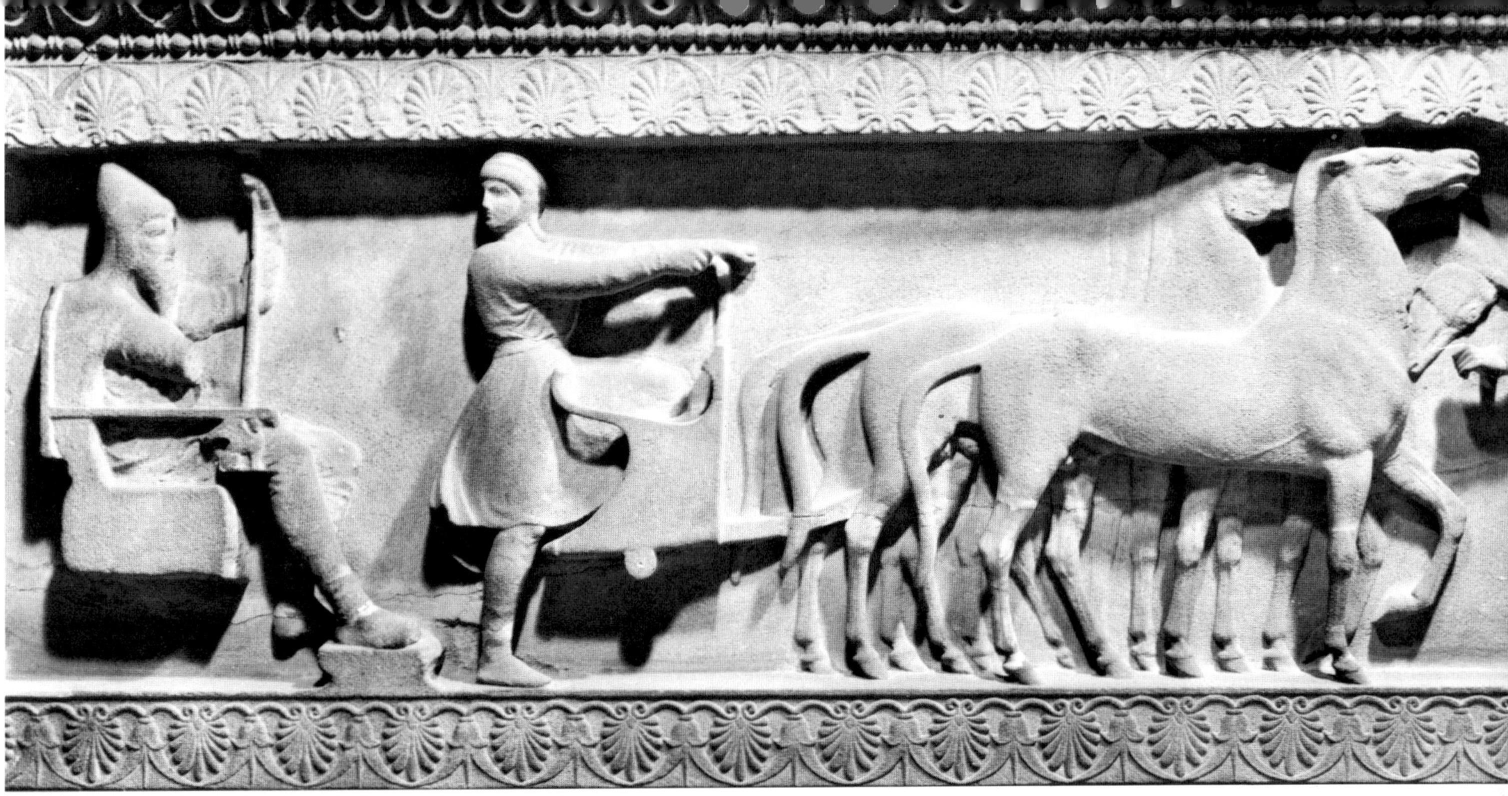

119 - ostionisch - Sidon - Sogenannter ‹Sarkophag des Satrapen›. Ausschnitt: Vorführung des Wagens (Um 440 - 430 v. Chr.) - Istanbul

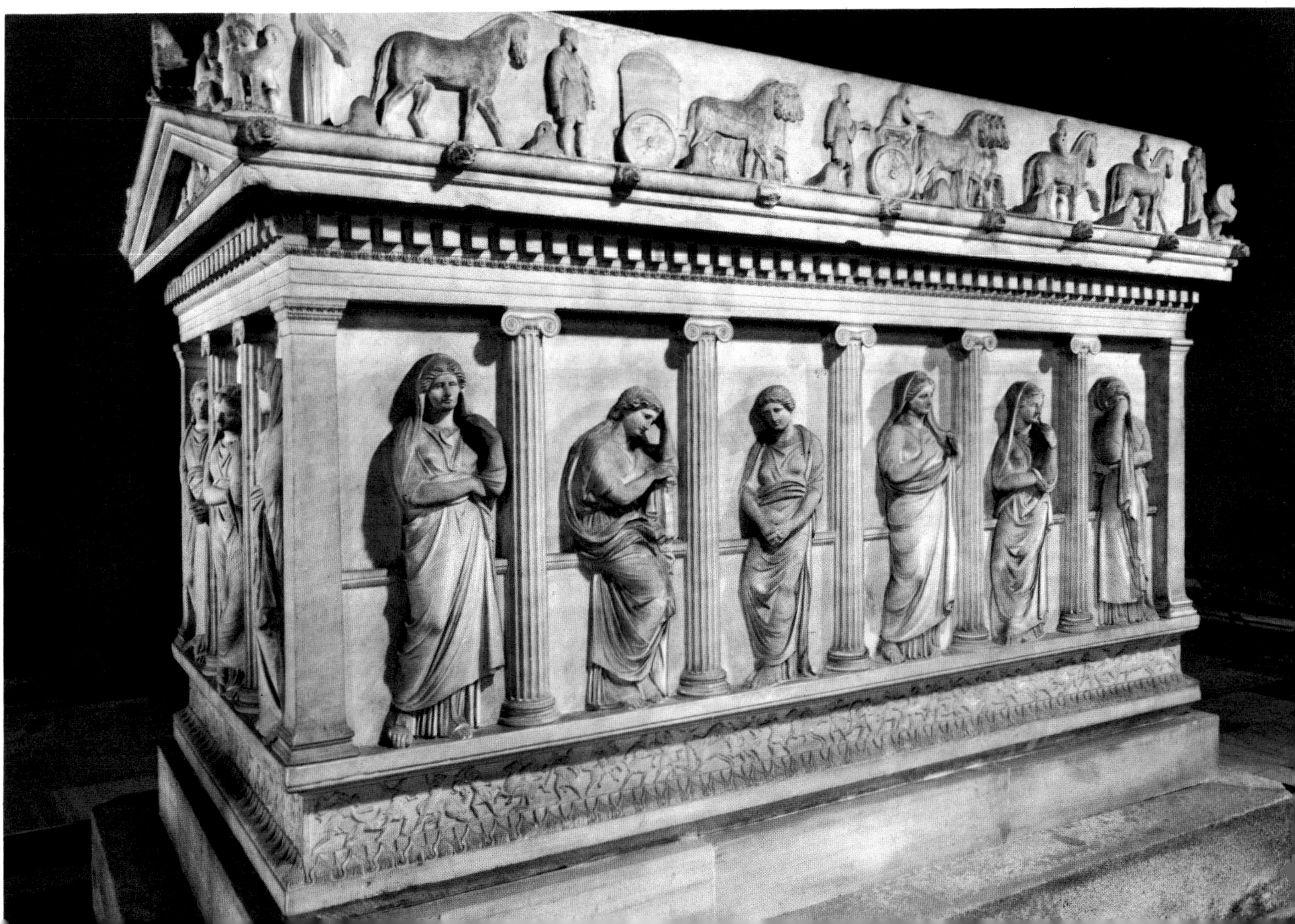

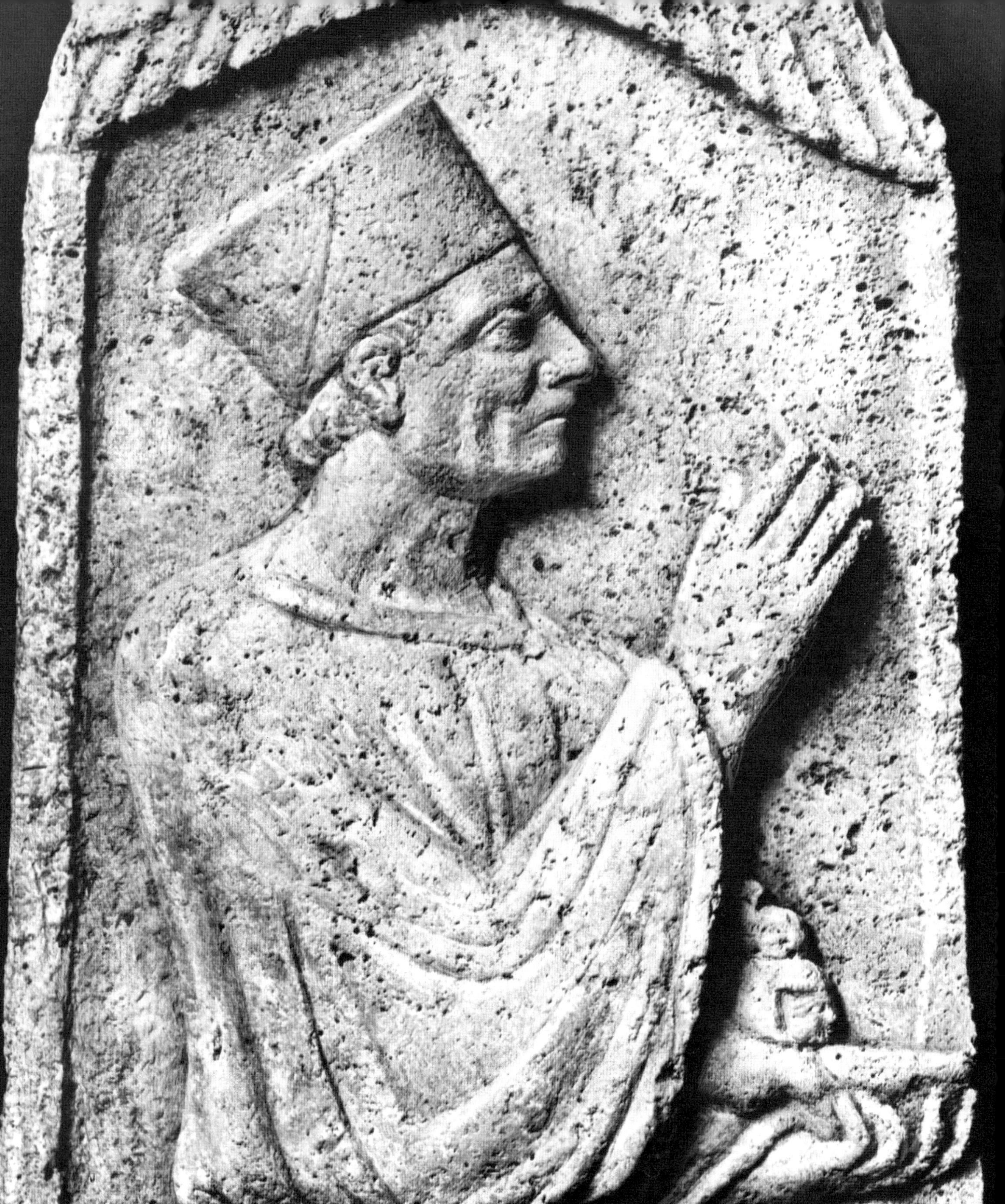

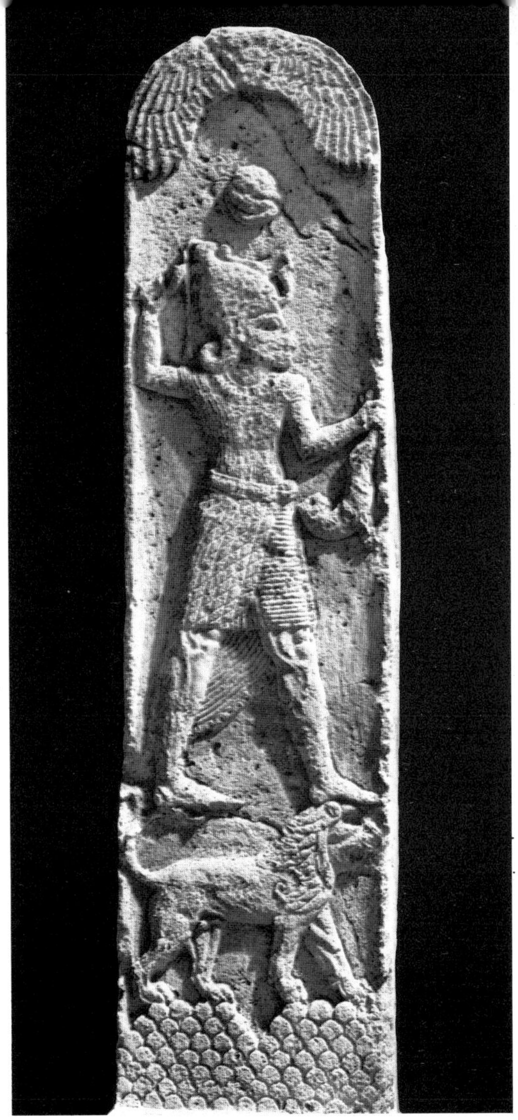

122 - phönizisch - Amrit - Stele: Baal auf einem Löwen (5. Jh. v. Chr.) - Paris

Die älteste ist die berühmte Stele aus Amrit, in der sich verschiedene Traditionen erhalten haben: auf einer Anhäufung von Kugeln, die nach assyrischem Brauch ein bergiges Gelände vorstellen, greift ein nach hethitischer Weise auf seinem Emblemtier stehender Gott mit der Linken nach einem Tier. Die Krone mit der aufgerichteten Uräusschlange auf seinem Haupt ist ägyptisch; der rundgeschnittene, hinten bis zu den Knöcheln reichende Mantel erinnert an die Mäntel der Elfenbeinfiguren aus Arslan Tasch. Unter den Elementen, die dieses Relief bilden, sind griechische Einflüsse noch nicht vorhanden.

Eine zweite Stele stellt Baaljaton dar, bedeckt mit einer barettähnlichen Haube und angetan mit einem weiten, gefältelten Kleid, dessen Ärmel sich nach achämenidischer Mode eng um die Handgelenke schließen. Er hebt den rechten Arm zum Zeichen der Verehrung und trägt in der linken Hand eine Räucherpfanne, gestaltet wie eine liegende Frau, die eine kleine Schale hält.

Auf einer dritten Stele, die in der Nähe des Eschmun-Tempels entdeckt wurde, schwebt eine geflügelte Sonnenscheibe über einer bärtigen Figur, die ein faltenreiches achämenidisches Kleid trägt und deren barettartige Haube an die des Jehomilk, Königs von Byblos, erinnert. In den beiden letzten Stelen weisen nur die Gesichter der Figuren gräzisierende Züge auf.

121 - phönizisch - Umm el-Amad - Stele des Baaljaton (Ausschnitt) (3.-2. Jh. v. Chr.) - Kopenhagen

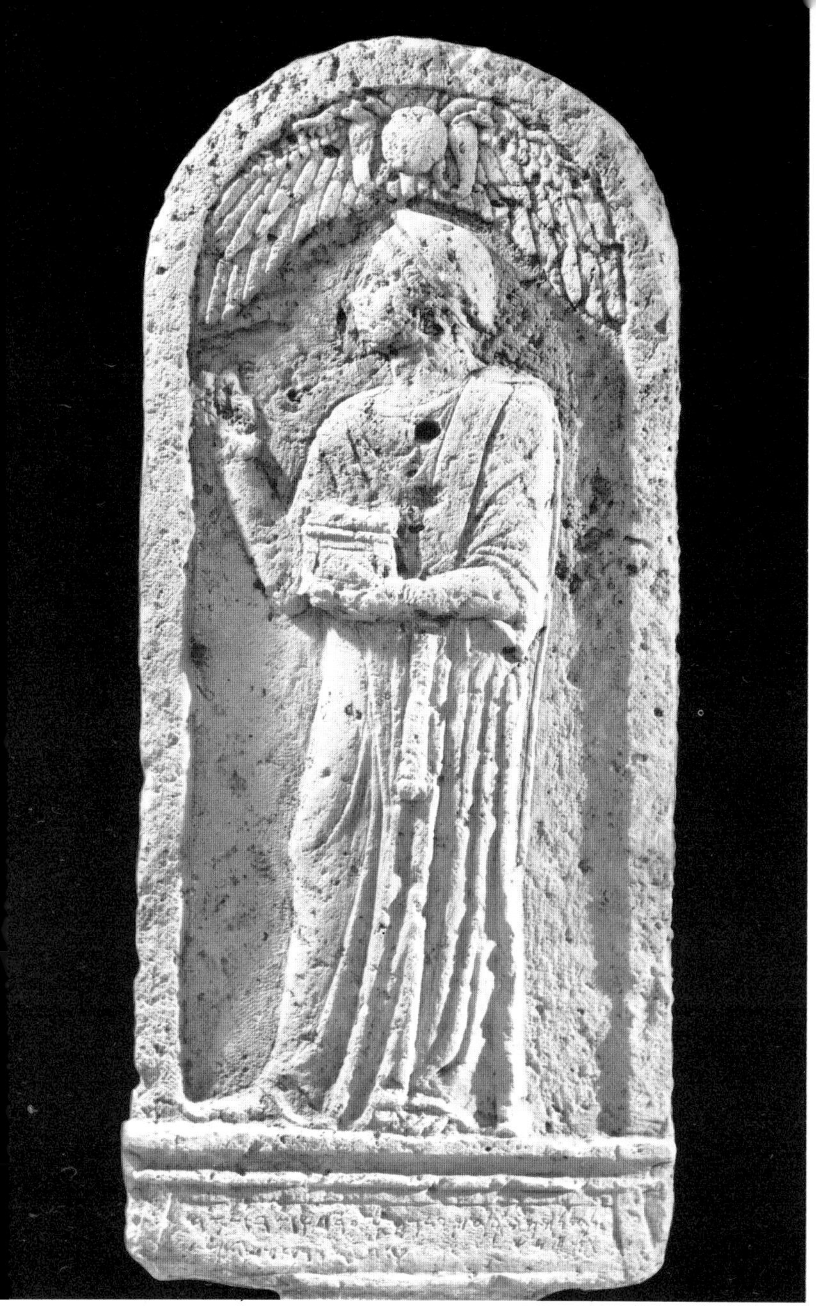

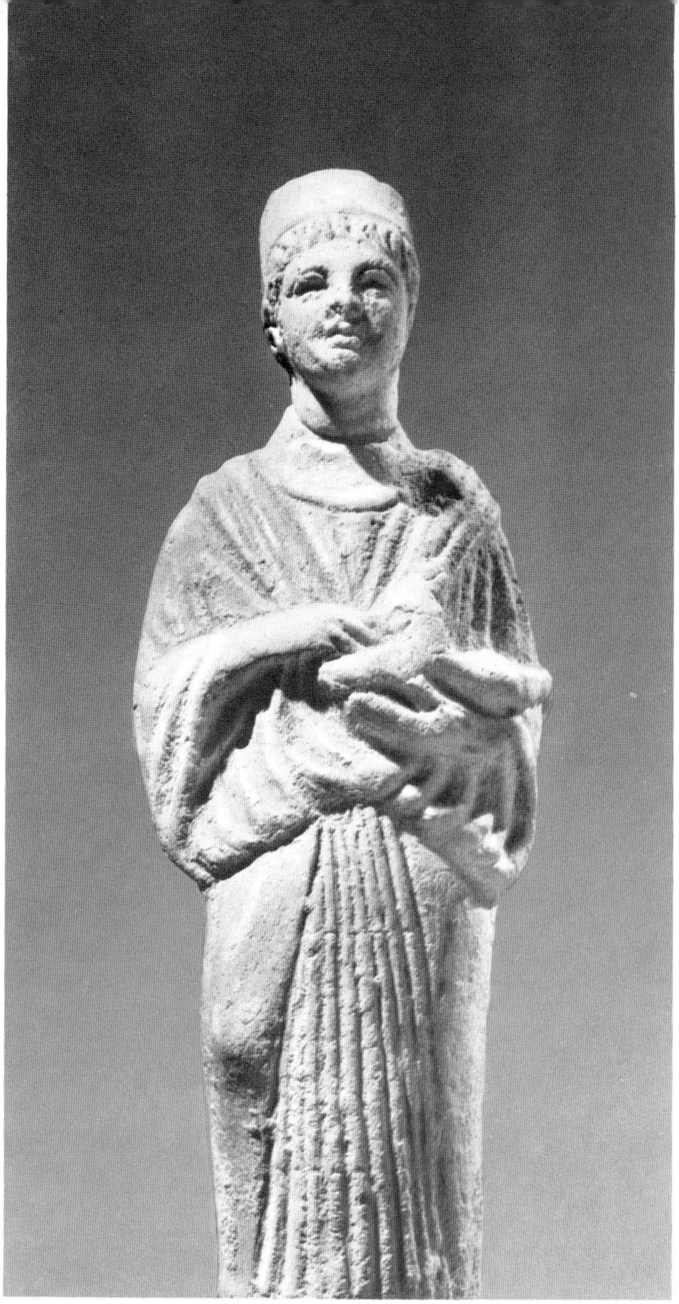

123 - phönizisch - Umm el-Amad - Stele des Baalschamar (2. Jh. v. Chr.) - Beirut
124 - phönizisch - Charâjib - Statuette eines Jünglings mit einer ägyptisierenden Räucherpfanne (4.-3. Jh. v. Chr.) - Beirut

Der Adorant dagegen, dargestellt auf einer anderen, unweit Umm el-Amad gefundenen Stele, ist mit einer talarartigen Tunika bekleidet und trägt die *kausia*, eine typisch griechische Barettform; der von den Schultern herabhängende Umhang spielt vermutlich die Rolle der *tefillîn*, die sich die Juden, die das Alter der Mannbarkeit erreicht haben, beim Morgengebet umlegen. Der hier Dargestellte wird als *rab scha'arîm* bezeichnet, das heißt als ‹Herr der (Tempel-)Pforten›.

Im Verlauf dieser Entwicklung blieb das die Stelen nach oben abschließende Motiv ägyptisierend. Fast immer besteht es aus einer geflügelten Scheibe, manchmal flankiert von Uräusschlangen oder begleitet von einer Mondsichel, über der eine Kugel schwebt.

Unter vielen anderen zeigen diese vier Stelen die Entwicklung eines Themas, das auch in Karthago und der ‹Neuen Welt› der Phönizier sehr beliebt war.

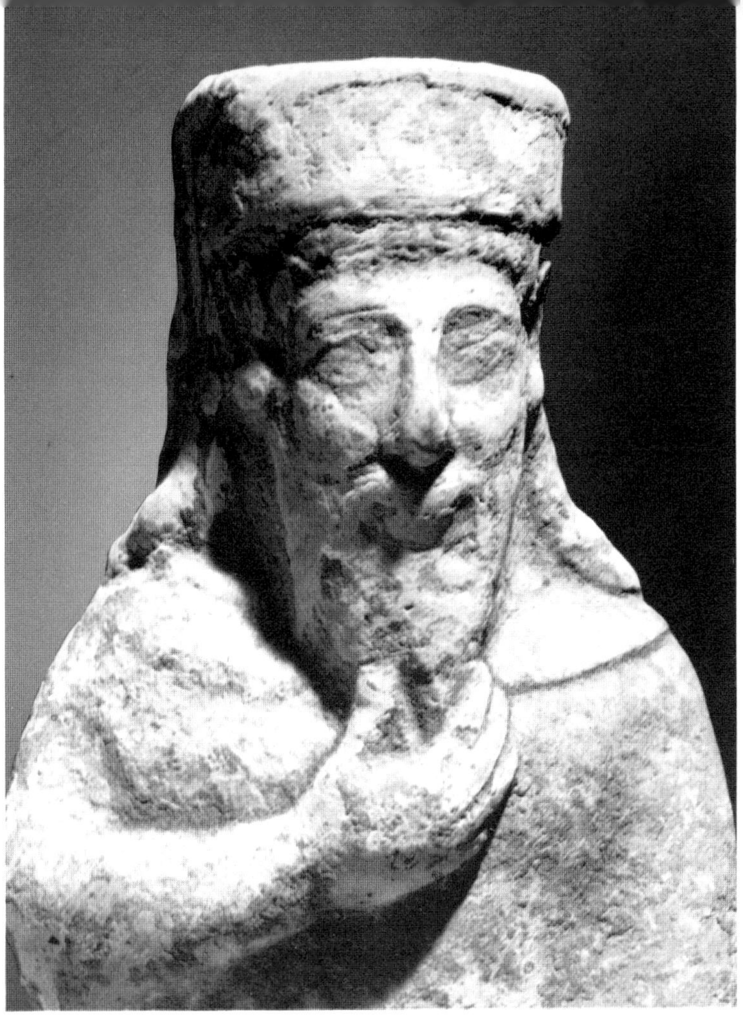

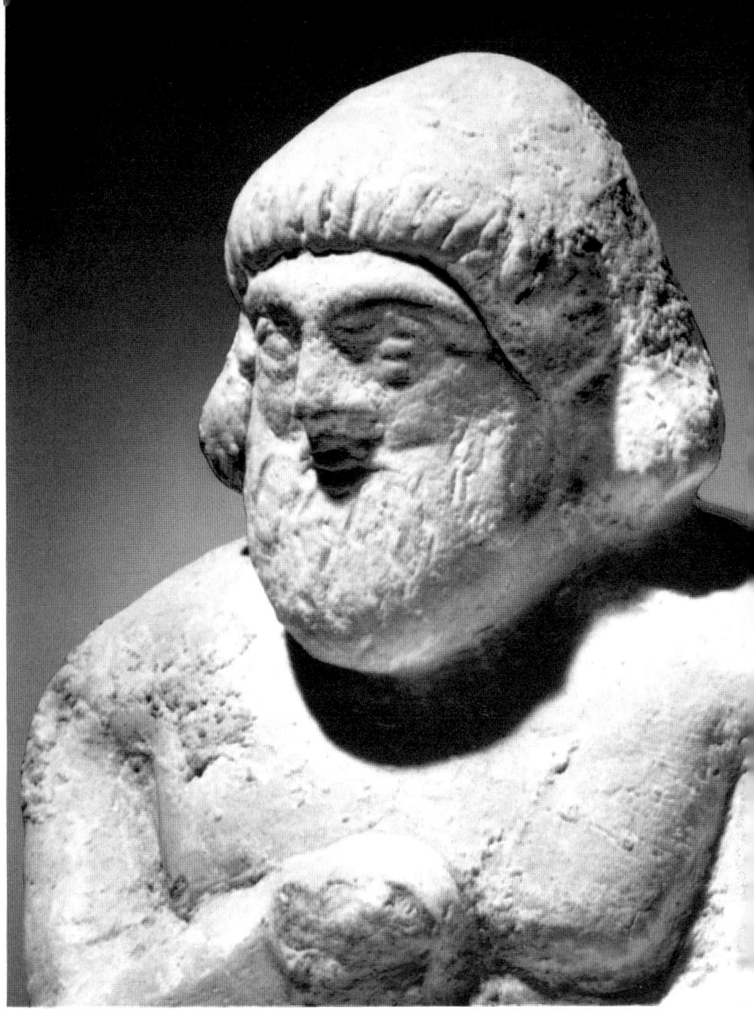

125 - phönizisch - Charâjib - Fragment einer Statuette: Bärtiger, nach persischer Mode gekleideter Mann (4. Jh. v. Chr.) - Beirut

126 - phönizisch - Charâjib - Fragment einer Statuette: Gestalt des orientalischen Typus (4. Jh. v. Chr.) - Beirut

Die Figurinen

Einzelne kleine Terrakottafigurinen geben Gestalten wieder, die denen der Stelen entsprechen; etwa der in ein weites und gefälteltes Gewand gekleidete Jüngling, der eine Prise Weihrauch in einen als liegende Frau geformten ägyptisierenden Löffel gibt; oder eine bärtige Figur, deren von einem Schleier umhülltes Barett und weites Gewand nicht nur an die Figuren von Stelen erinnern, sondern auch an die Gewänder und die Kopfbedeckung von Angehörigen der Priesterschaft gewisser Bekenntnisse im heutigen Orient. Die Terrakottastatuetten, die man häufig in Tempeln oder Gräbern findet, sind nicht nur als Kult- und Weihobjekte von großer Bedeutung, sondern manchmal auch einfach als Vertreter ihrer Gattung.

Der ergiebigste Fund an Statuetten aus hellenistischer und vorhellenistischer Zeit ist in Charâjib zwischen Tyros und Sidon, im Bereich der vordersten Hügelkette der Küstenebene, gemacht worden. Einige von ihnen verbinden orientalische Traditionen mit gewissen Ausdrucksarten der griechischen Kunst; es sind gehörnte und bärtige Bes-Figuren, die, wie Herakles in der Wiege, mit bloßen Händen Schlangen erwürgen, oder auch Büsten enorm muskulöser Gestalten mit buschigem Bart und üppigem, knapp über der Schulter geschnittenem Haar.

Bald aber sollte dieser noch von phönizischen Traditionen inspirierte Stil mit seinen im 4. Jahrhundert geläufigen Formen und Themen unter hellenistischem Einfluß verdrängt wer-

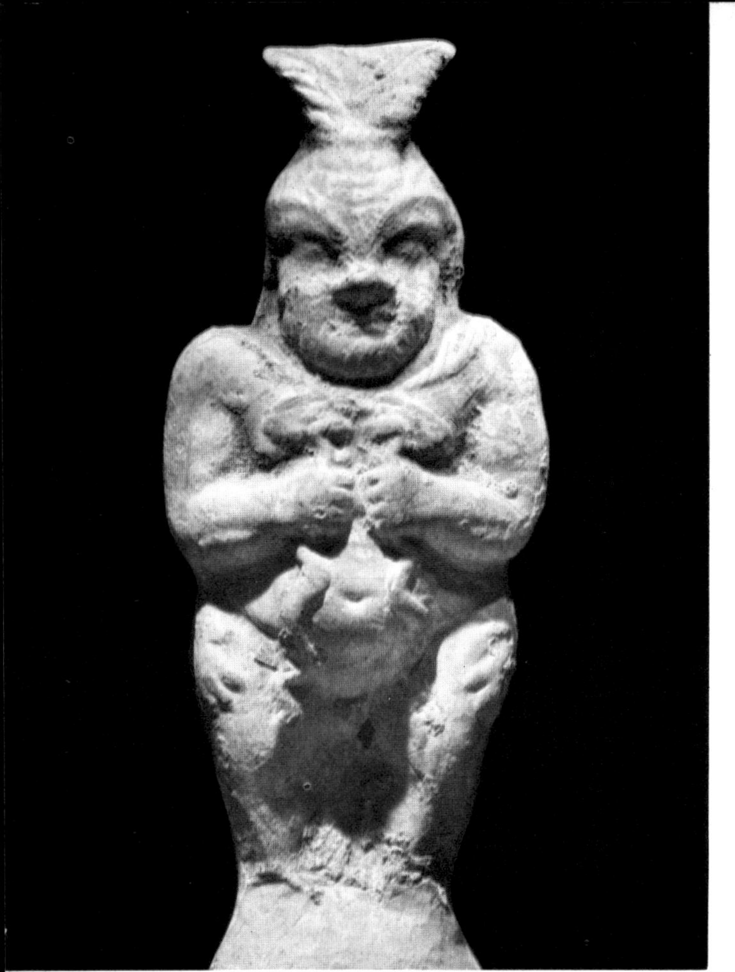

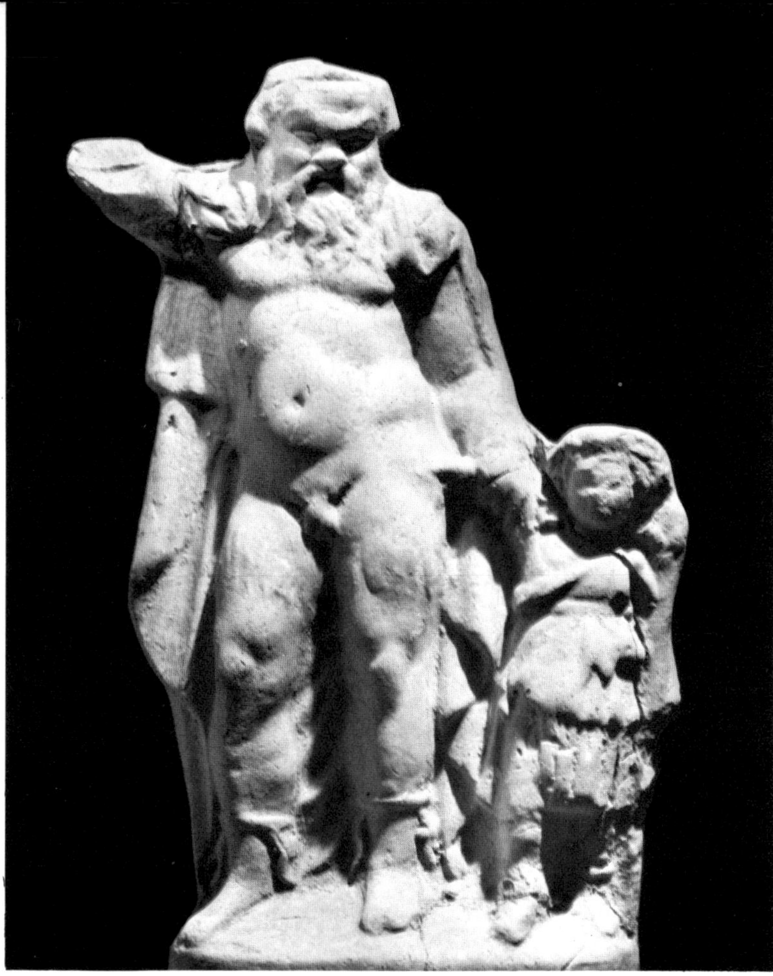

127 - phönizisch - Charâjib - Figurine des Gottes Bes, der Schlangen erwürgt (4. Jh. v. Chr.) - Beirut
128 - phönizisch - Charâjib - Figurine des Papposilen, der den jungen Dionysos an der Hand führt (3.-2. Jh. v. Chr.) - Beirut

den, einem Einfluß, der sowohl in religiöser wie künstlerischer Hinsicht aus den reinsten griechischen Traditionen schöpfte und vermutlich durch Thebaner übermittelt wurde.

Denn tatsächlich dürften es Thebaner gewesen sein, die an der phönizischen Küste Werkstätten errichteten, nachdem der makedonische Eroberer sie zunächst nach Alexandria verpflanzt hatte, wo die im Stadtteil Schatbi gefundenen schönen Figurinen-Ensembles von ihrem Schaffen zeugen.

Die hohlen Statuetten jedenfalls, die die massiven der achämenidischen Epoche ersetzt hatten, waren zu jener Zeit nach dem Vorbild derer von Alexandria mit einem Windloch versehen; und in zunehmendem Maße wurde ihr Repertoire inspiriert von olympischen Gottheiten, griechischen Heroen, dionysischen und mythischen Themen. Der Papposilen, der den kleinen Dionysos mit sich fortzieht, und die Szene, in der sich Demeter und Kore wiederfinden, liefern dafür neben anderen schlagende Beispiele.

Mehrere andere Statuetten aus Charâjib behandeln auch Alltagsthemen, wie das Kind, das mit der einen Hand einen Vogel daran hindert, an die Weintraube zu gelangen, die es in der anderen hält. Diese Szene kommt in den verschiedensten Phasen des Handlungsverlaufs immer wieder vor. Die Darstellung von Kindern, die ein Hühnchen necken, war in der phönizischen Welt ziemlich verbreitet. Der Eschmun-Tempel hat uns viele solcher Exemplare aus Marmor und in natürlicher Größe hinterlassen; der Sockel eines von diesen trägt einen phönizischen Text

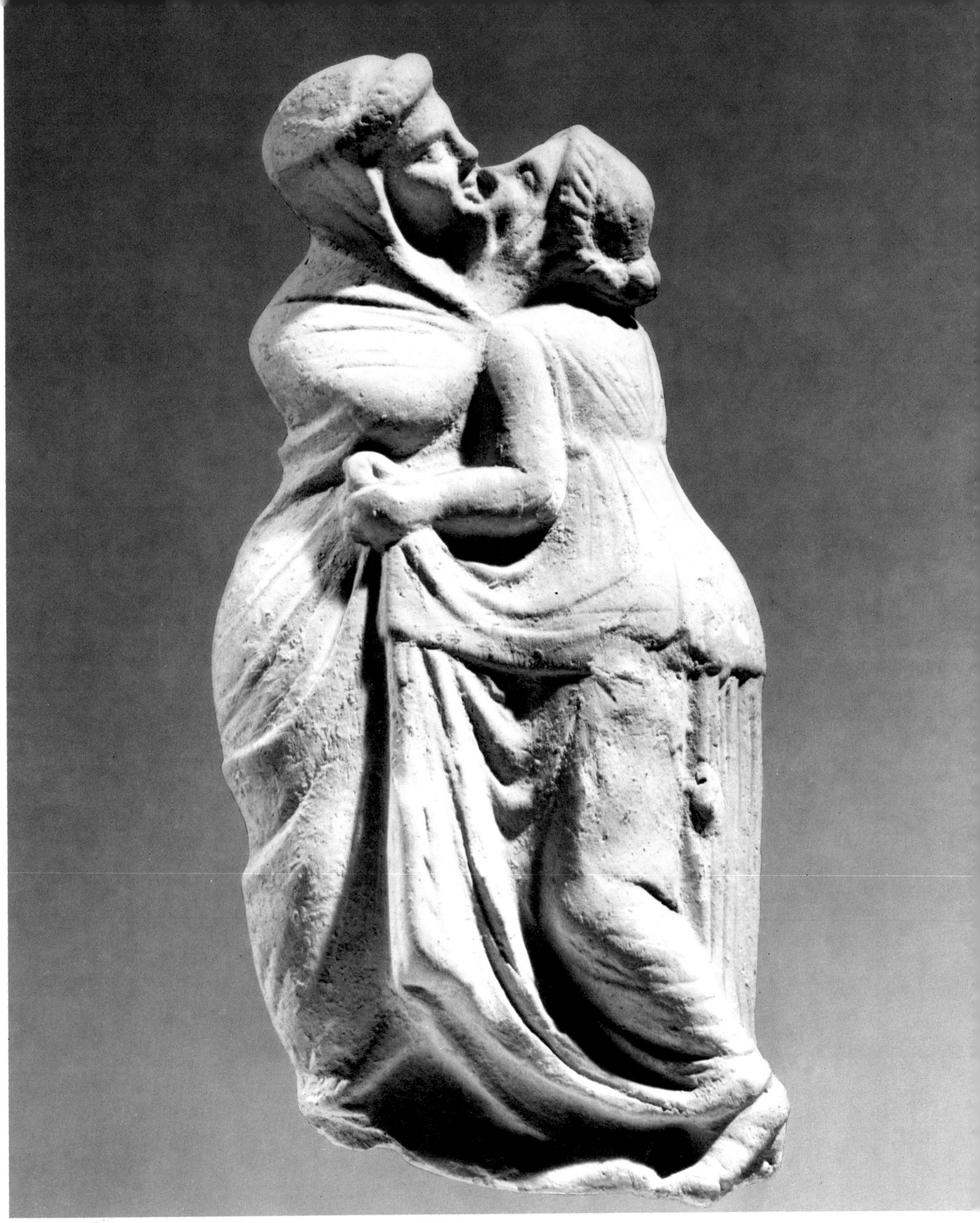

129 - phönizisch - Charâjib - Gruppe: Demeter und Kore (3.-2. Jh. v. Chr.) - Beirut

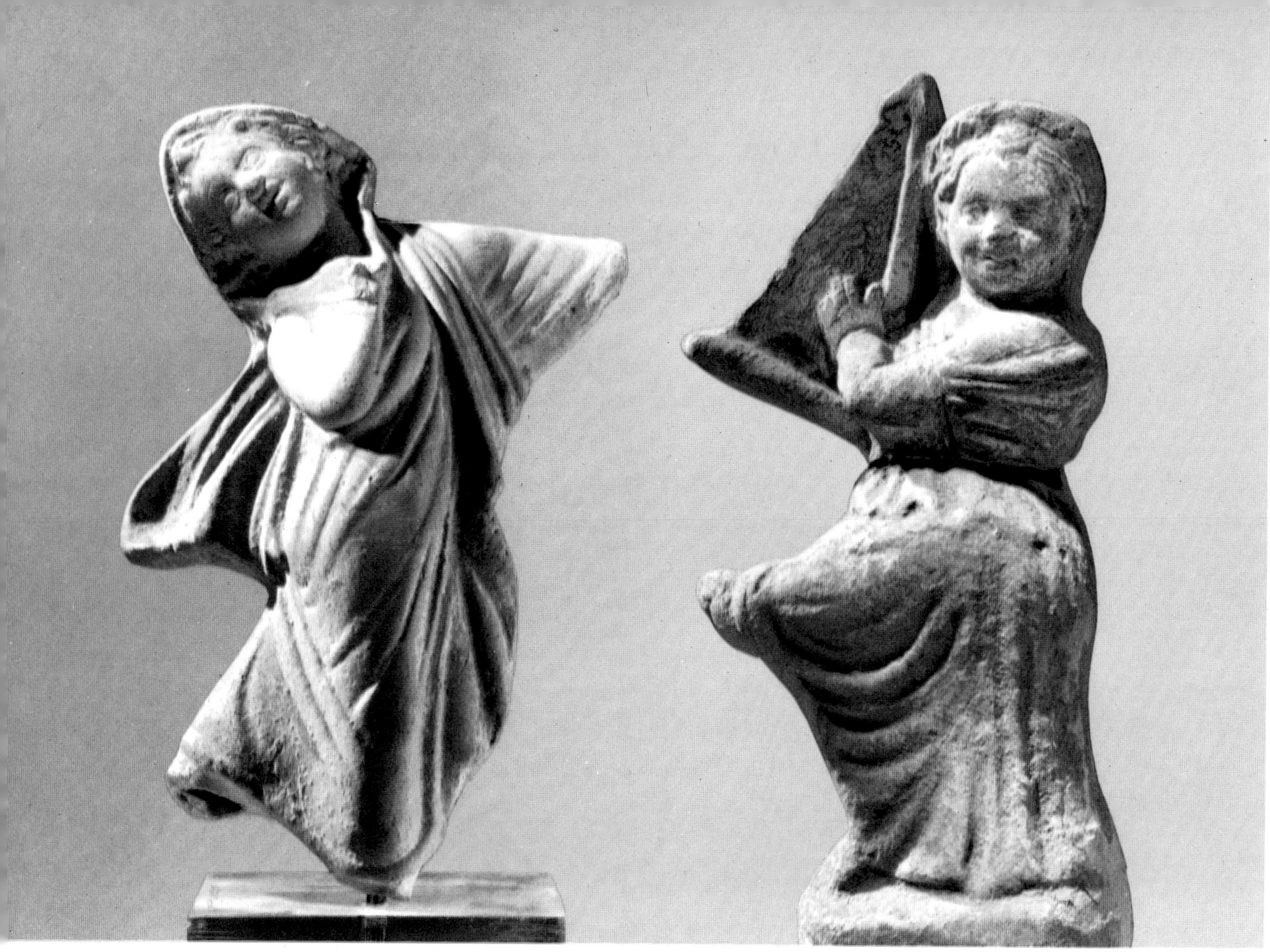

130 - phönizisch - Charâjib - Figurine: Tanzendes Kind (3.-2. Jh. v. Chr.) - Beirut
131 - phönizisch - Charâjib - Figurine: Tänzerin mit Trigonon (3. Jh. v. Chr.) - Beirut

aus dem 4. Jahrhundert. Diese Kinderfiguren wurden als Weihgaben Eschmun, dem Gott der Heilkunde, dargebracht, der dem griechischen Asklepios entspricht.

Der beherrschende Zug der griechischen Kunst in dieser Epoche ist die Anmut der Bewegung. Obschon dieser Schule zugetan, behält die Eschmun- und Charâjib-Kunst eine gewisse Schwerfälligkeit in der Modellierung bei. Dies wird besonders sichtbar bei der Tänzerin mit dem Trigonon, ebenso bei anderen Tänzern und Tänzerinnen, die in ihrer bacchantischen Ekstase, allerdings denn doch mit etwas mehr Grazie, die Bewegungen der tanzenden Derwische vorwegnehmen. Die Gediegenheit der Modellierung dagegen, die man an den marmornen Kindergestalten des Eschmun-Tempels wahrnimmt, eignet auch den geflügelten oder flügellosen Eroten von Charâjib, ebenso später, in römischer Zeit, den trunkenen Kindern auf einem Sarkophag von Tyros aus dem 2. nachchristlichen Jahrhundert.

132 - phönizisch - Sidon, Eschmun-Tempel - Statue eines Kindes mit einer phönizischen Inschrift auf dem Sockel (Ausschnitt) (4. Jh. v. Chr.) - Beirut

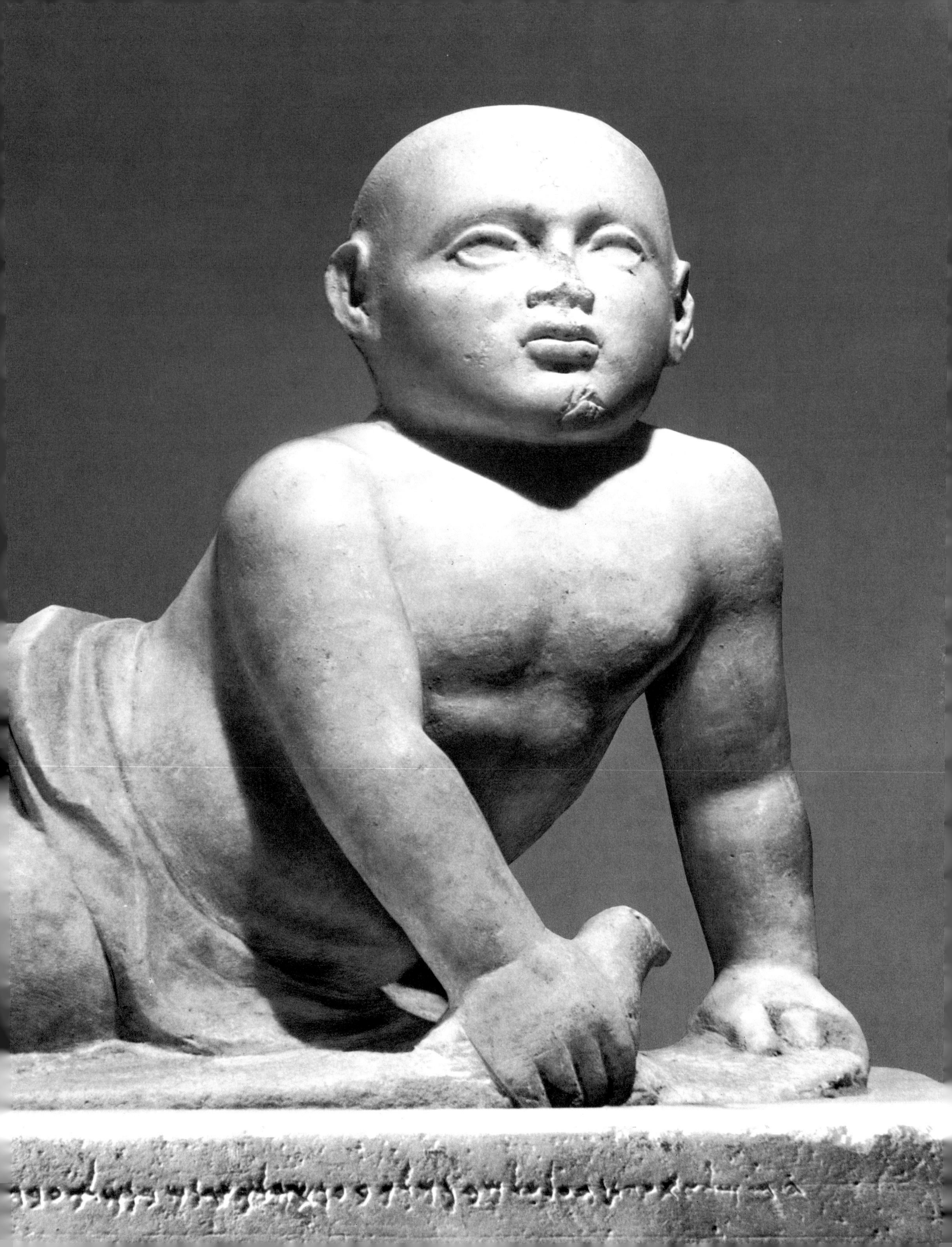

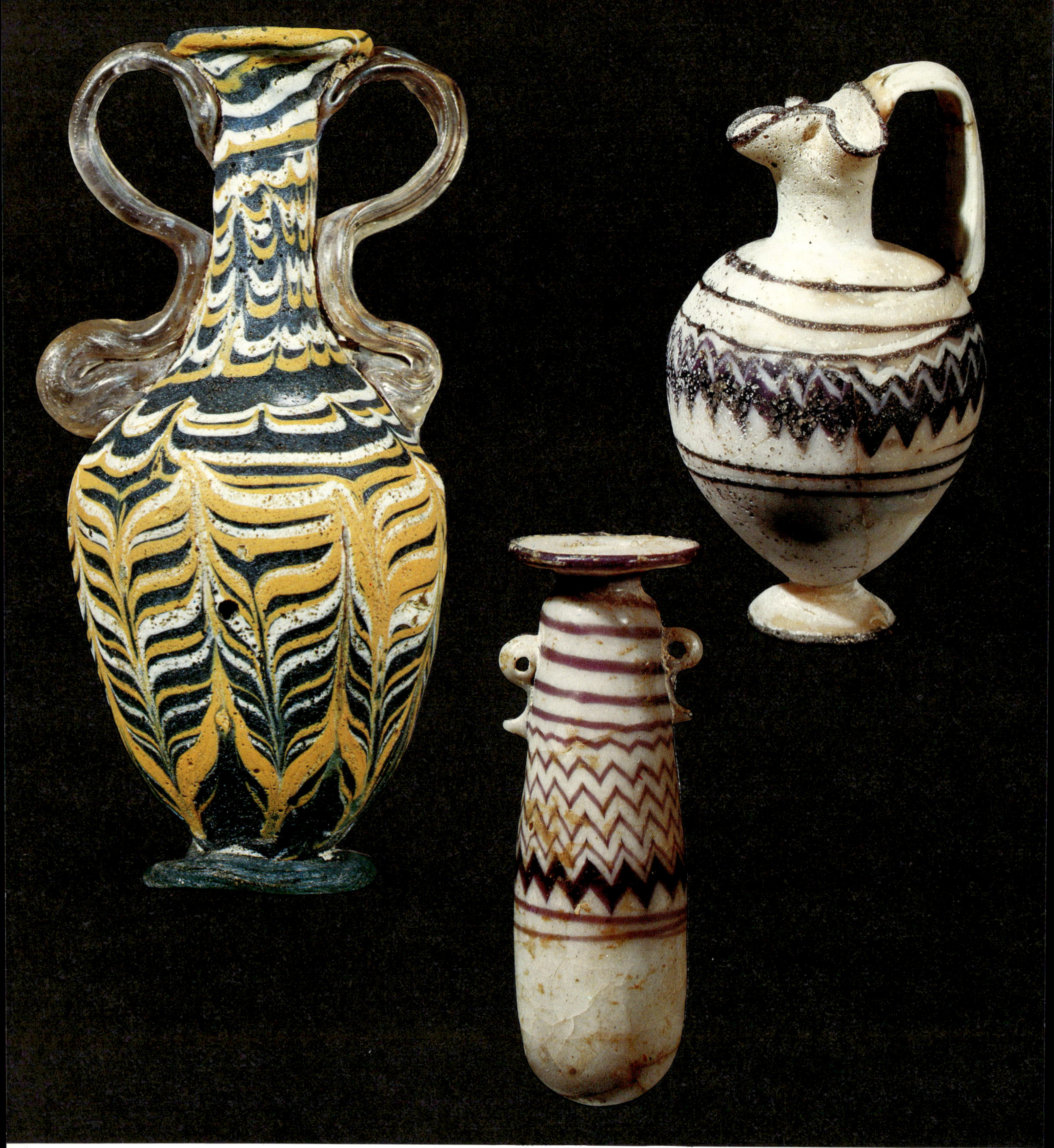

133 - phönizisch - Kleine Amphora mit stilisiertem vegetabilischem Dekor (Anfang 1. Jh. n. Chr.) - Beirut
134 - phönizisch - Alabastron mit Zickzackmuster (7.-6. Jh. v. Chr.) - Beirut
135 - phönizisch - Oinochoe mit kleeblattförmigem Ausguß (Anfang 1. Jh. n. Chr.) - Beirut

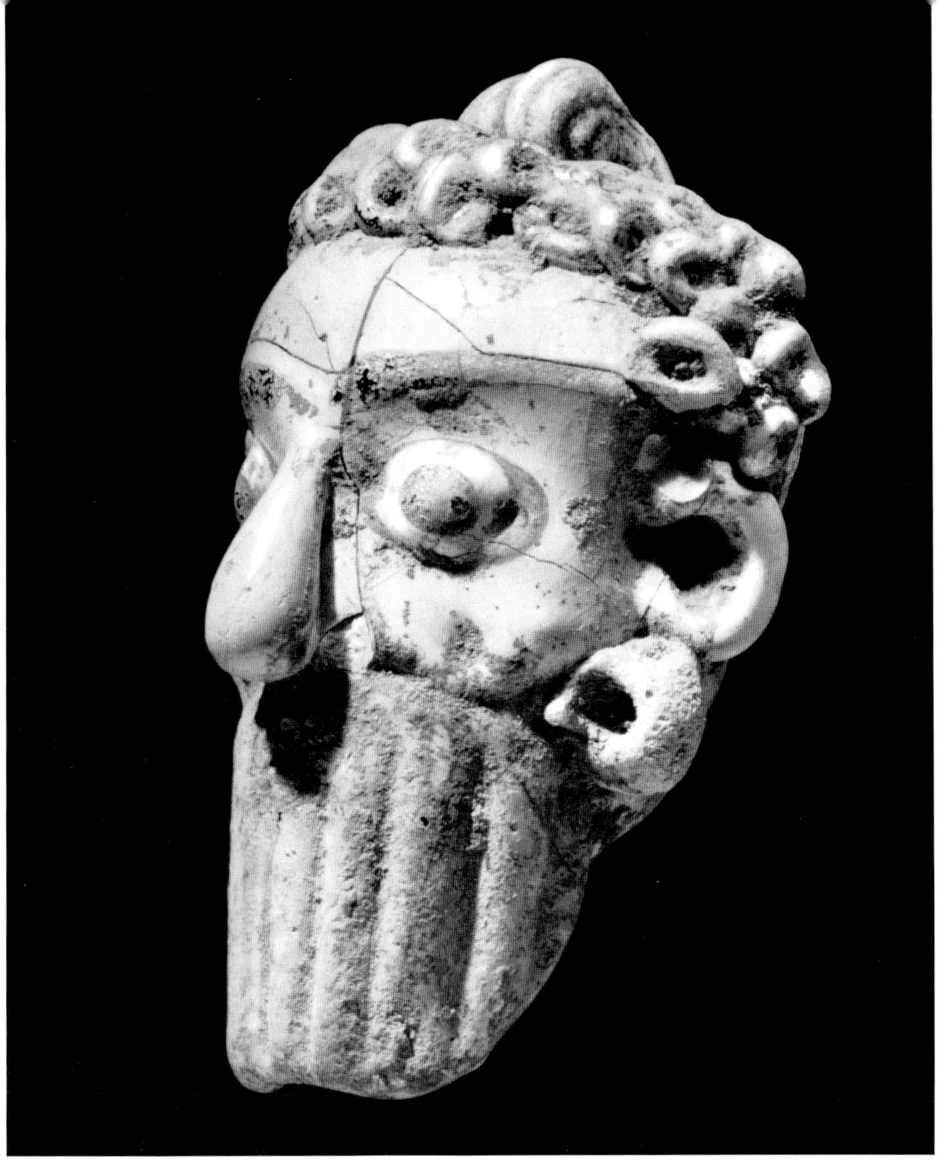

136 - phönizisch - Umm el-Amad - Bärtger Kopf des semitischen Typus (2. Jh. v. Chr.) - Beirut

Glas

Der griechische Einfluß durchdrang alle Bereiche, selbst den der berühmtesten phönizischen Industrie, den der Glasfabrikation. Dieser Einfluß sollte sich, wenn nicht im Dekor, so zumindest in der Form auswirken; von nun an sollten die Vasen von den klassischen Oinochoen und Amphoren mit vorspringendem Henkel inspiriert sein.

Bis zur hellenistischen Epoche verzierte der phönizische Glasmacher das undurchsichtige Glas mit den bärtigen Köpfen des herkömmlichen semitischen Typs; auch inkrustierte er die gegossenen Vasen mit jenen wellenförmigen Linien, die sich in der phönizischen Kunst durch die Jahrhunderte hindurch gleichgeblieben sind, oder auch mit stilisierten und polychromen vegetabilischen Motiven.

Nachdem er gelernt hatte, Glas zu blasen, verwendete er dunkelblau oder weinrot gefärbtes Glas, beließ es aber zumeist im natürlichen Zustand und gab ihm die unterschiedlichsten Formen. Der lange Aufenthalt im Erdboden verlieh diesen Gefäßen einen wundervoll irisierenden Überzug, dem sie ihre besondere Schönheit verdanken.

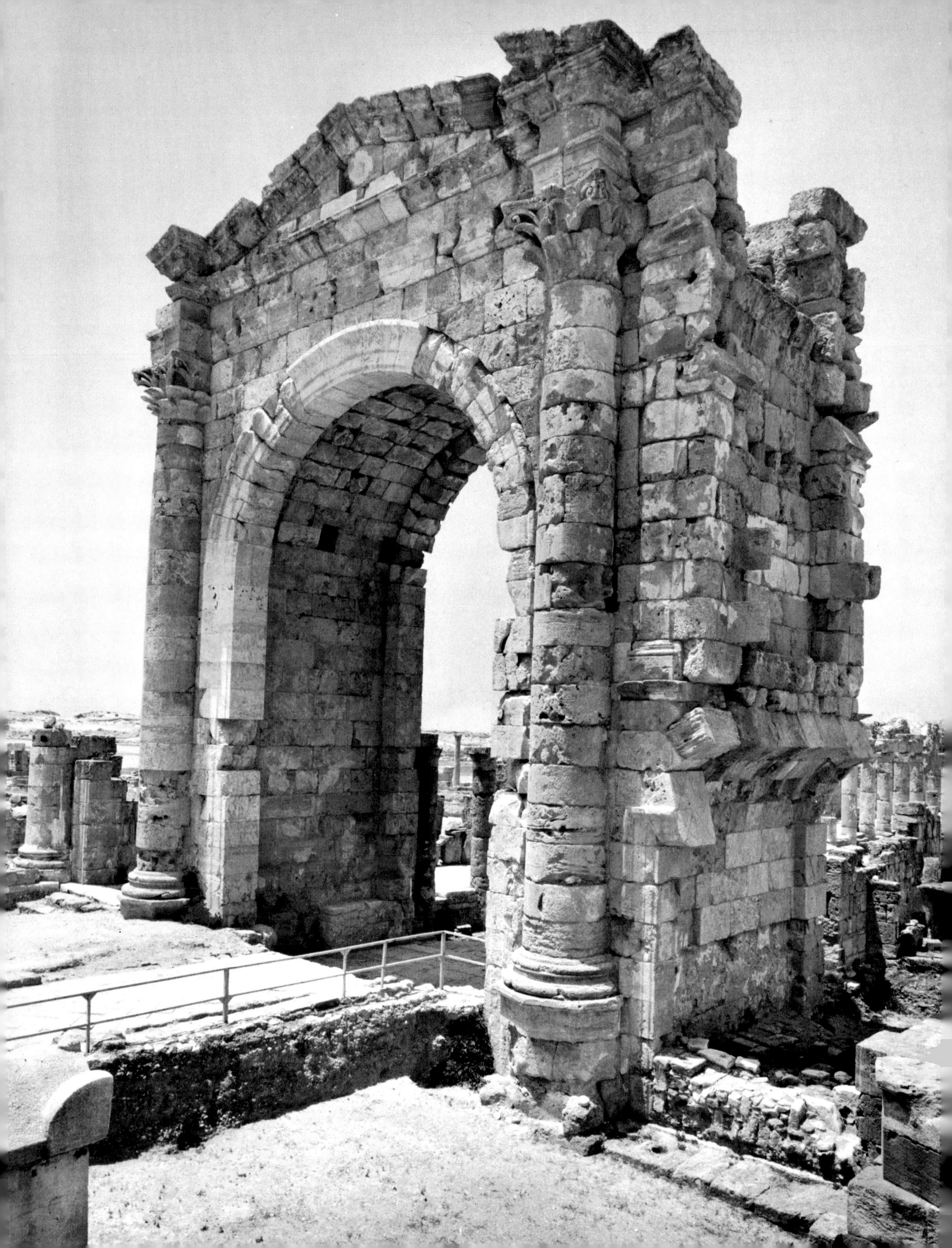

VII

DAS ROMANISIERTE PHÖNIZIEN

Die Bauten von Tyros

Das durch und durch gräzisierte Phönizien wurde nach dem Feldzug des Pompeius 64 v.Chr. zu einem Bestandteil des Römischen Reiches. Nicht nur glich es sich in allen Äußerlichkeiten Rom an, es übernahm auch seine Götter und seine Sitten.

Sämtliche Städte erhielten nach römischer Art ein rechtwinkliges Straßennetz, und ihre Säulenhallen übertrafen an Pracht häufig sogar diejenigen Roms.

Für den Bau dieser Säulenhallen importierten die phönizischen Städte aus fernen Steinbrüchen Säulen aus sehr verschiedenen Gesteinssorten. Der rosa Granit aus Assuan umgab den Hof von Baalbek, der graue Marmor von Prokonnesos schmückte mehrere Straßen und Bauwerke, und der Cipollinmarmor aus Karystos auf Euböa fand in den Küstenstädten vielfache Verwendung.

In Tyros säumt eine Kolonnade aus weiß-grünem Cipollinmarmor eine lange, breite, mit Mosaiken gepflasterte Straße, und Säulen aus grauem Granit umgeben die Säulenhallen der beiden Palästren des großen Bades. Theater, Odeen, Arenen und Zirkusse verschönerten die aufblühenden Städte an der Küste und im Inneren; Byblos besaß ein bezauberndes Odeon, dessen Orchestra mit einem sehr zierlichen Mosaik geschmückt war, das ein Brustbild des Bacchus darstellt.

Tyros erhielt eine rechteckige Arena, ein riesiges Hippodrom und einen monumentalen Triumphbogen, der sich über eine mit Steinplatten belegte Straße schwang, die von Grabkapellen, Grabmälern und marmornen, häufig mit Skulpturen verzierten Sarkophagen gesäumt war. An allen Karawanenstraßen lagen Tempel in gemessenen Abständen, und die prunkvollen Heiligtümer von Baalbek überragten einen ganzen Komplex von Satellitentempeln.

Aber trotz dieser übersteigerten Romanisierung, wieviel Vergangenes lebt hier nicht fort! Zinnen bekrönen verschiedene Bauwerke oder die Grabmonumente Amrits und bezeugen den Fortbestand einer assyrischen Tradition.

Die mit Uräusschlangen verzierten Hohlkehlen an den Gesimsen einiger Bauten sind die Überbleibsel eines von den Phöniziern seit urdenklicher Zeit übernommenen ägyptischen Motivs; gelegentlich aber hat dieses Motiv seine ursprüngliche symbolische Bedeutung völlig eingebüßt: an einem Bauwerk in Tyros tragen die Uräusschlangen Löwenköpfe.

Die Tempel von Baalbek

In Baalbek, einer der ältesten ‹römischen Kolonien› des Nahen Ostens, waren die Tempel der Trias Jupiter – Venus – Merkur geweiht. Aber diese Triade mit römischen Namen verdeckte in Wirklichkeit eine alte phönizische Dreiheit: Vater, Mutter und Sohn. Der Vater, Gott des Blitzes, war Herr des Himmels und des Universums; die Mutter war Göttin der Gewässer und der Fruchtbarkeit; der Sohn verkörperte die Idee des Wachstums und war Mittler zwischen den Göttern und den Menschen. Die Inschriften des sogenannten ‹Jupiter-Tempels› gelten übrigens nicht dem *Jupiter Optimus Maximus*, wie es römischer Gepflogenheit entsprochen hätte, sondern

137 - Kunst Phöniziens in römischer Zeit - Tyros - Monumentalbogen, von Nordosten aus gesehen (2.Jh. n.Chr.)

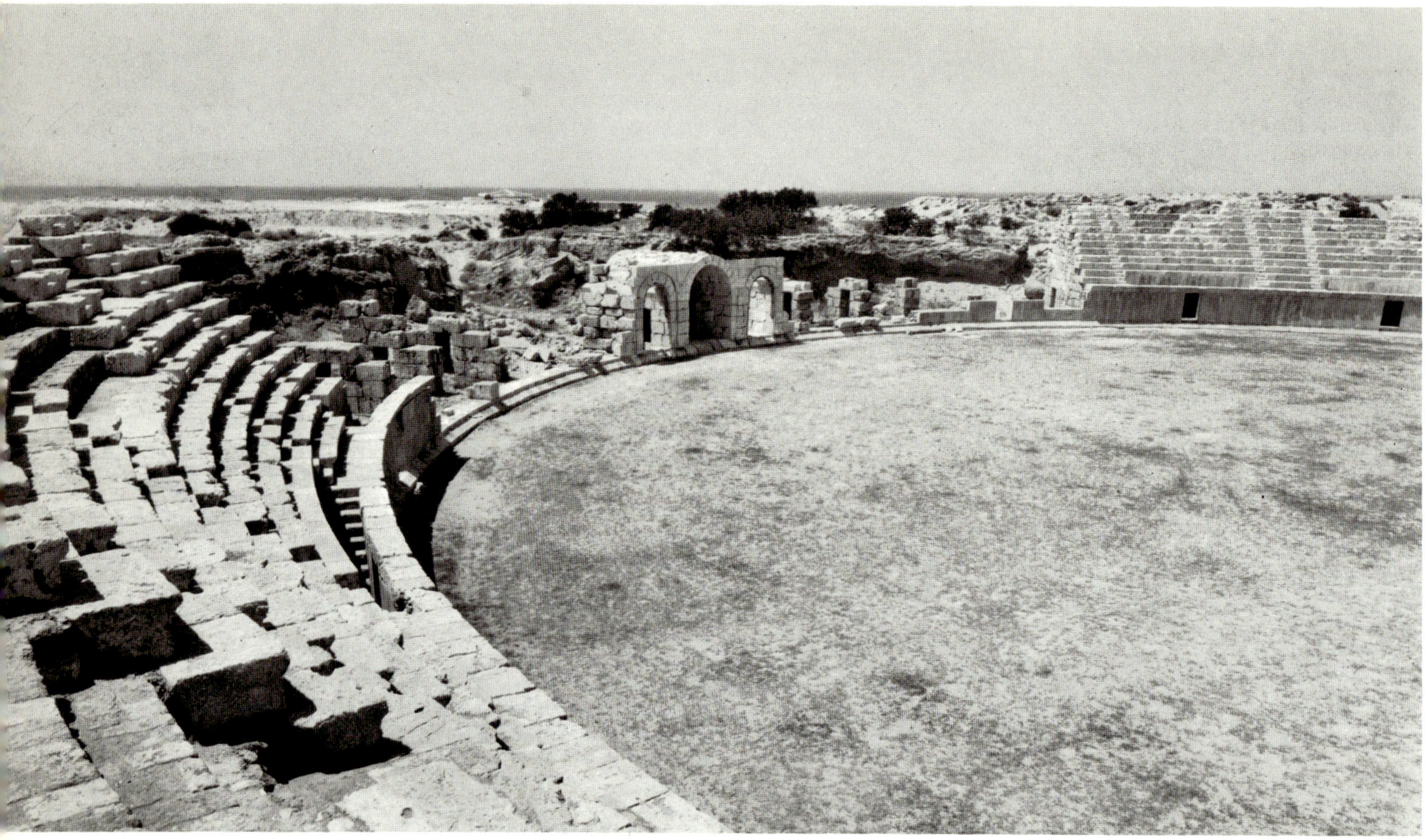

138 - Kunst Phöniziens in römischer Zeit - Tyros - Hippodrom: Die Tribünen (Ausschnitt) (2. Jh. n. Chr.)

139 - Kunst Phöniziens in römischer Zeit - Byblos - Das am Meer rekonstruierte Odeon (Ende 2. Jh. n. Chr.)

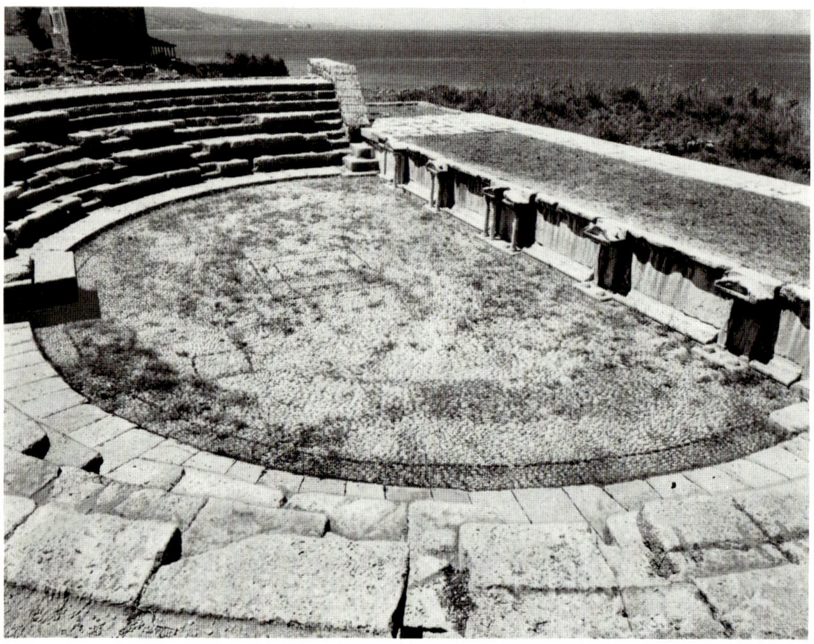

140 - Kunst Phöniziens in römischer Zeit - Tyros - Hippodrom: Perspektivischer Durchblick unter den Sitzreihen her (2. Jh. n. Chr.)

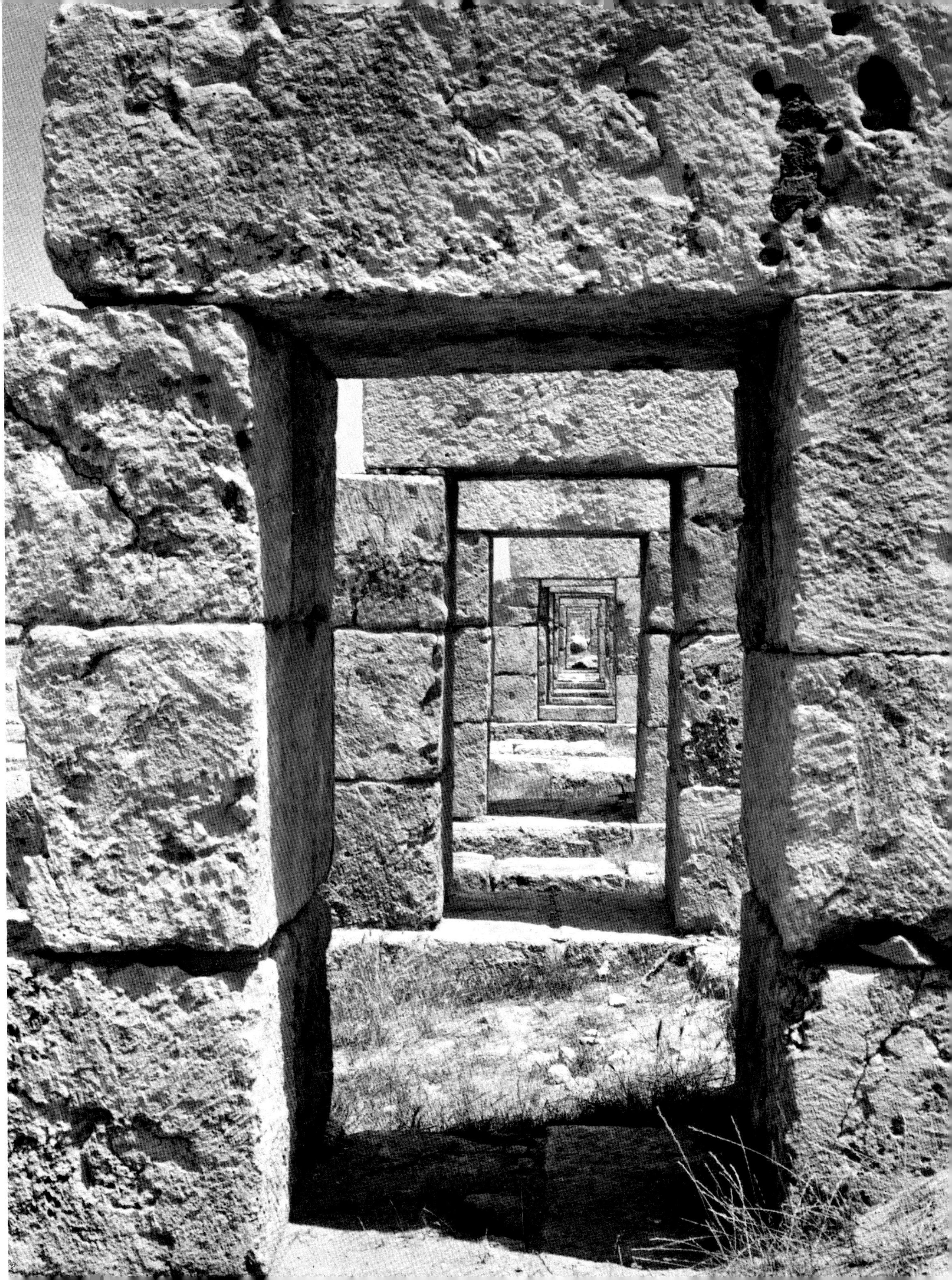

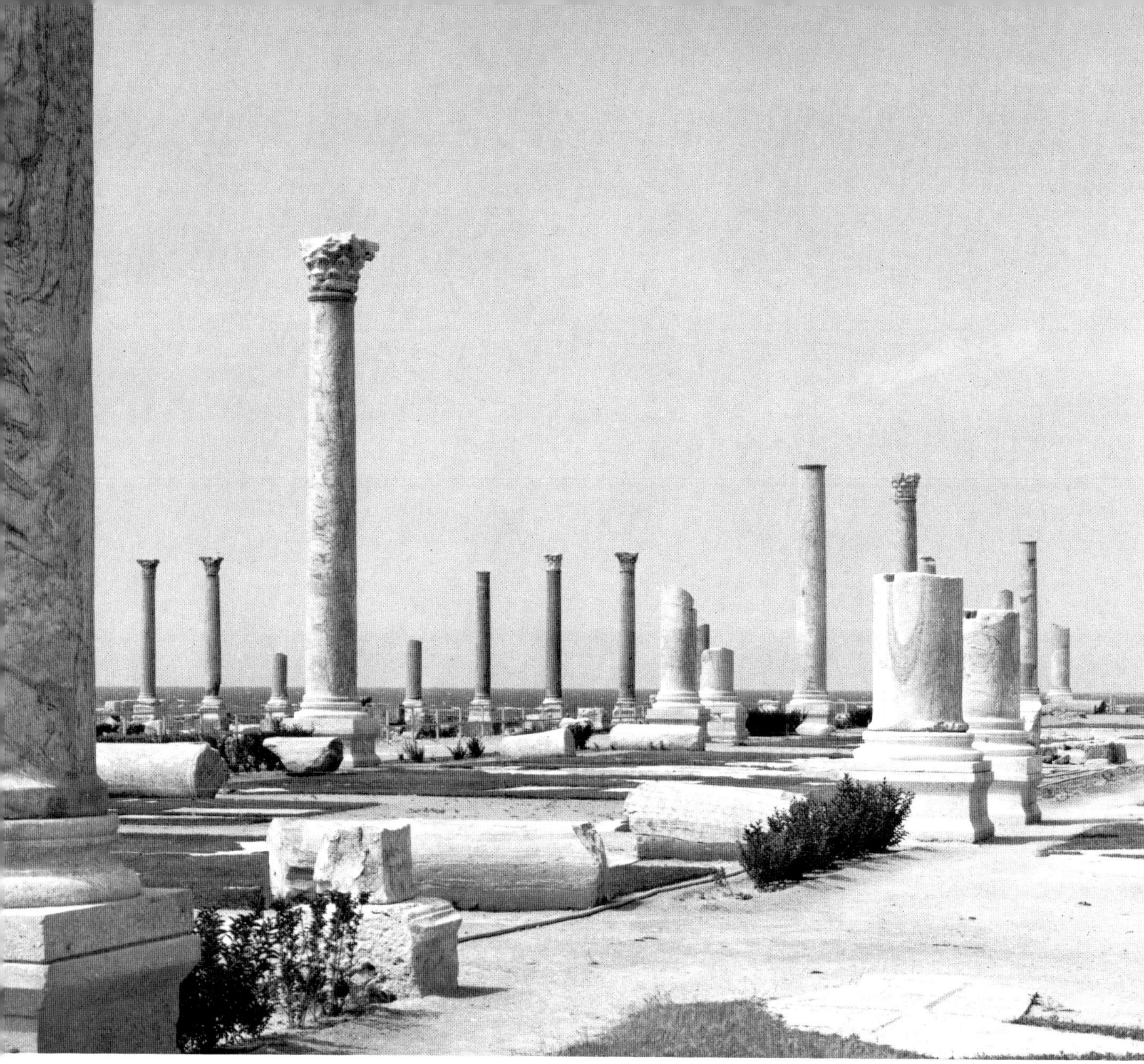

141 - Kunst Phöniziens in römischer Zeit - Tyros - Säulengang der Palästra und Straße mit aus Säulen gestalteten Portiken (Ausschnitt) (3.-4. Jh. n. Chr.)

einem besonderen Jupiter, nämlich *Jupiter Optimus Maximus Heliopolitanus*, dessen Darstellung sich sogar von der des olympischen Jupiter unterscheidet. Im Gegensatz zu diesem, der mit nacktem Oberkörper dargestellt wird, trägt der Gott von Baalbek ein enganliegendes Gewand, über und über besät mit Rosetten und Halbfiguren von Göttern, und als Kopfbedeckung den *kalathos* nach Art der libanesisch-syrischen Gottheiten; in der einen Hand trägt er ein Ährenbüschel, und mit der anderen schwingt er eine Peitsche, das orientalische Sinnbild des Blitzes, während der olympische Jupiter den Blitz selbst hält; die Füße werden von zwei Stieren flankiert, den Tierattributen mancher orientalischer Götter. Was die Sohnesgottheit betrifft, so wird sie manchmal als Kind, die Arme unter dem Wickelband, zu Füßen des Vaters dargestellt. In Baalbek ist diese Sohnesgottheit, der Merkur der Römer, auf der Soffitte des ihm geweihten Tempels durch sein Emblem repräsentiert, den *caduceus*, in den Fängen eines Adlers. Wenn dieser

142 - Kunst Phöniziens in römischer Zeit - Baalbek - Sogenannter ‹Jupiter-Tempel›, die sechs Säulen des Südperistyls (1. Jh. n. Chr.)

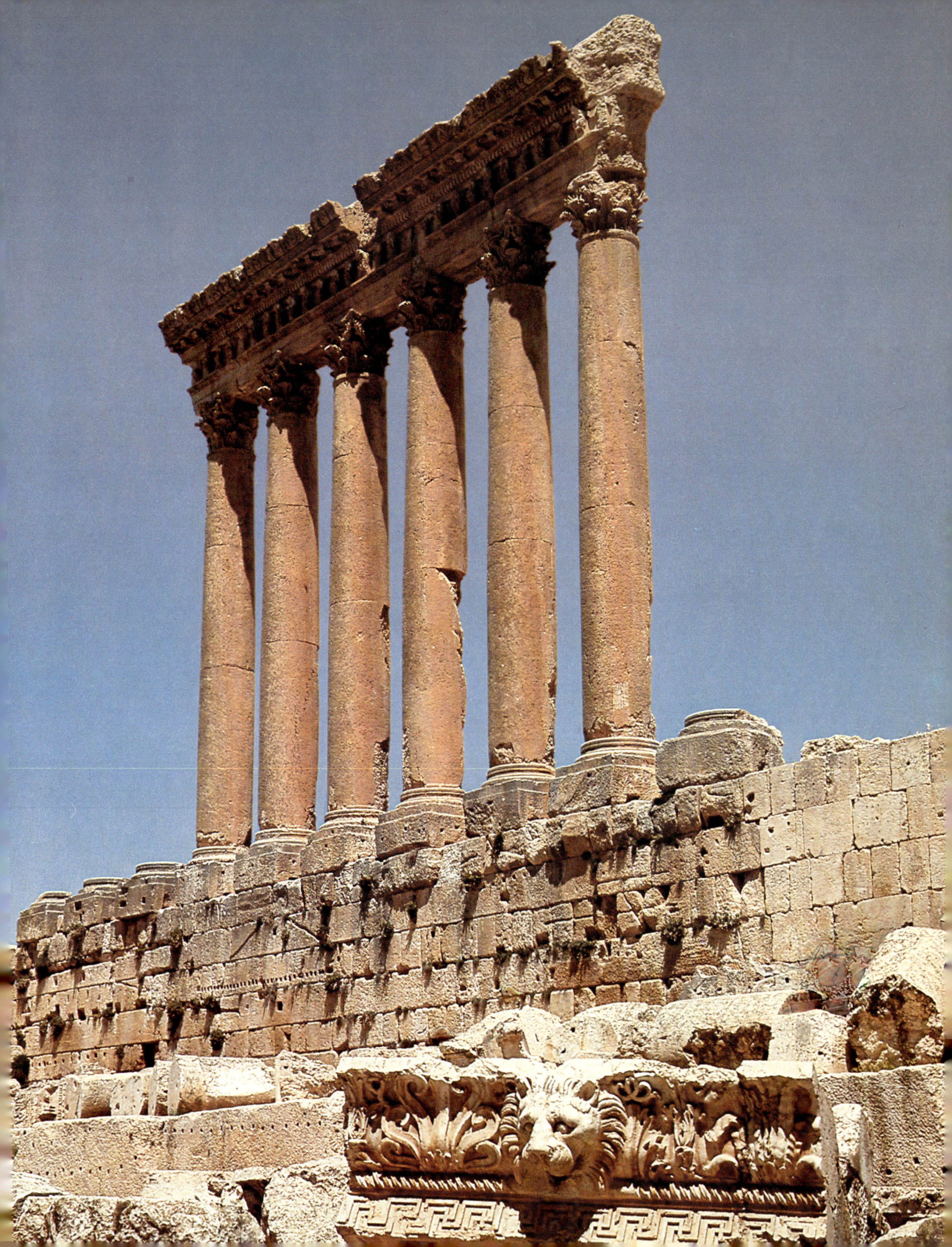

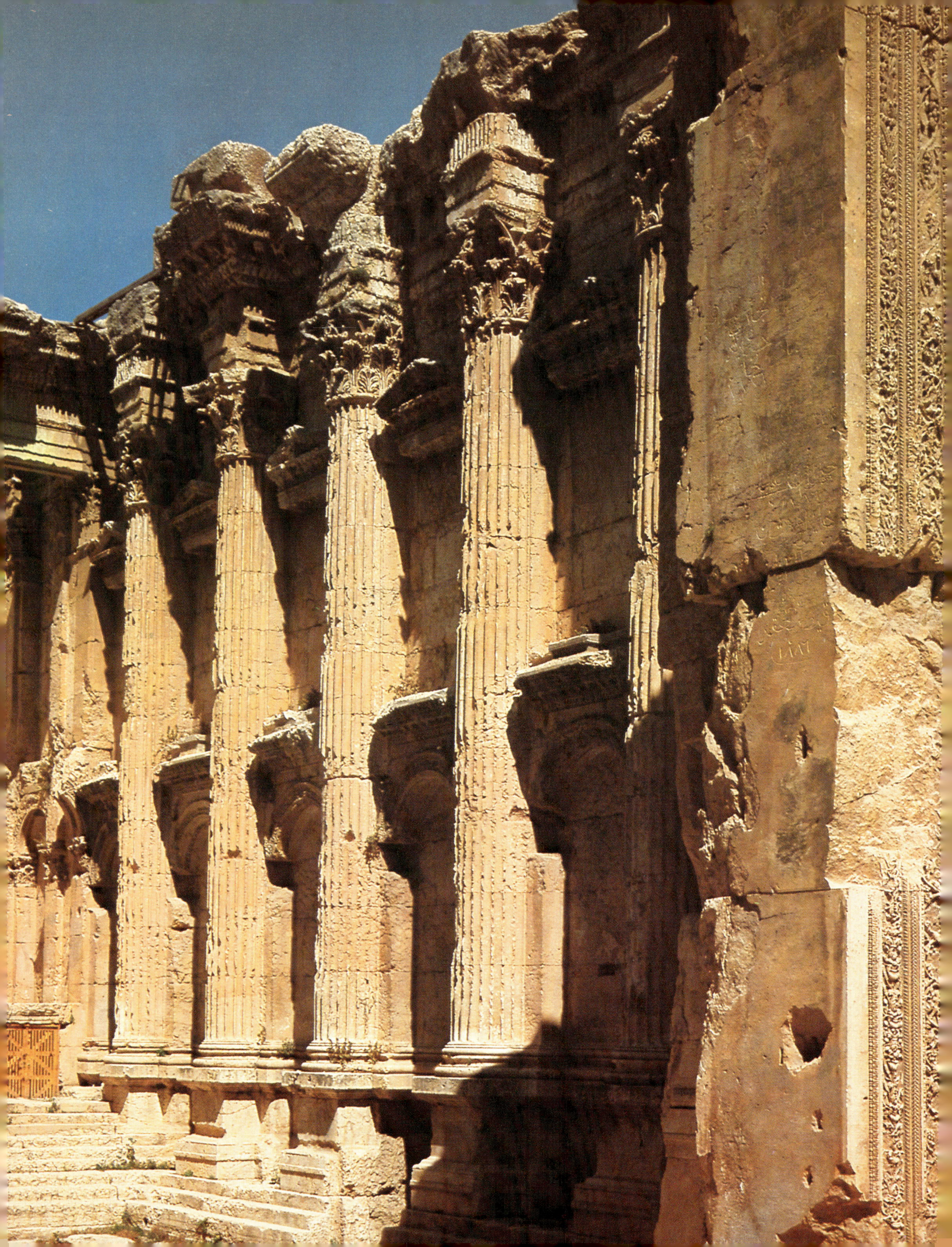

Tempel gemeinhin ‹Tempel des Bacchus› genannt wird, so deshalb, weil die Verzierungen, die sein Portal einrahmen, sich aus bacchischen Motiven zusammensetzen. Dieser Dekor sollte Wesenszüge, die dem Gotte Merkur fehlten, ergänzen, um die wahre Natur der phönizischen Sohnesgottheit darzustellen, einer Art Adonis, der wie Merkur Mittler zwischen Göttern und Menschen, aber auch Vegetationsgott war wie eben Bacchus.

Es sind dieser Konservativismus im Kultischen und diese Romanisierung der Formen, die in Baalbek sowohl für die Architektur wie für die Ausschmückung der Tempel bestimmend waren. Das fortwährende Nebeneinanderbestehen und zuweilen die Verschmelzung orientalischer und römischer Eigentümlichkeiten bildeten lange Zeit einen der hervorstechendsten Züge der phönizischen Kunst in ihren verschiedenen Phasen.

Im großen, sogenannten ‹Jupiter-Tempel› zeigt sich, wie romanisiert er auch sei, viel Orientalisches, so in der Anlage, den ungeheuren Blöcken und im Dekor. Wenn die Cella und der sie abschließende Altar römischen Geistes sind, so entsprechen die Abfolge der Höfe, die beiden Becken und die isolierten Säulen ohne architektonische Funktion mehr den Erfordernissen semitischer Kulte und erinnern an die Tempel des Reschef in Byblos und des Melqart in Tyros sowie an den Salomo-Tempel, an dessen Bauarbeiten die Tyrer mitgewirkt haben.

Man bemerkt den orientalischen Einschlag schon beim Eintritt in den Tempel; die Propyläen präsentieren sich als ein von zwei Türmen flankierter Portikus und erinnern an die Pylonen am Eingang der ägyptischen Tempel oder an die kanaanäischen *migdolim*, die die Bibel erwähnt.

Der Halbkreisbogen über dem Eingang dieser Propyläen findet sich vom 2. nachchristlichen Jahrhundert an auf libanesisch-syrischen Münzen und auf Bleisarkophagen abgebildet.

Dieses neue Architekturelement hatte die waagerechten Architrave der dreieckigen Giebel ersetzt, die der griechischen Architektur entlehnt waren. Allerdings, als die Griechen ihre Bauwerke mit diesen Giebeln ausstatteten, bauten sie mit einem widerstandsfähigen Material, dem Marmor, und ihre Gebäude entsprachen maßgerecht ihren kleinen Städten.

Bei den Bauten von den Ausmaßen derjenigen Baalbeks jedoch, zudem in einem Land, wo man porösen Kalkstein als Baumaterial verwendete und wo der Frost die Gefahr der Verwitterung erhöhte, ersetzten die libanesisch-syrischen Architekten den Architrav durch einen Halbkreisbogen, was ihnen den doppelten Vorteil verschaffte, die Masse des Giebels zu verringern und dessen Last auf die Säulen, die den Bogen tragen, zu verteilen.

Dieser Halbkreisbogen erscheint in Europa am Anfang des 2. Jahrhunderts n.Chr. in der Villa Hadriana von Tivoli, sodann, knapp zweihundert Jahre später, am Diocletianspalast in Split.

Die Wiederaufnahme dieses Motivs ließ die schönen Arkaden entstehen, die in der byzantinischen Epoche gebräuchlich wurden und in späterer Zeit den Reiz der Omajjaden-Bauwerke ausmachten.

Das Tor, das die Propyläen von Baalbek vom sechseckigen Hof absondert, ist mit einer großen Schwelle ausgestattet, der üblichen Begrenzung des geweihten Bezirks in den semitischen Heiligtümern. An den sechseckigen Hof, dessen eigentliche Bestimmung uns unbekannt ist, schließt sich ein anderer Hof von rechteckiger Form an, der dem großen Tempel vorgelagert ist. Diese Folge von Höfen erinnert an die Einteilung des Salomo-Tempels.

Der rechteckige Hof von Baalbek, dessen Umfassungsmauer wohl um den Tempel herumführen und phönizischer Tradition gemäß den geweihten Bezirk vom profanen trennen sollte, liegt beträchtlich höher als das umgebende Gelände. Seine gewaltige Mauer ist unvollendet geblieben; ein Tor am Ende der sie einfassenden Säulenhallen geht ins Leere, und einzelne aus der Mauer herausragende Blöcke sind ebenfalls unfertig stehengeblieben.

Außer den Säulenhallen, die den Hof umgeben, und den in ihnen liegenden, abwechselnd halbrunden und rechteckigen Exedren waren in seinem offenen Teil architektonische Gebilde aufgeführt, die in der römischen Welt ungebräuchlich waren, namentlich ein fünfstöckiger Altar,

143 - Kunst Phöniziens in römischer Zeit - Baalbek - Sogenannter ‹Bacchus-Tempel›, Wand der Cella: Eingebundene Säulen und Nischen (2. Jh. n. Chr.)

der sich in der Mitte des Hofes erhob. Nach seiner Zerstörung in christlicher Zeit hatte man Stücke seiner skulptierten Plafonds in das Fundament der statt seiner errichteten Kirche geworfen. Das Innere dieses monumentalen Altars wurde von zwei parallelen Gängen durchschnitten, von denen Treppen abzweigten, die sich im obersten Geschoß vereinigten.

Henri Seyrig hat auf die Verwandtschaft dieses Bauwerks mit den Räucheraltären hingewiesen, die auf gewissen orientalischen Münzen zu sehen sind. Man kann sich andererseits fragen, ob denn wirklich kein Zusammenhang zwischen dem Altar von Baalbek und den Zikkurats mesopotamischer Tempelanlagen besteht.

Zu seiten des Altars, isoliert im Hof, erhoben sich zwei Säulen ohne architektonische Bedeutung, die eine aus rosafarbenem, die andere aus grauem Granit; obgleich die eine von ihnen später als Träger für eine Statue gedient hat, ist es vielleicht nicht abwegig, sie mit Stelen oder Säulen der Tempel des Reschef in Byblos, des Melqart in Tyros oder des Jahwe in Jerusalem in Beziehung zu setzen. So wie die Säulen des letztgenannten Tempels, *Jachin* und *Boaz*, im Tempelhof neben dem ehernen Meer errichtet waren, so standen die Säulen von Baalbek vor den rechtwinkligen und mit Skulpturen verzierten Becken. Die den rituellen Reinigungen dienenden Becken in den Höfen der Moscheen und die symbolisch gleichbedeutenden Weihwasserkessel der Kirchen führen diese sehr alte Tradition fort.

Neben dem großen Tempel steht der sogenannte ‹Bacchus-Tempel›, dessen Cella, Peristyl und Decken, alle sehr gut erhalten, einen Begriff vom architektonischen Reichtum der römischen Tempel im Orient vermitteln. Die Innenwände sind mit eingebundenen und kannelierten Säulen versehen, die durch zwei Reihen von Nischen voneinander getrennt sind, von denen die untere rein dekorativ aufgefaßt ist. Die Schönheit dieses Tempels rechtfertigt das Ansehen der libanesisch-syrischen Architekten, das in der römischen Welt so viel galt. So war es denn auch Apollodoros von Damaskus, den Kaiser Trajan berief, als er Rom mit einem seiner schönsten Fora nebst dazugehörigen Märkten auszustatten beschloß.

Der besondere Charakter, der die Kunst in den romanisierten phönizischen Ländern auszeichnet, zeigt sich nicht nur in der Architektur, sondern auch in der Bildhauerei.

Götter und Menschen als Themen der Skulptur

Wenn in der Darstellung von Göttern und Menschen gewisse Skulpturen schlechthin römisch anmuten, so gehören andere einem aus lokalen Tendenzen resultierenden Stil an, der sich in der römischen Kunst nicht allein Phöniziens, sondern sogar der benachbarten Länder offenbart.

In Baalbek selbst, wie auch in anderen Städten, sind die klassischen römischen Skulpturen in der Überzahl, mochten sie nun an Ort und Stelle gefertigt oder importiert worden sein. So sind die Becken des rechteckigen Hofes geschmückt mit Platten und Büsten mythologischen Inhalts, wobei die Themen und die Ausführung gänzlich der römischen Schule entsprechen. Eine dieser Skulpturen stellt die auf dem Rücken eines Tritons gelagerte Venus dar, wie sie ihre symbolische Muschel aus der Hand eines Eroten empfängt; eine andere gestaltet die Mänaden, die, von Meerestieren davongetragen, ihre windgeblähten Schleier festhalten. Für diese fast unbeschränkte Romanisierung auf dem Gebiet der Vollplastik gibt es zahlreiche Beispiele. Manchmal jedoch läßt sich ein Überleben vergangener Formen feststellen, wie an dem tierhaft derben Ausdruck eines Pan-Kopfes zu sehen ist, den André Parrot 1929 außerhalb der Akropolis entdeckt hat. Um den Mischcharakter dieser Berggottheit – halb Mensch, halb Bock – herauszuarbeiten, hat der einheimische Bildhauer nicht nur das Hervortreten der Wangenknochen übertrieben, sondern auch das Gesicht unmäßig in die Länge gezogen sowie den Ausdruck anderer Züge verzerrt, gemäß einer Geschmacksrichtung, die stets ein Merkmal dieser Kunst gewesen ist.

Auf dem Eckpfeiler einer Treppe im Tempel von Niha findet sich eine Skulptur, die in natür-

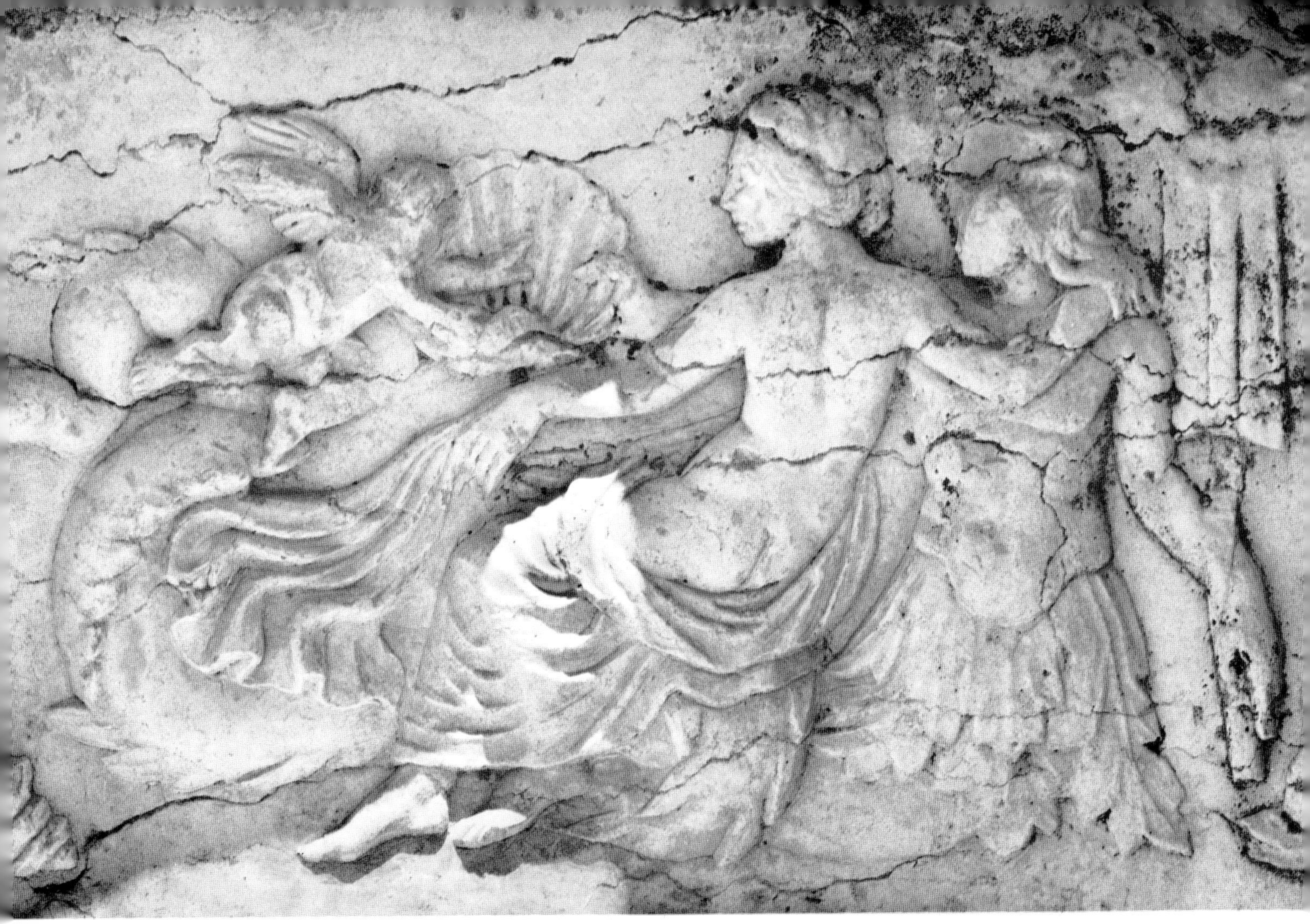

144 - Kunst Phöniziens in römischer Zeit - Baalbek, sogenannter ‹Jupiter-Tempel› - Wasserbecken. Ausschnitt: Venus (2. Jh. n. Chr.)

licher Größe eine Figur mit bärtigem Kopf, der konischen Kopfbedeckung der Phönizier und einer gebauschten Hose, Hinterlassenschaft der achämenidischen Zeit, wiedergibt.

Die Büsten der Sieben Weisen, die ein in Baalbek gefundenes Mosaik aus dem 3. Jahrhundert n. Chr. schmücken, haben gleichfalls orientalisierende Köpfe; ihre abgezehrten Gesichter und die Art, wie ihre Bärte behandelt sind, kündigen bereits den in der byzantinischen Ikonographie vorwaltenden Typus an.

Tierkunst

In den Darstellungen von Tieren aber treten typisch lokale Bildungen noch viel stärker hervor.

Das Mosaik des Guten Hirten, das in Dschena bei Beirut gefunden wurde, liefert dafür das frappierendste Beispiel. Alle Tiere, die den Hirten umgeben, die neben einem Bock schlummernde Ziege, der Stier, der die Blätter eines Baumes abfrißt, die friedlich äsende Gazelle, die drohende Wildkatze oder der von hinten gesehene Bär, sie alle sind in einer Stellung wiedergegeben, die ihren Charakter am besten veranschaulicht. Auf anderen Mosaiken, dem des fröhlich tänzelnden und dabei fast seinen Futtersack abwerfenden Esels, des bissigen Hundes mit den übergroßen Pfoten oder des mit seinem Schwanz die Luft peitschenden Stiers, findet sich wieder der humoristische Zug, der die phönizischen Werke seit dem Beginn des II. Jahrtausends kennzeichnet.

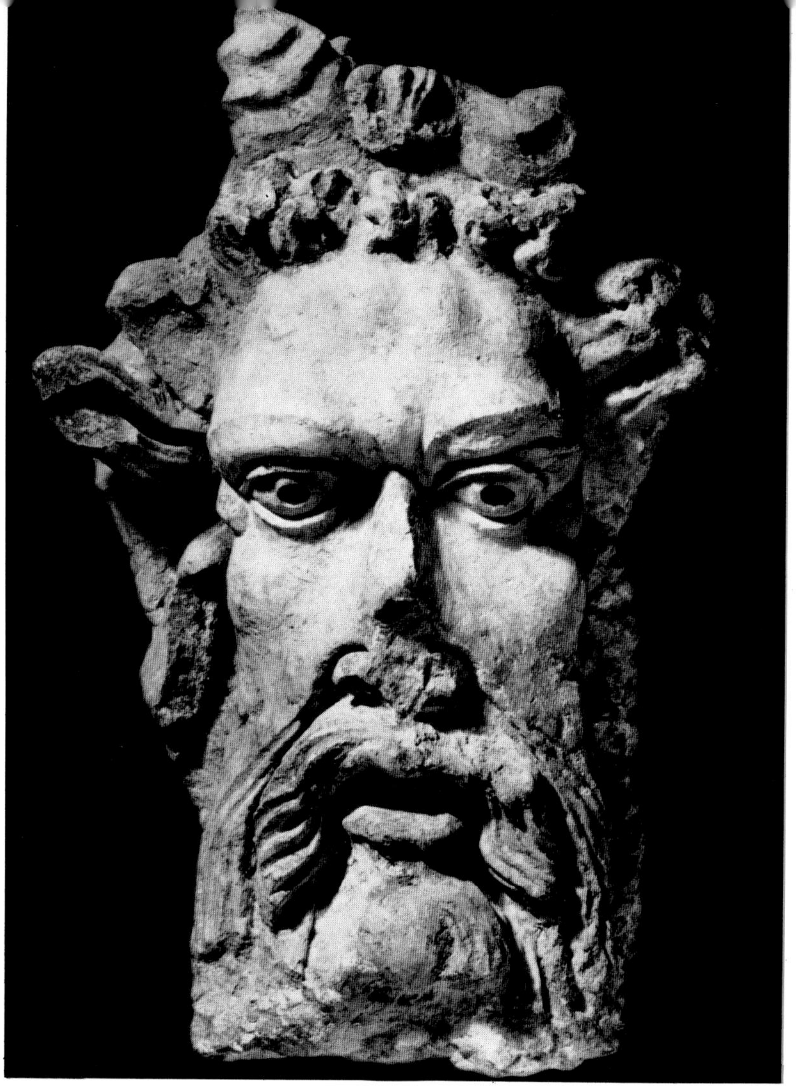

145 - Kunst Phöniziens in römischer Zeit - Baalbek - Kopf des Gottes Pan (3. Jh. n. Chr.) - Beirut

Vegetabilische und geometrische Ornamente

Auf dem Gebiet der Pflanzenornamente verfährt der einheimische Künstler nicht minder eigenwillig. Bei den Bauwerken von Tyros sind die Themen dem reichen römischen Repertoire entnommen; was aber als charakteristisch für die Behandlung seiner Einzelheiten auffällt, ist die stets hohe Beschwingtheit in der Ausführung, wie jene Kranzgesimse aus dem 2. Jahrhundert n. Chr. bezeugen, die in oströmischer Zeit in die Zisternen der Arena geworfen wurden, um für die Pfeiler des Aquädukts als Fundament zu dienen.

Die Lebhaftigkeit der vegetabilischen Motive und die Vielfalt der Stilrichtungen erreichen in den Tempeln von Baalbek ihren Höhepunkt. Neben einer rein römischen Orientierung sieht man gewisse Akanthusornamente, die nach Anordnung und Nüchternheit bereits auf die Kunst der Palmyrene und der Wüste hinweisen. Dagegen spiegelt sich der hellenistische und orientalische Geist höchst graziös und lebendig in Büscheln lanzettartiger und sanft gewellter Blätter wider, die die Kranzgesimse schmücken. Das schönste Beispiel für diesen Geist bietet die aus einer Doppelreihe vegetabilischer Elemente geformte Einfassung des Portals vom sogenannten ‹Bacchus-Tempel›; die eine Reihe besteht aus Akanthusblättern und Mohnblumen, Motiven, die, flacher

146 - Kunst Phöniziens in römischer Zeit - Baalbek - Kalliope, Sokrates und die Sieben Weisen (3. Jh. n. Chr.) - Beirut

147 - Kunst Phöniziens in römischer Zeit - Dschena - Tiere umgeben den Guten Hirten (Ausschnitt) (6. Jh. n. Chr.) - Beirut

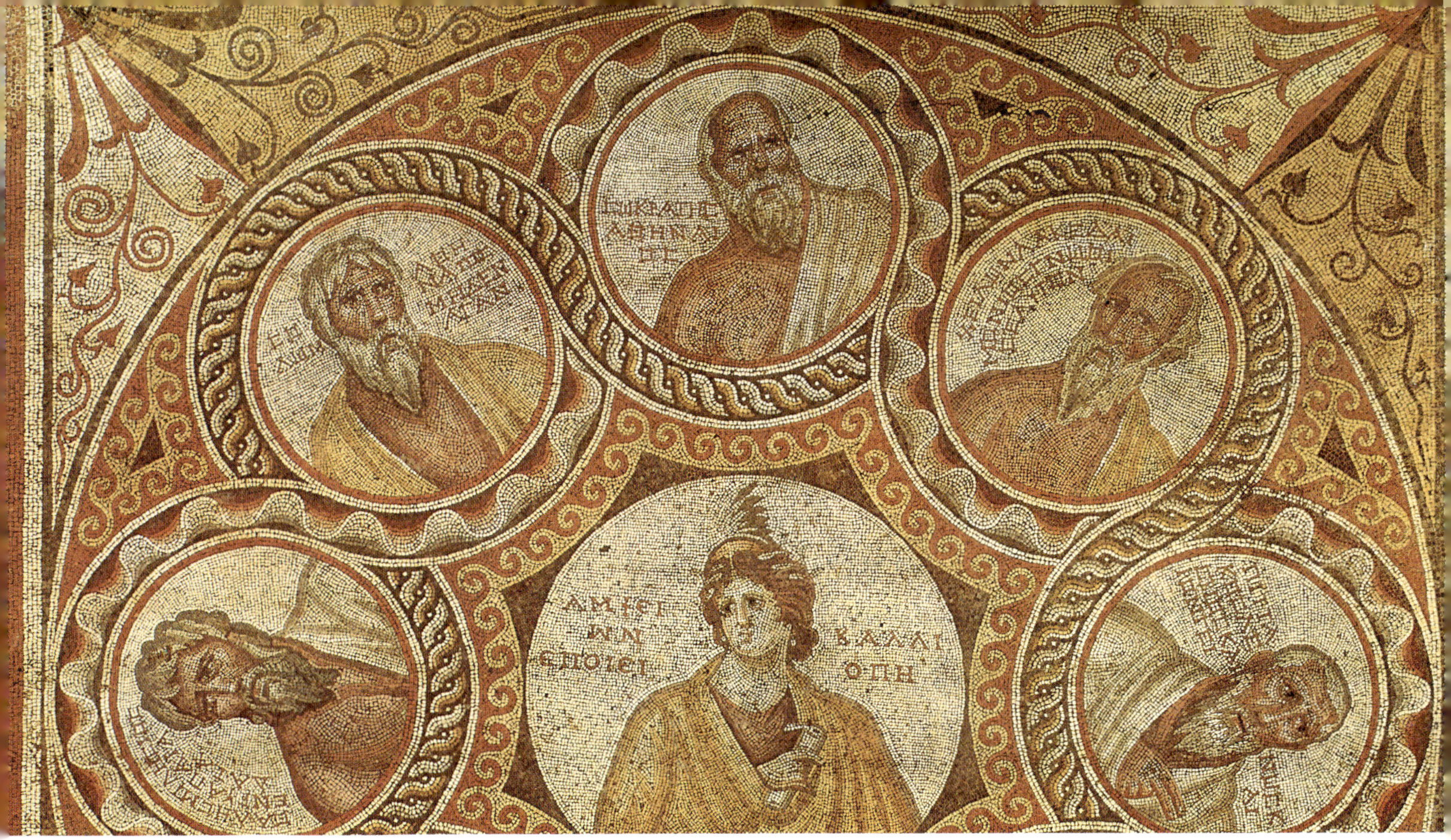

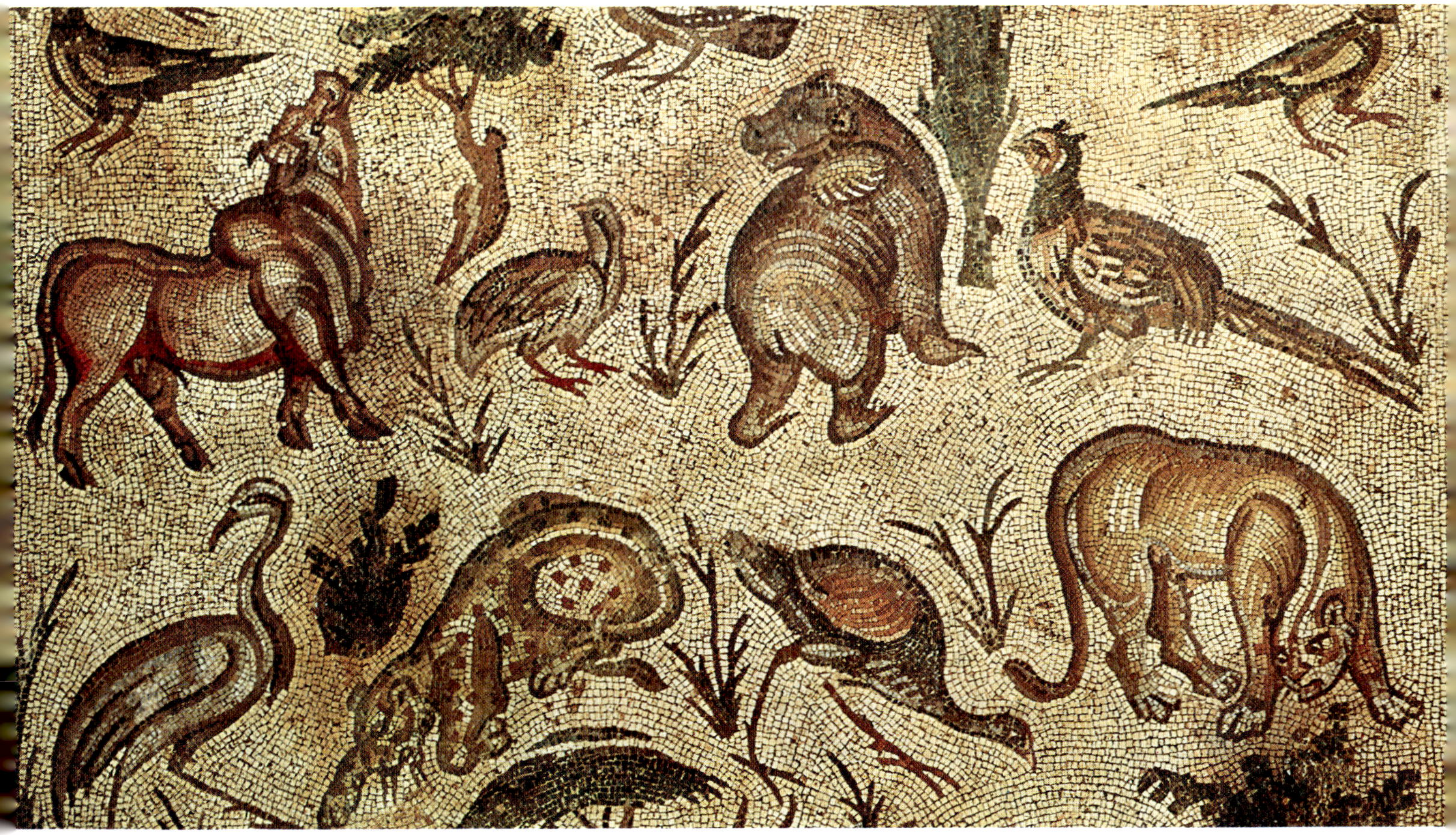

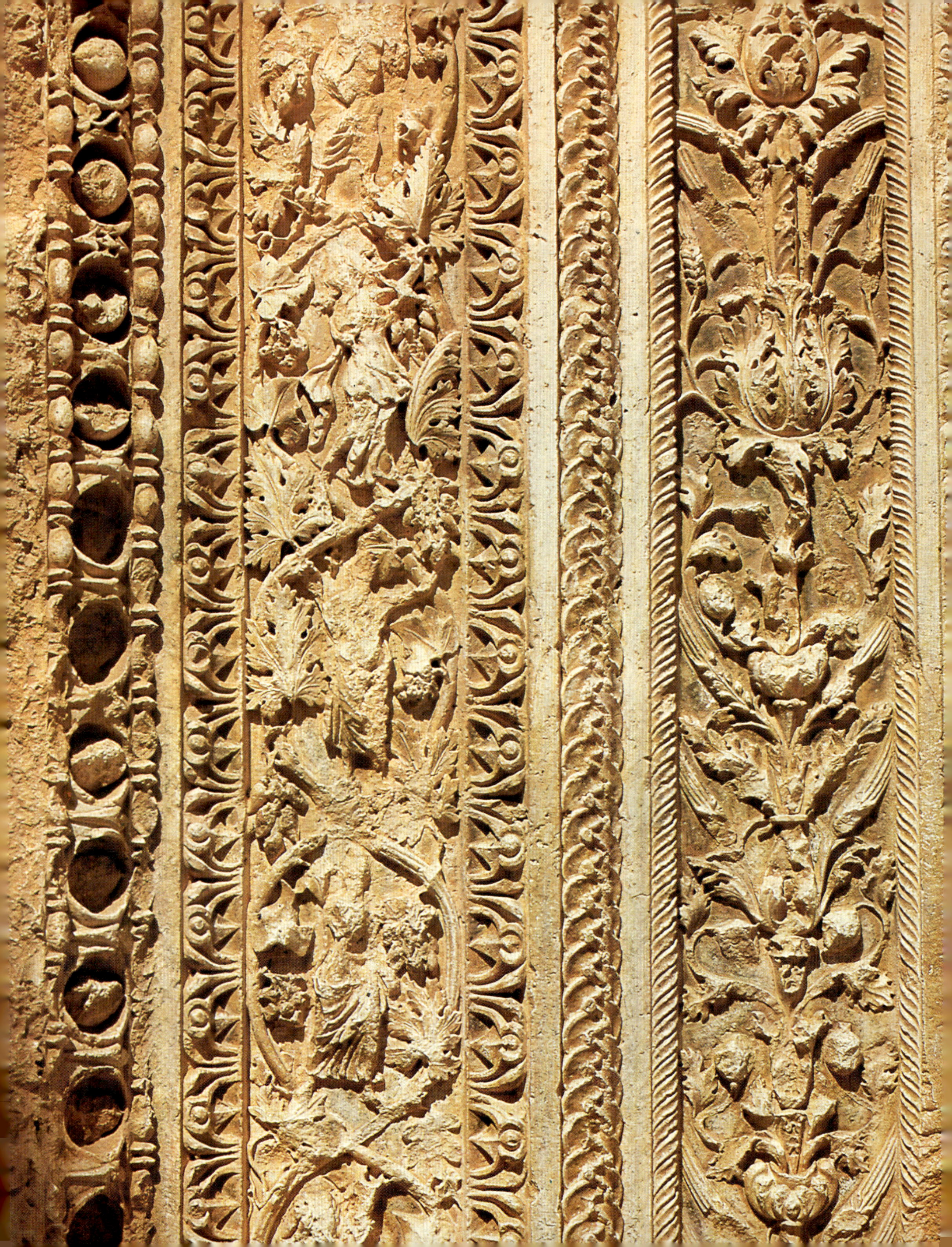

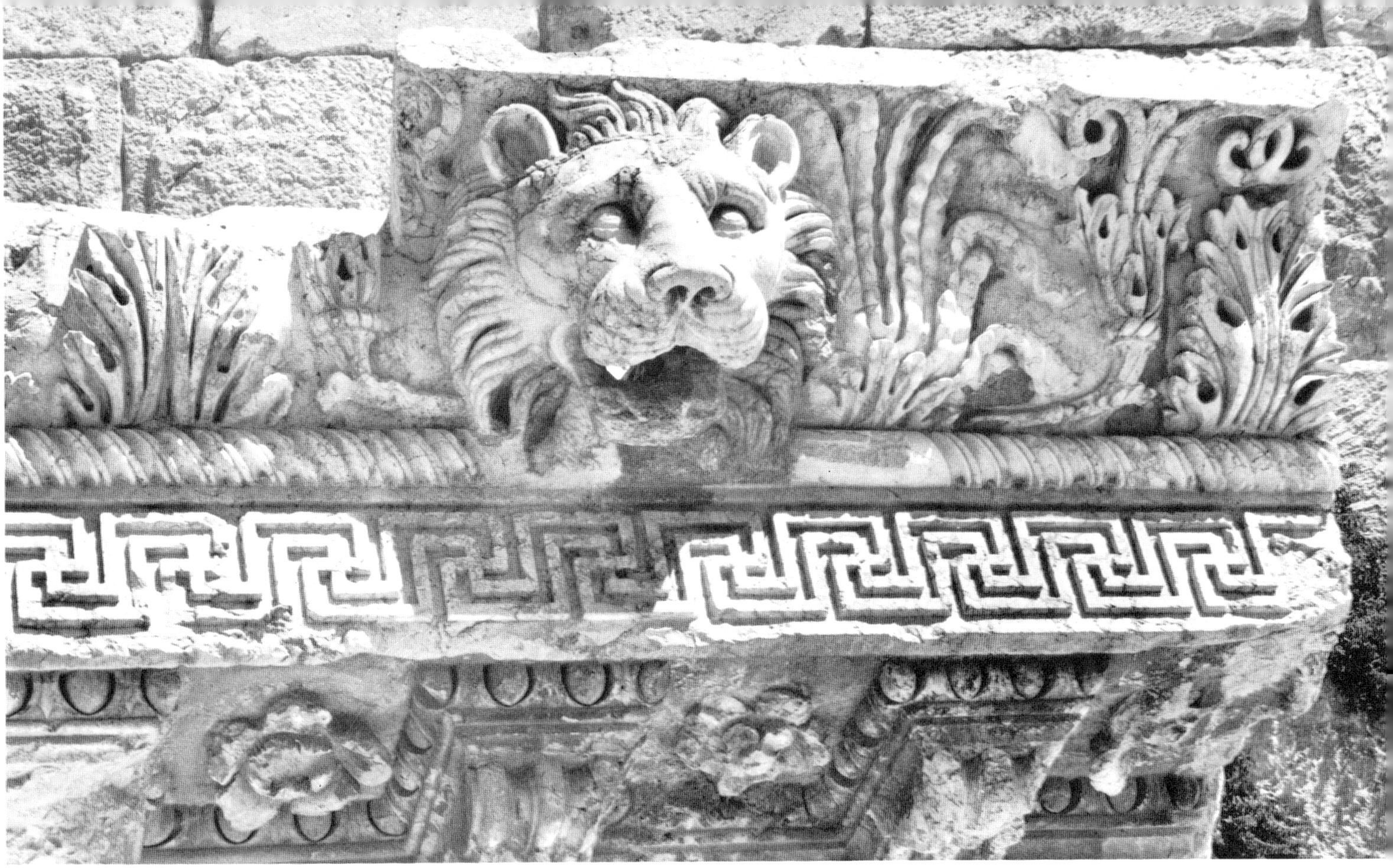

149 - Kunst Phöniziens in römischer Zeit - Baalbek, sogenannter ‹Jupiter-Tempel› - Gesimsfragment mit Wasserspeier in Form eines Löwenkopfes (Ausschnitt) (1. Jh. n. Chr.)

und graziöser, im Zeitalter der Renaissance wiederkehren sollten; die andere aus mit Wein- und Efeulaub verzierten Spiralen, in deren Schleifen Szenen aus dem Leben des Bacchus und das Treiben seiner Festzüge dargestellt sind. Die Zierlichkeit und Wirklichkeitstreue dieses Blattwerks haben in der sonstigen Ornamentik der römischen Welt nicht ihresgleichen; bald sanft ausgebreitet, bald windbewegt oder in sich zurückgebogen, vibrieren die Blätter von Leben und Natürlichkeit.

Auch was den geometrischen Dekor betrifft, läßt sich im ganzen phönizischen Orient das Nebeneinanderbestehen von zwei sehr verschiedenen Schulen feststellen. Die eine, basierend auf Quadraten, Rauten und Dreiecken, entspricht dem für römische Größe und Organisation charakteristischen Sinn für Ordnung; die andere, mehr im Orient als in Rom beheimatet, beruht im Einklang mit orientalischem Fühlen auf Polygonen, unterbrochenen Linien, Phantasiegebilden und breit ausschwingenden Motiven.

Die Marmorfußböden in der Nekropole von Tyros lassen einiges von dieser Tendenz erkennen. Im Eingang einer Kapelle aus byzantinischer Zeit erstrahlt ein achtzackiger Stern im Zentrum des aus Dreiecken mit eingefügten Quadraten geformten Bodenbelags.

Die Apsis einer anderen Grabkapelle derselben Nekropole ist bedeckt mit verschachtelten Polygonen in mehrfarbigem Marmor.

Jedoch muß man die Decke des ‹Bacchus-Tempels› von Baalbek betrachten, um vom Geist dieses überwiegend orientalischen Dekors eine genaue Vorstellung zu gewinnen.

Halbfiguren von Gottheiten verteilen sich über einen Himmel aus Motiven, in dem einander

148 - Kunst Phöniziens in römischer Zeit - Baalbek, sogenannter ‹Bacchus-Tempel› - Das Portal. Ausschnitt: Vegetabilischer Dekor (2.-3. Jh. n. Chr.)

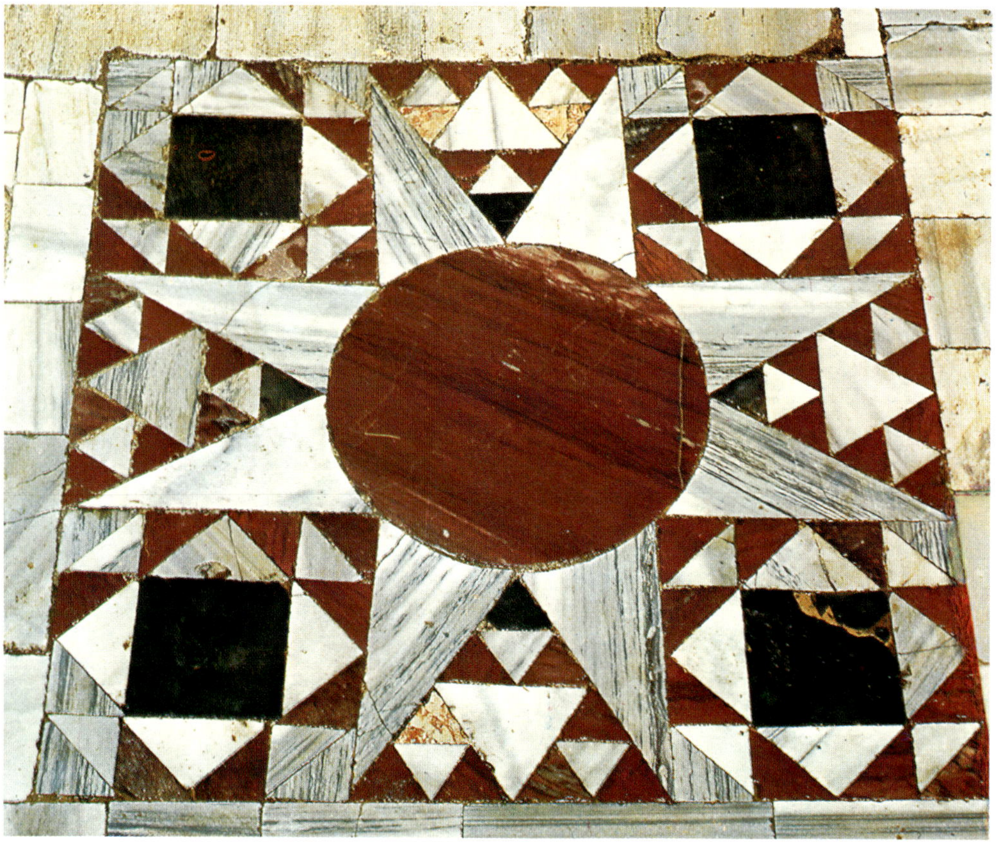

150 - Kunst Phöniziens in römischer Zeit - Tyros - Bodenmosaik. Ausschnitt: Achtzackiger Stern (5.-6. Jh. n. Chr.)

überschneidende doppellinige Polygone vorherrschen; sieht man vom üppigen Pflanzenwerk, das sie einrahmen, ab, so finden sich in ihnen die Wesensbestandteile jener Motive bereits vorgebildet, die vom 7. Jahrhundert an so sehr die grundlegenden Elemente der arabischen Kunst werden sollten, daß man ihnen den Namen Arabesken gab.

Dieser Überblick über einen mehr als drei Jahrtausende währenden Lebensabschnitt lehrt, in welchem Maß das phönizische Volk, angesiedelt am Schnittpunkt der Nationen und in Fühlung mit verschiedenen Kulturen, empfänglich war für die Schönheit ihrer mannigfaltigen Kunstformen, die es sofort oder allmählich übernahm: Formen aus Mesopotamien, Ägypten, der Ägäis, Mykene, Assyrien und schließlich Persien. Aber allen diesen Entlehnungen wußte es den Stempel seines persönlichen Charakters aufzudrücken: Bewegung und Stilisierung, wie sie dem regen Leben eines seefahrenden und handeltreibenden Volkes entsprachen.

Als dieses Volk sodann in den Sog der griechischen Kultur geriet, dem seine ganze Bewunderung galt und zu dessen Entwicklung es beitrug, büßte es weder seine Eigenart noch ein gut Teil seiner Traditionen ein, die es aber mit einer Zugabe hellenistischer Anmut veredelte.

Als dieses Volk später völlig in der römischen Welt aufgegangen war, führte es der römischen Architektur neue Formen und Ideen zu. Im weiteren Verfolg endlich seiner historischen Mission bereicherte es die byzantinische Kunst um architektonische oder dekorative Elemente, die sich in der aufkeimenden islamischen Kultur entwickelten und zur Bildung eines der wichtigsten Grundbestandteile ihrer großen dekorativen Kunst beitrugen.

151 - Kunst Phöniziens in römischer Zeit - Baalbek, sogenannter ‹Bacchus-Tempel› - Decke des Portikus. Ausschnitt: Gottheiten und geometrischer Dekor (3. Jh. n. Chr.)

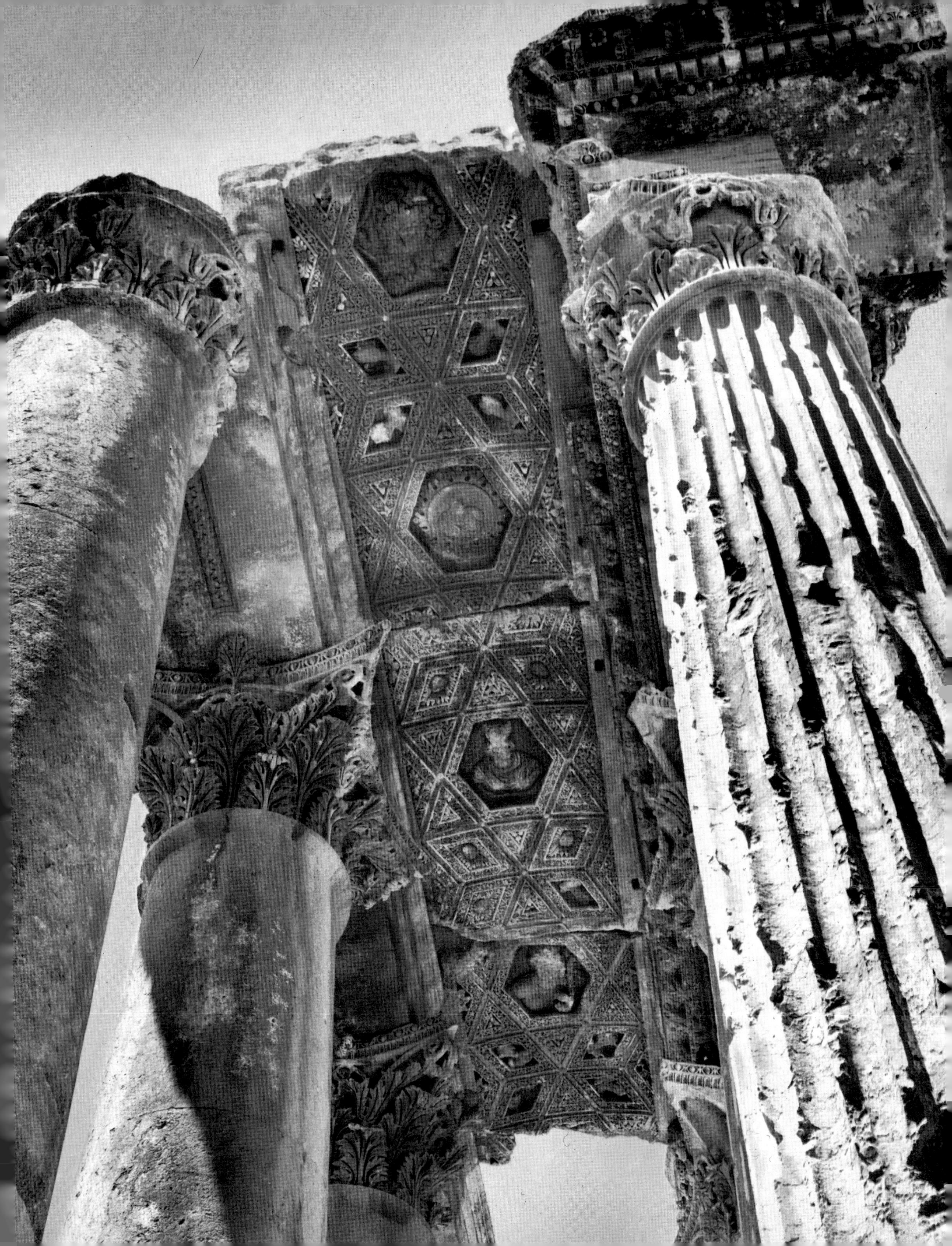

DRITTER TEIL

DIE PHÖNIZIER IM OKZIDENT

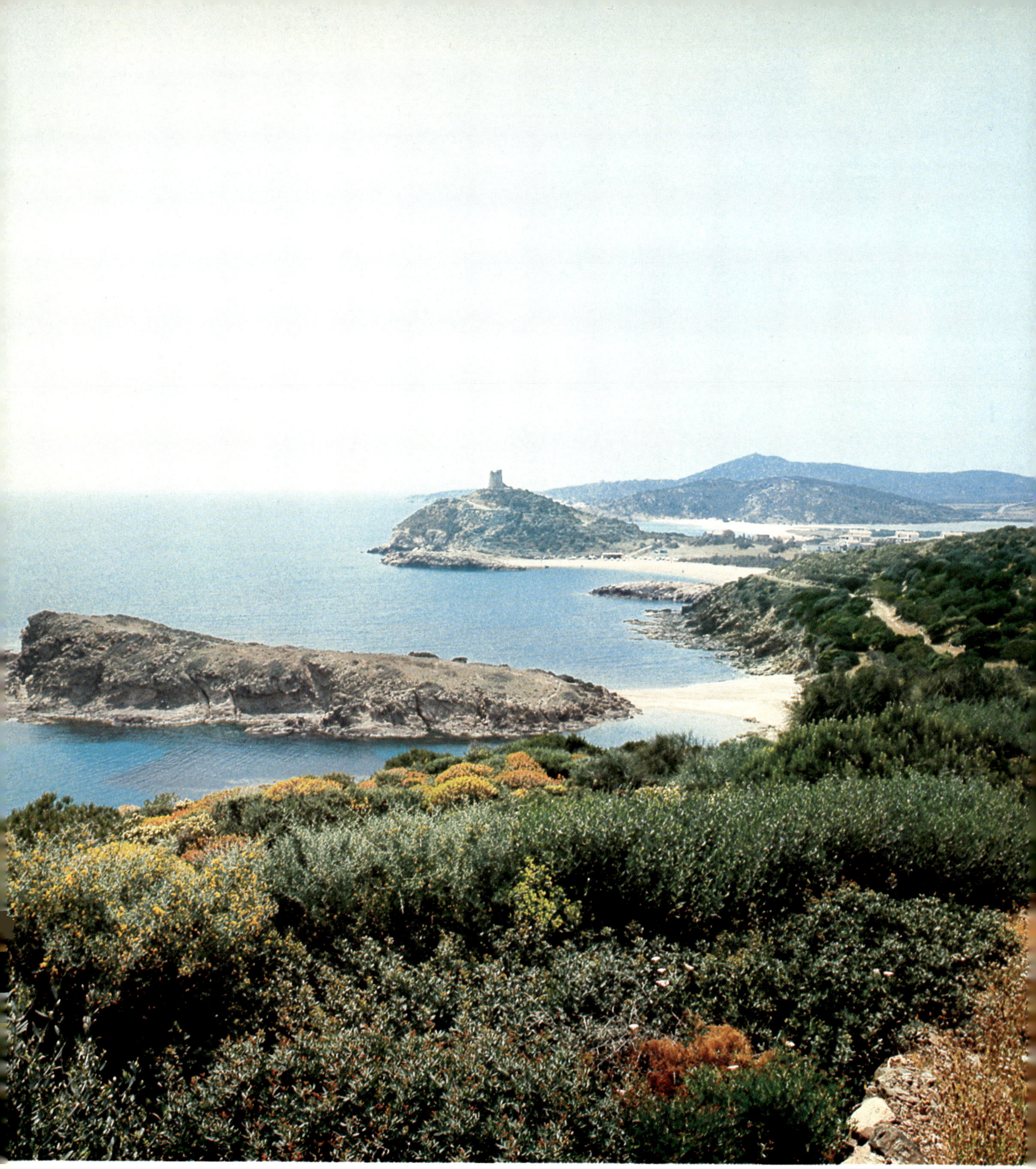

152 - Die Insel Su Cardulinu und der Turm von Chia an der Stelle des antiken Bitia

I

DIE PHÖNIZISCHE EXPANSION

Die Expansion der Phönizier vom Orient bis zum Atlantik entlang den Mittelmeerküsten, ein für die Antike geschichtlich und kulturell grandioses Phänomen, wirkte bestimmend auf die Ereignisse ein, die der hellenistischen und römischen Ära vorangingen. Dieser kommerziell bedingte, in seinen Konsequenzen politisch bedeutsame Vorgang führt zur Entstehung einer okzidentalen phönizischen Welt, mit Karthago, ihrer wichtigsten Kolonie, als Schwerpunkt, der Substanz nach anders geartet als das orientalische Phönizien, das gleichwohl ihr Modell bildet.

Phönizier des Orients und Phönizier des Okzidents: der Unterschied, der im Adjektiv ‹punisch› für alles, was okzidental oder karthagisch ist, zum Ausdruck kommt, scheint, geographisch gesehen, auf der Hand zu liegen. Unter anderen Gesichtspunkten verschränken sich diese Worte und Begriffe auf verschiedene Weise und aus mancherlei Gründen; wenn wir unter ‹punisch› alles, was mit Karthago und seiner Machtausweitung zusammenhängt, verstehen, so leuchtet es ein, daß man im Westen auf Zeugnisse der ‹phönizischen› Kultur stößt, die älteren Datums als die Gründung Karthagos sind oder die seinem Einfluß nicht unterlagen; da überdies Karthago eine Schöpfung Phöniziens ist, wie vermöchte man innerhalb der karthagischen Kultur zwischen importierten und bodenständigen Elementen Unterschiede oder *a fortiori* Gegensätze wahrzunehmen?

Mehr noch: die phönizische Kultur ist allgemein sehr aufnahmefreudig, sie assimiliert Elemente und Einflüsse der benachbarten Regionen; so haben Ägypten und Griechenland, um nur die wichtigsten Beispiele zu nennen, tiefe Spuren in ihr hinterlassen. Ist aber dieser Einfluß primär oder sekundär, erreicht er den Westen über Phönizien, oder ist er auf den Kontakt mit der ägyptischen Welt in Afrika, mit der griechischen an den Mittelmeerküsten zurückzuführen?

Somit wirft jeder Versuch, die Komponenten der phönizischen Kultur des Westens zu unterscheiden und gegeneinander abzuwägen, eine Fülle von Fragen auf. Es scheint jedoch angebracht, schon jetzt darauf hinzuweisen, daß wir die Kultur, insbesondere die Kunst der westlichen Phönizier auf Grund ihrer objektiv gegebenen regionalen Manifestationen beurteilen und hier wie dort, nach Maßgabe des Möglichen, ohne *a priori* das Erbe des Mutterlandes berücksichtigen werden: Erfindungen, Varianten, Entwicklungen und lokale Einflüsse.

Diese Art, die Studie über eine der bedeutsamsten, zugleich aber verwirrendsten Mittelmeerkulturen anzulegen, trägt auch gewissen Zügen Rechnung, die ihr von ihren orientalischen Anfängen her anhaften: das Fehlen einer großen Baukunst; das Übergewicht einer zunächst kommerziell ausgerichteten handwerklichen Kleinkunst; die Schwierigkeit, Künstlerpersönlichkeiten und Schulen zu erkennen, eindeutige, allgemeinverbindliche Entwicklungen zeitlich und räumlich zu fixieren. Sowohl die phönizische wie die punische Produktion, vielfach serienmäßig hergestellt, homogen und somit innerhalb der handwerklichen Gattungen nicht unterscheidbar, häufiger importiert als an Ort und Stelle entstanden, entzieht sich weitgehend einer näheren Bestimmung.

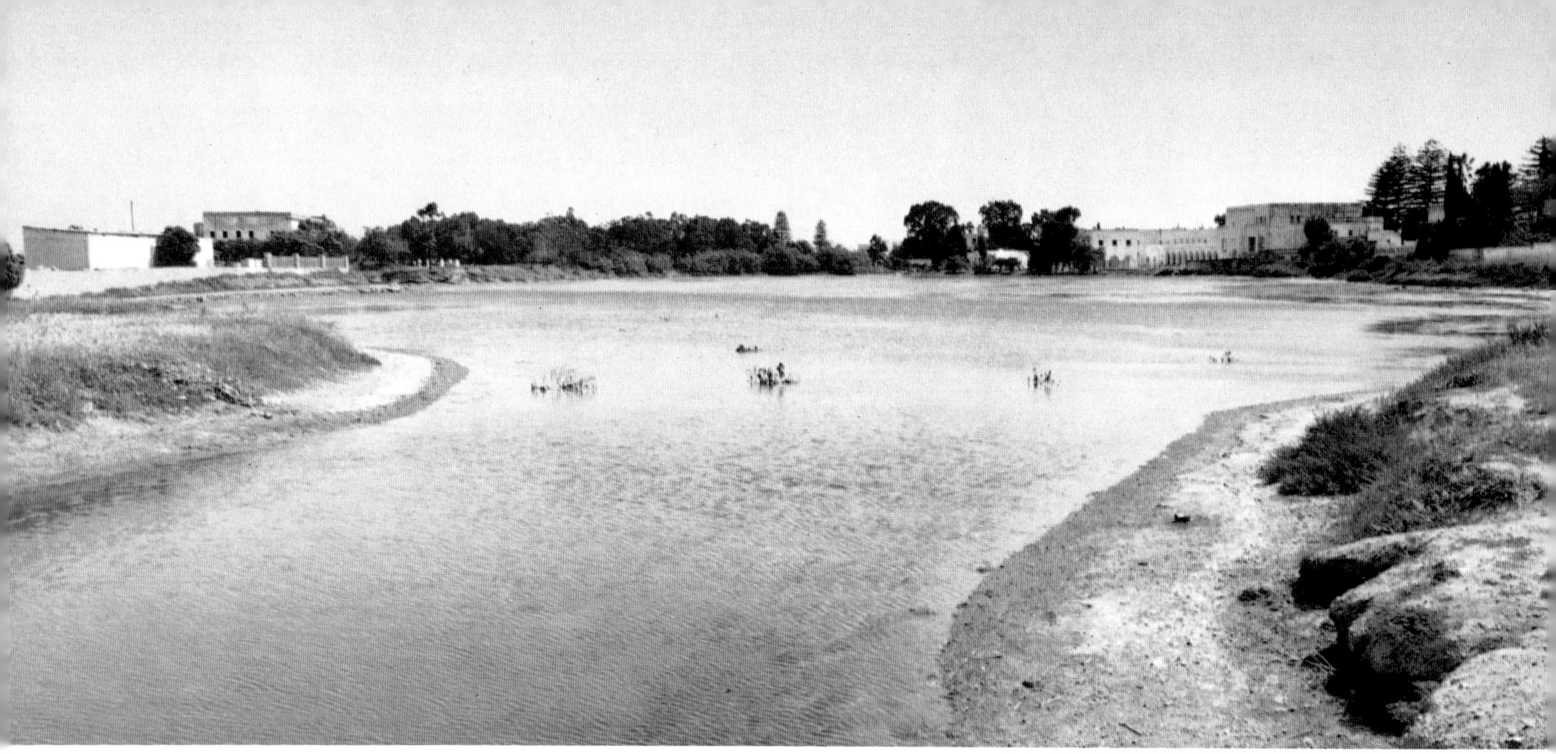

153 - Karthago - Der Handelshafen

Handel

Die phönizische Expansion ist fraglos die Folge eines ausgedehnten, alle Mittelmeerküsten erfassenden kommerziellen Tatendrangs. Warum aber spezialisierten sich die Phönizier, im Unterschied zu anderen, größeren und mächtigeren Völkern des Alten Orients, auf diese Form der Betätigung? Der Hauptgrund hängt mit der Beschaffenheit der phönizischen Landschaft als solcher und der Art, in der ihre Geschichte verlief, zusammen.

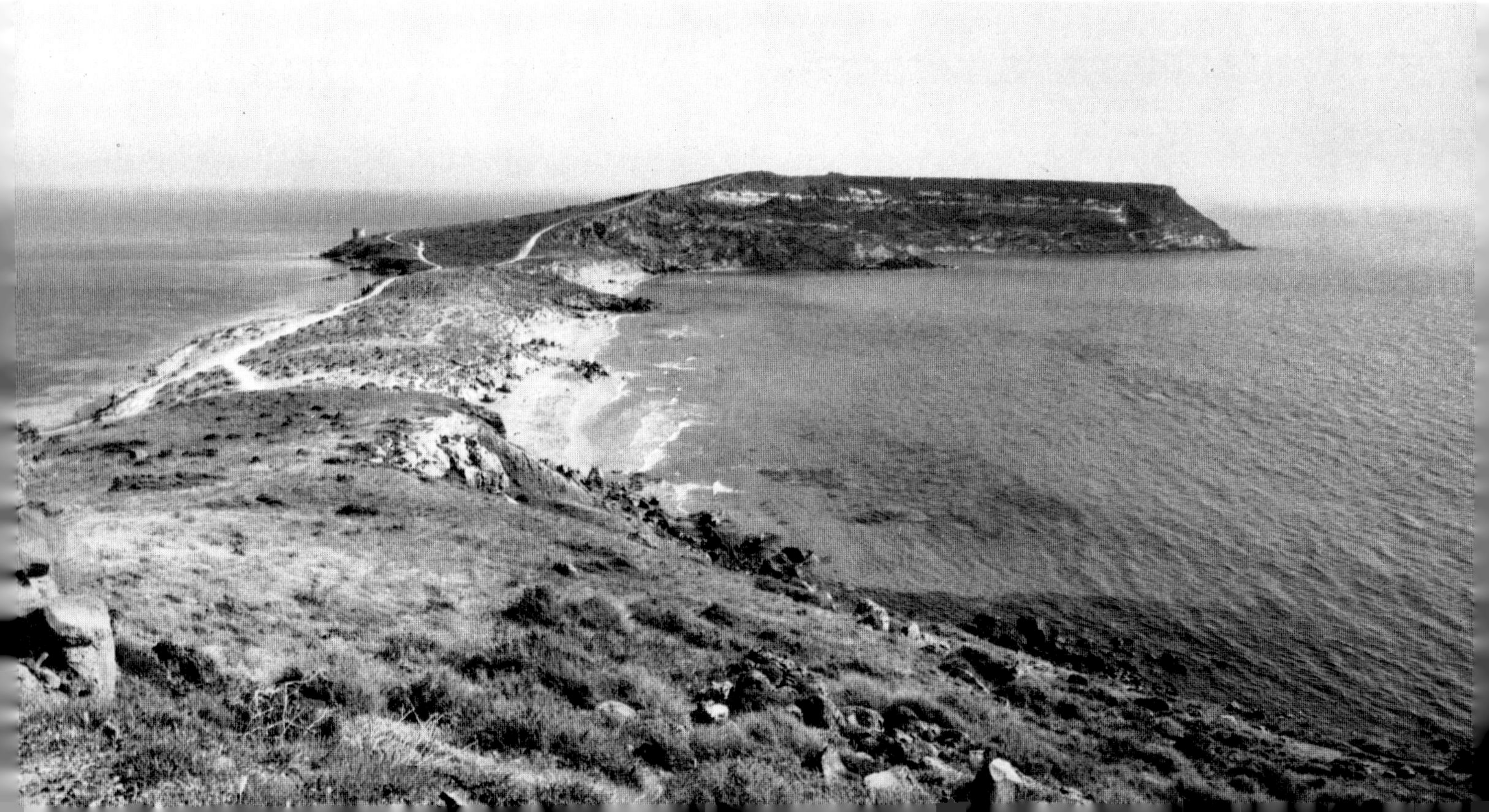

Die etwa zwischen Schukschan im Norden und Akko im Süden verlaufende Küstenzone Vorderasiens hat die Gestalt eines schmalen Streifens zwischen Meer und binnenländischen Bergen, die an verschiedenen Stellen an die Küste heranreichen. Diese Vorgebirge, die mit Flußmündungen abwechseln, schränken die phönizische Region nicht nur ein, sondern zerteilen sie und verursachen ihre Aufgliederung in einzelne autonome Stadtstaaten, deren Machtstreben von Natur aus meerwärts gerichtet war.

Die Invasion der ‹Seevölker› um 1200 v. Chr., die den Einfluß der benachbarten Mächte, Ägyptens und Mesopotamiens, schwächen, begünstigt diese Tendenz, während landeinwärts neuauftretende Völker (Hebräer, Aramäer) jede Machtausweitung verhindern. In diesem Augenblick werfen sich die syro-palästinischen Küstenbewohner nicht nur auf eine umfassende maritime Expansion im Mittelmeerraum, die durch das Vakuum, das der Niedergang der mykenischen Handelsschiffahrt schuf, erleichtert wird, sondern gewinnen damit auch eine eigene Physiognomie: die bis dahin von übergeordneten Geschehnissen verschleierte Geschichte der Phönizier wird sichtbar.

Was die Phönizier verlockte, sich der mykenischen Schiffsrouten zu bemächtigen, sagt ausdrücklich schon die Bibel: die Suche nach Metallen im fernsten Westen, nach Gold, Silber, Eisen, Zinn und Blei, was alles man von iberischen Minen billig erwerben, aber, sobald man es nach dem Orient zurückgebracht und dort bearbeitet hatte, zu sehr viel höheren Preisen wieder verkaufen konnte. Hinzu kamen die Stoffe, die die Phönizier mit dem bekannten Purpur färbten, gewonnen aus Seemuscheln, deren Reste zu Tausenden an ihren Küsten gefunden wurden und die diesen Handel, zumal bei den Griechen, berühmt machten; ferner die Produkte einer höchst ansprechenden Kleinkunst, von Elfenbeinarbeiten bis zu Amuletten und Skarabäen aus harten Steinen oder Glasfluß, bei denen der ägyptische Einfluß die Ausgangsbasis einer synkretistischen Verarbeitung der verschiedensten kulturellen Elemente bildet. Dies waren die Dinge, die die Phönizier für ihren Handel produzierten, die sie auf ihren Fahrten entlang der Mittelmeerküsten mit sich führten.

Über die kommerziellen Methoden der Karthager besitzen wir einen berühmten Passus von Herodot. Darin wird geschildert, wie sie nach ihrer Ankunft in einem fremden Land ihre Waren am Ufer ausladen und ein Feuer machen; angelockt vom Rauch eilen die Umwohner herbei, besehen die Waren und legen daneben das Gold, das sie dafür bieten. Die Karthager, die sich entfernt hatten, kommen wieder und prüfen das Angebot, nehmen es an, wenn es ihnen zusagt, oder ziehen sich zurück, wenn sie damit unzufrieden sind; der Vorgang wiederholt sich so lange, bis das Angebot der Eingeborenen angenommen wird. Wir können sicher sein, daß es dabei nicht immer so friedlich zuging; man braucht zur Bestätigung dessen nur auf die griechischen Berichte über die phönizische Piraterie zu verweisen; aber sicher ist auch, daß die Herodotsche Beschreibung dem wirklichen Hergang eines Handels entspricht, der zumeist ohne Überrumplungsabsichten abgewickelt wurde.

Auf ihren von Riemen und Segeln getriebenen und von einem Steuerruder gelenkten Fahrzeugen, deren Gestalt uns assyrische Reliefs überliefert haben, schifften die Phönizier entlang den Küsten in der Regel nur am Tage und machten nachts halt. Auch hat man in Rechnung gestellt, daß bei einer täglichen Wegstrecke von dreißig bis vierzig Kilometern zwangsläufig Stationen eingelegt werden mußten, die die Keimzellen der späteren Kolonien bildeten. Über die ganze Küstenregion hin, von den Säulen des Hercules und der Iberischen Halbinsel bis zu den italienischen Inseln einschließlich Maltas, entstanden auf diese Weise phönizische Brückenköpfe, die die Karthager vergrößerten und verstärkten. Im weiteren Verlauf erfolgte der Vorstoß über die Säulen des Hercules hinaus, in Richtung sowohl auf Marokko wie auf die iberische Atlantikküste; waghalsige Entdeckungsfahrten führten einerseits zur Umseglung Afrikas, andererseits über die ‹Zinnstraße› zu den Britischen Inseln.

154 - Tharros und das Kap S. Marco

Fassen wir zusammen: die im heimatlichen Meer herrschenden geographischen und politischen Bedingungen, ferner die durch die mykenische Krise im mediterranen Handelsverkehr entstandene Lücke, endlich die Metallsuche und -veredelung durch eine vielseitige kunsthandwerkliche Bearbeitung waren die Faktoren, die die Ausdehnung des phönizischen Handels von Ost nach West ursächlich bedingten, vom 12. Jahrhundert an seinen Erfolg gewährleisteten und schließlich die Gründung eines komplexen Systems von Kolonien ermöglichten.

Die Kolonisation

Die Datierung der phönizischen Kolonisation ist ein bedeutendes historisches Problem. Die klassischen Quellen, auf die sich die Historiker bis zum Beginn unseres Jahrhunderts beriefen, geben 1110 für Cádiz, 1100 für Utica an und gründen auf diesen Daten eine Chronologie, die das erstmalige Vordringen der Phönizier nach Westeuropa im 12. Jahrhundert v.Chr. ansetzt. Diesen Gegebenheiten und den daraus resultierenden Folgerungen haben Geschichtsforscher und Archäologen der hinter uns liegenden Jahrzehnte den Umstand entgegengehalten, daß es auf Grund der archäologischen Funde keinen Beweis für phönizische Anlagen vor dem 8. Jahrhundert gebe: folglich müßten die Datierungen der klassischen Quellen rigoros herabgesetzt werden.

In den letzten Jahren ist es das Bestreben der Forschung gewesen, die frühere Chronologie, wenigstens teilweise, wieder zur Geltung zu bringen. Zunächst ist zu beachten, daß die architektonischen Denkmäler häufig aus einer um Jahrzehnte, ja, Jahrhunderte späteren Zeit stammen als die ersten Anlagen an den Küsten, die aus bescheidenen Navigationsbasen bestanden und nicht unbedingt bleibende Spuren hinterlassen mußten. Sodann besann man sich wieder auf die biblischen Quellen, die die maritime Expansion der Phönizier nach Westeuropa zur Zeit Salomos und somit für das 10. Jahrhundert bezeugen. Drittens und vor allem wäre zu bemerken, daß die Annahme einer im 12. Jahrhundert beginnenden Kolonisation den historischen Begleitumständen entspräche, zu denen der Machtanstieg der phönizischen Stadtstaaten im Orient zählt, während das 8. Jahrhundert durch die kraftvolle Wiederbelebung der griechischen Expansion geprägt wird: zwischen diesen beiden Epochen, nicht während der letzteren, muß wohl die phönizische Kolonisierung stattgefunden haben. Natürlich sollte man die klassischen Zeitangaben nicht blindlings übernehmen, sondern nur anerkennen, daß sie im allgemeinen glaubwürdig sind.

Was die typischen Formen der phönizischen Kolonisation betrifft, so ist vor allem zu berücksichtigen, daß die Niederlassungen im Orient ein bestimmtes Gepräge aufweisen, das sich entlang den Mittelmeerküsten gleichbleibt: die Phönizier richteten sich zumeist auf kleinen Küsteninseln oder Landspitzen ein, und zwar hauptsächlich dort, wo die Landeplätze flach oder lagunenartig waren. Diese Bedingungen gewährten Schutz vor dem Wind und gestatteten den Fahrzeugen mit niedrigem Kiel, ohne Gefahr von Schiffbruch anzulegen. Man kann sagen, daß eine phönizische Niederlassung sich schon durch ihre geographische Struktur zu erkennen gibt: kleine Inseln wie Arados oder Tyros, bevor sie mit dem Festland verbunden waren; Motye, Sulci, Cádiz und andere; Landzungen wie Sidon, Akko, Karthago, Tharros.

Beim Studium der Kolonisation stellt die Unterscheidung zwischen primären und sekundären Gründungen ein wesentliches, manchmal unlösbares Problem dar. Wir verstehen unter primären Gründungen die eigentlich phönizischen, unter sekundären solche, die auf die westliche Hauptkolonie Karthago zurückgehen (das sich wirtschaftlich und politisch entwickelte und dabei fraglos seine eigenen Kolonien gründete). Da Karthago nach der Tradition 814 gegründet worden ist und dieses Datum der Kritik im großen und ganzen standhält, ergibt sich, daß der Ursprung einer Reihe von Kolonien – Cádiz, Utica, Lixus und anderer – keinesfalls bei Karthago

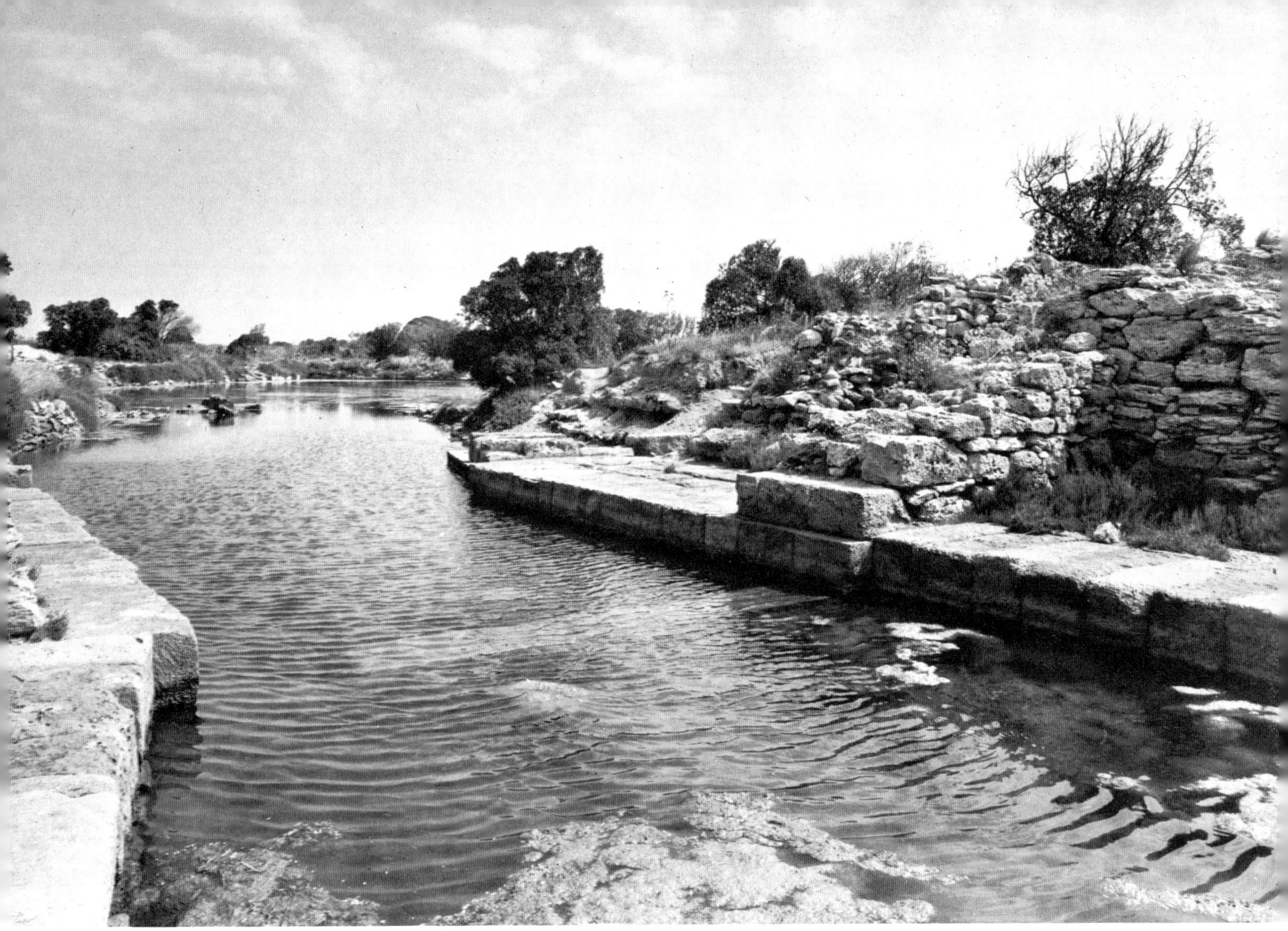

155 - Motye - Der ‹kothon› oder künstliche Hafen

zu suchen ist; gewisse andere Zentren dagegen, die ihre Entstehung der politischen und militärischen Machtentfaltung Karthagos verdanken, wie Monte Sirai in Sardinien und Cartagena in Spanien, sind demnach Sekundärgründungen. In vielen dazwischenliegenden Fällen kann um so weniger eine klare Unterscheidung getroffen werden, als es sich um die gleiche Kultur handelt: zu der bereits erwähnten Schwierigkeit, zwischen den kulturellen Elementen eine Unterscheidung zu treffen, gesellt sich die ihrer Ursprungsbestimmung, ein Indiz für die substantielle und organische Einheitlichkeit des punisch-phönizischen Komplexes.

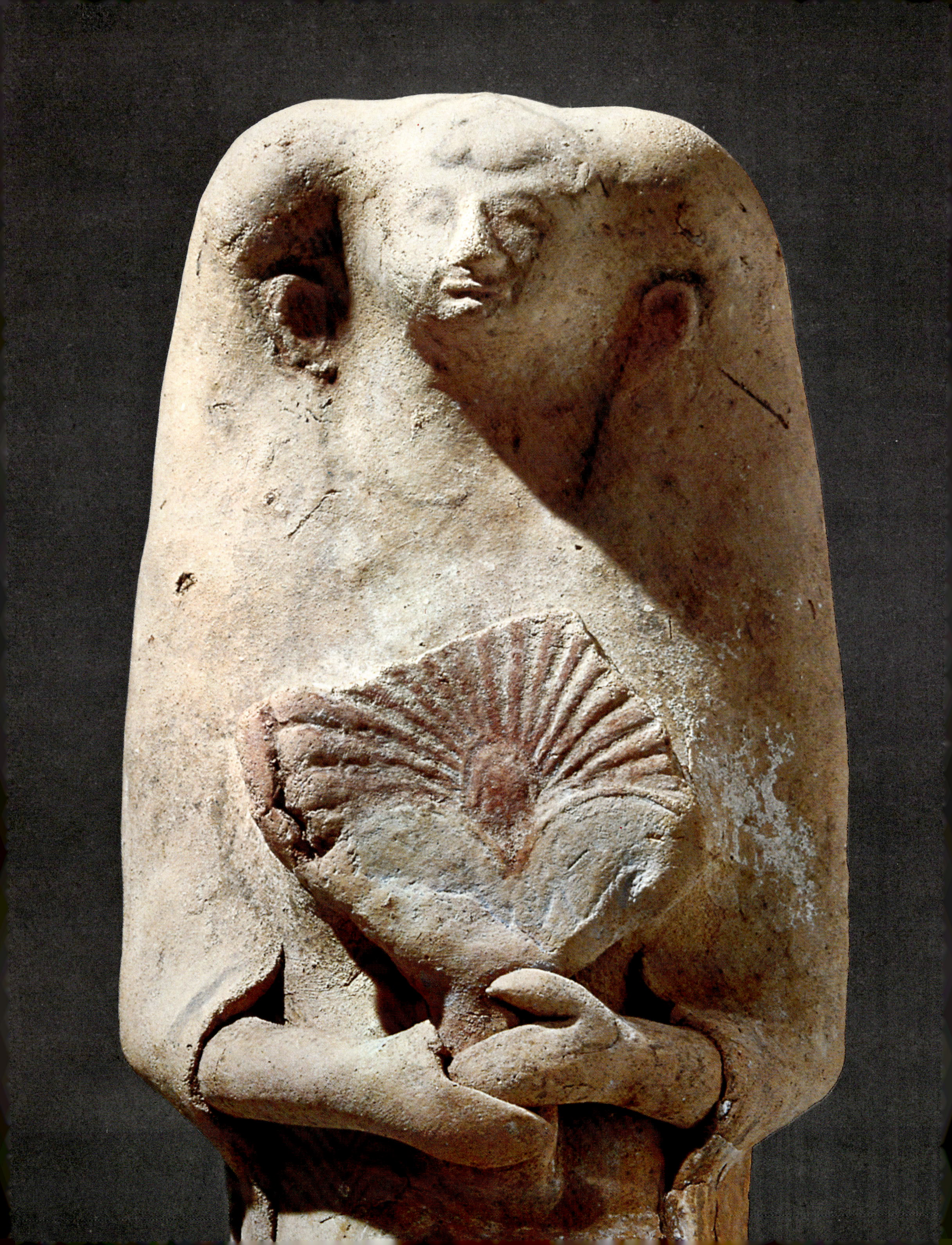

II

DIE PHÖNIZIER IN AFRIKA

Das maßgebliche Datum für die phönizische Kolonisation Afrikas ist also das Jahr 814, das Gründungsjahr Karthagos nach antiker Überlieferung, im wesentlichen aber auch nach Ansicht moderner Forscher.

Karthago seinerseits betreibt seine eigene Machtpolitik: zwar nicht sofort, mit Sicherheit aber spätestens von der Mitte des 7. Jahrhunderts an, der Epoche, in die den Quellen zufolge die Gründung seiner Kolonie Ibiza fällt (654); schon von der Mitte des nachfolgenden Jahrhunderts an ist Karthago voll in seine Kämpfe um Sizilien und Sardinien verwickelt. Daneben, 535, verhilft ihm sein Bündnis mit den Etruskern zum Sieg über die Griechen in der Schlacht von Alalia auf Korsika. Diese Ereignisse sind nur insoweit von Bedeutung, als sie eine lebhafte Außenpolitik bekunden, die im ersten Vertrag mit Rom im Jahr 509 ihren Höhepunkt erreicht.

Die Niederlage, die die Griechen den Karthagern bei Himera auf Sizilien beibrachten, leitet den Niedergang der karthagischen Macht ein. Jedoch war dies ein langsamer, Stockungen unterworfener Prozeß, wie der erneuerte Krieg gegen die Griechen auf Sizilien und der zweite, 348 geschlossene Vertrag mit Rom zeigen, der ein klarer Beweis für die sich in Nordafrika und Spanien entwickelnde karthagische Herrschaft ist. Erst am Ende des Jahrhunderts erweist sich der Verfall als unaufhaltsam; Roms Macht nimmt zu; der Erste Punische Krieg führt 241 zum Verlust Siziliens, 238 zum Verlust Sardiniens; im Zweiten Punischen Krieg rafft sich Karthago unter dem Genie Hannibals zu einer letzten Kraftanstrengung auf, die aber, nachdem Rom einer tödlichen Gefahr entgangen war, durch dessen Sieg im Jahre 202 zum Erliegen kommt. Der Dritte Punische Krieg besiegelt mit der Zerstörung Karthagos (146 v. Chr.) das Ende seiner Geschichte, mag auch die punische Kultur auf Jahrhunderte hinaus in ihrem Geltungsbereich bedeutende Spuren hinterlassen haben.

Die punischen Zentren, die während dieser Periode entlang der ganzen afrikanischen Nordküste zutage treten, werfen wieder einmal die Ursprungsfrage auf: handelt es sich um phönizische oder um karthagische Gründungen? Was übrigens das Problem erschwert, ist die Tatsache, daß, wenn wirklich Karthago 814 gegründet wurde, seine Expansionspolitik sich erst etwa anderthalb Jahrhunderte später entwickelt zu haben scheint; hinzu kommt ein weiterer Umstand: auch wenn eine Handelsniederlassung ursprünglich von den Phöniziern frequentiert worden war, hatte sie unter dem Einfluß Karthagos das Aussehen einer Neugründung gewinnen können. Indessen zeigt die Gesamtheit der verfügbaren Daten, daß es keine Beweise für Gründungen vor dem 8. bis 7. Jahrhundert gibt und daß eine beträchtliche Anzahl von ihnen nicht über das 4. bis 3. Jahrhundert zurückgeht.

Unter den verschiedenen Regionen besitzt Tripolitanien insofern relativ späte Zentren, als man die Blütezeit von Leptis Magna, Oea (Tripolis) und Sabratha ungefähr ins 3. Jahrhundert datiert. Allerdings haben neuere Grabungen sowohl in Leptis wie in Sabratha Reste älterer Siedlungen freigelegt, die auf das 7. bis 6. Jahrhundert zurückgehen.

In Tunesien, abgesehen von Utica, der antiken Stadt *par excellence*, hat man (von Ost nach West) Anlagen in Acholla, Thapsus, Mahdia, Hadrumetum (Sousse), Kelibia, Kerkuân, Ras

156 - punisch - Karthago, Nekropole Dermesch - Figurine einer sitzenden Frau (Ausschnitt) (8.-7. Jh. v. Chr.) - Tunis

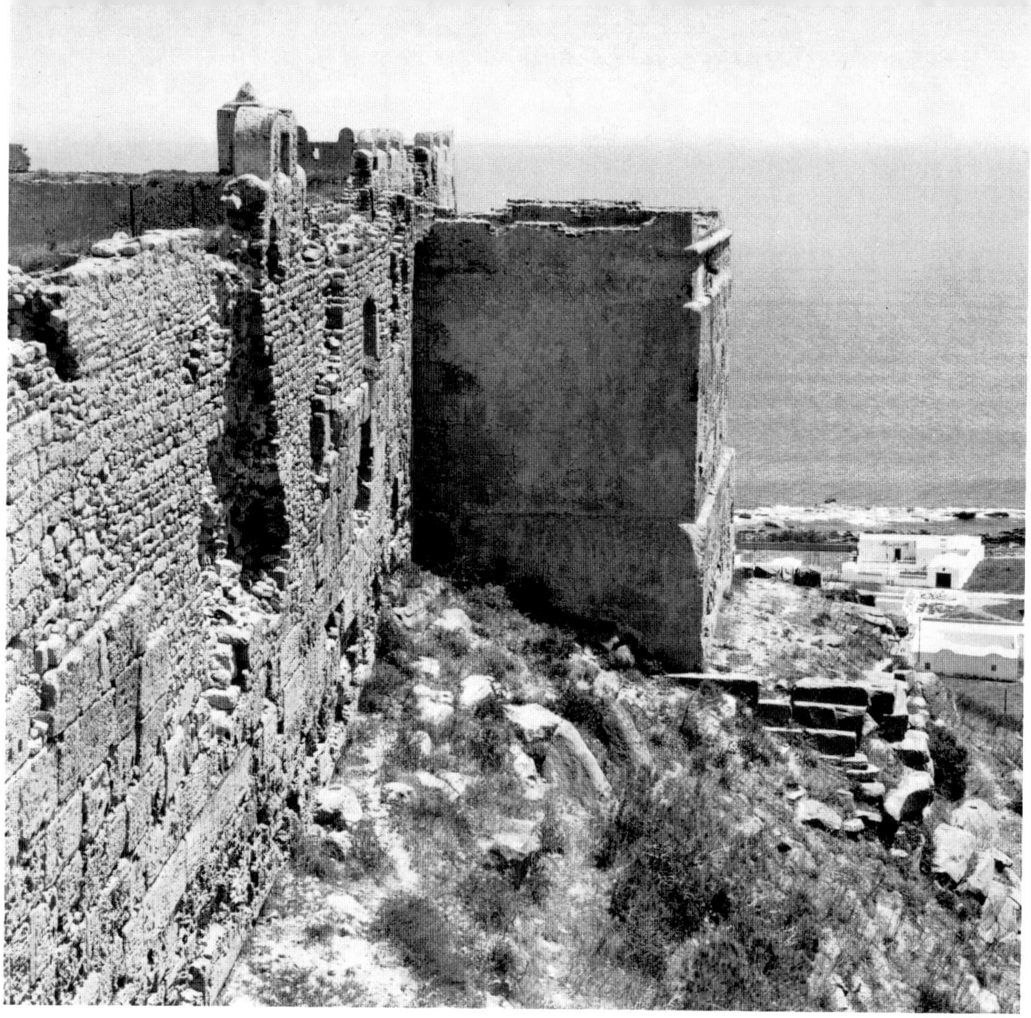

157 - punisch - Kelibia - Punische Substruktionen der Festung (6.-5. Jh. v. Chr.)

el-Drek, Ras Fortas, Hippo Akra (Bizerta) wiedergefunden. In verschiedener Hinsicht sind die wichtigsten folgende Zentren: Hadrumetum, wo sich eine bedeutende Opferstätte *(tophet)* befand, und Kerkuân, das gut erhaltene Siedlungsreste bewahrt: beide Zentren gehören dem 6. Jahrhundert an, während die anderen jünger sind.

Die hauptsächlichen Kolonien des heutigen Algerien sind der Rangordnung nach: Hippo Regius (Bône), Cirta (Constantine), Chullu, Igilgili (Dschidschelli), Icosium (Algier), Tipasa, Iol (Scherschell), Gunugu (Gurâja), Les Andalouses, Mersa Madach und die Insel Raschgûn. Die meisten dieser Zentren sind spätere Gründungen, die nicht weiter zurückreichen als bis zum 4. bis 3. Jahrhundert. Jedoch besitzt Tipasa weitläufige Nekropolen, die vermutlich aus dem 6. Jahrhundert stammen, Mersa Madach Befestigungsanlagen aus derselben Epoche und die Insel Raschgûn Grabzubehör, das sogar aus dem 7. Jahrhundert datiert.

Gewisse Zentren des heutigen Marokko sind älteren Datums, obwohl sie nicht nur von Phönizien, sondern auch von Karthago weit entfernt sind. Von Ost nach West folgen einander: Rusaddir (Melilla), Emsa, Sidi Abdeselam del Behar, Tamuda, Tanger, Kuass, Lixus, Banasa, Sala, Dschadida, Mogador. Außer Lixus, dessen hohes Alter schon erwähnt wurde (die archäologischen Funde gehen mindestens bis ins 7. Jahrhundert zurück), besitzt Tanger Nekropolen vom 8. bis 7. Jahrhundert, stammen Sala und Mogador mindestens aus dem 7. Jahrhundert.

Insgesamt bietet die phönizische Kolonisation in Afrika einige ältere Operationsbasen, die sich mit den strategischen Hauptstützpunkten der Metallroute decken: am Ende der tunesischen

Landspitze (Utica) und im äußersten Westen (Lixus). Dieser Besetzungsvorgang, der von den entferntesten Stützpunkten ausgeht, findet sein Gegenstück zum Beispiel in der Bildung griechischer Kolonien in Italien: Ischia ist die entfernteste, aber auch die älteste Kolonie. Im übrigen wird diese Politik bezeugt durch die ebenso frühzeitige Gründung von Cádiz an der jenseits der Säulen des Hercules liegenden Küste. Erst nach diesen frühesten Gründungen entsteht und wächst jenes Zentrum heran, dem die bedeutendste Entwicklung bestimmt war: Karthago. Sodann erscheinen auf der afrikanischen Nordküste andere Basen, die sich zu einem Teil parallel zu Karthago entwickeln (7. bis 6. Jahrhundert), zum anderen deutlich erst später.

Architektur

Wie man weiß, wurde Karthago von den Römern zerstört. Es ist also schwierig, seinen Plan wiederherzustellen, wenn auch angesichts einiger erhaltener Ruinen und der von antiken Autoren hinterlassenen Angaben nicht gänzlich unmöglich. Fügt man beides zusammen, fällt zunächst auf, daß sich die Ansiedlung typischerweise auf einer Landzunge befindet, die sich zwischen zwei Lagunen vorschiebt: die Sebcha el-Riana im Norden und die Sebcha el-Bâhira im Süden. Die Akropolis wird von dem Gelände von Byrsa und den beiden Hügeln, dem Saint-Louis- und dem Juno-Hügel, gebildet; sie war von Mauerwerk umgeben.

Nimmt man die Akropolis als Fixpunkt, kann man sehen, wie sich der Stadtkern gliederte: im Nordosten die Zone der Nekropolen (Duimes, Dermesch und Sancta Monica), im Südosten das Forum und die Wohnviertel und noch weiter südlich die alten Hafenanlagen von Salammbô, bestehend aus einem rechteckigen Binnenhafen, der sich gegen ein kreisförmiges Hafenbecken öffnete. Die künstliche Hafenanlage wurde *kothon* genannt, ein griechisches Wort, dem wir noch öfter begegnen werden. Westlich der Akropolis, gegen das Festland und den Ansatzpunkt der Landzunge hin, dehnte sich inmitten von Park- und Gartenanlagen das vornehme Viertel Megara. Ein Befestigungswerk schließlich, das die ganze Landzunge und somit den gesamten, oben beschriebenen Komplex – gegen das Meer als einfache, gegen das Festland als dreifache Mauer – umlief, schützte die Stadt.

Außer den wenigen Angaben antiker Autoren, die uns zum Beispiel mitteilen, daß die Häuser mehrere Stockwerke hatten, wissen wir über die Wohngebäude Karthagos nichts. Neuerdings indessen haben die Entdeckungen in Kerkuân auf dem Kap Bon es ermöglicht, sich eine Vorstellung vom Aussehen einer punischen Stadt zu machen, die im 6. Jahrhundert entstanden ist und sich dann in der hellenistischen Epoche entwickelt hat. Gleich den griechischen Städten, die nach dem System des Hippodamos angelegt waren, faßten parallel verlaufende, sich rechtwinklig schneidende Hauptstraßen große Wohnblöcke ein. Die Privathäuser besaßen einen Eingang mit teilweise versetzter Achse, der in einen Hof mündete, um den herum die Zimmer angeordnet waren; eine Treppe führte zum Dach oder zum ersten Stockwerk; stets findet sich ein Raum, den ein mit Mosaiken ausgelegtes Brunnenbecken ziert, und vielfach ein anderer, der einen Zugang nach der Straße wie nach dem Hof besitzt und als Laden gedient haben dürfte.

Was die Kultbauten betrifft, so bezeichnen schriftliche Quellen den Tempel des Eschmun (Asklepios) auf dem Gipfel der Akropolis als den bedeutendsten, wobei sie erwähnen, daß er innerhalb eines geweihten Bezirks lag und von der darunter befindlichen Stadt über eine Treppe von sechzig Stufen erreicht werden konnte. Jedoch haben wir von diesem Bauwerk nichts wiedergefunden. Dafür sind wir über das *tophet* besser unterrichtet, jenes berühmte Weihtum, wo den Gottheiten Kinder geopfert wurden; es lag im Bezirk von Salammbô, in der Nähe des *kothon*, und bestand aus einem geräumigen eingefriedeten Bezirk mit einer Kapelle von etwa einem Meter Seitenlänge, davor einem kleinen Hof mit einem Altar und in Windungen verlaufenden Mauern, die eine Art von Zugangslabyrinth bildeten. Tausende von Urnen mit den

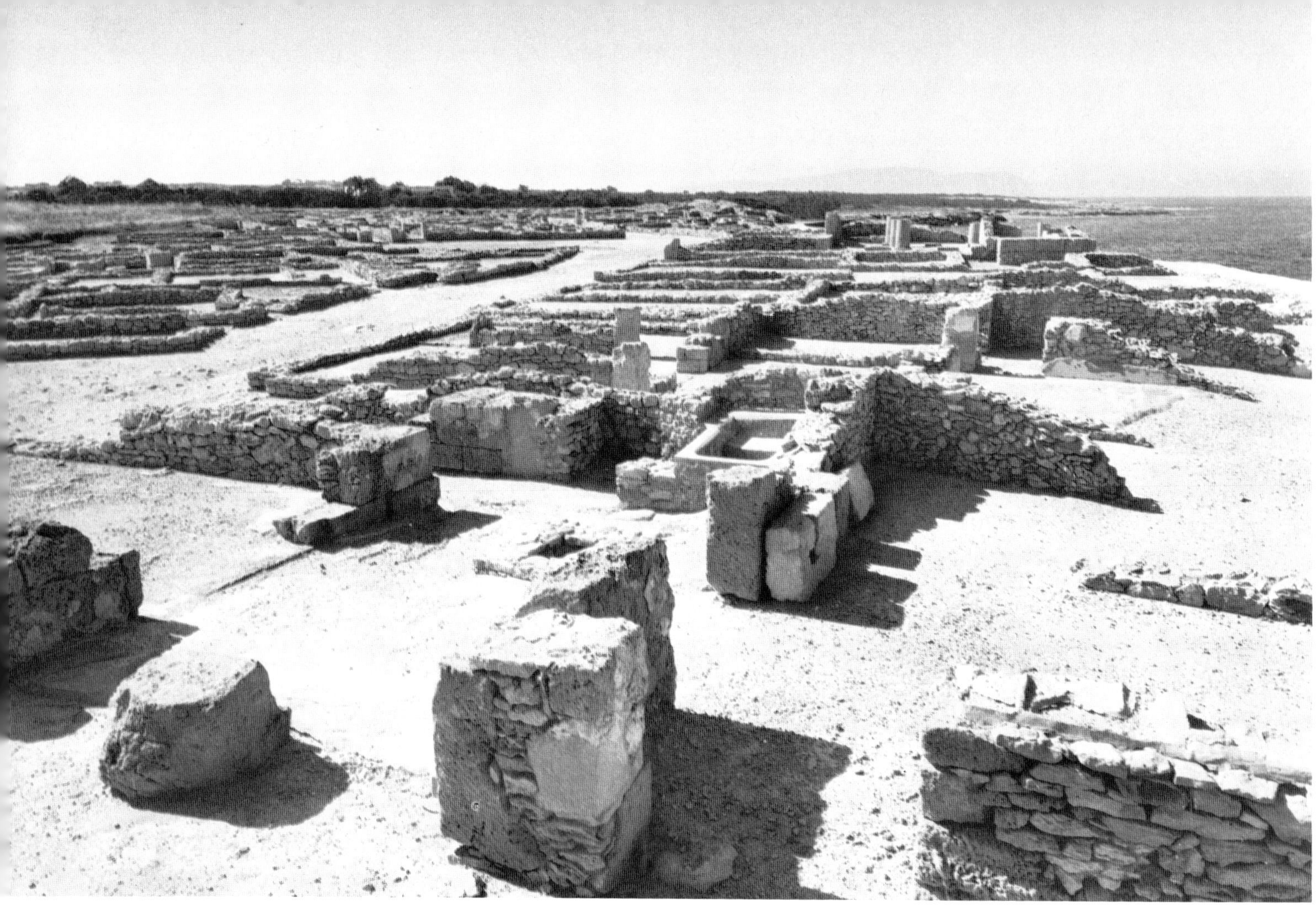

158 - punisch - Kerkuân - Bauten und rechtwinklig sich schneidende Straßen (Hellenistische Epoche)

159 - punisch - Karthago, Hügel von Byrsa - Punische Ruinen (Hellenistische Epoche)

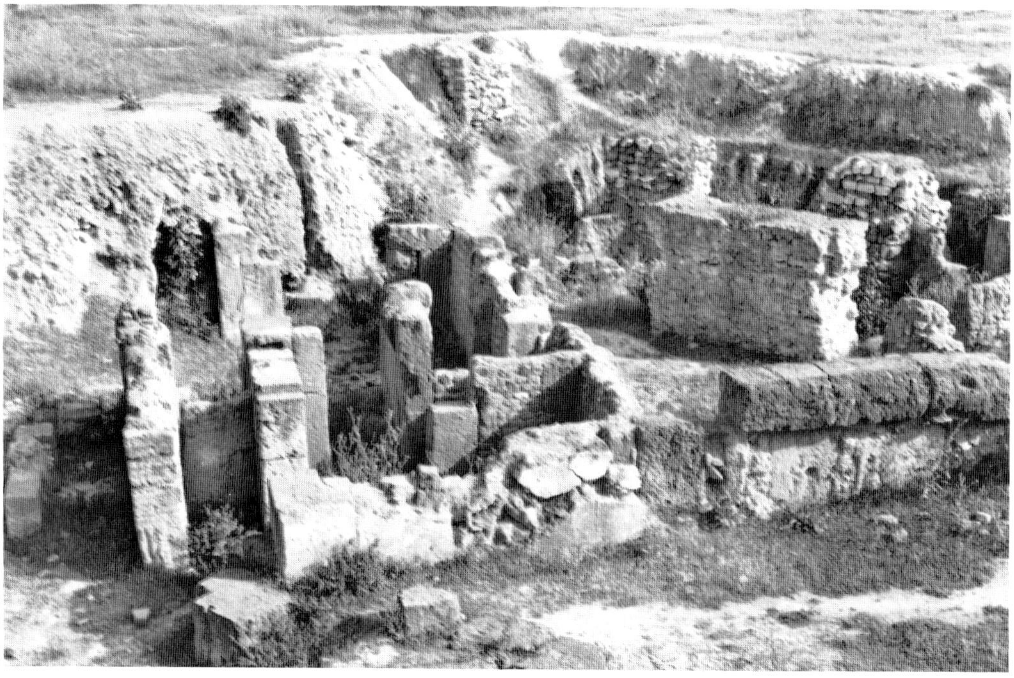

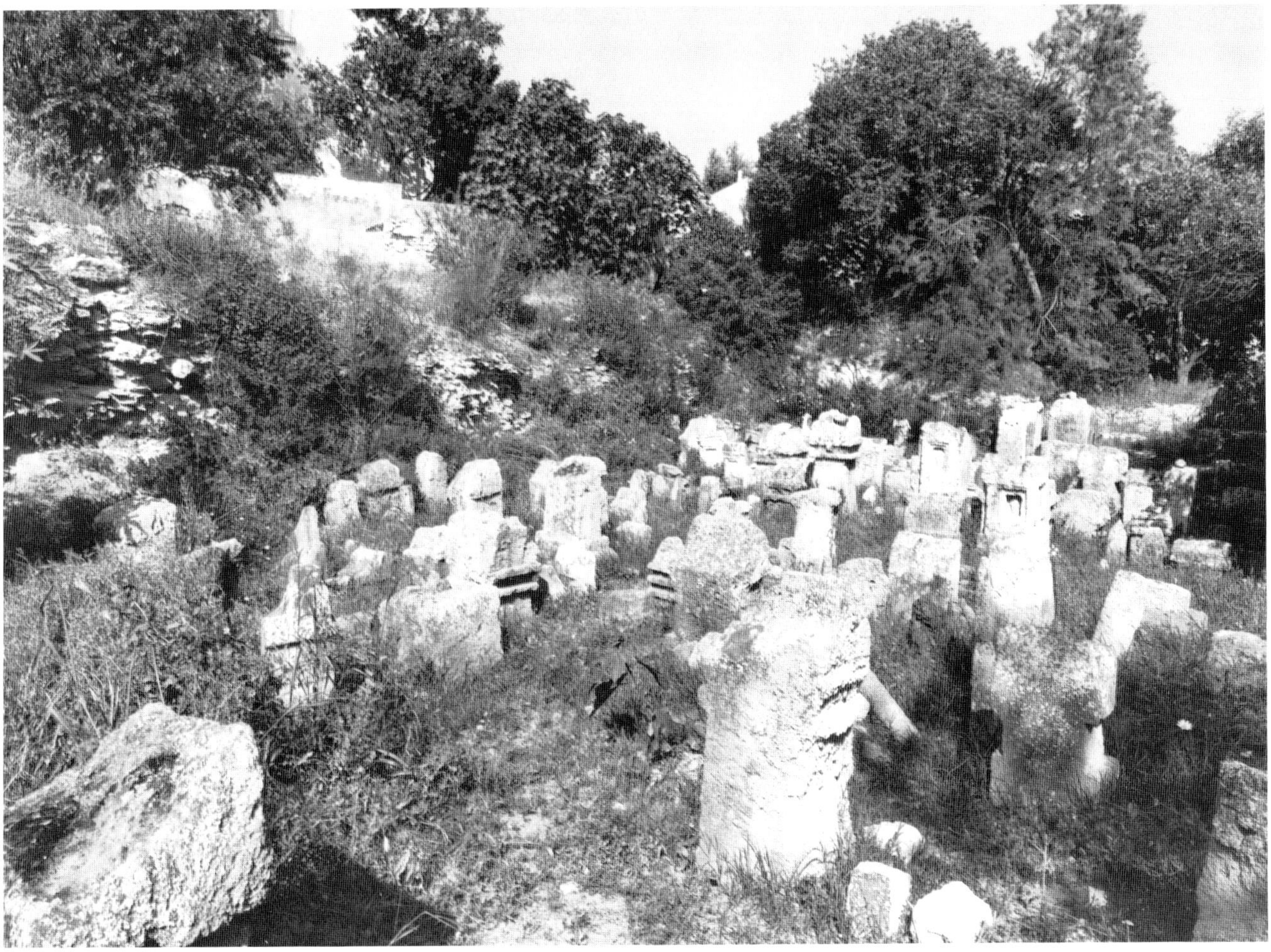

160 - punisch - Karthago, ‹tophet› - Die Votivstelen (Ausschnitt) (8.-2. Jh. v. Chr.)

Knochen von Kindern und Tausende von übereinandergeschichteten figürlichen Stelen bezeugen das intensive kultische Leben an dieser Stätte.

Tophets und Gräber bilden die charakteristischsten Beispiele für die karthagische Bauweise (vgl. die illustrierte ergänzende Dokumentation S. 276). Zudem sind sie diejenigen, die am deutlichsten ihre Herkunft aus der Welt des Nahen Ostens, der Wiege der karthagischen Kultur, erweisen. *Tophets* und Gräber sind gleichfalls die wichtigsten Quellen unserer Kenntnis von der bildenden Kunst oder, besser gesagt, von der kunsthandwerklichen Produktion. Die Votivstelen der *tophets*, die Terrakotta-Statuetten der *tophets* und der Gräber, die eindrucksvollen Grabbeigaben (Masken und Protome, Amulette, Skarabäen, Schmuck, Gegenstände aus Elfenbein und Knochen, Bronzen, bemalte Straußeneier, Münzen, Keramik) stellen Probestücke eines Schaffens dar, das nicht nur kommerziell orientiert war, sondern auch den Erfordernissen genügen mußte, die sich aus religiösen und Jenseitsvorstellungen ergaben.

Die vollplastische Skulptur aus Stein war in der phönizischen und somit in der punischen Welt, wo nur einige verstreute Stücke auf ihr Vorhandensein hindeuten, sehr wenig entwickelt. So verrät ein von P. Cintas in Karthago gefundener Marmorkopf möglicherweise den Einfluß der so verbreiteten Terrakotta-Masken und könnte also vom 7. bis 6. Jahrhundert v. Chr. stammen; auch mangelt es ebenfalls in Karthago nicht an kleinen Köpfen aus Kalkstein, deren ägyptisierende Kopfbedeckung auf eine gleichermaßen frühe Epoche schließen läßt, etwa auf das Ende des 6. Jahrhunderts.

Später macht sich hellenistischer Einfluß bemerkbar. Eine thronende, mit einem Schleier umhüllte und von Sphingen flankierte Göttin kündet ein Thema an, das vermutlich dem 3. bis 2. Jahrhundert angehört und dem wir in Sizilien wieder begegnen sollten. Eine außerhalb Karthagos, in Leptis Magna, gefundene Gruppe von Skulpturen stammt aus der gleichen Epoche: das Gepräge zweier männlicher Statuen und zweier Köpfe bekundet ihre Zugehörigkeit zur hellenistischen Epoche. Dies gilt auch für einige Torsi und andere Fragmente von Sandsteinskulpturen aus Sabratha; insgesamt, zieht man die Bilanz, eine bescheidene und wenig charakteristische Produktion.

Als ein Sonderfall muß auch ein Baitylion oder Kultstein von etwa 1,50 Meter Höhe erwähnt werden, der bei den Ausgrabungen von Mogador in den ältesten Schichten gefunden wurde. Seine sehr sorgfältige Bearbeitung erweist ihn zweifellos als ein Werk abstrakter Skulptur. Was den Gegenstand als solchen betrifft, so kennen wir aus Reliefdarstellungen auf Stelen Hunderte solcher Baitylien; ebenso aber steht der Fund von Mogador auf dem Gebiet der Vollplastik seit einiger Zeit nicht mehr für sich allein: ein ähnliches Werk wurde jüngst in Monte Sirai, Sardinien, gefunden.

Kam auch die Bildnerei aus Stein nicht über Ansätze hinaus, so ist dafür die Plastik aus Terrakotta sehr verbreitet. In den verkleinerten Dimensionen von Statuetten spiegelt sie vollkommen die Obliegenheiten und charakteristischen Züge des punischen Kunsthandwerks, die wir bereits erwähnt haben. Zwei Produktionstypen lassen sich unterscheiden: mittels der Töpferscheibe hergestellte Figurinen, von Hand mit bestimmten Einzelheiten übermalt, und in der Model geformte Statuetten. Von der ersten Gruppe, die in den punischen Kolonien weit verbreitet war, finden sich einige interessante Beispiele in Karthago und in Utica: sie haben glockenförmige Körper, die mit farbigen und sich kreuzenden Streifen verziert sind, und Köpfe mit sehr ausgeprägten Zügen. Mindestens eine solche Statuette stammt aus der ältesten Schicht des *tophet* von Karthago und beweist somit das hohe Alter dieser Industrie.

Unter den gemodelten Statuetten, sehr zahlreich auch sie und zuweilen mit Farbe bemalt, erkennt man zwei Hauptarten: ägyptisierende und hellenisierende. Jene haben ein mumienartiges Aussehen; diese bilden, aufrecht oder sitzend, die geläufigsten Typen nach: Frau mit Tamburin (?) oder mit einer Taube an der Brust, Frau, ein Kind in den Armen oder ein Gefäß auf der Schulter, musizierende oder tanzende Frauen und noch viele andere. Nicht zu vergessen schließlich die Produktion von Gefäßen in Form eines menschlichen Kopfes, zweifellos griechischer Tradition und wahrscheinlich, zumindest in diesem Fall, von Sizilien beeinflußt.

Unter den Terrakotta-Statuetten gibt es Typen, die sich von den ägyptisierenden oder griechischen Mustern entfernen, so daß man sie eher als spezifisch punisch, also ursprünglich phönizisch ansprechen kann, zum Beispiel die ‹Schwangere› oder den Priester mit konischer Mütze und langer Tunika. Daneben finden sich gänzlich handgeformte Terrakotten, die die verschiedensten Themen behandeln (zum Beispiel einen Mann in einem Schiff, einen Mann, der mit Brot hantiert): spontane, bäuerliche Erzeugnisse, die sich jeder Typologie entziehen.

Abschließend sei vermerkt, daß bis jetzt nichts in Karthago auf jene Produktion kleiner Bron-

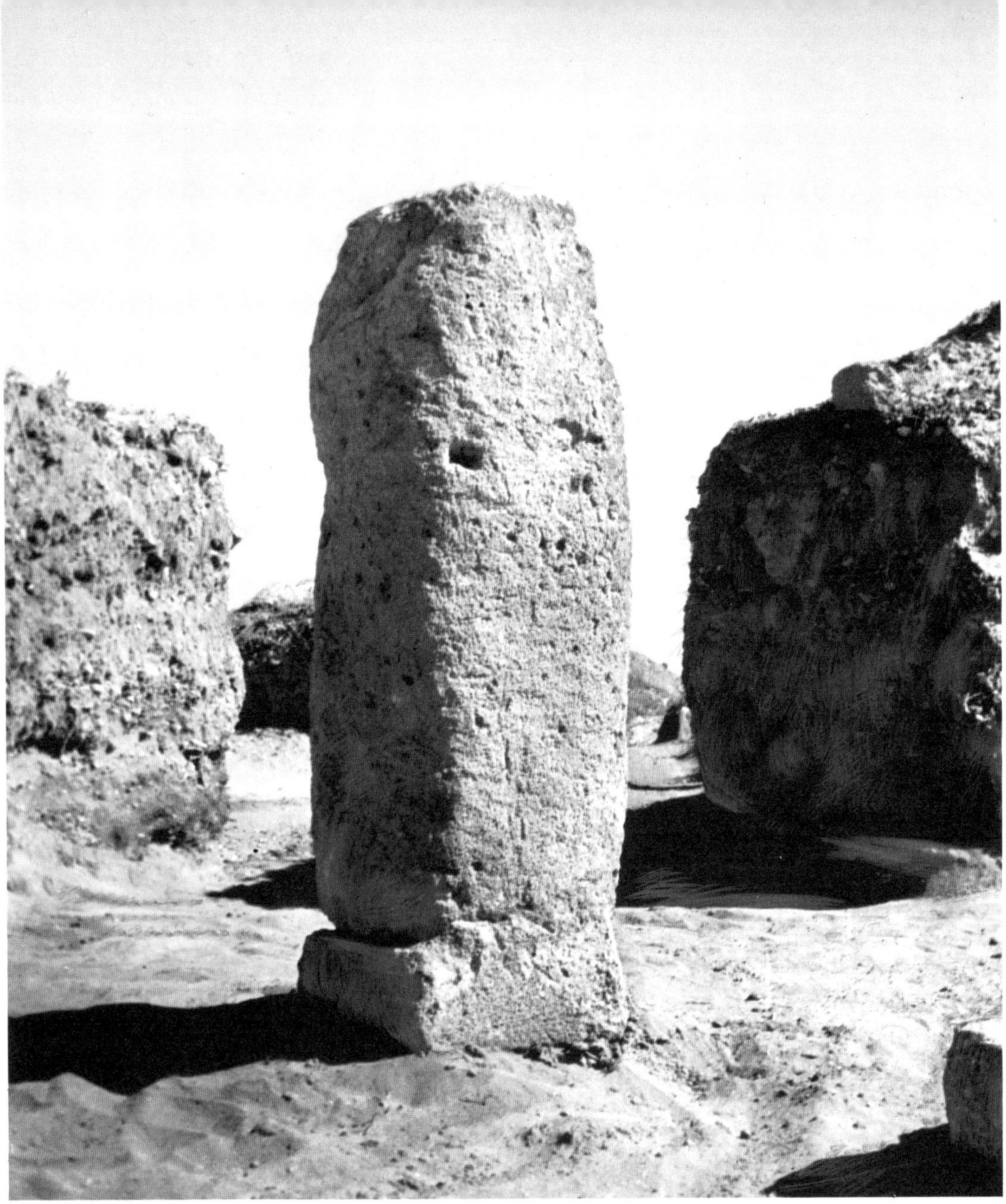

161 - punisch - Mogador - Ein Baitylion (Etwa 6. Jh. v. Chr.)

zen hindeutet, die, wenn auch spärlich, in Phönizien ebenso wie in den Kolonien des Westens vorkommen. Darum mag die Studie über die Vollplastik mit der Feststellung von deren Dürftigkeit enden. Zusammenfassend kann man sagen, daß lediglich die Terrakotta-Statuetten auf Grund ihrer geringen Größe, der Leichtigkeit ihrer Herstellung (selbst wenn sie nicht bloß gemodelt waren) und des unbeschränkt vorrätigen Rohstoffes eine festumrissene Gruppe bilden.

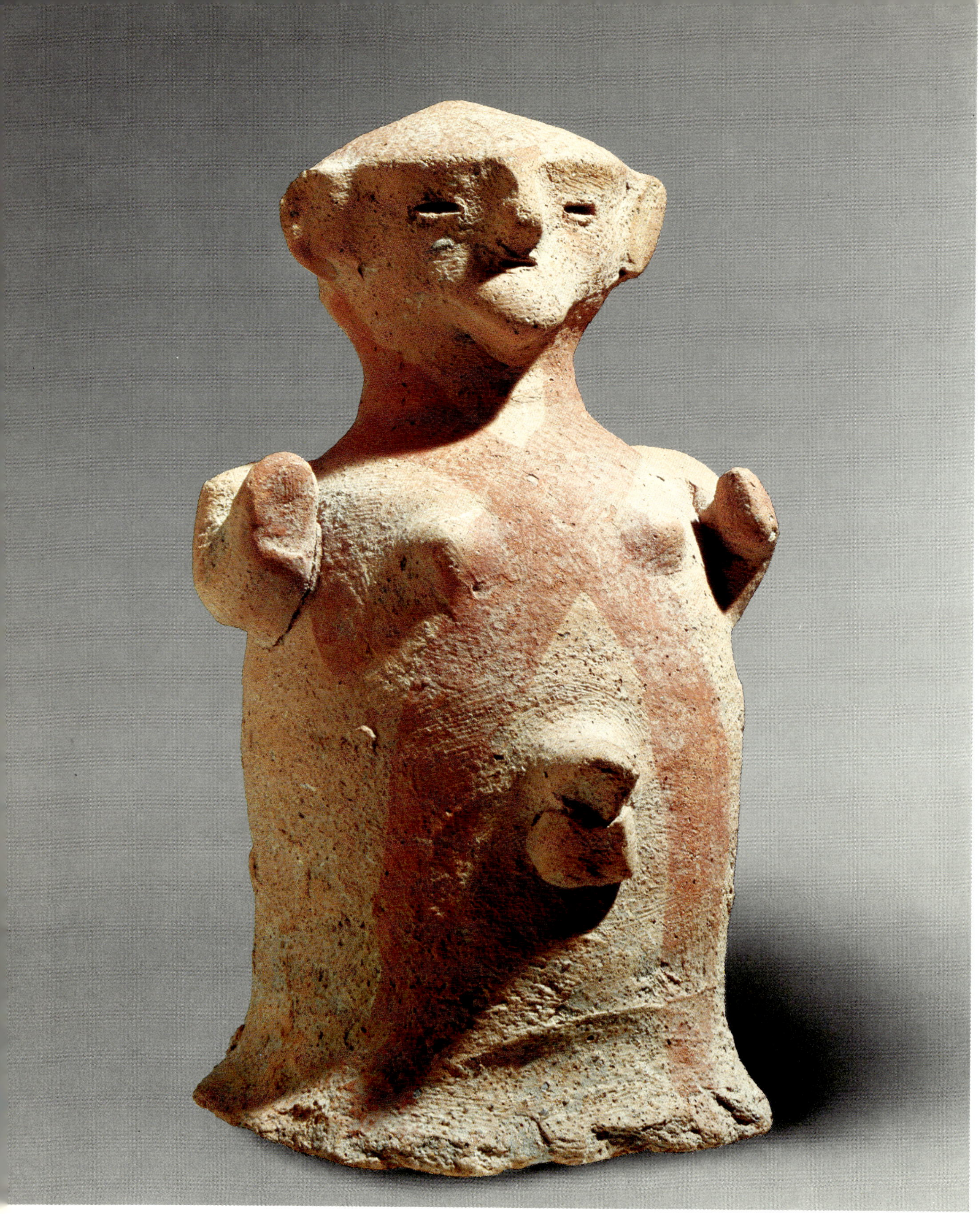

162 - punisch - Karthago, ‹tophet› - Glockenförmige männliche Figurine (7.-6. Jh. v. Chr.) - Karthago

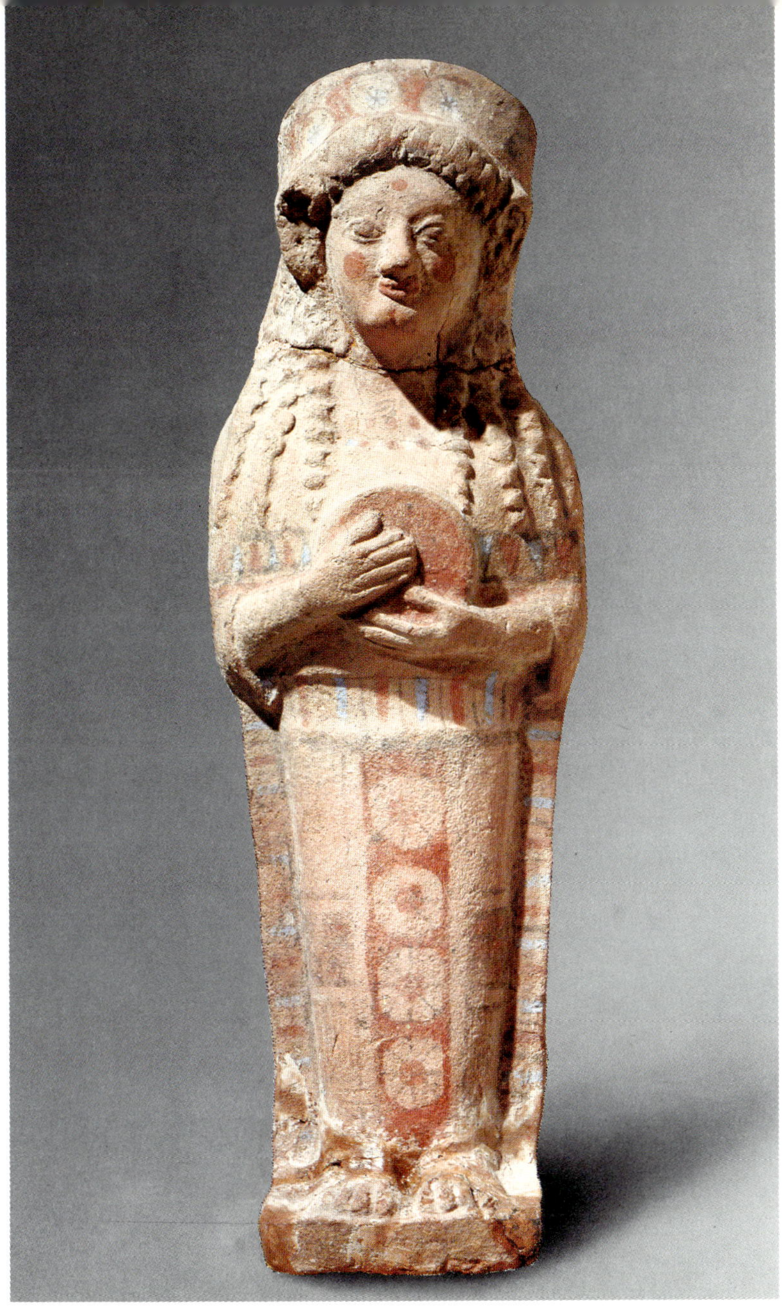

163 - punisch - Karthago - Hellenisierende weibliche Figurine mit Tamburin (?) in der Hand (6.-5. Jh. v. Chr.) - Tunis

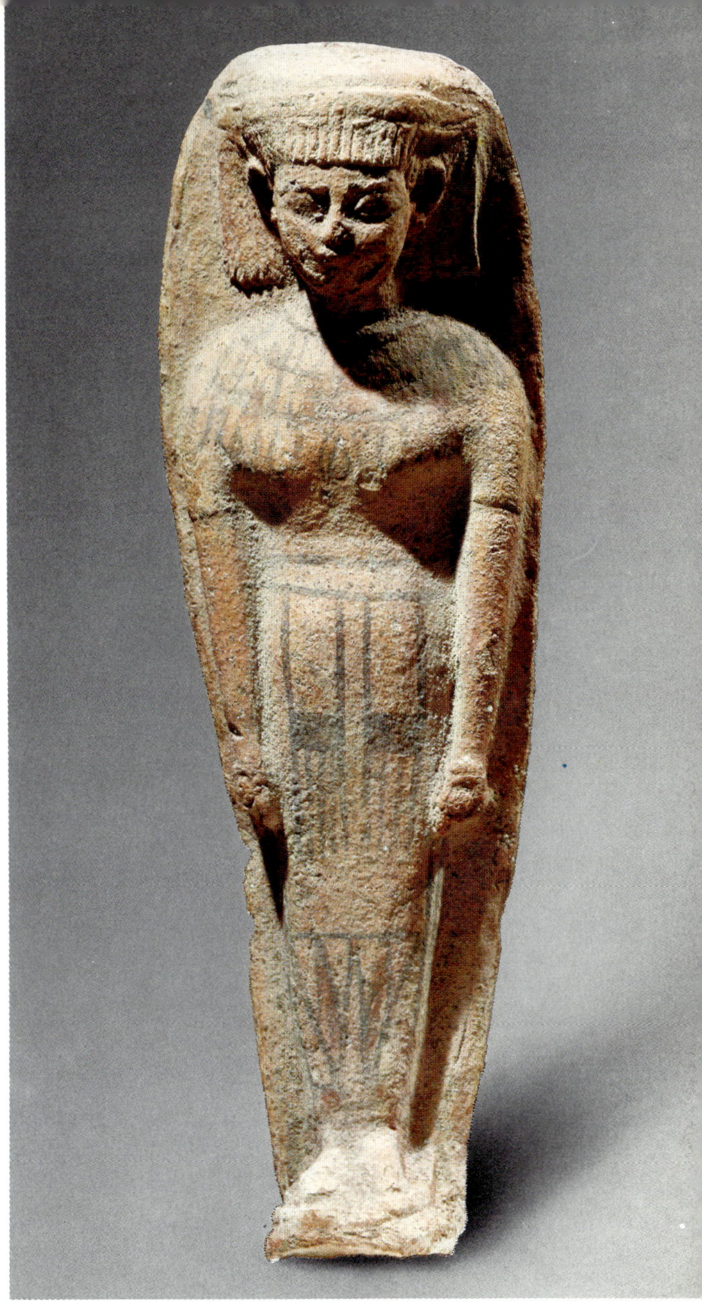

164 - punisch - Karthago - Ägyptisierende weibliche Figurine (Etwa 6. Jh. v. Chr.) - Karthago

Das Relief

Das Relief erlebte in Karthago eine sehr bedeutende Entwicklung. Man kann es nach dem Ausgangsmaterial, Stein oder Terrakotta, einteilen und die verschiedenen Arten von ‹Kleinkunst› beiseite lassen. Übrigens muß gesagt werden, daß der Umfang der Produktion an gewisse ‹Genres› gebunden ist, in erster Linie an das der Votivstelen, die nach Tausenden zählen. Es gibt sehr wenige Beispiele für Reliefs, die nicht an ‹Genres› gebunden sind: aus Karthago etwa ein großer Block aus grauem Granit mit eingeritzten stilisierten Gesichtszügen, der als vereinzeltes Erzeugnis volkstümlicher Kunst anzusehen ist. Die Stelen stammen vor allem aus dem *tophet* von Karthago, und man kann sie in zwei große Phasen unterteilen: zur ersten Phase

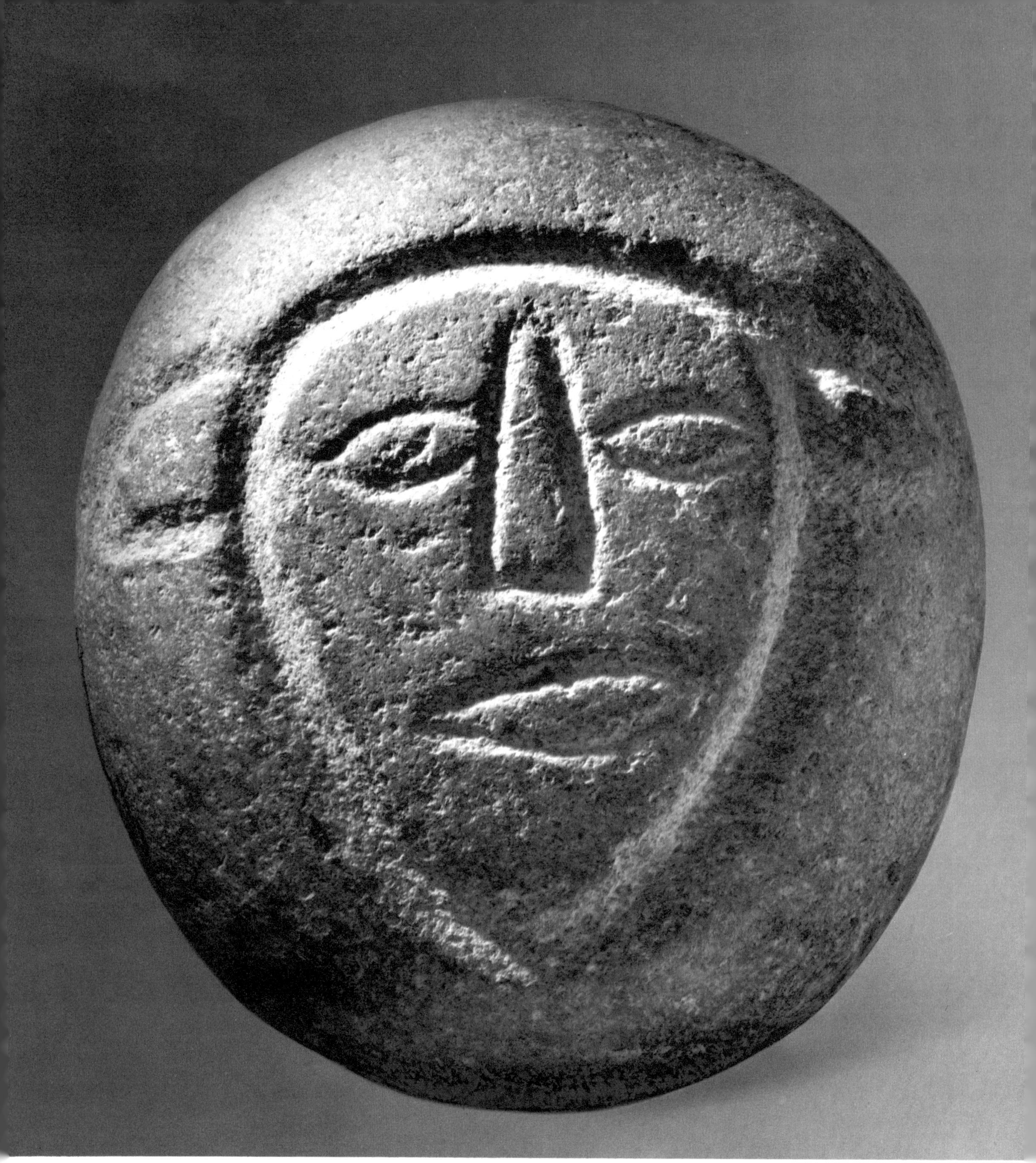

165 - punisch - Stein mit eingeschnittenem stilisiertem menschlichen Gesicht (5. Jh. v. Chr.) - Tunis

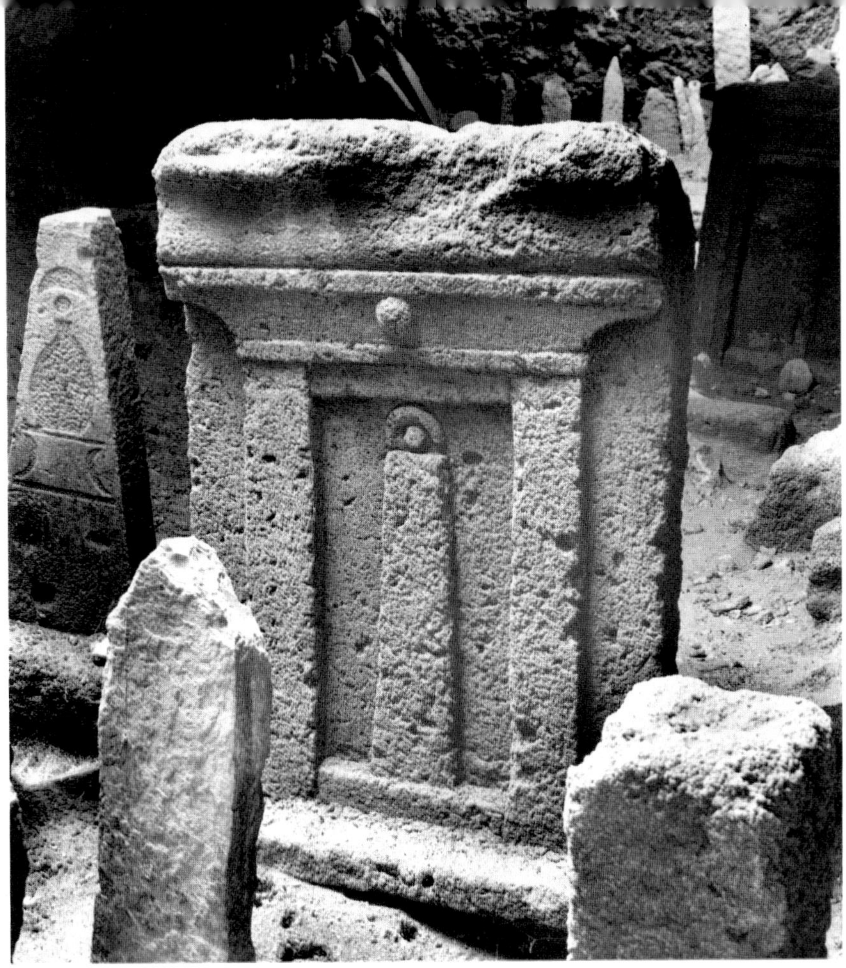

166 - punisch - Karthago, ‹tophet› - Stele: Ein Baitylion (5.-4. Jh. v. Chr.)

zwischen dem 7. und 5. Jahrhundert gehören Cippi (das heißt Gedenksteine) in Form eines Throns oder Altars sowie Ädikula-Stelen; zur zweiten vom Ende des 5. bis zum 2. Jahrhundert Stelen mit dreieckigen Giebeln. Der typologischen Unterscheidung entspricht ein Unterschied in der Ikonographie, der sich hauptsächlich daraus ergibt, daß die Stelen der ersten Phase auf phönizische Vorbilder zurückgehen, während sich in denen der zweiten die griechische Komponente behauptet.

Bei einer mehr gegenständlich orientierten Prüfung ist von vornherein zu unterscheiden zwischen dem Cippus mit annähernd quadratischem Querschnitt und der Form eines Parallelepipedons und der Stele mit rechteckigem Querschnitt, die mithin als eine Verkleinerung oder eher als Abflachung des von vorn gesehenen Parallelepipedons wirkt. Es ist schwer zu sagen, ob die logische Fortbildung der einen zur anderen Form mit einer historischen Evolution korrespondiert; nichtsdestoweniger steht fest, daß in Karthago der Cippus der ältesten Phase angehört, während die Stelen sogar noch in der spätesten vorkommen.

Der Thron-Cippus und der Altar-Cippus sind zwei sehr nahe Varianten desselben kleinen Monuments: ein Block aus Kalkstein, bis 1,50 Meter hoch (aber oft viel niedriger), zusammengesetzt aus einer unteren Partie oder einem Sockel in Form eines Parallelepipedons und einer oberen Partie, die im Fall des Throns aus einer Rücken- und zwei Armlehnen, im Fall des Altars aus Rückenlehne und zwei Räucherpfannen besteht; in der zentralen Aushöhlung der oberen Partie brachte man den Kultgegenstand unter. In der ältesten Phase präsentierte sich die Stele als Miniaturkapelle mit zentraler Ädikula, die das Idol enthielt.

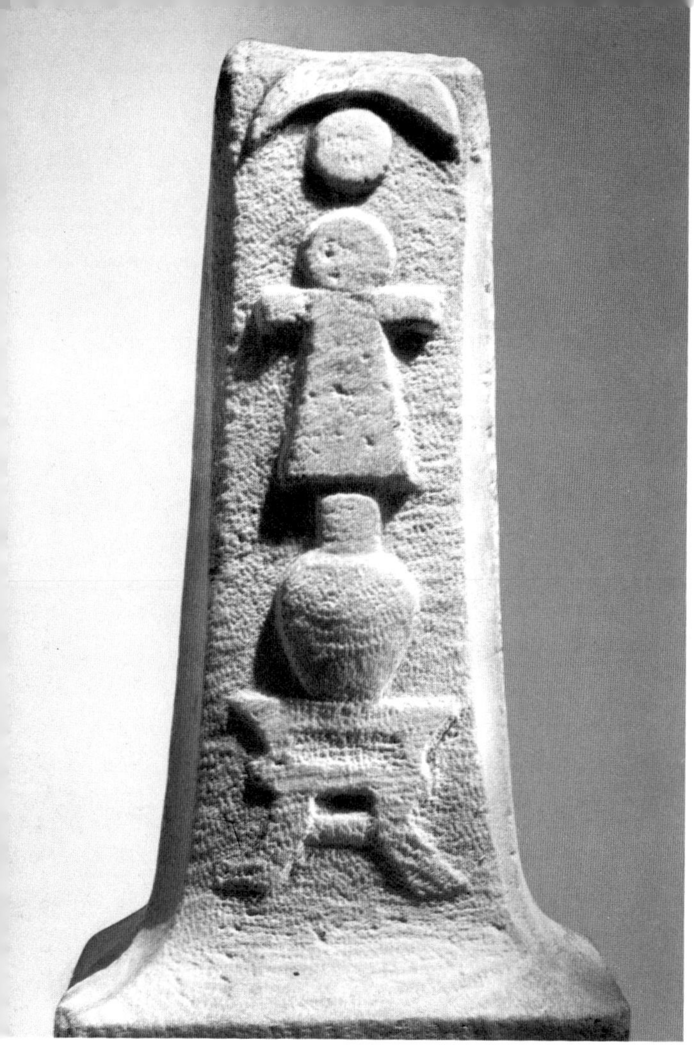

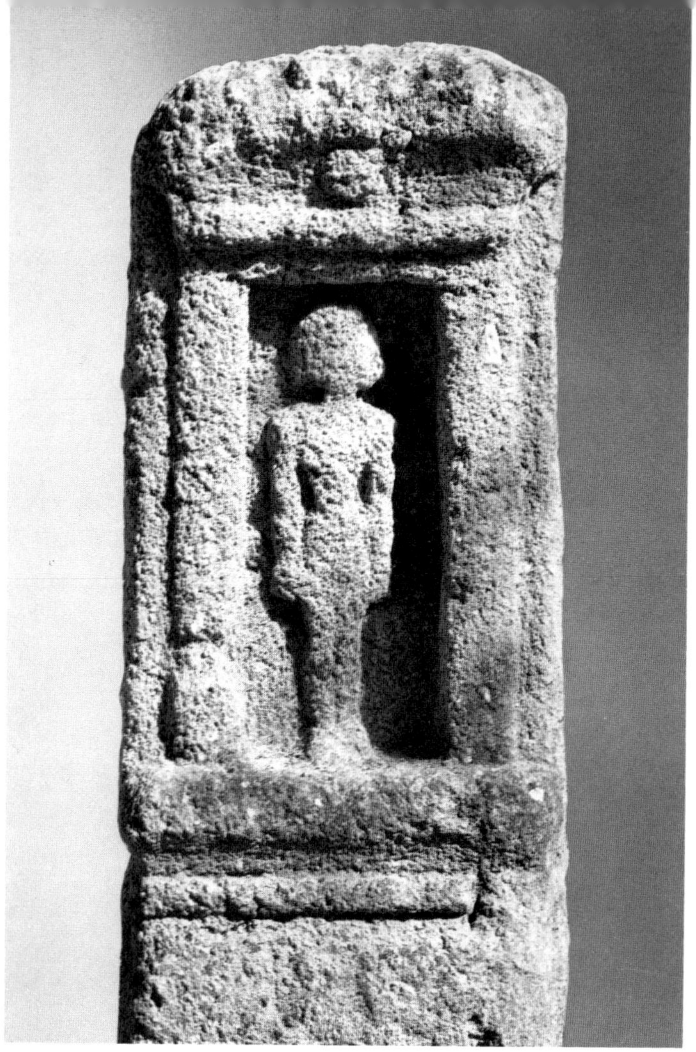

167 - punisch - Karthago, ‹tophet› - Stele: Astralsymbole, ‹Tanit-Zeichen›, ‹Flaschenidol› (Anfang 4. Jh. v. Chr.) - Tunis
168 - punisch - Karthago, ‹tophet› - Stele: Stilisierte Gestalt von vorn (Etwa 5. Jh. v. Chr.)

Es sind gerade die verschiedenen skulptierten Darstellungen in den Gehäusen der Stelen, welche diese zu charakterisieren und zu klassifizieren erlauben. Die Besonderheit, durch die sich Karthago von den anderen Zentren der punischen Welt abhebt, ist das Übergewicht der abstrakten gegenüber der figürlichen Plastik.

Das häufigste Motiv ist das Baitylion, und zwar einzeln, zu zweit oder zu dritt, manchmal überragt von der Sonnenscheibe oder dem Halbmond.

Die anderen Figuren sind das Hexagon, der Rhombus und das sogenannte ‹Flaschenidol›, zuweilen miteinander kombiniert. Menschliche Darstellungen sind selten, grobschlächtig und stilisiert.

Am Ende der ersten Periode, das heißt im Lauf des 5. Jahrhunderts, erscheinen die ersten Beispiele einer Ikonographie, die für die gesamte punische Welt von großer Bedeutung gewesen sein muß: das ‹Tanit-Zeichen›. In seiner einfachsten Form besteht es aus einem Dreieck mit einem Querbalken darüber, der seinerseits von einer Scheibe überragt wird. Mit Hilfe der verschiedensten, zuweilen verstiegensten Hypothesen versuchte man den Ursprung dieser Figur zu erklären: in Wirklichkeit ist sie aller Wahrscheinlichkeit nach die schematische Darstellung der Göttin von vorn, mit den Händen auf der Brust. Obzwar in Karthago selten, wurde diese Darstellung der Göttin mehrfach unter den jüngst in Motye gemachten Funden angetroffen, die sie

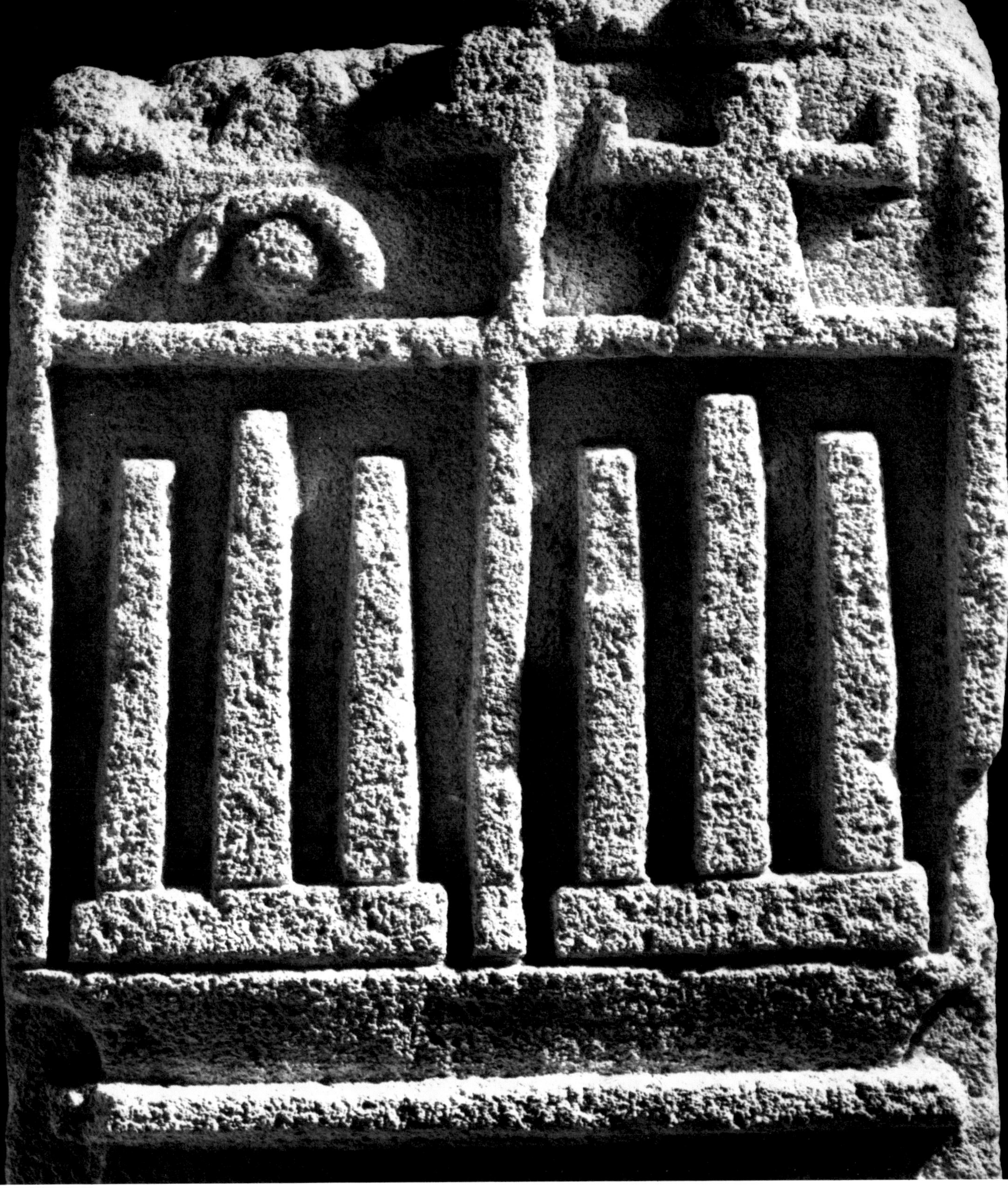

169 - punisch - Karthago - Stele: Doppelte Trias von Baitylien, Astralsymbole und ‹Tanit-Zeichen› (4.-3. Jh. v. Chr.) - Paris

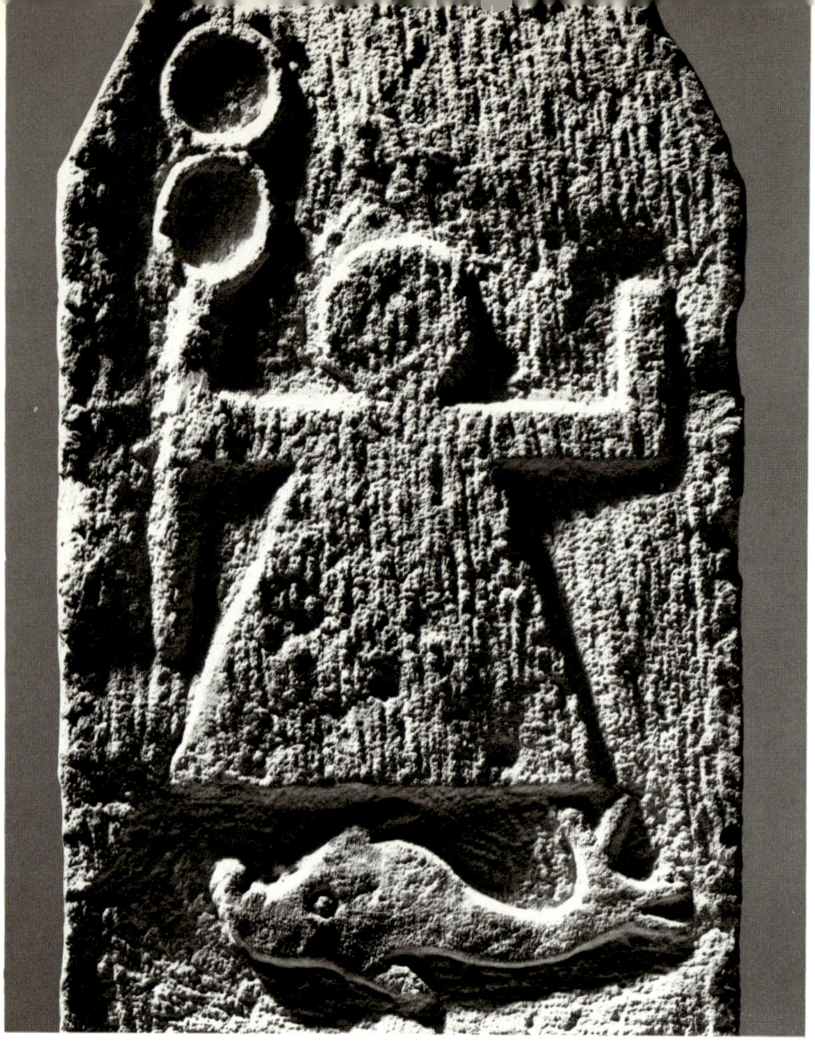

170 - punisch - Karthago - Stele. Ausschnitt: ‹Tanit-Zeichen› und Fisch (4.-3. Jh. v. Chr.) - Paris

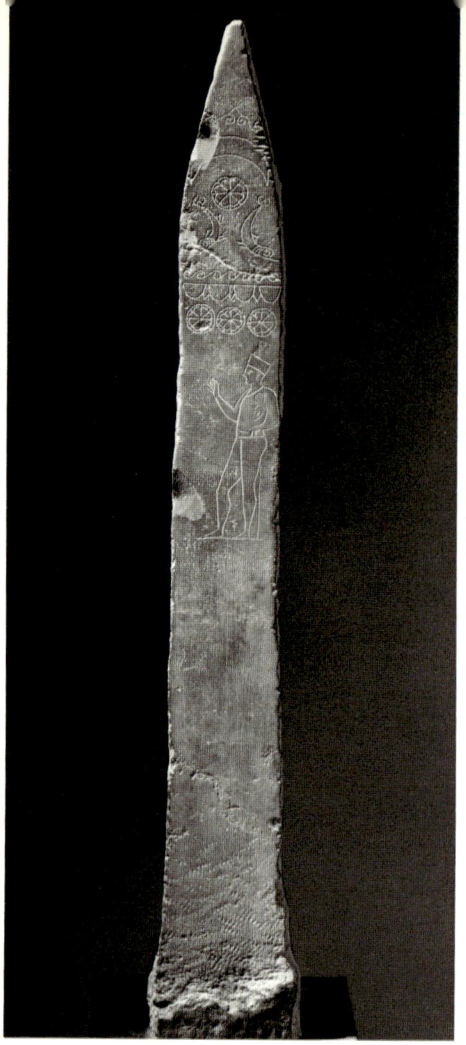

171

als die früheste Form des ‹Tanit-Zeichens› sowie auch die fortschreitende Wandlung des figürlichen Bildwerks zum geometrischen Schema erweisen.

In der zweiten Produktionsperiode nimmt die Spitze der Stelen, wie gesagt, eine dreieckige Form an; sie werden sodann schmäler und höher, und ihre oberste Partie trachtet sich zu vergrößern und eine Art Giebel zu bilden, der manchmal von Akroterien eingefaßt wird. Das ikonographische Repertoire wandelt sich ebensosehr; und überdies ändert sich sogar die Technik, da sich von nun an die leichte, von Lineal und Zirkel unterstützte Ritzzeichnung auf der Vorderseite der Stelen durchsetzt, die oft keine oder nur eine gezeichnete Scheinädikula aufweisen.

Man kann nicht sagen, daß alle damals aufkommenden ikonographischen Themen von anderen abgeleitet und ‹spät› seien: im Gegenteil, es gibt Darstellungen von Priestern und Betenden oder Motive wie die geöffnete Hand, das proto-äolische Kapitell und die Palme, die unbezweifelbar altorientalische Vorläufer haben. In ihrer Mehrzahl jedoch weichen die neuen Themen von der Tradition ab und lassen griechischen Einfluß erkennen: zum Beispiel die ionische und die dorische Säule, der *caduceus*, der Delphin, die Vögel, die Blumenmotive.

Mit der Zeit schließlich werden die Ikonographien abwechslungsreicher und komplizierter. Im 3. bis 2. Jahrhundert v. Chr., der letzten Phase der Stelenproduktion in Karthago, gewinnen die menschlichen Darstellungen mehr durchgebildete Formen, wie der sogenannte *temple boy*,

171 und 172 - punisch - Karthago, ‹tophet› - Stele: Priester, der auf dem linken Arm ein Kind trägt (Gesamtansicht und Ausschnitt) (Etwa 4. Jh. v. Chr.) - Tunis

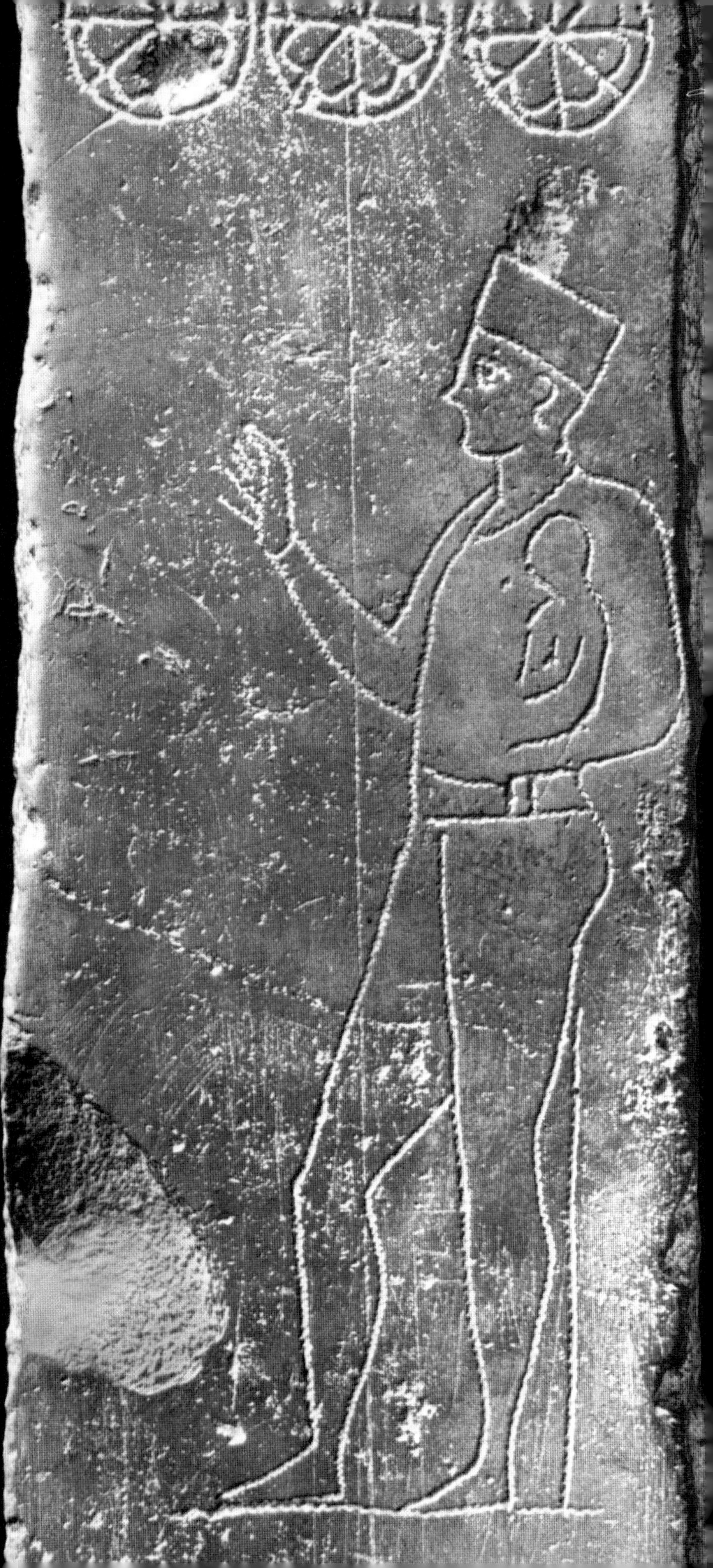

ein Kind, das mit untergeschlagenem rechten Bein auf seinem linken Bein sitzt, und der Opfernde, der die eine Hand bittend erhebt und mit der anderen ein Gefäß oder eine Lotosblüte hält: diese beiden Figuren sind bereits dadurch hervorgehoben, daß sie gewöhnlich die Giebel dekorieren. Tierdarstellungen häufen sich: Elefanten, Pferde, Panther, Hasen, Hähne, Widder, Tauben, Schwäne und andere mehr. Ebenso die vegetabilischen und geometrischen Motive: Efeublätter, Eierstäbe, Ring- und Fischgrätenmuster; auch gänzlich ungleichartige – aber stets mit dem Kult verbundene – Objekte wie Messer, Äxte, Vasen, Kästchen, Tische. Zusammenfassend läßt sich sagen, daß die Künstler in der letzten Phase der karthagischen Produktion sich vom Schematismus befreien und bei der Auswahl möglicher Gestaltungen großzügiger verfahren.

Eine andere und sogar entgegengesetzte Bewandtnis hat es mit gewissen Stelen, die nicht Votivzwecken dienen, sondern Grabmälern zugedacht sind. Diese mußten alle den Entschlafenen darstellen, von vorn, eine Hand zum Gebet erhoben. Wiewohl es sich um Spätwerke handelt, läßt sich an ihnen kaum ein hellenistischer Einfluß feststellen, wie er dagegen auf den Votivstelen vorherrscht; allerdings zeichnen ein betont volkstümlicher Charakter und handwerkliche Unbeholfenheit diese Produktion aus, die im übrigen so gleichartig ist, daß man dabei an eine einzige Werkstatt oder zumindest an ein einziges Produktionszentrum denkt.

Die ältesten Stelen von Hadrumetum (Sousse), die nach den karthagischen Stelen die bedeutendste Gruppe ausmachen, stammen vom 6. Jahrhundert. Vorweg sei eine Stele erwähnt, die mit einer Gottheit verziert ist. Der Gott trägt eine hohe Mütze und sitzt auf einem von geflügelten Sphingen flankierten Thron; dargestellt im Profil, hebt er eine Hand segnend empor und hält in der anderen eine Lanze; ein Gläubiger steht aufrecht vor ihm.

Eine andere Stele nimmt das Motiv der thronenden Gottheit im Profil wieder auf, jedoch mit abweichenden Merkmalen: es ist eine Göttin, auf etwas ungewöhnliche Art in ein weites Gewand gehüllt, das auch ihren Kopf bedeckt; mit vorgestreckten Armen hält sie eine Scheibe; der Thron besteht aus einem einfachen Hocker; vor der Gottheit befindet sich eine Art Altar, überragt von einer Scheibe, über der ein Halbmond schwebt. Wiewohl in der Ausführung selbständig, wiederholt diese Stele (die einer analog gestalteten gleicht) phönizische Themen.

Andere Stelen aus Sousse nähern sich mehr den karthagischen Erzeugnissen, wahren jedoch stets charakteristische Einzelheiten. Die Baitylien bilden Triaden, deren Mittelstück die beiden anderen überragt; auch treten die Triaden häufig paarweise auf, was Kompositionen aus sechs Baitylien ergibt. Unter den Baitylien, die mitunter von *caducei* oder kannelierten Säulchen gerahmt sind, finden sich Basen mit ägyptischen Hohlkehlen. Auch das ‹Flaschenidol› kommt vor, charakteristisch verformt durch eine Verbreiterung der Basis, die ihm das Aussehen einer Glocke gibt. Gewisse Formen erhalten durch Abwesenheit Bedeutung: die Raute beispielsweise findet sich niemals in Sousse, und da sie in sämtlichen Kolonien fehlt, wirkt sie schließlich als eine karthagische Spezialität.

Cirta (Constantine) war ein drittes Produktionszentrum von Stelen in Nordafrika. Wir haben es hier mit einer späteren Epoche zu tun als in Karthago, und die Weiterentwicklung der Themen ist beträchtlich. Das sehr häufige ‹Tanit-Zeichen› zeigt allgemein menschliche Züge; es hält in einer Hand den *caduceus* und in der anderen zuweilen die Palme. Ihrerseits ist die Palme, die in der Ikonographie sehr verbreitet ist, so verwandlungsfähig, daß sie auf einer Stele menschliche Gestalt annehmen kann. Auch andere vegetabilische Themen sind vorhanden, daneben animalische und geometrische Themen. Auf Grund ihrer thematischen Originalität verdienen Waffenmotive besondere Erwähnung: man gewahrt verschiedene Helme, Schilde, Lanzen und Schwerter.

173 - punisch - Karthago - Stele: ‹Tanit-Zeichen› zwischen‹ caducei›; Astralsymbole und Inschrift (4.-3. Jh. v. Chr.) - Paris

174 - punisch - Sousse, ‹tophet› - Stele. Ausschnitt: Sitzende Göttin mit Scheibe vor einem Altar (5. Jh. v. Chr.) - Sousse

175 - punisch - Sousse, ‹tophet› - Stele. Ausschnitt: Glockenförmiges Idol (Etwa 3. Jh. v. Chr.) - Tunis

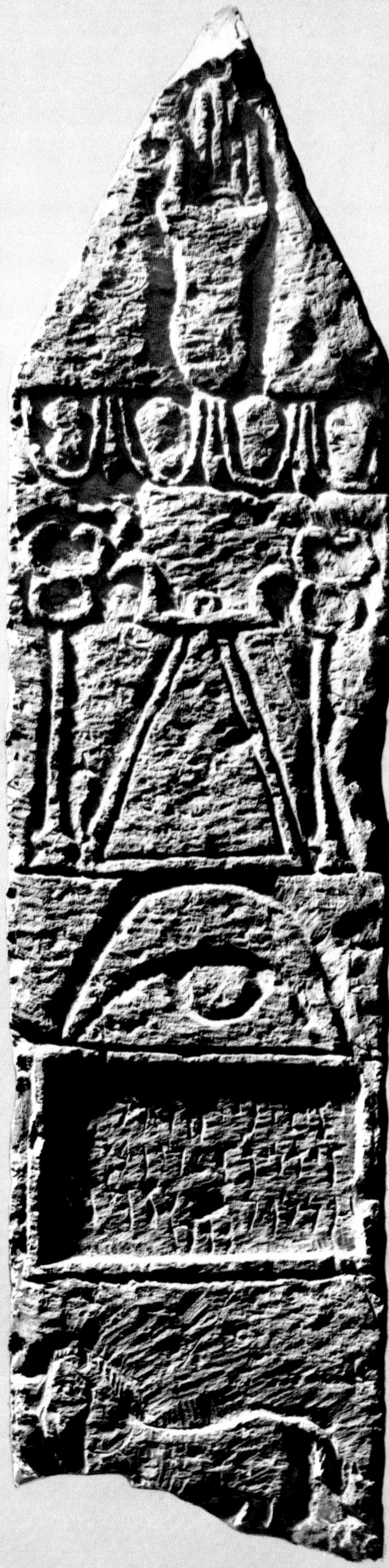

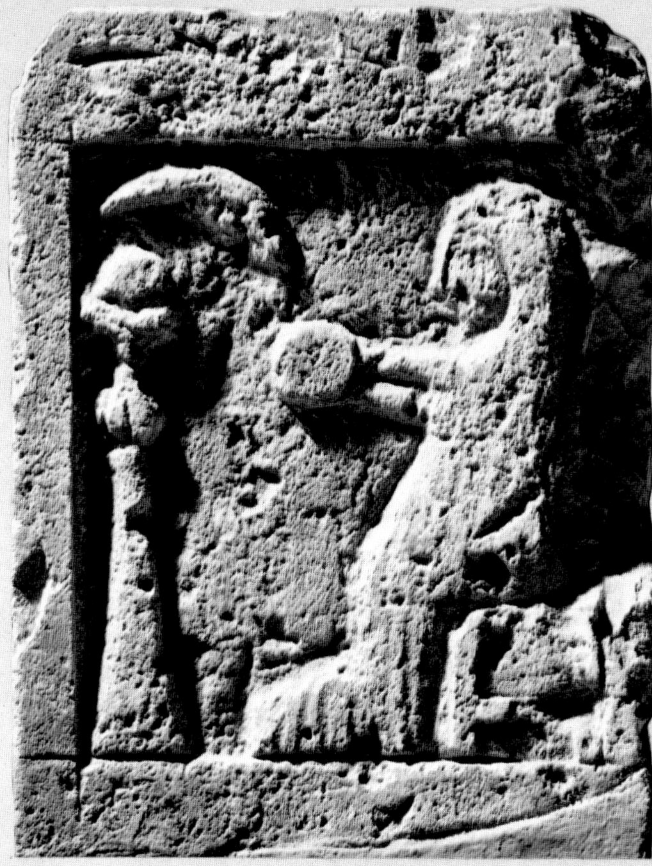

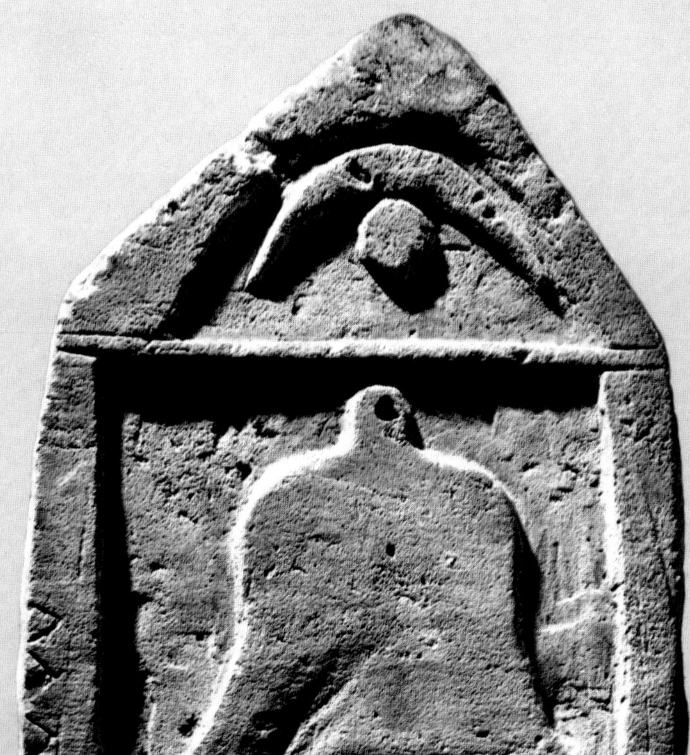

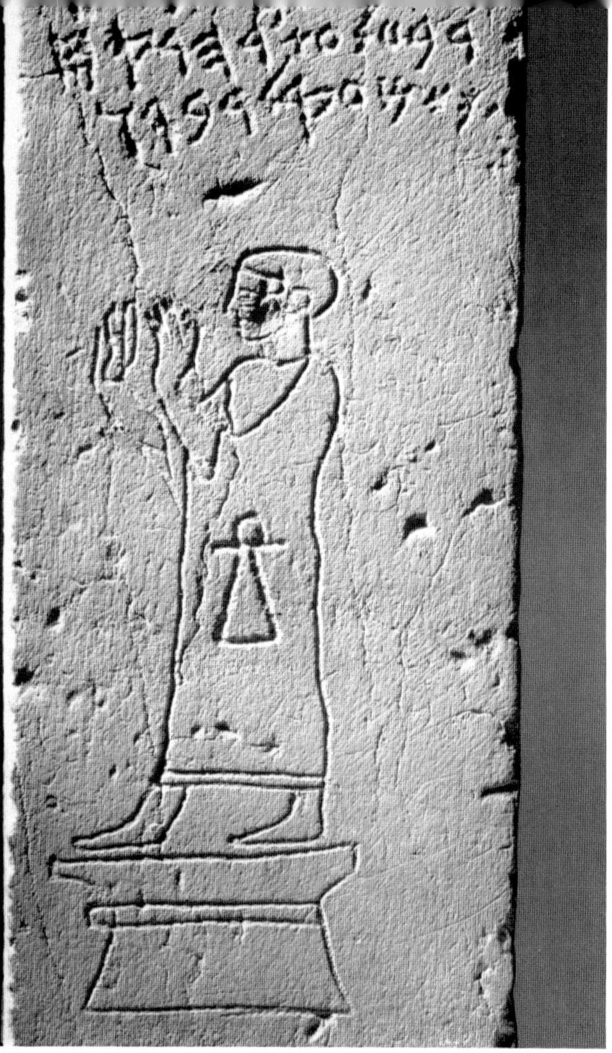

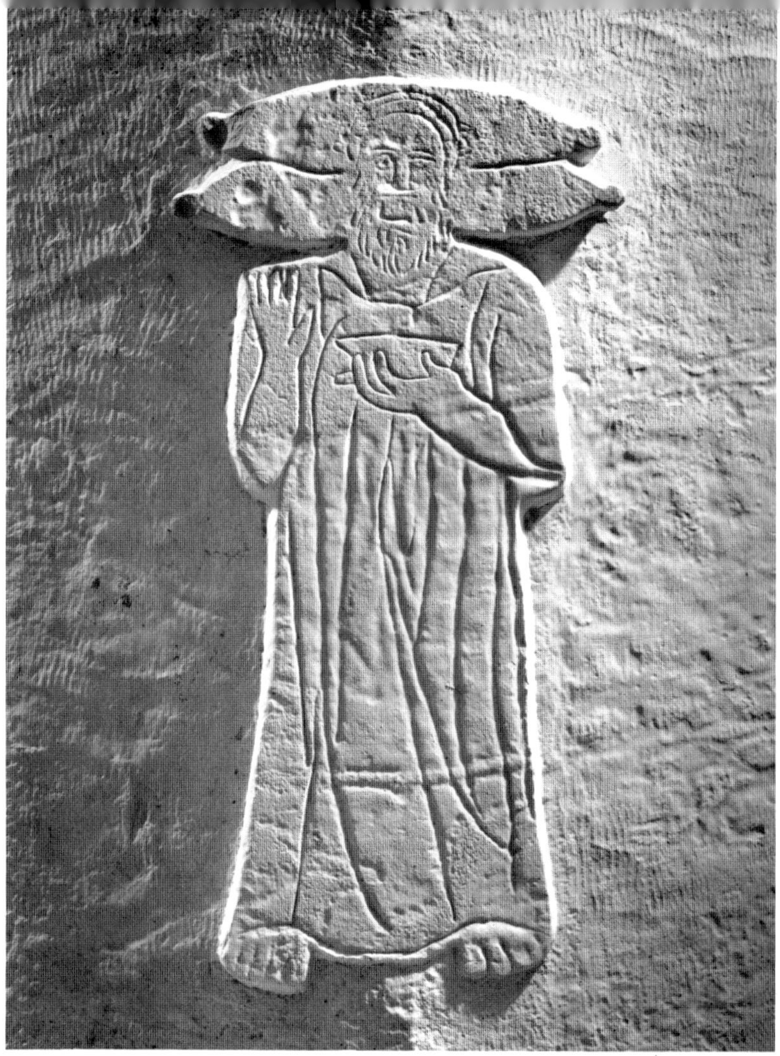

176 - punisch - Karthago, ‹tophet› - Stele. Ausschnitt: Gestalt im Profil mit dem ‹Tanit-Zeichen› auf dem Gewand (Etwa 4. Jh. v. Chr.) - Tunis

177 - punisch - Karthago - Deckel des Sarkophags des Baalschillek (Ausschnitt) (Etwa 3. Jh. v. Chr.) - Karthago

Nach dem Fall Karthagos setzt sich die Produktion von Stelen in der römischen Epoche fort, entfernt sich aber immer mehr von den ursprünglichen Modellen. Eine abwechslungsreiche, schwerfällige, ausladende Dekoration, die sich den ganzen Themenreichtum der hellenistisch-römischen Kunst angeeignet hat, ist in verschiedenen und ungleichartigen Zierfeldern angeordnet. Aus dem Komplex der neuen Stelen ragen die aus der Ghorfa hervor, die ins 2. Jahrhundert n. Chr. datiert werden können.

Eine andere Gruppe von Stelen aus römischer Zeit stammt aus Maktar. Zu ihren charakteristischen Motiven zählt ein von Strahlen eingefaßter Kopf inmitten eines Kreises, offenbar ein göttliches Symbol, daneben stilisierte Gestalten von Stiftern und vielfältige Fruchtbarkeitssymbole. Desgleichen muß die Gruppe von Dugga genannt werden, die vom ‹Tanit-Zeichen› beherrscht ist; zunächst erscheint es in seiner klassischen Gestalt, nimmt dann entschieden fadenförmige menschliche Umrisse an und zeigt anstelle des Halbmonds die Sonnenscheibe. In el-Kenissia bei Sousse lassen an die Hundert zwischen dem 2. vorchristlichen und dem 2. nachchristlichen Jahrhundert entstandene Stelen erkennen, wie sich die Ikonographie von einer eindeutig vom großen punischen Nachbarzentrum bezogenen Thematik zu einer Reihe später aufkommender und ausgesprochen schwerfällig behandelter Themen entwickelt (Spender, Palmen,

‹Tanit-Zeichen›, *caducei* und verschiedene geometrische Motive). In Bulla Regia, etwa in der gleichen Epoche, gewinnt das anthropomorphe Element die Oberhand.

Verraten bereits die Stelen – obgleich sie in Karthago eine Entwicklung ohne Beispiel darbieten – ihre Verbindung mit den phönizischen Vorbildern, so ist in einer anderen Gattung des Steinreliefs diese Verbindung noch viel enger: wir meinen die Sarkophage. Überdies werden hier die von außen auf die phönizische und punische Kunst einwirkenden Einflüsse klarer erkennbar: man sieht einerseits ganz deutlich die ägyptische Herkunft dieser Produkte, andererseits, wie zu einem bestimmten Zeitpunkt der griechische Einfluß aufkommt und in diesem Kunstzweig obsiegt. Die Sarkophage von Karthago, allen voran die bemerkenswerte Gruppe aus der Nekropole Sancta Monica, umspannen einen vom griechischen Einfluß unbezweifelbar geprägten Zeitraum: sie sind ins 4. bis 3. Jahrhundert zu datieren.

Gleichwohl ist hier ein Vorbehalt zu machen. Ein kleiner Sarkophag, der wegen seiner geringen Maße allerdings eher als Graburne anzusehen ist, trägt auf seinem Deckel die abgeflachte Nachbildung einer Figur mit Vollbart, die einen Arm betend emporhebt, mit dem anderen vor der Brust einen Becher festhält und in einen weiten Mantel mit schweren Falten gehüllt ist, aus dem die Füße hervorragen. Es handelt sich um einen charakteristischen Darstellungstypus, der anläßlich der Grabstelen bereits beschrieben wurde; obwohl die ungewöhnliche Art der Ausführung kein gesichertes Urteil zuläßt und man diese Figur nicht geradezu als unvereinbar mit dem Wesen griechischer Darstellungen bezeichnen kann, bleibt es nichtsdestoweniger wahr, daß sie mehr der orientalischen Tradition entspricht.

Einen weiteren Sonderfall bildet ein Sarkophag mit normalen Dimensionen, dessen Deckel eine elegante weibliche Figur im Hochrelief trägt, bedeckt mit einem langen, zu beiden Seiten des Gesichts herabhängenden und von einem Falkenkopf bekrönten Schleier; in der Hand des ausgestreckten rechten Arms hält sie ein Räucherfaß, in der anderen, den Arm nach vorn abgewinkelt, eine Schale; sie ist mit einem faltenreichen Mantel bekleidet, der sich nach unten in zwei große, übereinandergeschlagene Flügel verwandelt. Die Einmaligkeit dieser Figur beruht – ohne Nebeneinander – auf der Übereinstimmung einer von Grund aus griechischen Auffassung, die im Gesicht, dem Schleier und dem Obergewand zum Ausdruck kommt, mit einigen, sozusagen aufgepfropften ägyptischen Zutaten, wie dem Falkenkopf und den gefalteten Flügeln nach Art der Isis-Nephthys.

Die übrigen Sarkophage jener Epoche gehören jedoch gänzlich der griechischen Einflußsphäre an, etwa jene mit dem Thema des bärtigen Priesters im langen, reich drapierten Gewand und in der traditionellen Pose: im abgebogenen Arm eine Schale haltend, den anderen segnend erhoben. Nebenbei bemerkt, wird der griechische Charakter dieser Werke durch das Vorhandensein des Satteldachprofils und des kleinen, von Akroterien bekrönten Giebels bezeugt. Wenn man Übereinstimmungen zwischen diesen Sarkophagen und einigen etruskischen feststellt, so wird man sie logischerweise einer gemeinsamen griechischen Inspiration zuschreiben und nicht einer mittelbaren Beeinflussung Karthagos durch Etrurien.

Unter den Terrakotta-Reliefs stellen die Protomen und die Masken die typischste, wenn nicht die verbreitetste Produktion dar. Auf Grund der Entdeckungen von Hazor und Kurion (Zypern) kann man hier, zumindest für die männlichen Figuren, einen orientalischen Ursprung annehmen; nach unserem heutigen Wissen aber ist an der ureigenen Entwicklung der karthagischen Produktion nicht zu zweifeln, sowohl im Hinblick auf die männlichen Figuren selbst, als auch, und mehr noch, auf die weiblichen, die übrigens teilweise griechischen Einfluß zeigen.

Was die Groteskmasken betrifft, die die typischsten sind und sämtlich männliche Masken darstellen, so haben verschiedene Autoren eine Klassifikation vorgenommen, die sich im gleichen Grad auf die in den Kolonien entdeckten analogen Stücke stützt. Der charakteristischste Typus in der punischen Welt, derjenige, der die meisten Nachahmungen in den Kolonien nach sich

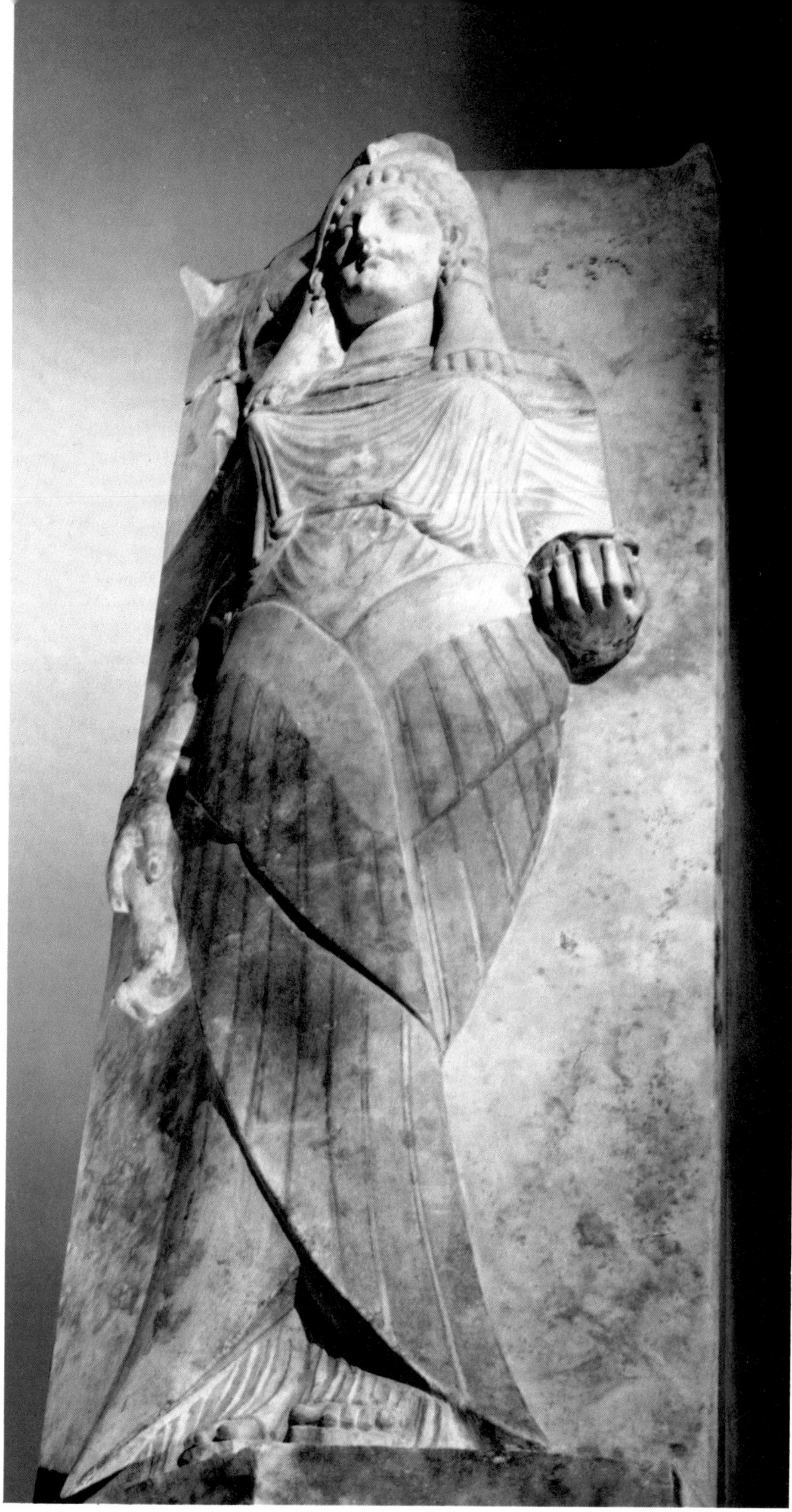

178 - punisch - Karthago, Nekropole Sancta Monica - Sarkophagdeckel: Geflügelte Gestalt einer Priesterin (4.-3. Jh. v. Chr.) - Karthago

179 - punisch - Karthago, Nekropole Sancta Monica - Sarkophagdeckel. Ausschnitt: Segnender Priester (4.-3. Jh. v. Chr.) - Paris

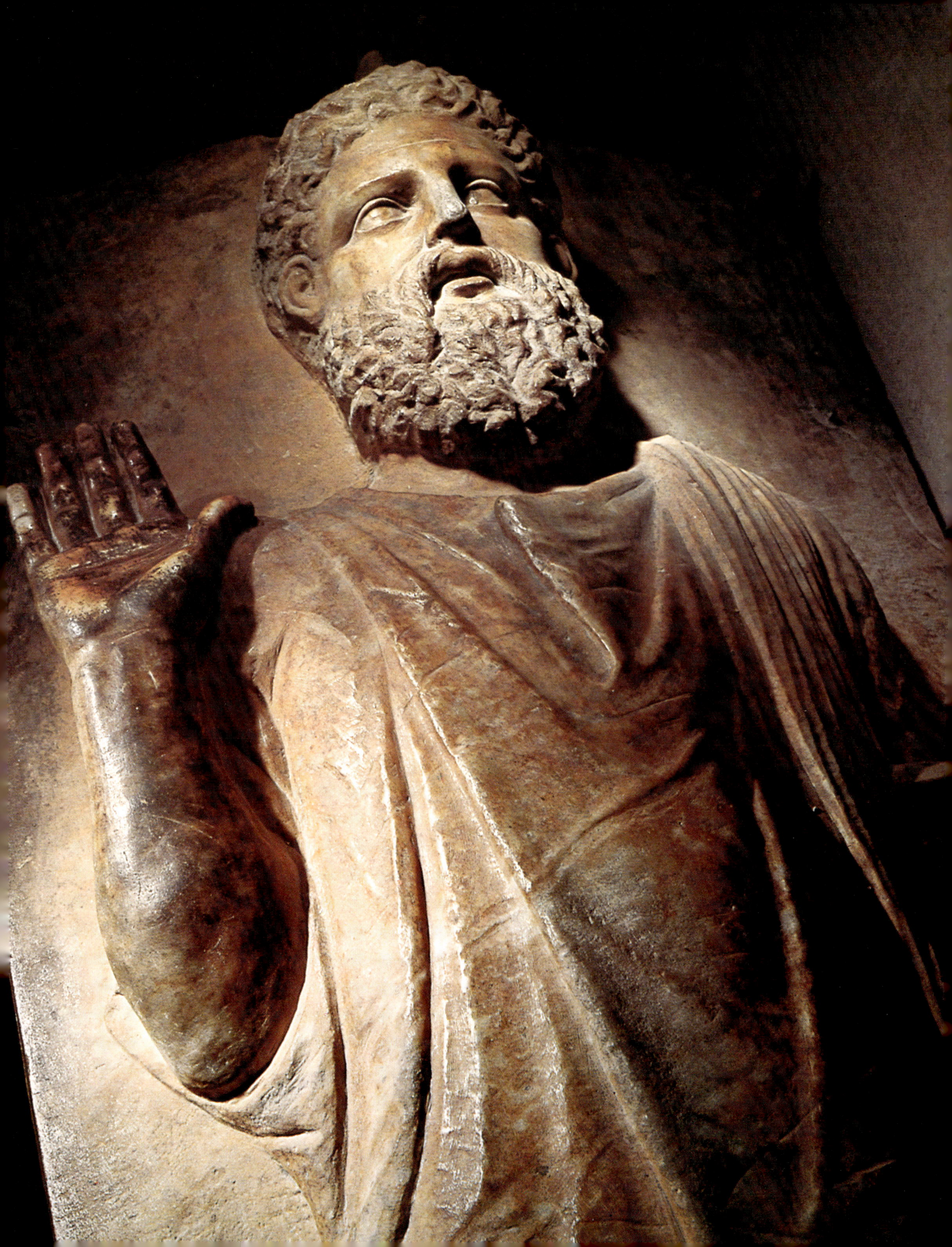

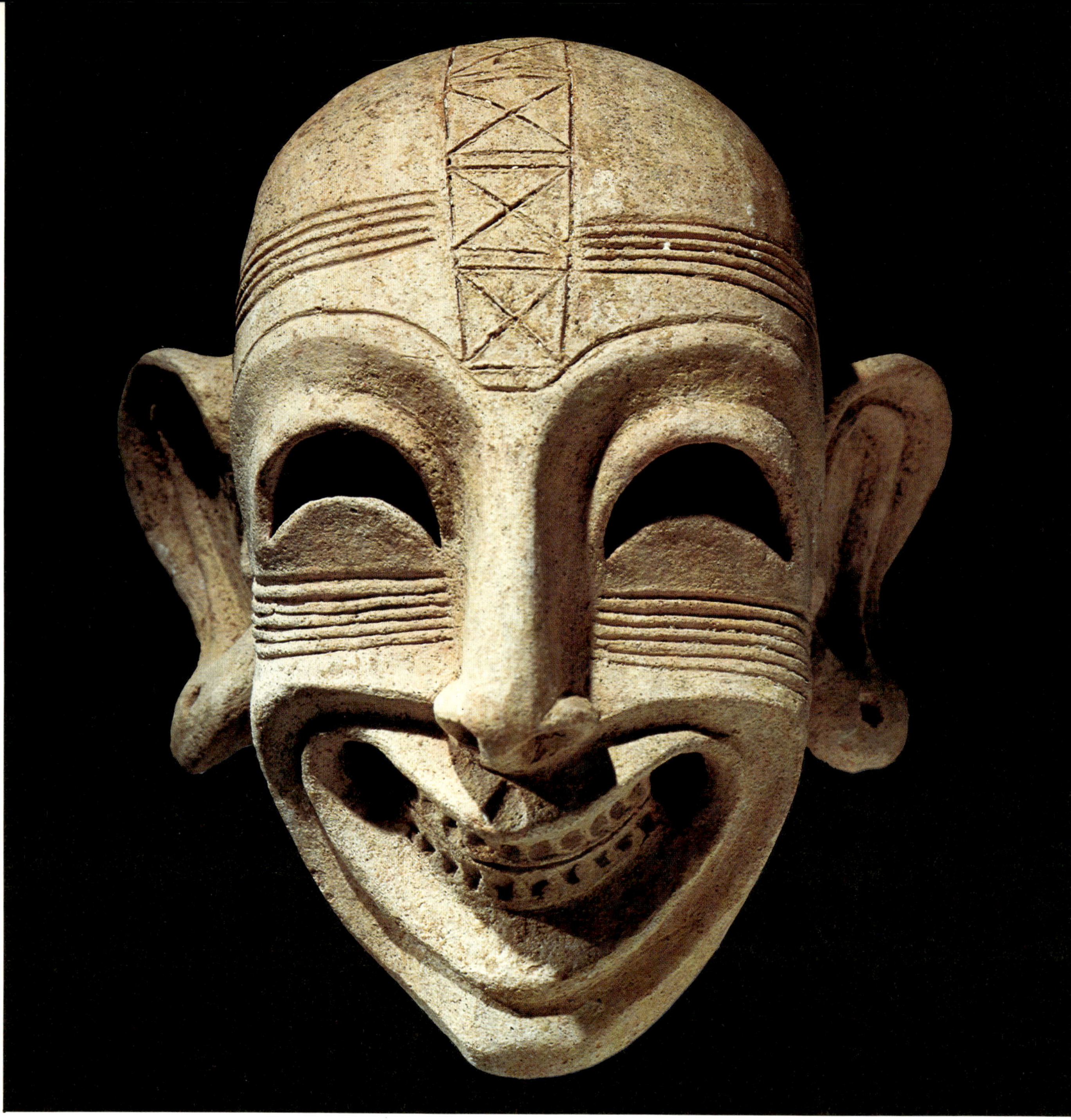

180 - punisch - Karthago, Nekropole Bû Mnidschel - Groteskmaske (7.-6. Jh. v. Chr.) - Tunis

gezogen hat, ist folgender: Augen in Form eines Halbmonds, dessen Spitzen abwärts gerichtet sind, ein weit aufgerissener, nach den Seiten hochgezogener Mund, tiefe, waagerechte Furchen auf Stirn und Wangen, eventuell geometrische Verzierungen in der Mitte der Stirn, große abstehende Ohren. Es gibt eine Variante dieses Typs, die man auch in den Kolonien findet: sie hat einen kleineren Mund, der nicht nach den Seiten hochgezogen ist, eine ovale Falte um den Mund und minder abstehende Ohren.

Wenigstens zwei andere, sehr unterschiedliche und selbständige Typen gesellen sich zu den

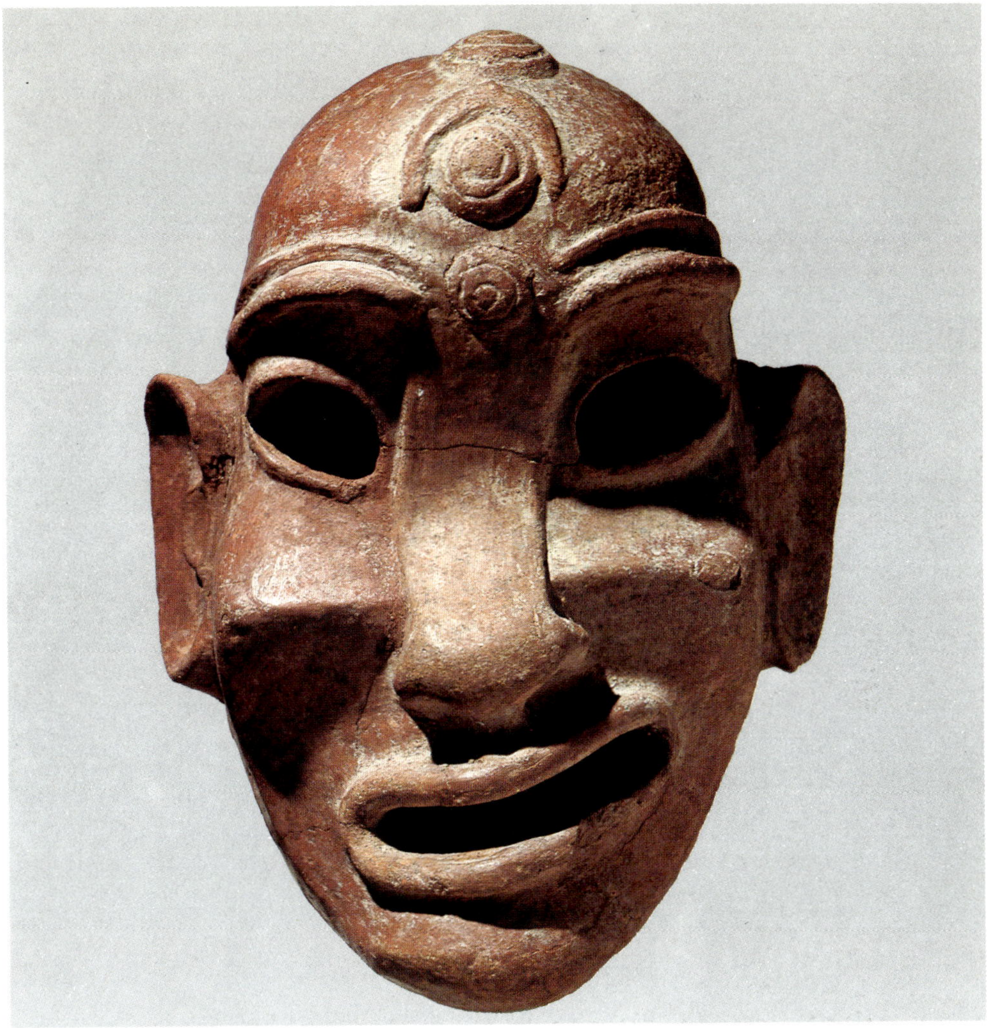

181 - punisch - Karthago, Nekropole Dermesch - Groteskmaske des negroiden Typus (7.-6. Jh. v. Chr.) - Tunis

vorigen. Der erste weist ein negroides Gesicht auf, mit einer großen zerquetschten Nase und einem einseitig aufwärts verzogenen Mund: man kann sich nicht dem Eindruck entziehen, daß man es hier mit einem Echo des afrikanischen Einflusses auf eine spezifisch karthagische Produktionsart zu tun hat. Der zweite Typus dagegen zeichnet sich bereits durch griechischen Einfluß aus: eine Silen-Maske mit kleinen runden Augen, langen Tierohren und langem Bart; er sollte sogar außerhalb Karthagos Verbreitung finden, während die negroide Maske auf den dortigen Bereich beschränkt blieb.

Protomen – und zwar nicht von Masken, sondern von natürlicheren Gesichtern, auch wenn sie nicht einer Stilisierung ermangeln – stellen, wenngleich in beschränkter Anzahl, vor allem Männer dar: so ein behaarter Kopf mit stilisierten Locken, offensichtlich ägyptisch beeinflußt, mit rechteckigem, nach unten etwas schmäler werdendem Bart. Er stammt aus Utica und ist das Vorbild einer verwandten Arbeit, die in Sardinien gefunden werden sollte; ein anderer Kopf, sehr naturalistisch in den Zügen, aber extrem stilisiert im Gelock des Haares und des Bartes, der sich, ohne abzustehen, dem Oval des Gesichts anschmiegt, wirft durch seinen oben angebrachten Befestigungsring die Frage nach dem Zweck dieser Protomen auf. Ein wenig unter der natür-

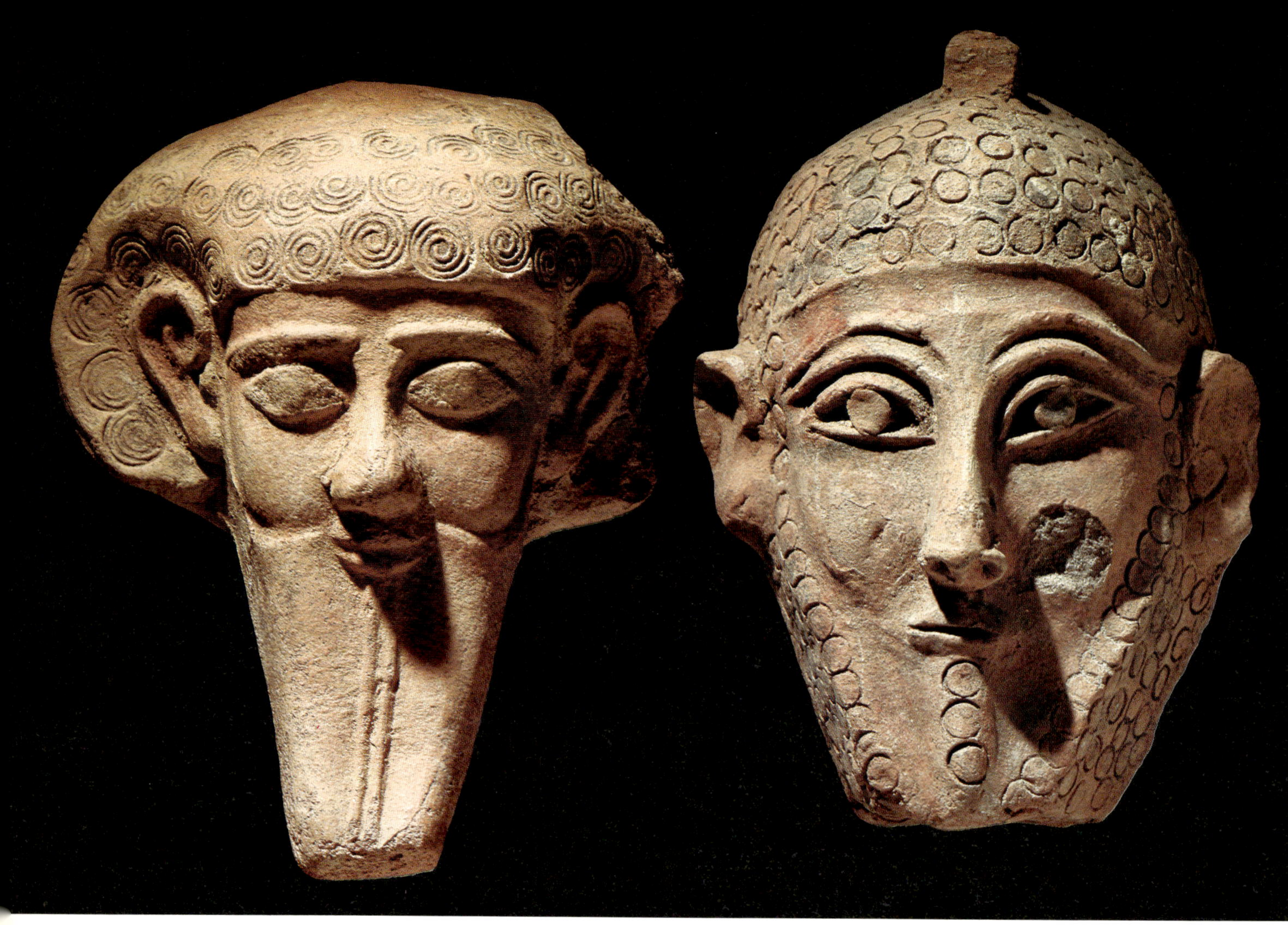

182 - punisch - Utica, Nekropole - Männliche Protome (Etwa 6. Jh. v. Chr.) - Utica
183 - punisch - Karthago, Hügel von Byrsa - Männliche Protome (Etwa 5. Jh. v. Chr.) - Tunis

lichen Größe, haben sie wohl kaum als Masken gedient, sondern dürften vielmehr aufgehängt worden sein, insbesondere an den Wänden der Grabmäler, um die Toten zu schützen.

Die nicht-grotesken Protomen stellen vor allem Frauen dar. Die beiden Mächte, unter deren traditionellem Einfluß sich die karthagische Produktion entwickelt, Ägypten (durch die Vermittlung Phöniziens oder direkt) und Griechenland, wirken gleichermaßen und offensichtlich auf diese Gruppe ein. Gewisse Köpfe sind von ägyptisierendem Typus: sie haben eine ägyptische Kopfbedeckung, Augen von normaler Größe, hochstehende Augenbrauen, die mit der Linie der Nase einen rechten Winkel bilden, einen kleinen vorgewölbten Mund und pralle Wangen. Andere wiederum sind hellenisierend: sie tragen einen Schleier oder eine zu beiden Seiten des Halses herabreichende Perücke mit stilisierten Locken, haben große Augen mit bogenförmigen Brauen, die in der verlängerten Nasenlinie verlaufen, zu einem Lächeln hochgezogene Mundwinkel und ein vorspringendes Kinn. Der Vollständigkeit halber sei eine griechische Vorbilder nachahmende und darum als rhodisch bezeichnete dritte Gruppe weiblicher Protomen erwähnt. Einige dieser Protomen, zumindest der letztgenannten Gruppe, könnten Importe sein.

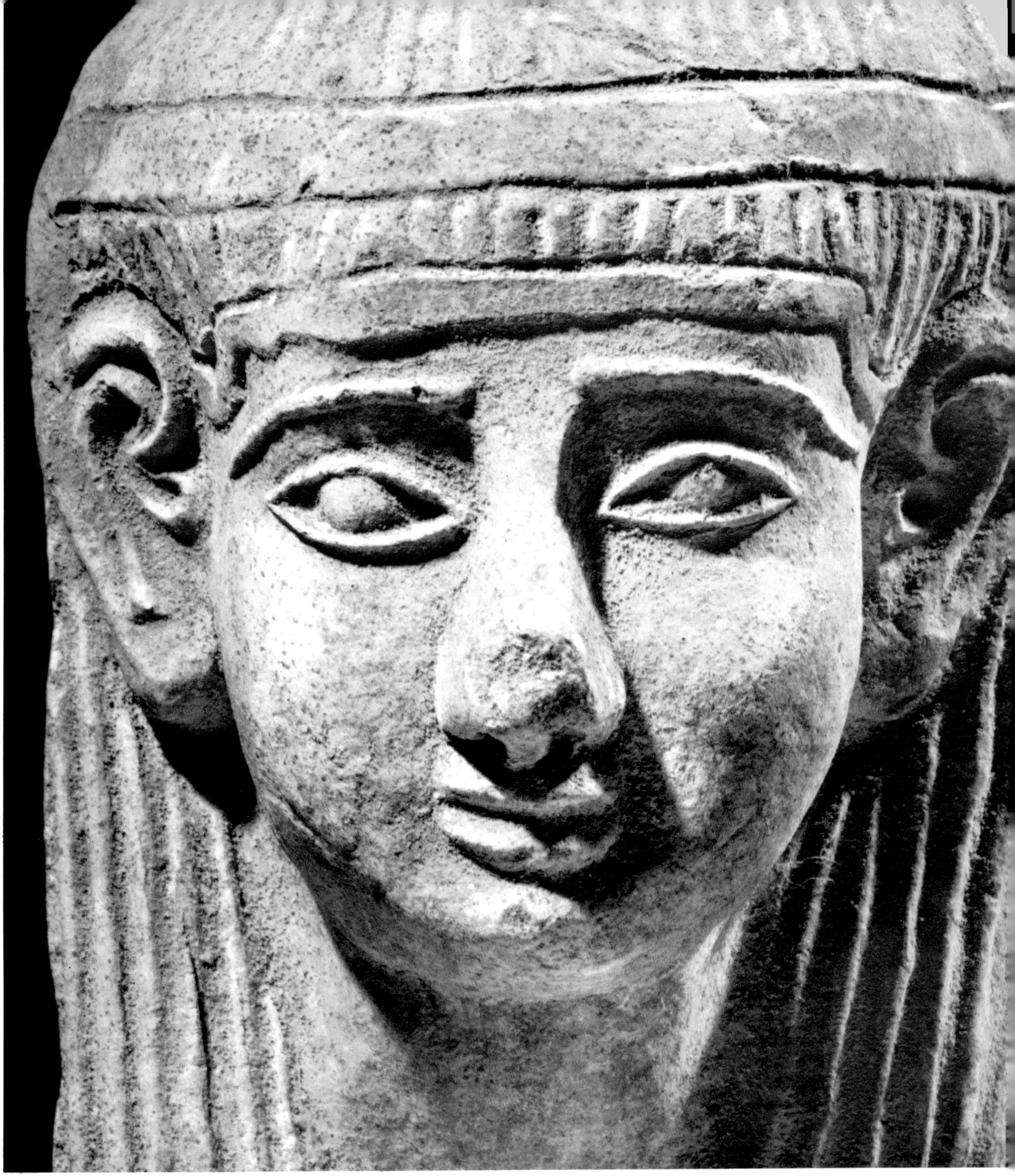

184 - punisch - Karthago, Nekropole Duimes - Weibliche Protome (Ausschnitt) (Etwa 6. Jh. v. Chr.) - Karthago

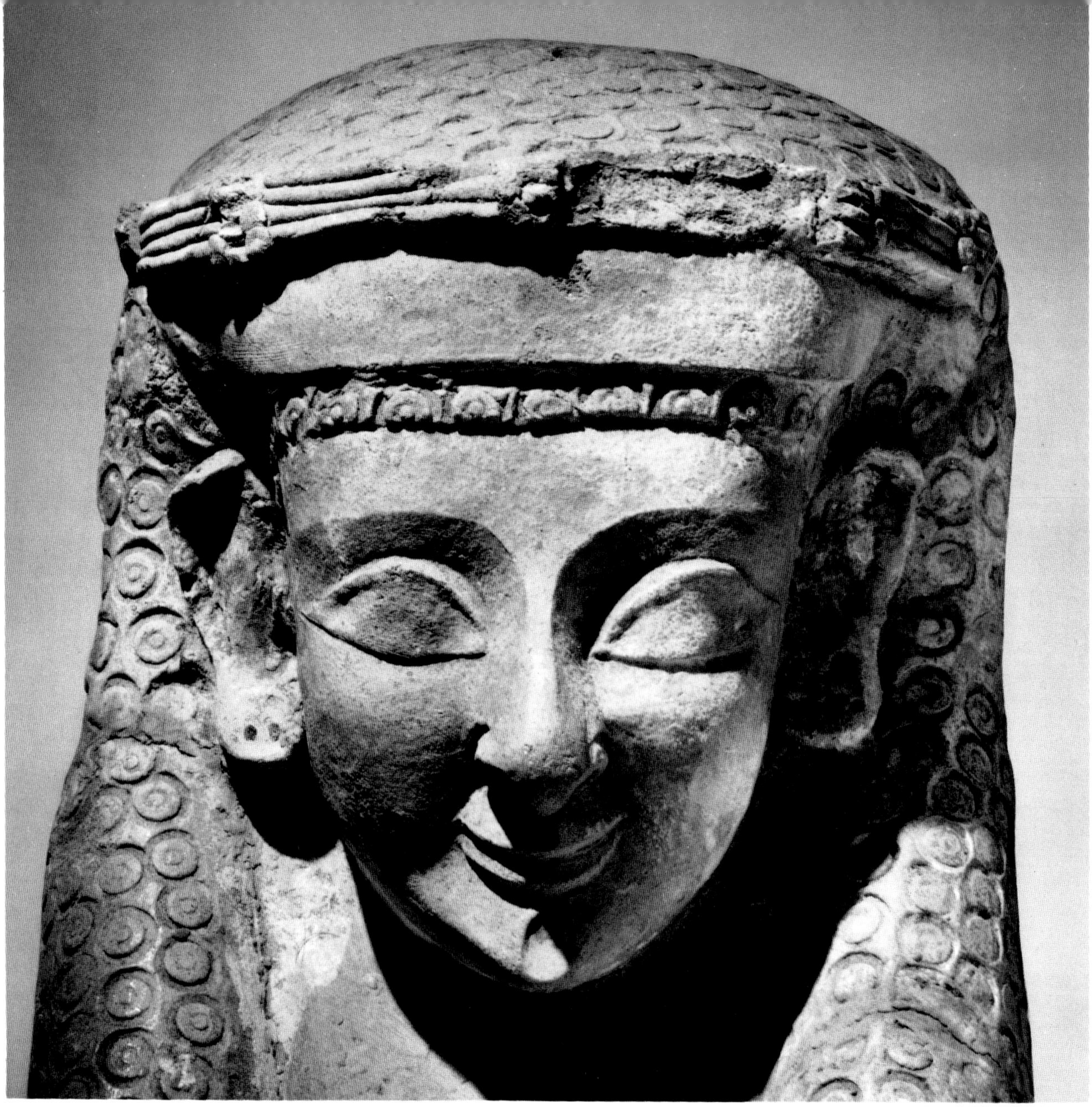

185 - punisch - Karthago, Nekropole Dermesch - Weibliche Protome (Ausschnitt) (Etwa 6. Jh. v. Chr.) - Tunis

Andere Kunsterzeugnisse

Bei der Darstellung der vielfältigen ‹Kleinkunst›-Erzeugnisse haben wir uns für eine Einteilung nach Kategorie und Verwendungszweck entschieden, gegliedert nach Rohmaterial und Technik.

Auf Grund dieser Kriterien kann man mit den Amuletten beginnen, die in karthagischen Gräbern in großer Anzahl gefunden wurden. Es handelt sich um kleine Gegenstände aus Siliciummasse oder emailliertem Glas, auch aus Knochen und hartem Stein, die typisch ägyptische Dinge wiedergeben: das *udjat*-Auge, den Uräus, den Gott Patäk, den Falkengott Horus, Bes, Thot, Isis und viele andere Gottheiten, Tiere und Symbole. Angesichts einer solchen Überzahl an ägyptischen Themen hat man sich natürlich gefragt, ob die Amulette in Karthago hergestellt oder importiert worden sind: eine vergleichende Studie der Typen und Häufigkeiten hat mit Sicherheit ergeben, daß mindestens ein großer Teil dieser Erzeugnisse aus Ägypten, genauer aus dem Produktionszentrum Naukratis stammt. Es ist aber nicht auszuschließen, daß Karthago die Produktion fortgeführt hat. Dies wird durch den Umstand erhärtet, daß gewisse Amulette verkleinerte Nachbildungen von punischen Masken, also von Erzeugnissen darstellen, die für Karthago charakteristisch sind.

Die Prüfung der ägyptischen Prototypen hat auch zu einem anderen, nämlich den Verwendungszweck der Amulette betreffenden Ergebnis geführt. Am häufigsten sind solche Gegenstände, die die stärksten magischen Wirkungen ausgeübt zu haben scheinen, so daß sie ihrem Wesen nach sowohl ihren Trägern wie auch den Toten, denen sie beigelegt wurden, magischen Schutz gewährten. Dies bezeugt die Existenz eines besonderen Typus von Amuletten, bestehend

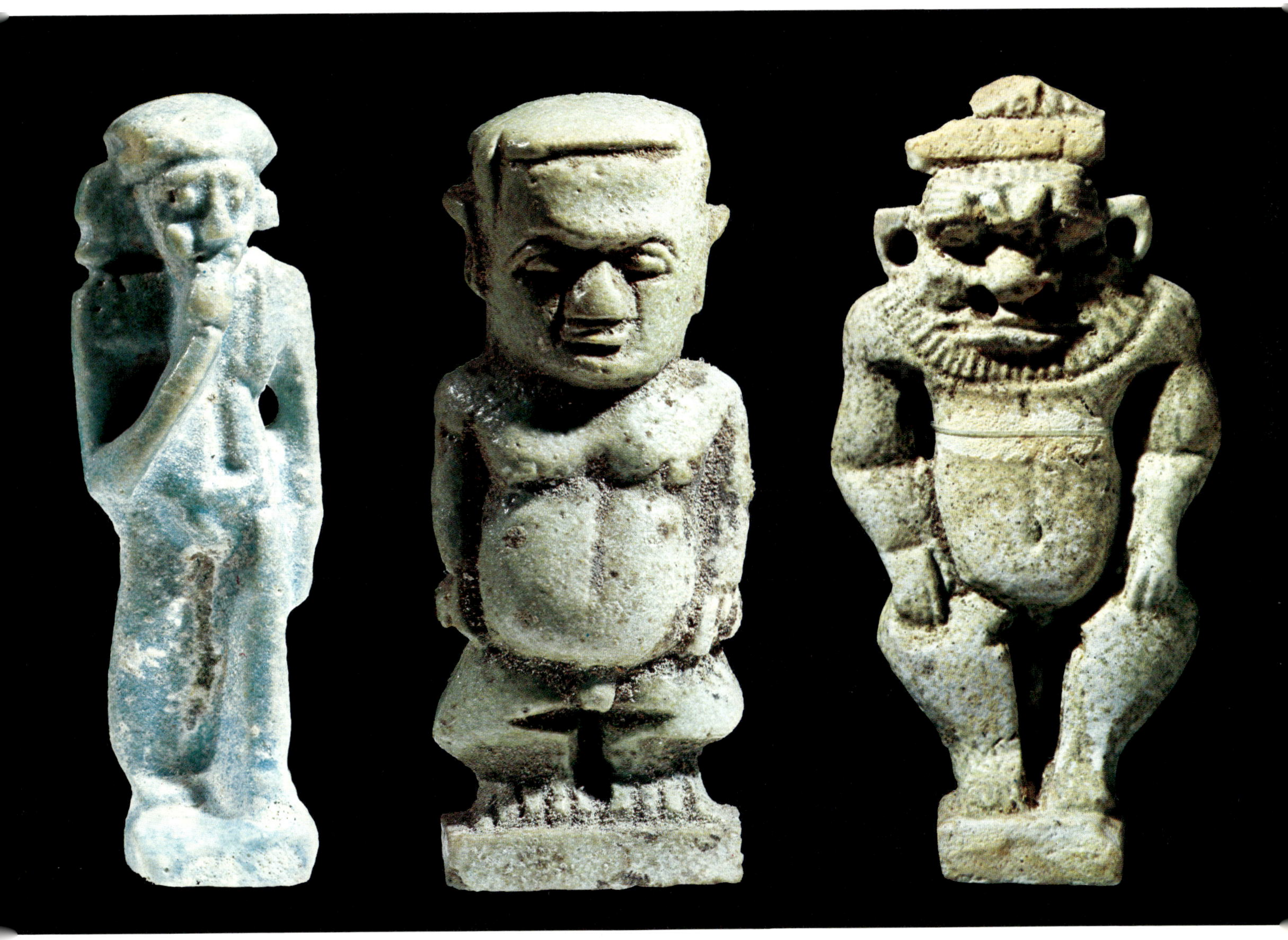

186 und 187 - punisch - Karthago - Amulette: Horus als Kind - Patäk (7.-4. Jh. v. Chr.) - Karthago
188 - punisch - Karthago - Amulett: Bes (7.-4. Jh. v. Chr.) - Tunis

aus einem Metallblättchen, eingerollt in eine ebenfalls metallische Röhre (zunächst meistens aus Gold und Silber, später aus Bronze oder Blei), an deren Ende sich der Kopf einer ägyptischen Tiergottheit (Sachmet, Falke, Widder) befand. Die Blättchen enthalten Figuren und Zauberformeln, die den Charakter und die Bedeutung dieser Objekte bestätigen.

Das gleiche läßt sich, wenigstens zum Teil, von den Skarabäen (und in selteneren Fällen von den Skaraboiden) sagen, auf deren flacher Unterseite Zeichen eingraviert sind, die zum Siegeln dienen. Diese Siegel, die man in den Gräbern Karthagos zu Hunderten findet, sind aus emaillierter Paste oder Schmucksteinen, insbesondere Jaspisen und Karneolen, gefertigt; was den Dekor betrifft, so wiederholt er anfangs (7. bis 6. Jahrhundert) ägyptische Themen, vor allem Ptah und Sachmet, während sich später (4. bis 2. Jahrhundert) zu den ägyptischen Motiven (Bes, Horus, Isis, Sphinx) griechische Themen (der Krieger, der Profilkopf, das eine Beute anfallende Tier) gesellen.

Eine Gesamtbewertung dieser Produktion läßt, wie bei den Amuletten, an eine größtenteils ägyptische Herkunft denken, wenn auch lokale Imitationen gelegentlich nicht ausgeschlossen werden können. Indessen gilt diese Hypothese mehr für die erste Zeitphase. In der zweiten, mit dem 4. Jahrhundert beginnenden Phase wird das Ende der ägyptischen durch die Entstehung einer bedeutenden sardischen Produktion kompensiert, die durch die Verwendung von Jaspis gekennzeichnet ist: es hat durchaus den Anschein, daß von diesem Augenblick an sich Sardinien zu einem Exportzentrum entwickelt und seine nach Karthago gelangten Erzeugnisse die ägyptischen Importe zu ersetzen beginnen; mehr noch in der zweiten als in der ersten Phase muß in Karthago eine lokale Produktion vermutet werden.

Zweifellos gehen die vielen in Karthago und in den anderen Zentren Nordafrikas entdeckten Schmucksachen auf phönizische Muster zurück. Jedoch besitzt man nur wenige Belege für diese Modelle, während dagegen die karthagische Produktion eine brauchbare Typologie bietet; es handelt sich besonders um Anhänger aus Gold, rund oder in Gestalt kleiner Gehäuse, auf denen die bezeichnendsten ägyptischen Symbole erscheinen, wie die geflügelte Sonnenscheibe, die Mondsichel, die Uräusschlangen; Ohrringe, geformt als Spiralen, Henkelkreuze, Körbe, Eicheln; Armbänder aus ein oder zwei Spiralen, geschmückt mit Rosetten und zierlichen geometrischen Mustern; Ringe starrer, ebenfalls goldener Fassung von ovaler, an einem Ende spitz zulaufender Form, auf denen sich vom 5. Jahrhundert an typisch griechisch inspirierte Darstellungen finden, wie Heroen, wilde Tiere erlegend, oder Bildnisse von Kriegern.

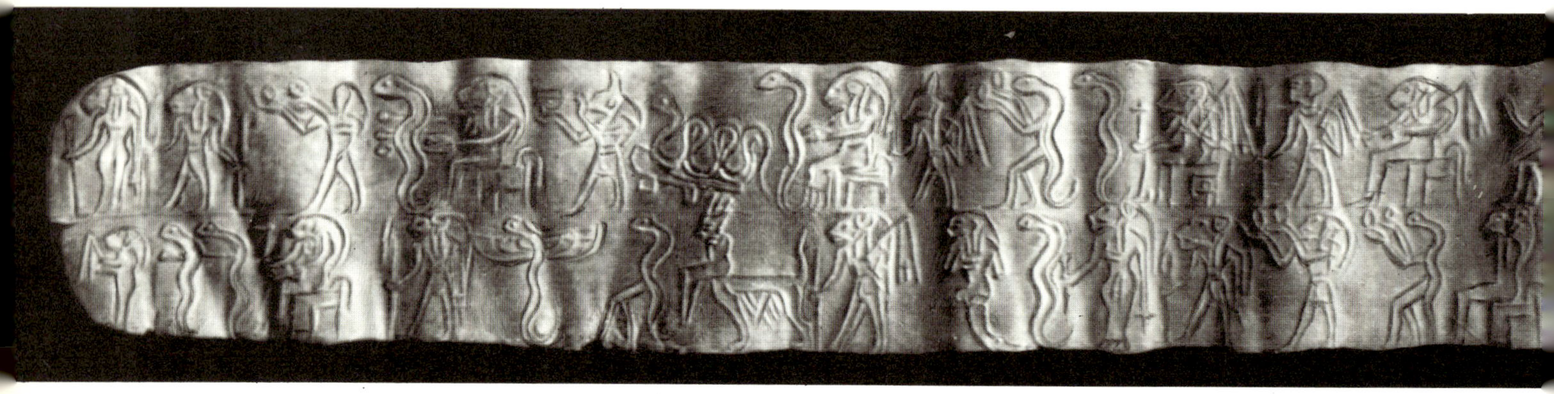

189 - punisch - Karthago, ‹tophet› - Amulett: Ägyptisierende Ritualszene (Etwa 6. Jh. v. Chr.) - Tunis

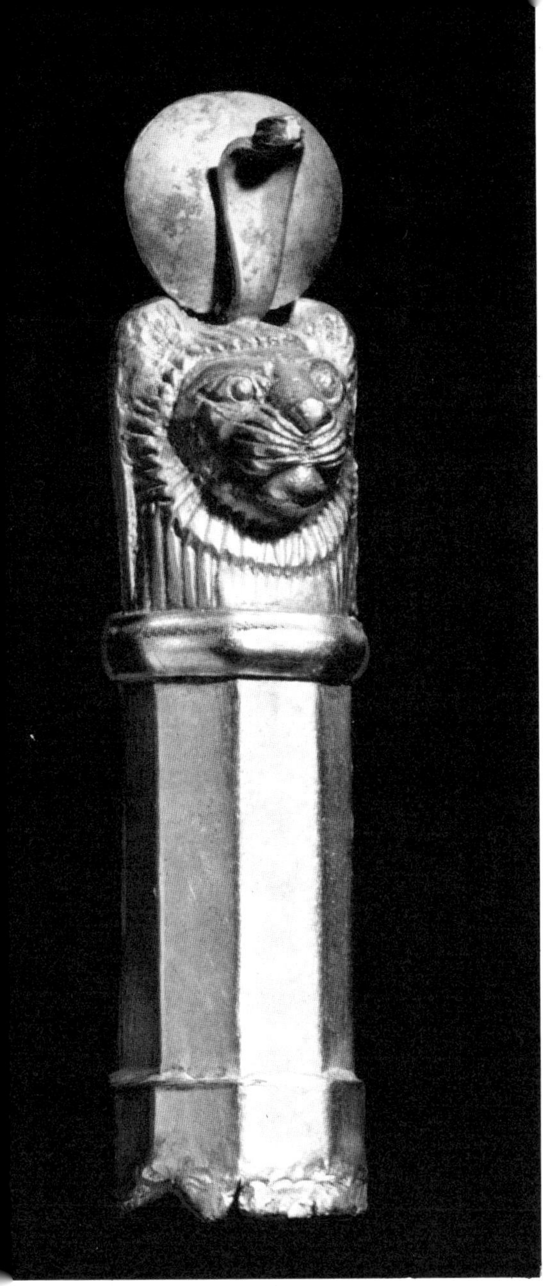

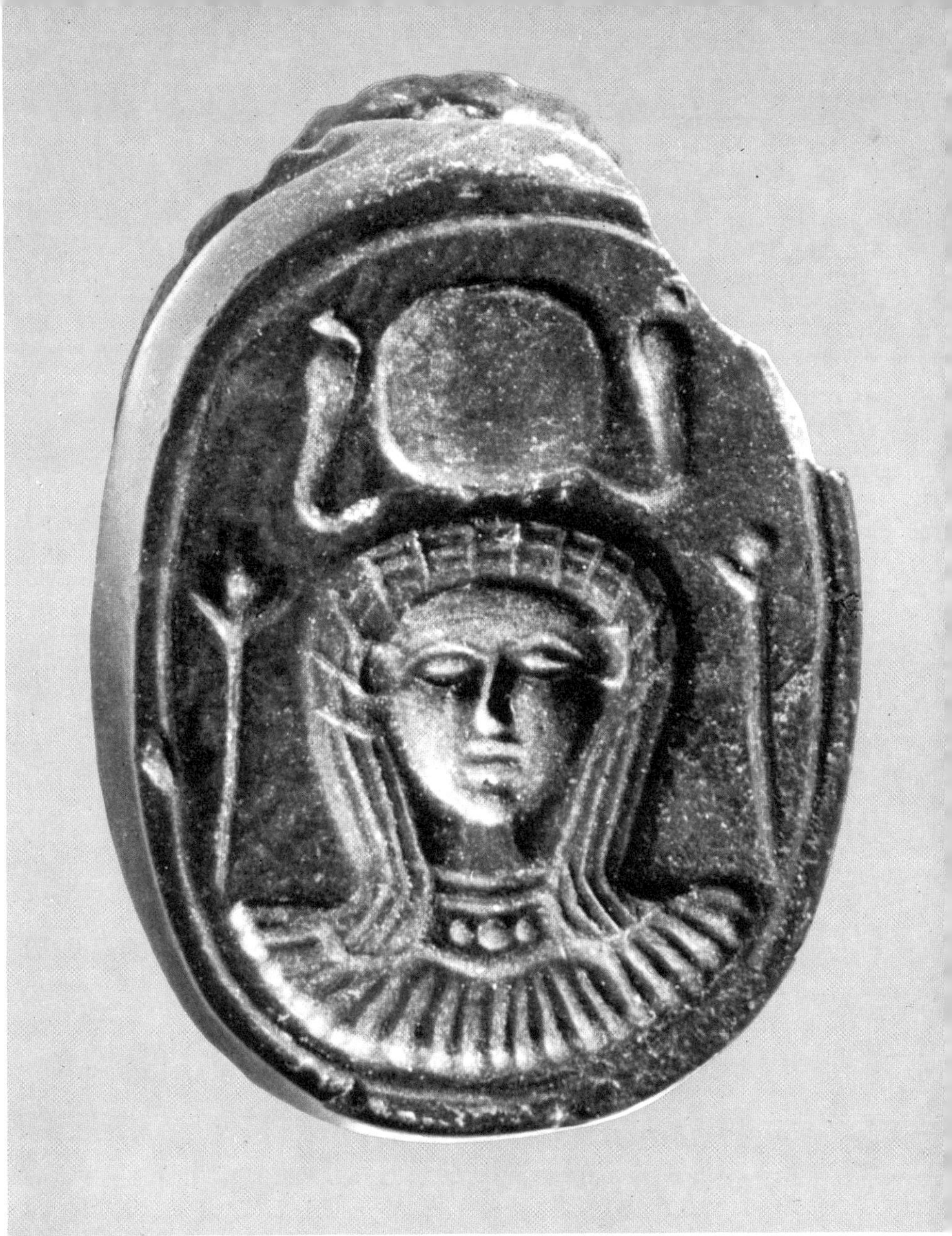

190 191

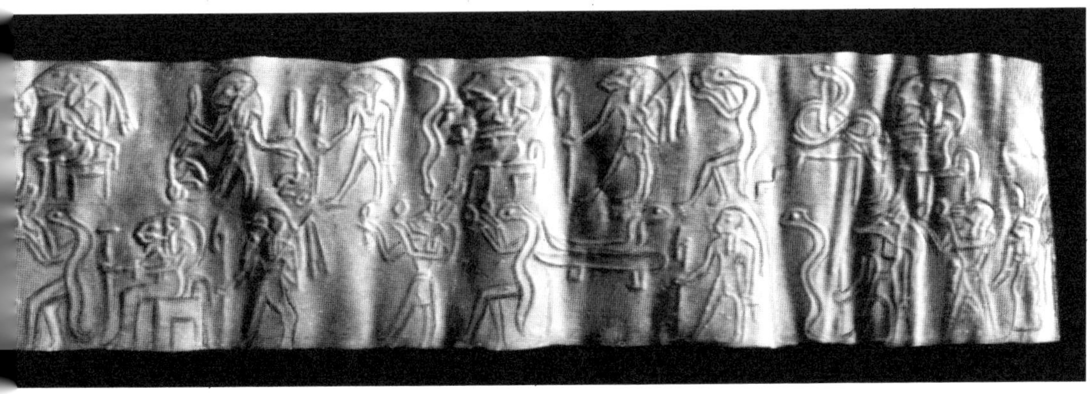

190 - punisch - Karthago, Nekropole Dermesch - Amulettständer mit dem Kopf der Sachmet (Etwa 6. Jh. v. Chr.) - Tunis
191 - punisch - Karthago, Nekropole Dermesch - Skarabäus mit dem Kopf der Hathor (7.-6. Jh. v. Chr. [?]) - Tunis

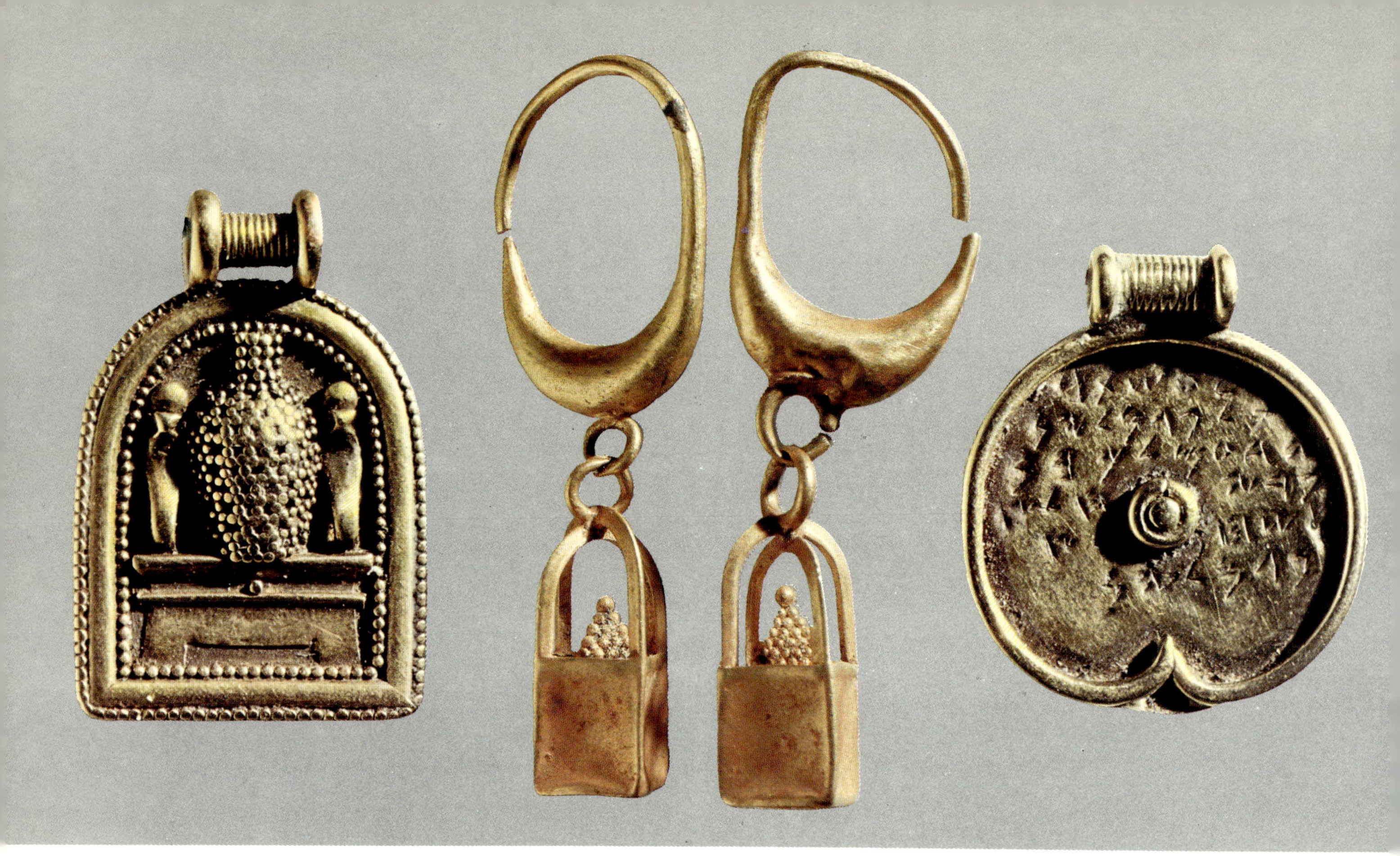

192 - punisch - Karthago - Medaillons: ‹Flaschenidol› zwischen zwei Uräen (7.-6. Jh. v. Chr.) - Karthago
193 und 194 - punisch - Karthago - Körbchenförmige Ohrgehänge (7.-6. Jh. v. Chr.) - Karthago
195 - punisch - Karthago - Medaillon des Jadamilk (Etwa 7. Jh. v. Chr.) - Karthago

Außer den Schmucksachen aus Gold und Silber gibt es eine große Anzahl von Halsketten aus Kügelchen aus Glasfluß oder Halbedelsteinen, dazwischen Anhänger, wie oben beschrieben, und kleine Masken aus polychromem Glasfluß. Auch aus anderen afrikanischen Zentren kennt man derartige Halsketten: so muß in Anbetracht ihres Alters und ihrer Beschaffenheit an die Schmuckstücke, die man in der Region von Tanger gefunden hat, erinnert werden, wo neben Kolliers auch Ohrringe in der Form von Körben (sehr häufig) und Lotosblüten, Anhänger in der Form von Eicheln, Arm- und Fingerringe aus Gold und Silber vorkommen. Es ist nicht leicht, bei diesen Schmuckwaren zwischen importierten und lokalen Fabrikaten zu unterscheiden, welch letztere jedenfalls karthagischen Einfluß offenbaren.

In der Regel ist es asiatischer und insbesondere phönizischer Einfluß, auf den auch die Bein- und Elfenbeinarbeiten zurückgehen, die in der syrisch-palästinensischen Region seit der Bronzezeit hergestellt wurden und zu einem verfeinerten und weitverbreiteten phönizischen Kunsthandwerk gediehen. Demgegenüber handelt es sich bei den in Karthago gefundenen Objekten um wenige versprengte Stücke, zuweilen allerdings um solche von hoher Qualität. Die Frage, die sich stellt, lautet: sind es Importe oder örtliche Fabrikate? Daß das in Afrika gefundene Material aus Phönizien stammt, wird durch nichts bewiesen noch auch widerlegt.

Unter den aus karthagischen Nekropolen herrührenden Funden sind zwei Spiegelgriffe in Gestalt von Frauen hervorzuheben, die entsprechend einer ägyptisierenden – und auf Stelen

196 - punisch - Karthago - Ringfassung: Held, der einen Löwen erlegt (Etwa 6. Jh. v. Chr.) - Tunis

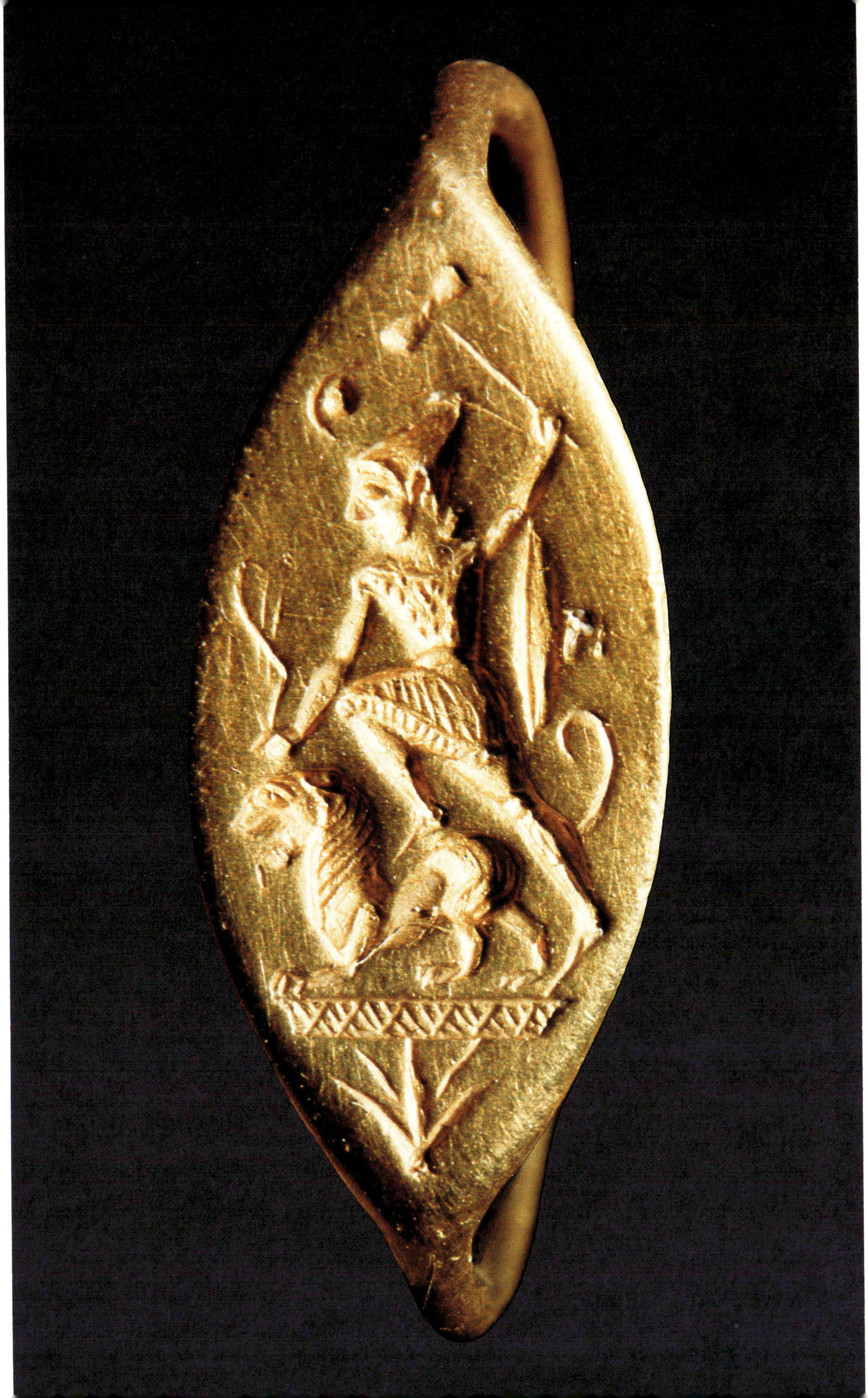

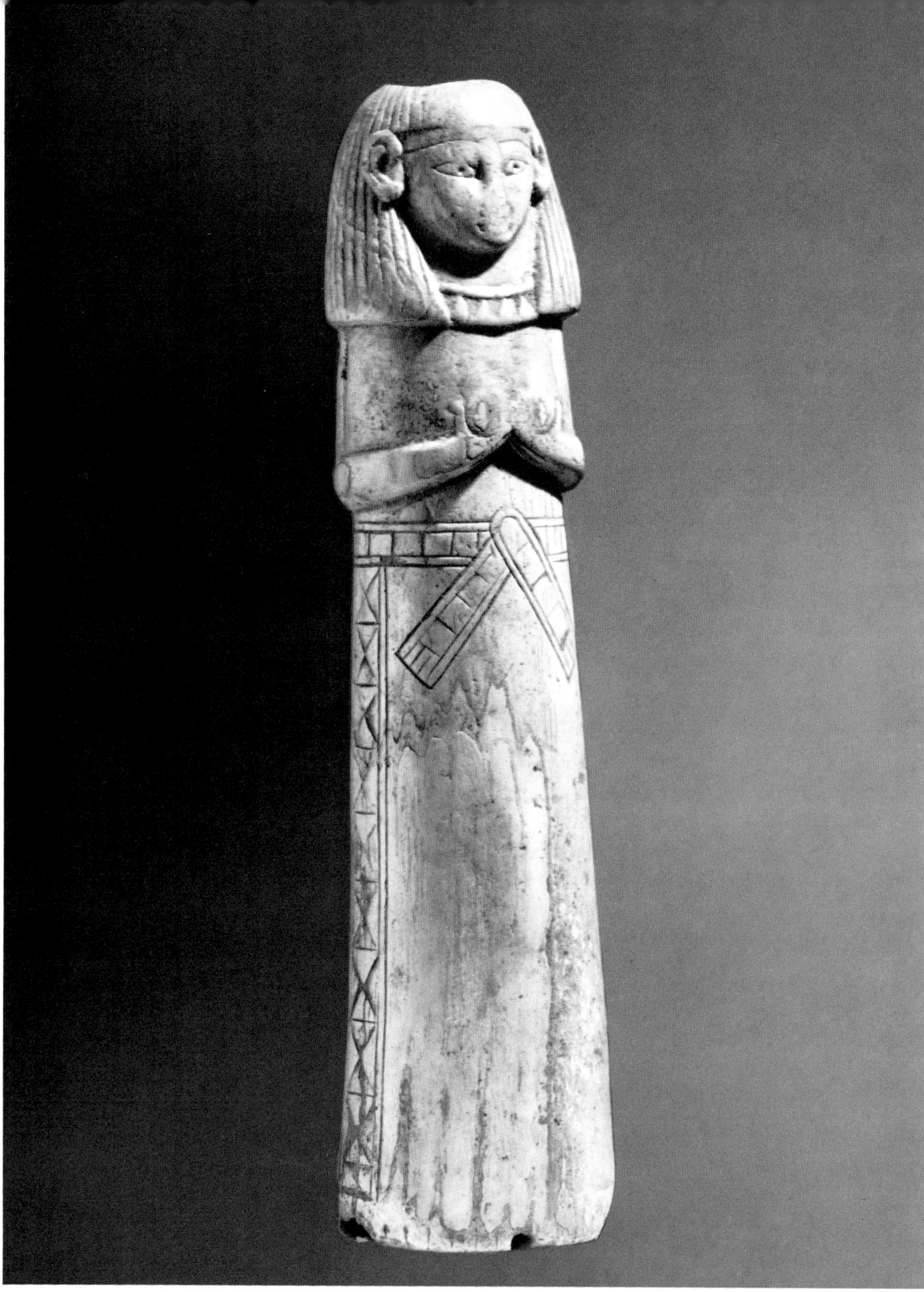

197 - punisch - Karthago, Nekropole Duimes - Spiegelgriff: Frau mit Kopftuch (Etwa 7. Jh. v. Chr.) - Karthago

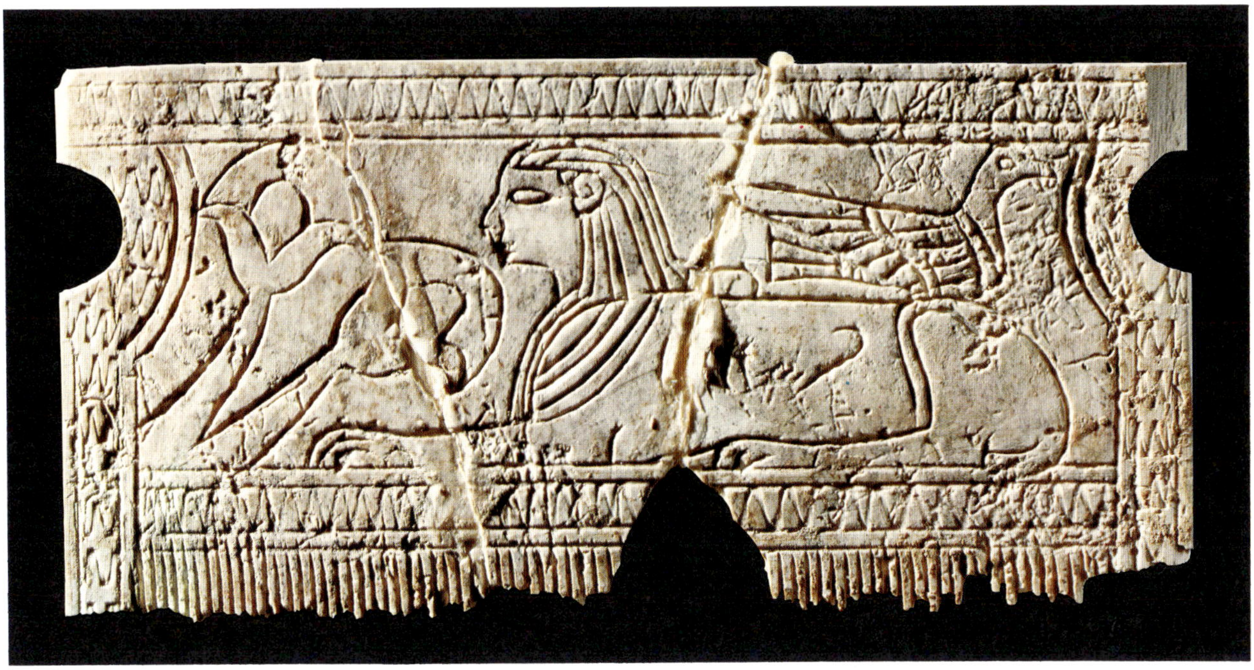

198 - punisch - Karthago, Nekropole der Juno - Kamm: Sphinx und Lotosblüten (Etwa 6. Jh. v. Chr.) - Tunis

häufiger anzutreffenden – Darstellungsweise das ägyptische Kopftuch aufgesetzt haben und die Hände gekreuzt über der Brust halten; das lange, gegürtete Gewand ist unten mit Fransen besetzt. Man findet auch Kämme mit den charakteristischen halbrunden Einschnitten an den Schmalseiten: auf den beiden Hauptseiten sind Sphingen, Greife und Stiere inmitten von Lotosblüten dargestellt. Hier wäre anzumerken, daß man für Kämme dieses Typs bisher keinen phönizischen Präzedenzfall kennt, während man sie im Bereich der Kolonien wiederfinden sollte. Der ägyptische Einschlag der Bildmotive ist jedenfalls offensichtlich.

Eine andere im afrikanischen Raum vorkommende Produktion hat keine orientalischen Vorläufer; sie ist typisch für Karthago und alsbald für einige Kolonien. Es handelt sich um bronzene Rasiermesser, in deren Klinge auf beiden Seiten Zeichnungen eingraviert sind. Diese Rasiermesser, die, im ganzen gesehen, religiöse, im besonderen, magische Funktionen gehabt haben müssen, besitzen eine charakteristische Form: die Schneide, ein breites Rechteck, erweitert sich nach unten zur Form eines Halbmondes und läuft oben in einen Schwanen- oder Ibishals aus; unterhalb des Halses ist an einer Seite der Klinge ein Ring angebracht, der als Aufhänger diente.

Ikonographisch ist hier wie anderswo zwischen dem (älteren) ägyptischen und dem (jüngeren) griechischen Einfluß zu unterscheiden. Isis, den Horus stillend, Horus mit Falkenkopf, der seitlich schreitende Reschef mit der Krone von Unterägypten sind in den ägyptisierenden Darstellungen bevorzugte Themen; in den hellenistischen Darstellungen sind dies Herakles, Hermes und Asklepios. Wiewohl ursprünglich auf ägyptischer Inspiration beruhend, können manche Figuren bereits als an das phönizische und punische Milieu angepaßt angesehen werden: dies gilt besonders für betende Gestalten und für Gottheiten mit konischer Kopfbedeckung und langem Mantel, die wir bereits von den Stelen und der Koroplastik her kennen.

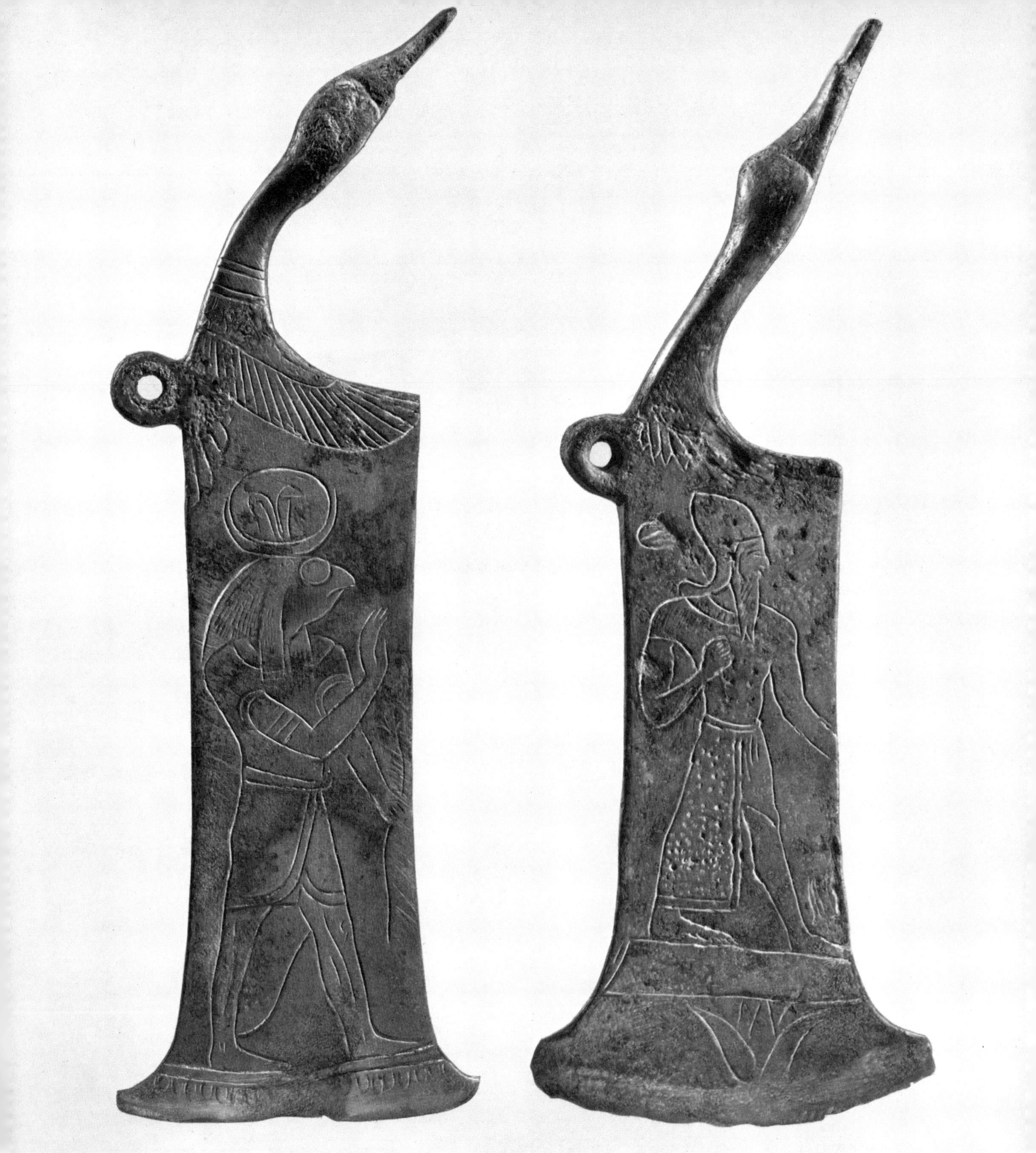

199 und 200 - punisch - Karthago, Nekropole Sancta Monica - Rasiermesser: Gottheit mit Falkenkopf - Der Gott Melqart (Etwa 3. Jh. v. Chr.) - Karthago

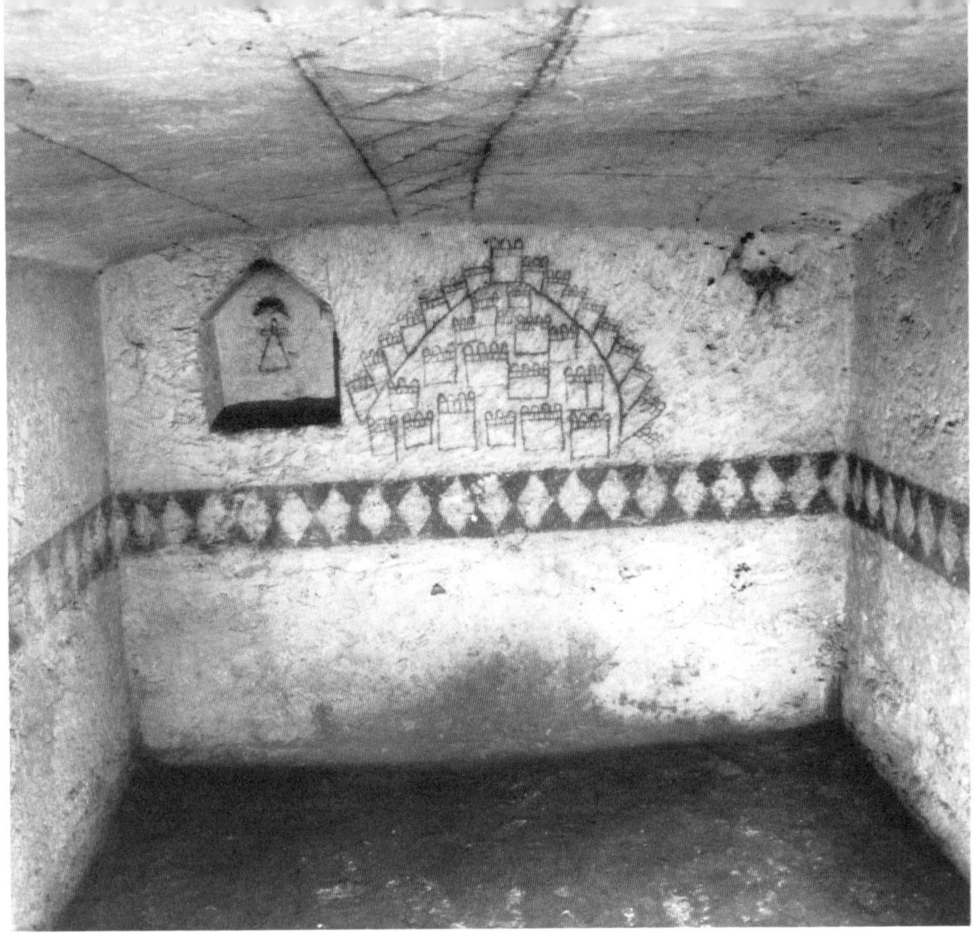

201 - punisch - Dschebel Mlezza - Grabwand: Stadt mit zinnenbekrönten Häusern (4.-3. Jh. v. Chr.)

Wir würden die Malerei nicht mit der ‹Kleinkunst› zusammen behandeln, wenn sie sich entwickelt und Zeugnisse hinterlassen hätte. Leider ist fast nichts erhalten geblieben, es sei denn in der Verzierung gewisser Objekte, wie Terrakotta-Statuetten, der Straußeneier und der Keramik. Nur einige Gräber außerhalb Karthagos haben uns verhältnismäßig wenig typische und schwer datierbare Zeugnisse bewahrt. In dieser Hinsicht sind die Malereien eines Grabes von Dschebel Mlezza bemerkenswert, die hauptsächlich drei Wände bedecken: die der Mittelwand stellt eine Stadt mit zinnenbekrönten, pyramidenförmig angeordneten Häusern dar, daneben eine Ädikula mit einer Mondsichel und einem ‹Tanit-Zeichen›; in der oberen rechten Ecke ist ein Hahn abgebildet; die linke Wand zeigt ein Gebäude, eingefaßt von einem Altar und einem Hahn; die rechte ein Gebäude, verbunden mit einem Altar. Man neigt dazu, diese Malereien, die ein unverkennbar volkstümliches Gepräge besitzen, ins 4. bis 3. Jahrhundert v. Chr. zu datieren.

Mit den Straußeneiern oder vielmehr mit ihren gemalten und gravierten Schalen, deren Ursprung sich in der orientalischen Vergangenheit verliert, kehren wir zur ‹Kleinkunst› zurück. Man unterscheidet in Karthago mehrere Typen: die unversehrten Schalen mit einer Öffnung am Kopfende und im allgemeinen ohne Dekor; sie dienten als Gefäße; sodann solche, die in dreiviertel Höhe oder in der Mitte durchschnitten und mit geometrischen Motiven oder Palmetten und Lotosblüten verziert sind; sie sind nur selten erhalten geblieben; endlich jene, die man in kleine Teile zerlegt hatte, um aus ihnen apotropäische Masken anzufertigen: rot und schwarz bemalt, stellen sie die Form eines Gesichts dar, die Augen mit hervortretenden Pupillen und Augenbrauen, Nase und Mund in großen Strichen, schließlich zwei rote Flecke für die Wangen.

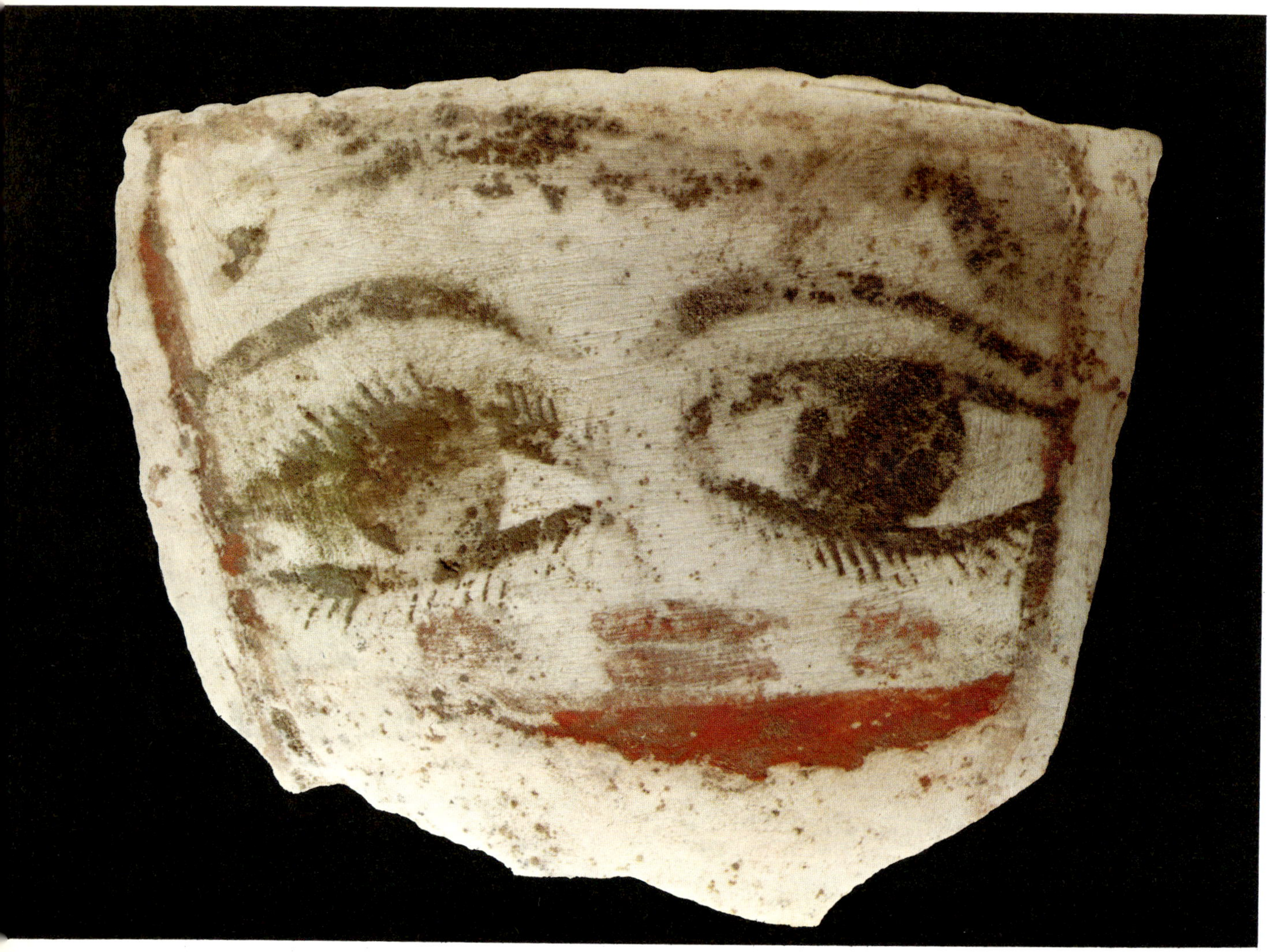

202 - punisch - Karthago - Apotropäische Maske (4.-3. Jh. v. Chr.) - Karthago

In späterer Zeit kommen ergänzende Details dazu, besonders Kopfhaar in Form von Girlanden oder Spiralen auf der Stirn. Den Funden von Karthago entsprechen jene von Dschidschelli und Gurâja in Nordafrika, außerdem viele auf der Iberischen Halbinsel wiedergefundene Überreste.

Glas, als Glaspaste bei einer Anzahl bereits erwähnter Objekte (Amulette, Siegel, Schmuck) verwendet, diente auch zur Herstellung von kleinen, zierlichen, polychromen Gefäßen, die hauptsächlich als Salbenbehälter benützt wurden. Die Grundfarbe ist ein leuchtendes Blau, durchzogen von starken gelben und roten Linien, die verschiedene geometrische Dekors ergeben. Außer den Salbtöpfchen wurde aus polychromer Glaspaste eine große Anzahl kleiner Vasen in Menschen- oder Tierform hergestellt: unter ersteren finden wir beispielsweise eine hockende Frau, die ein Gefäß in den Händen hält; unter letzteren sind Affen, der Apisstier und andere Tiere dargestellt.

In Karthago entwickelt sich im Zusammenhang mit seiner politischen und militärischen Machtentfaltung im Mittelmeergebiet ein besonderer Produktionszweig: die Münzen. In dieser Hinsicht ist zu erwähnen, daß die ersten Prägungen in Sizilien im 5. Jahrhundert stattgefunden

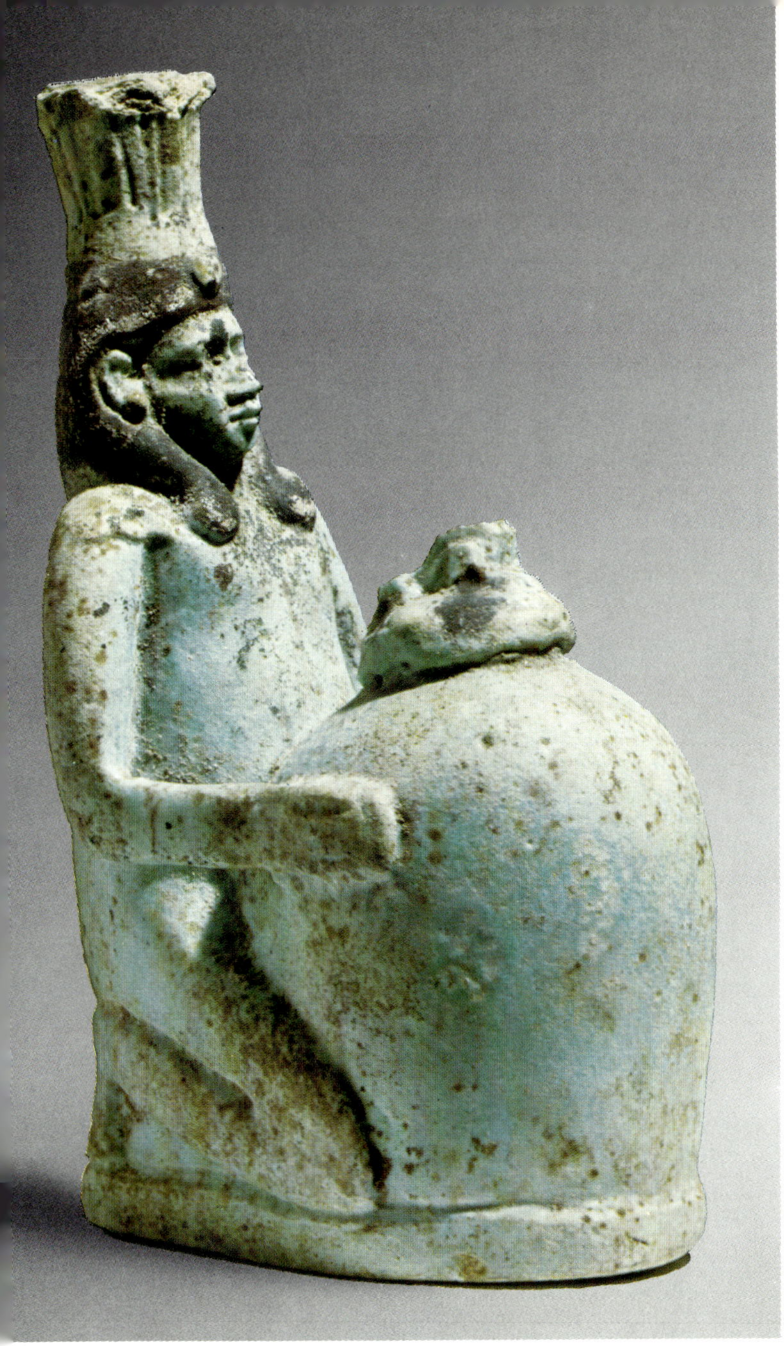

203 - punisch - Karthago - Gefäß in Form einer knienden Frau (6. Jh. v. Chr. [?]) - Karthago

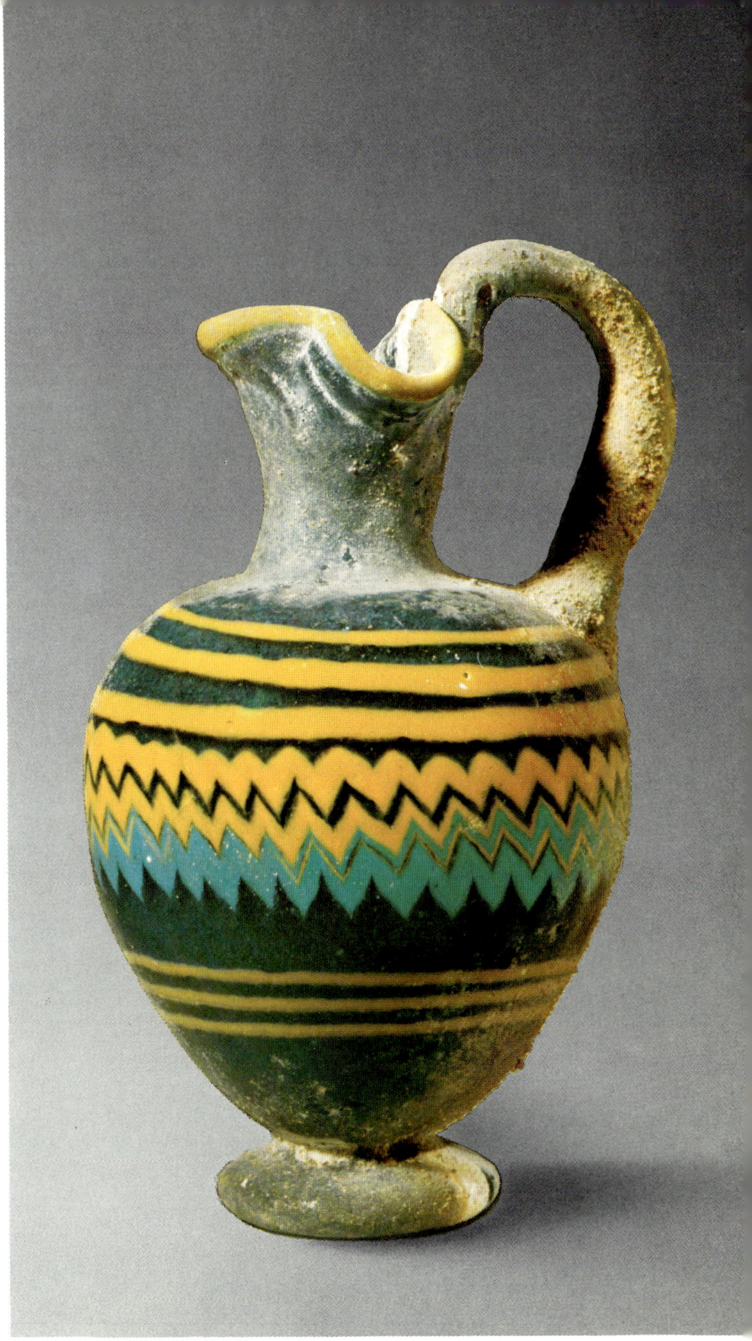

204 - punisch - Karthago - Salbgefäß (7.-6. Jh. v. Chr.) - Tunis

haben und daß das Geld des Mutterlandes erst im nachfolgenden Jahrhundert in Umlauf kam. Von Sizilien also entlehnte Karthago die hauptsächlichen Motive für seine Münzen: auf der Vorderseite ein mit Ähren bekränzter Frauenkopf vom Typ der Kore-Arethusa, wahrscheinlich einer Nebenform der Astarte-Tanit; auf der Rückseite das Pferd oder die Palme. Das Material war anfangs Gold und Silber, später immer häufiger Bronze.

Die karthagische Töpferei nimmt die hauptsächlichen Modelle Phöniziens wieder auf: Krüge mit kleeblattförmiger Mündung oder lang ausgezogener Lippe, Lampen mit zwei Öffnungen, Omphalos-Platten, große Amphoren, kugelförmige Töpfe und noch andere. Gleichfalls phönizischen Ursprungs ist das charakteristische Hochrot, das auf den kleinen und mittelgroßen Gefäßen der ältesten Epoche zu sehen ist. Eines der häufigsten Gefäße in Karthago ist das ‹Distelblütengefäß› mit hohem, ausladendem Hals, das übrigens noch auf präphönizische orientalische Modelle zurückgehen dürfte. Jedoch finden sich von Anfang an Neuerungen, zum Beispiel die eiförmigen Amphoren mit rundlicher Schulter. Der typische geometrische Dekor in Karthago ist das sogenannte ‹Triglyphen-und-Metopen-Muster›. Allerdings entstehen Neuerungen vor allem in hellenistischer Zeit, als die Krüge mit Ausgußschnabel und mit reichlich bemaltem Ausguß auftauchen. Ohne uns auf eine ausführliche Beschreibung der Keramik einzulassen, sei hier

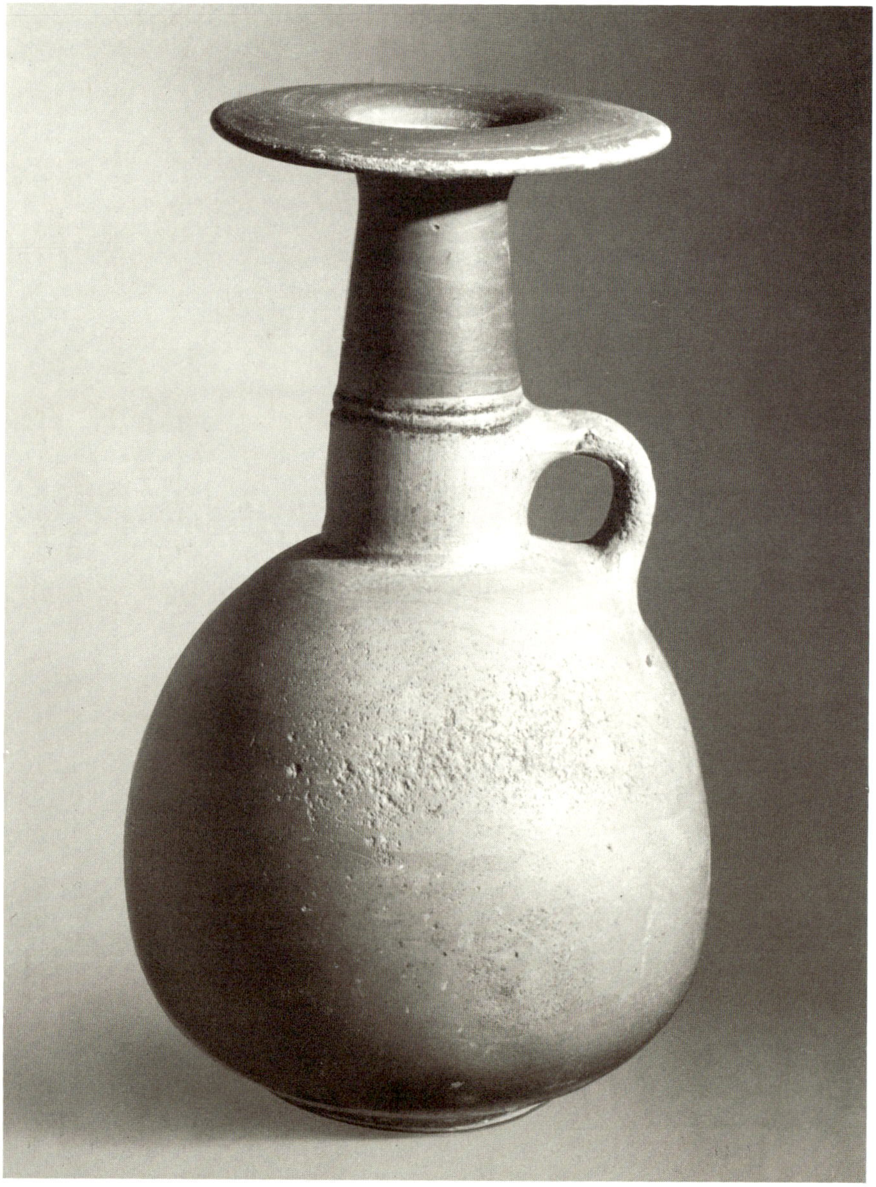

205 - punisch - Karthago - Krug mit weit ausgezogener Lippe (7. Jh. v. Chr.) - Karthago

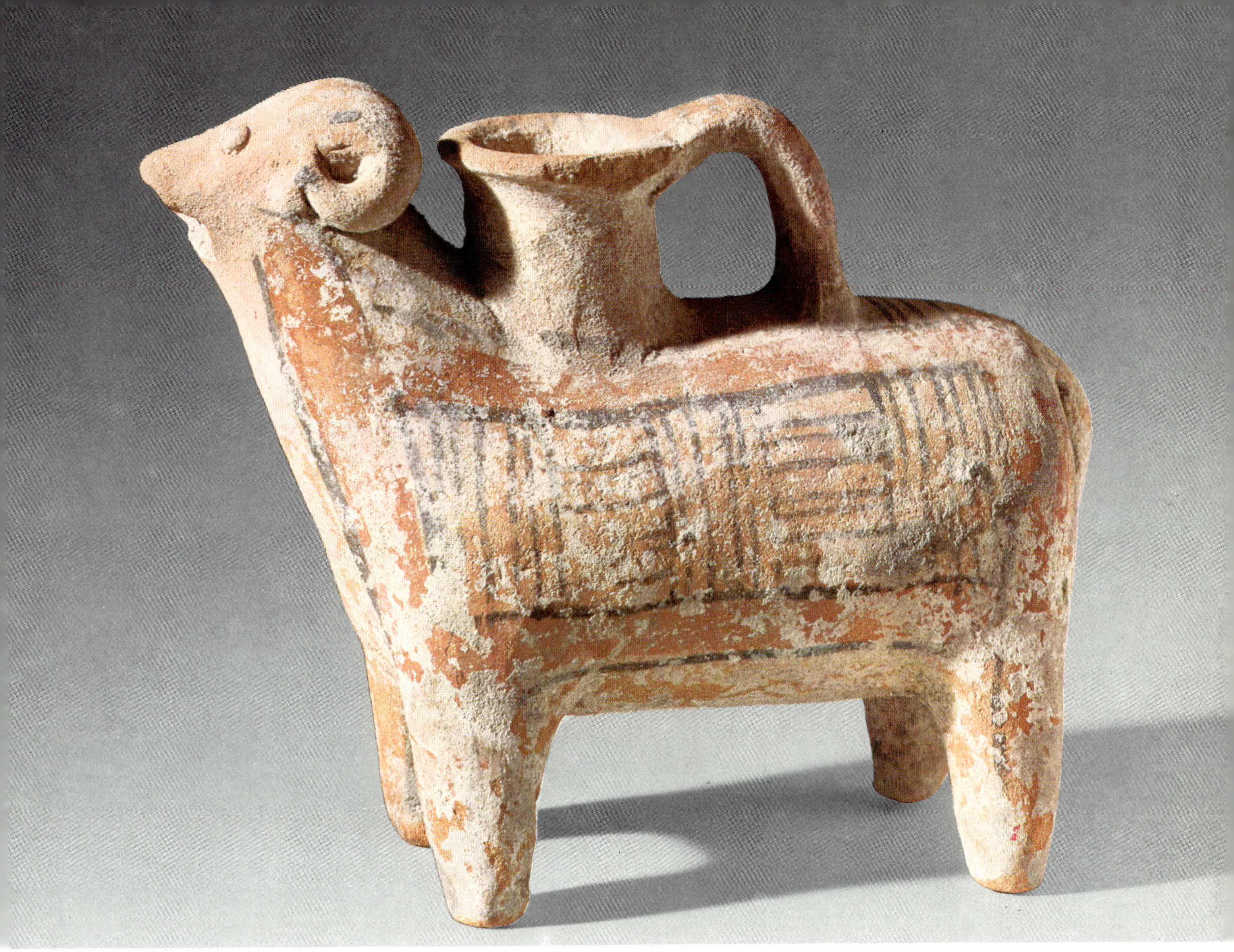

206 - punisch - Karthago, ‹tophet› - Widderförmiger Askos (Etwa 8. Jh. v. Chr.) - Utica

immerhin auf die (wie auch bei den Glaserzeugnissen) sehr vielartigen theriomorphen Gefäße hingewiesen: Widder, Gänse und andere Vögel.

Abschließend muß einer Sonderproduktion gedacht werden, der runden, seltener rechtwinkligen Gußformen, bei welchen symmetrisch angeordnete geometrische oder vegetabilische Motive herausgearbeitet sind, auch gewisse ikonographische Elemente, seien es ägyptisierende (Palmetten, Lotosblüten, Skarabäen, *udjat*), seien es hellenisierende (Krieger, Silene, Seepferdchen). Man bezeichnet diese Platten gemeinhin als ‹Kuchenformen›; ohne daß es dafür Beweise gäbe, scheint diese Verwendung möglich und sinnvoll zu sein.

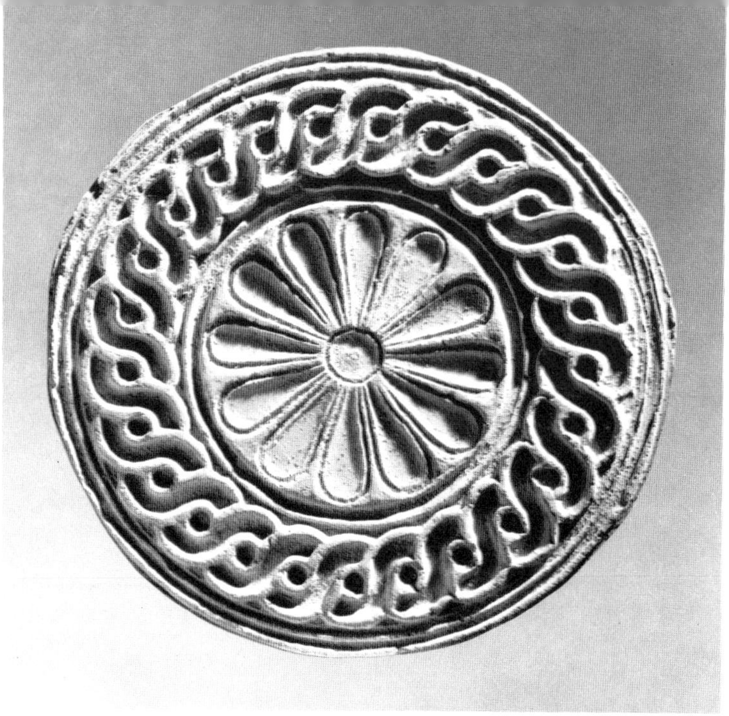

207 - punisch - Karthago, Nekropole Duimes - Runde Model mit geometrischem Dekor (7.-6. Jh. v. Chr.) - Karthago

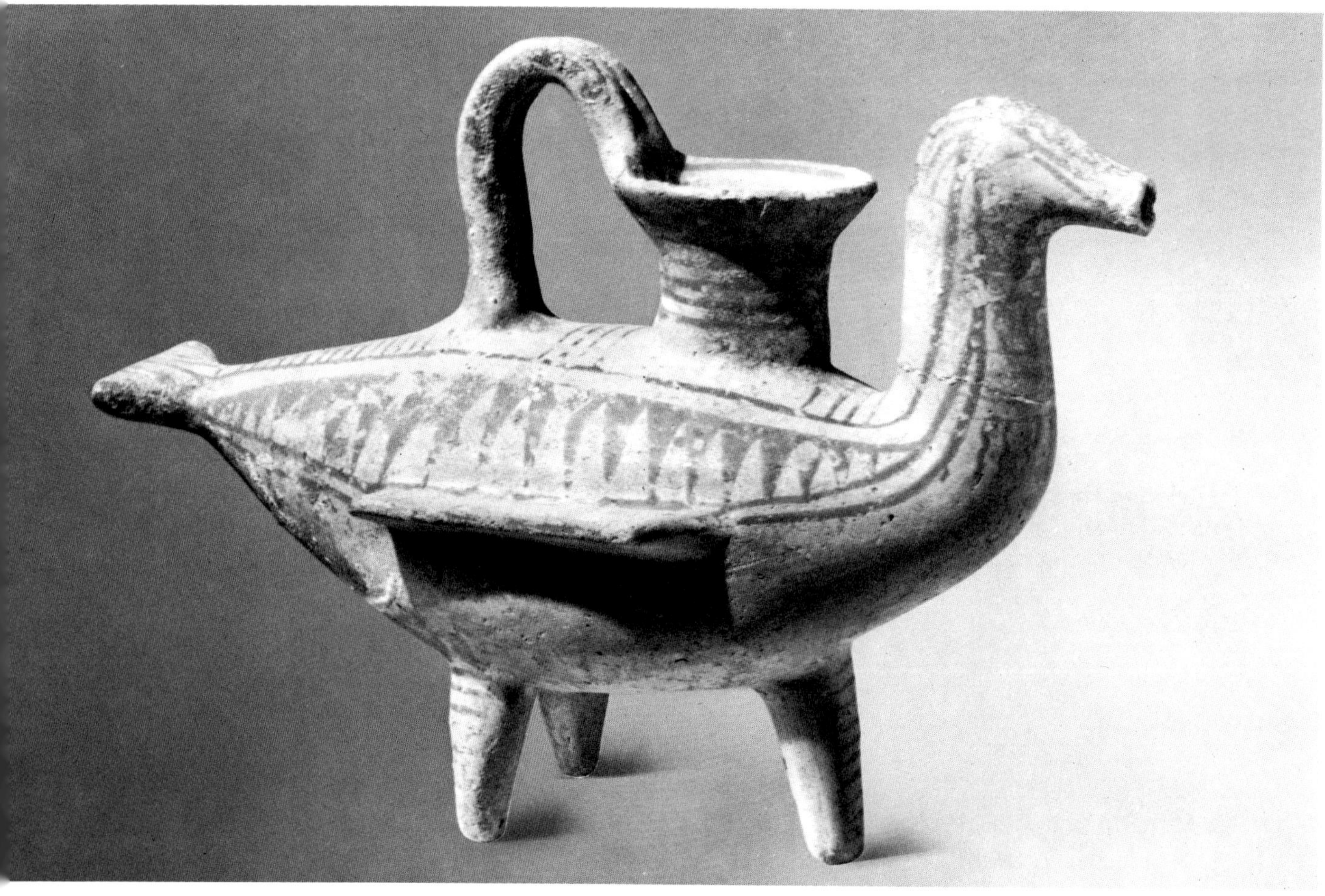

208 - punisch - Karthago, ‹tophet› - Vogelförmiger Askos (Etwa 8. Jh. v. Chr.) - Tunis

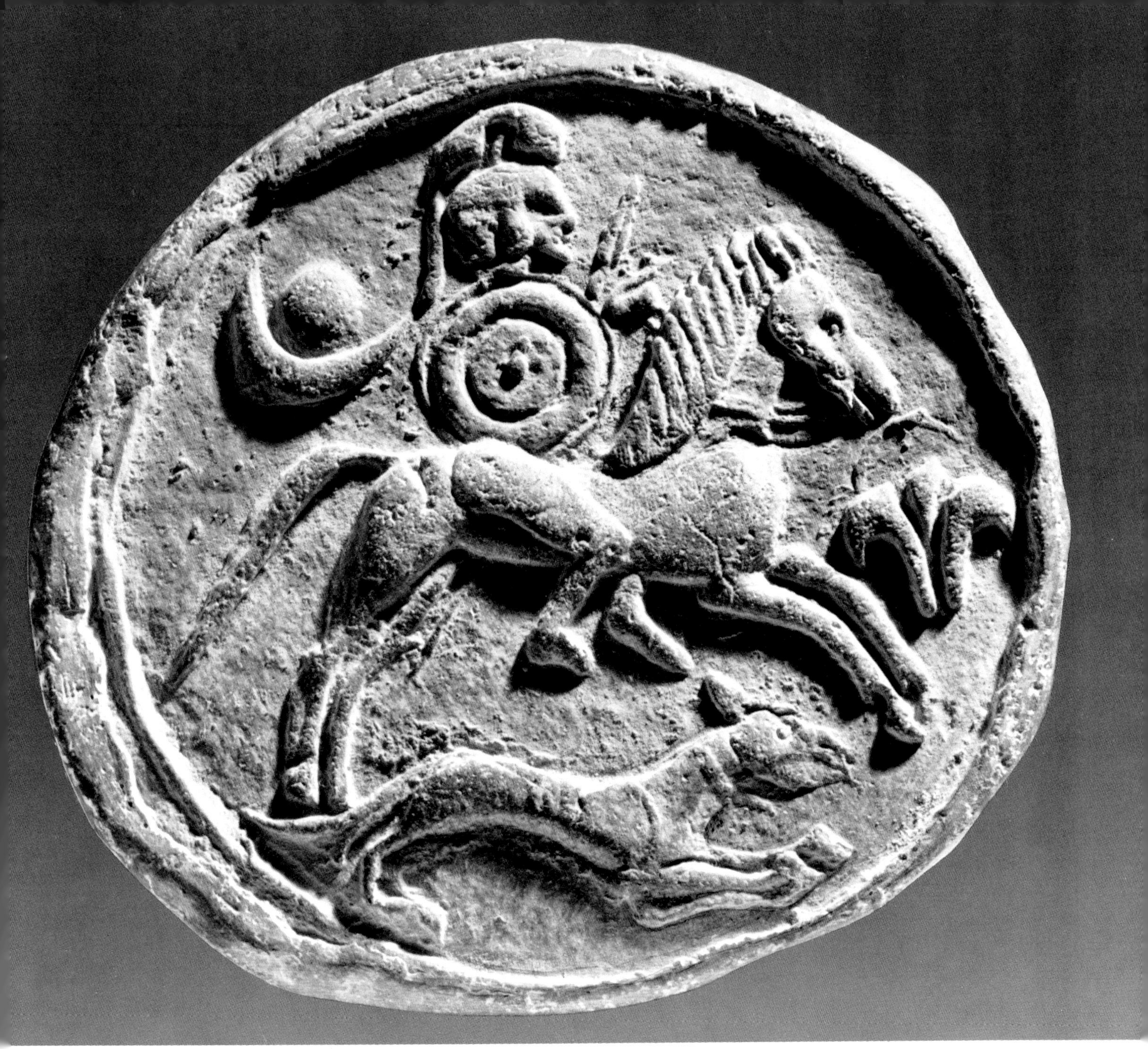

209 - punisch - Karthago, Nekropole Duimes - Scheibe: Bewaffneter Reiter mit einem Hund (Etwa 6. Jh. v. Chr.)
- Karthago

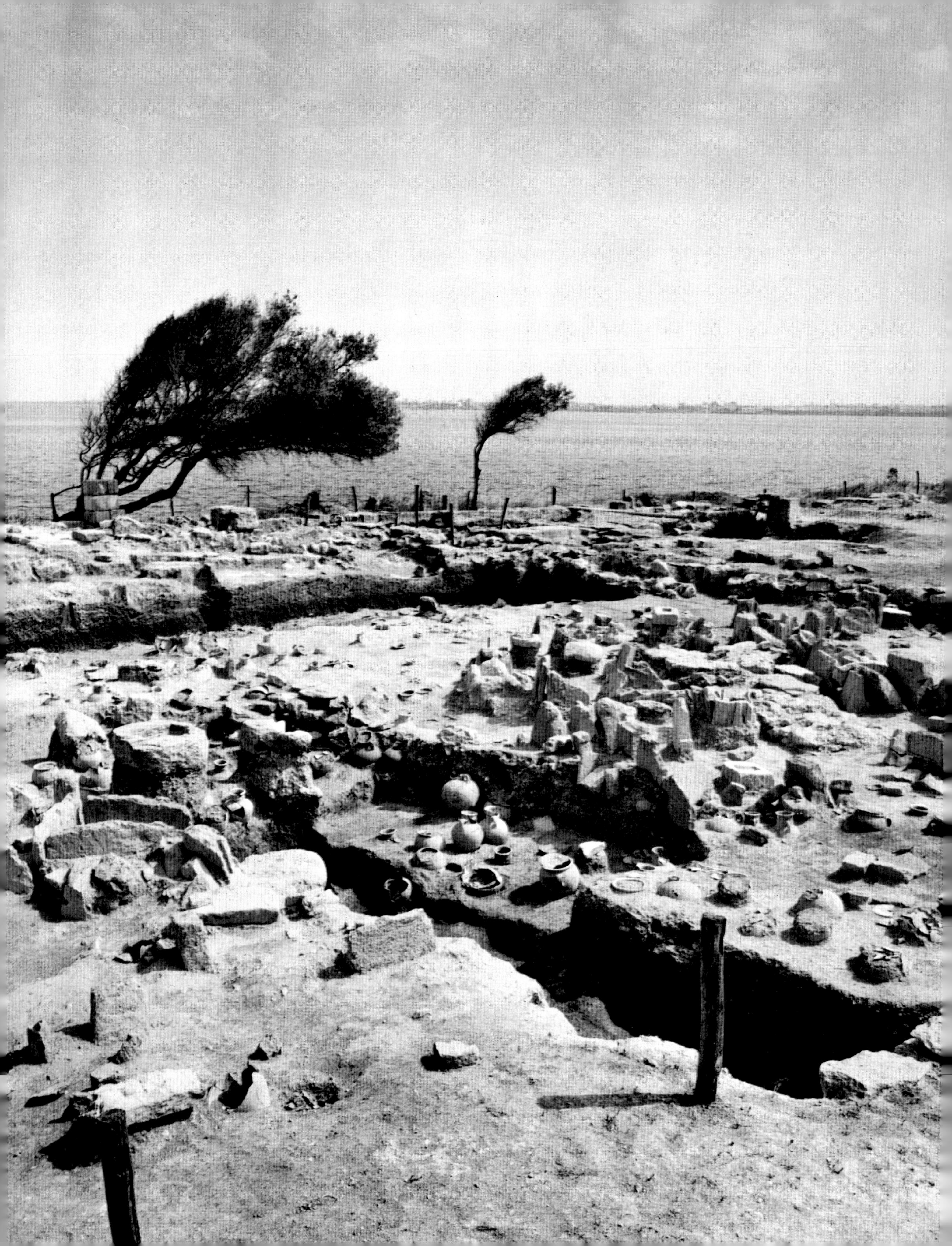

III

DIE PHÖNIZIER AUF SIZILIEN UND MALTA

Die Frage, in welcher Epoche und auf welche Art und Weise die Phönizier sich auf Sizilien und den von Sizilien abhängigen Inseln niederließen, ist ein Teil der allgemeineren – und schon behandelten – Frage nach ihrer Diaspora im Mittelmeer. Diese Frage betrifft sogar ein wichtiges historisches Detail: die klassischen Quellen bekunden im Einklang mit ihrer allgemeinen Systematik, daß die phönizische Kolonisation in dieser Zone älter war als die griechische. Diodor deutet dies auf indirekte Weise an, indem er Sizilien zu den ältesten phönizischen Zentren im Mittelmeerraum rechnet; Thukydides dagegen schreibt es direkt, indem er genau ausführt, daß die Phönizier längs der Küsten gesiedelt und beim Erscheinen der Griechen sich auf Motye, Palermo und Soluntum, ihre westlichen Stützpunkte, zurückgezogen hätten.

Aus der Sicht der Archäologen sind die Funde von Motye jetzt dem 8. Jahrhundert, der Epoche der griechischen Kolonisation, zuzuweisen; dabei liegt es auf der Hand, daß archäologische Beweisstücke späteren, manchmal um vieles späteren Datums sind als die Anlage eines Ortes selbst; erinnern wir uns auch, daß nach den neuesten Forschungen gewisse Elemente der sizilischen Kulturen zwischen dem 10. und dem 8. Jahrhundert ihre beste Erklärung in den Kontakten mit den aus dem östlichen Mittelmeerraum gekommenen Völkern finden. Schließlich läßt der Fund einer kleinen Bronze phönizischen oder im weiteren Sinne syrischen Typs an der Küste von Selinunt aus dem 14. bis 13. Jahrhundert vermuten, daß levantinische Seeleute die sizilische See schon in sehr fernen Zeiten befahren haben.

Die gleiche Komplexität findet sich auf Malta wieder, wo die ältesten Gräber phönizische Keramik des 8. bis 7. Jahrhunderts erbracht haben; damit wird denn also die Hypothese glaubhaft, daß im Rahmen einer umfassenderen und bereits erwähnten Expansion, die sich zwischen der mykenischen und der griechischen abspielt, die Phönizier vor den Griechen der klassischen Epoche dagewesen seien. Was den Ablauf der späteren Geschehnisse betrifft, so ist er eng mit der imperialistischen Politik Karthagos verknüpft, das spätestens um die Mitte des 6. Jahrhunderts mit der Expedition des Heerführers Malchos, von der griechische Quellen berichten, auf der Insel Fuß faßt und sie einer viel strengeren Kontrolle unterwirft, als es die der phönizischen Seefahrer gewesen war. Karthago baut dort die wichtigsten Handelsstationen zu Stützpunkten für seinen Kampf gegen die Griechen aus.

In diesem Kampf, der bis zum Eingreifen Roms mit wechselndem Erfolg geführt wurde, verkehrte sich die Lage mehrmals: bald bemächtigen sich die Karthager der größten griechischen Basis (Syrakus), bald die Griechen der größten karthagischen (Motye); aber im großen ganzen kommt die Situation an einer Grenze zur Ruhe, die, von Himera nach Selinunt verlaufend, die Insel in zwei Teile zerlegt, wobei das westliche Dreieck den Karthagern, der Rest den Griechen verbleibt.

Unter den wichtigsten Ereignissen des hundertjährigen Krieges zwischen Karthagern und Griechen auf Sizilien sind hervorzuheben: die Expedition des Spartiaten Dorieus, der um 510 am Fuß des Berges Eryx Heraclea gründet, aber später von den Karthagern besiegt wird; die

210 - punisch - Motye - Teilansicht des ‹tophet› (7.-4./3. Jh. v. Chr.)

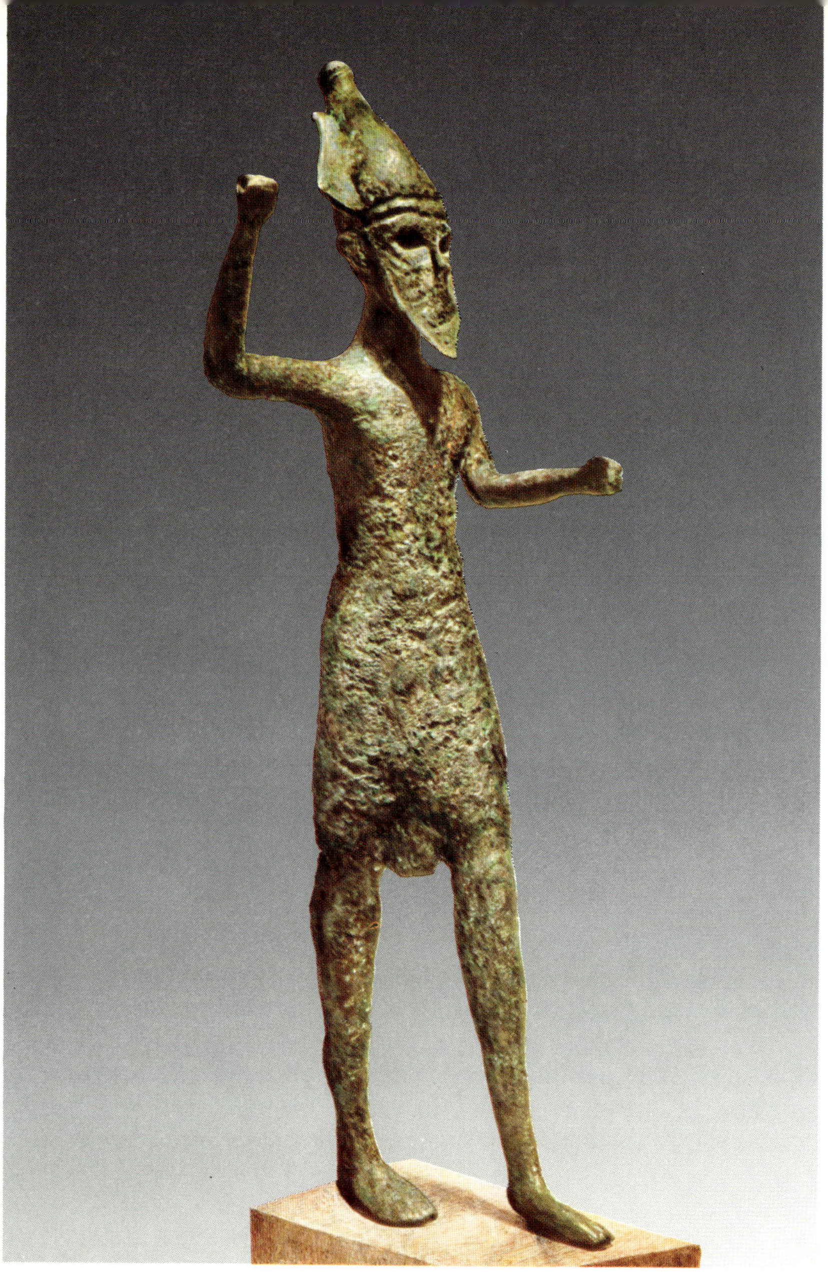

211 - phönizisch (?) - An der Küste bei Selinunt gefunden - Figurine einer Gottheit (14.-13. Jh. v. Chr.) - Palermo

Schlacht von Himera 480, die den Griechen den Sieg im Westen zur gleichen Zeit einträgt, zu der sie im Osten die Perser schlagen, so daß dieses Datum die hellenische Herrschaft über den gesamten Mittelmeerbereich besiegelt; die Wiedererstarkung Karthagos 406 nach der Eroberung Selinunts; die Einnahme von Motye durch Dionysius von Syrakus 397 und dessen Offensive von 367, auf welche 342 jene des Timoleon von Korinth folgt; die karthagischen Angriffe mit der zweimaligen Belagerung von Syrakus (310 und 278); schließlich die Intervention des Pyrrhus und der Erste Punische Krieg, der 241 zur Annexion Siziliens durch Rom führt. Malta erleidet wenig später dasselbe Schicksal und wird 218 endgültig römisch. Das gleiche widerfährt Pantelleria, wo die archäologischen Zeugnisse karthagischer Anwesenheit auf das 7. bis 6. Jahrhundert zurückgehen.

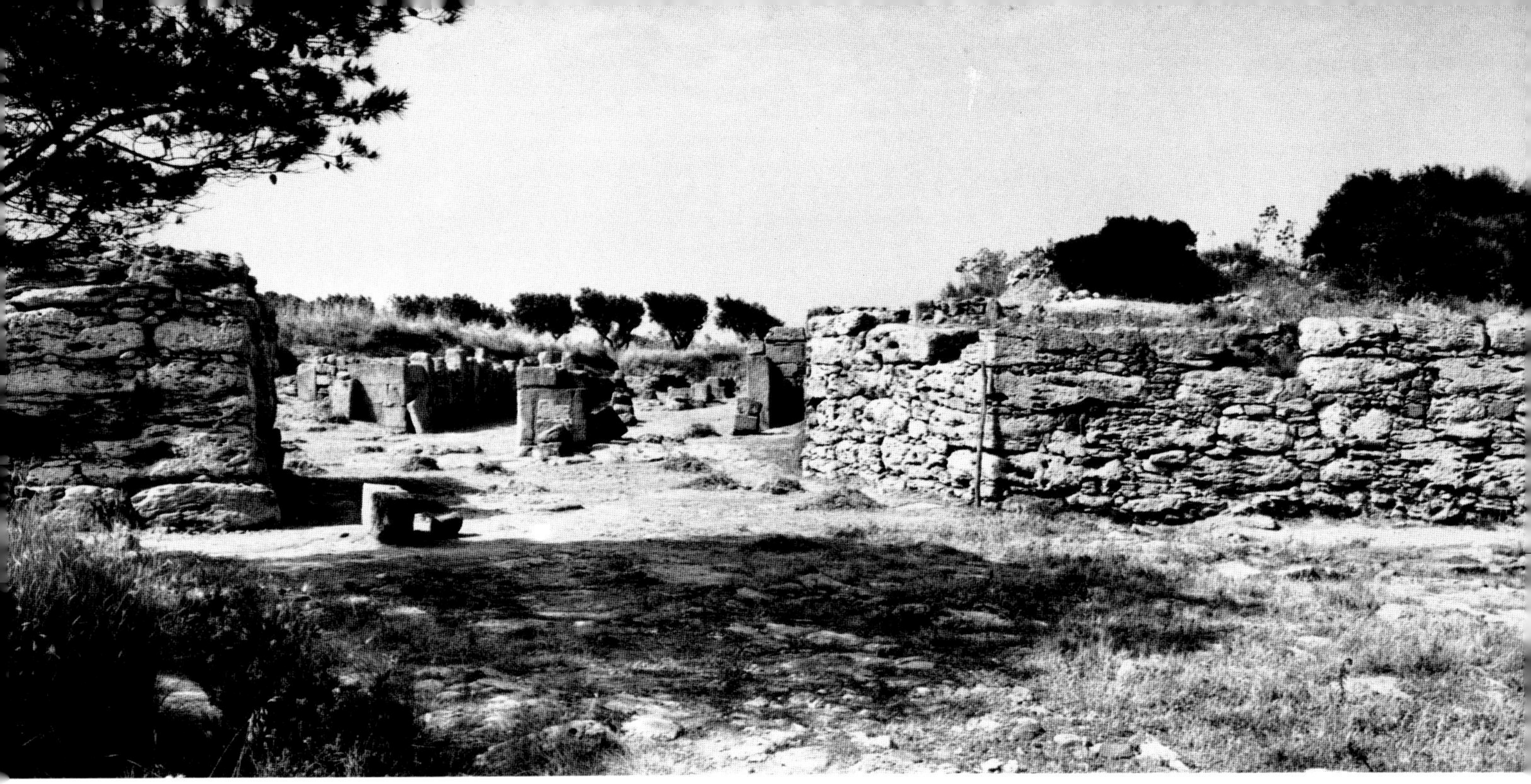

212 - punisch - Motye, Umfassungsmauer - Das Nordtor (Etwa 6. Jh. v. Chr.)

Diese wenigen Angaben und noch viele andere über die Beziehungen, die auf Sizilien zwischen Griechen und Karthagern bestanden, beruhen auf der umfangreichen antiken Überlieferung, welcher die archäologischen Gegebenheiten nur bezüglich der karthagischen Seite entsprechen. Diese Dokumentation ist nicht einheitlich; sie stammt zum größten Teil aus Sizilien, und zwar aus der Stadt Motye, die in vielen Fällen sogar unsere einzige Quelle ist, ergiebig und bedeutsam, aber auch stets beschränkt auf den punischen Geltungsbereich Siziliens und nicht immer tauglich, diesen in seiner Gesamtheit sichtbar zu machen.

Architektur

Die Bemerkung über die ausnehmende Bedeutung von Motye gilt besonders für den Städtebau; die architektonischen Reste dieser Stadt sind um so unschätzbarer, als sie die einzigen ihrer Art sind. In der Platzwahl folgt Motye ganz dem Kanon der phönizischen Kolonisation: eine kleine Insel in nächster Nähe der Küste, wo niedrige Wassertiefe das Landen erleichtert, mit verschiedenen, je nach Windverhältnissen und Jahreszeiten brauchbaren Zugängen. Eine Befestigungsmauer war im 6. Jahrhundert rund um die Insel errichtet worden, die im Norden und im Süden je einen Hafen hatte.

Im Süden, in der Nähe des Tores, öffnet sich ein kleines künstliches Becken oder ein *kothon*, das an die entsprechende Anlage von Karthago erinnert; aber seine geringen Ausmaße erweisen es als einen sekundären Ankerplatz, der vermutlich vor allem für Schiffsreparaturen gedient hat. Im Norden, gleichfalls in der Nähe des Tores, liegen der *tophet* und die älteste Nekropole, während eine etwas jüngere Nekropole sich in Birgi an der gegenüberliegenden sizilischen Küste befindet, zu der ein heute überfluteter Zugang bestand. Ein heiliger Bezirk, genannt *Cappiddazzu*, in der Nähe des Nordtores, ein mehr nach dem Inneren zu gelegener Gebäudekomplex und

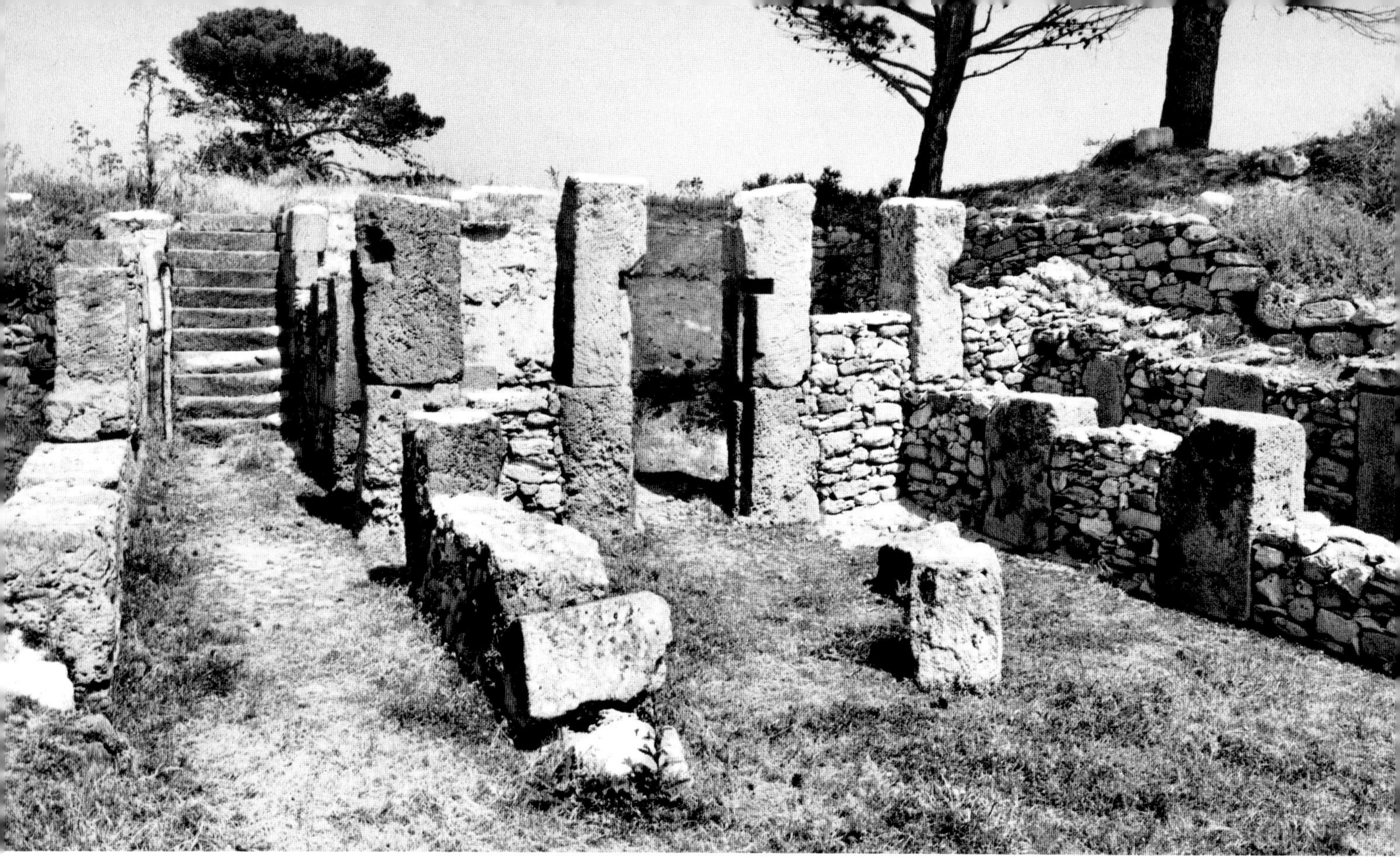

213 - punisch - Motye - Kasematte südlich der Umfassungsmauer (Etwa 6. Jh. v. Chr.)

schließlich ein späteres Bauwerk, genannt ‹Haus der Mosaiken›, im Südosten der Innenstadt, vervollständigen die sichtbaren Bestandteile der Stadtanlage von Motye.

Ein gründlicherer Blick auf die punische Architektur Siziliens wird zunächst zur Feststellung führen, daß die Mauern von Motye, die mit ihren Verstärkungen dem üblichen Typus folgen und in Abständen vorspringende Türme zeigen, keineswegs ein für sich allein stehendes Beispiel darstellen. Vielmehr muß unsere Aufmerksamkeit auch den Mauern von Eryx gelten. Sie gehen noch auf vorkarthagische Zeiten zurück, haben aber in dieser Epoche eine Umgestaltung erfahren, wovon unter anderem die in bestimmte Steinblöcke eingeritzten Buchstaben zeugen. Soviel sich sehen läßt, geschah diese Erneuerung unter Wiederverwendung der megalithischen Mauerblöcke als Verstärkungen, wobei wie in Motye Türme in regelmäßigen Abständen dem Mauerverlauf eingeblendet wurden.

Nachdem hier schon im Zusammenhang mit dem *kothon* von den Häfen die Rede war, geben jüngste Ausgrabungen nunmehr Gelegenheit, auch einige Aussagen über die Privathäuser zu machen. Tatsächlich hat man in Motye längs zweier sich kreuzender Straßenzüge einige Reste von Wohnbauten gefunden. Im einzelnen gelang die Identifizierung von Abfallgruben, eines Amphorendepots sowie vermutlich eines Ladenraums. Dies alles macht einen sehr bescheidenen Eindruck, was mit den Aussagen der klassischen Quellen nicht übereinstimmt: als Dionysius von Syrakus die Stadt eroberte, sollen die Griechen auf Häuser von hervorragender Schönheit gestoßen sein, deren Höhe sie zum Einsatz beweglicher, sechsstöckiger Belagerungstürme zwang.

An Resten von Sakralbauten fand sich in Motye auch das sogenannte *Cappiddazzu*, das, der

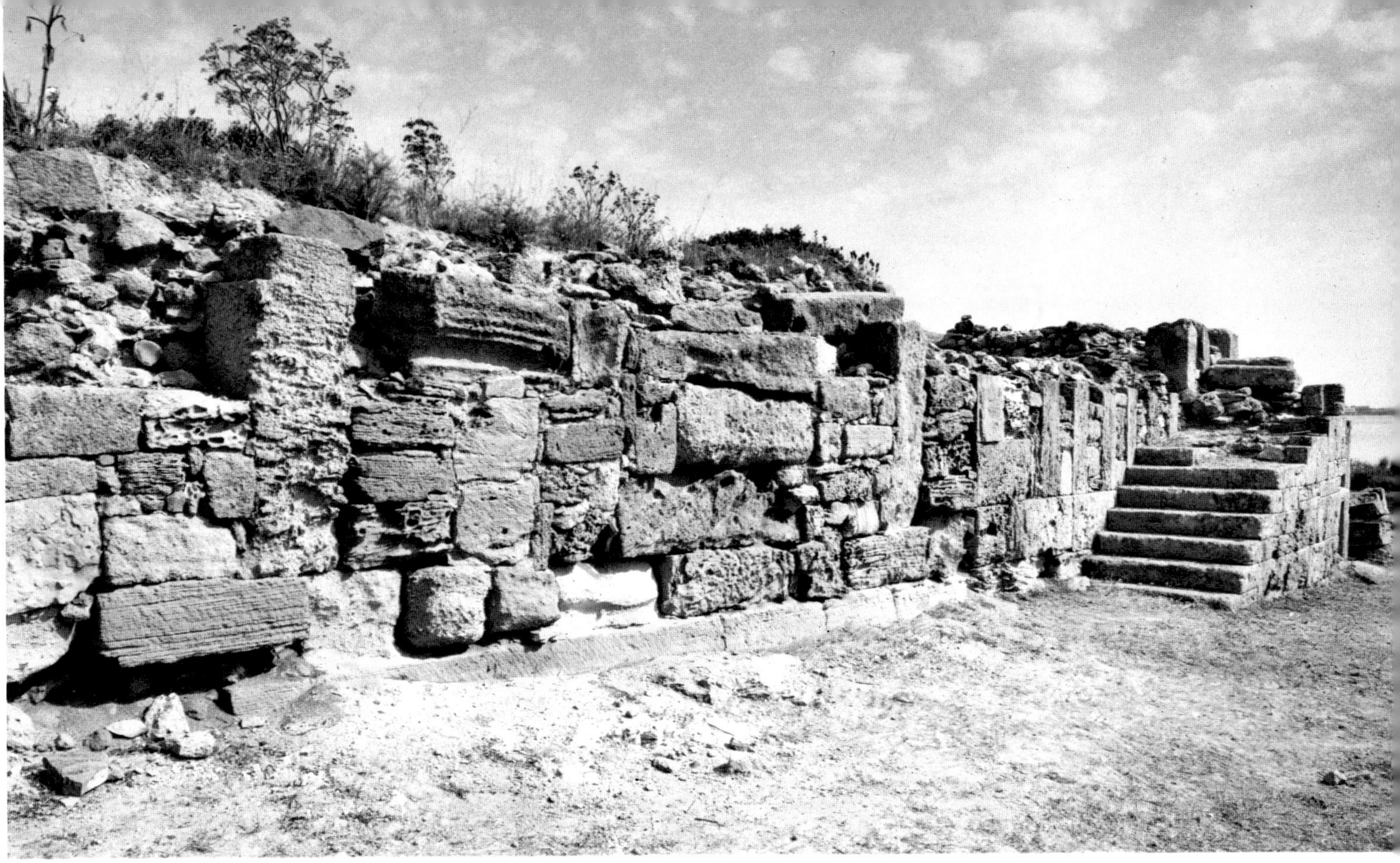

214 - punisch - Motye - Die nördliche Umfassungsmauer (Ausschnitt der Stützmauer) (Etwa 6. Jh. v. Chr.)

schlüssigsten Deutung zufolge, als heiliger Bezirk mit mehreren Teilbauten anzusehen ist; von dort stammen jene Blöcke, deren obere Begrenzung eine ägyptische Hohlkehle bildet. Jüngst wurde in der Grotta Regina bei Palermo ein Felsheiligtum entdeckt, wo Reste des Dekors und Votivinschriften zutage traten. Das bedeutendste Heiligtum finden wir indes auf Malta, wo es unlängst bei Tas Silg gefunden wurde. Dort hatten die Phönizier seit dem 8. bis 7. Jahrhundert einen älteren Bau für sich in Beschlag genommen, der in vorgeschichtliche Zeit zurückreicht. Sie verbesserten die Mauertektonik und errichteten ihren Altar über einem älteren Opferstein, wobei sie kleinere Weiheräume anbauten und eine eindrucksvolle Menge von Votivgaben an dieser Stätte zusammentrugen. Seit kurzem dürfte der *tophet*, diese Sonderform des Kultbaus, in Motye in bester Gestaltung vertreten sein, unübertroffen im ganzen Mittelmeerraum, wozu allerdings auch beitragen mag, daß er vorzüglich publiziert ist. Klar wird seine Bestimmung als Weihestätte unter freiem Himmel sichtbar. Er ist von Nebenräumen umgeben und mehrmals erweitert; in übereinanderliegenden Schichten fanden sich Urnen mit Opferresten, dazu Hunderte von Votivstelen. Schacht-, *dromos*-Gräber und Grüfte kommen, der allgemeinen phönizischen und punischen Typologie entsprechend, auch in Sizilien vor.

Neben den Nekropolen von Motye gibt es sodann die ausgedehnten Begräbnisstätten von Lilybaeum, wohin sich ein Großteil der Bevölkerung von Motye nach der Eroberung durch die Griechen im Jahre 397 flüchtete, ferner jene Palermos. Feuer- wie Erdbestattung gehen in ältester Zeit nebeneinander her. Die Bestattung erfolgt in sogenannten ‹Steinkisten›, Sarkophagen und Aschenurnen aus Terrakotta.

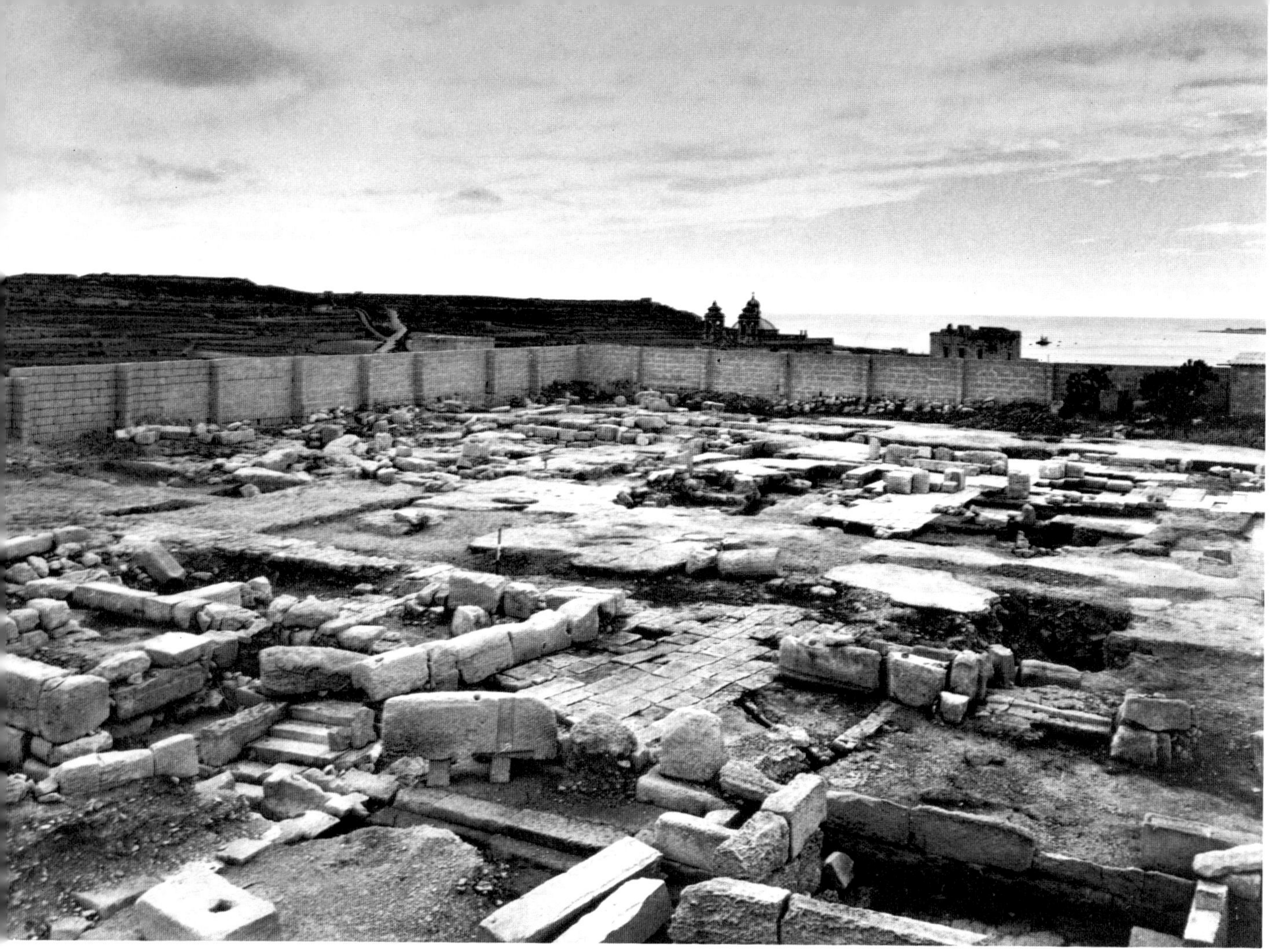

215 - punisch - Tas Silg - Das Heiligtum (Etwa Mitte des II. Jt. v. Chr. bis etwa Mitte des I. Jt. n. Chr.)

Rundplastik

Rundplastik ist in der punischen Welt immer die Ausnahme, doch haben wir auf Sizilien immerhin ein durch Größe, Ausführung und Eigenart eindrucksvolles Belegstück steinerner Vollplastik zur Hand. Es handelt sich um das Fragment einer in einem Teich bei Marsala gefundenen Statue eines Mannes, die wahrscheinlich aus Motye stammt. Der Figur fehlt der Kopf; der Oberkörper des Torso ist nackt, die Lenden deckt ein Schurz. Während die rechte Hand am Körper herunterhängt, ist der linke Arm vor der Brust angewinkelt. Es handelt sich um ein deutlich ägyptisierendes Motiv, das unseres Wissens über Phönizien Verbreitung im Westen fand. Übrigens kommt es auch auf Stelen des vermutlichen Herkunftsorts Motye vor.

Von ähnlicher typologischer Bedeutung ist eine Skulptur, die eine zwischen zwei Sphingen thronende Frau darstellt und deren Herkunftsort vielleicht Pizzo Cannita ist. Sie ähnelt einem Werk gleichen Charakters, das wir im Zusammenhang mit Karthago bereits beschrieben haben und das leider ebenfalls nur schlecht erhalten ist. Nicht zu vergessen wäre ferner eine aus Halaesa stammende Tiergruppe, darstellend Löwe und Stier, aus deren Resten sich eine Beziehung zur altorientalischen Tierkampfthematik ableiten läßt. Beide Werke verraten hellenistischen Einfluß, doch zeigt der Umstand, daß eins von ihnen seine Entsprechung in Karthago besitzt, die völlige Assimilierung dieser hellenistischen Komponente in der punischen Welt.

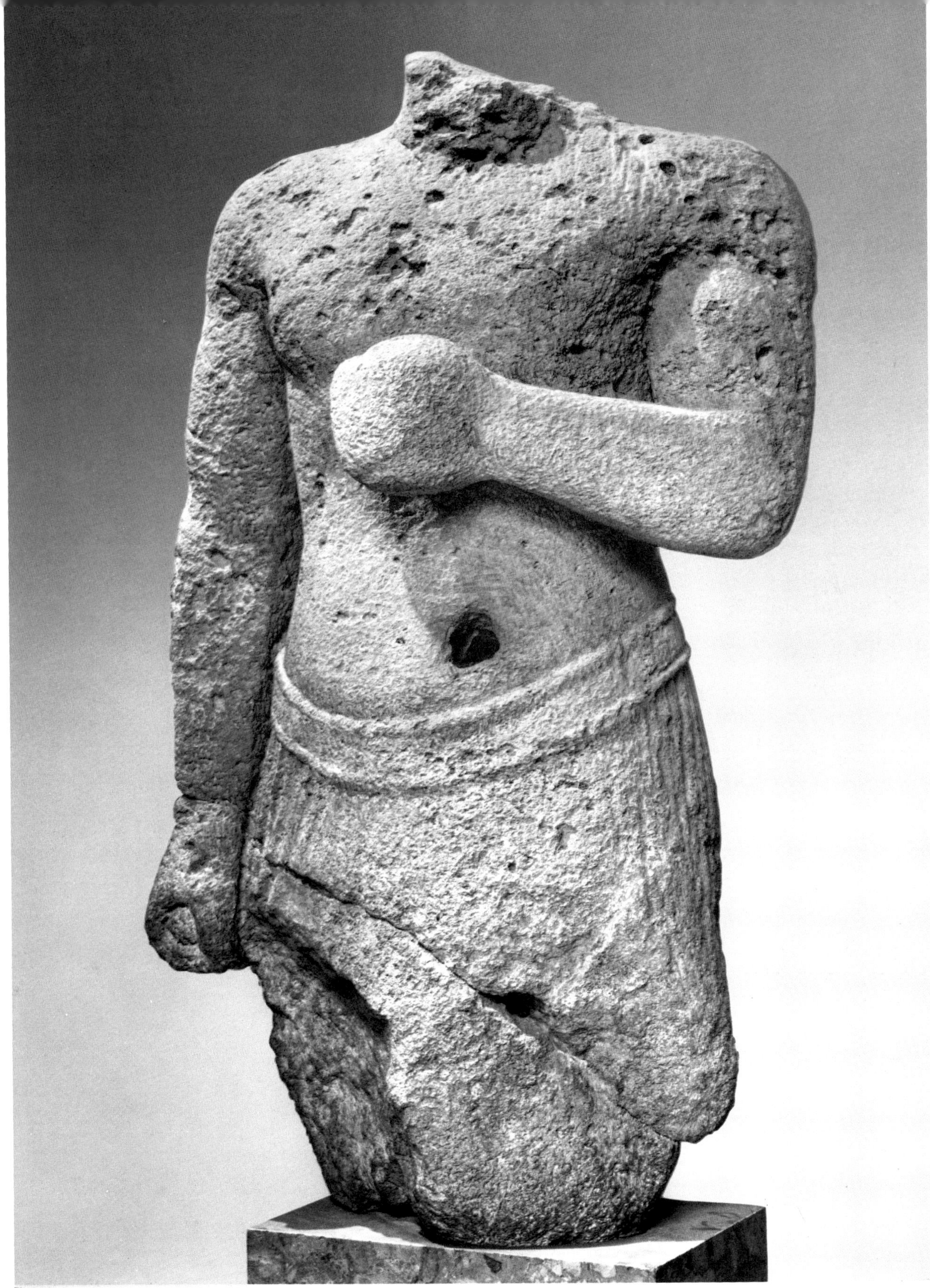

216 - punisch - Im Teich von Marsala gefunden - Torso eines Mannes (Etwa 6.-5. Jh. v. Chr.) - Palermo

Die in reicher Anzahl auf Malta im Heiligtum von Tas Silg gefundenen Fragmente zeugen von einer Produktion, die sich vorwiegend im Umkreis des Hellenismus entwickelt hat. Allerdings gibt es hier eine bezeichnende Ausnahme: die Statue einer aufrechten Menschengestalt, deren völlig aus einer linearen Auffassung erwachsene, von allem Fremdeinfluß freie Gestaltung sich ganz an phönizische und zypriotische Vorbilder anschließt.

Die Terrakotta-Plastiken gleichen in Sizilien, vor allem auch in Motye, den karthagischen Arbeiten, und ihre Ausführung ist unvergleichlich reicher als die der Steinskulpturen. Der *tophet* auf der Insel hat erst jüngst eine große Gruppe mit der Töpferscheibe gefertigter Figuren freigegeben, deren mit der Hand modellierte und aufgesetzte charakteristische Details unmittelbar an karthagische Arbeiten anknüpfen. Auch die Gestaltung des Körpers mit der stets glockenförmigen Unterpartie ist analog. Bei der Formung des Kopfes erscheint neben dem uns bereits aus Karthago bekannten, spitz ausgezogenen Haupt noch eine weitere Form: der Scheitel wird überragt von einer zweischnäbligen Lampe, die von einem oder beiden Armen gehalten wird

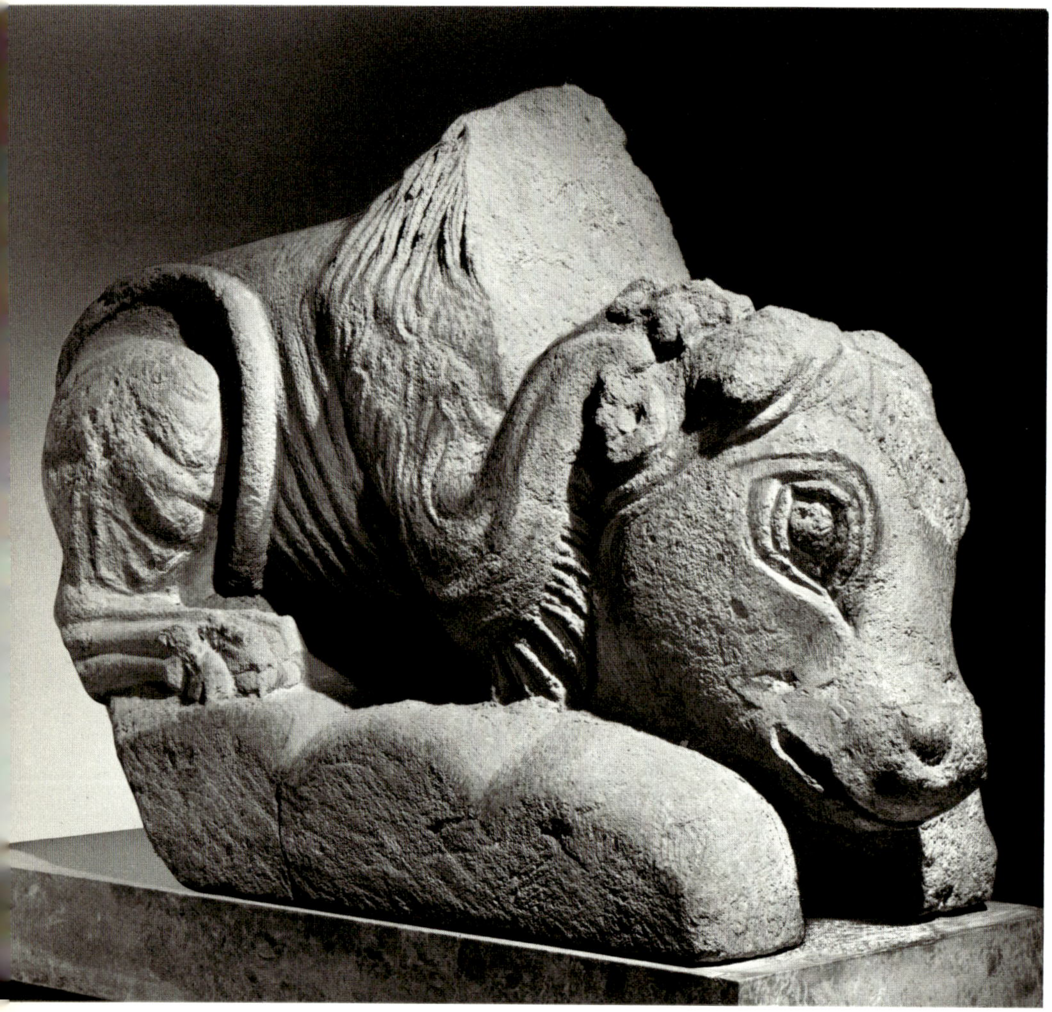

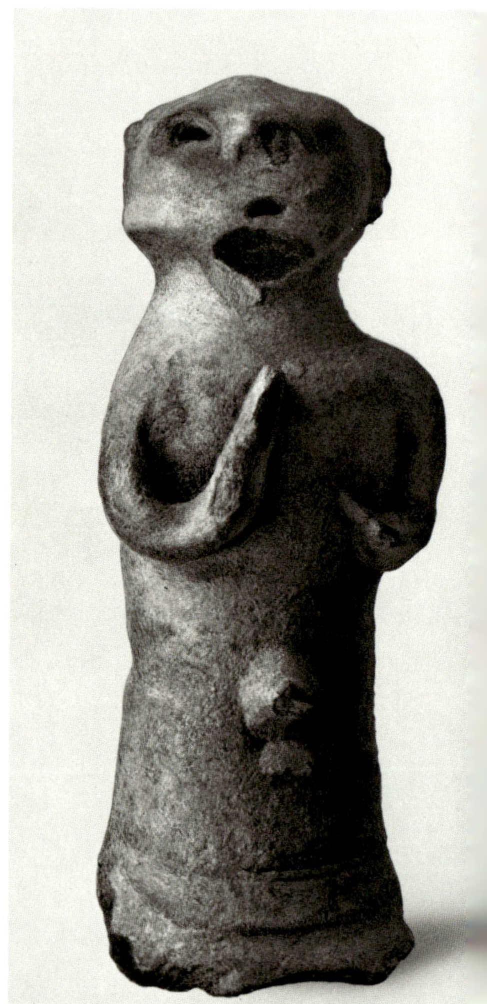

217 - punisch - Halaesa - Fragment einer Tiergruppe: Stier im Kampf mit einem Löwen (6. Jh. v. Chr. [?]) - Palermo
218 - punisch - Motye, ‹tophet› (?) - Glockenförmige Figurine (Etwa 6. Jh. v. Chr.) - Motye

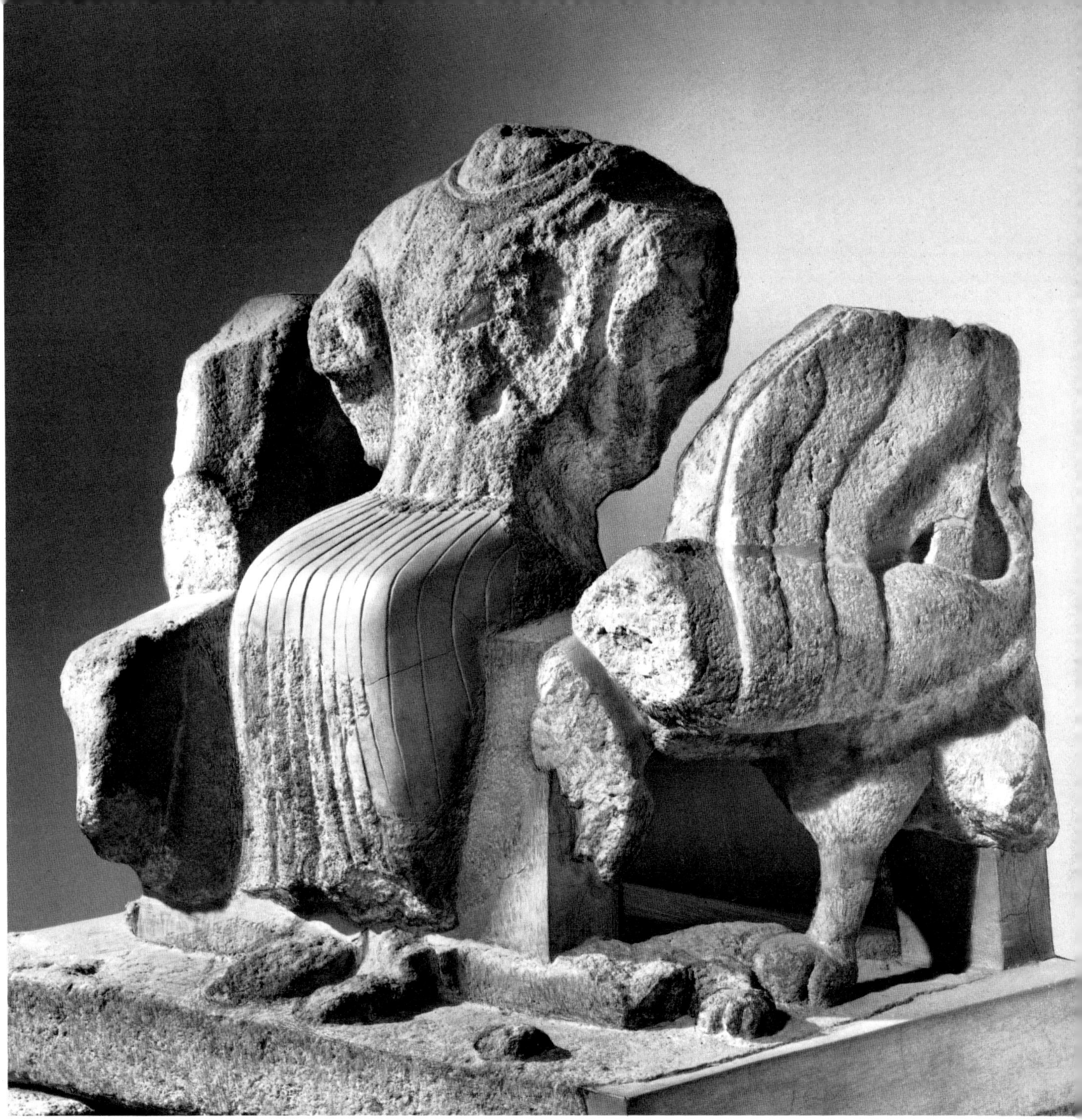

219 - punisch - Pizzo Cannita (?) - Fragment der Statue einer thronenden Gottheit zwischen zwei Sphingen (Etwa 6. Jh. v. Chr.) - Palermo

(es gibt aber auch jene Darstellungsweise, bei welcher der eine Arm die Lampe auf dem Kopf festhält, während der andere Arm, zur Seite ausgestreckt, eine weitere Lampe trägt). Interessant ist dieser Typus, wie wir noch sehen werden, wegen der in anderen Gegenden des punischen Kolonisierungsgebiets gefundenen Parallelen.

Darüber hinaus hat Motye eine große Anzahl von gemodelten Figurinen freigegeben, die allerdings zu einem Großteil an Nachahmungen, wenn nicht gar an Importe aus der benachbarten griechischen Welt Siziliens denken lassen. Motive wie die thronende Göttin mit Schleier, die Göttin mit dem Halsband aus Kornähren, Demeter und das Ferkel verweisen unmittelbar auf Hellenistisches. Andererseits finden sich wohl auch einige Figurinen, die stärker von punischem Geist geprägt sind: da ist das Motiv der Frau mit der Scheibe, ebenso das der aufrechten Nackten. Vasen in der Gestalt von Frauenköpfen mit *kalathos* sind vor allem in Selinunt häufig. Sie gelangten zweifellos während der griechisch-sizilischen Ära und später zu den Puniern. Vieles spricht auch dafür, daß diese Art von Kleinkunst sich von Sizilien aus in den übrigen Gebieten punischer Herrschaft verbreitete, Karthago nicht ausgenommen.

Zu erwähnen ist auch die Bronzevollplastik, wobei wir jene schon genannte Figur ins Auge fassen, die im Umkreis von Selinunt entdeckt wurde: eine Göttin, deren Haupt ein spitz zulaufender Kopfputz schmückt und die den einen Arm nach oben, den anderen vor den Körper hält. Es ist erkannt worden, daß es sich hier in Wahrheit um ein Importstück aus dem Vorderen Orient handelt. Zwar läßt sich dieses Stück nicht sicher im engeren Sinne als phönizisch bestimmen, doch die Datierung ins 14. bis 13. Jahrhundert macht es zumindest zu einer Arbeit aus jenem kulturellen Komplex, der historisch unmittelbar der Bildung eines autonomen Kerns der phönizischen Kultur voranging.

Das Relief

Innerhalb der punischen Reliefkunst Siziliens wie übrigens auch in Afrika dominiert die Stele, und in diesem Kunstzweig nimmt die kürzlich in Motye entdeckte Produktion mit Hunderten von Stücken einen hervorragenden Rang ein. Unter typologischen Gesichtspunkten betrachtet, sind eigentliche Grabsäulen (Cippi) hierunter selten, während Stelen mit Nischen häufig vorkommen. Vergebens wird man hier auch jene Giebeldachstelen suchen, die für die zweite Entwicklungsphase der karthagischen Kunst so typisch sind, da die Herstellung von Stelen in Motye bereits 397 mit der Einnahme und Plünderung der Stadt durch Dionysius von Syrakus abbrach. Unter den Ädikula-Stelen befindet sich ein für Motye typisches Modell, wenngleich es nicht eben häufig vorkommt: es ist dies die Doppelstele, die eine gemeinsame Sockelzone besitzt, auch oben zusammenhängend ausgearbeitet ist, aber deutlich geschiedene Nischen zeigt.

Die wichtigsten Neuerungen an den Stelen von Motye liegen vor allem im Bereich der Ikonographie, die sich in zeitlicher Folge weiterentwickelt. Überwiegen in der ältesten Phase (7. Jahrhundert) noch geometrische Gestaltungen, besonders die Baitylien, so entsteht nun eine am Bild des Menschen sich orientierende Ikonographie, die in Karthago weder in ihrer Thematik noch in der Feinheit der Ausführung eine Parallele besitzt. Vor allem vom Thematischen her läßt sich der Bezug zu orientalischen Vorbildern klar erkennen, deren Weg offenbar nicht über Karthago ging – jedenfalls haben sie dort keine Spuren hinterlassen.

Unter diesem Blickwinkel werden vor allem zwei Hauptthemen der figürlichen Darstellung in Motye sichtbar: einmal die Frauengestalt, in Vorderansicht gegeben, die Arme über der Brust verschränkt; sodann die Männergestalt mit spitzer Kopfbedeckung, die seitlich schreitend dargestellt ist. Als ein weniger häufiger, aber dennoch charakteristischer Darstellungstyp tritt eine von vorn gesehene Männerfigur hinzu, die eine stilisierte Perücke ziert; der eine Arm ist vor der Brust angewinkelt, der andere hängt frei an der Seite des Körpers herab. Sie bildet im Relief eine Entsprechung zu jener Statue, die aus dem Teich bei Marsala stammt. Diese Männerfigur zeigt direkt und unbezweifelbar, daß die Ikonographie hier wie auch sonst so oft ägyptisch inspiriert ist. In der Tat hat sich diese Darstellungsweise ganz im Ausstrahlungsbereich der Nilkultur entwickelt, auch wenn zu berücksichtigen bleibt, daß diese Motive zu einem großen Teil nicht direkt aus Ägypten kamen, sondern über Phönizien vermittelt wurden.

Im Rahmen der bisher beschriebenen Bildthematik läßt sich für Motye eine Entwicklung zur

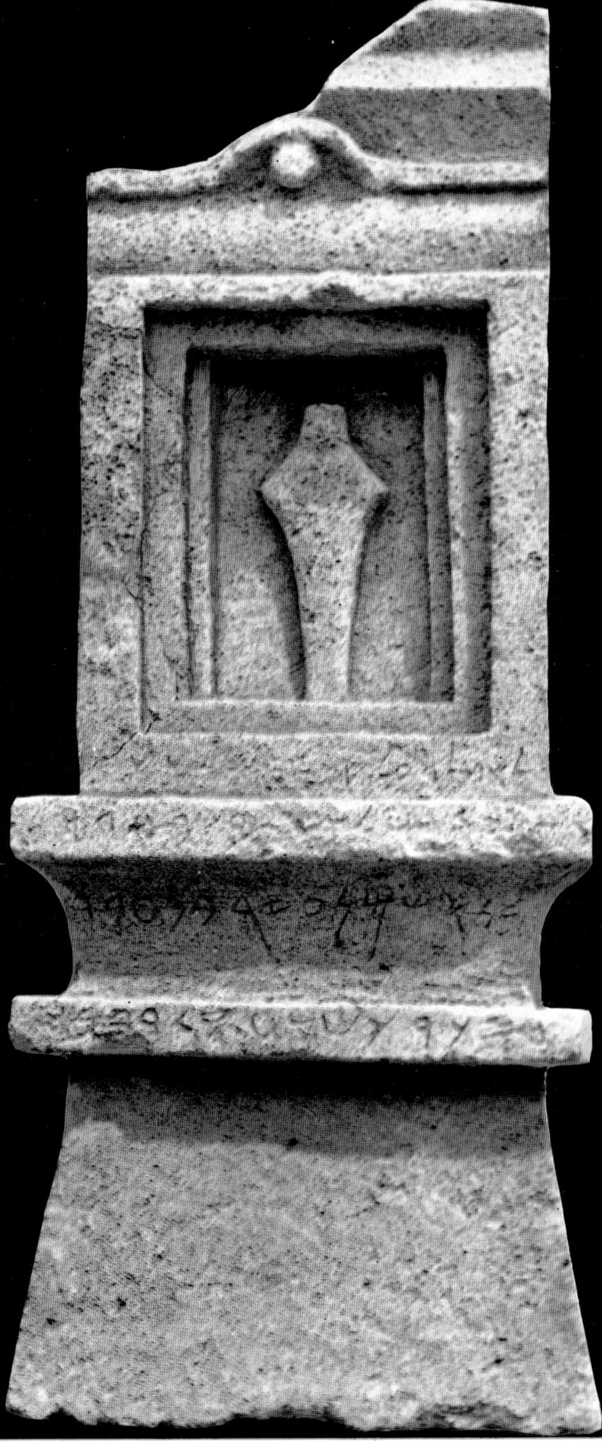

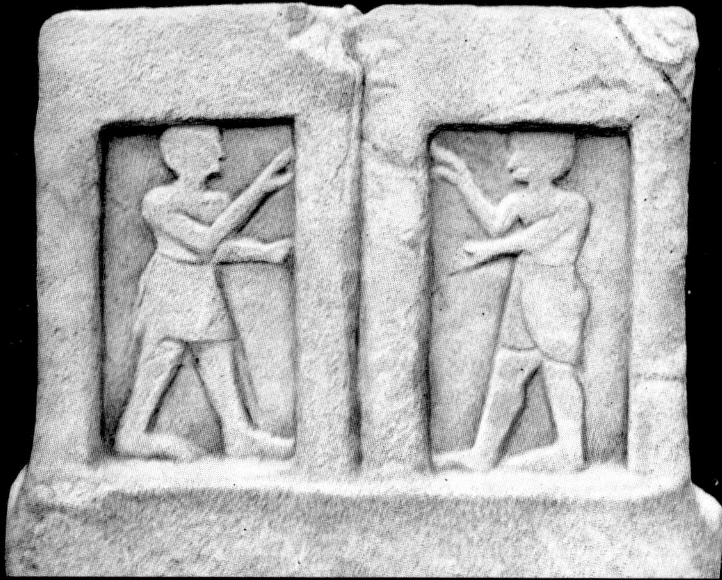

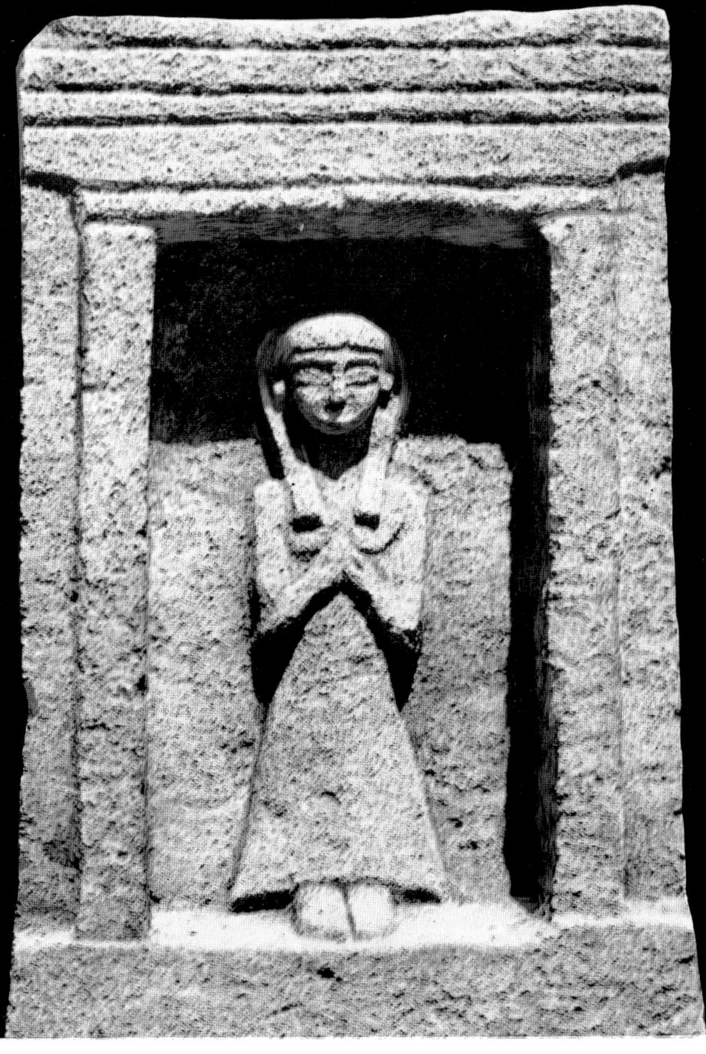

220 - punisch - Motye, ‹tophet› - Stele: ‹Flaschenidol› (6.-5. Jh. v. Chr.) - Motye

221 - punisch - Motye, ‹tophet› - Doppelstele. Ausschnitt: Antithetische Figuren (Etwa 6. Jh. v. Chr.) - Motye

222 - punisch - Motye, ‹tophet› - Stele. Ausschnitt: Frau mit vor der Brust verschränkten Armen (Etwa 5. Jh. v. Chr.) - Motye

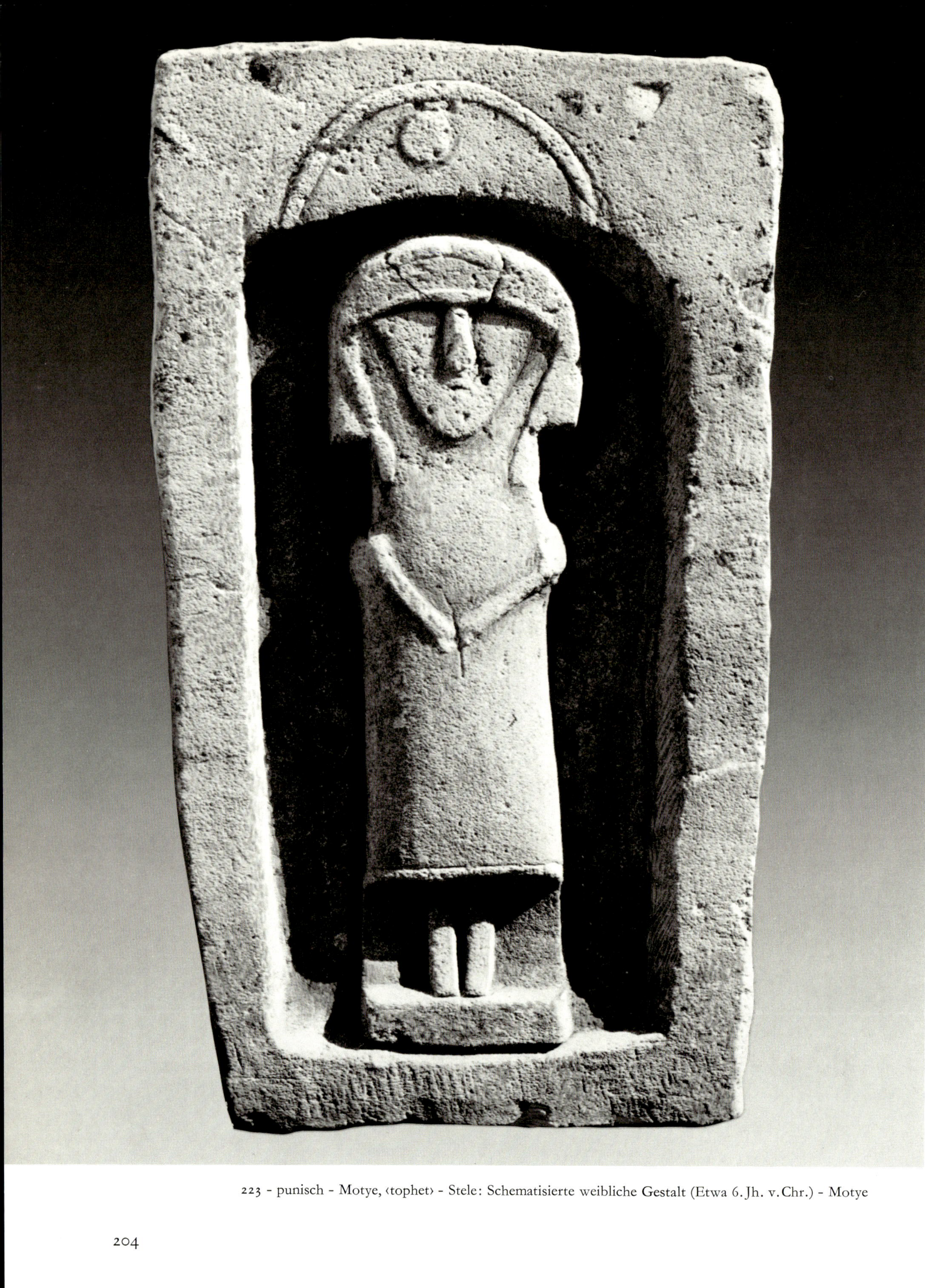

223 - punisch - Motye, ‹tophet› - Stele: Schematisierte weibliche Gestalt (Etwa 6. Jh. v. Chr.) - Motye

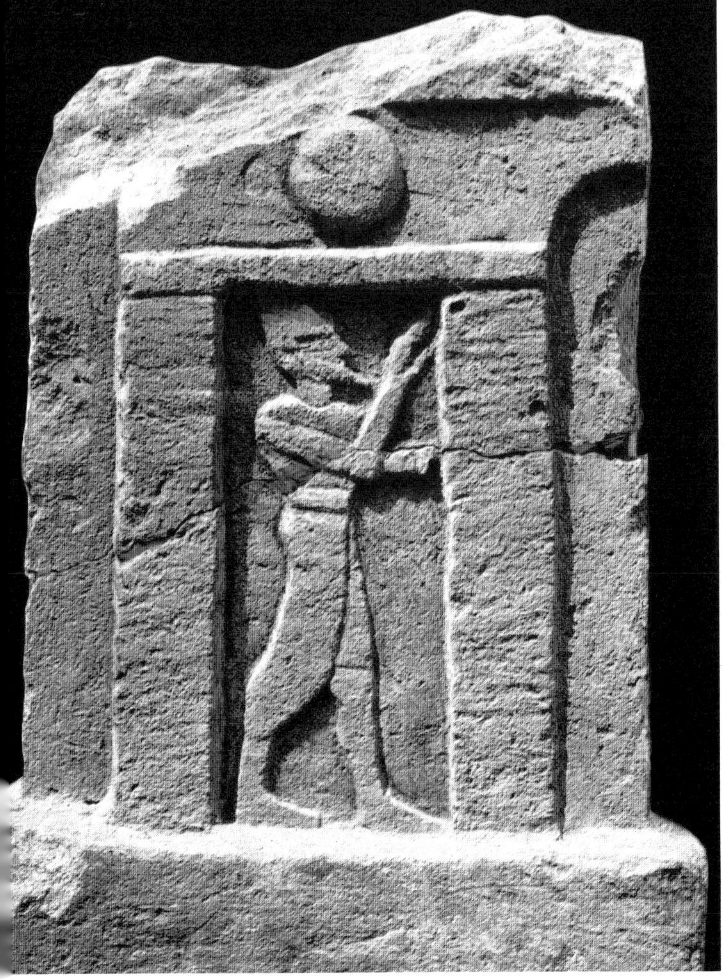
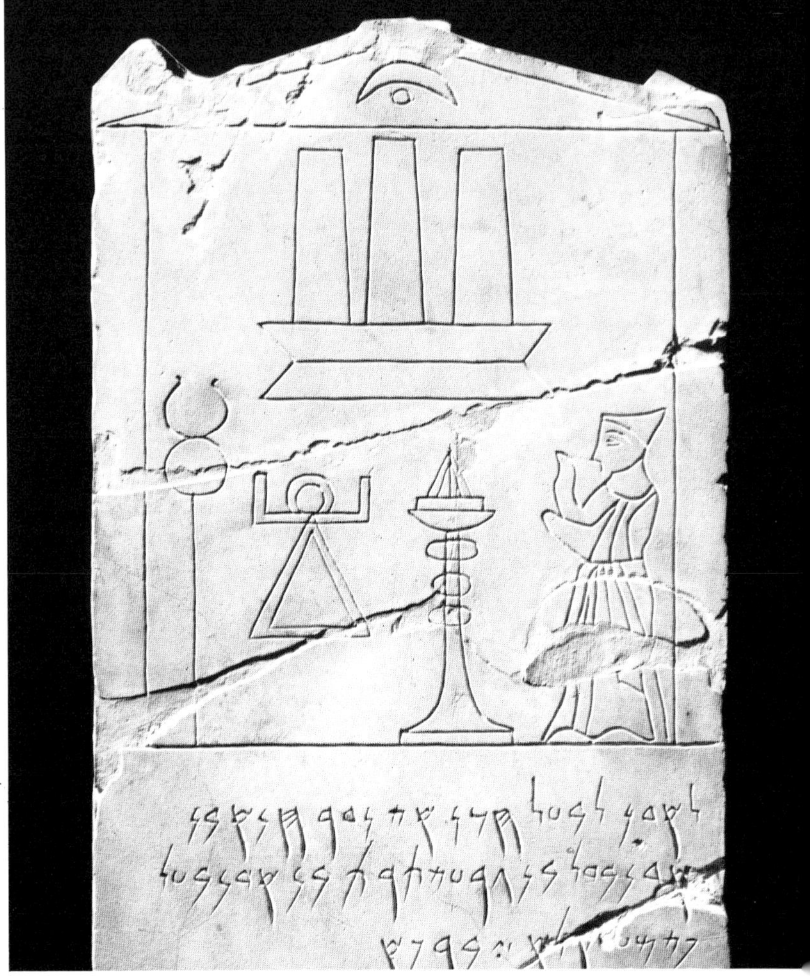

224 - punisch - Motye, ‹tophet› - Stele. Ausschnitt: Adorant im Profil (Etwa 5. Jh. v. Chr.) - Motye
225 - punisch - Lilybaeum - Stele. Ausschnitt: Priester vor einem Weihrauchgefäß und religiösen Symbolen (3.-2. Jh. v. Chr.) - Palermo

schematisierenden Darstellung erkennen, bei der zunächst naturalistisch gegebene Figuren nach und nach auf wesentliche Linien reduziert werden. Diese Schematisierung kann eine Verformung bis hin zur Verzerrung der Proportionen mit sich bringen. Hier läßt sich an volkstümliches Kunsthandwerk denken, während im ersten Fall die Stilisierung nicht minder raffiniert erscheint als der Naturalismus, weshalb eine bewußte Stilbildung anzunehmen ist. Selbst dann aber, wenn man die abstrahierenden Darstellungen für früher halten möchte als die naturalistischen, wäre es doch gewagt, diese als Fortentwicklungen des linearen Stils verstehen zu wollen.

In der ersten Phase der Produktion bleibt die Wesensverwandtschaft zu karthagischen Arbeiten unübersehbar, und dies nicht allein wegen des Vorherrschens der Abstraktion, sondern auch wegen der Auswahl der verwendeten geometrischen Motive. In der zweiten Phase indes erreicht Motye eine üppige, selbständige Entwicklung, die zu einigen der schönsten Hervorbringungen in dieser Art des Kunsthandwerks führt. Angesichts einer solchen Entwicklung darf gefragt werden, ob nicht außer den unmittelbaren Beziehungen zum Orient die für Sizilien benachbarte griechische Welt als Stimulans gewirkt hat. Von einer solchen Wirkung zeugen spezifische Berührungspunkte, im ganzen aber bleiben derartige Kontakte selten und zudem zweifelhaft, so daß die figürliche Plastik des punischen Sizilien letztlich als grundlegend eigenständig und unabhängig von äußeren Anstößen erscheint.

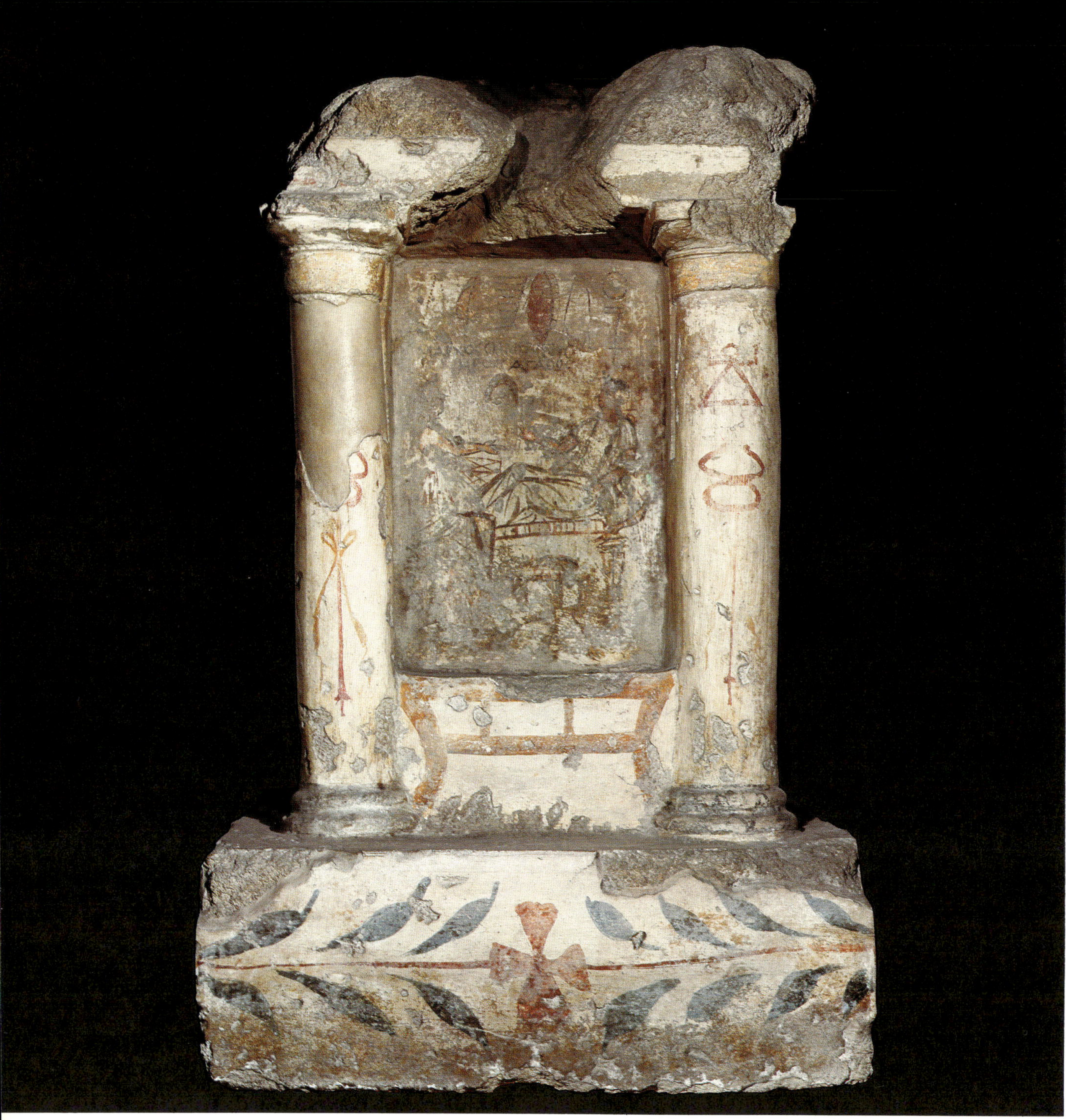

226 - punisch - Lilybaeum - Bemalte Stele: Szene eines Grabbanketts zwischen zwei Säulen (1. Jh. n. Chr.) - Palermo

Mit der Umsiedlung der Einwohner Motyes nach Lilybaeum im 4. Jahrhundert werden auch die Werkstätten verlagert, in denen die Stelen entstanden waren. Aber die Produktion wird an der neuen Stätte wiederaufgenommen, wenngleich mit deutlich gewandelten Zügen: der hellenistische Einfluß ist nunmehr unverkennbar. Wir finden ihn vor allem in manchen kleineren Stelen mit eingestellten Halbsäulchen und Tympanon, die in seitlicher Ansicht eine langgewandete Gestalt vor einem *caduceus* zeigen, über dem das ‹Tanit-Zeichen› schwebt. Später, schon unter römischer

227 - punisch - Pizzo Cannita - Anthropoider Sarkophag: Weibliche Gestalt mit drapiertem Gewand (6.-5. Jh. v. Chr.) - Palermo

Herrschaft, bietet Lilybaeum wiederum eine neue Art von Stelen: sie weisen eingebundene glatte Säulchen, ein häufig vereinfacht wiedergegebenes Giebeldach und in den Nischenfeldern Szenen von Bestattungsmahlen des klassischen Typus auf. Darum herum findet sich eine Fülle charakteristischer Symbole der punischen Ikonographie (Sonnenscheibe und Mondsichel, ‹Tanit-Zeichen›, *caduceus*) ebenso wie verschiedene Blumenmotive.

Die im Heiligtum des Zeus Meilichios in Selinunt gefundenen Werke stellen einen Sonderfall dar. Es handelt sich hier um Stelen, die im groben Umriß menschliche Formen zeigen und die einzeln oder in Zweiergruppen angeordnet sind – Werke, die typologisch der griechischen Kunst absolut fremd gegenüberstehen, dadurch aber sich der punischen Auffassung nähern, wofür Selinunt zahlreiche Zeugnisse bietet. Gleichwohl erlaubt der doch sehr volkstümlich anmutende Charakter dieser Arbeiten kaum eine genaue Einschätzung und ebensowenig die eindeutige Zuweisung zur punischen Kunst.

Zwei Sarkophage aus Cannita beweisen, daß auch dieser Produktionszweig auf Sizilien vertreten war. Beide Stücke tragen auf der Oberseite im Relief gearbeitete weibliche Figuren, von denen die eine in drapiertem Gewand, die andere in schlichterer Hülle wiedergegeben ist. Der griechische Einfluß wird ebenso in den Gesichtszügen wie in der Behandlung der Kleidung deutlich, doch bleibt die Inspiration von Grund auf ägyptisch. Hier ist daran zu erinnern, daß etwa im gleichen Zeitraum auch auf Malta einige Sarkophage entstanden sind, wenn auch zumeist aus Terrakotta statt aus Stein.

An Terrakotta-Reliefs finden sich in Motye wie in Karthago bemerkenswerte Masken und Protomen. Vor allem trifft man auf jenen Typus von Groteskmasken, den wir bereits als charakteristisch für Karthago kennenlernten: die Augen erscheinen als sich nach unten hin öffnende Halbmonde, der Mund klafft weit und ist nach den Wangen hin verzerrt, starke Runzeln furchen hori-

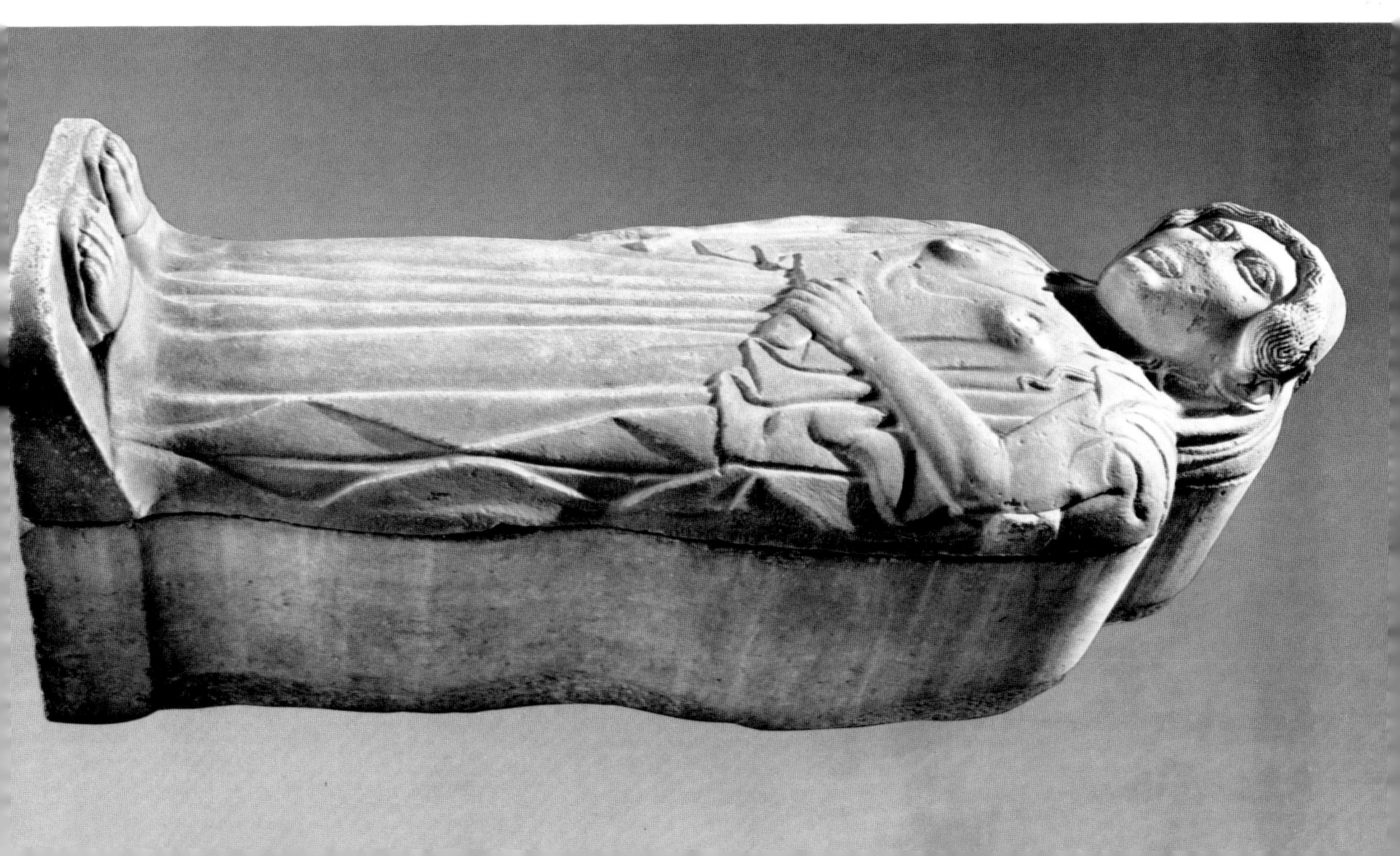

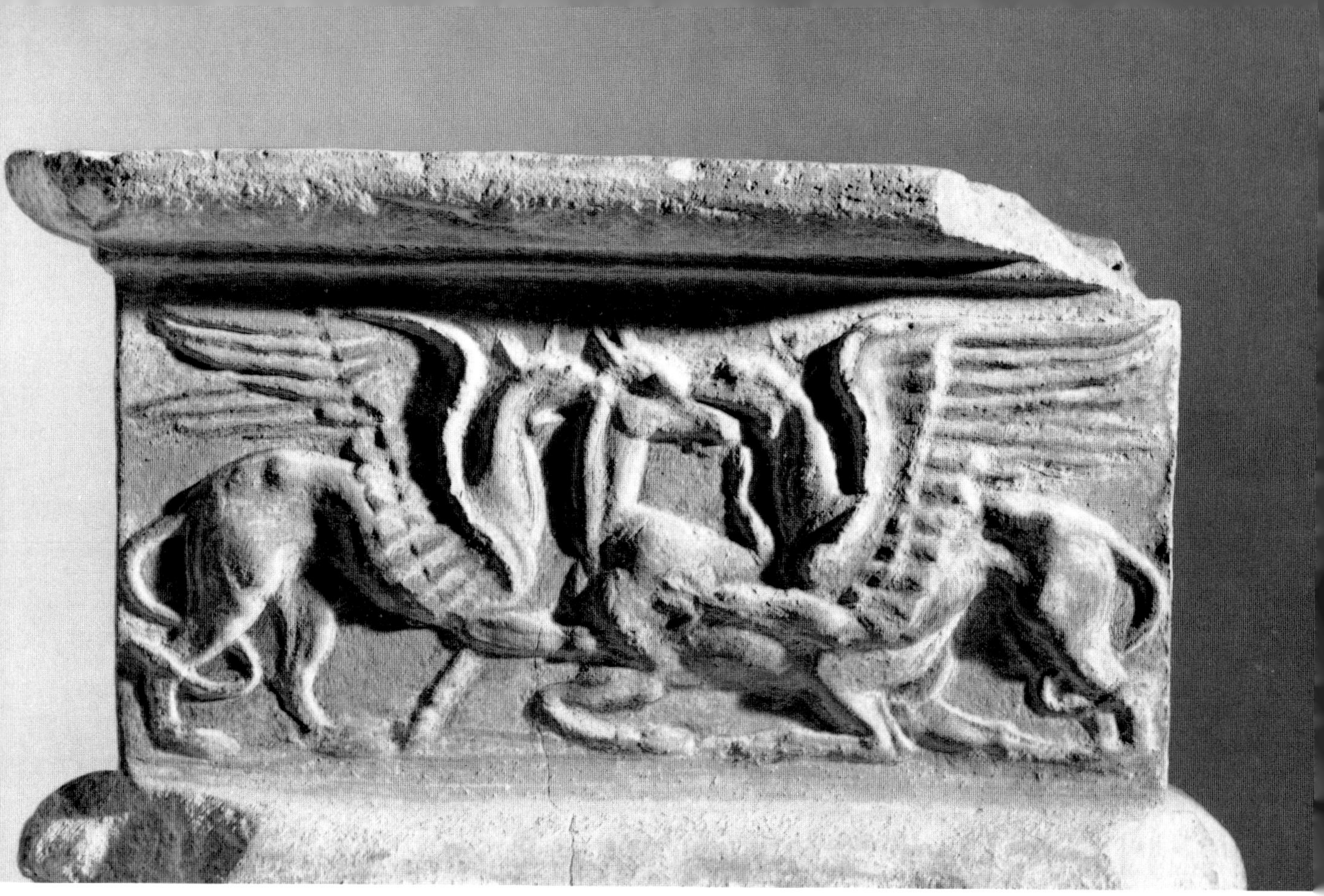

228 - punisch - Motye - Arula: Greifenkampf (3.-2. Jh. v. Chr. [?]) - Palermo

zontal Stirn und Jochbeine. Daneben kommt eine Gruppe von weiblichen Protomen in ägyptisierender Manier vor, die so exakt nach den karthagischen Vorbildern geformt sind, daß man (wie auch schon bei den Groteskmasken) an eine Herstellung mittels importierter Modeln gedacht hat. Auch hier fehlt die griechische Komponente nicht, doch zum Unterschied von den anderen Zentren äußert sie sich weniger im Einfluß auf die lokale Produktion als in den Importen aus dem benachbarten Sizilien. Tatsächlich möchte man einige der Protomen als rein griechische Arbeiten ansprechen. Auch manche weibliche Protomen aus Malta und Pantelleria (von letzteren wissen wir, doch haben sie sich nicht erhalten) sind durch griechische Züge geprägt.

Zur großen Kategorie der Reliefarbeiten lassen sich einige andere Werkgruppen rechnen. Zu nennen wären hier wenigstens die kleinen Altäre *(arulae)* aus Terrakotta mit ihren Tierkampfmotiven, vor allem mit Greifenszenen. Sie wurden mit Modeln gebildet und finden Entsprechungen in Afrika längs der Küste von Kap Bon; deshalb möchte man vermuten, daß sie aus Sizilien hierher importiert worden sind. Dies wäre wie schon im Falle des erwähnten Weihrauchbehälters in Form eines Menschenkopfes ein neues Beispiel für kunsthandwerkliches Schaffen, das auf Sizilien als Epizentrum verweist, von wo aus Strömungen in die ganze punische Welt einschließlich Karthago gingen.

Auch die sogenannte ‹Kleinkunst› ist auf Sizilien wie in Karthago und Nordafrika im punischen Kunstschaffen vertreten, wenn auch auf bescheidenerer Ebene, zumal die sizilischen Werkstätten, die Münzprägung ausgenommen, keine hervorstechende Eigenart verraten. Andererseits muß man sich häufig fragen, ob das uns vorliegende Material wirklich an Ort und Stelle gefertigt oder nicht vielmehr aus Karthago importiert wurde.

Aus Motye ist eine Anzahl von Amuletten auf uns gekommen, die meist aus einer cremefarbenen Masse bestehen. Sie zeigen die traditionellen ägyptischen Zeichen, vor allem das *udjat*-Auge. Zahlreiche Amulette traten auch aus den Gräbern Maltas zutage. Sie sind nahezu alle aus emaillierter Glaspaste gefertigt. Die Motive stammen stets aus Ägypten, und auch hier wiederum finden wir das *udjat*-Auge, außerdem den Djed-Pfeiler, die Uräusschlange, Bes und andere Gottheiten sowie verschiedene Hieroglyphen. In Motye wie in Malta waren die Amulette meist Teile von Halsketten, an denen sie mit Perlen und Skarabäen kombiniert wurden.

Eine Gruppe von Schmucksachen aus der archaischen Nekropole von Motye ist von besonderem Interesse, da man in ihr fast alle Typen antrifft, die bereits aus Karthago bekannt sind. So finden sich Anhänger in Medaillonform, als Ringe und kleine birnenförmige Vasen; Ohrringe in Gestalt von Blutegeln, Henkelkreuzen, Körbchen und Eicheln; gefaßte Steine samt einem Skarabäus aus Glaspaste, ferner Halsketten aus kleinen Perlen oder dünnen Blättchen sowie Ringe. Auch aus den Nekropolen von Palermo und Lilybaeum besitzen wir Schmucksachen, allerdings von mittelmäßiger Qualität. Unter den hervorragenden Stücken stammt aus Motye ein Medaillon mit zwei Uräusschlangen, die einen Altar umgeben, aus Gold und mit eleganter Perlrandverzierung, und aus Malta, wo ebenfalls das Schmuckhandwerk Bedeutendes leistete, ein Goldarmband in Treibarbeit, Greife zu seiten eines heiligen Baums darstellend, darüber eine Flügelsonne und Uräen.

Die aus Elfenbein oder Bein gefertigten Gegenstände sind in Sizilien von bescheidener Qualität, so etwa Scheiben oder kleine Perlen. Auf Malta hingegen finden wir eine reiche Auswahl, und nach dem Zeugnis klassischer Autoren war das Heiligtum der Juno in Tas Silg gerade wegen solcher Arbeiten berühmt. Unter den Funden ist ein in natürlicher Größe gebildetes Ohr mit einem Loch, das zweifellos zur Befestigung an einer Statue gedient hat, ferner ein sehr sorgfältig gearbeiteter Unterarm samt Hand und als wichtigstes Stück eine Palmette, deren gebogener Stamm mit einem Griff in Form einer zierlichen Volute verbunden ist, ein Stück, das völlig mit Goldblech überzogen war.

Dem Bereich der Malerei gehören die mit einer Art Kohlestift ausgeführten Zeichnungen an, welche die Grotta Regina freigegeben hat. Zweifel an der Echtheit oder besser am Alter eines Teils dieser Darstellungen mögen aufkommen, doch müssen sie, wie auch die Beischriften, im Kern punischer Herkunft sein. Zwei Stelen aus Motye stellen insofern Sonderfälle dar, als bei ihnen der Dekor nicht in den Stein gearbeitet, sondern aufgemalt ist. Man kannte zuvor schon den Kunstgriff der farbigen Höhung von Reliefarbeiten, bei den Stelen wie auch bei anderen Erzeugnissen des Kunsthandwerks (so etwa bei den Figurinen aus Terrakotta); die ausschließliche Anwendung von Malerei bildet indes eine Neuerung. Bedenkt man, wie wenig dauerhaft die verwendeten Farben gewesen sein mögen, so kann man annehmen, daß viele der Stelen mit leeren Nischenfeldern statt der Reliefs Malereien trugen.

Kleine Fragmente von Straußeneierschalen, unverziert oder mit feinen roten Linien, sind die einzigen Überbleibsel, die wir aus Motye von einer höchst zerbrechlichen Kleinkunst besitzen. Bedeutend hingegen ist die Münzfertigung. Seit dem Beginn des 4. Jahrhunderts entwickelt sich eine umfangreiche Produktion an Gold-, Silber- und Bronzemünzen, die in punischer Schrift die Städtenamen von Palermo (Ziz), Motye, Qart Chadascht (Karthago) und dem *mahanat*, ‹Lager›, also dem Hauptquartier, tragen. An figürlichen Darstellungen finden sich auf der Kopfseite der

Frauenkopf mit Ährenkranz und die Quadriga, über der die geflügelte Nike schwebt, Themen sizilischen Ursprungs, auf der Rückseite Pferd, Löwe und Palme als phönizische Motive. Bis auf die Quadriga mit der geflügelten Nike und den Löwen tauchten diese Bildthemen großenteils auch in Karthago wieder auf.

Während die polychromen Gläser Siziliens ohne Eigenart sind und es sich bei ihnen vielleicht um Importe handelt – meist zeigen sie die Form kleiner Gefäße oder Salbenbehälter –, ist die Keramik von großem Interesse, vor allem die aus Motye, die eng mit der Keramik Karthagos verbunden erscheint, so daß man von einem gemeinsamen Komplex sprechen kann. Seit frühesten Zeiten überwiegen die Krüge mit kleeblattförmigem Rand oder weit ausgezogener Lippe, die *ollae* mit nur einem Henkel, die ‹Distelblütengefäße›, die Omphalos-Platten und die Lampen mit doppeltem Schnabel. Es läßt sich der gleiche Dekor aus Triglyphen und Metopen wie in Karthago feststellen. Wie bereits hervorgehoben, bestehen enge Beziehungen zwischen Sizilien (vor allem Motye) und Karthago; so bildet sich eine eigene Zone heraus, in der Sizilien wahrscheinlich die aktive Rolle übernimmt. Anders stellt sich die Situation für Malta dar, das zwar die wichtigsten phönizischen Vorbilder, vor allem in den Werken der Kleinkunst übernimmt, aber nicht voll an der beschriebenen Koine teilhat, sondern sich durch seinen Dekortypus aus roten Streifen eher von ihr entfernt.

Diese Darstellung der Keramik läßt sich abschließen mit einem Blick auf die auch hier auftauchenden theriomorphen Gefäße, die sich von jenen Karthagos nicht unterscheiden. Dazu wären auch die zahlreichen ‹Kuchenformen› zu erwähnen, ein Typus, bei dem florale und geometrische Motive, daneben aber auch Tiermotive vorkommen: Vierfüßler mit geflügelten Monstern, die zweifellos an griechische Herkunft denken lassen. Auch hier steht die sizilische Umwelt den Entwicklungen im punischen Bereich der Insel nicht abwehrend gegenüber.

229 - punisch - Lilybaeum - Askos in Form eines Wildschweins (Etwa 3. Jh. v. Chr.) - Palermo

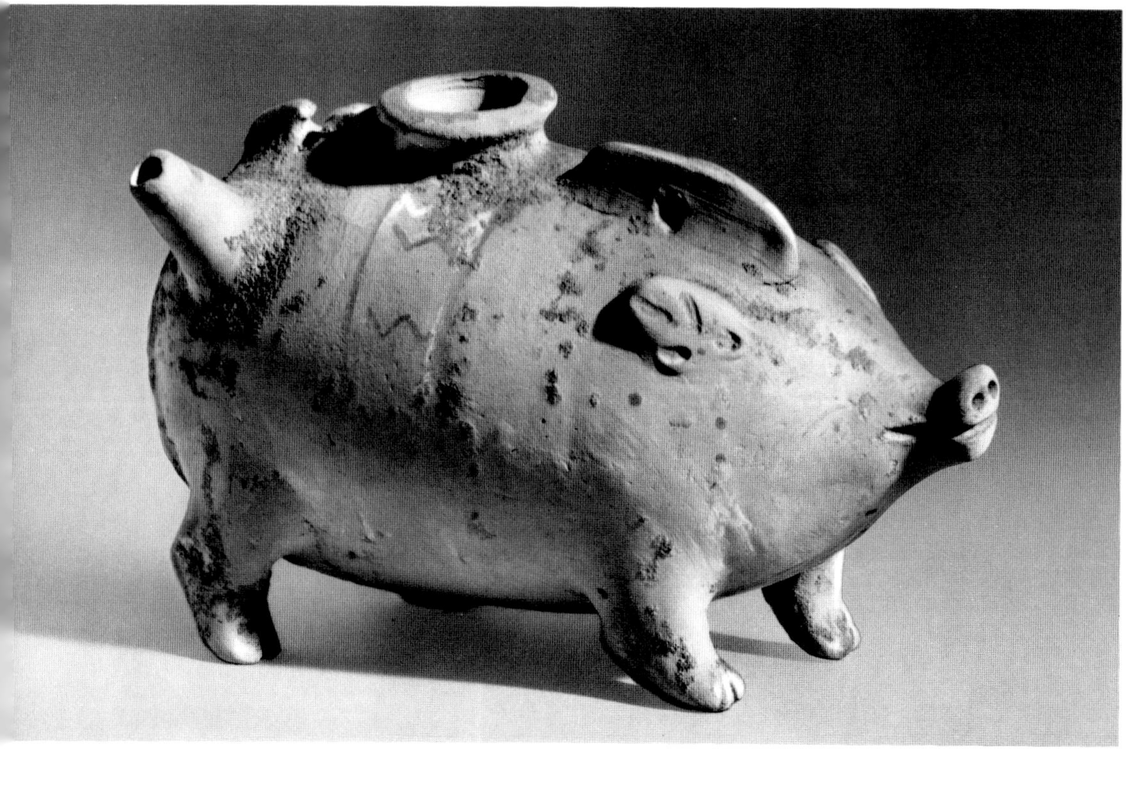

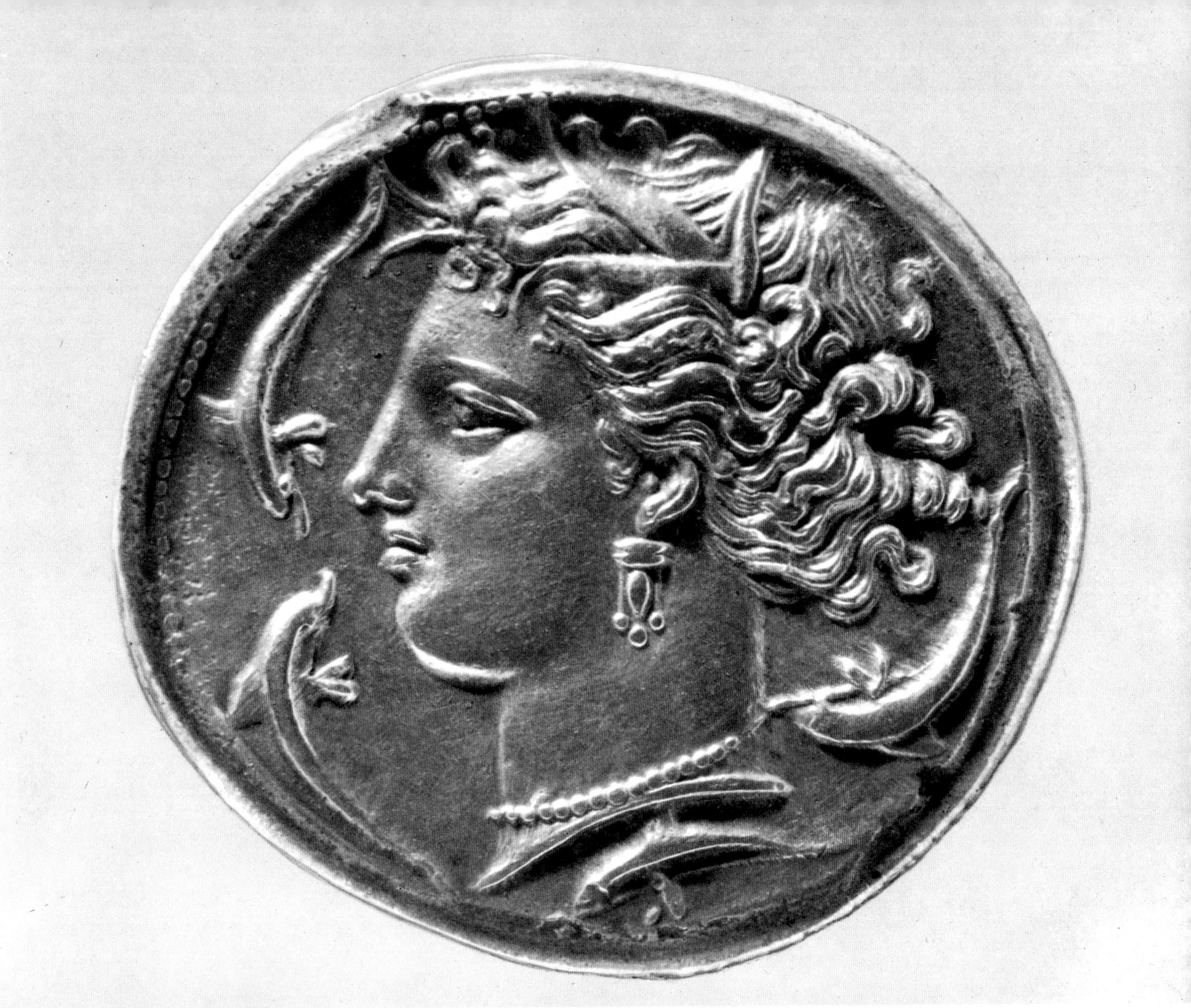

230 und 231 - punisch - Sizilien - Münze (Kopf- und Rückseite): Sogenannter ‹Tanit-Kopf›, umgeben von Delphinen - Pferdeprotome und Palme (Etwa 4. Jh. v. Chr.) - Palermo

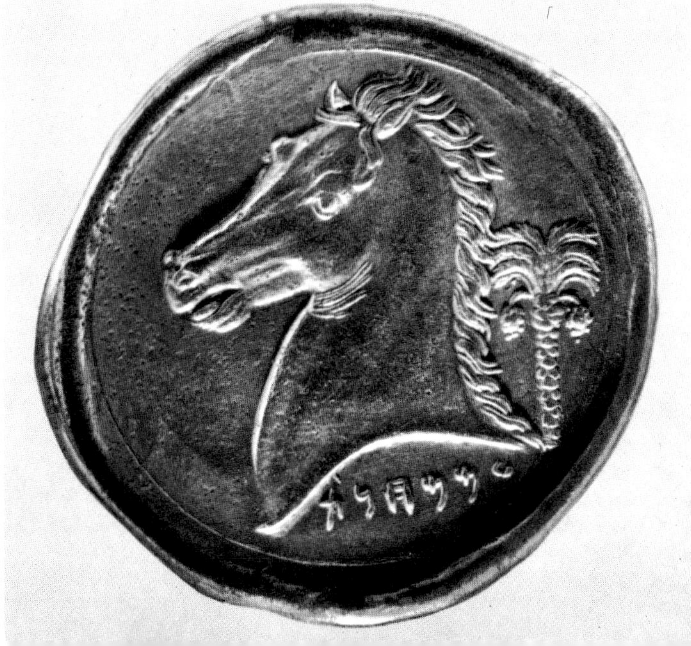

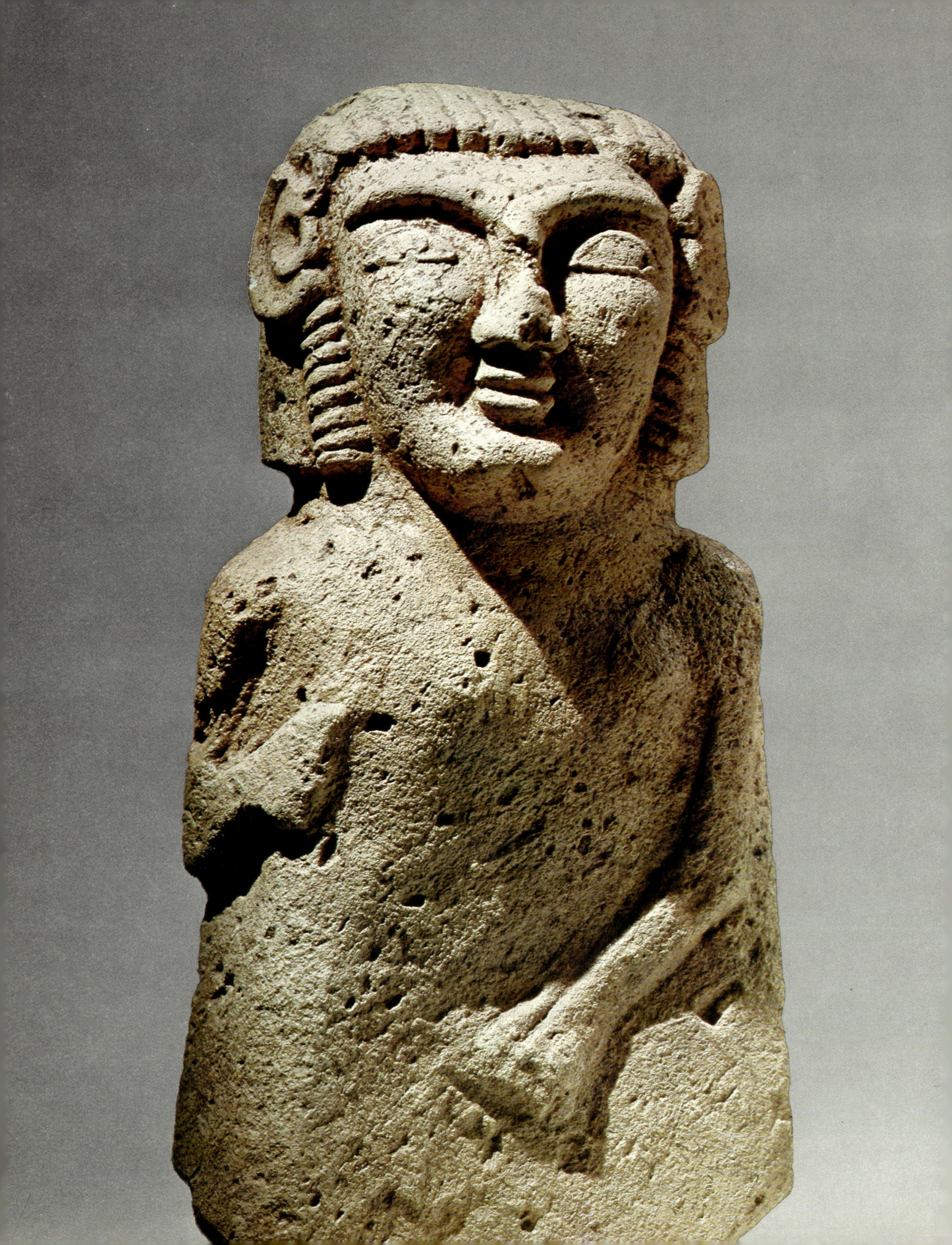

IV

DIE PHÖNIZIER AUF SARDINIEN

Sardinien ist eine der Mittelmeerinseln, auf denen die phönizische und punische Kolonisation schon sehr früh begann und sich auch sehr lange halten konnte. Vor allem aber zeichnet sich Sardinien durch die Art der Besiedlung aus, die im Unterschied zu anderen Gebieten sich hier als regelrechte Landnahme vollzog. Im Rahmen ihrer Expansionspolitik im Mittelmeerraum betrachteten die Karthager diese im Zentrum des Meeres gelegene Insel als Stützpunkt für ihre militärischen und kommerziellen Unternehmungen. Aus diesem Grund sahen sie sich gehalten, die Insel vollständig zu beherrschen, und sie haben auf dem Höhepunkt ihrer Machtentfaltung dieses Ziel auch erreicht, wie die jüngsten archäologischen Entdeckungen beweisen.

Die geschichtlichen Quellen wie die Bodenfunde bieten zusammen hinlänglich Anhaltspunkte, um die Gründung der wichtigsten punischen Zentren auf Sardinien entlang der Südwestküste – Cagliari, Nora, Bitia, Sulci, Tharros – mindestens im 8. bis 7. Jahrhundert anzusetzen. Von dort aus wurde die Expansion ins Innere vorgetrieben. Ihr bedeutendstes Zeugnis, das spätestens seit dem 6. Jahrhundert entstand, ist die Festung von Monte Sirai, die wie eine Tochterstadt gegenüber von Sulci aufragt. Mag der Feldzug des karthagischen Feldherrn Malchos in der zweiten Hälfte des 6. Jahrhunderts auch weniger Ergebnisse gezeitigt haben als jener auf Sizilien, so zeigt er doch, wie tief Karthago in die Insel eingedrungen ist. Im Jahre 509 läßt dann der erste Vertrag zwischen Rom und Karthago erkennen, daß die Insel schon ganz im Einflußbereich der afrikanischen Politik stand.

Im 6. und 5. Jahrhundert wird die Insel vollends von den Puniern durchdrungen. Neue Zentren entstehen in anderen Abschnitten der Küste, als erstes Olbia. Im Inneren werden zahlreiche Festungen angelegt, die erst jüngst entdeckt worden sind. Wenn sie auch keine Zeugnisse dafür sein können, daß die Besetzung sehr dicht war, so belegen sie doch eine gefestigte Herrschaft. Indirekt wirft auch die Erhebung der Libyer und Sarden gegen Karthago (379) ein Licht auf die punische Suprematie. Direkt wird sie erwiesen durch den zweiten Vertrag mit Rom (348), der es den Römern untersagt, Städtegründungen auf der Insel vorzunehmen und sich dort Hoheitsrechte anzumaßen.

Mit den Punischen Kriegen ändert sich die Lage. Vom Jahre 259 an beginnen die Römer mit Angriffen und Raubzügen gegen das Gebiet um Olbia. In der Folge bietet unmittelbar nach dem Ersten Punischen Krieg ein Söldneraufstand Rom günstige Gelegenheit, einzugreifen und 238 sowohl Sardinien als auch Korsika zu besetzen. Einige spätere Aufstände, vor allem jener des Hampsicora im Jahre 215 beweisen, daß unter der sardischen Bevölkerung noch Sympathien für Karthago bestanden. Hinzu kommt, daß auch nach Ausschaltung der politischen Beziehungen zu Karthago sich dessen Einfluß lange in Institutionen wie in der Sprache gehalten hat. Noch im 2. bis 3. Jahrhundert n. Chr. bezeugt eine neupunische Inschrift aus Bitia die Zählebigkeit jener Sprache und ihrer Schrift, dokumentiert darüber hinaus aber auch das Fortleben wichtiger politischer Institutionen wie etwa der Suffeten.

Als Folge einer so anhaltenden und tiefen Durchdringung ist uns ein reichhaltiges archäologisches Material hinterlassen, das an Fülle im gesamten Bereich der punischen Kolonien nicht

232 - punisch - Monte Sirai, Akropolis - Kultstatue (7.-6. Jh. v. Chr.) - Cagliari

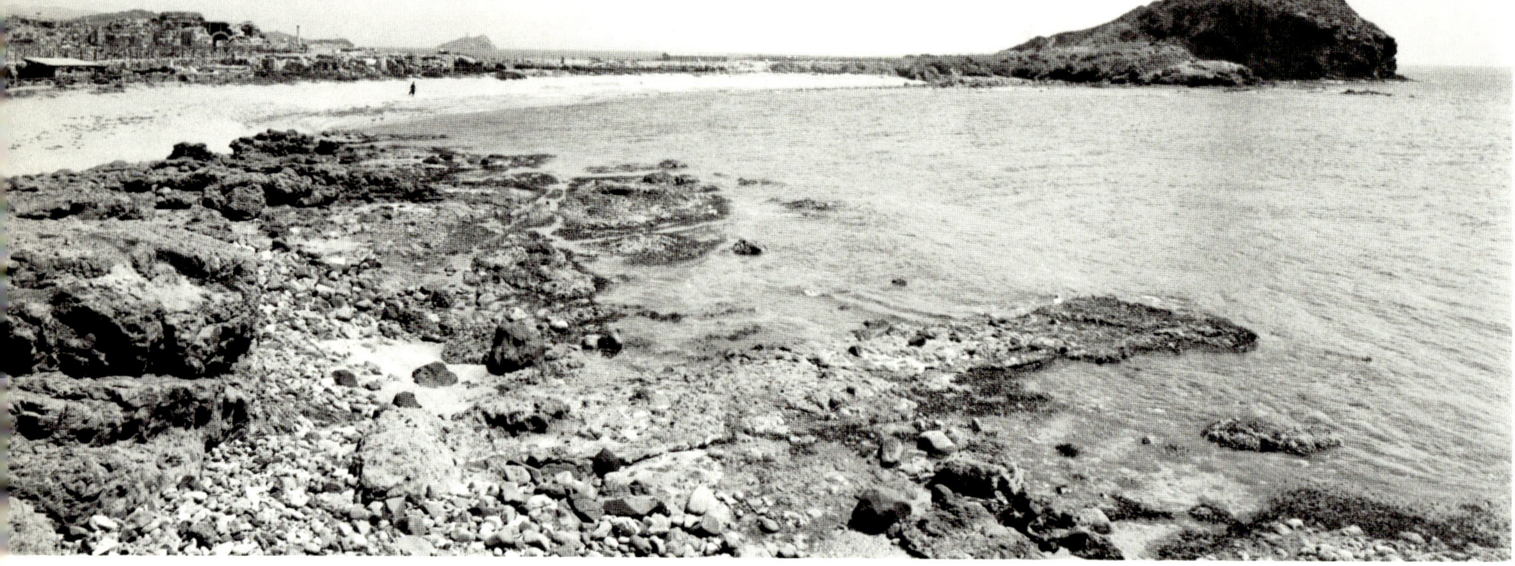

233 - Nora - Das Vorgebirge Coltellazzo

übertroffen wird. Die wichtigsten Städte waren auch Zentren der künstlerischen Produktion, und eine jede trug zur Schaffung eines Kunsthandwerks bei, in dem sich jeweils eigene Züge vage abzeichnen, manchmal auch deutlich erkennen lassen. Aus diesem Grunde liefert die Kunst Sardiniens einen eigenständigen Beitrag zur Rekonstruktion unseres Gesamtbildes der phönizischen und punischen Kunst, in dem die Konstanten wie die Entwicklungsvorgänge, die Konvergenzen wie die Differenzierungen, der feste Bestand innerhalb regionaler Bezüge wie auch die lokalen Varianten anschaulich werden.

Die Architektur

Aus dem oben Gesagten geht hervor, daß sich für Sardinien, anders als für Sizilien, nicht ein einziges Zentrum gewissermaßen als Modell aller städtischen Entwicklungen heranziehen läßt. Im Gegenteil, hier besteht eine Vielfalt von Zentren, die sämtlich die wesentlichen Merkmale phönizischer und punischer Städte aufweisen, die aber alle zusammen gesehen werden müssen, wenn ein verbindlicher Modellbegriff und gültiger Maßstab gewonnen werden soll. So besitzt Cagliari einen typischen Lagunenhafen, sind Nora, Bitia und Tharros auf Landspitzen gelegene Städte mit zweifacher (im Falle von Nora sogar dreifacher) Anlegemöglichkeit, zeigt sich Sulci in einer Insellage, die wie eine Kopie von Motye und den ältesten phönizischen Gründungen wirkt.

Was die Gestaltung dieser Stadtanlagen betrifft, die wir hier Schritt für Schritt in Augenschein nehmen wollen, so finden wir zunächst überall die befestigte Akropolis sowie den zweiten, die ganze Siedlungsfläche umfassenden Mauergürtel. Dazu kommt ein nahe am Hafen gelegener Marktplatz, der von Wohnvierteln umgeben ist. Die Kultstätten waren nicht an feste Plätze gebunden, doch lag die Stätte der Kinderopfer *(tophet)* in der Regel am Stadtrand, entweder direkt an der Stadtbefestigung wie etwa in Motye und in Tharros, oder außerhalb der Stadt. Ursprünglich

234 - punisch - Tharros - Der ‹tophet› (Ausschnitt). Im Hintergrund Reste der Befestigungsanlagen (7.-2. Jh. v. Chr).

befanden sich auch die Nekropolen außerhalb, wurden jedoch bei Ausdehnung der Städte oft in die Siedlungsfläche mit einbezogen.

Das beste Beispiel einer Maueranlage besitzen wir in Monte Sirai, zunächst deshalb, weil diese Stätte sehr sorgfältig ausgegraben wurde, aber auch, weil es sich hier um eine Festung handelt, also ein besonders bezeichnendes Bauwerk. Monte Sirai besitzt eine Außenmauer, aus Felsblöcken vom Gipfel der Anhöhe und dazwischen mit regelmäßig geschichteten Steinen gefügt, sowie eine Innenmauer mit Verteidigungsanlagen, die nach innen zu in einem mächtigen Zentralturm oder Zwinger kulminieren. Andere Befestigungen, auf die man jüngst im Inneren der Insel stieß, zeigen zwei Arten von Verteidigungsanlagen: die eine hat viereckige Türme, die in regelmäßigen Abständen aus der Mauer hervortreten, die andere zeigt nacheinander aus der Mauerflucht ragende Vorsprünge.

Von den Häfen war im Zusammenhang mit dem Stadtbild schon die Rede; Lagunen, Landzungen und Inseln sind anzutreffen. Hinzuzufügen bleibt, daß die Phönizier oder Karthager sich den natürlichen Gegebenheiten Sardiniens ohne Versuch, sie zu ändern, anpaßten. Eine Ausnahme bildet lediglich Sulci, wo durch den Bau einer Landbrücke, die heute noch besteht, die Insel mit dem Festland verbunden wurde. Zwar liegt sie jetzt unter Wasser, da sich der Boden in Küstennähe gesenkt hat; doch läßt sich die antike Anlage auf Luftaufnahmen noch erkennen.

An mehreren Orten sind Ruinen von Wohnhäusern ausgegraben worden. Am stärksten beeindrucken jene von Nora: zwei Räume oder mehr, die sich um einen Hof gruppieren, mit kleinen

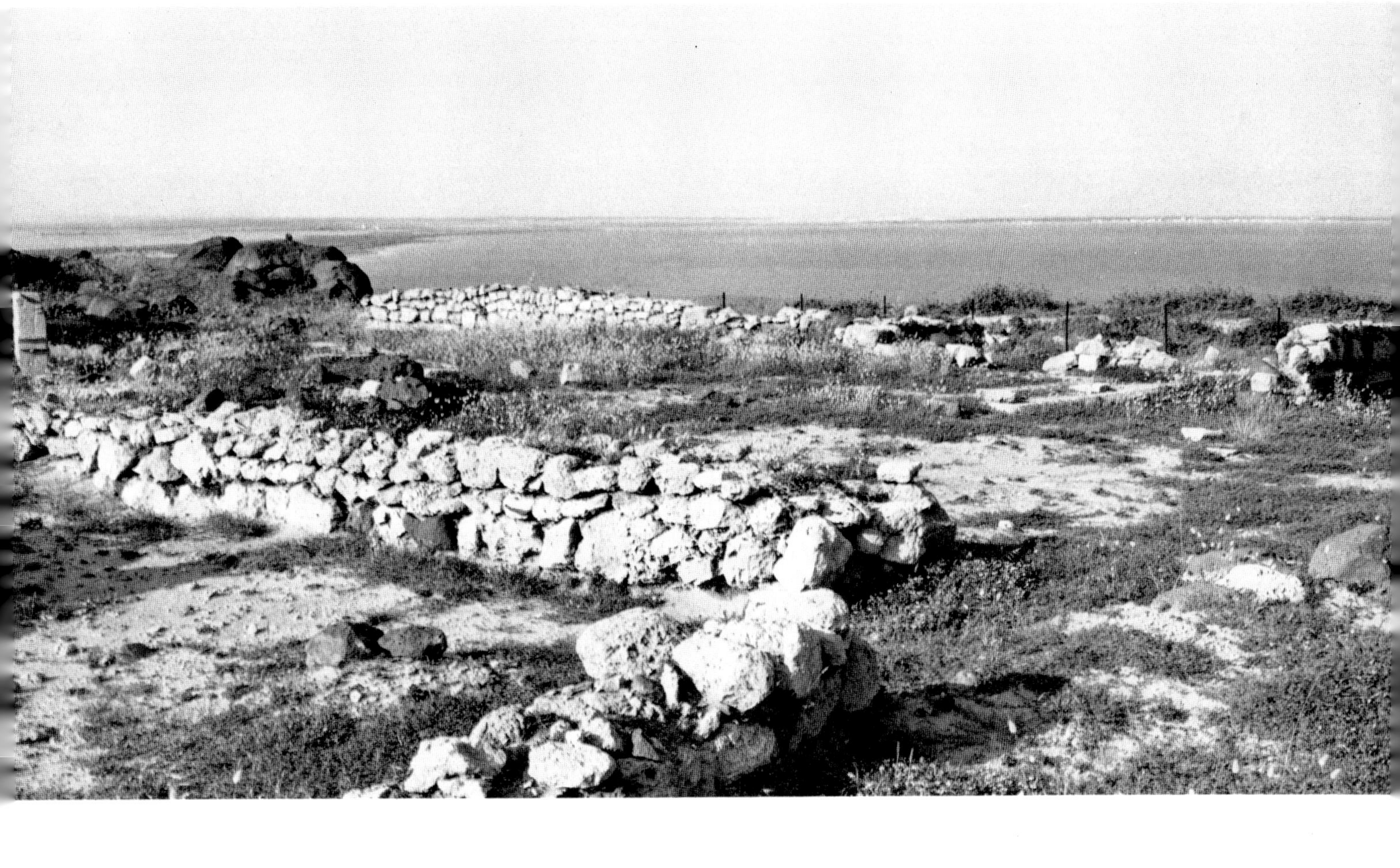

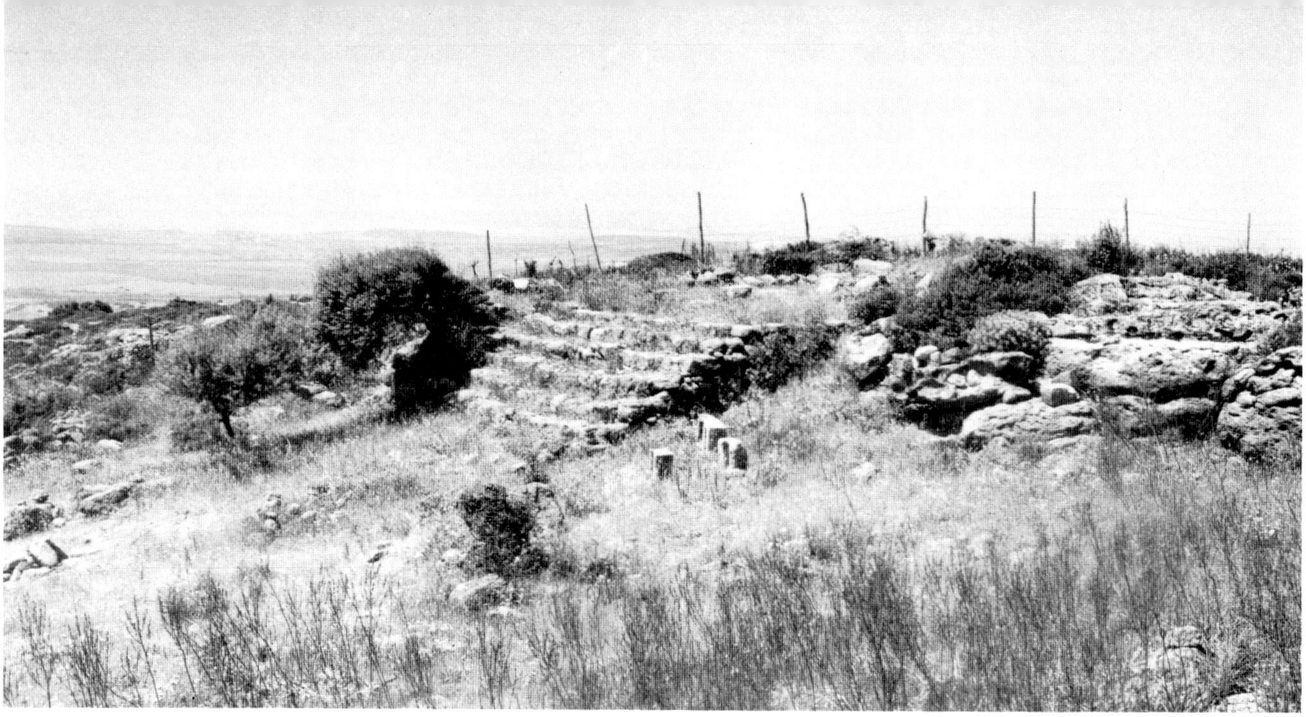

235 - punisch - Monte Sirai - Der Tempel des ‹tophet› (Ende 6. Jh. v. Chr.)

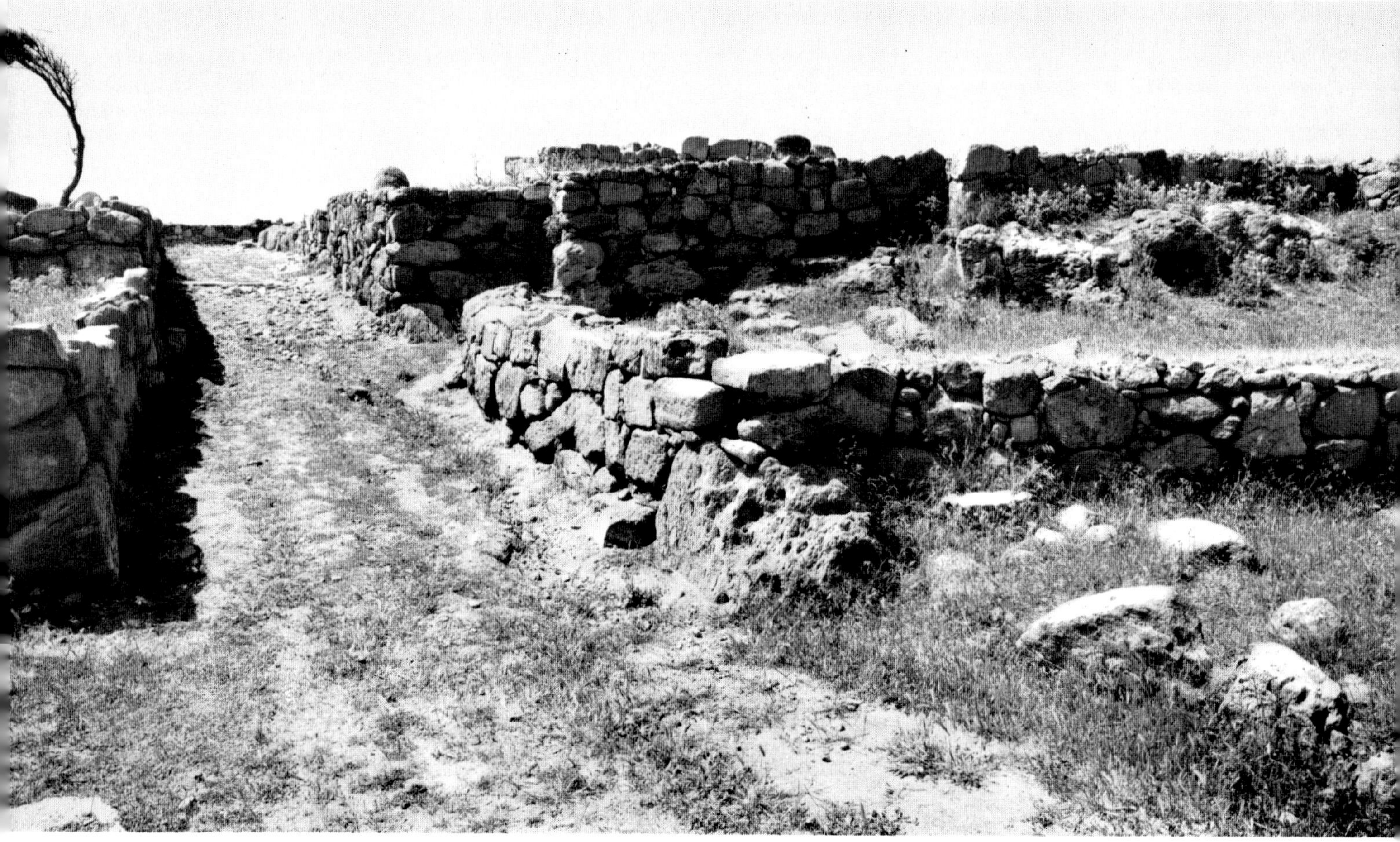

236 - punisch - Monte Sirai - Die Umfassungsmauer und der Zugang zur Akropolis (5.-4. Jh. v. Chr.)

Kassettenmauern und Fußböden aus Stampflehm, in die Löcher zum Aufstellen der Amphoren eingelassen sind; dazu in manchen Häusern eine Zisterne in ‹Badewannenform› (rechtwinklig mit abgerundeten Ecken). Einige Häuserreste aus Bitia fallen dadurch auf, daß ihnen ein Hof vorgelagert ist, der wie die sardischen Bauernhäuser unserer Tage eine *lolla* hat.

Ruinen punischer Sakralstätten finden sich auf Sardinien häufig. Sie sind allerdings meistens nur schlecht erhalten, und Überbauungen durch spätere Anlagen erschweren oft die Rekonstruktion des ursprünglichen Grundrisses. Betrachtet seien hier die typischsten Beispiele: der Tempel des Bes in Bitia, jener auf dem Monte Sirai und der archaische Tempel in Tharros: sie alle halten sich an das antike phönizische Schema dreier aneinandergereihter Räume, das gelegentlich durch An- und Umbauten wie durch das Anfügen von Seitenräumen erweitert wird. Der als Tempel der Tanit bezeichnete Tempel in Nora wie auch jener des ‹Savoyarden-Forts› in Sulci könnten Hochstätten des Kults unter freiem Himmel gewesen sein, die ebenfalls einem alten phönizischen Vorbild folgen. Hier allerdings ist der Anlageplan kaum mehr zu ermitteln.

Anders verhält es sich mit den *tophets* (zu den Nekropolen vgl. die ergänzende illustrierte Dokumentation, S. 276). Alle sind gleichartig angelegt, und stets handelt es sich um eingefriedete Bezirke unter freiem Himmel wie in Karthago und Sizilien. In Monte Sirai liegen sich zwei nahezu identische Einfriedungen, beide mit rechteckigem Grundriß, gegenüber. In Sulci umfaßt ein größerer Mauerzingel kleinere Bezirke, was sicher als Beweis für eine sukzessive Entwicklung verstanden werden darf. Zu beachten ist auch, daß in Sulci der *tophet* sich eng an eine Felsenkuppe anschmiegt, die wohl Ausgangs- und allgemeiner Bezugspunkt gewesen ist. Gegenwärtig ist über einen der bedeutendsten *tophets* Sardiniens, jenen von Tharros, noch keine verbindliche Aussage möglich, da hier mit Grabungen noch nicht begonnen wurde. Soviel vorläufig zu erkennen ist, befindet er sich unmittelbar an der Stadtmauer, wie in Motye; innerhalb der Umgrenzung fand man Altäre, die zweifellos den Opferungen dienten.

Rundplastik

Ein Maßstab für die Bedeutung der sardischen Kulturleistungen im weiteren Rahmen der phönizischen und punischen Welt läßt sich vor allem in jenen Bereichen gewinnen, die in anderem Zusammenhang zu Recht unberücksichtigt blieben, vor allem in der Steinplastik. Tatsächlich ist zu sagen, daß Sardinien mehr Statuen hervorgebracht hat als irgendeine andere Kolonie, mehr selbst als Karthago. Unter diesem Blickwinkel gewinnt eine Frauenstatue aus Monte Sirai besondere Bedeutung. Wenn auch die Behandlung des Körpers in ihrer flüchtigen Skizzierung keine wesentlichen Aussagen zuläßt, so erinnert doch der Kopf, der sorgfältig und massiv herausgearbeitet ist, mit seinen Ohren und der stark stilisierten Haartracht augenfällig an orientalische Vorbilder, die aber auch in diesem Falle nicht auf dem Wege über Karthago hierhergelangt sein dürften oder zumindest dort keine Spur hinterlassen haben.

Es empfiehlt sich, länger bei jenen sechs Sandsteinstatuen zu verweilen, die, aus verschiedenen Fundorten stammend, in gleichartiger Form den fettleibigen und bärtigen Götterzwerg Bes darstellen. Zwar sind sie fraglos von ägyptischem und auch phönizischem Geist geprägt, aber die starke Charakterisierung läßt hellenistischen Einfluß vermuten und legt nahe, für diese Statuen eine ziemlich späte Datierung vorzuschlagen. Die kauernde Sphinx aus Rosengranit vom Botanischen Garten in Cagliari ist gleichfalls spät und womöglich ein Importstück. Andererseits finden wir auch wieder Züge, die auf orientalische Vorbilder zurückgehen, so etwa in dem Sandsteinlöwen natürlicher Größe, der in Tharros geborgen wurde und ursprünglich wohl zu einem Tempeleingang gehört hat. Ein vor kurzem in Monte Sirai gefundenes Baitylion steht als Beispiel für abstrahierende Skulptur und schließt sich an ein Werk aus Mogador an, das wir schon kennenlernten.

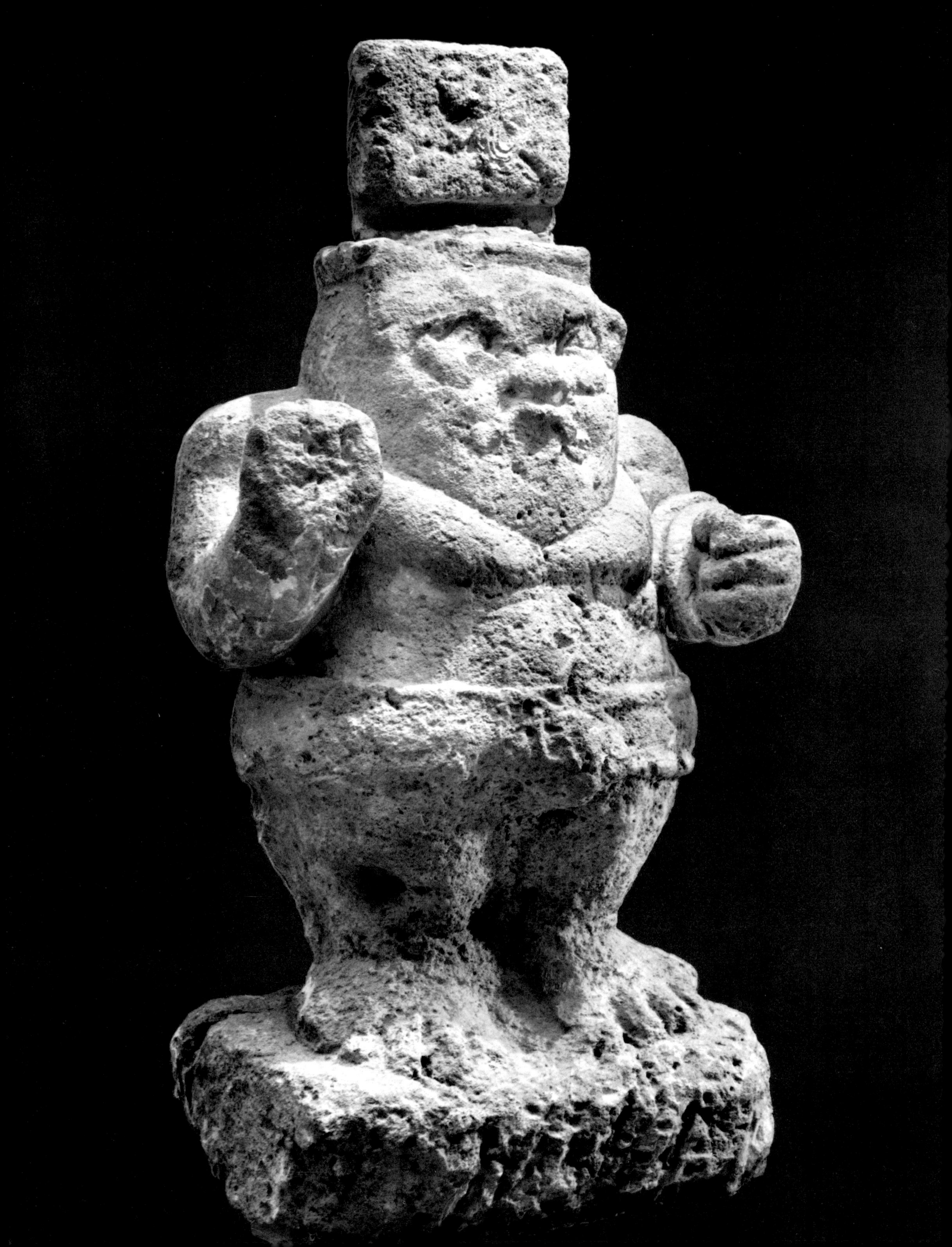

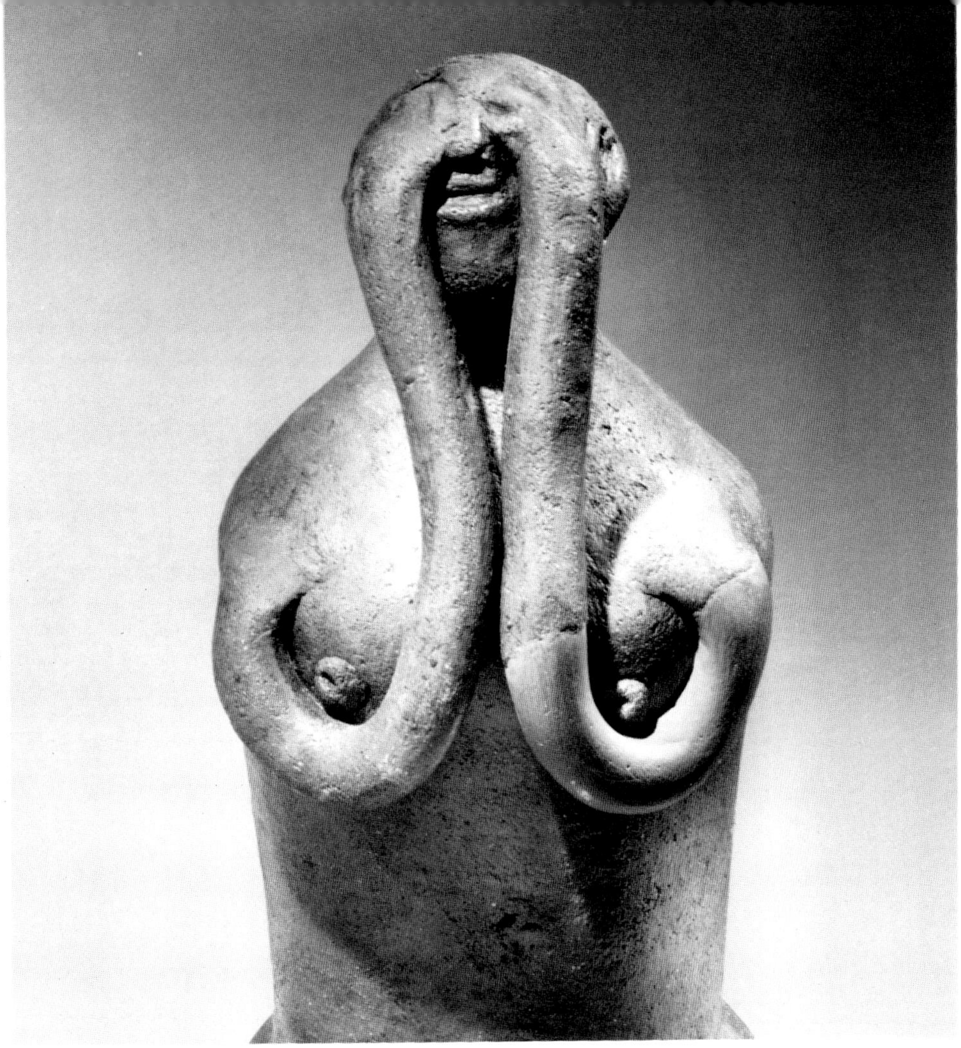

238 - punisch - Bitia - Glockenförmige Figurine mit langen Armen (Ausschnitt) (3.-2. Jh. v. Chr.) - Cagliari

Wie in der gesamten punischen Welt ist die Terrakottaplastik auf Sardinien sehr viel weiter verbreitet und wird teils auf der Töpferscheibe vorgeformt, teils mit Modeln herausgearbeitet. Für die getöpferten Figurinen besitzen wir einzelne Belegstücke aus verschiedenen Herkunftsstätten. Andererseits hat uns Bitia eine sehr reiche Produktion hinterlassen, wohl an die zweihundert Stücke. Diese Figurinen sind meistens vom glockenförmigen Typus, dem wir in Afrika und Motye begegnet sind. Eine kleinere Gruppe dieser Arbeiten zeigt indes eine eiförmige Gestalt, die nach unten zu mit einer Tonplatte abschließt. Solche Stücke kommen auf Ibiza vor, und sie stellen eine typologische Alternative zu den uns bisher bekanntgewordenen Stücken dar.

Gewiß eignen diesen Figuren die allgemeinen Merkmale ihrer Fertigungsweise, doch selbst innerhalb dieses Rahmens wird eine erstaunliche Selbständigkeit sichtbar. Beim glockenförmigen Typus führen diese Varianten zu einer Betonung oder zu einer Abschwächung der Schulterregion, zu einer trommelförmig ausladenden Gürtellinie, die der Silhouette einen Knick versetzen kann, zu ein- oder mehrfacher Verengung, die eine Gestalt von Grund auf verändert. Auch die Sockelzone wechselt vielfach die Form, manchmal ausgreifend, manchmal zurückgenommen, mit doppelter oder dreifacher Ringfassung und abgeflachtem oder gerundetem Wulstrand.

Frei arbeitet der Künstler vor allem bei der Gestaltung von Armen und Gesichtern. Die Arme sind oft länger als normal, und ihre Bewegung richtet sich auf alle möglichen, vermutlich kranken

237 - punisch - Bitia, Tempel - Statue des Bes (Hellenistische Zeit) - Cagliari

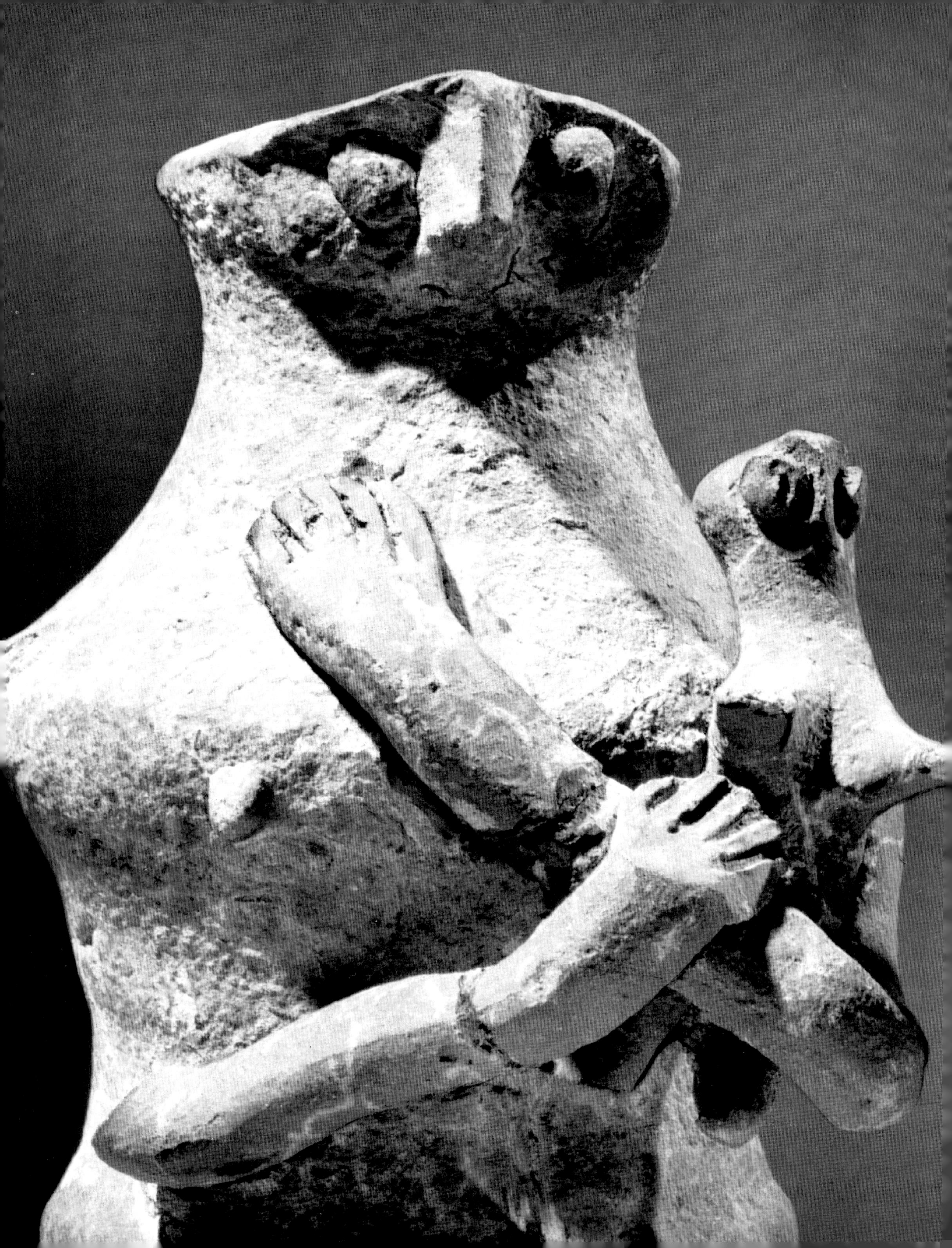

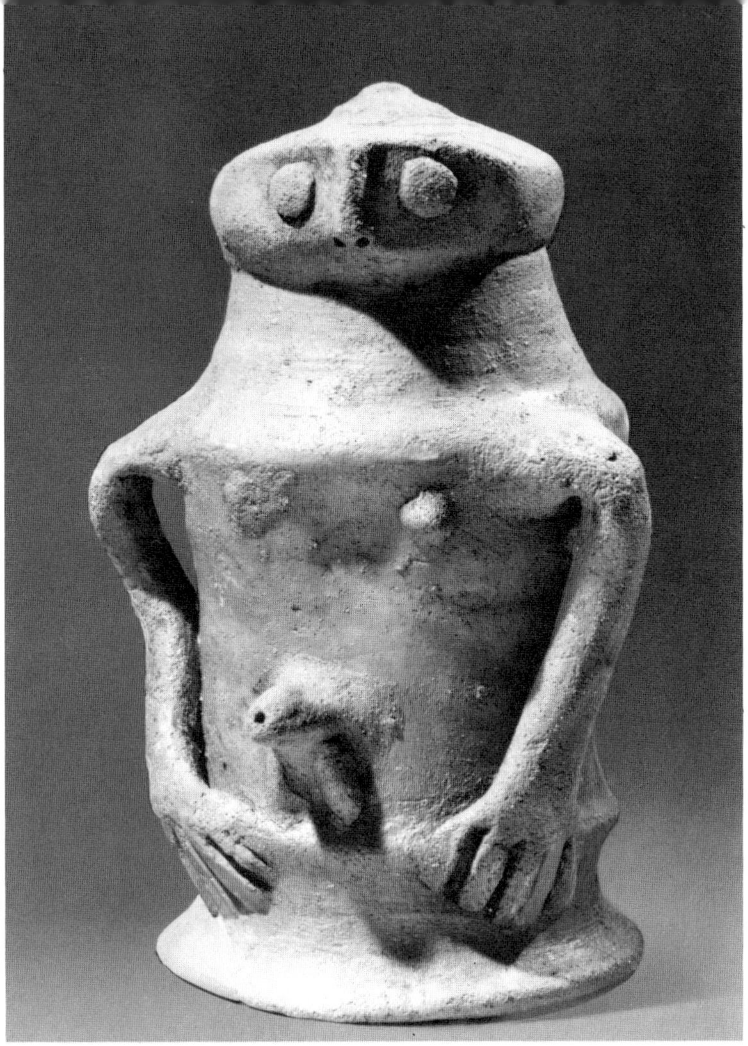

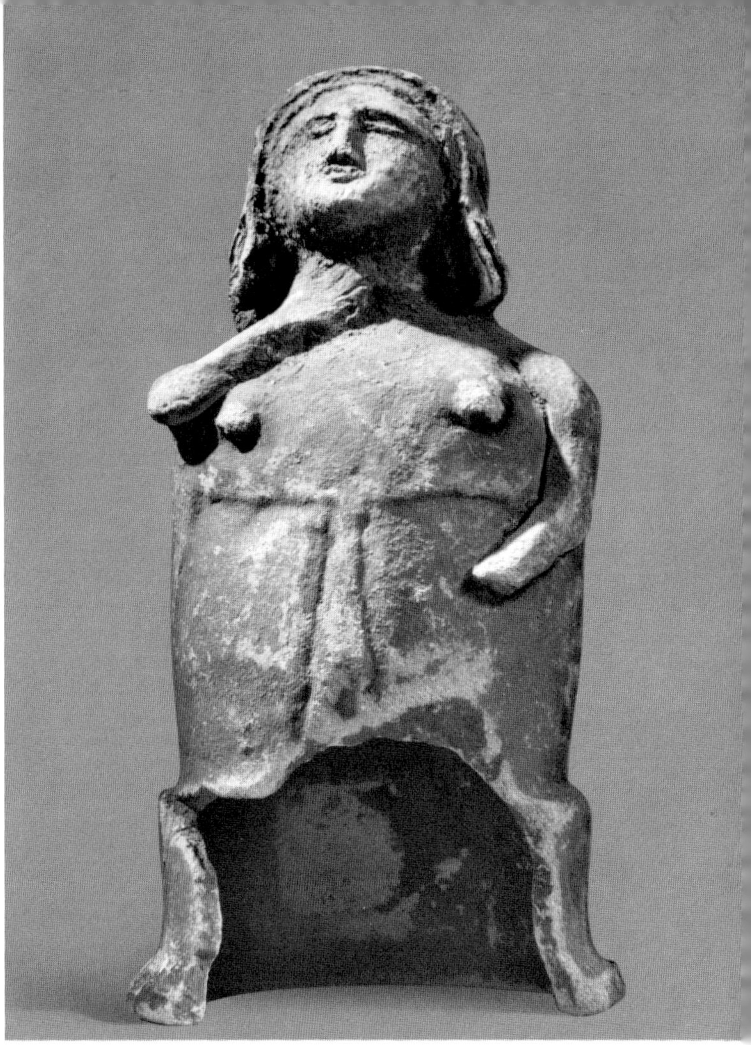

240 und 241 - punisch - Bitia - Glockenförmige Figurinen (3.-2. Jh. v. Chr.) - Cagliari

Körperpartien, die durch die Stiftung der Votivfigur geheilt werden sollten. Die Gesichter sind dick aufgetragen, stark eingekerbt, und Teile wie die Augen sind oft einzeln aufgesetzt; sie weisen eine Vielfalt des physiognomischen Ausdrucks auf, wie sie in keiner anderen phönizischen Kunstprovinz möglich war. Insgesamt repräsentieren die Figurinen von Bitia wohl ein fortgeschritteneres Entwicklungsstadium als vergleichbare Plastik in Afrika, Sizilien oder auf der Iberischen Halbinsel. Hier zeigt sich eine in erstaunlichem Maße selbständige Kunst, in der das volkstümliche Element kraftvoll zum Ausdruck kommt.

Die mittels Modeln hergestellten Figurinen halten sich allgemein viel näher an das karthagische Vorbild. Auch hier lassen sich die hellenisierende wie die ägyptisierende Stiltendenz erkennen. Bestimmten Typen sind wir bereits begegnet, andere scheinen weniger häufig vorzukommen, so die typisch orientalisch inspirierte Frauengestalt, deren Hände die Brüste pressen, und die Demeter dendrophore, deren Arme sich zur Kreuzform auseinanderspreizen. Zu erwähnen sind auch die Räuchergefäße in Gestalt von Menschenköpfen mit dem *modius* auf dem Haupt, deren Beeinflussung, wenn nicht sogar Herkunft, wie oben ausgeführt, in Großgriechenland zu suchen ist.

Im Vergleich mit anderen Gebieten der punischen Welt ist auch die Bronzeplastik reich vertreten. Sehr alte Werke sind zutage gekommen. Eine Figurine aus La Nurra, von der sich nur die obere Hälfte erhalten hat, dürfte wohl ins 8. Jahrhundert zu setzen sein. Die Figur trägt auf dem Haupt einen spitz zulaufenden Hut, und ihre rechte Hand ist im Segensgestus erhoben, während der linke

239 - punisch - Bitia - Glockenförmige Figurine: Frau mit einem Kind im Arm (Ausschnitt) (3.-2. Jh. v. Chr.) - Cagliari

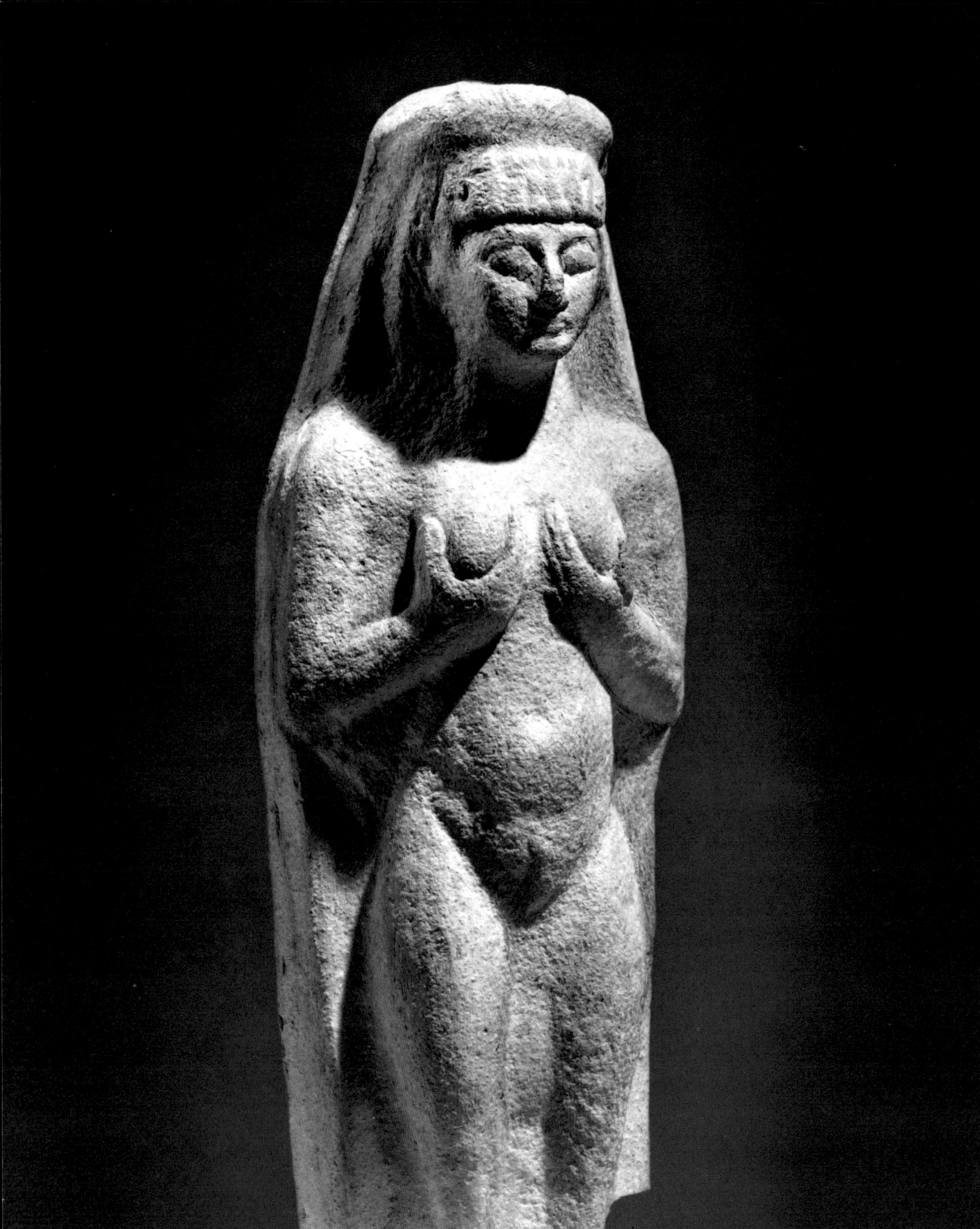

242 - punisch - Nora, Nekropole - Fragment der Statuette einer nackten Göttin, die ihre Brüste hält (Etwa 6. Jh. v. Chr.) - Cagliari

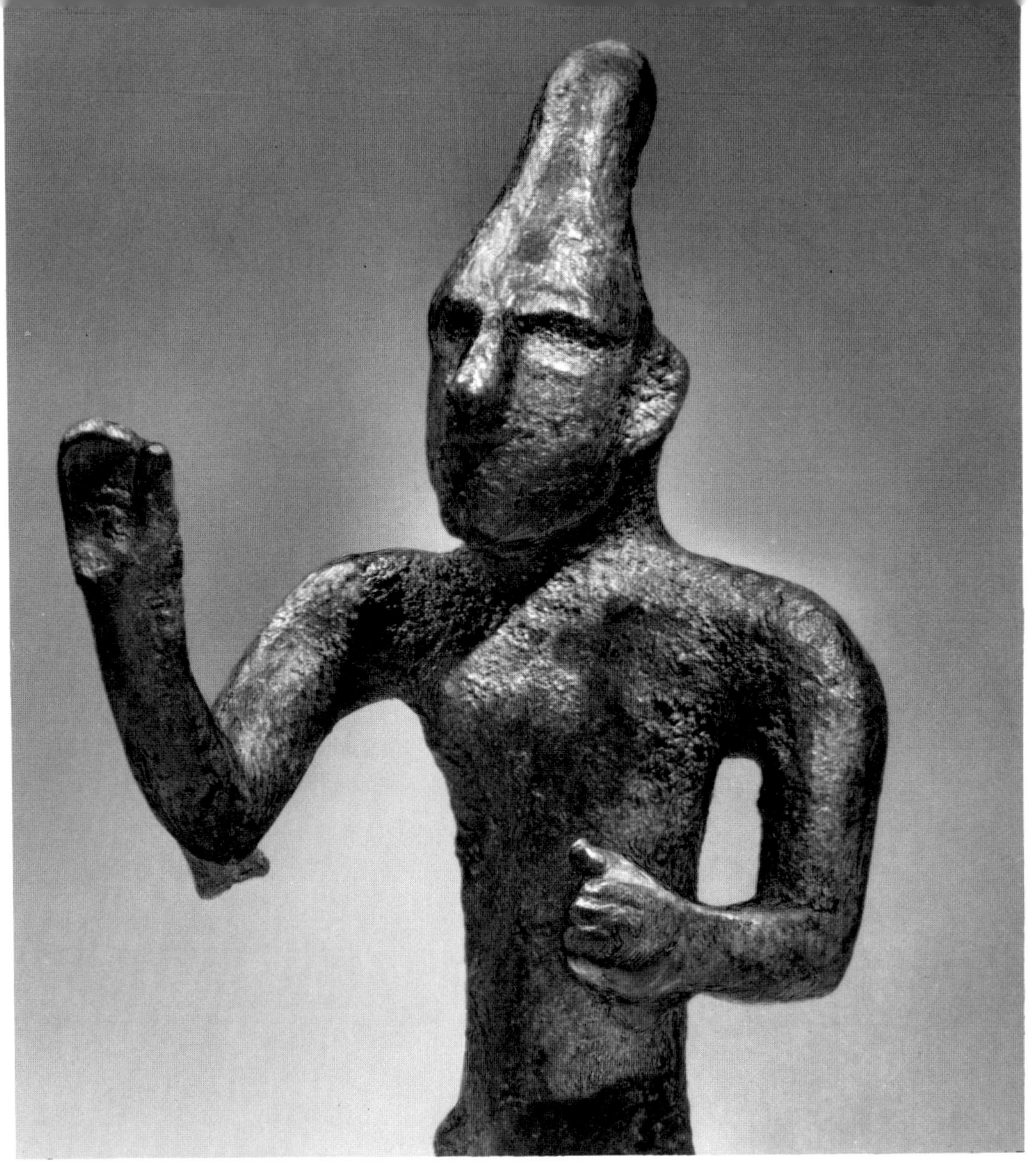

243 - punisch - La Nurra, Nuraghe Fluminilongu - Fragment einer Baal-Statuette (8. Jh. v. Chr.) - Cagliari

Arm angewinkelt nach vorn zeigt. Dieser Typus ist völlig phönizisch. Ungefähr aus der gleichen Zeit datiert eine jüngst bei Paulilatino gefundene kleine Bronze einer überschlanken sitzenden Gestalt, die beide Arme vor den Körper hält; wegen der Nähe der Nuraghen stellt sich eine der fundamentalen Fragen der antiken sardischen Kunst, die nach dem – sicher vorhandenen – Einfluß, den die phönizische Bronzekunst auf die Gestaltung der nuraghischen Kleinplastik, zumindest auf den Produktionstypus, ausübte. Weitere Bronzen aus Monte Sirai und ein späteres Werk aus Genoni vervollständigen das Bild dieser Kunst, deren Eigenart manche Probleme aufwirft.

Das Relief

Die wichtigsten Steinreliefs sind auf Sardinien wie in Nordafrika die Stelen. Wir verfügen über ein Material von einigen hundert Werken aus drei Produktionsstätten, das uns eine genaue Analyse wie auch eine differenzierende Typologie erlaubt. Von den drei Werkzentren hat Nora die archaischsten Züge bewahrt, und die Beziehungen zu Karthago sind unmittelbar und sprechen für sich.

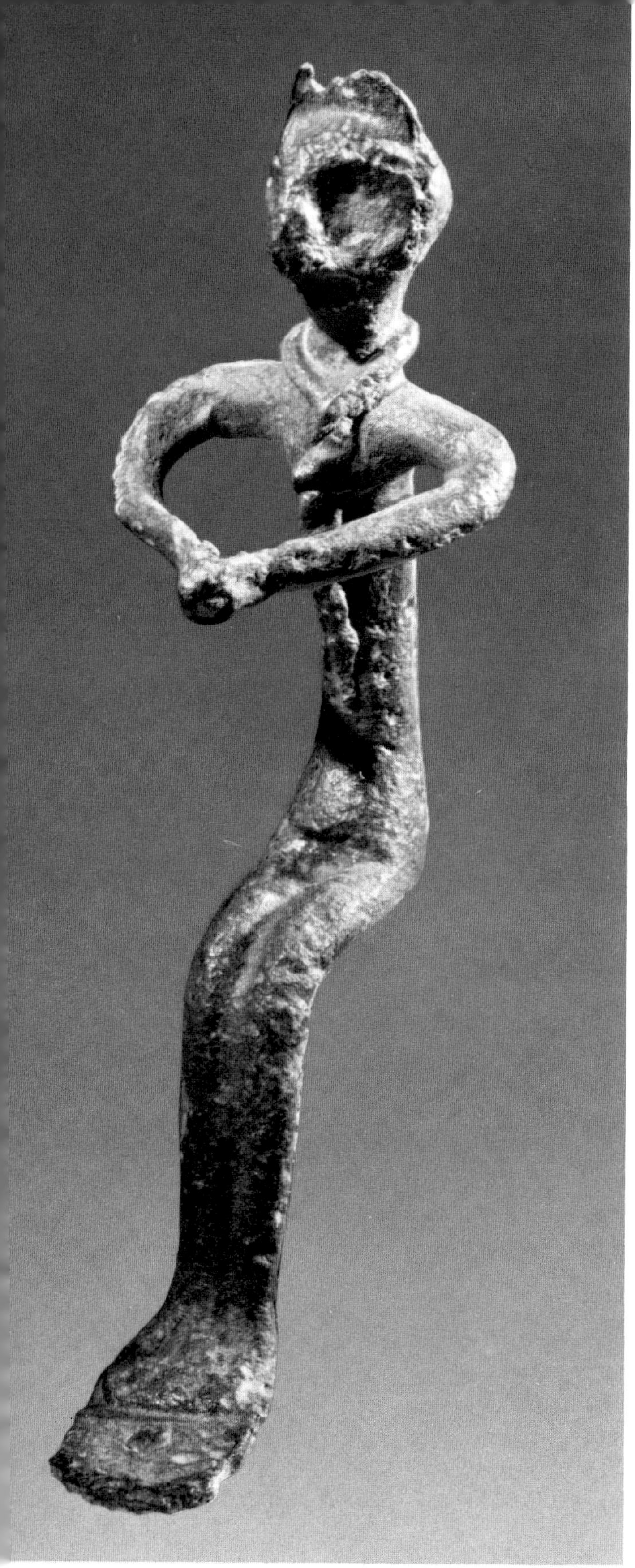

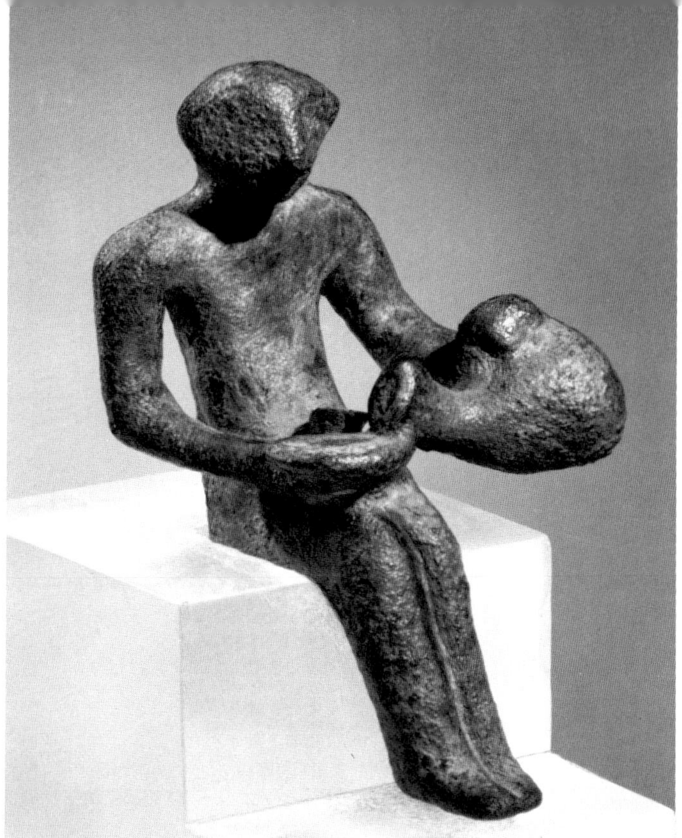

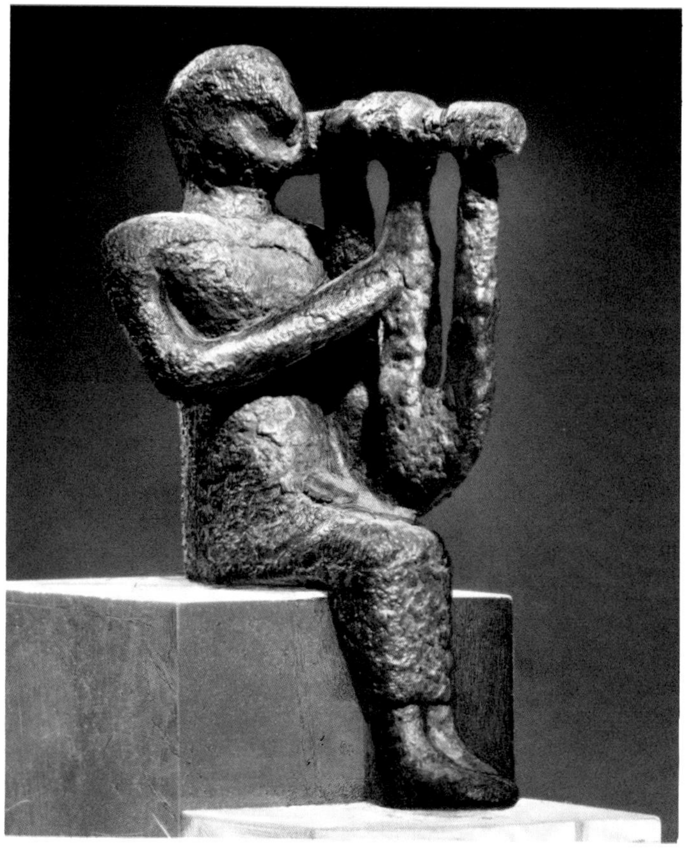

244 - punisch - S. Christina di Paulilatino - Figurine einer fadenförmigen sitzenden Gestalt (Etwa 8. Jh. v. Chr.) - Cagliari
245 und 246 - punisch - Monte Sirai, Akropolis - Figurinen eines Opfernden und eines Lyraspielers (Etwa 6. Jh. v. Chr.) - Cagliari

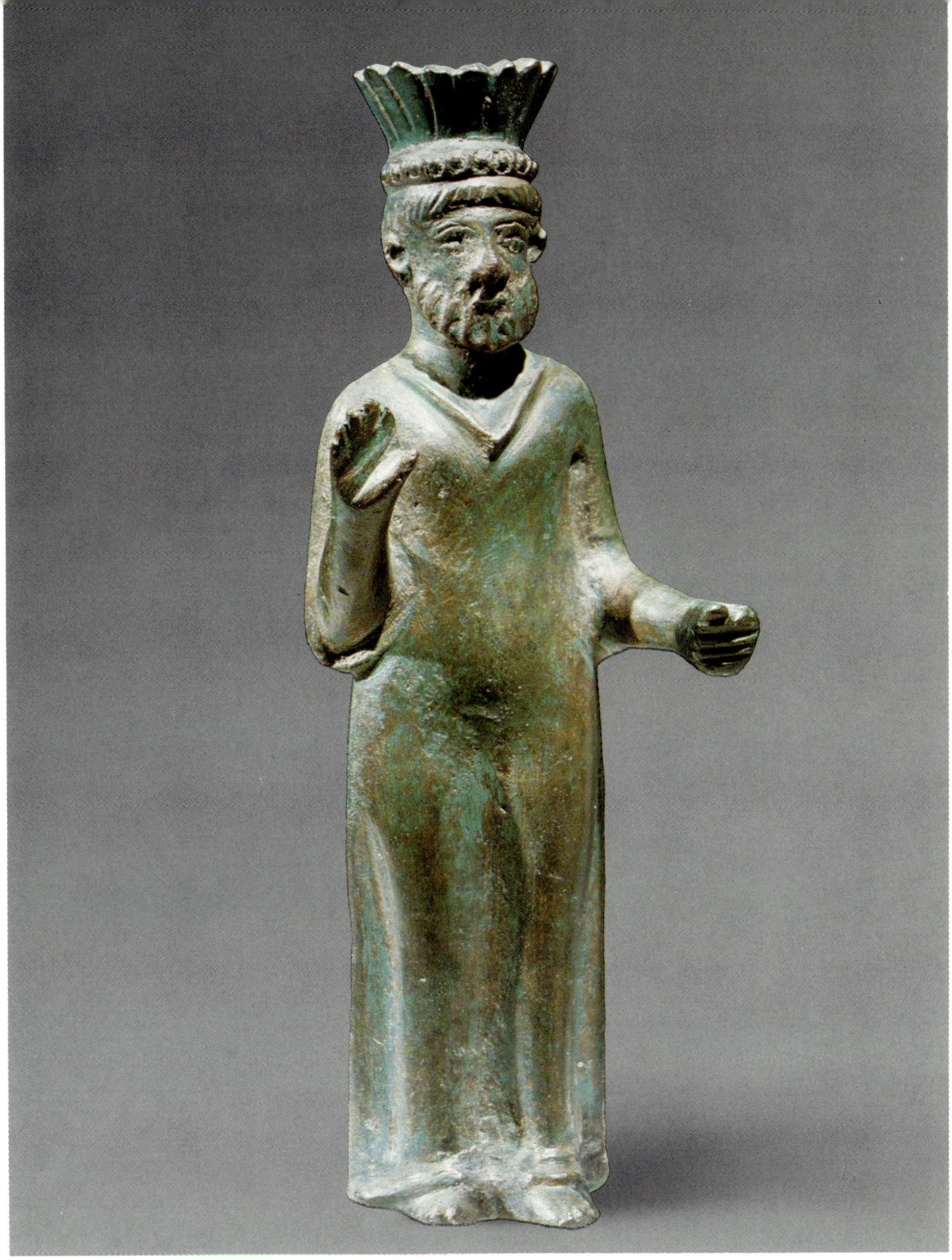

247 - punisch - Genoni - Figurine mit einer Federtiara, sogenannter ‹Sardus Pater› (Etwa 4. Jh. v. Chr.) - Cagliari

Hier herrscht die Abstraktion vor: Baitylion, Rautenform, ‹Flaschenidole› und ‹Tanit-Zeichen›. Unter den anthropomorphen Figuren erscheint eine von vorn gegebene Frau, die ihre Brüste preßt, manchmal auch eine Scheibe trägt, sowie schreitende Gestalten. Hingegen fehlen in Nora die der griechischen Phase Karthagos entsprechenden Entwicklungen, sei es, daß die Werkstätten zu dieser Zeit nicht arbeiteten, sei es, daß die Kontakte mit der afrikanischen Metropole unterbrochen waren.

Ganz anders stellt sich die Situation in Sulci dar. Zu Beginn der Entwicklung erscheinen noch die abstrakten Symbolformen und kargen Figuren wie in Karthago und Nora, aber schon bald kommt es zu einem überreichen figürlichen Schaffen, in dem die Frauengestalt mit der vor der Brust gehaltenen Scheibe ein zentrales Thema bildet. Dieses ikonographische Motiv orientalischer Herkunft wird schnell hellenisiert. Die Gewandung erhält einen differenzierteren Faltenwurf, Gesichtsbildung wie Haartracht nähern sich dem griechischen Vorbild. Die Figuren werden in den Raum zwischen ionischen oder dorischen Säulen gestellt, den nach oben ein dreieckiges Giebelfeld mit Akroterien abschließt. Die Varianten des Themas erfuhren eine ähnliche Hellenisierung, wenn sie sich auch am Anfang durch ihre ägyptisierenden Komponenten abhoben. So kommen auch Frauenfiguren vor, die statt der Scheibe eine Lotosblüte halten, und andere, die in einer Hand das *anch*-Zeichen, in der anderen einen Mantel tragen. Dagegen scheint eine andere Gruppe von Stelen ohne hellenistischen Einfluß geblieben zu sein; ihre Merkmale sind der überwölbende Bogen und das Motiv des schreitenden Widders.

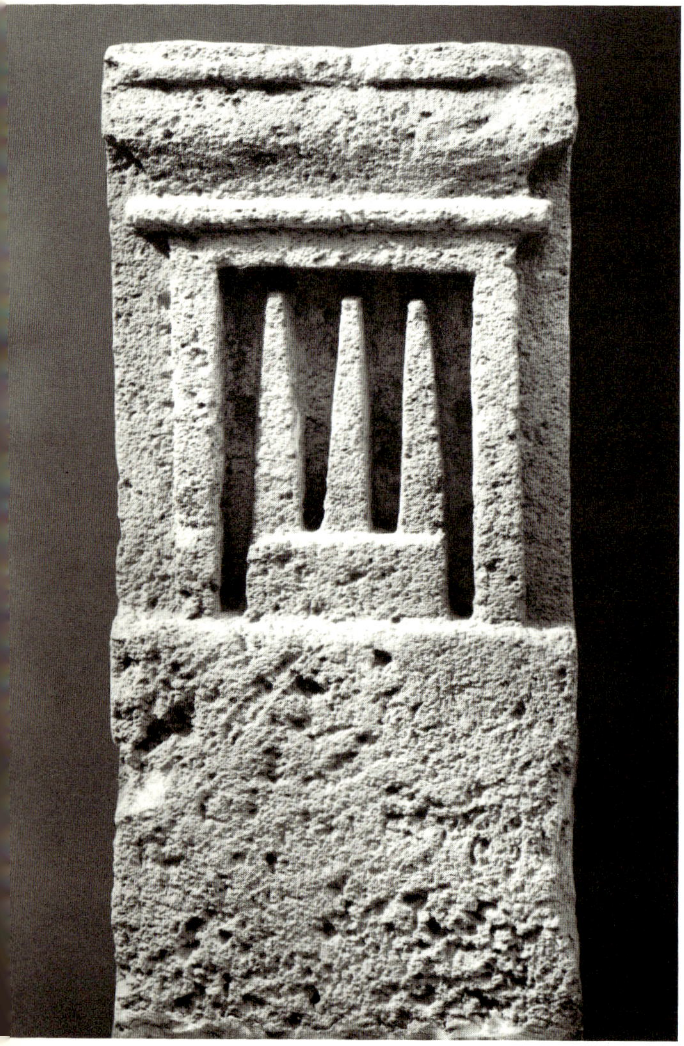

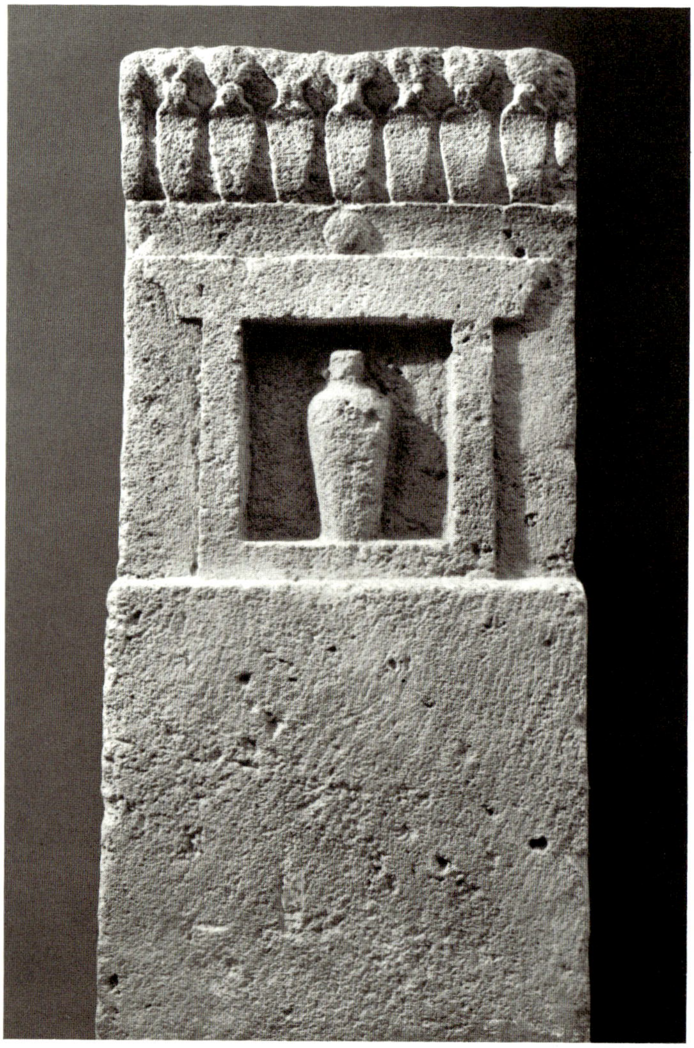

248 - punisch - Nora, ‹tophet› - Stele: Baitylientrias (6.-5. Jh. v. Chr.) - Cagliari
249 - punisch - Nora, ‹tophet› - Stele: ‹Flaschenidol› (Etwa 5. Jh. v. Chr.) - Cagliari

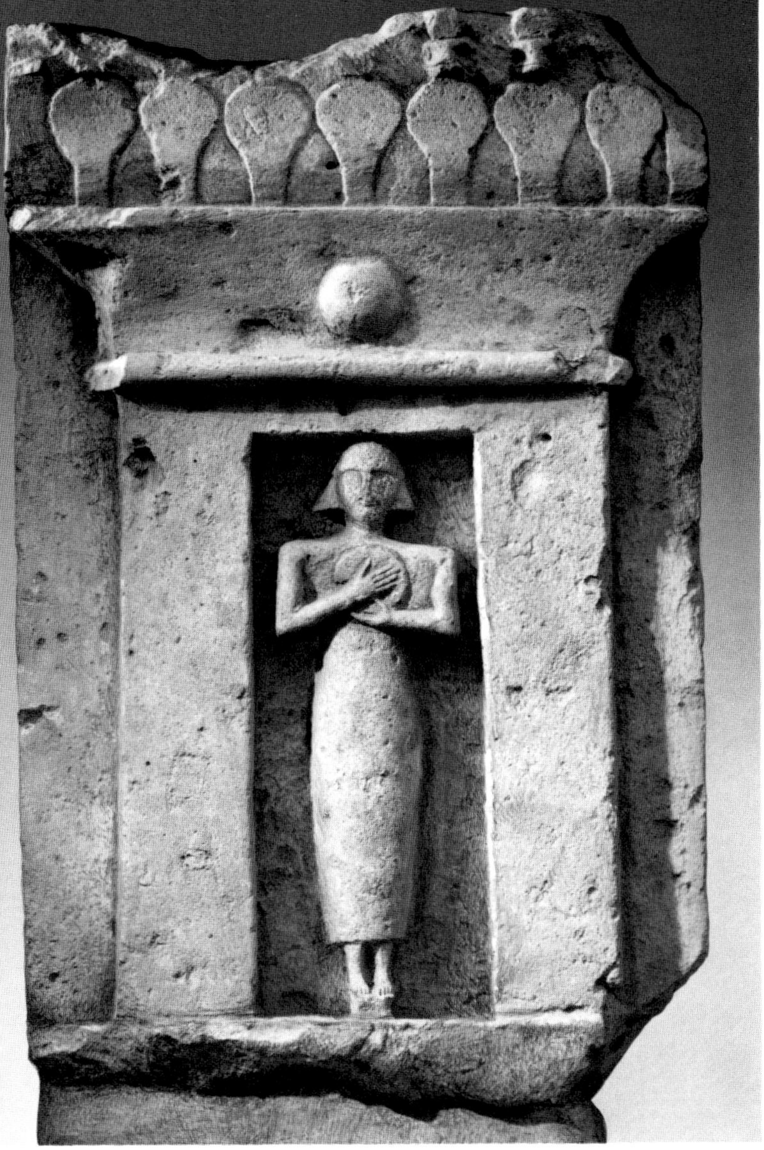

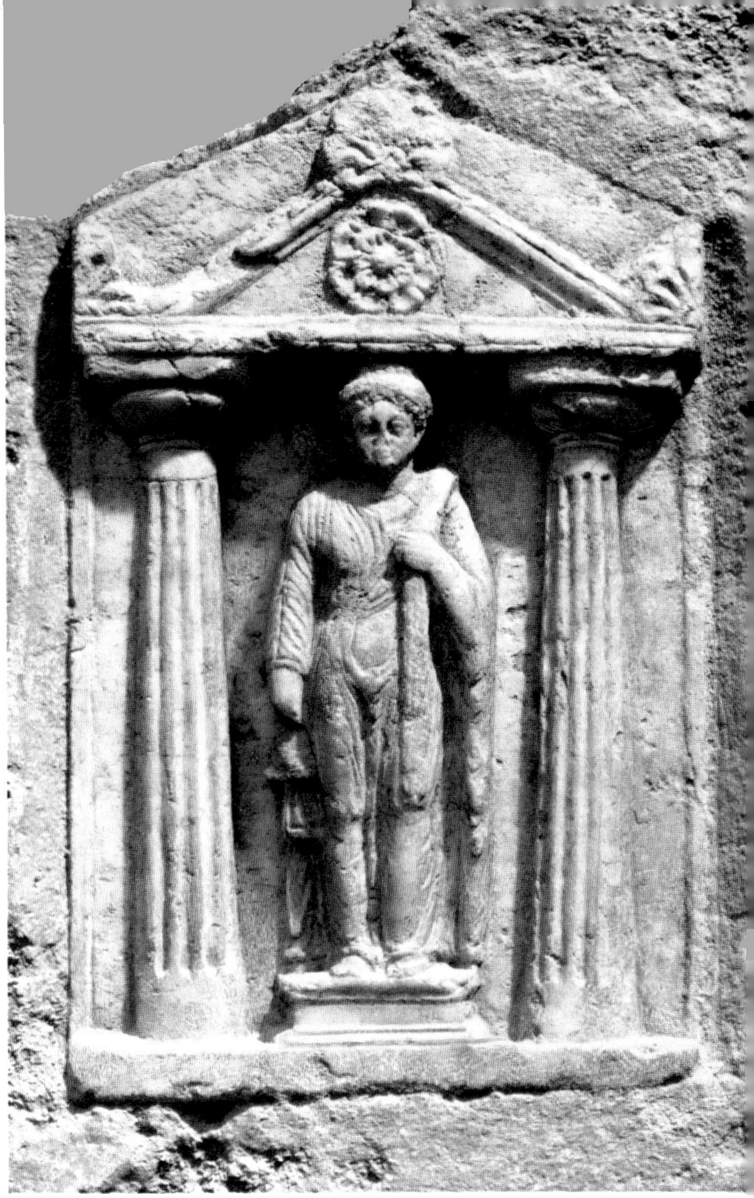

250 - punisch - Sulci, ‹tophet› - Stele: Frau mit einer Scheibe vor der Brust (6.-5. Jh. v. Chr.) - Cagliari
251 - punisch - Sulci, ‹tophet› - Stele: Frau mit Stola, die den ‹anch› oder das ‹Tanit-Zeichen› in der Hand hält (3.-2. Jh. v. Chr.) - Cagliari

Monte Sirai erweist sich mit seinen Stelen als Tochterstadt von Sulci, wenn sie den gleichen Typus der von vorn gesehenen Frauengestalt wiederaufgreift. Gleichwohl hat die abweichende und betont volkstümliche Umwelt Entwicklungen bewirkt, die lokale Eigenart beweisen, so etwa die Stelen ohne Ädikula und mit einfachen Ritzzeichnungen. Das ikonographische Repertoire ist viel weniger reichhaltig und auch von minderer Formqualität, andererseits aber erscheinen einige motivische Neuerungen, die sich nicht ohne weiteres auf bekannte Vorbilder zurückführen lassen. Dies ist der Fall bei einer Ritzstele, darstellend eine schematisch gegebene Frauengestalt, die ein Kind auf der Hüfte trägt; man mag darin eine Variante der griechischen Kurotrophe sehen, die sonst im Motivkreis der Stelen nicht vorkommt.

Neben den Stelen gibt es im punischen Sardinien auch noch andere Beispiele für Steinreliefs. Das in seiner Produktion besonders reiche und originelle Tharros (wie wir bei der Behandlung des Schmucks noch sehen werden) hat Cippi aus Sandstein hervorgebracht, die durch drei kleine vorspringende Pfeiler geschmückt sind, von denen der Mittelpfeiler als der höchste die charakteristischen Symbole von Sonnenscheibe und Halbmond trägt und in einer Pyramide endet. Die beiden Seitenpfeiler hingegen besitzen jeweils eine Auskragung in Form der ägyptischen Hohlkehle mit einer kleinen Schale, die offenbar als Räuchergefäß diente. Gleichfalls aus Tharros stammen zwei pyramidenförmige skulptierte Cippi: der eine zeigt die Darstellung tanzender Figuren, der andere einen Krieger, der ein Ungeheuer erlegt. Möglicherweise wurden bei diesen beiden Werken hellenistische Einflüsse wirksam oder gar hellenistische Themen übernommen; jedenfalls wurden sie assimiliert und punischer Anschauung gemäß gestaltet.

Einen wichtigen Platz nimmt Tharros auch im Bereich des Terrakottareliefs ein, hier vor allem durch seine Masken und Protomen. Die aus Karthago und Sizilien wohlbekannten Groteskmasken erscheinen vereinzelt wieder. Ein Beispiel bietet das prächtige Stück aus der Nekropole von S. Sperate. Daneben aber findet man in Tharros auch selbständig erscheinende Werke, in denen die zu-

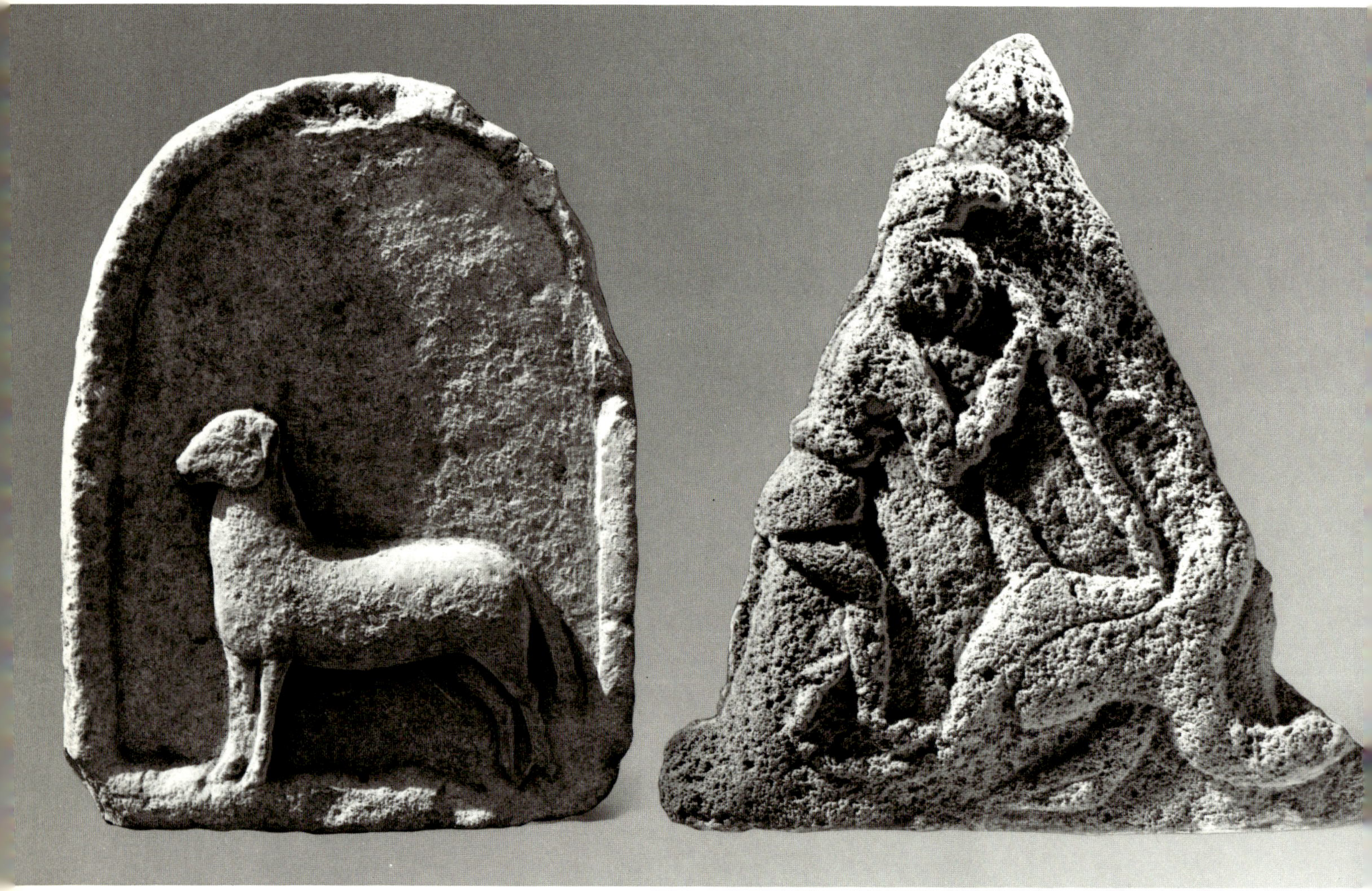

252 - punisch - Sulci, ‹tophet› - Stele: Schreitender Widder (Etwa 3. Jh. v. Chr.) - S. Antioco
253 - punisch - Tharros, Nekropole - Pyramidenförmiger Cippus: Held, der ein geflügeltes Monstrum tötet (6. Jh. v. Chr. [?]) - Cagliari

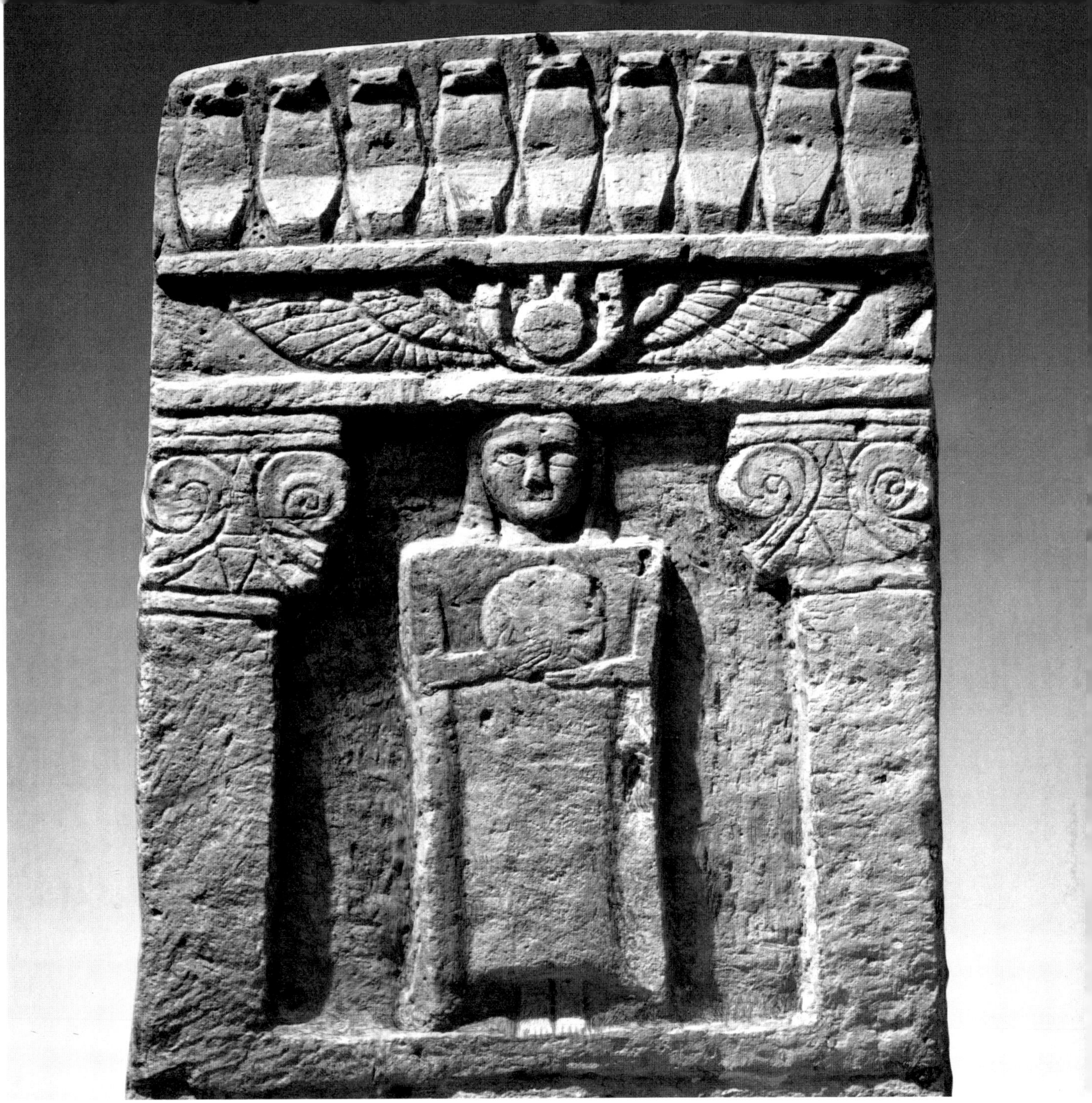

254 - punisch - Monte Sirai, ‹tophet› - Stele. Ausschnitt: Frau mit einer Scheibe vor der Brust (Etwa 6. Jh. v. Chr.) - Cagliari

grunde liegenden Typen auf naturalistische Weise eine Umwandlung erfuhren. Auch Silene tauchen hier auf. Schließlich stammt aus Monte Sirai eine Männerprotome mit gelocktem Haar und langem, strähnigem Bart, die sich unmittelbar neben ein gleichartiges Werk aus Utica setzen läßt. Was die Frauendarstellungen angeht, so erscheint hier wieder der ägyptisierende Typus, der karthagischen Vorbildern entspricht (ebenso sizilischen Werken). Aus dem hellenisierenden, namentlich rhodischen Typus gingen wiederum einige Varianten hervor, die zumindest die Verwendung neuer Anregungen verraten.

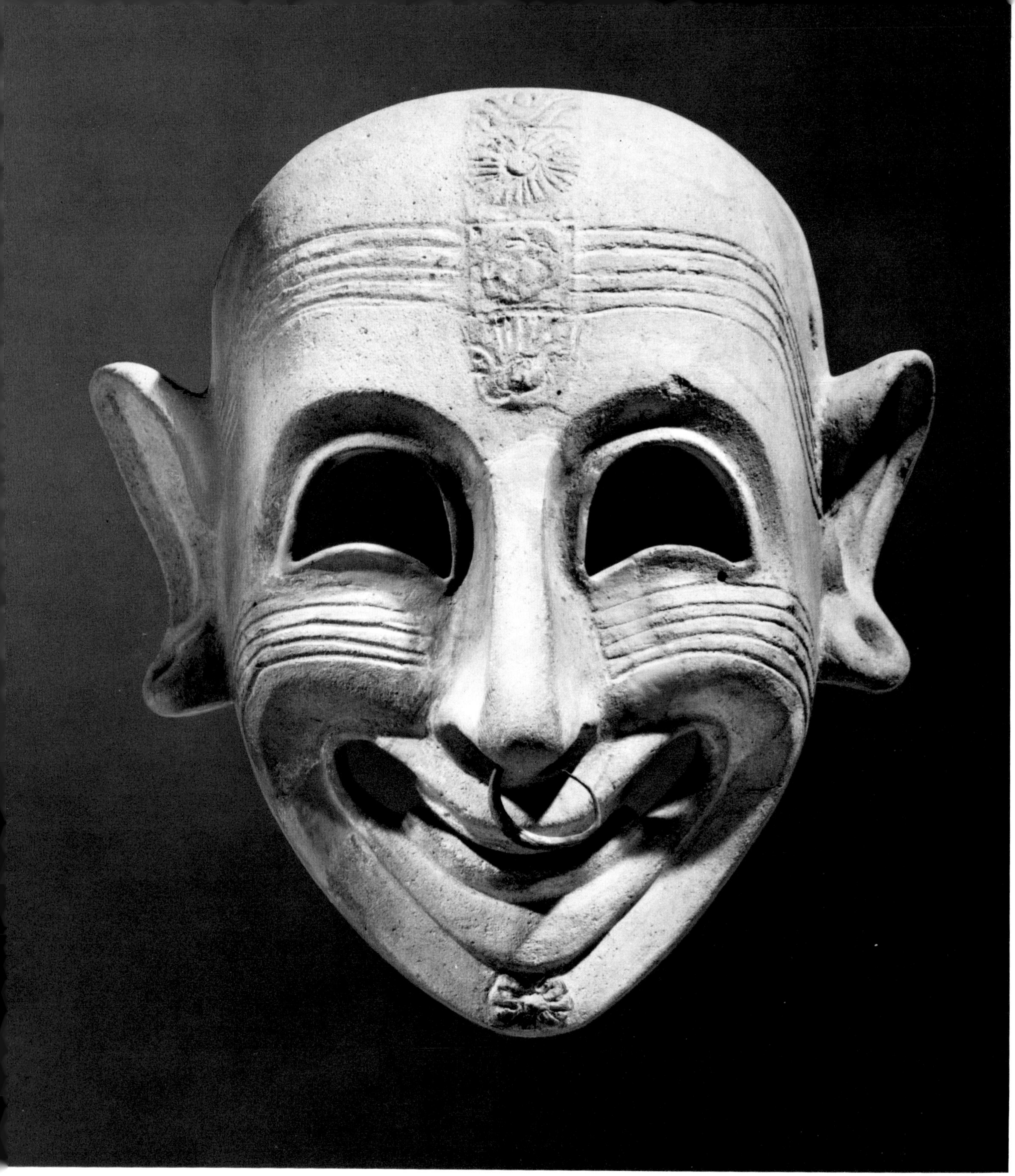

255 - punisch - S. Sperate, Nekropole - Groteskmaske mit einem Ring in der Nase (Etwa 6. Jh. v.Chr.) - Cagliari

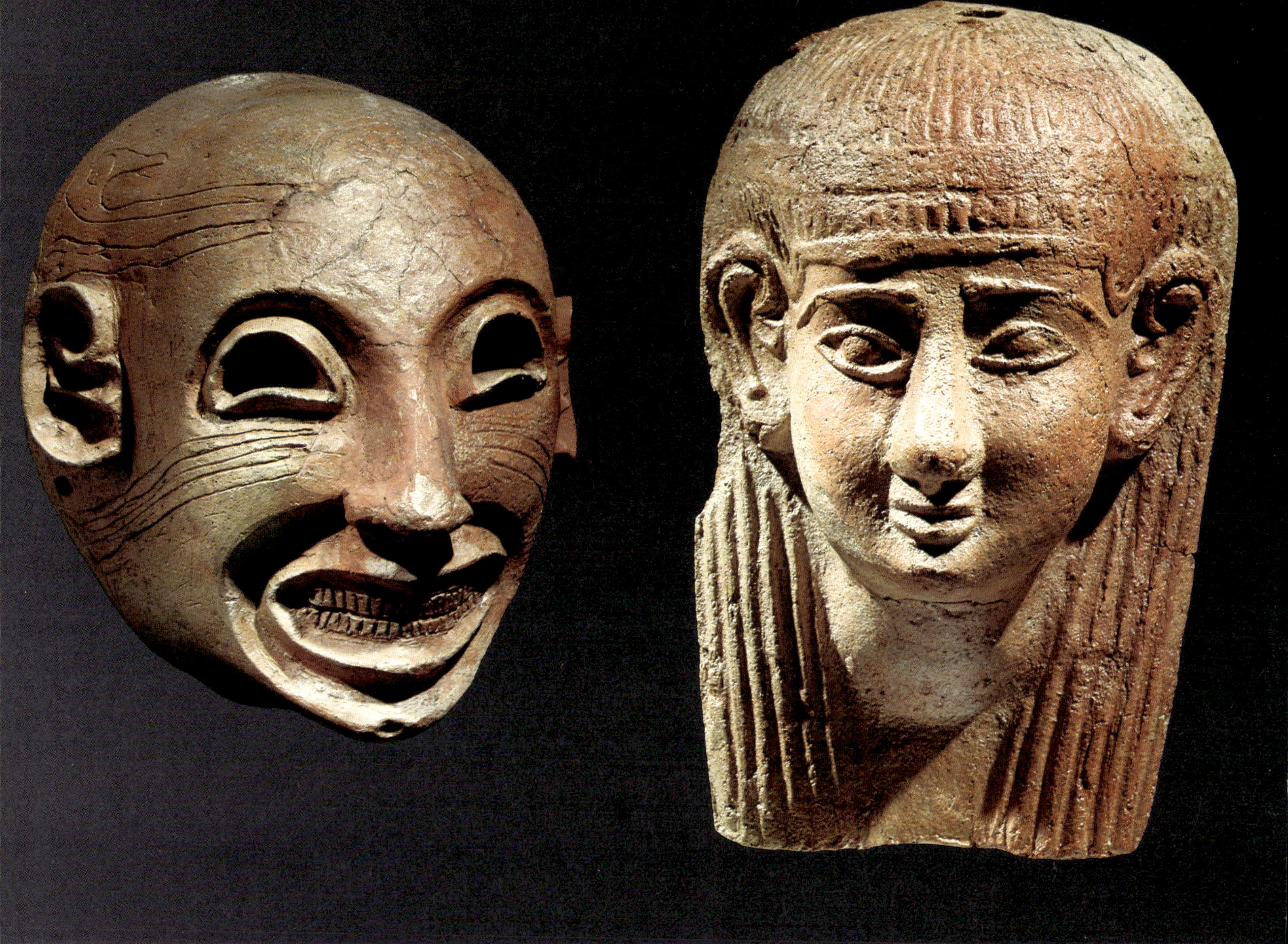

256 - punisch - Tharros, Nekropole - Groteskmaske (Etwa 5. Jh. v. Chr.) - Cagliari
257 - punisch - Tharros, Akropolis - Weibliche Protome (Etwa 6. Jh. v. Chr.) - Cagliari

Sonstiges Kunsthandwerk

Die typisch karthagischen Amulette finden sich in reicher Anzahl auch in den Gräbern des punischen Sardinien wieder. Besondere Merkmale haben sie nicht aufzuweisen: als Materialien wurden Siliziummasse und Glasschmelz, daneben auch Halbedelsteine verschiedener Art verwendet. Die Darstellungen folgen ägyptischen Motiven klassischer Prägung wie *udjat*-Auge, Uräusschlange, Patäk sowie weiteren Götterthemen. Aus Olbia stammt ein Halsschmuck von außergewöhnlicher Bedeutung, gefertigt aus Glaspasteperlen, die Menschen- oder Tierköpfe darstellen. Die eingehende Untersuchung dieser Stücke hat ihre enge Abhängigkeit von karthagischen Vorbildern erwiesen, nicht nur wegen der Darstellungselemente, sondern auch auf Grund der Gesamtkomposition. Hierdurch wird die Auffassung gestützt, die man sich von dieser Kunst grundsätzlich gebildet hat: Karthago erscheint nicht nur als Quelle von Vorbildern, sondern auch als regelrechter Lieferant von Importware.

Bei den Skarabäen liegen die Verhältnisse wieder etwas anders, wie wir bereits für Karthago feststellen konnten. In der frühesten Phase der Entwicklung (8.–7. Jahrhundert) spiegeln die Skarabäen ägyptische Motive wider, ja sie sind zweifellos sogar aus Ägypten importiert, nach Karthago ebenso wie – direkt oder indirekt – nach Sardinien. Seit dem 5. Jahrhundert ändert sich dies: auf Sardinien, und hier vor allem in Tharros, werden Skarabäen aus grünem Jaspis hergestellt, die nicht aus Ägypten stammen können, da sie dort um jene Zeit nicht mehr angefertigt werden. Möglich wäre allerdings ihre Herkunft aus Karthago. Indes zeigt ein minuziöser Vergleich der Objekte, daß zwar alle sardischen Darstellungsthemen auch in Karthago zu finden sind, umgekehrt aber nicht alle karthagischen auf Sardinien. Mit anderen Worten: Sardinien war wahrscheinlich ein aktives Produktionszentrum geworden, von dem Karthago sogar bis zu einem gewissen Grade abhängig war.

Diese neue Phase läßt vor allem eine Fortführung ägyptischer Bildthemen erkennen: Isis mit dem Horusknaben, der Horusfalke unter dem Schirm der Uräusschlange, Bes, die Sphinx und andere mehr. Dazu trifft man auf verschiedene phönizische oder orientalische Themen wie auf den aufrecht stehenden, geflügelten Gott, den thronenden Gott und den menschenköpfigen Flügellöwen. Schließlich sind auch griechische Motive vertreten: der Krieger, der Kopf im Profil, das seine Beute anspringende Raubtier. Im jüngsten Zeitabschnitt dieser Entwicklungsphase gewinnen die griechischen Themen immer mehr an Boden.

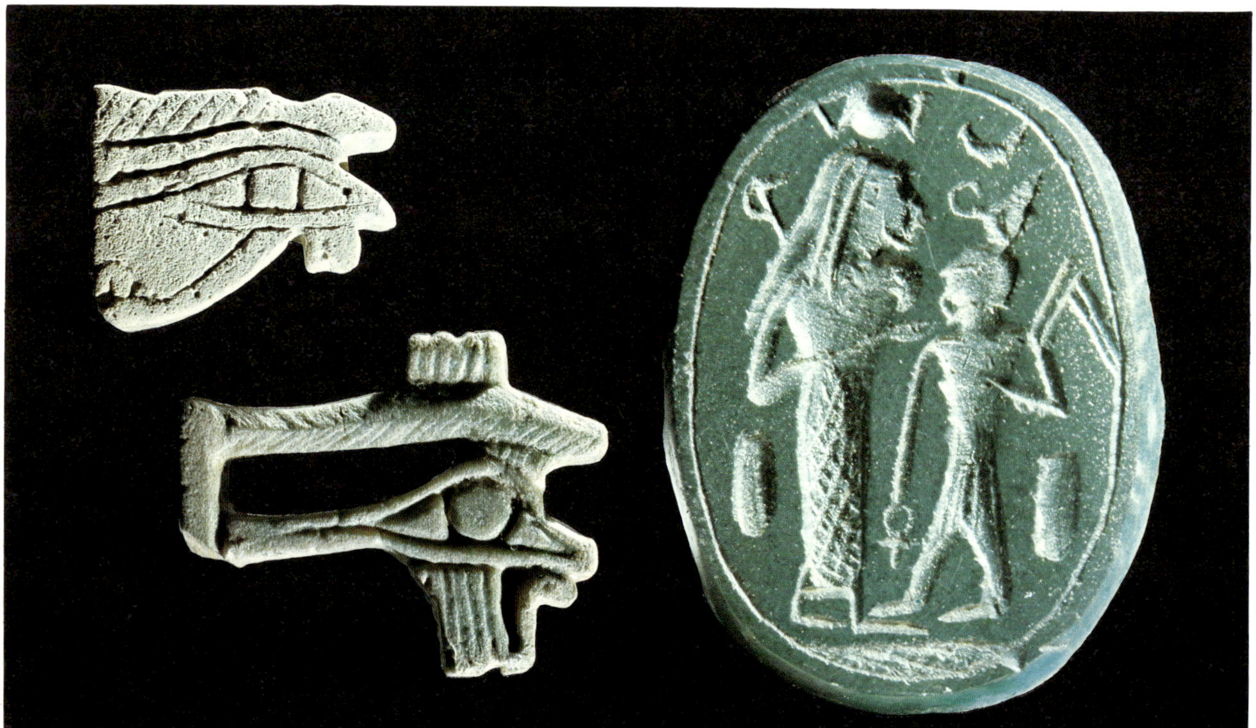

258 und 259 - punisch - Sardinien - Amulette: ‹udjat›-Auge (7.-4. Jh. v. Chr.) - Cagliari
260 - punisch - Tharros, Nekropole - Skarabäus: Isis und Horus (Etwa 4. Jh. v. Chr.) - Cagliari

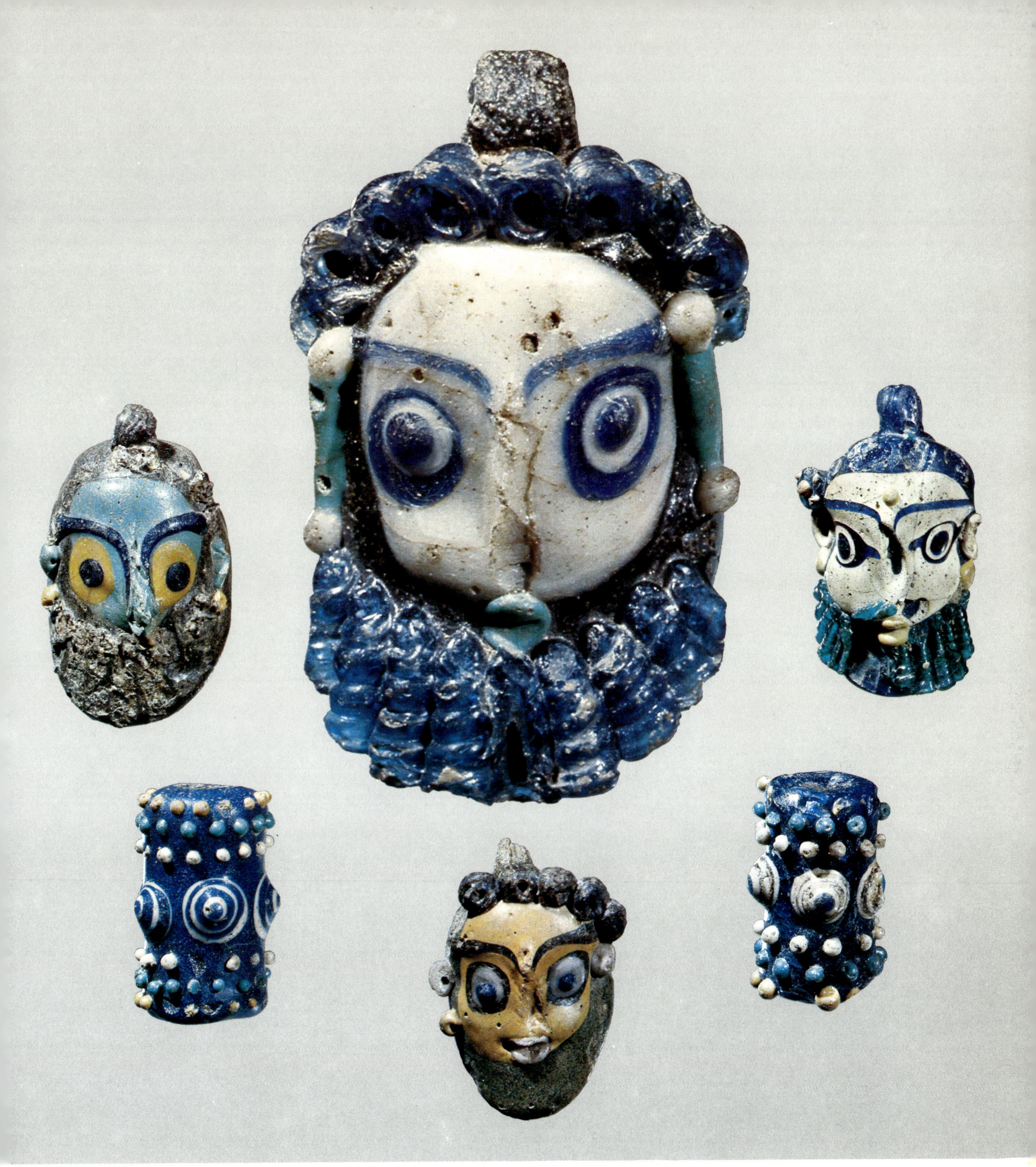

261-266 - punisch - Olbia, Nekropole Fontana Noa - Verschiedene Teile von Halsschmuck (4.-3. Jh. v. Chr.) - Cagliari

Sehr ergiebig ist die Produktion von Schmucksachen, und auch hier weist Tharros ein derart vielfältiges und abwechslungsreiches Repertoire auf, daß diese Stadt sich als unabhängiges Kunstzentrum zu erkennen gibt. Am interessantesten sind Ohrgehänge, bei denen einzelne Schmuckformen, nebeneinander oder alternierend, kombiniert werden: Ringe, Halbmonde, Eicheln, Sperber in ägyptischem Stil. Es erscheinen die aus Karthago bekannten Motive, eher reicher als begrenzter in der Auswahl: Hängekörbchen, Sichelkettchen, Glöckchen, Halbkugeln mit aufgesetzten ‹Zitzen›, granulierte Kügelchen, Henkelkreuz.

Nicht minder reich ist der Formenschatz an Armschmuck, der sich aus verschiedenen Elementen zusammensetzt: getriebenes oder mit Granulationen besetztes Metallblech, verbunden durch Scharniere, mit Flügelskarabäen, Palmetten und Lotosblüten verziert. Zahlreich sind Ringe mit goldgefaßten Skarabäen oder Edelsteinen, die Vorbildern der ägyptischen oder griechischen Schmuckkunst folgen. Eine besondere Schmuckform stellen die kleinen Goldplaketten dar, die im Relief ein Abbild der nackten Göttin mit den die Brüste pressenden Händen bringen. Schließlich sind noch die Halsgeschmeide zu nennen, die wir bereits im Zusammenhang mit einem Stück aus Olbia erwähnt haben: hier werden Zwischenstücke aus Glaspaste oder Halbedelsteinen mit goldenen Gehängen kombiniert, oder wir finden aus Goldbändern in Filigrantechnik gearbeitete Formen.

Elfenbein wie auch Knochen haben hervorragenden künstlerischen Schöpfungen als Materialien gedient, wofür vor allem der prächtige, aus Bein geschnitzte Papagei aus der Nekropole von Sulci zeugt: Federhaube, Schnabel und Gefieder sind mit großem Können wiedergegeben. Aus Monte Sirai wiederum stammen zwei höchst interessante Knochenplaketten: die eine zeigt eine phönizische Palmette von hoher Eleganz und vollendetem Ebenmaß der Linien; die andere gibt einen runden Kopf mit verzerrten Zügen wieder, der sich in das dreieckige Kompositionsschema einer Büste mit verschränkten Armen einpaßt, bei der mit Recht an eine Übernahme des schon von den Statuen her bekannten Gottes Bes zu denken ist. Das Museum von Cagliari beherbergt Stücke

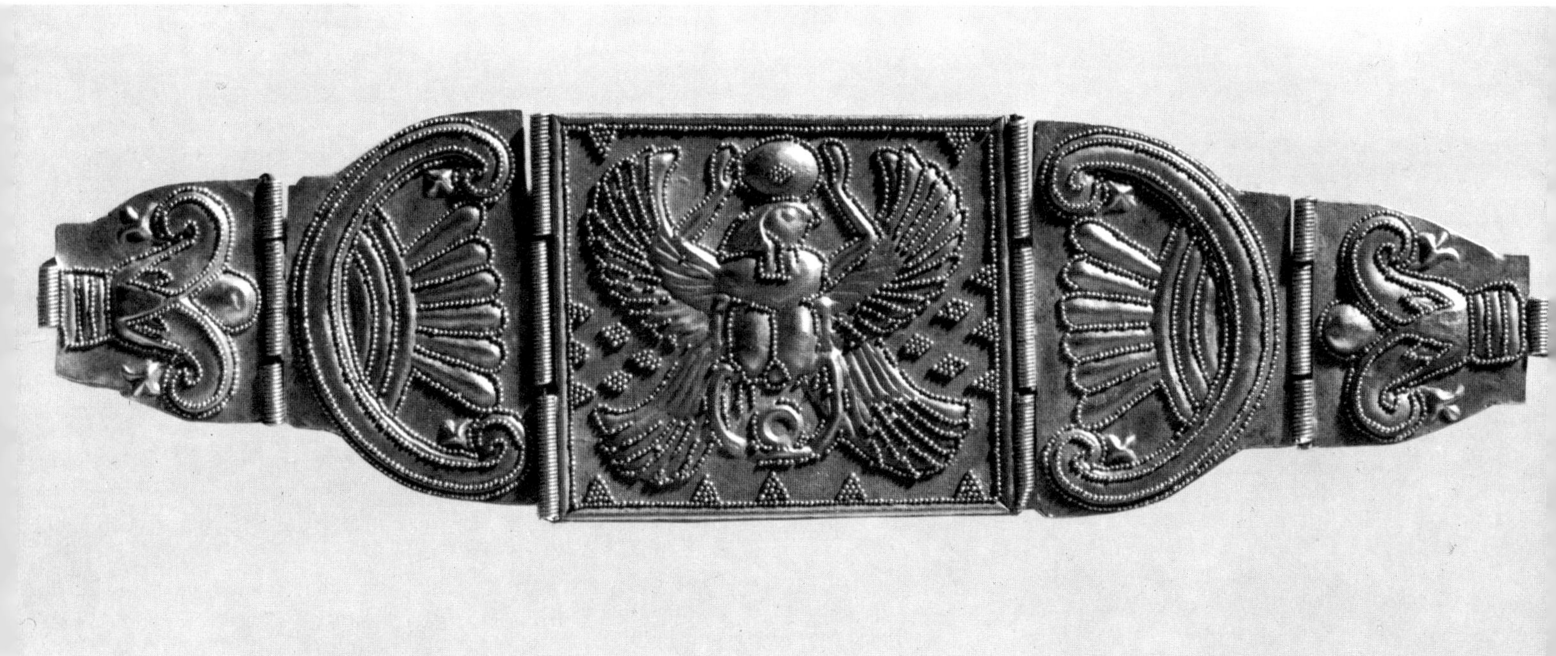

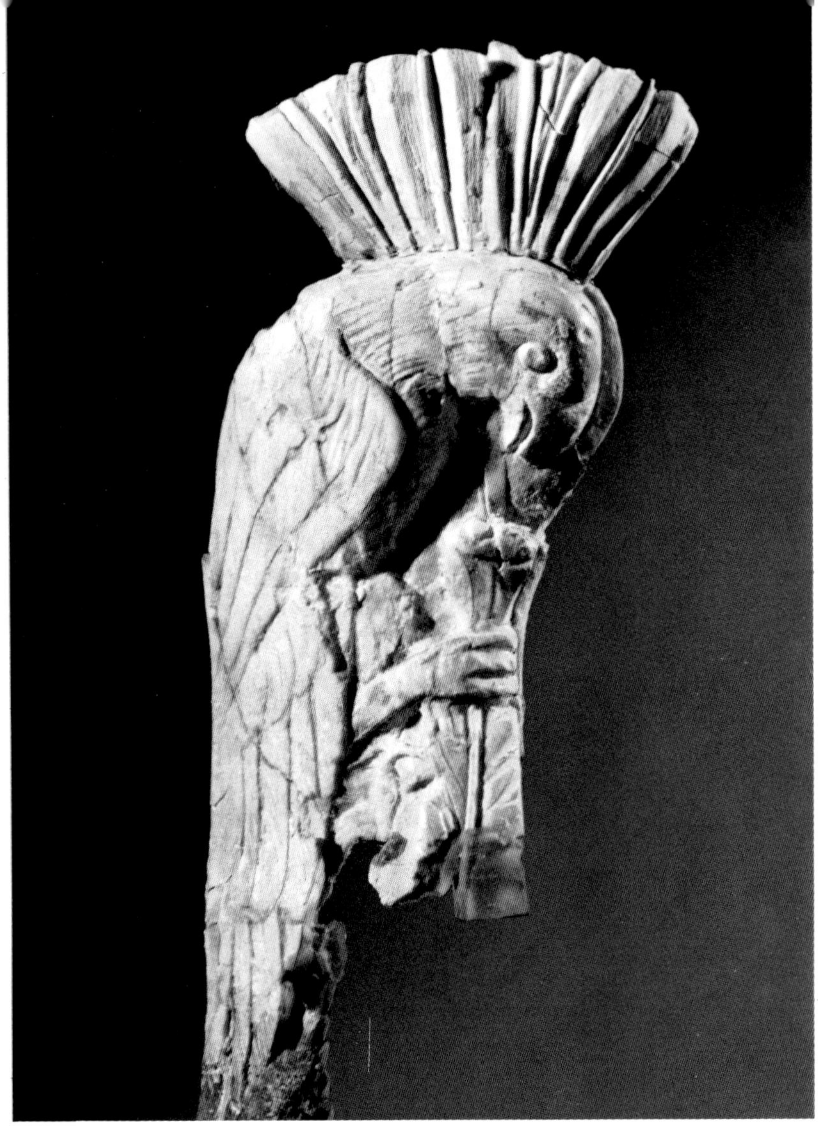

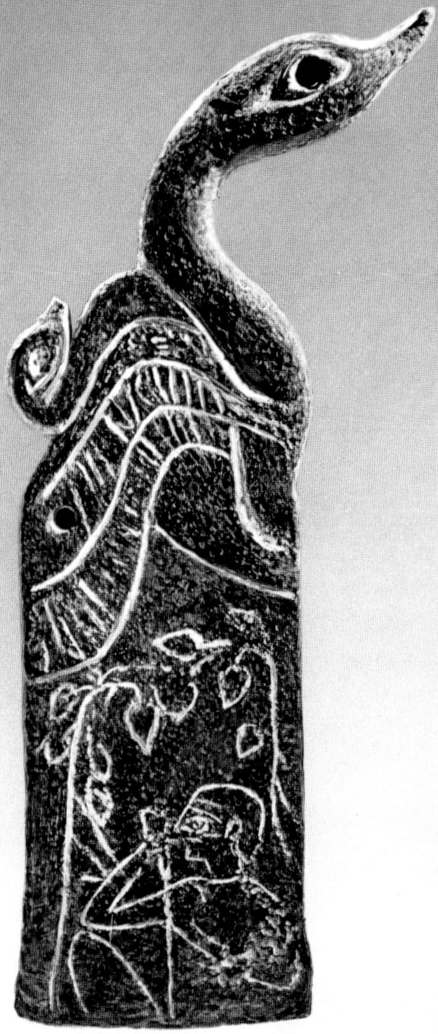

268 - punisch - Sulci, Nekropole - Papageienförmiger Griff (Etwa 3. Jh. v. Chr.) - Cagliari
269 - punisch - Sardinien - Rasiermesser: Sitzende Gestalt im Profil (3.-2. Jh. v. Chr.) - Cagliari

unterschiedlicher Herkunft, die aus Elfenbein oder Knochen gefertigt sind, darunter auch Miniaturmasken menschlicher Gesichter, Rosetten, kleine Scheiben, spatelförmige Gebilde, Nadeln, Haarnadeln und Spielwürfel.

Das auf Sizilien bislang nicht belegte Rasiermesser erscheint auf Sardinien in Formen wieder, die denen Karthagos sehr nahestehen, aber doch auch Varianten zeigen: das zum Aufhängen dienende Loch findet sich gewöhnlich im Rasiermesser selbst und wird nicht ringartig an diesem angebracht, und auch die Flügel des Vogels stehen zumeist nicht über, sondern sind in die Form des Instruments einbezogen. Unter den anzutreffenden Typen verdienen zwei besondere Beachtung: der eine zeigt die Form eines Schwertfisches, der andere die einer Stachelmakrele, deren Schnauze über die Klinge hinaus zielt, während das an der Unterseite gezähnte Heft und ein mit dem Stichel angebrachter Dekor vielleicht die stacheligen Partien wiedergeben sollen. Unter den ägyptisierenden und hellenisierenden Bildthemen fällt eine einzelne Maske auf, die allem Anschein nach eine späte Verkörperung der Gestalt des Bes darstellt, wie sie unter den Elfenbeinarbeiten oben genannt wurde.

267 - punisch - Tharros, Nekropole - Armschmuck (7.-6. Jh. v. Chr.) - Cagliari

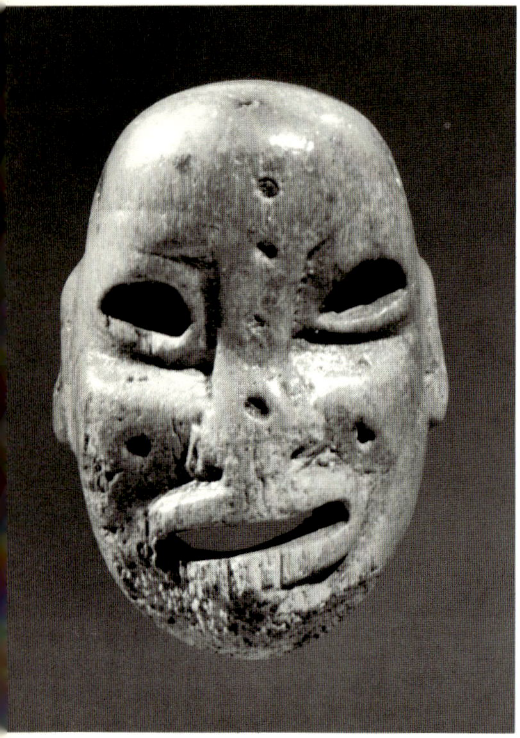

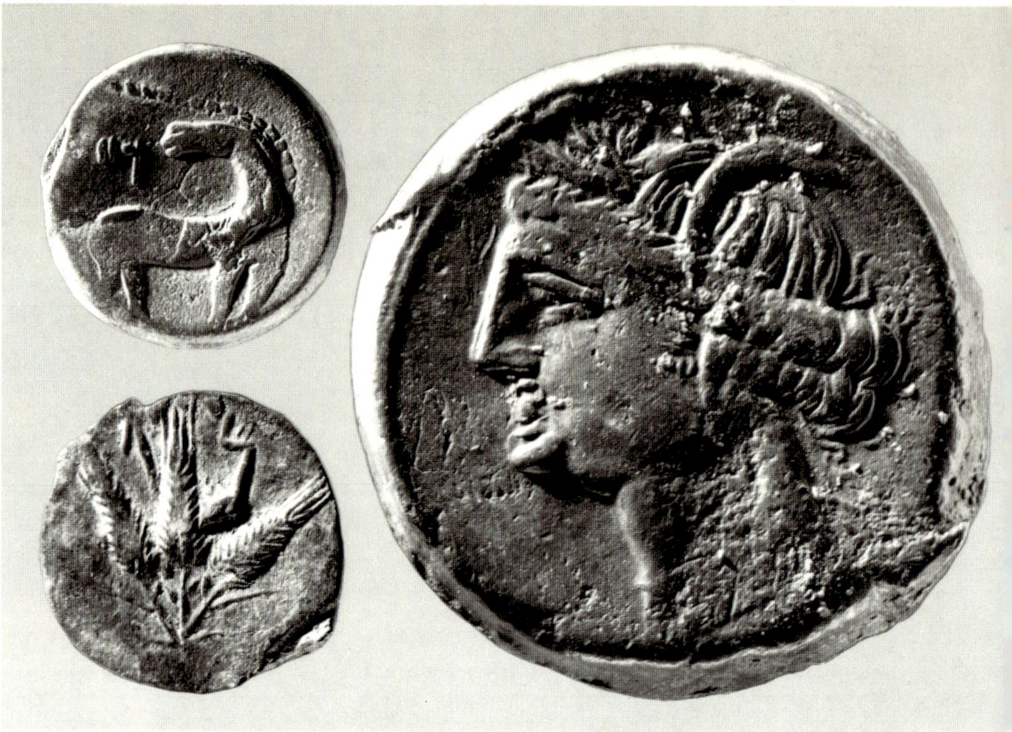

270 - punisch - Sardinien - Kleine Groteskmaske (6. Jh. v. Chr. [?]) - Cagliari
271-273 - punisch - Sardinien - Münzen: Pferd - Drei Ähren - Sogenannter ‹Tanit-Kopf› (4.-3. Jh. v. Chr.) - Cagliari

Auch auf Sardinien finden wir Teilstücke von Straußeneierschalen als Belege für die Existenz dieses Kunsthandwerks. Wegen ihres schlechten Erhaltungszustandes lassen sich jedoch kaum Rückschlüsse auf die Art jener Arbeiten wagen. Wir wissen nur, daß es kleine Masken mit Bemalung gegeben hat, jedoch sind die Reste allzu dürftig, als daß stilistische Merkmale faßbar werden könnten. Hinsichtlich der Chronologie dürfte das uns vorliegende Material auf Grund seiner Herkunft nicht über das 4. bis 3. Jahrhundert v. Chr. zurückreichen.

Sehr reich ist die Münzproduktion. Uns liegen ausschließlich Bronzemünzen vor; der Grund hierfür scheint gewesen zu sein, daß Karthago sich allein das Recht auf Münzprägung in Gold und Silber reserviert hatte. Die ziemlich gleichartige Prägung der Stücke hat vermuten lassen, daß hier eher wandernde Münzstätten anstelle von örtlich differenzierten Ateliers anzunehmen seien – eine Hypothese, die allerhand für sich hat, doch ohne Beweis bleibt. Auf der Vorderseite tragen diese Münzen den üblichen Frauenkopf, seltener einen Männerkopf mit Nackenband im Haar. Die Rückseite füllt eine Pferdeprotome oder ein stehendes Pferd, gelegentlich mit dahinter emporragender Palme, oder auch ein stehender Stier oder drei Getreideähren aus. Entsprechungen zu karthagischen Stücken sind weithin gegeben, wenn auch nicht durchwegs.

Aus den zahlreichen Nekropolen des punischen Sardinien stammt eine Fülle von Salbgefäßen, Phiolen, kleinen Glasvasen, oft polychrom, in zarten, irisierenden Abtönungen gehalten. Reiches Material bietet auch die Keramik, bei der wir die klassischen phönizischen Formen wiederfinden: den Krug mit Kleeblattmündung oder weit ausgezogener Lippe, Omphalos-Platten, zweischnäblige Lämpchen (auch einschnäblige mitunter), dazu weitere Typen. Hinzu kommen Töpferwaren aus lokaler Tradition, zumeist *ollae* und Kochtöpfe. Die geometrischen Formen und Dekors fehlen, auch jene, die aus Ionien und Rhodos stammen: Sardinien ist diese Richtung fremd geblieben. Gefäße in Tier- und Menschengestalt sind besonders häufig, und die Erfahrung der Töpfer vereint

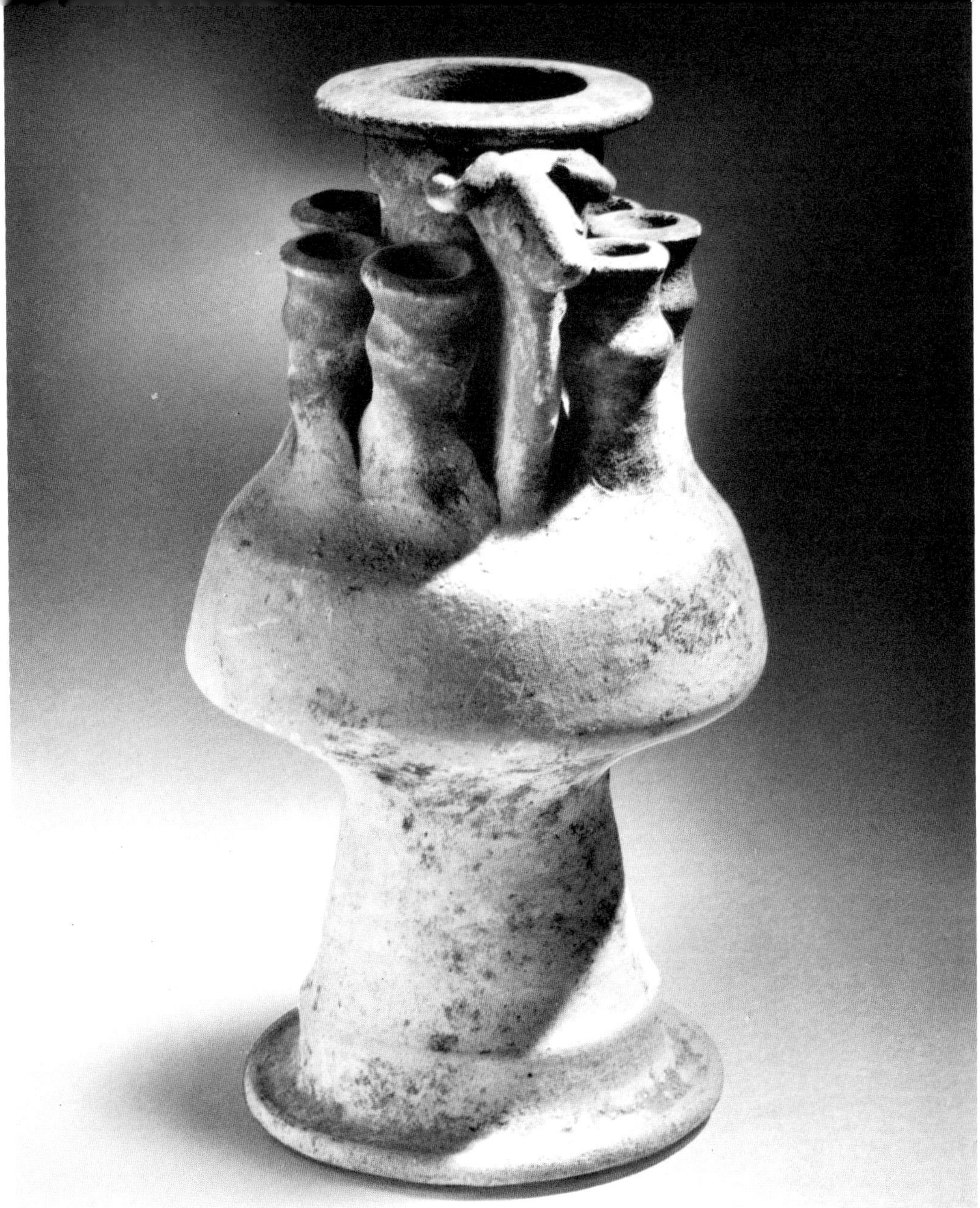

274 - punisch - Monte Sirai, Nekropole - Lampe mit mehreren Ausgüssen (Etwa 6. Jh. v. Chr.) - Cagliari

sich mit der der Koroplasten. Auch typische Gefäße mit mehreren Ausgüssen sind oft in Tierform gestaltet.

Schließlich treffen wir auf Sardinien wieder die berühmten ‹Kuchenformen› an. Fast immer tragen sie Blumenmotive, die mit ihrer Vielfalt und ihren komplexen Formen an karthagische Vorbilder erinnern. Ein größeres Maß an Originalität herrscht bei den Gorgonenhäuptern, die stilisiert und kreisförmig angeordnet erscheinen, wobei die Kreise selbst wiederum miteinander verbunden sind. Auch hier hat es jedoch fraglos einen karthagischen Vorläufer gegeben, auf den der sizilische Einfluß – da solche Motive auf Sizilien vorkommen – einwirken konnte, falls er nicht in einigen anderen Fällen direkt auf Sardinien übergriff.

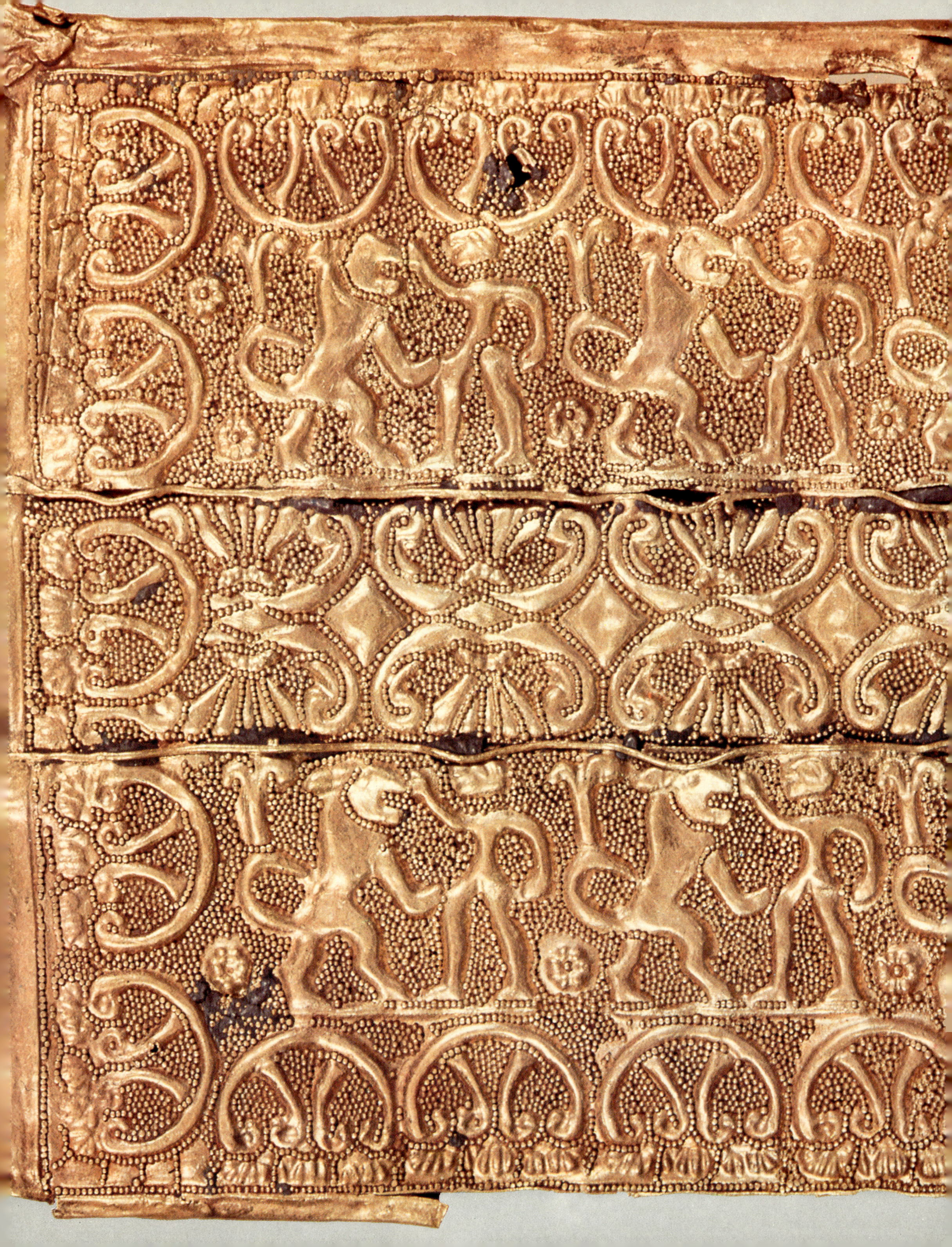

V

DIE PHÖNIZIER AUF DER IBERISCHEN HALBINSEL

Die Gründung der Stadt Cádiz, nach klassischen Quellen um das Jahr 1100 erfolgt, bleibt für jeden, der sich mit dem historischen Prozeß der phönizischen Ausbreitung auf der Iberischen Halbinsel befaßt, das zentrale Problem. Es liegt auf der Hand, daß bei Annahme dieses Gründungsdatums Cádiz als die älteste Stadtgründung im Mittelmeerraum zu betrachten ist. Historisch wäre daraus zu folgern, daß die Phönizier, die ihren Handel nach den Importwegen der Metalle ausrichteten, sich vor allem feste Stützpunkte im entferntesten Teil dieses Weges zu sichern versuchten, der bereits im Gebiet der Metallvorkommen lag.

Wenn man dennoch zögern möchte, jene Datierung zu übernehmen, die an sich nicht unglaubwürdig sein muß, so wegen des zeitlichen Raums, der hier in noch größerem Maße als andernorts zwischen den Angaben der antiken Historiographen und den archäologischen Funden klafft. Denn diese gehen in Cádiz tatsächlich nicht über das 5. Jahrhundert v.Chr. hinaus. Allerdings wird der Abstand durch einige neue Funde verkürzt: in Cádiz selbst wurde ein Siegel mit Inschrift gefunden, das zweifellos älteren Datums ist und aus dem 8. bis 7. Jahrhundert stammt; dazu zeigen die jüngsten Funde an der Costa del Sol, in Sexi, Los Toscanos und Trayamar, daß die Phönizier zumindest seit dem 8. Jahrhundert v.Chr. in Spanien ansässig waren. Die Frage muß also in den allgemeinen Zusammenhang gerückt werden, der auch für die anderen Regionen gilt. Zudem ist festzustellen, daß der Zustand der Funde aus Cádiz wenig besagt, weil die alte Stadt zum größten Teil unter der heutigen Stadt liegt.

Läßt sich das Datum auch nicht präzis angeben, so neigt man heute doch zu der Annahme, daß auch für die Iberische Halbinsel die phönizische Ausbreitung früh anzusetzen sei, und zwar vor der griechischen Besiedelung in klassischer Zeit. In ähnlicher Weise dürfen wir wohl, auch wenn Reste des Zweifels bleiben, die Hinweise auf die berühmte iberische Stadt Tartessos und ihre Beziehungen zur phönizischen Welt interpretieren. Nach einer alten Annahme wäre Tartessos mit Tarschisch zu identifizieren, das schon zur Zeit Salomos, also im 10. Jahrhundert, durch seinen Handel mit Tyros bekannt war. Die Lage von Tartessos bleibt ungewiß, auch wenn Einigkeit über ihre generelle Lokalisierung am unteren Lauf des Guadalquivir besteht. Fest steht ebenfalls, daß in dieser Stadt ein blühender Handel gedieh und daß die Phönizier zunächst langsam einsickerten, dann aber dort Fuß faßten.

Die von Karthago aus erfolgte Gründung einer Kolonie auf Ibiza im Jahre 654 v.Chr. wird in antiken Quellen erwähnt und von der Archäologie bestätigt, da die punischen Funde auf der Insel bis ins 7. Jahrhundert zurückreichen. Auf der Iberischen Halbinsel scheint also die afrikanische Mutterstadt ihren Weg zu unabhängiger Machtentfaltung begonnen zu haben. Diese Politik sollte nach dem im Bund mit den Etruskern bei Alalia 535 erfochtenen Sieg über die Griechen diesen den Zugang zum westlichen Mittelmeerraum sperren. Der 509 mit Rom abgeschlossene Vertrag setzte fest, daß die Römer wie ihre Bundesgenossen über das Kap Blanc hinaus, die südlich von Karthago ins Meer vorspringende Halbinsel, nach Westen keine Schiffahrt betreiben durften. Im abgesteck-

275 - punisch - La Aliseda - Degengehenk. Ausschnitt: Mann im Kampf mit einem Löwen und Palmetten (7. Jh. v.Chr.) - Madrid

ten Rahmen des kontrollierten Gebiets entwickelten sich die punischen Kolonien: an der Südküste Iberiens Málaga, Sexi, Abdera, Baria (Villaricos); an der Atlantikküste eine Reihe von Stützpunkten, die bis ins heutige Portugal nach Alcácer do Sal und Sines reichten.

Der Verlust Siziliens im Verlauf des Ersten Punischen Krieges führt im Gegenzug zum Aufstand der lokalen Stämme auf der Iberischen Halbinsel, doch wird die Erhebung zwischen 241 und 237 durch Hamilkar Barkas niedergeworfen. Dieser Feldherr läßt auch die übrige Region seine energische Hand spüren, wobei die karthagische Herrschaft durch Anlage einer neuen Stadt, Akra Leuke oder Castrum Album, im gesamten Südteil Iberiens gefestigt wird. Sein Nachfolger wird sein Schwiegersohn Hasdrubal, der Cartagena gründet und 226 mit Rom ein Abkommen schließt, das den Ebro zur Grenze der Interessensphären beider Mächte macht. Hannibals Eintreffen auf dem Schauplatz im Jahre 221 führt zu einer Verstärkung punischer Expansionsbestrebungen und mit der Eroberung von Saguntum 219 zum Zweiten Punischen Krieg. Nach seinen berühmten Siegen wendet sich für Hannibal das Glück: mit der Eroberung von Cartagena (209) und Cádiz (206) machen sich die Römer zu Herren der Iberischen Halbinsel.

Die archäologischen Spuren der oben geschilderten Vorgänge oder vielmehr der phönizischen und punischen Kultur, die sich im Anschluß daran auf der Iberischen Halbinsel entwickelt, haben sich nur auf Ibiza als sehr alt erwiesen, zumindest auf dem Gebiet des Kunsthandwerks (vor allem bei den Figurinen), das dort auf uns gekommen ist. An anderen Orten ist die phönizisch-punische Kultur mehr sporadisch vertreten, weniger alt und oft mit griechischem und lokalem Kulturgut vermischt. In der Tat zeigen sich immer häufiger Mischformen, und sie bieten in bestimmten Fällen (bei Schmuck und Elfenbeinarbeiten) sogar Anhaltspunkte für die Klassifizierung des Materials.

Die Architektur

Die Gleichartigkeit und Unwandelbarkeit phönizischer Anlagen in ihrem Grundtypus ist auch auf der Iberischen Halbinsel festzustellen. Vor allem Cádiz mit seiner langgestreckten Insel, die sich zur Küste hin orientiert, vor der eine kleinere Insel im dazwischengeschobenen Meeresarm liegt, erinnert in der gesamten Lage stark an Motye, wo allerdings die Hauptansiedlung auf der kleinen Insel angelegt war. Wo immer möglich, behalten die Städte das System der Doppelmauer bei: eine Innenmauer um die Akropolis und eine Außenmauer um die Stadt. Für Cartagena ist eine solche Anlage zumindest indirekt durch das Zeugnis antiker Autoren gesichert.

Was die Mauern angeht, so wurde die zu ihrer Beurteilung wichtigste Entdeckung erst jüngst in Los Toscanos gemacht. Die Mauer dort ist aus gut behauenen Quadern gefugt und erhebt sich in acht Steinschichten zu einer Höhe von vier Metern. Unbekannt ist noch, ob der Mauergürtel das ganze Wohngebiet einschloß, oder ob er nur entlang der Landseite verlief, um von dorther kommende Angriffe abzufangen. Jedenfalls handelt es sich um Befestigungsanlagen von einer Mächtigkeit, wie sie nur die Festungen von Samaria und Megiddo im Orient in vergleichbarer Weise besitzen.

Auch an Zivilbauten sind wesentliche Reste bisher allein in Los Toscanos aufgefunden worden. Dort wurde eine große Anlage ausgegraben, dreischiffig mit ringsum angelegten kleinen Häusern. Die Funktion dieses großen Bauwerks, das wohl doch mehr eine Art Warenstapelplatz und kein Sakralbau gewesen sein dürfte, bleibt Gegenstand der Mutmaßung. Aus Cádiz hingegen liegen eindeutige Reste von Sakralarchitektur vor. Zwar geben uns auch hier die archäologischen Daten keinen eindeutigen Anhalt, wohl aber die antiken Quellen: wir wissen von einem Tempel des Kronos (das wäre Baal Hammon) sowie von einem Tempel des Hercules (das wäre Melqart). Im letztgenannten standen zwei Bronzesäulen, die an die beiden Säulen des Salomo-Tempels in Jerusalem erinnerten. Im Tempelinnern entsprangen zwei Quellen mit Süßwasser, die fraglos in den

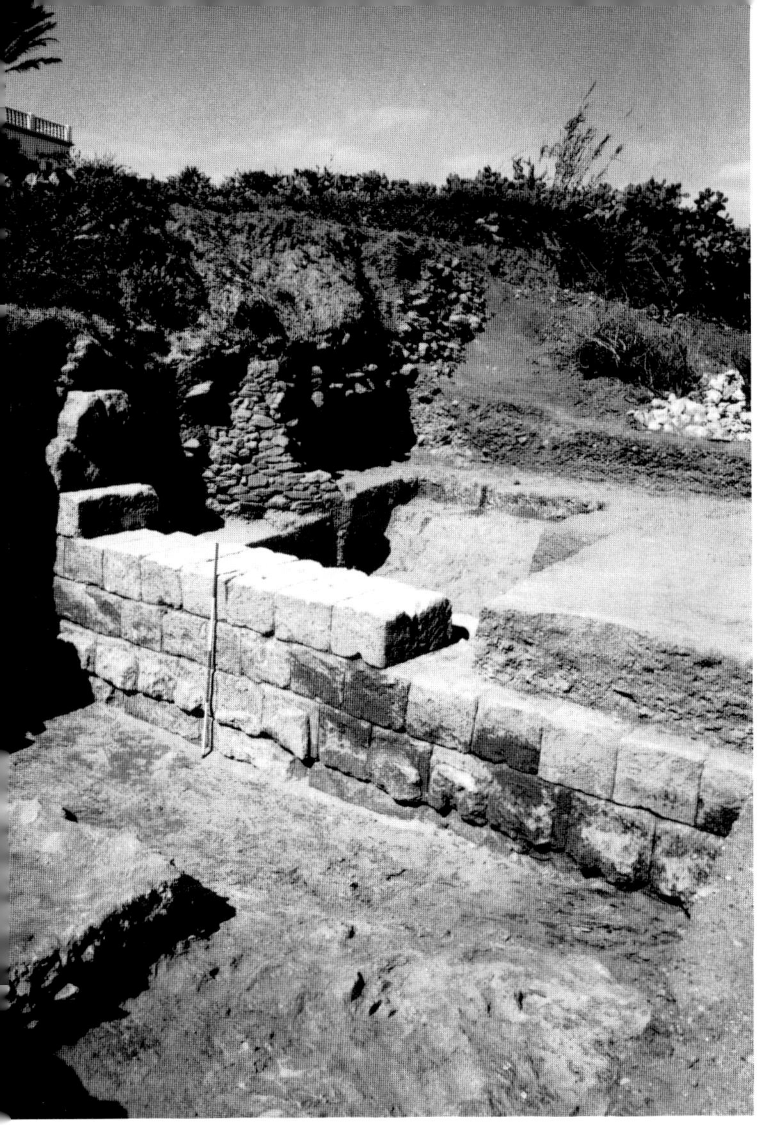
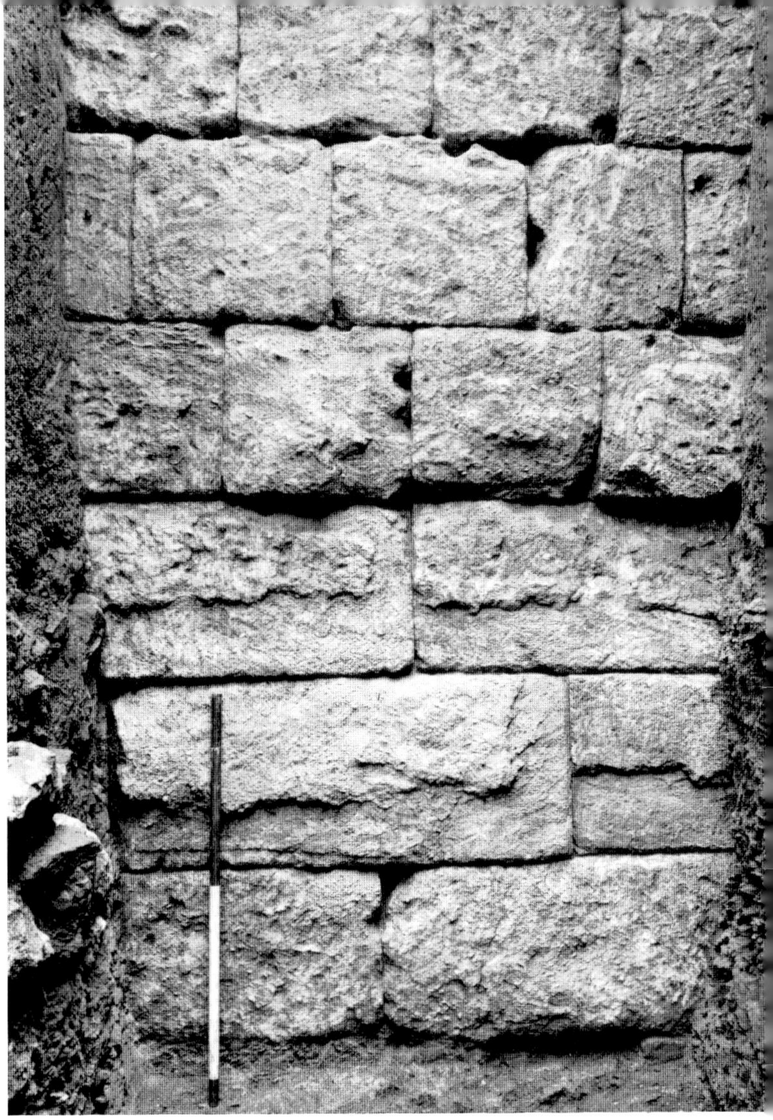

276 und 277 - punisch - Los Toscanos - Teile archaischer Mauern (8.-7. Jh. v. Chr.)

heiligen Riten eine Funktion besaßen. Archäologisch läßt sich auf der Iberischen Halbinsel nur ein einziger punischer Tempel als Beispiel ausmachen: auf Ibiza wurde ein Felsheiligtum freigelegt (Cueva d'es Cuyram), das im Typus der Anlage von Grotta Regina auf Sizilien entspricht, von der bereits die Rede war.

Gegenwärtig hat sich noch kein *tophet*, haben sich folglich auch keine Stelen auffinden lassen, was für diesen Bereich der punischen Welt der wesentliche negative Befund ist. Die Nekropolen sind jedoch zahlreich und liefern viel Material. Einige, so in Cádiz, Ibiza, Villaricos sind länger bekannt, andere wie in Almuñecar und Trayamar wurden erst in jüngerer Zeit entdeckt. Man stößt hier auf alle wesentlichen Typen des punischen Grabs: Bestattungsgruben, Steinkisten, Schachtgräber mit Seitenkammern, *dromos*-Gräber mit nur einer Kammer.

Sehr interessant sind die Nekropolen von Almuñecar und Trayamar. Die erstgenannte hat Schachtgräber mit Nischen am Grunde, wo Aschenurnen aus Alabaster ägyptischer Herkunft gefunden wurden, die Pharaonenkartuschen des 9. Jahrhunderts v. Chr. tragen. Selbst wenn man einen gewissen Zeitraum für den Transport dieser Stücke einrechnet, so kann doch kein Zweifel daran bestehen, daß sie das hohe Alter der Anlage dokumentieren, das zudem noch durch die Grabbeigaben und kurze phönizische Inschriften bestätigt wird. Die Gräber aus Trayamar sind *dromos*-Gräber mit unterirdischer Grabkammer; bemerkenswert sind ihre Größe und die solide Steinplattenverkleidung der Wände. Auch hier treffen wir wieder auf Urnen aus Alabaster.

Die Rundplastik

Rundplastik aus Stein ist auf der Iberischen Halbinsel ebenso selten wie in der übrigen punischen Welt. Bis in jüngere Zeit ließ sich als einziges Werk eine Alabasterstatuette aus der Nekropole von Galera nachweisen, die Darstellung einer thronenden Göttin zwischen zwei Sphingen. Vom Motiv her bietet sich hier ein interessanter Bezug zu karthagischen und sizilischen Werken. Die iberische Statuette trägt in ihren Armen ein großes Becken. Eine Neuentdeckung des Jahres 1971

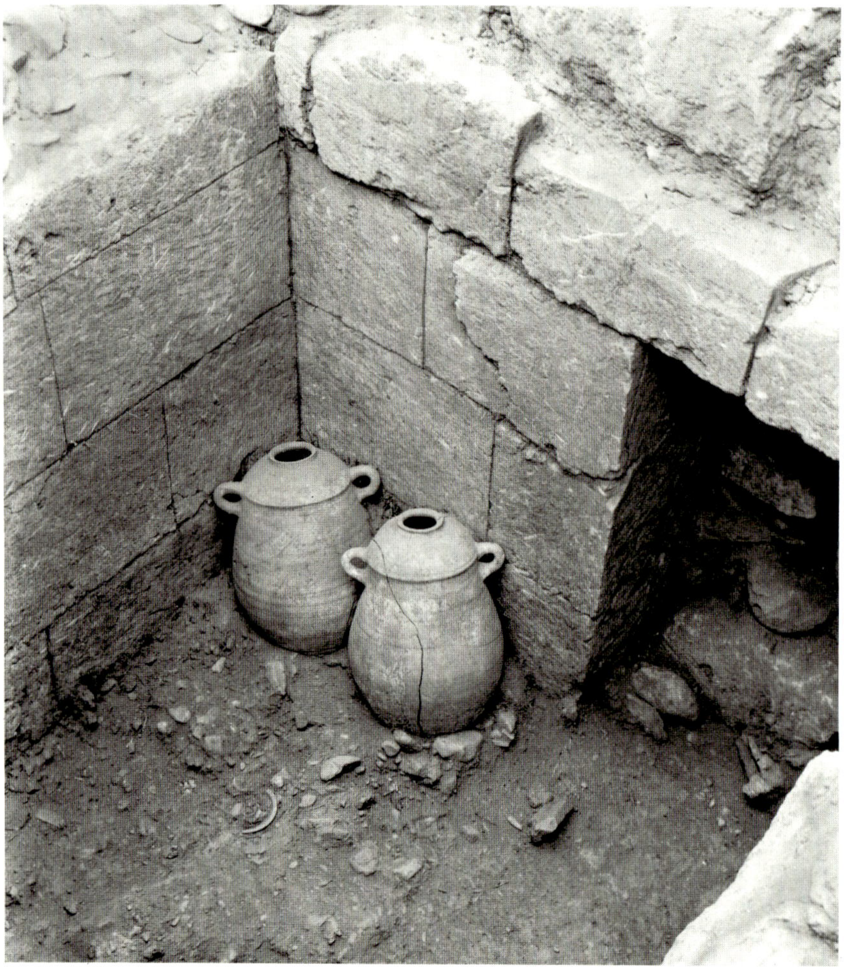

278 - punisch - Trayamar, Nekropole - Das Innere eines Grabes (7.-6. Jh. v. Chr.)

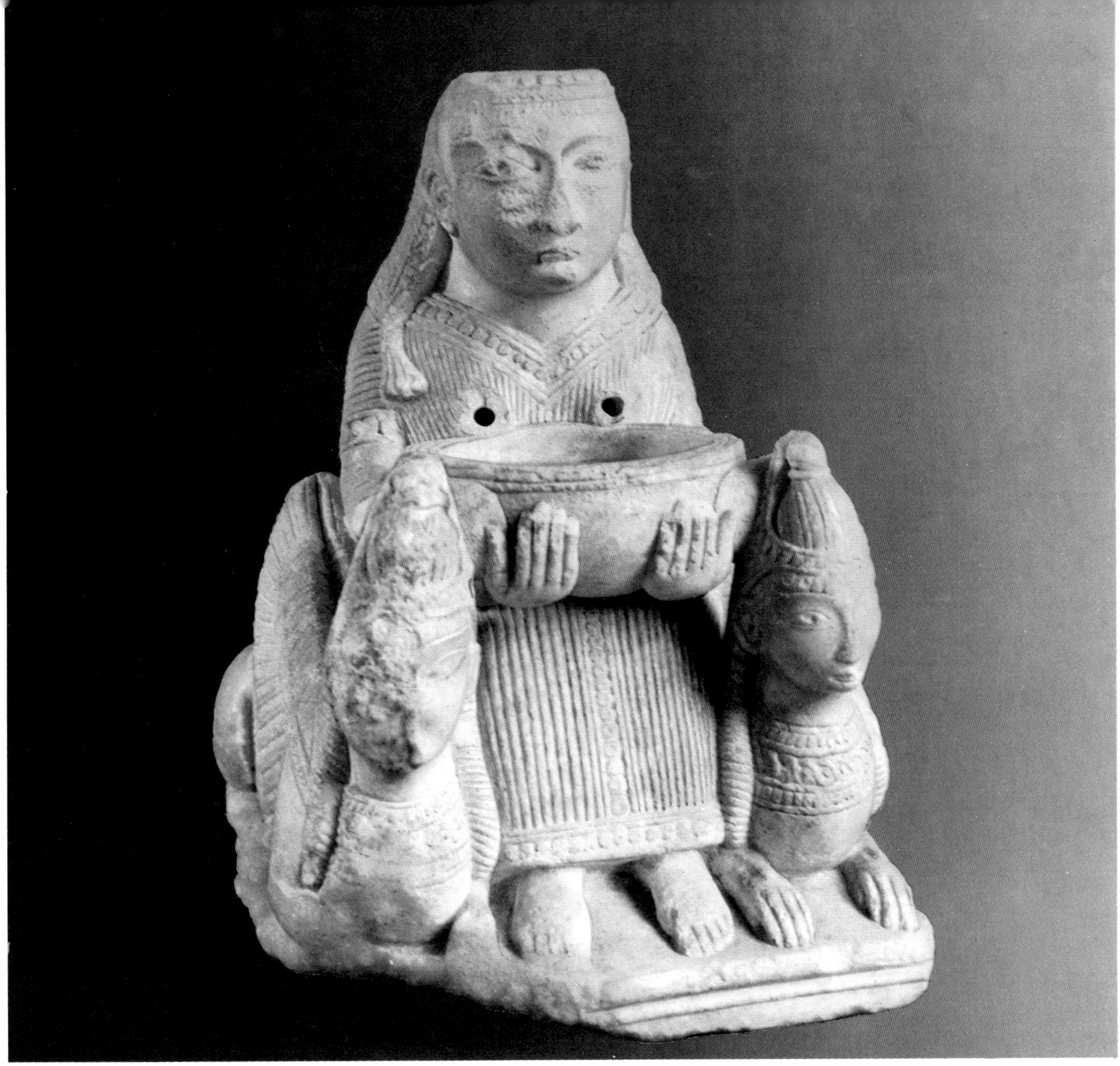

279 - punisch - Galera, Nekropole - Statuette einer thronenden Göttin zwischen zwei Sphingen (6.-5. Jh. v. Chr.) - Madrid

rundet unsere Kenntnisse ab: die Statue einer Sitzenden, in reichem Schmuck und mit Bemalungsresten, wurde bei Granada gefunden. Sie zeigt typisch punische Merkmale.

Weitaus größer an Zahl und Qualität sind die Terrakotten, wobei wir mit der Töpferscheibe wie mit Modeln gearbeitete Typen treffen. Eine Gruppe von etwa vierzig getöpferten Figurinen stammt aus Ibiza, genauer von der Isla Plana; sie gliedert sich in zwei unterschiedliche Kategorien: Figurinen mit glockenförmiger Körpergestaltung, wie wir sie bereits aus Afrika, Sizilien und Sardinien kennen, und Figurinen mit eiförmigem Umriß, deren Parallelen uns auf Sardinien begegnet sind, für die sich aber hier ältere und interessantere Beispiele finden.

Die Glockenkörperfigurinen sind ebenso vielgestaltig wie ihre Verwandten in Motye: einige halten die Arme über der Brust verschränkt; andere haben einen Arm erhoben, um eine Lampe auf

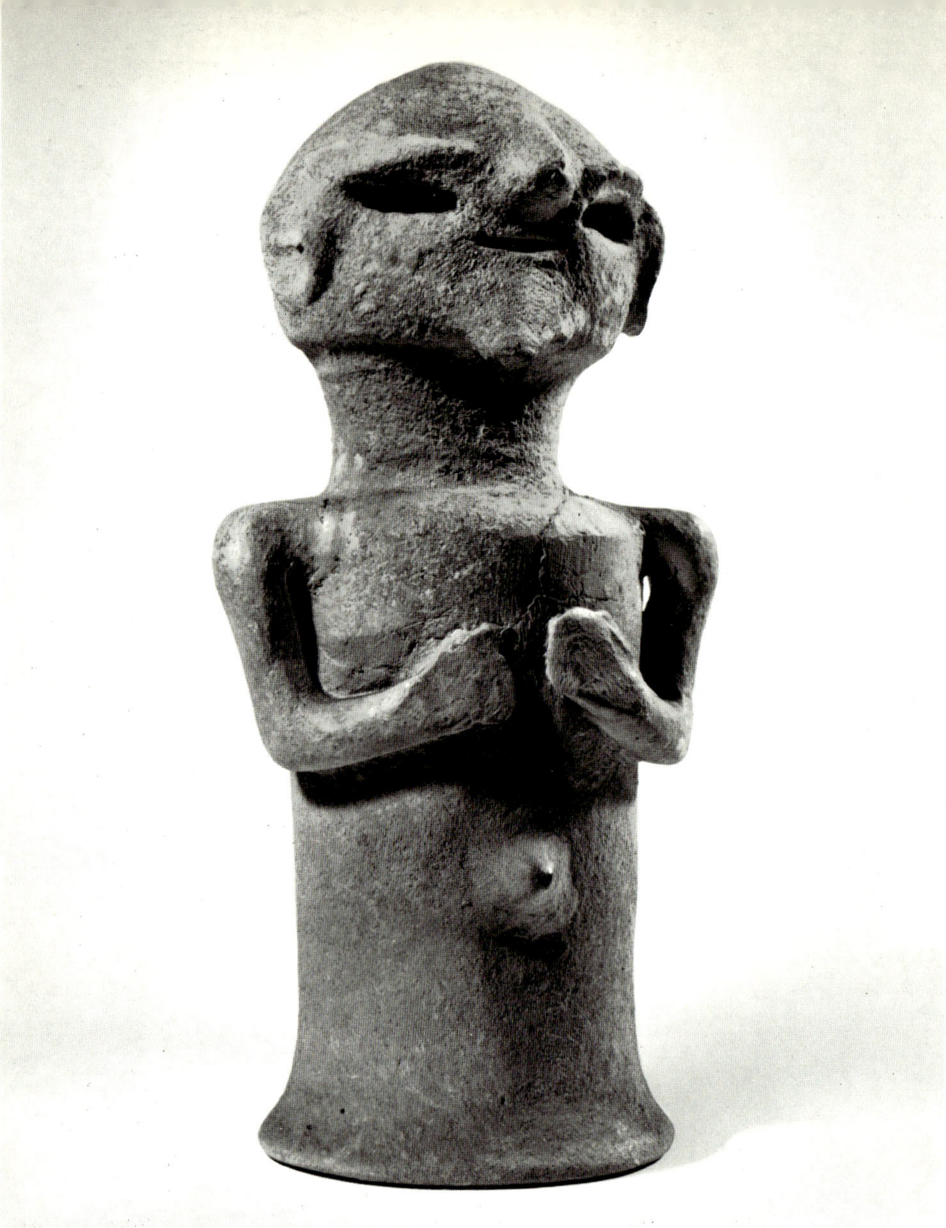

280 - punisch - Isla Plana (Ibiza) - Glockenförmige männliche Figurine (Etwa 5. Jh. v. Chr.) - Barcelona

dem Kopfe festzuhalten, während der zweite Arm vorgestreckt eine weitere Lampe trägt; wieder andere halten je eine Lampe in den vorgestreckten Armen, während eine dritte Lampe dem Scheitel aufsitzt. Bei den Figurinen von ovaler Form lassen sich gleichfalls zwei Typen unterscheiden. Der eine Typus ist gekennzeichnet durch einen zylindrisch gebildeten Kopf, Halslosigkeit, aus breiter Wurzel vorspringende Nase sowie tiefliegende Augen unter betonten Augenbogen. Der andere Typus zeigt einen Kugelkopf auf verdicktem Hals, dazu aufgesetzte Augen, Ohren, Nase und Mund.

Bei den in der Model geformten Terrakotten erscheinen wieder die beiden Grundvarianten, wie wir sie auch aus der übrigen punischen Welt kennen: die an ägyptischen und die an hellenistischen Vorbildern orientierten Stücke. Gleichwohl fehlt es den iberischen Arbeiten oft nicht an kenn-

281 - punisch - Isla Plana (Ibiza) - Lampe in Gestalt einer glockenförmigen männlichen Figurine (6.-5. Jh. v. Chr.) - Barcelona

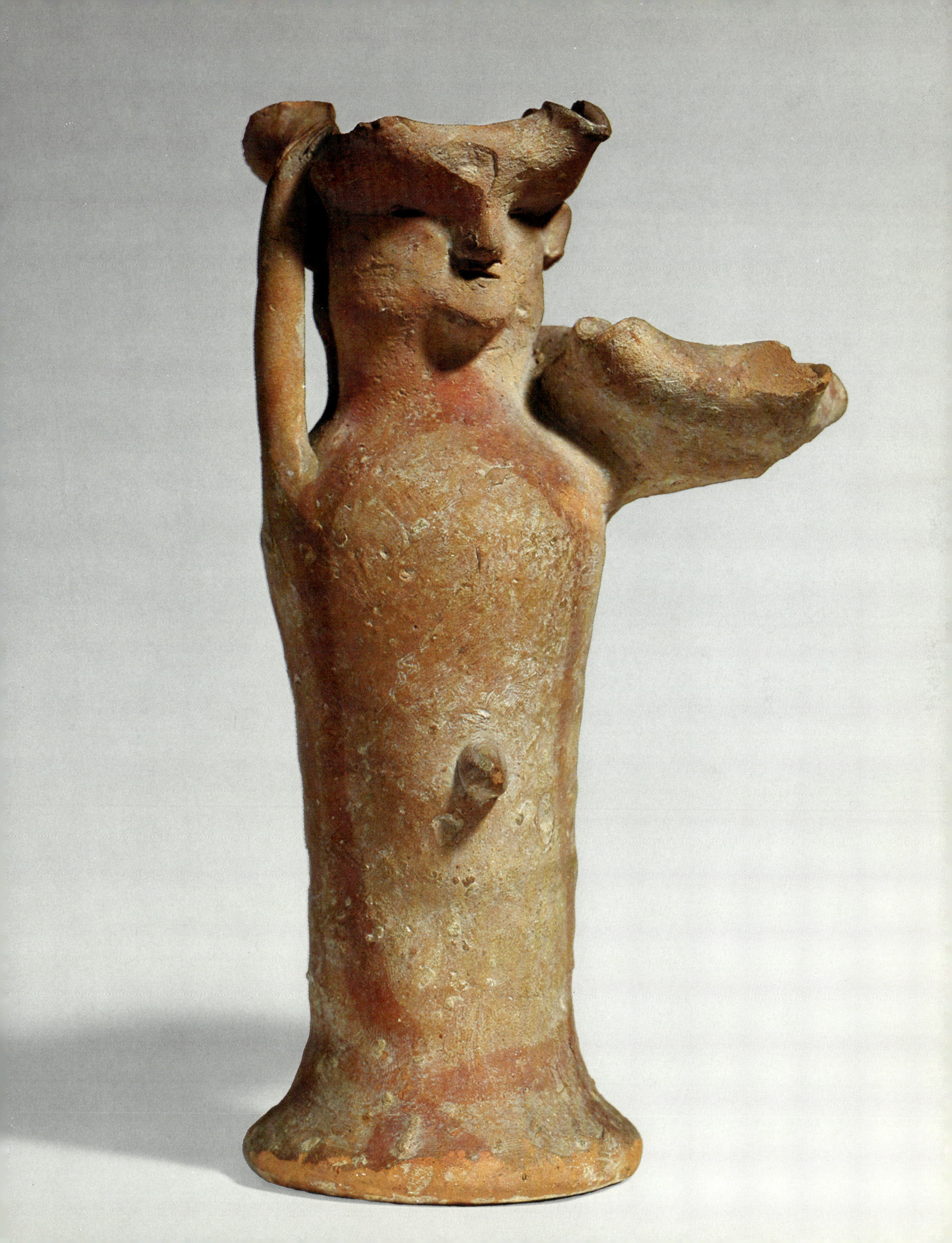

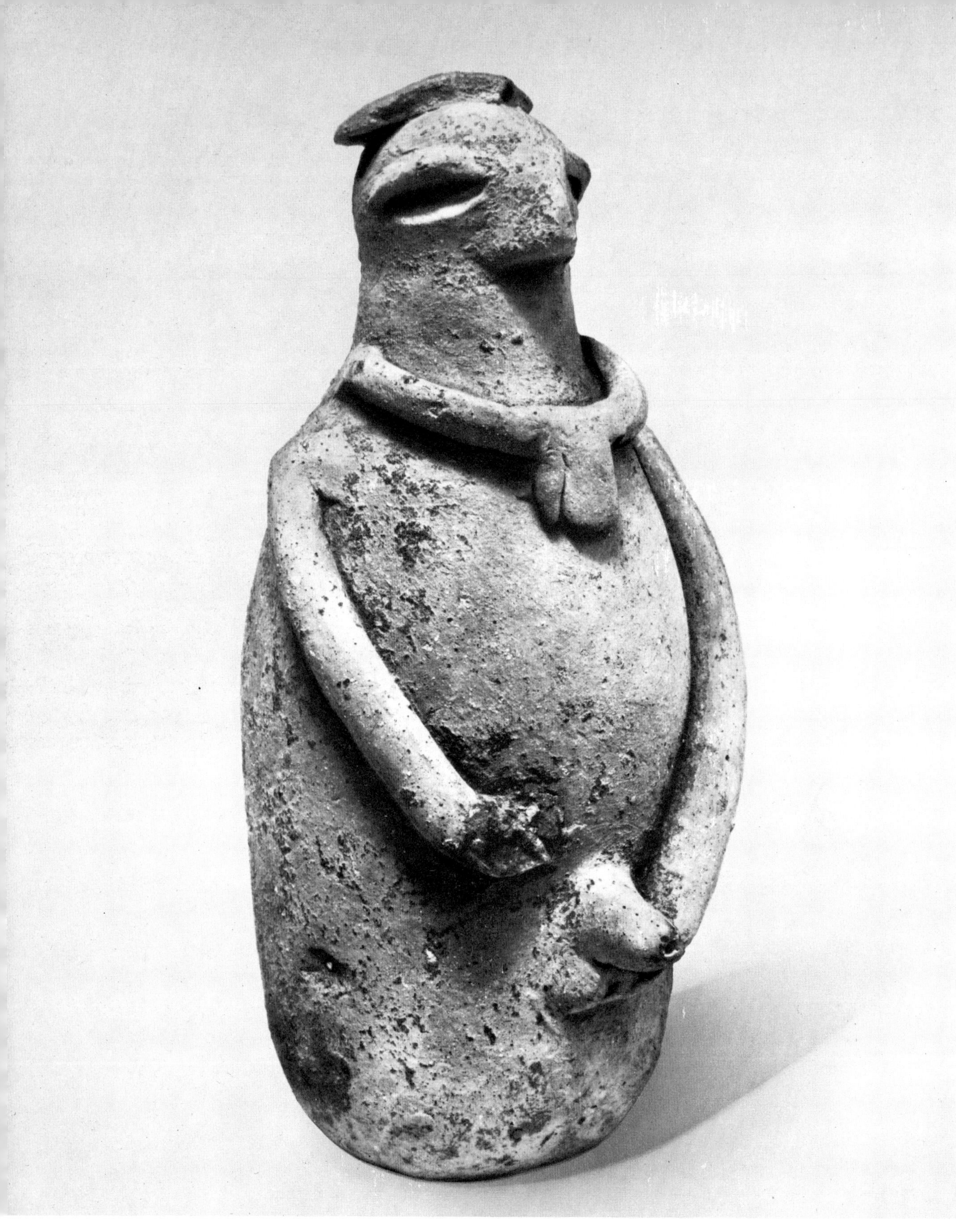

282 - punisch - Isla Plana (Ibiza) - Männliche Figurine mit eiförmigem Körper (Etwa 4. Jh. v. Chr.) - Barcelona

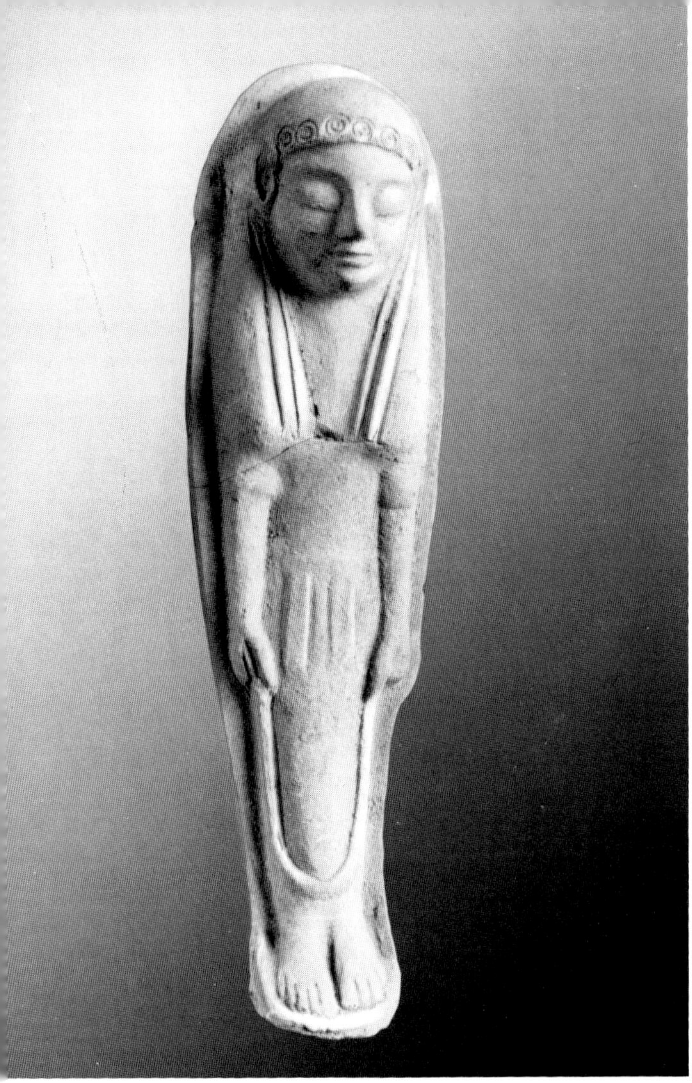

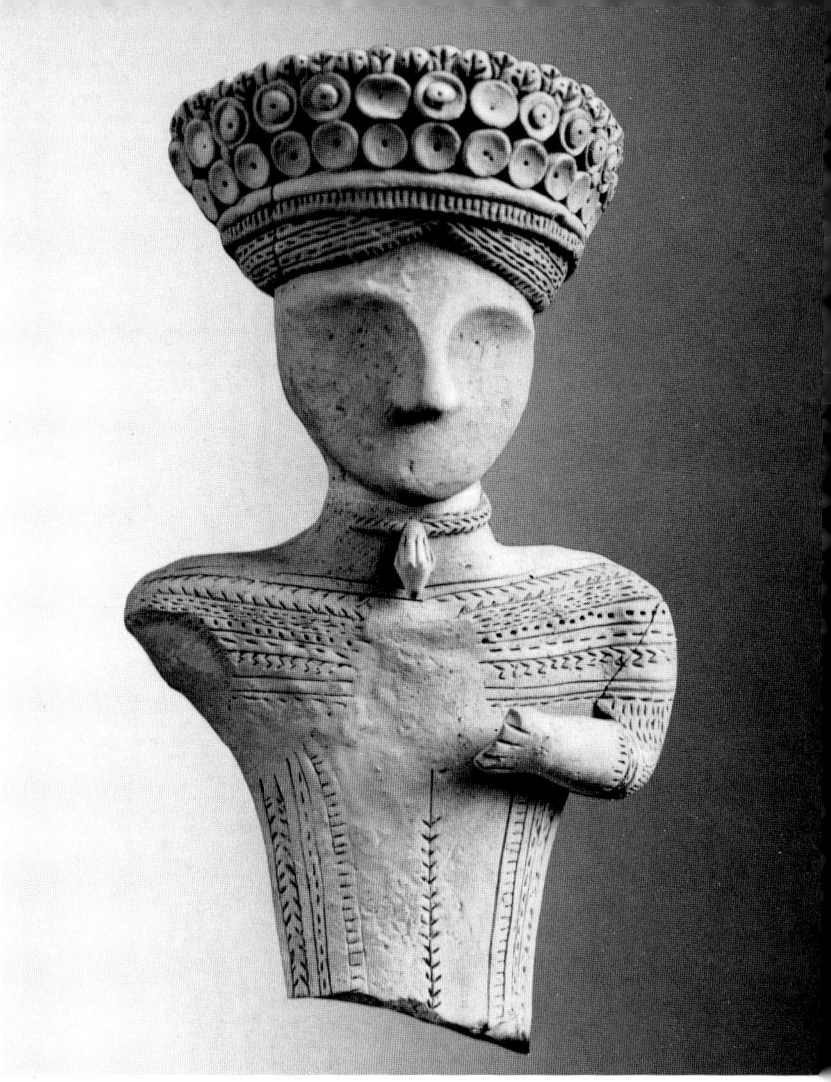

283 - punisch - Puig d'es Molins (Ibiza), Nekropole - Ägyptisierende weibliche Figurine (6.-5. Jh. v. Chr.) - Madrid
284 - punisch - Puig d'es Molins (Ibiza), Nekropole - Fragment einer weiblichen Figurine (4.-3. Jh. v. Chr.) - Madrid

zeichnender Eigenart. So macht sich bei den ägyptisierenden Figurinen in der Gesichtsbildung oft Griechisches bemerkbar, und die hellenisierenden Stücke sind vielfältiger in ihrer Gestaltungsweise als anderswo. Schließlich und endlich gibt es eine Reihe für Ibiza charakteristischer Statuetten, die gelegentlich als ‹karthagisch› angesprochen worden sind, die in Wirklichkeit aber, nach ihren groben Zügen zu urteilen, einerseits phönizische Merkmale bewahrt haben, andererseits im reichen Dekor der Gewandung und der Haartracht wohl den Stempel einer lokalen Kunsttradition tragen.

An Kleinbronzen sind einige aussagekräftige Stücke erhalten. So fand man in Cádiz eine Statuette, die eine Stehende darstellt, die ihre Hände über der Brust verschränkt. Das lange, fließende Gewand läßt die Füße und die untere Beinpartie frei, das Gesicht bedeckt eine Goldmaske mit feinen und ebenmäßigen Zügen. Zweifellos wird hier die Ikonographie des ägyptischen Ptah wieder aufgegriffen, der über Phönizien hierher vermittelt wurde, wie einige Exemplare aus Ugarit beweisen. Eine weitere Bronzestatuette, diesmal eine sitzende Göttin, stammt aus Sevilla. Ihr Gesicht zeigt ganz den Typus der ägyptisch inspirierten Protomen, der Körper ist nackt, die Beine stehen eng beieinander, und die etwas unförmigen Füße ruhen auf einem kubischen Block, der eine

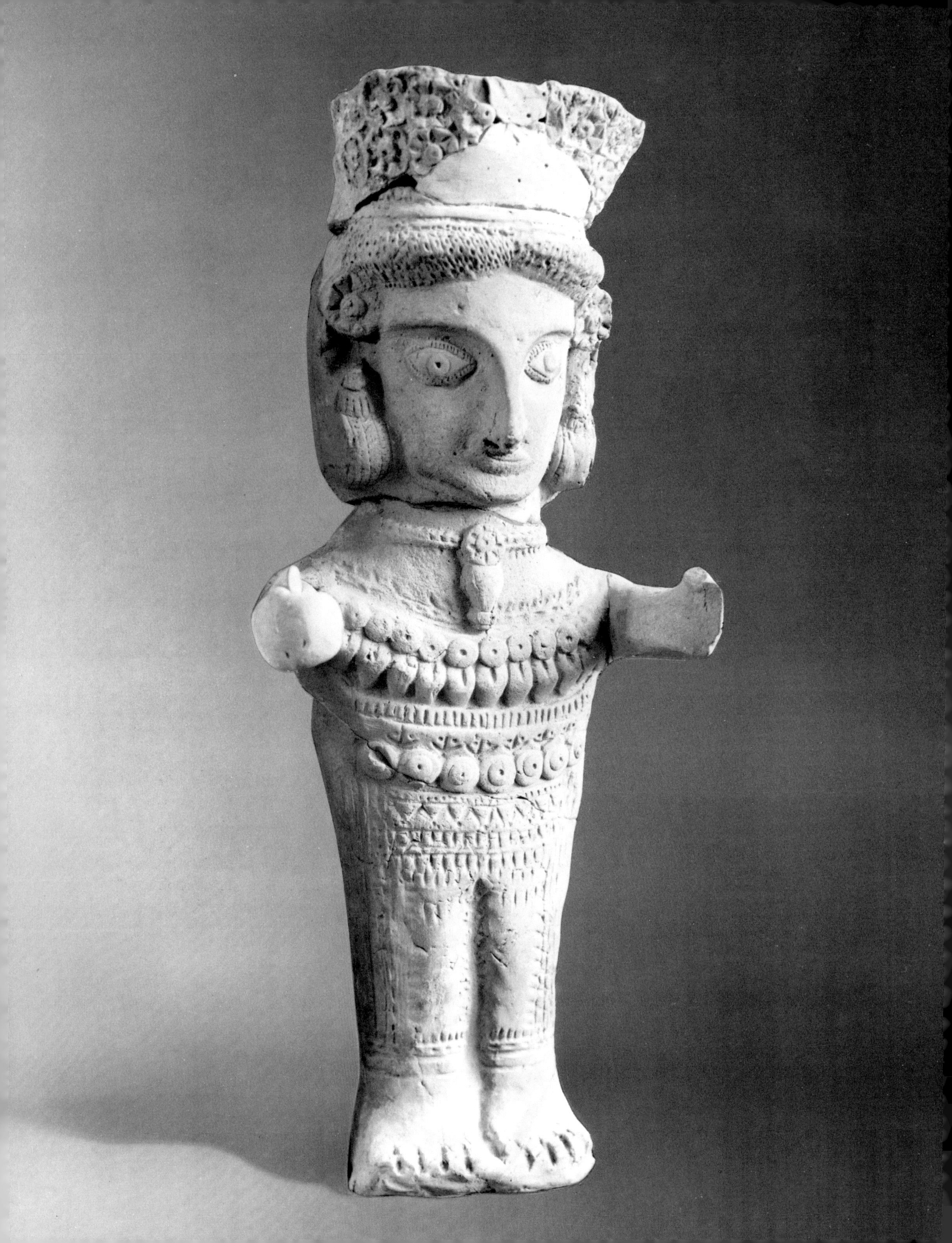

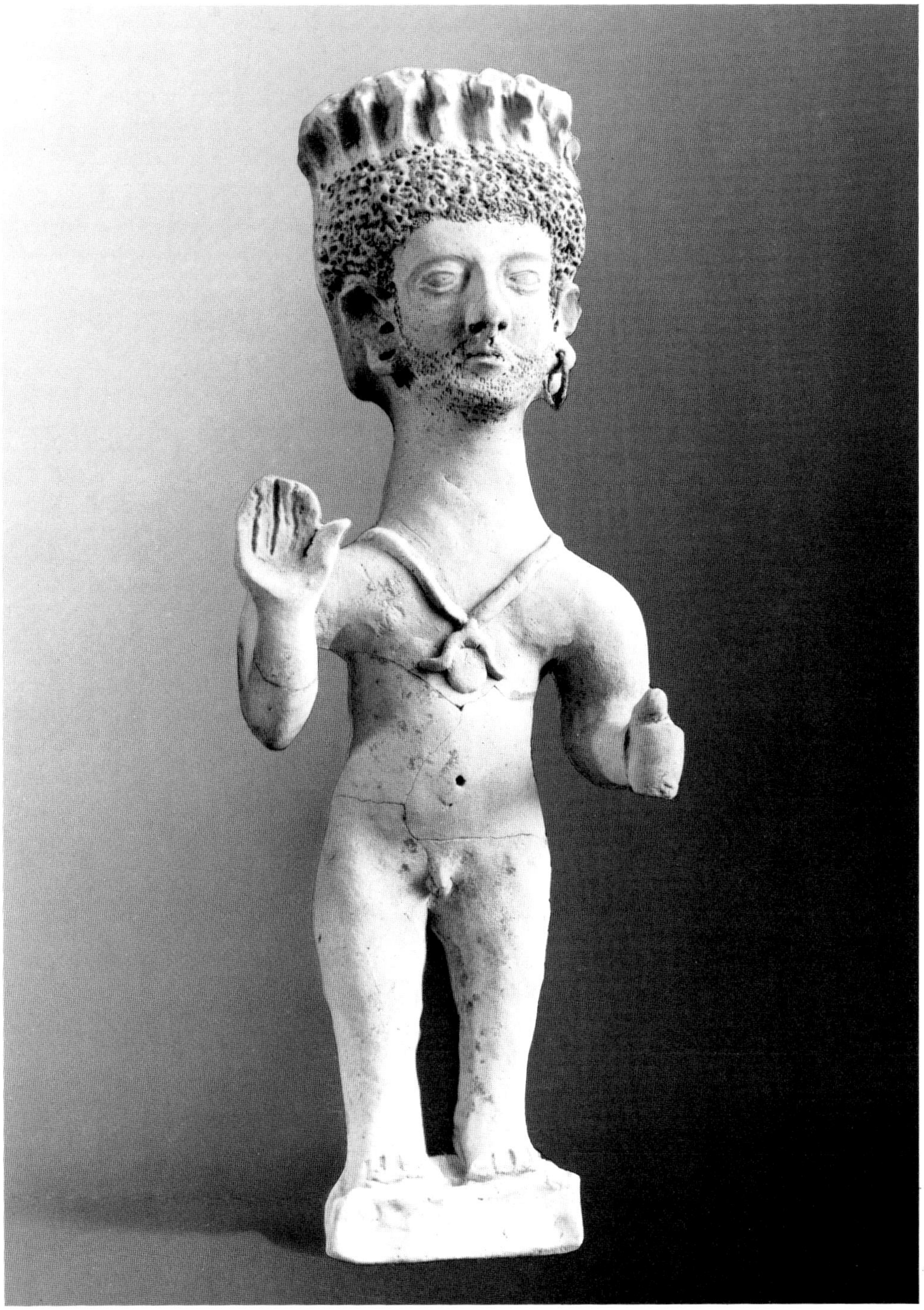

286 - punisch - Puig d'es Molins (Ibiza), Nekropole - Figurine eines nackten Adoranten (Etwa 4. Jh. v. Chr.) - Madrid

285 - punisch - Puig d'es Molins (Ibiza), Nekropole - Reich verzierte weibliche Statuette (5.-4. Jh. v. Chr.) - Madrid

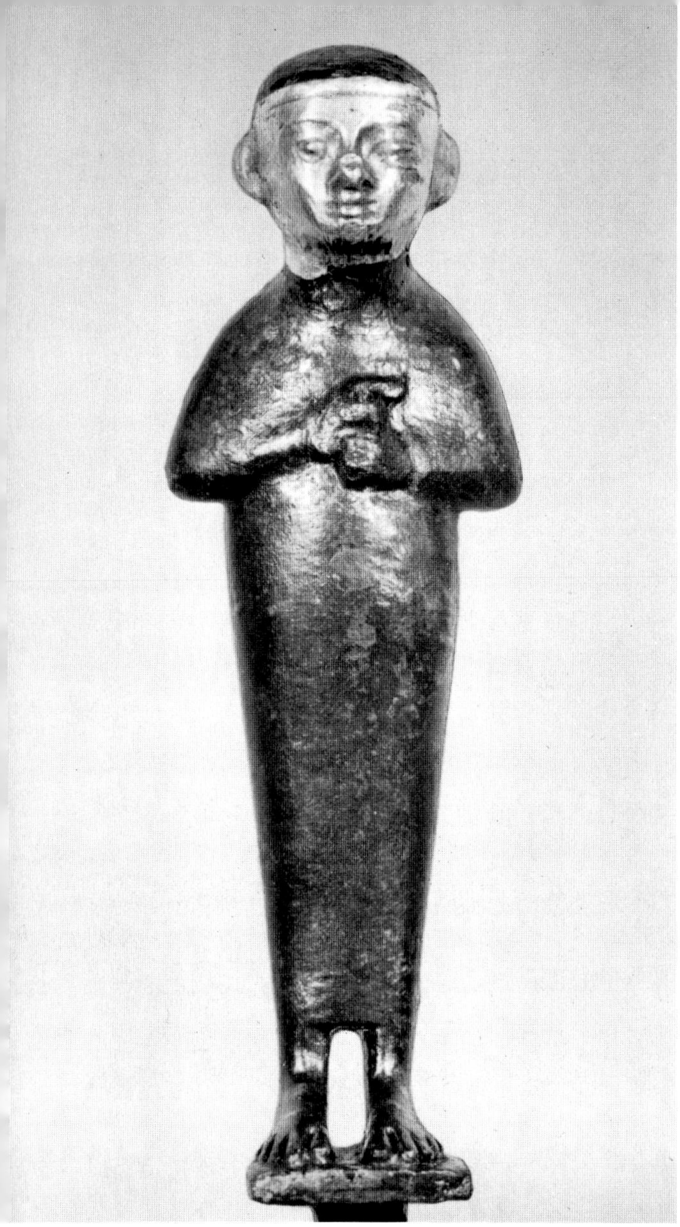

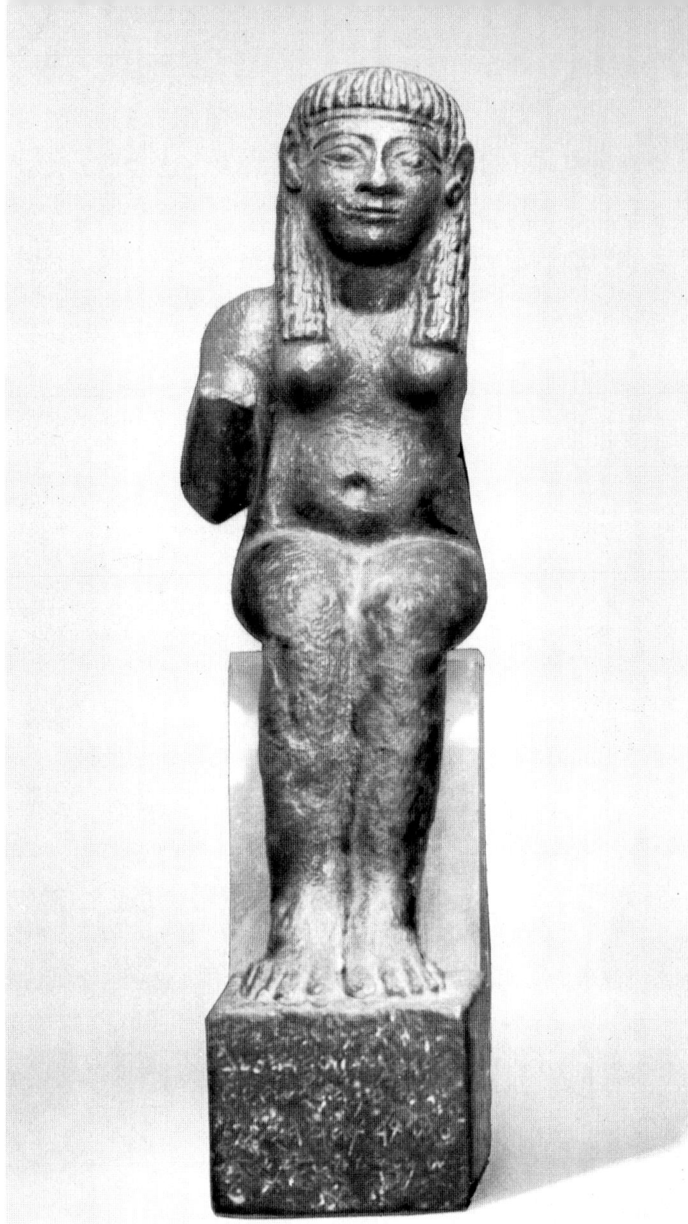

287 - punisch - Cádiz - Figurine des Ptah (?) (7.-6. Jh. v. Chr.) - Madrid

288 - punisch - Sevilla - Figurine einer sitzenden Astarte (Etwa 7. Jh. v. Chr.) - Sevilla

phönizische Inschrift trägt: auf typischere Weise könnten all diese Merkmale nicht zusammen erscheinen. Noch anzumerken wäre schließlich hier, daß auch im Kunsthandwerk mit Bronze gearbeitet wurde, wie nicht zuletzt ein beachtenswertes, jüngst entdecktes Räuchergefäß aus Cerro del Peñón vor Augen führt.

Das Relief

Es wurde bereits darauf verwiesen, daß zu den Eigentümlichkeiten der punischen Kunst Iberiens das Fehlen von Stelen gehört. Die wenigen Ausnahmen von dieser Regel unterscheiden sich merklich von den in anderen Gebieten so häufigen, charakteristisch gestalteten Stelen der *tophets*. Wir besitzen ein Beispiel aus Cartagena mit der Darstellung einer beleibten Person, ein spätes Werk, das

289 - punisch - Cádiz, Punta de la Vaca - Anthropoider Sarkophag (Ausschnitt) (Etwa 5. Jh. v. Chr.) - Cádiz

keinen traditionellen Typus repräsentiert. Zwei Stelen mit dreieckiger Spitze stammen aus Villaricos und sind ohne figürliche Darstellungen. Ein weiteres Werk mit akroteriengeschmücktem Giebelfeld kommt aus Ibiza und trägt bereits in auffälliger Weise griechische Züge. Ein Exemplar der Sarkophagproduktion hat die Iberische Halbinsel freigegeben – ein sehr interessantes Faktum, selbst wenn es sich um ein Importstück handeln sollte: es stammt aus Cádiz und gibt die Gestalt eines Mannes in typisch hellenisierender Formensprache wieder, vor allem in der Herausarbeitung des dichten Lockenhaares und des langen Bartes. Hingegen ist der Körper eben nur angedeutet, ganz ohne plastische Modellierung. Der eine Arm hängt am Leib herab, der andere ist vor der Brust angewinkelt.

An Terrakottareliefs besitzen wir aus Ibiza einige Protomen und Masken, die sich in die Nähe karthagischer Werke stellen lassen, wenn auch deren Typologie frei abgewandelt erscheint. Die

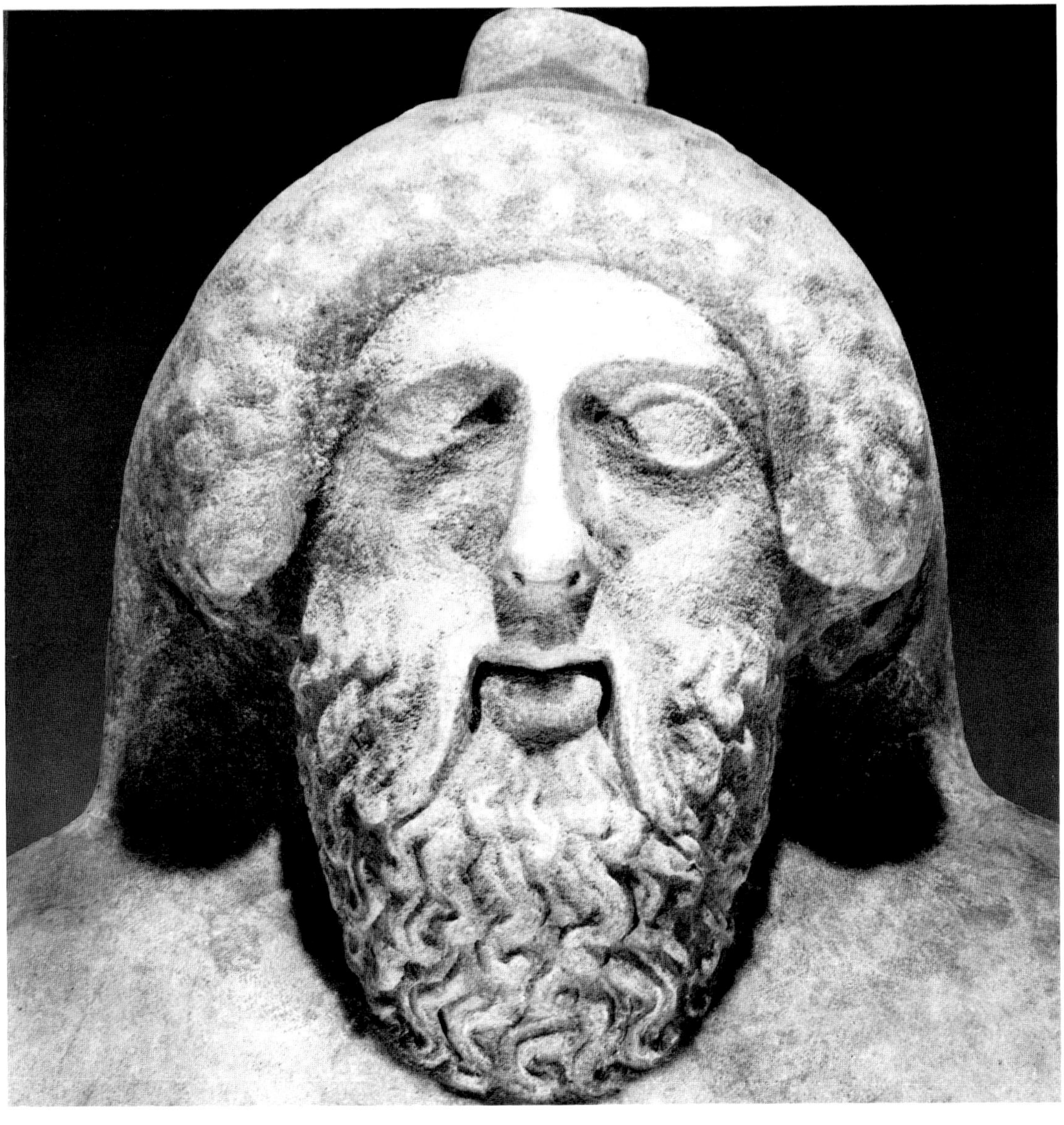

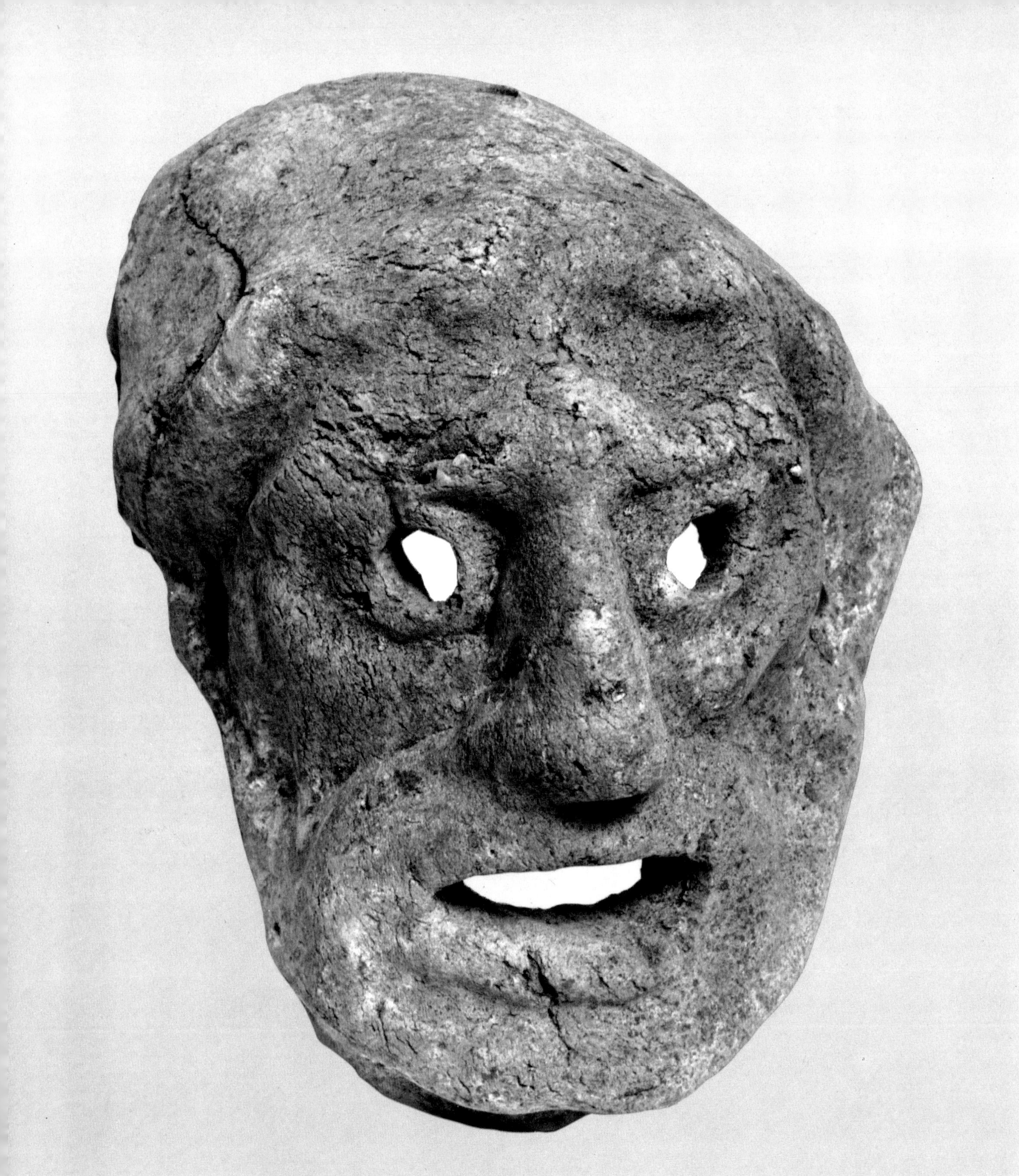

290 - punisch - Puig d'es Molins (Ibiza), Nekropole - Groteskmaske (4. Jh. v. Chr. [?]) - Barcelona

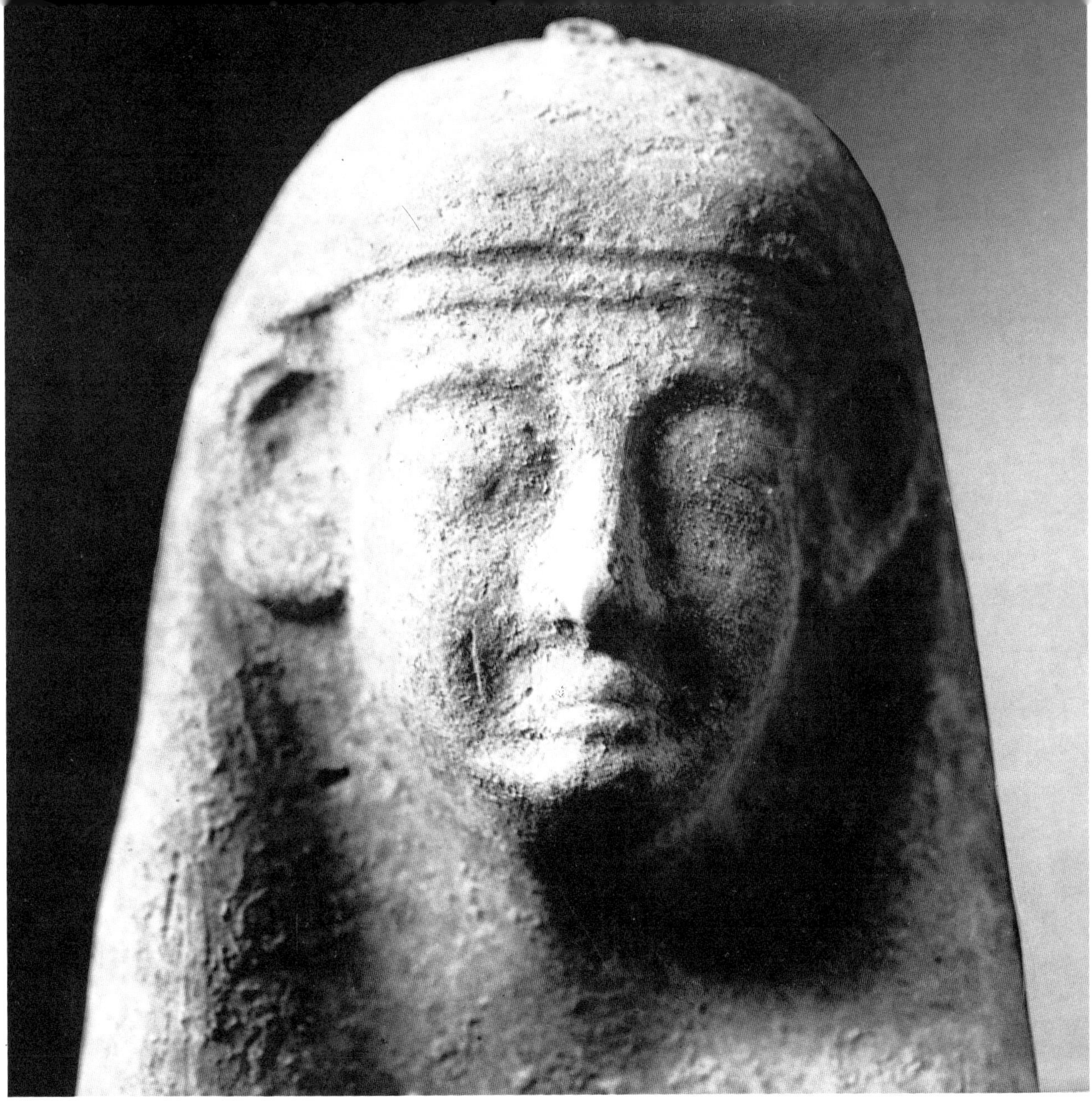

291 - punisch - Puig d'es Molins (Ibiza), Nekropole - Weibliche Protome (Ausschnitt) (5. Jh. v. Chr. [?]) - Sitges

Groteskmasken halten sich im wesentlichen an die Vorbilder, wurden aber in eigenen Formen geschaffen. Dies ist der Fall bei dem Darstellungstypus, bei dem die Augen wie nach unten geöffnete Halbmonde mit langer Schlitzöffnung aussehen und der einen breiten, an den Seiten hochgezogenen, ungeöffneten Mund mit reliefartig hervortretenden Zähnen besitzt. Auch Silene sind gefunden worden, und was den negroiden Typus betrifft, so ist auch dieser durch eine Negermaske aus Cádiz vertreten, die allerdings mit ihren kraftvoll realistischen Zügen als originales Porträt erscheinen mag. Bis jetzt sind noch keine Beispiele für weibliche Protomen nach ägyptischen Vorbildern bekannt geworden, wohl aber finden wir in dieser Darstellungssparte entsprechende hellenistisch oder rhodisch beeinflußte Preßformen, die eine gewisse Unabhängigkeit verraten.

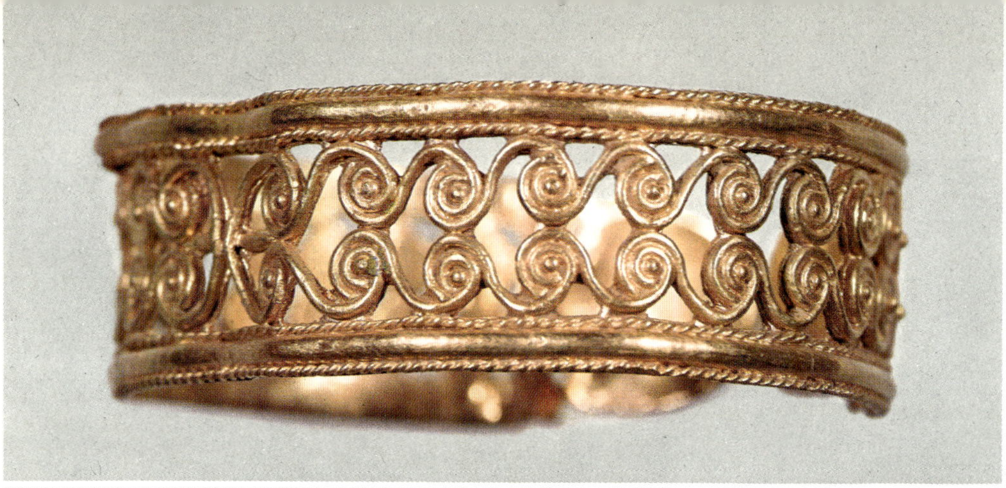

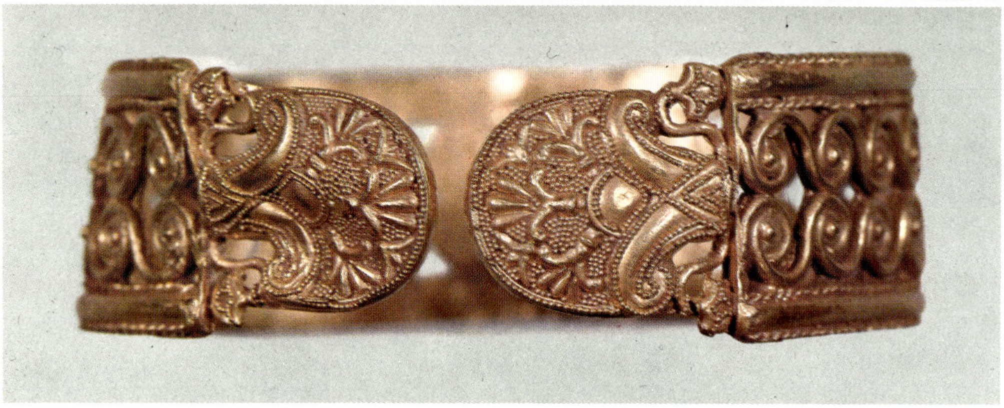

292 und 293 - punisch - La Aliseda - Zwei ähnliche Armreifen mit Spiraldekor (Etwa 7. Jh. v. Chr.) - Madrid

Weiteres Kunsthandwerk

Eine Unzahl von Amuletten ist aus den punischen Gräbern auf der Iberischen Halbinsel geborgen worden. Auch hier bestehen sie durchwegs aus Glaspaste oder Halbedelsteinen, und ebenso herrscht in der Regel die Bilderwelt Ägyptens mit ihren Tierfiguren und Miniaturmasken vor, ja, man findet sogar die röhrenförmigen Amulettträger aus Gold wieder.

Insgesamt bietet dieses Material keine neuen Aspekte hinsichtlich des punischen Kunstschaffens. Auch ist schwer zu entscheiden, welcher Teil davon importiert wurde. Gleiches gilt für die Skarabäen, die oft in Ringe gefaßt sind und die weder von der Typologie noch von der Ikonographie her eigenständig erscheinen.

Die iberischen Schmucksachen stellen allerdings einen Sonderfall dar: ihre Variationsbreite, ihr Reichtum und ihre unverwechselbare Eigenart sind unübersehbar; dennoch darf man sich fragen, ob es sich wirklich um punische Schöpfungen handelt. Eine erste große Gruppe von Schmuck, die reichste von allen, stammt aus La Aliseda. Wichtigstes Stück ist ein Gehänge aus Gold in Treibarbeit mit Granulationen, das regelmäßig alternierende Motive zeigt: Kampf zwischen Mensch und Löwe, Greifen, Palmetten. Außerdem finden wir Diademe und Hängeschmuck mit Lotosblüten und Palmetten; Armbänder mit Spiraldekor; Halsgeschmeide mit Amulettträgern, kleinen Kugeln oder Halbmonden; Ohrringe in Gestalt von Blutegeln mit Lotosblüten und Palmetten; schließlich die verschiedensten Siegel und Ringe. Die eingehende Untersuchung dieses Schatzfundes aus einer Stadt im Landesinnern, die nicht als punische oder phönizische Siedlung bekannt war, hat jüngst dazu geführt, diese Arbeiten weniger als rein punische, sondern eher als unter punischem Einfluß auf lokaler Grundlage hervorgegangene Schöpfungen zu werten.

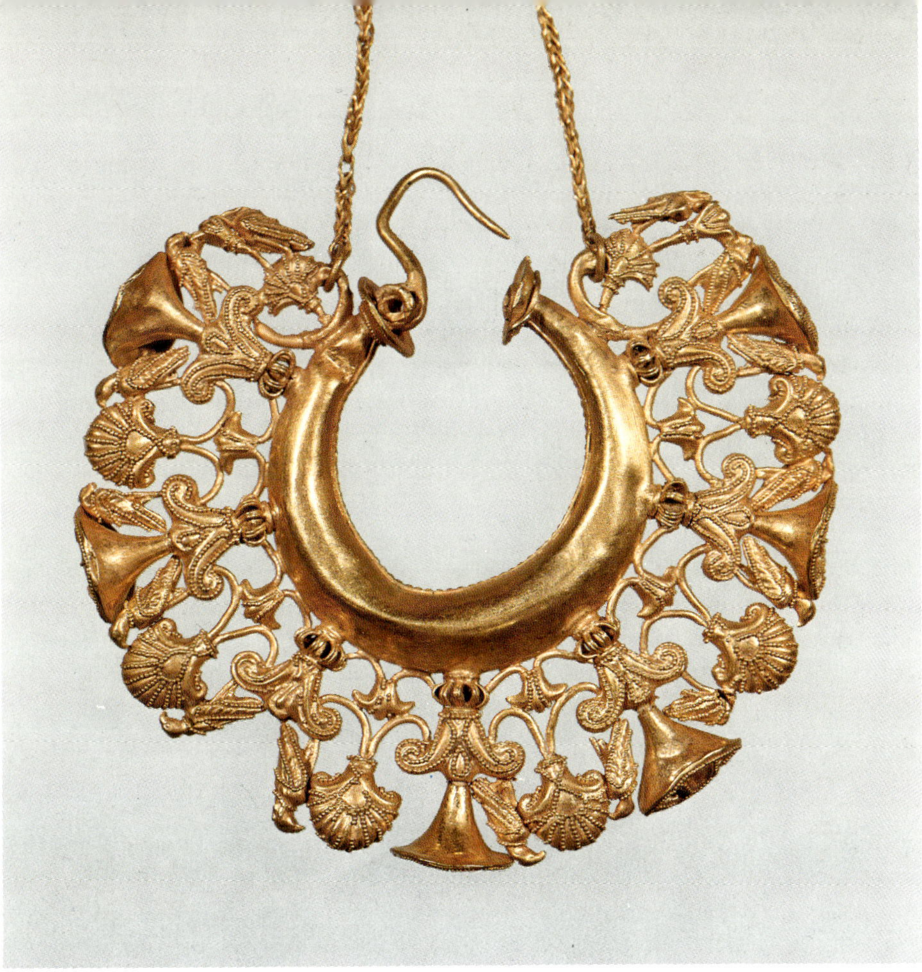

294 - punisch - La Aliseda - Ohrring mit einem Dekor aus Lotosblüten und Palmetten (Etwa 7. Jh. v. Chr.) - Madrid

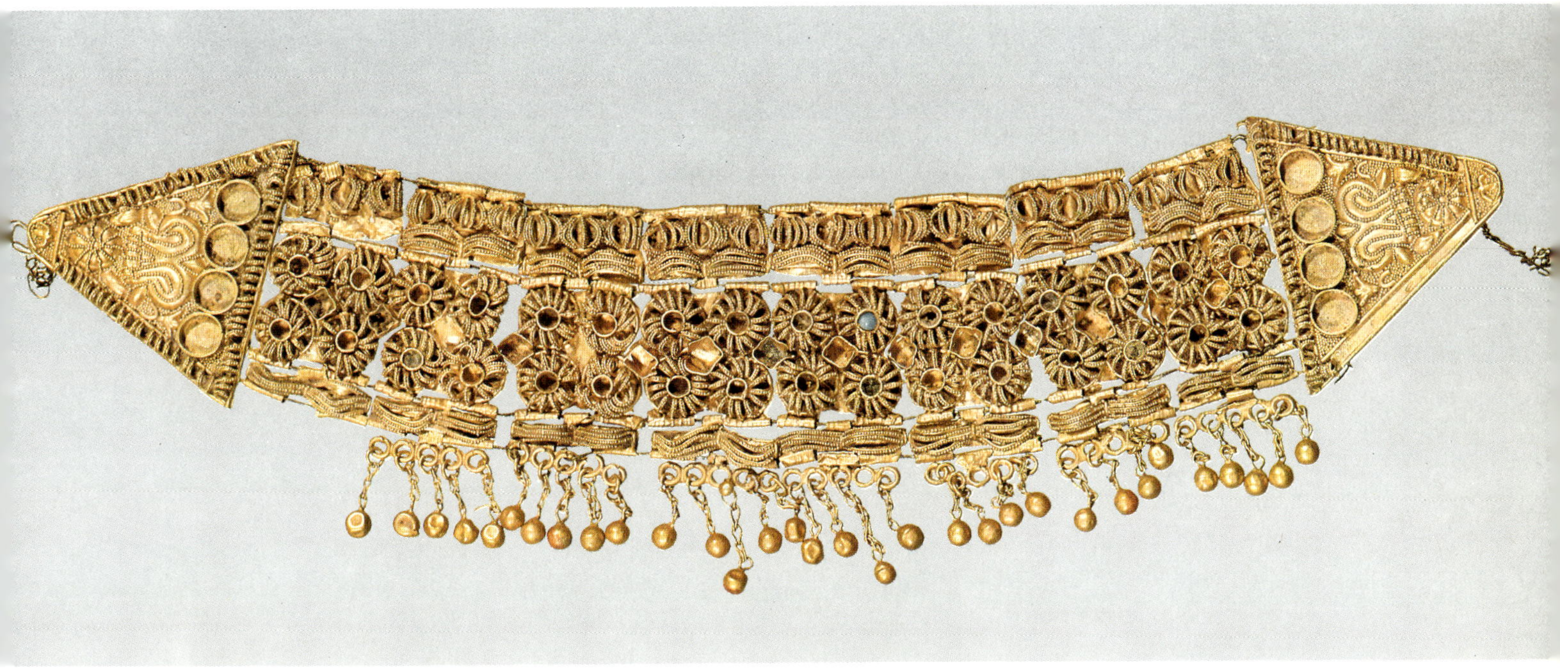

295 - punisch - La Aliseda - Diadem (Etwa 7. Jh. v. Chr.) - Madrid

Ein Gleiches läßt sich über einen anderen Schatz iberischer Goldschmiedekunst aussagen – den Fund aus El Carambolo bei Sevilla. Er besteht aus Brustschmuck, Halsgeschmeide, Armbändern und Schmuckplaketten, mit floralem oder geometrischem Dekor, bei dem vor allem Rosettenreihen, kugelige oder halbkugelige Formen erscheinen, die durch reliefierte Schnüre gegeneinander abgesetzt sind.

Ähnlicher Herkunft sind auch die jüngst bei Ebora entdeckten Schmuckstücke, die sogar noch weiter von der phönizischen Welt entfernt gefunden wurden als die vorher genannten Schätze. Die hier in Frage stehenden Arbeiten sind allesamt in das frühe 7. Jahrhundert zu setzen. Bei ihnen wurden unbestreitbar phönizische Einflüsse in den Rahmen einer tiefwurzelnden lokalen Kunsttradition einbezogen. Daneben zeigen sie aber auch noch weitere Einflüsse und präsentieren sich insgesamt als bedeutsame Gruppe innerhalb der sogenannten ‹orientalisierenden› Kunst.

Bei den Elfenbeinarbeiten stellen sich die gleichen Probleme, die schon angesichts der Schmuckformen auftraten. Aus dem Gebiet von Carmona ist reiches Material auf uns gekommen: Schatullen, Schalen, Kämme. Wir finden geometrische wie florale Motive, Palmetten und Lotosblüten, wirklichkeitsnahe Tiere wie Löwen und Gazellen, Fabelwesen wie Sphingen und Greife, Menschen mit dem ägyptischen Kopfputz, Frauen in ägyptisierendem Stil, daneben nach griechischem Vorbild gestaltete Krieger. Die Figuren sind zu Szenen zusammengeschlossen, die insgesamt eine ornamentale Wirkung anstreben.

Im ganzen gesehen, schließen die Elfenbeine von Carmona fraglos an die karthagischen Arbeiten an. Indes haben unverwechselbare Eigentümlichkeiten, die aus dem offensichtlichen Einfluß griechischer Kunst herrühren, neben dem sich auch das lokale Substrat bemerkbar macht, unter Berücksichtigung der an den Schmuckgegenständen gewonnenen Erfahrungen immer mehr zu einer Neueinschätzung der Verhältnisse bewogen. Nach der gegenwärtig plausibelsten Hypothese ist für die älteste Phase die Einfuhr von Werken aus Afrika anzunehmen, dann aber sehr rasch die Übernahme der von dorther stammenden Formen durch die autochthonen Handwerker und die Herstellung am Ort – und dies selbst in Gegenden, die der punischen Herrschaft nicht unmittelbar unterstanden, wie gerade in Carmona. Somit sind auch die Elfenbeinarbeiten nach ihrer Entwicklung oder gar nach ihrer Herkunft als Zeugnisse jener ‹orientalisierenden› Kunst Iberiens anzusehen, die anhand der jüngsten Ausgrabungen immer deutlichere Umrisse gewinnt.

Aus der Nekropole von Puig d'es Molins auf Ibiza stammt eine Reihe von Rasiermessern, die im allgemeinen phönizischen Vorbildern nahestehen, doch im Formenschatz wie in der Ikonographie einige originelle Details aufweisen. So erscheint das Zahnschnittmuster sogar auf der entgegengesetzten Seite des Aufhängelochs, das gewöhnlich in die Messerform einbezogen und nicht außen angefügt ist. Die Klingen sind oft schmucklos, ausgenommen bei einem prächtigen Messer aus dem 3. Jahrhundert, das auf der einen Seite eine Paukenspielerin, auf der anderen Seite den Horusfalken und einen Frosch zeigt – möglicherweise handelt es sich um ein Importstück.

Zahlreiche Straußeneierschalen stammen aus der Nekropole von Villaricos. Sehr oft sind sie nur zu drei Vierteln erhalten. Außen zeigen sie gemalte vertikale Bandstreifen, die mit geometrischen und floralen Motiven ausgefüllt sind (seltener mit Tieren), wobei mit roter Farbe auf schwarzem Grund gearbeitet wurde. Die gleichen Motive erscheinen aber auch als Ritzungen. In Sexi wurden ähnliche Arbeiten von geringerer Qualität gefunden, ebenso auf Ibiza, und wiederum sehen wir diese Orte als Stationen auf dem Weg von Nordafrika nach Spanien.

Die Münzprägung beginnt mit dem 3. Jahrhundert v.Chr. und ist mit bestimmten Zentren wie Cartagena, Cádiz und Ibiza verbunden. Zwar mag es hinsichtlich der Rolle Cartagenas Zweifel geben, doch lassen sich dieser Stadt eine Reihe von Münzen zuordnen, die typische Prägemotive zeigen: auf der Vorderseite finden wir die Kore, den mit dem Lorbeer geschmückten Hercules und seine Keule, den Eschmun-Adonis; auf der Rückseite das Pferd mit oder ohne Palme und den Elefanten. Charakteristisch für Cádiz ist auf der Münzvorderseite der Hercules mit Löwenhaut, auf der Rückseite der Thunfisch oder seltener der Delphin. Münzen aus Ibiza zeigen meist den Bes mit einem Hammer in der rechten Hand, einer Schlange in der linken.

Die iberische Keramik greift die herkömmlichen phönizischen und punischen Formen auf: Krüge mit Kleeblattmündung oder weit ausgezogener Lippe, Tassen mit Schulterknick, Omphalos-Platten, Schnabellampen und anderes mehr. Rote Glasuren sind hier ebenfalls zu finden und kommen auch an Töpferarbeiten von mehr lokaler Gestaltgebung vor, wie bei den zylindrischen Gläsern und Trinkbechern mit einem Ringwulst als Standfuß. Außerdem gibt es hier Gefäße in tierischer oder menschlicher Form, bei denen der griechische Einfluß stärker als gewöhnlich sichtbar wird.

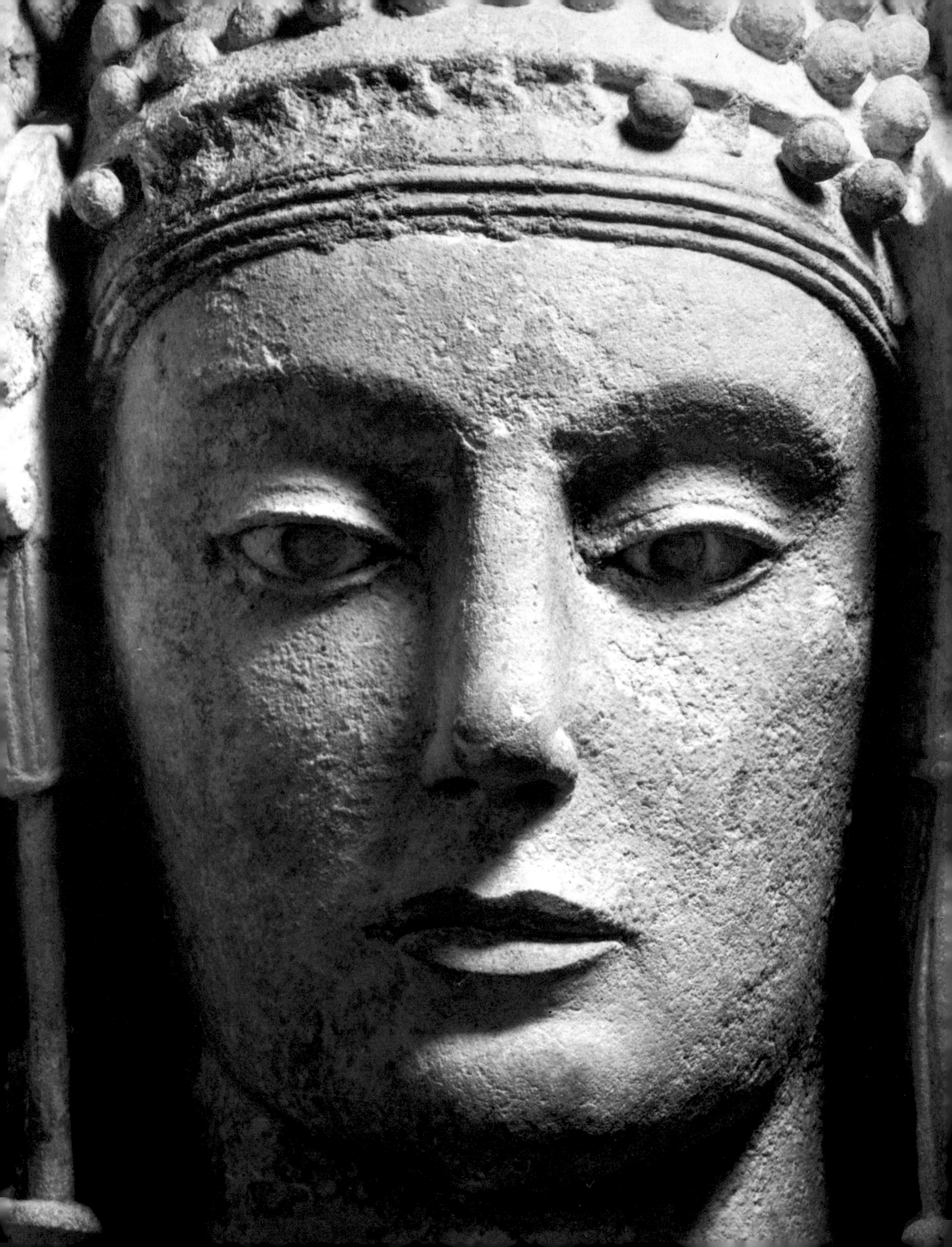

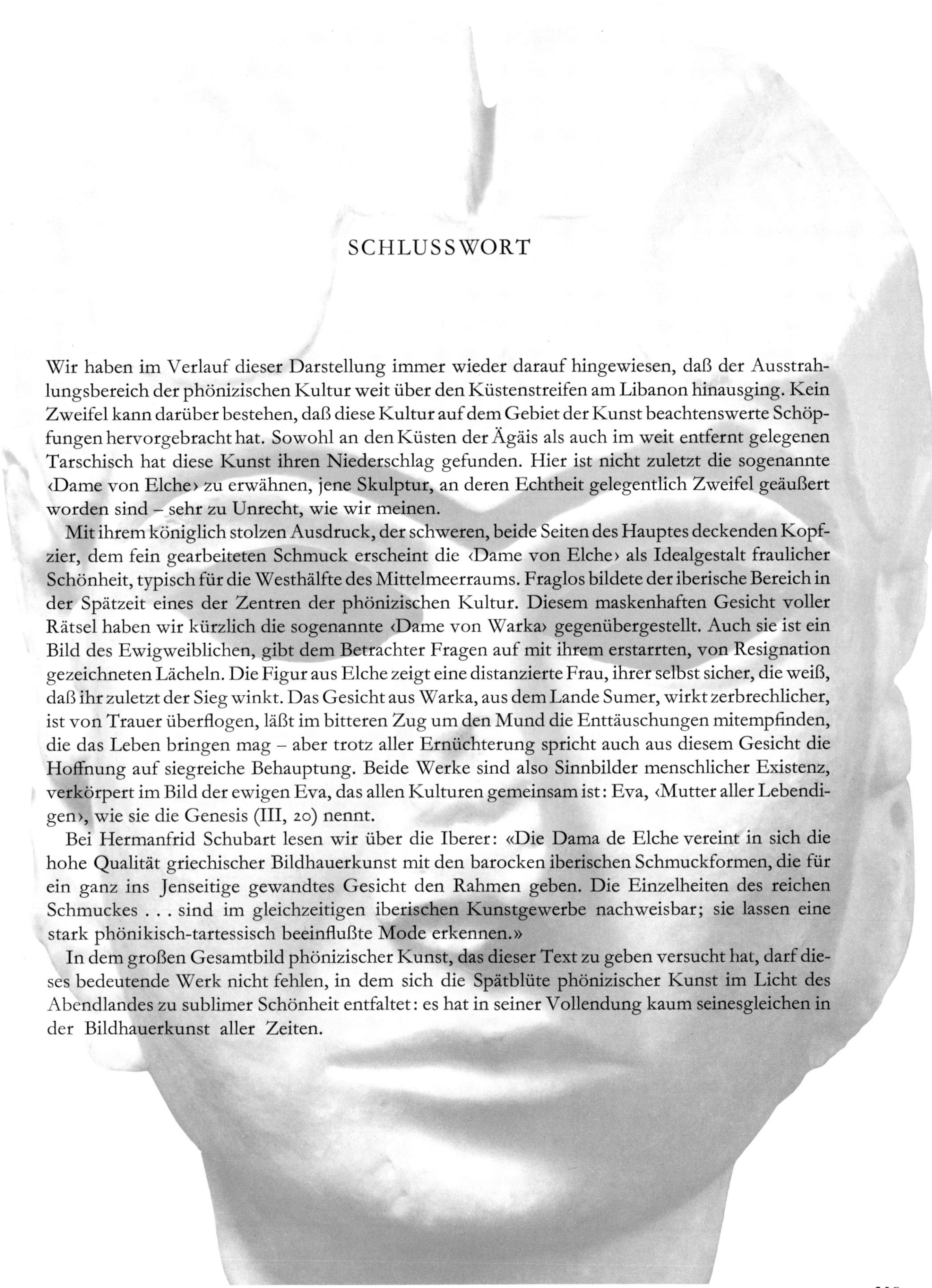

SCHLUSSWORT

Wir haben im Verlauf dieser Darstellung immer wieder darauf hingewiesen, daß der Ausstrahlungsbereich der phönizischen Kultur weit über den Küstenstreifen am Libanon hinausging. Kein Zweifel kann darüber bestehen, daß diese Kultur auf dem Gebiet der Kunst beachtenswerte Schöpfungen hervorgebracht hat. Sowohl an den Küsten der Ägäis als auch im weit entfernt gelegenen Tarschisch hat diese Kunst ihren Niederschlag gefunden. Hier ist nicht zuletzt die sogenannte ‹Dame von Elche› zu erwähnen, jene Skulptur, an deren Echtheit gelegentlich Zweifel geäußert worden sind – sehr zu Unrecht, wie wir meinen.

Mit ihrem königlich stolzen Ausdruck, der schweren, beide Seiten des Hauptes deckenden Kopfzier, dem fein gearbeiteten Schmuck erscheint die ‹Dame von Elche› als Idealgestalt fraulicher Schönheit, typisch für die Westhälfte des Mittelmeerraums. Fraglos bildete der iberische Bereich in der Spätzeit eines der Zentren der phönizischen Kultur. Diesem maskenhaften Gesicht voller Rätsel haben wir kürzlich die sogenannte ‹Dame von Warka› gegenübergestellt. Auch sie ist ein Bild des Ewigweiblichen, gibt dem Betrachter Fragen auf mit ihrem erstarrten, von Resignation gezeichneten Lächeln. Die Figur aus Elche zeigt eine distanzierte Frau, ihrer selbst sicher, die weiß, daß ihr zuletzt der Sieg winkt. Das Gesicht aus Warka, aus dem Lande Sumer, wirkt zerbrechlicher, ist von Trauer überflogen, läßt im bitteren Zug um den Mund die Enttäuschungen mitempfinden, die das Leben bringen mag – aber trotz aller Ernüchterung spricht auch aus diesem Gesicht die Hoffnung auf siegreiche Behauptung. Beide Werke sind also Sinnbilder menschlicher Existenz, verkörpert im Bild der ewigen Eva, das allen Kulturen gemeinsam ist: Eva, ‹Mutter aller Lebendigen›, wie sie die Genesis (III, 20) nennt.

Bei Hermanfrid Schubart lesen wir über die Iberer: «Die Dama de Elche vereint in sich die hohe Qualität griechischer Bildhauerkunst mit den barocken iberischen Schmuckformen, die für ein ganz ins Jenseitige gewandtes Gesicht den Rahmen geben. Die Einzelheiten des reichen Schmuckes . . . sind im gleichzeitigen iberischen Kunstgewerbe nachweisbar; sie lassen eine stark phönikisch-tartessisch beeinflußte Mode erkennen.»

In dem großen Gesamtbild phönizischer Kunst, das dieser Text zu geben versucht hat, darf dieses bedeutende Werk nicht fehlen, in dem sich die Spätblüte phönizischer Kunst im Licht des Abendlandes zu sublimer Schönheit entfaltet: es hat in seiner Vollendung kaum seinesgleichen in der Bildhauerkunst aller Zeiten.

←296 - iberisch-phönizisch - Elche - Kopf einer Frau, sogenannte ‹Dame von Elche› (Ausschnitt) (4.-3. Jh. v. Chr.) - Madrid
297 - mesopotamisch - Warka - Kopf einer Frau, sogenannte ‹Dame von Warka› (Anfang III. Jt.) - Bagdad

VIERTER TEIL

ANHANG

ERGÄNZENDE ILLUSTRIERTE DOKUMENTATION

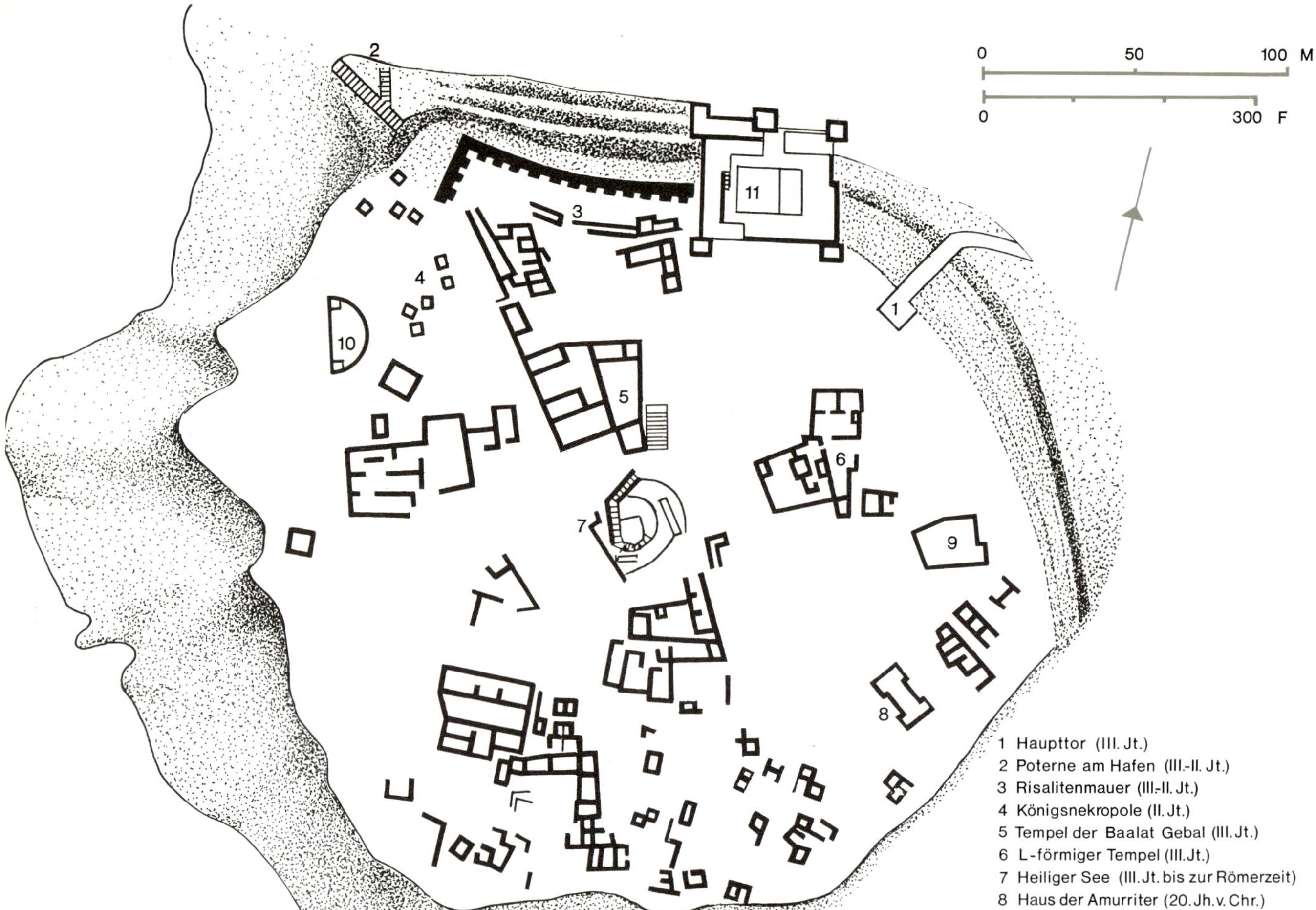

298 - Byblos - Schematischer Grundriß

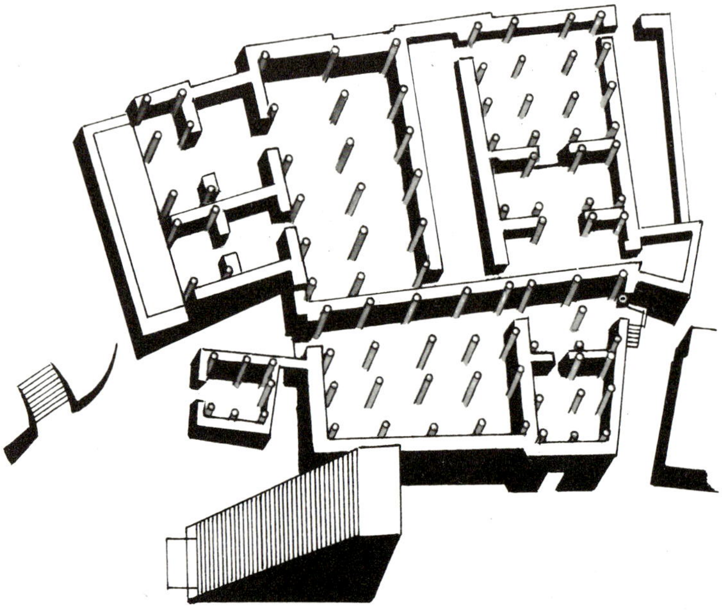

299 - Byblos - Tempel der Baalat Gebal (III. Jt. v. Chr.)

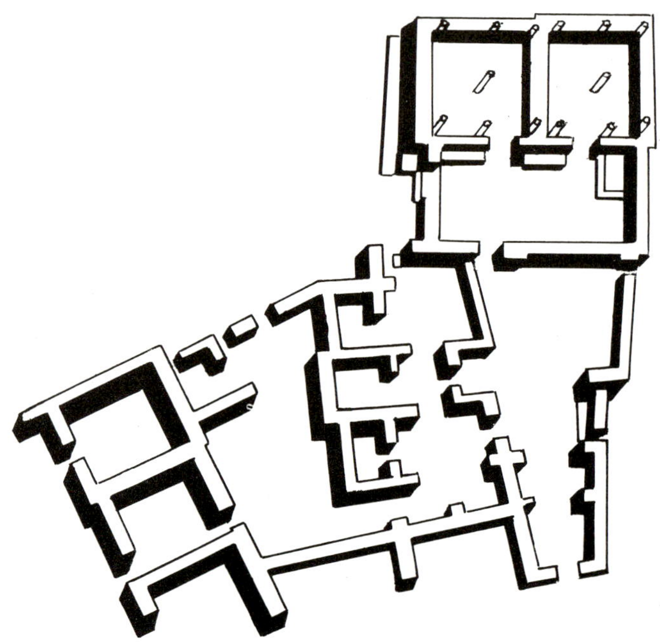

300 - Byblos - L-förmiger Tempel (III. Jt. v. Chr.)

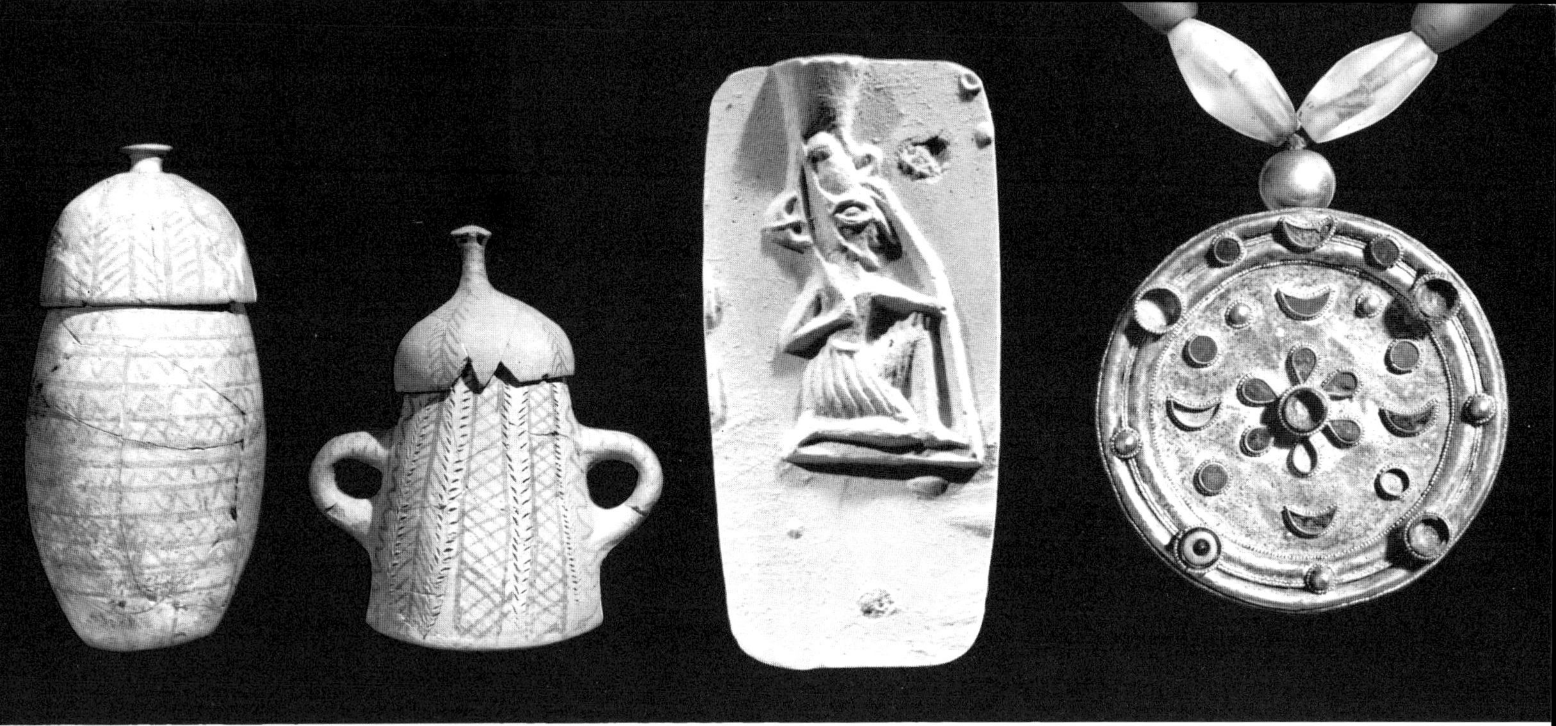

301 und 302 - phönizisch - Byblos - Gefäße zur Aufbewahrung von Opfergaben (19.-18. Jh. v. Chr.) - Beirut; 303 - phönizisch - Byblos - Siegelabdruck: Krieger, der mit einer Lanze und einer Fensteraxt bewaffnet ist (19.-18. Jh. v. Chr.) - Beirut; 304 - phönizisch - Byblos - Medaillon mit Rosetten und Halbmonden (19. Jh. v. Chr.) - Beirut

305 - Byblos - Obeliskentempel (19.-18. Jh. v. Chr.)
306 - phönizisch - Byblos - Gottheit in einem Umhang mit Fellbesatz (19.-18. Jh. v. Chr.) - Beirut

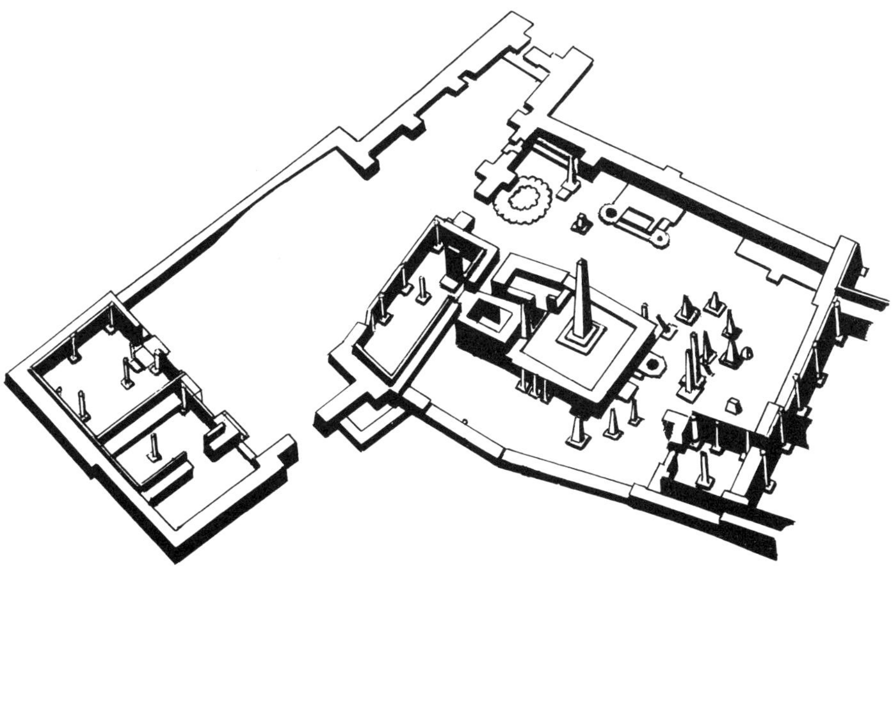

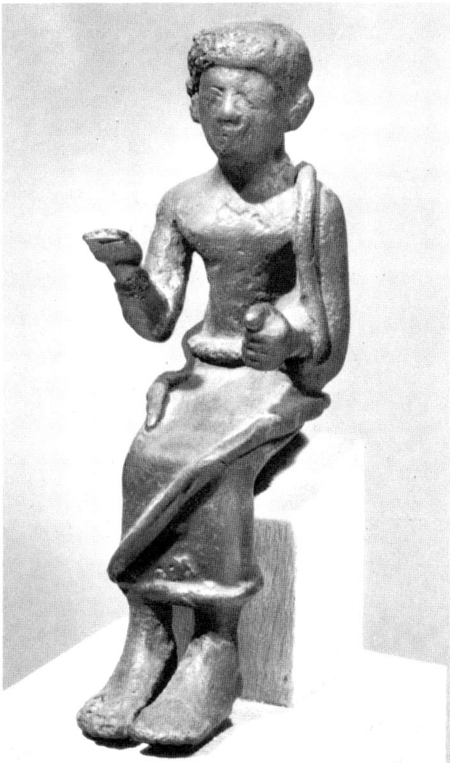

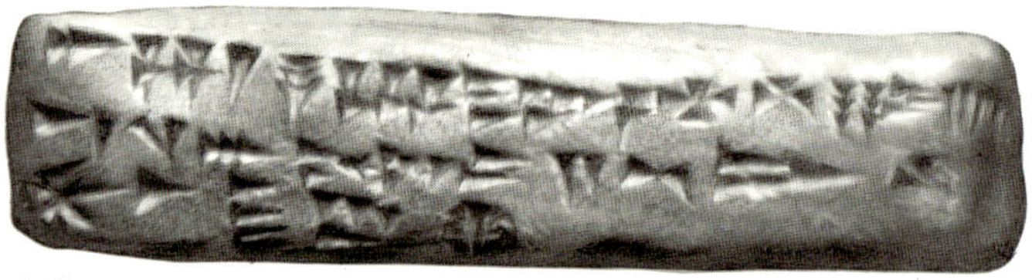

307

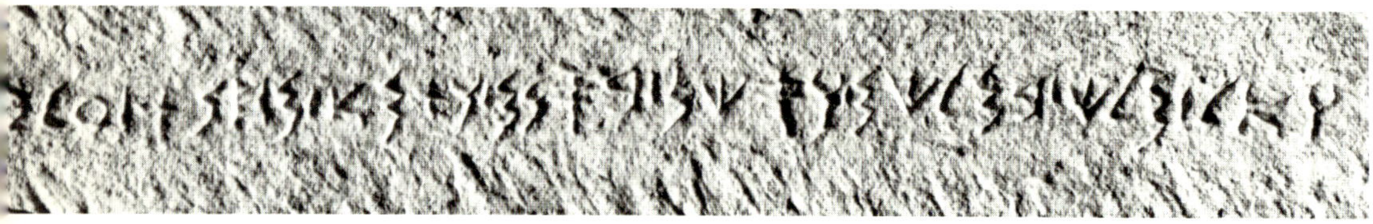

308

Im Westen:

- Ugarti 14. Jh. v. Chr.
- Ahiram 13. Jh. v. Chr.
- Mesa 9. Jh. v. Chr.
- Eschmunazar
- Griechisch 7. Jh. v. Chr.
- Klassisches Griechisch
- Lateinisch

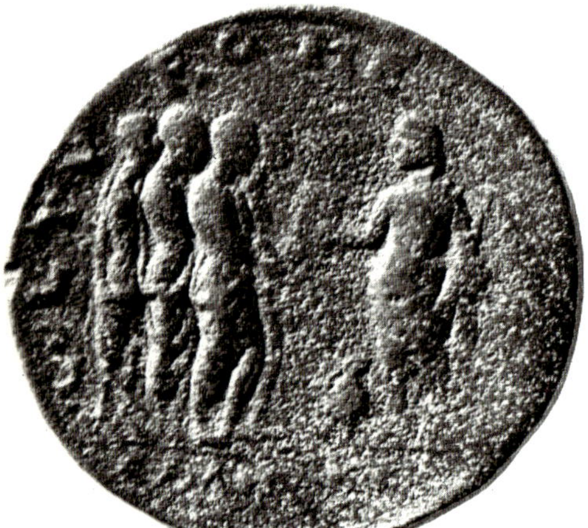

309

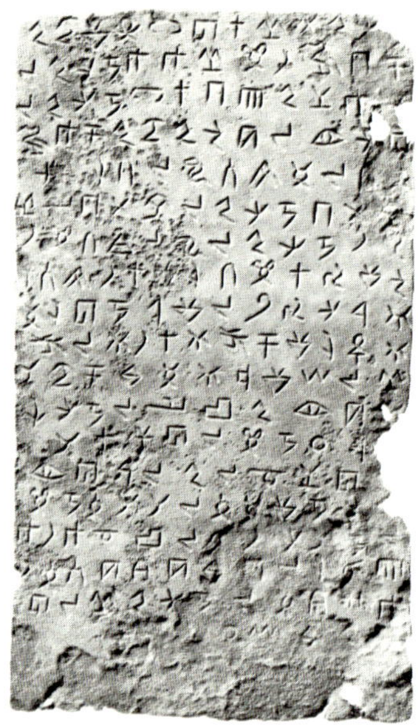

310

Im Osten:

- Aramäisch
- Hebräisch
- Kûfi
- Arabisch

307 - Ugarit - Täfelchen mit dem ugaritischen Keilschriftalphabet (14. Jh. v. Chr.) - Damaskus; 308 - phönizisch - Byblos - Sarkophag des Königs Ahiram (Ausschnitt der Inschrift) (13. Jh. v. Chr.) - Beirut; 309 - griechisch - Theben - Münze. Rückseite: Kadmos unterweist die Thebaner im phönizischen Alphabet - Paris; 310 - Byblos - Täfelchen mit einer unentzifferten Schrift (II. Jt. v. Chr.) - Beirut

Die Entstehung des Alphabets

So reich der Sarkophag des Ahiram auch an Reliefs sein mag - seine eigentliche Bedeutung liegt doch in der Inschrift, die er trägt. Bis heute ist dieser Text der Prototyp unserer Alphabete, sowohl der des Okzidents wie des Orients.

Es handelt sich allerdings nicht um das älteste ‹Alphabet›, das man kennt. Schon die Ägypter verwendeten bestimmte Hieroglyphen als Konsonantenzeichen. Doch hielten sie an ihrer traditionellen Schrift fest und benutzten die ‹Einkonsonanter› nur, um die sonstigen Schriftzeichen zu verdeutlichen. Niemals haben sie es zu einem rein alphabetischen System gebracht. Ein solch konservativer Zug wird in unserer Zeit noch von den Chinesen gepflegt, die sich einer nichtalphabetischen Schrift bedienen, und zum Beispiel von den Arabern, die außer den drei langen Vokalen ausschließlich Konsonanten schreiben. Die Phönizier haben, pragmatisch, wie sie waren, schon sehr früh eine reine Konsonantenschrift benutzt. Aber noch früher hat man in Ugarit, wo man die mesopotamische Keilschrift (eine Silbenschrift) kannte und anwendete, eine aus Keilzeichen bestehende Konsonantenschrift geschaffen. Allerdings blieb dieses in Ugarit im 14. und 13. Jahrhundert gängige ‹Alphabet› lokal begrenzt und verschwand im 12. Jahrhundert beim Seevölkeransturm unter den Trümmern der Stadt.

Im Lauf des II. Jahrtausends v. Chr. kamen in Byblos zwei Schriften auf: eine von ihnen muß trotz einiger wenig überzeugender Versuche noch als unentziffert bezeichnet werden. In dieser auf Stein oder Bronzetäfelchen geschnittenen Schrift finden sich allenfalls ein oder zwei Tiere, in denen man ägyptische Hieroglyphen wiedererkennen könnte. Die übrigen Zeichen sind geometrisch, selbst solche, die von fern an Hieroglyphen erinnern. Was das Konsonantenalphabet des Ahiram betrifft, so hat es vielleicht entfernte Vorläufer in einigen Zeichen gehabt, die auf Gegenständen des 18. Jahrhunderts v. Chr. eingezeichnet waren, so etwa ein ≷ auf einer

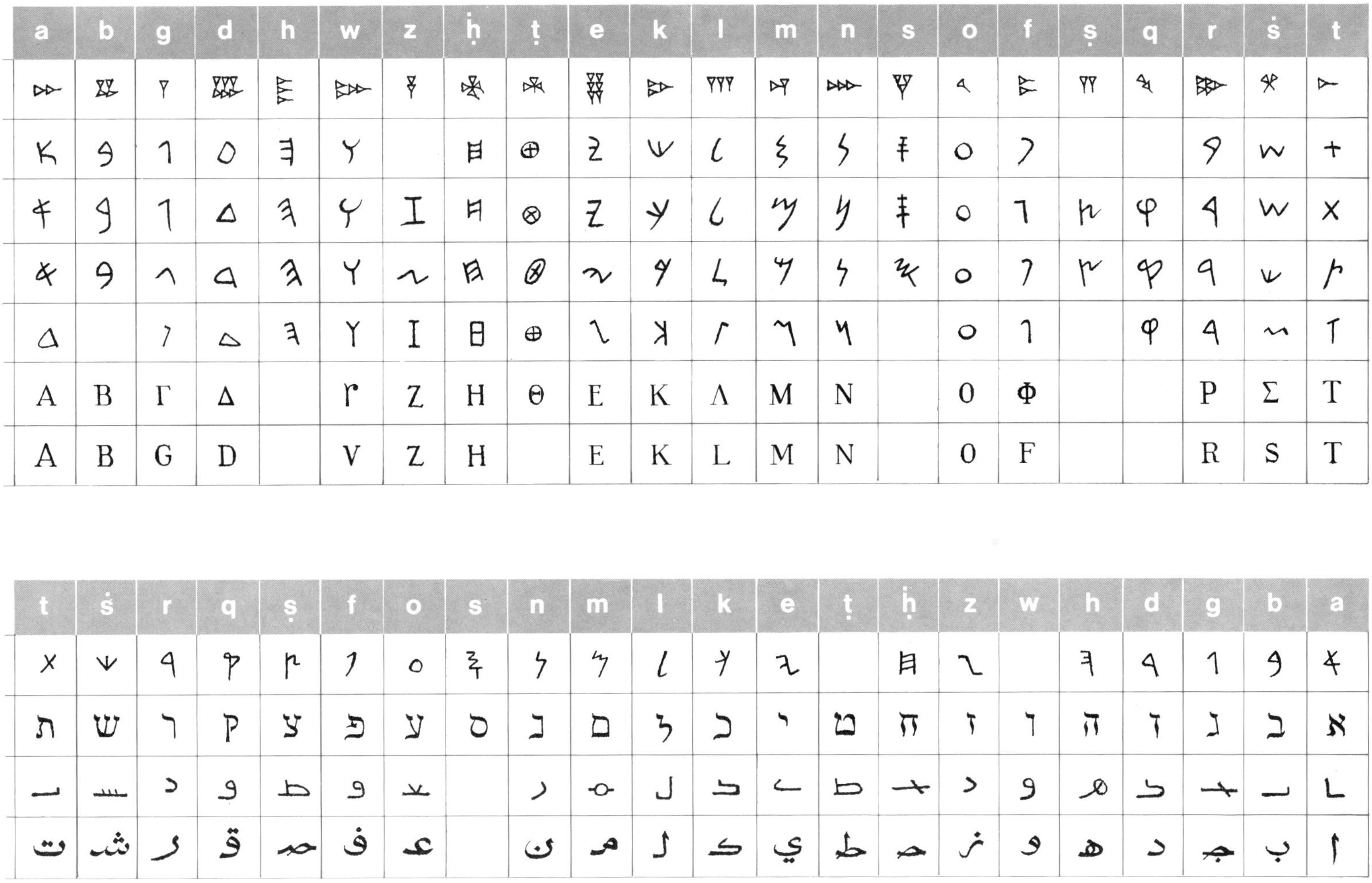

311 - Entwicklung des Alphabets im Orient und Okzident

silbernen Axt; ein ᐯo nach Art eines Graffito auf einem Steingefäß des Amenemhet; ein w als Doppelstrich auf der Klinge des goldenen Dolchs. Aber diese einzelnen Zeichen lassen höchstens Vermutungen zu. Die Inschrift des Ahiram dagegen bietet einen vollständigen Text, der lesbar und durchaus verständlich ist. Das ‹Alphabet› entspricht darin vollkommen den beiden Kennzeichen des phönizischen Künstlers, dem Hang zum Schematischen und seiner Beobachtungsgabe. Wenn das Zeichen womöglich irgendwelche Zweifel über die Identifikation mit dem Gegenstand läßt, den es ursprünglich darstellen wollte, hilft die Benennung des Zeichens sehr oft, diese Zweifel zu zerstreuen. So wird das *alef* (‹Stier›) durch einen typischen Stierkopf ausgedrückt; das *gimel* (‹Kamel›) wird durch einen Höcker wiedergegeben, das *bet* (‹Haus›) durch den Grundriß eines Zimmers und eines Hofs, das *dalet* (‹Türflügel›) durch den an einer Türangel befestigten Türflügel, das *yod* (‹Hand›) durch die Seitenansicht einer Hand bis zum Arm, das *kaf* (‹Handfläche›) durch die stilisierte Handfläche, das *rosch* (‹Kopf›) durch einen Balken, der oben in eine Öse ausläuft, das *sin* (‹Zahn›) durch ein Zahnschnittmotiv, das *mim* (vgl. *majim*, ‹Wasser›) durch eine Wellenlinie und so fort. Den griechischen Sagen entnehmen wir, daß Kadmos, Sohn des Agenor, Königs von Tyros, als er ausgesandt war, seine von Zeus entführte Schwester Europa zu suchen, nach Böotien gelangte, nördlich von Athen eine Stadt (Theben) gründete und den Thebanern das phönizische Alphabet beibrachte. Das davon abgeleitete griechische Alphabet behielt zwar die phönizischen Buchstabennamen weitgehend bei, doch entwickelte es sich in der neuen Umgebung weiter; vor allem haben die Griechen zu den Konsonanten- auch Vokalzeichen hinzugefügt. Unter den Römern, die dieses Alphabet für ihre Sprache übernahmen, trat es dann seinen Siegeszug durch das ganze Abendland an.

Das phönizische Alphabet hat sich dann auch im Orient weiter ausgebreitet und ist über das Aramäische sowohl zu den Arabern als auch letzten Endes bis zu den Mongolen gelangt. In manchen Schriften wie der arabischen wurden die Formen im Laufe der Jahrhunderte so stark verschliffen und verkürzt, daß man durchaus von einer Art Stenographie reden kann. Die obige Tabelle bringt einige Proben der Schriftentwicklung im Morgen- und Abendland.

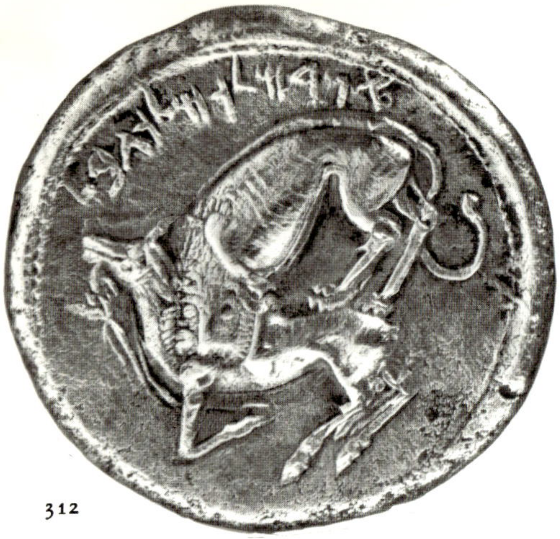

312

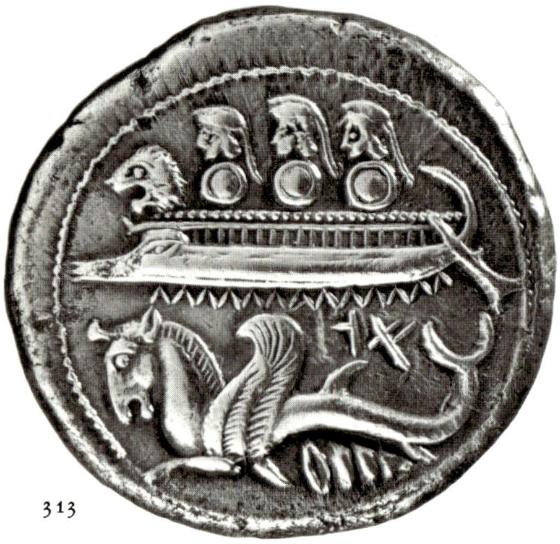

313

314 - Kunst Phöniziens in römischer Zeit - Bêt Miri - Doppellampe in der Form eines Schiffs (Anfang 2. Jh. n. Chr.) - Beirut

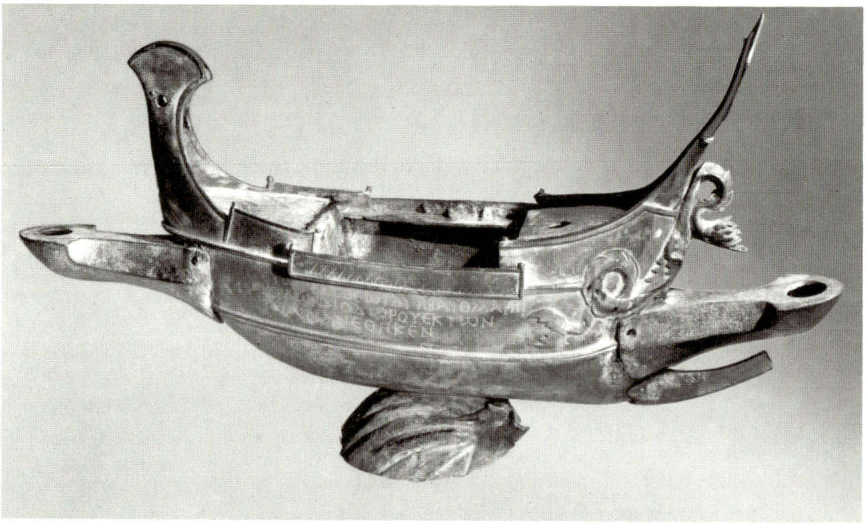

312 und 313 - phönizisch - Byblos - Münze des Adarmelek, Königs von Byblos (Kopfseite und Rückseite) (4. Jh. v. Chr.) - Beirut

Die phönizische Seefahrt

Obwohl es schon in sehr früher Zeit eine ägyptische Seemacht gegeben hat, können wir uns von den ursprünglichen Schiffstypen nur anhand winziger Nachbildungen, nämlich von Weihgaben an Tempel, eine Vorstellung machen. Aus dem III. Jahrtausend v. Chr. fanden sich in Byblos zwei Schiffsmodelle aus Terrakotta, das eine mit einer Kajüte, das andere mit Schiffsschnabel und Bänken versehen. Aus dem Obeliskentempel stammt eine große Anzahl Bronzekiele von Barken des II. Jahrtausends v. Chr., von denen einer mit einem Bootsriemen ausgestattet ist. In diesem Tempel fand man außerdem als Weihgaben mehrere steinerne Anker in natürlicher Größe.

Besonders die ägyptischen Texte zeugen von der Bedeutung der phönizischen Seefahrt um die Mitte des II. Jahrtausends v. Chr. Aus diesen Texten, in denen die Schiffe aus Byblos unter der Bezeichnung *kebenites* vorkommen, erfahren wir, daß etwa zwanzig Boote eine vom Pharao Snofru bestellte Ladung Holz nach Ägypten brachten. Übrigens enthält das Fresko von Daressy die beste Wiedergabe der phönizischen Schiffe, die Ägypten anliefen.

Für das Vordringen der Phönizier auf dem Roten Meer (man denke an Salomo) oder in der Ägäis hat sich bisher kein Zeugnis der Bildkunst gefunden (für den westlichen Mittelmeerbereich wurde kürzlich eins in Sizilien gefunden). Dagegen sind auf assyrischen Reliefs kleine Flußschiffe abgebildet, die von den Phöniziern gebaut und auf den Euphrat gebracht wurden, damit sie beim Feldzug Sanheribs gegen die Chaldäer eingesetzt werden konnten.

Vor allem in persischer Zeit stellten die Phönizier Schiffe und Seepferdchen auf der Rückseite ihrer Münzen dar. Münzen der Könige von Byblos aus dem 5. und 4. Jahrhundert v. Chr. zeigen Schiffe, in denen Krieger mit Schilden und Helmen aufgereiht sind. Diese Münzen waren außerdem mit einer Stachelschnecke verziert; denn die Phönizier beherrschten nicht nur das Meer, sondern sie waren auch Meister in der Purpurfabrikation, in der Tyros und Sidon unvergleichliches Ansehen errangen.

Von Handelsschiffen besitzen wir zahlreiche Abbildungen aus der Zeit nach der Eroberung durch Alexander. Ein schöner Segler schmückt eine Sarkophagseite aus Sidon vom Ende des 1. Jahrhunderts n. Chr. Dieses Schiff mit elegantem Schwanenhals am Bug hat am Heck eine Kajüte, und der tiefgehende Kiel, der Klüver und das Großsegel sind sehr genau im Detail wiedergegeben. Aus Beit Mare in der Bekaa stammt das Bronzemodell eines Schiffs mit hohem Bord, das am Anfang des 2. Jahrhunderts n. Chr. entstand und später in eine zweischnäblige Lampe umgeformt worden ist. Auch auf Mosaiken des 5. und 6. Jahrhunderts unserer Zeitrechnung sind noch verschiedene Bootsformen auszumachen.

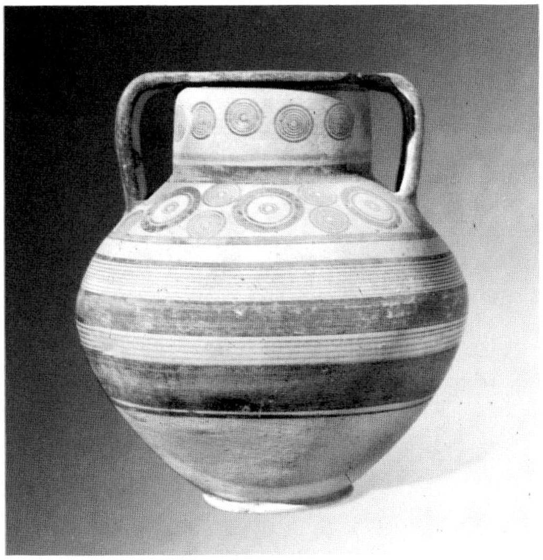

315

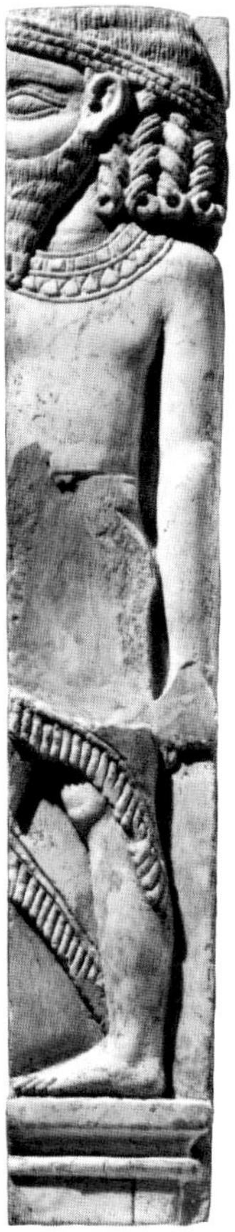

316

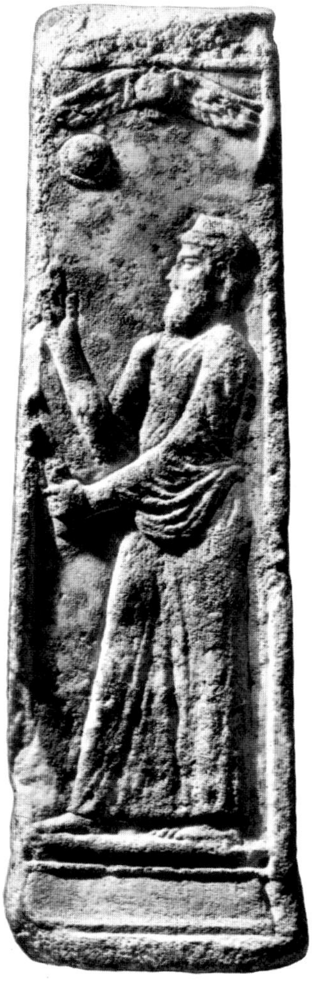

317

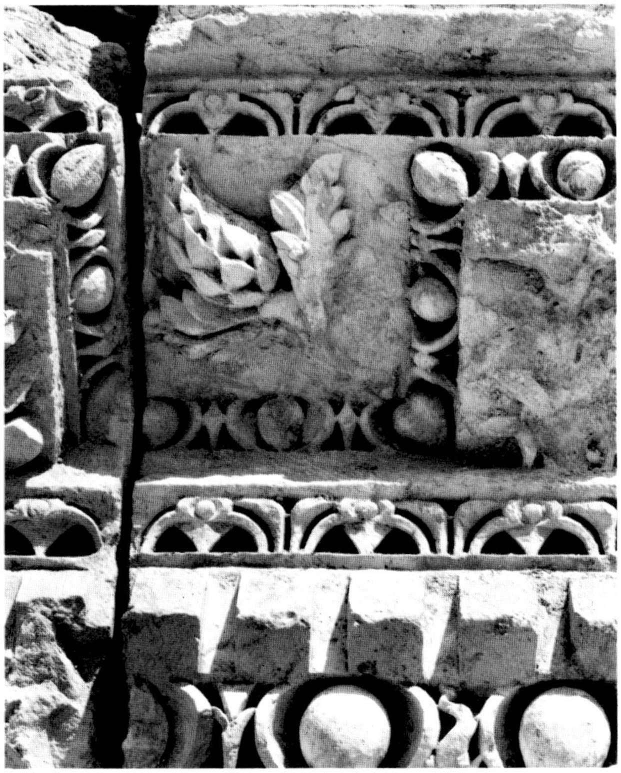

318

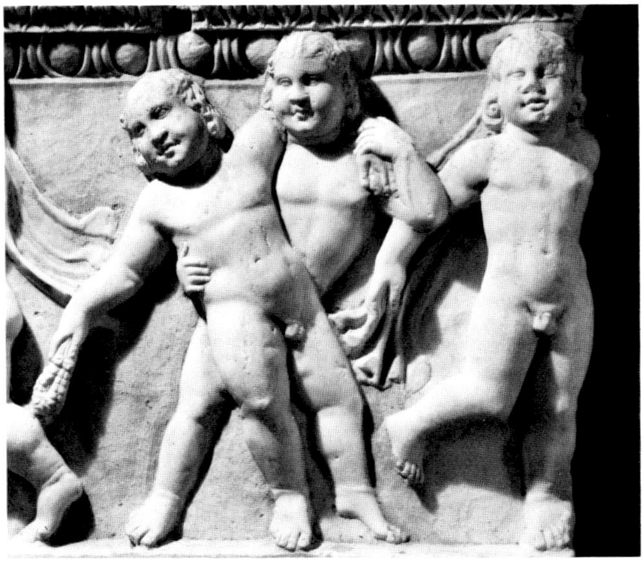

319

315 - phönizisch - Tell el Raschadije - Grabgefäß (8. Jh. v. Chr.) - Beirut; 316 - Arslan-Tasch - Dekor eines Königsbetts: Gottheit (?) (9. Jh. v. Chr.) - Paris; 317 - phönizisch - Umm el-Amad - Stele: Nach persischer Art gekleideter Adorant (4. - 3. Jh. v. Chr.) - Beirut; 318 - Kunst Phöniziens in römischer Zeit - Tyros - Fragment eines Kranzgesimses (Ausschnitt) (2. Jh. n. Chr.); 319 - Kunst Phöniziens in römischer Zeit - Tyros - Sarkophag. Ausschnitt: Trunkene Kinder (2. Jh. n. Chr.) - Beirut

320 - Kunst Phöniziens in römischer Zeit - Baalbek - Rekonstruktion des Jupiter- und des Bacchus-Tempels (1.-3. Jh. n.Chr.)

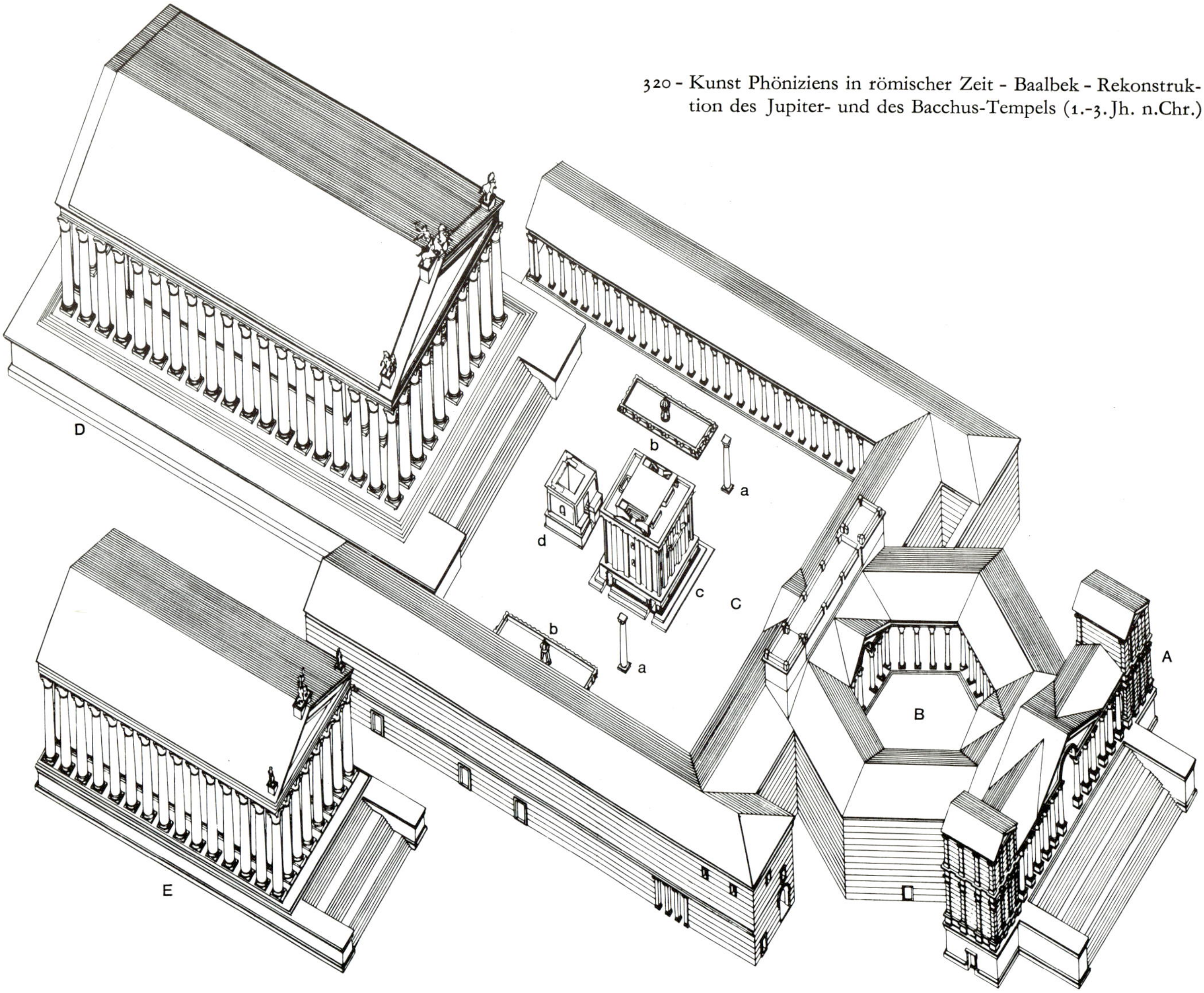

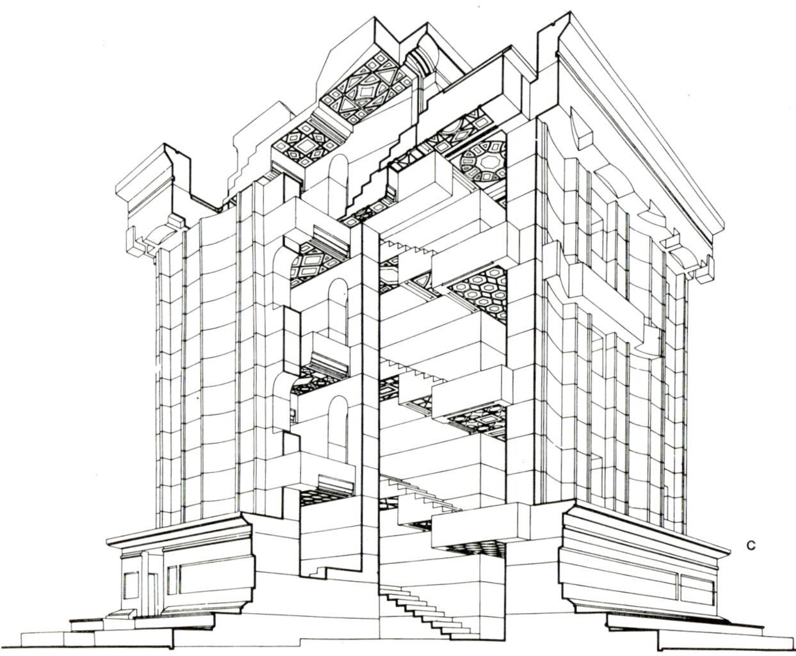

321 - Kunst Phöniziens in römischer Zeit - Baalbek, Jupiter-Tempel - Rekonstruktion des Monumentalaltars (1. Jh. n.Chr.)

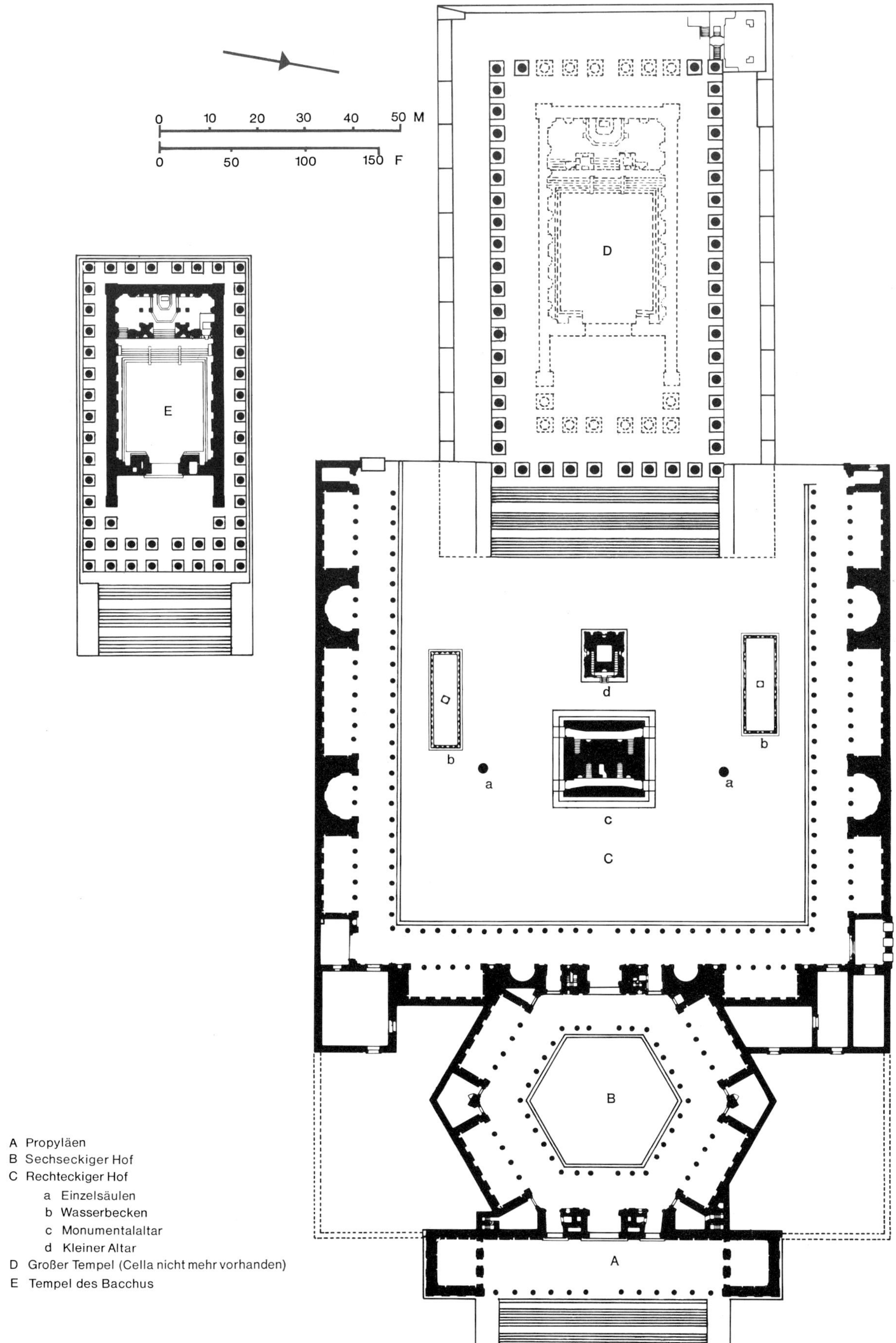

322 - Kunst Phöniziens in römischer Zeit - Baalbek - Gesamtplan des Jupiter-Tempels und der Höfe sowie des Bacchus-Tempels (1.-3. Jh. n. Chr.)

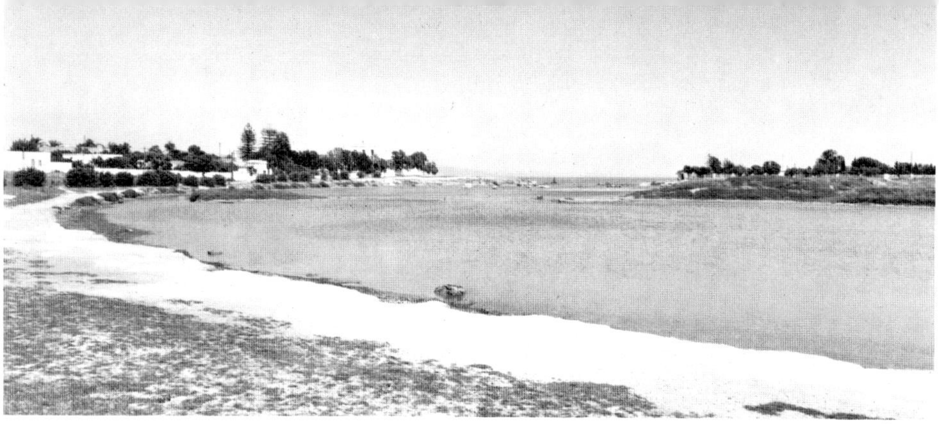

323 - Karthago - Der Handelshafen

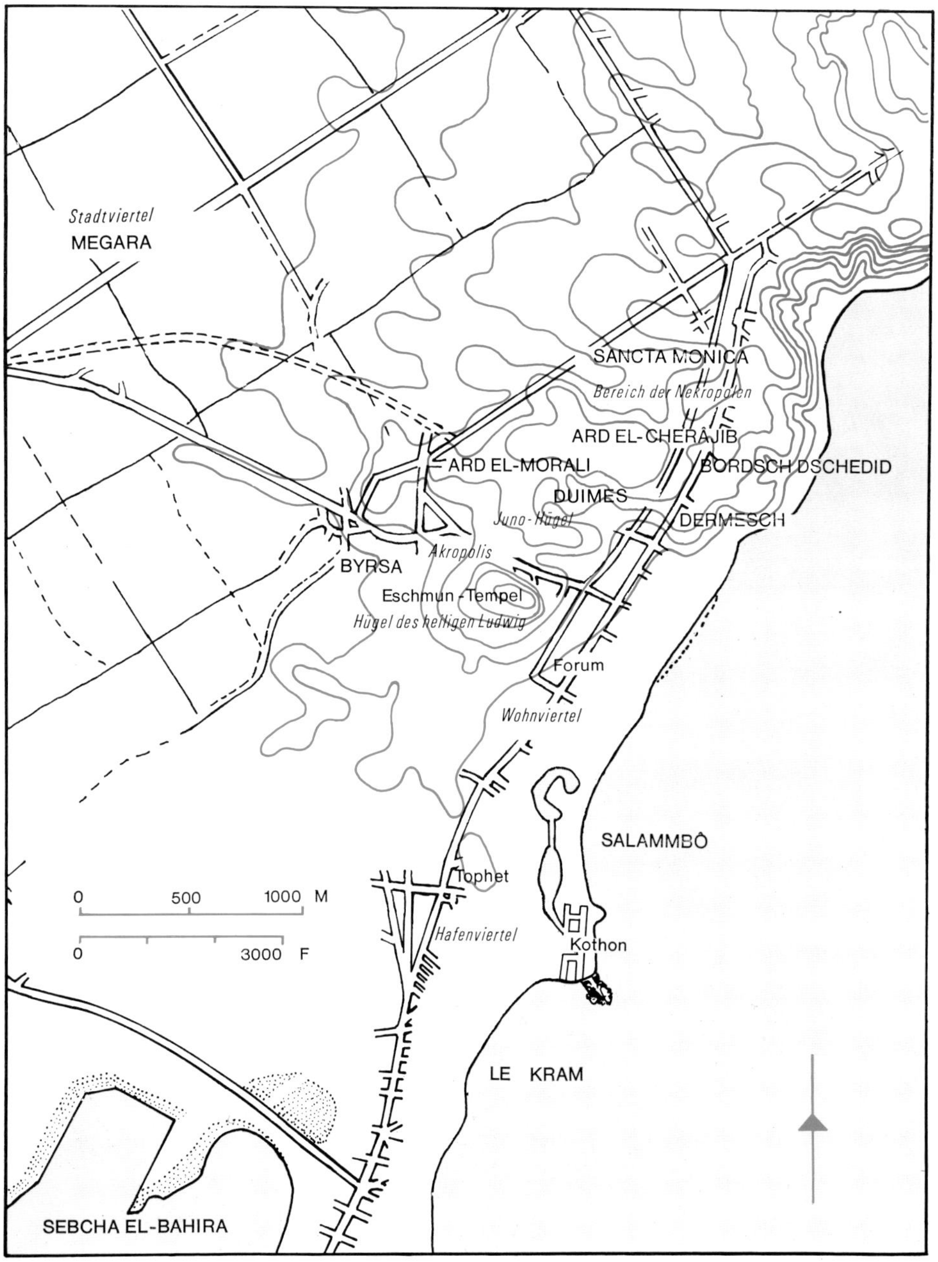

324 - Karthago - Gesamtplan der Stadt

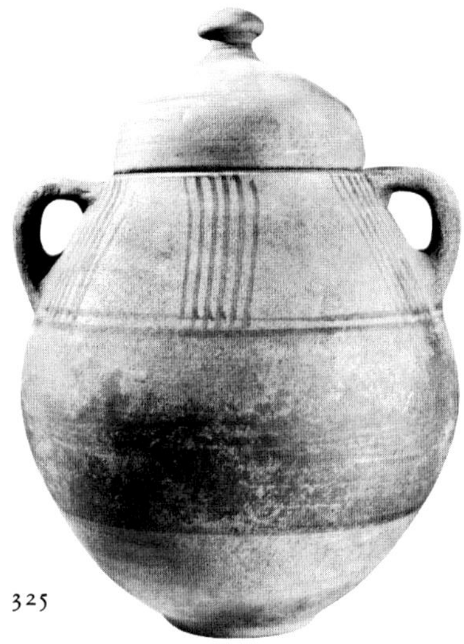

325

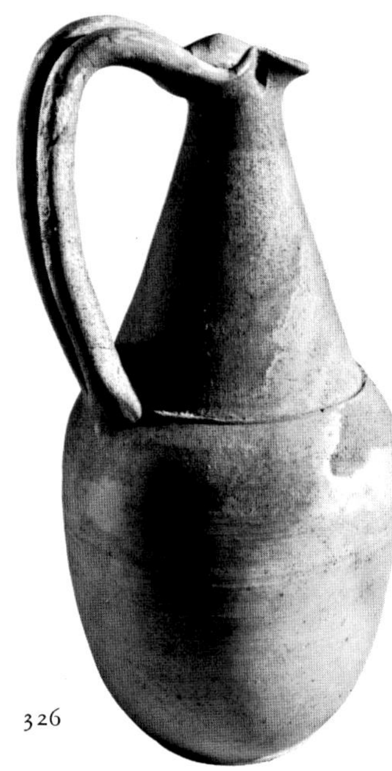

326

325 und 326 - punisch - Karthago - Amphora mit einem Dekor aus gemalten Metopen - Kanne mit kleeblattförmigem Ausguß (7. Jh. v. Chr.) - Karthago

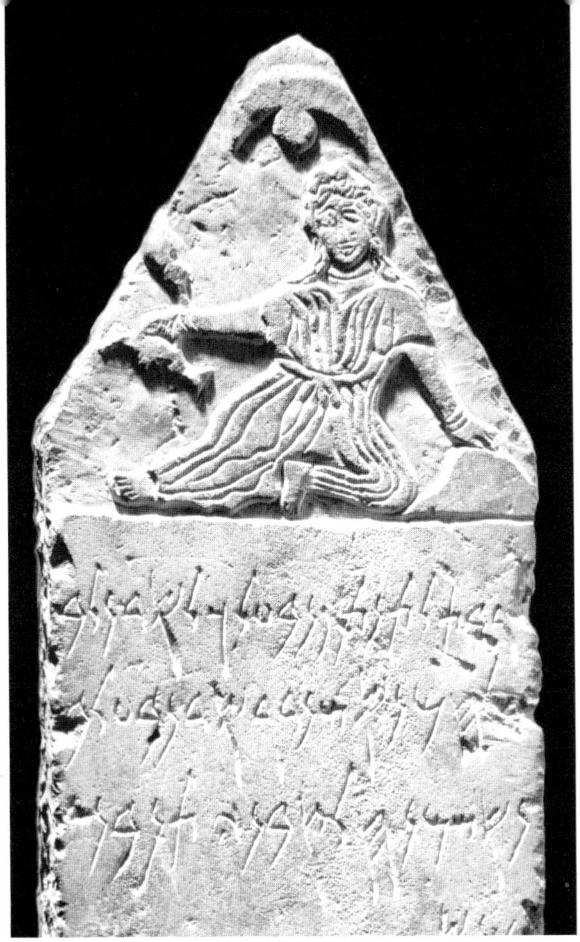

327 - punisch - Karthago, ‹tophet› - Stele mit Giebel. Ausschnitt: Gestalt einer Opfernden (Etwa 4. Jh. v. Chr.) - Tunis

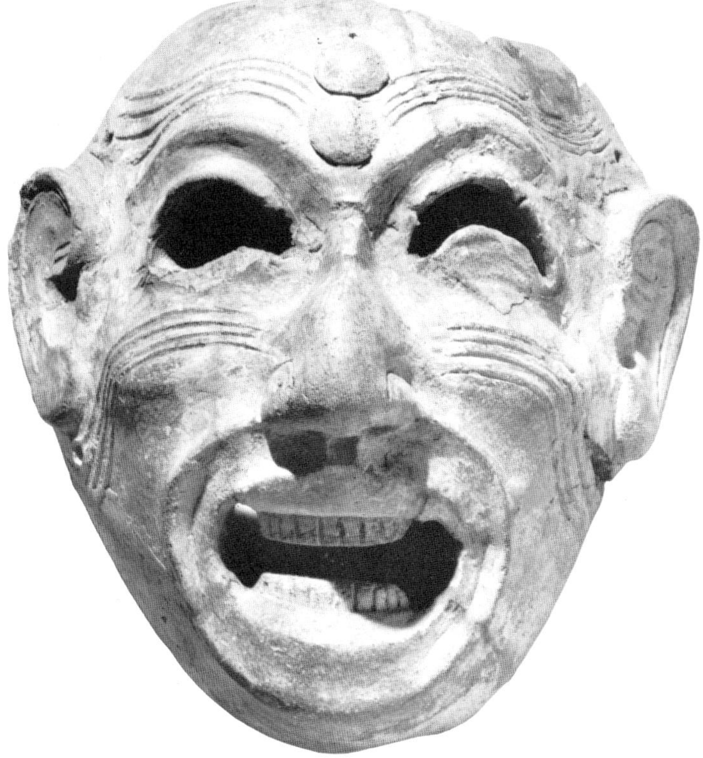

328 - punisch - Karthago, Nekropole Dermesch - Groteskmaske (Etwa 7. Jh. v. Chr.) - Tunis

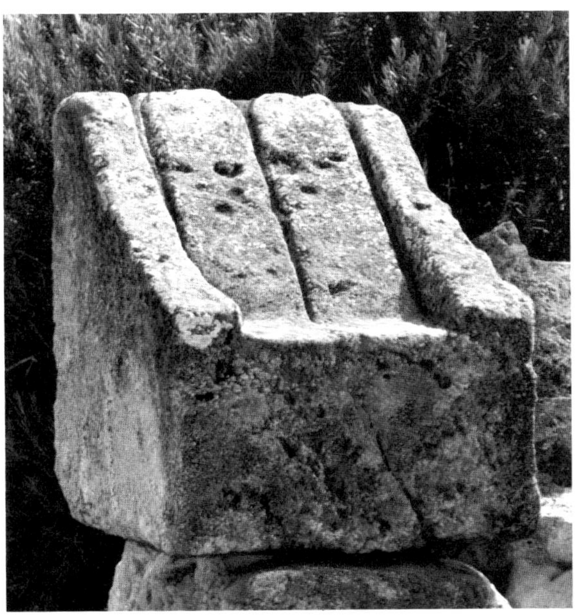

329 - punisch - Karthago, ‹tophet› - Cippus in Form eines Throns mit einem doppelten Baitylion (Etwa 6. Jh. v. Chr.)

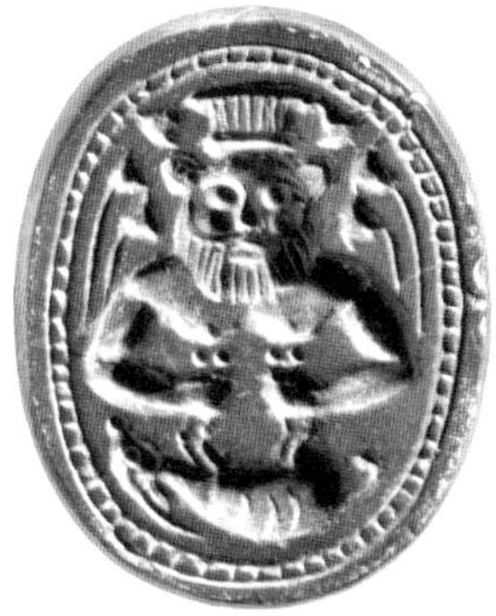

330

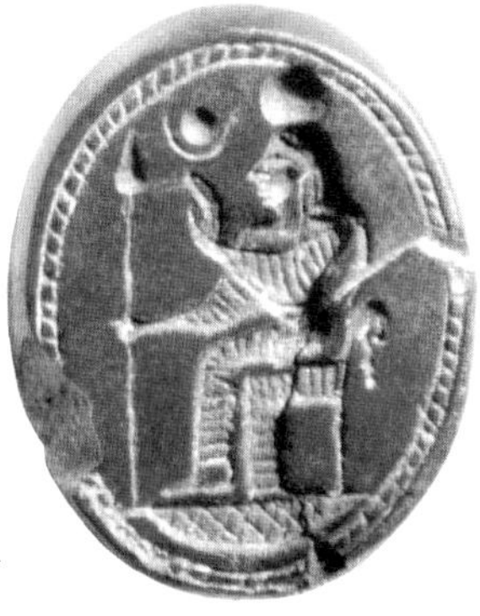

331

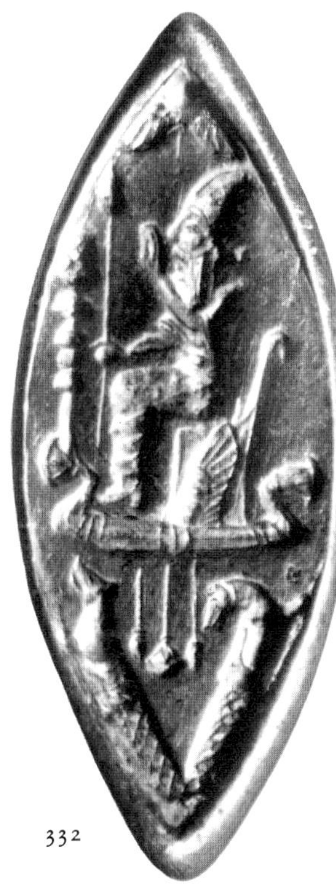

332

330 - punisch - Karthago - Skarabäus: Bes hält eine Antilope (Etwa 4. Jh. v. Chr.) - Tunis; 331 - punisch - Utica - Skarabäus: Thronende Gottheit (Etwa 4. Jh. v. Chr.) - Tunis; 332 - punisch - Karthago - Fassung eines Rings: Thronende Gottheit (Etwa 7. Jh. v. Chr.) - Tunis

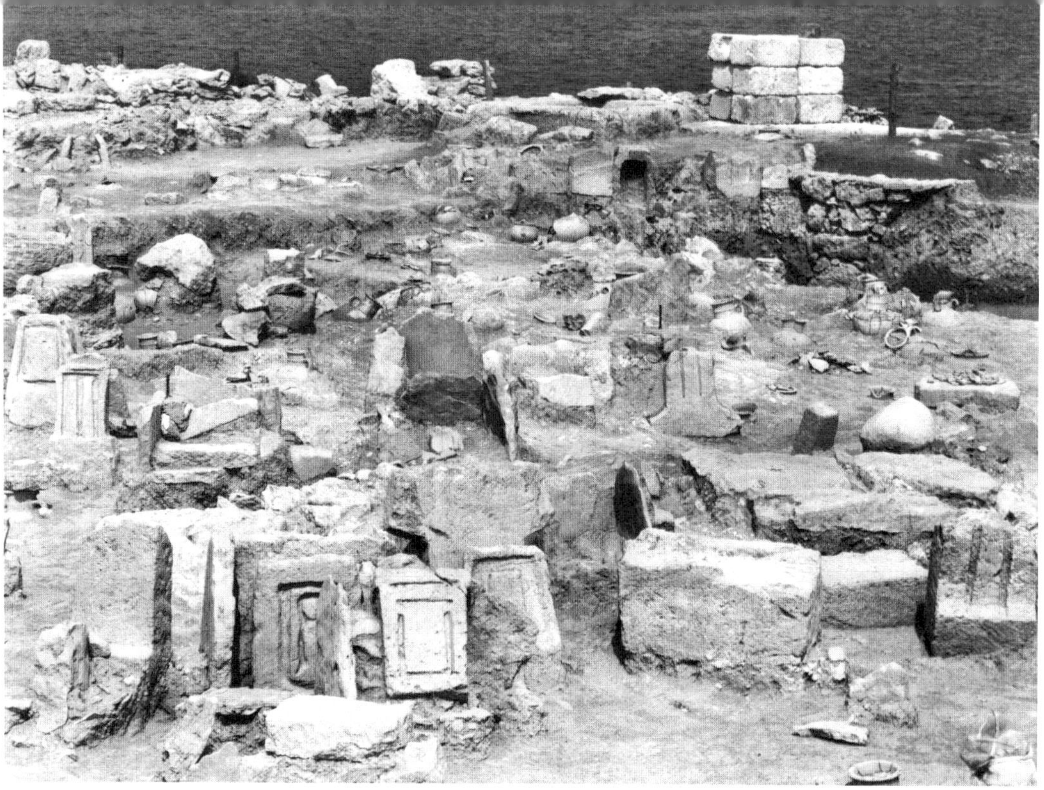

333 - punisch - Motye - Teilansicht des ‹tophet› mit den Stelen und Cippi (7.-4/3. Jh. v. Chr.)

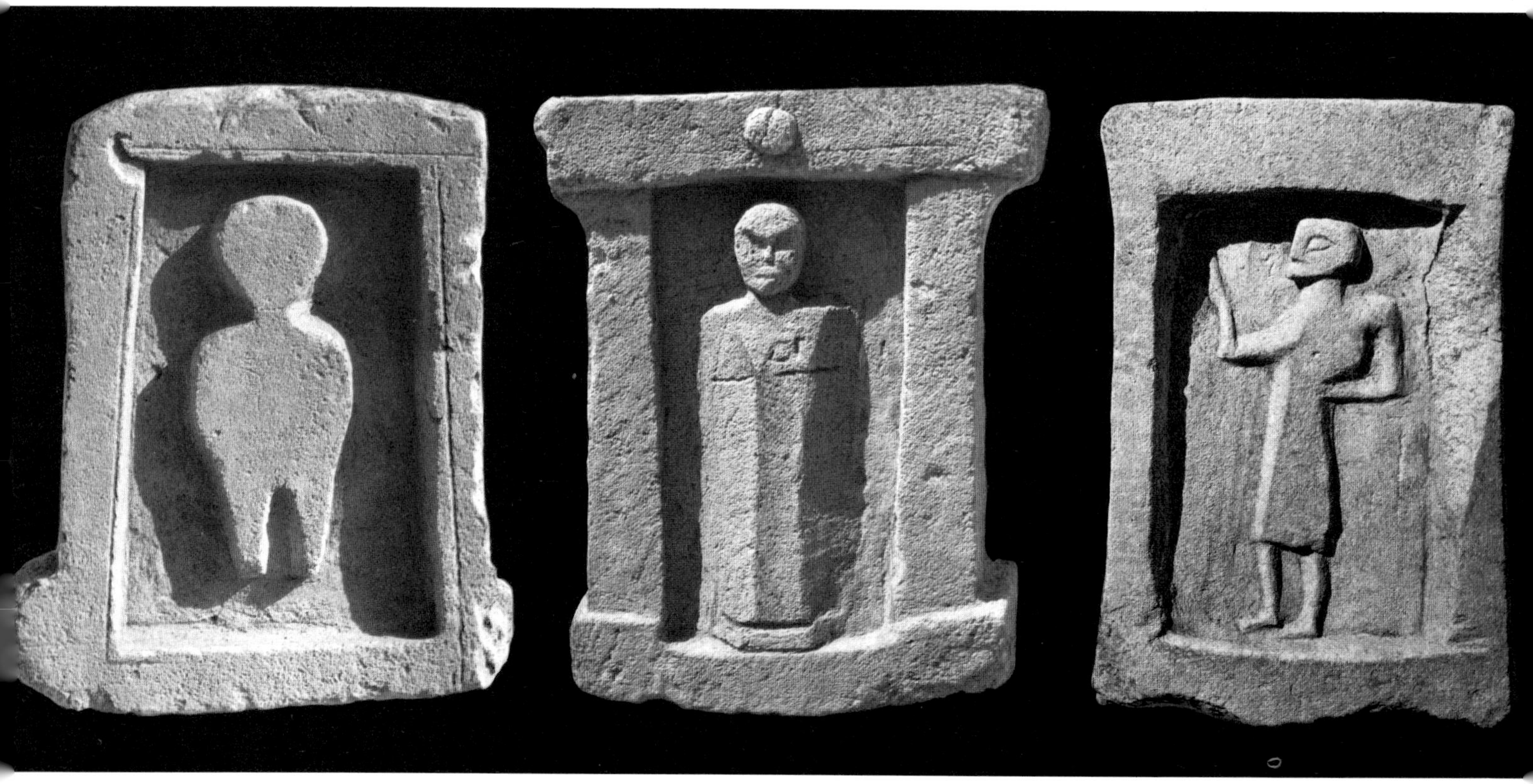

334 - punisch - Motye, ‹tophet› - Unvollendete Stele: Entwurf einer frontalen Gestalt (6.-5. Jh. v. Chr.); 335 - punisch - Motye, ‹tophet› - Stele: Gestalt mit parallelepipedischem Körper (6.-5. Jh. v. Chr.); 336 - punisch - Motye, ‹tophet› - Stele: Schematisierte Gestalt im Profil (6.-5. Jh. v. Chr.) - Motye

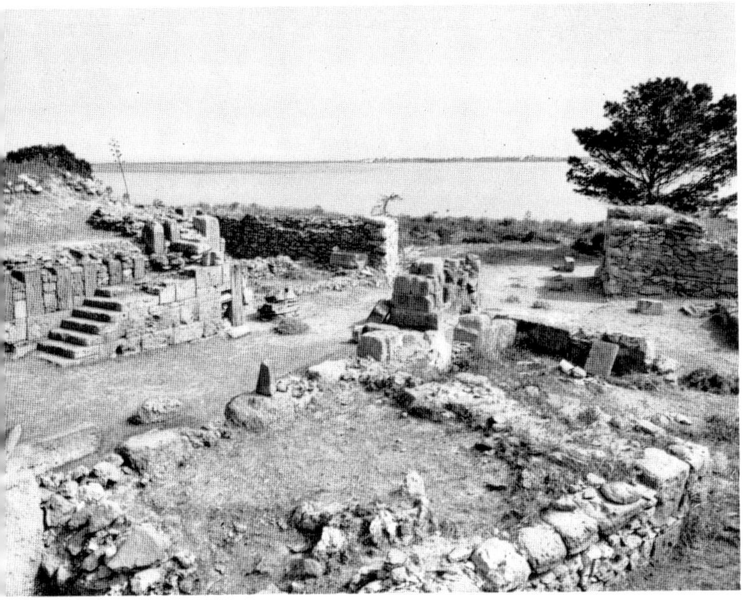

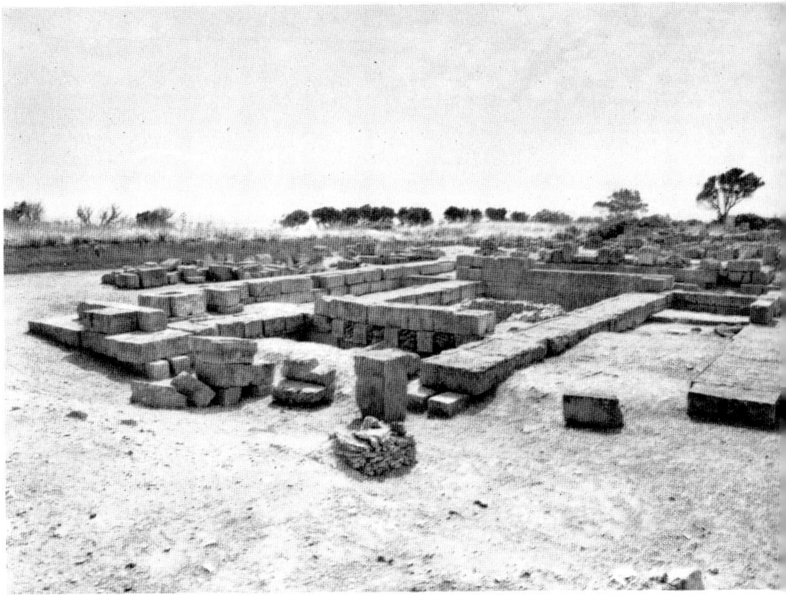

337 und 338 - punisch - Motye - Teilansicht der Umfassungsmauer mit dem Nordtor in Richtung auf das Meer und auf Birgi - Der Tempel (Etwa 6. Jh. v. Chr.)

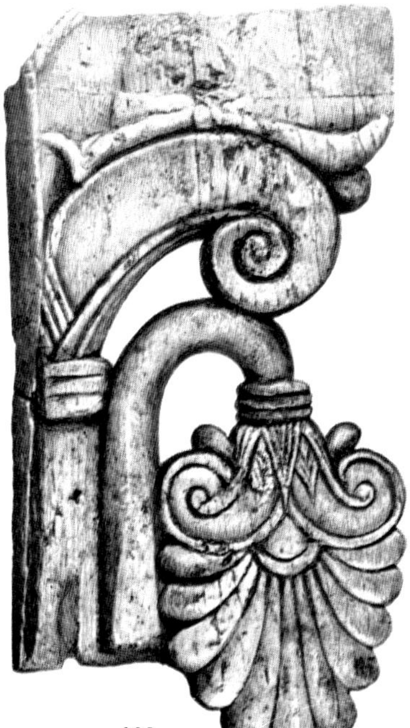

339

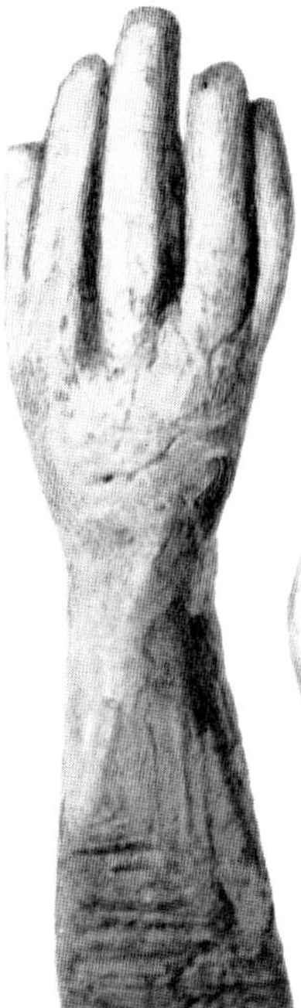

340

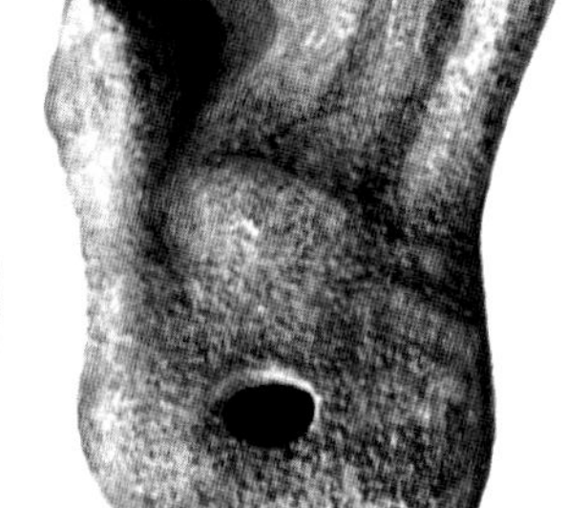

341

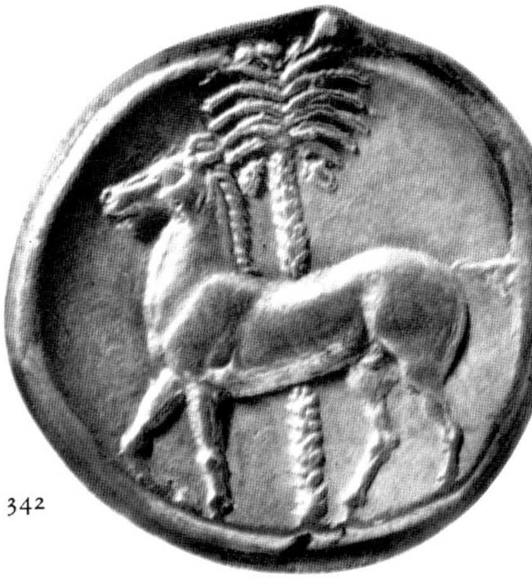

342

339 - punisch - Tas Silg - Halbkapitell mit Palmette (7.-6. Jh. v. Chr.) - La Valetta; 340 - punisch - Tas Silg - Unterarm und rechte Hand (Hellenistische Zeit) - La Valetta; 341 - punisch - Tas Silg - Linkes Ohr (Etwa 6. Jh. v. Chr.) - La Valetta; 342 - punisch - Sizilien - Münze. Rückseite: Pferd und Palme (Etwa 4. Jh. v. Chr.) - Palermo

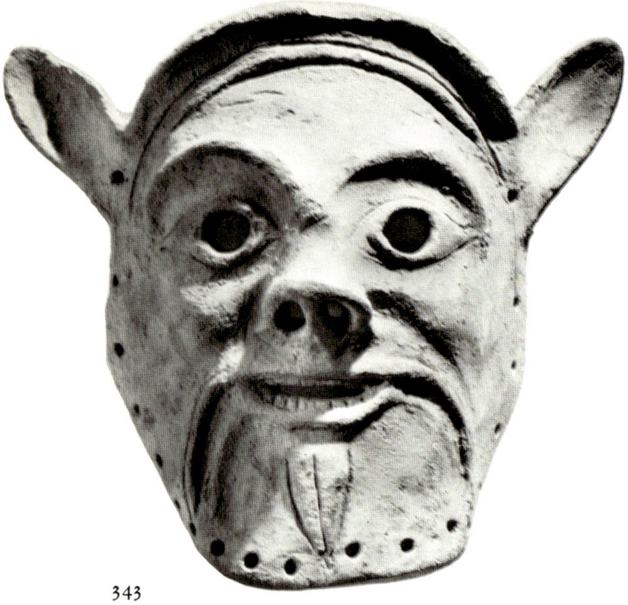

343

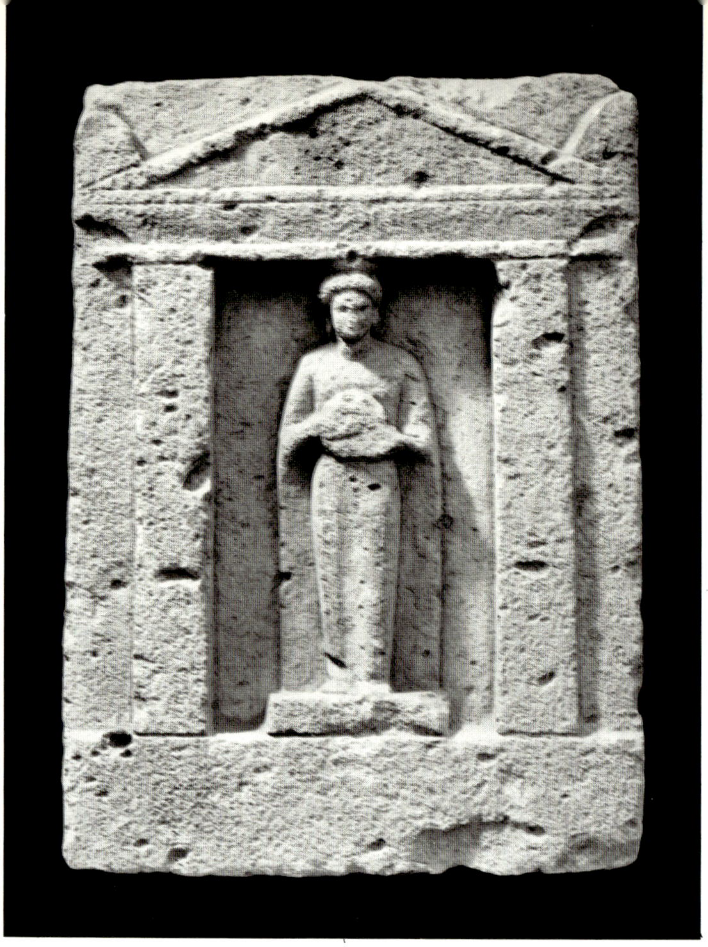

344

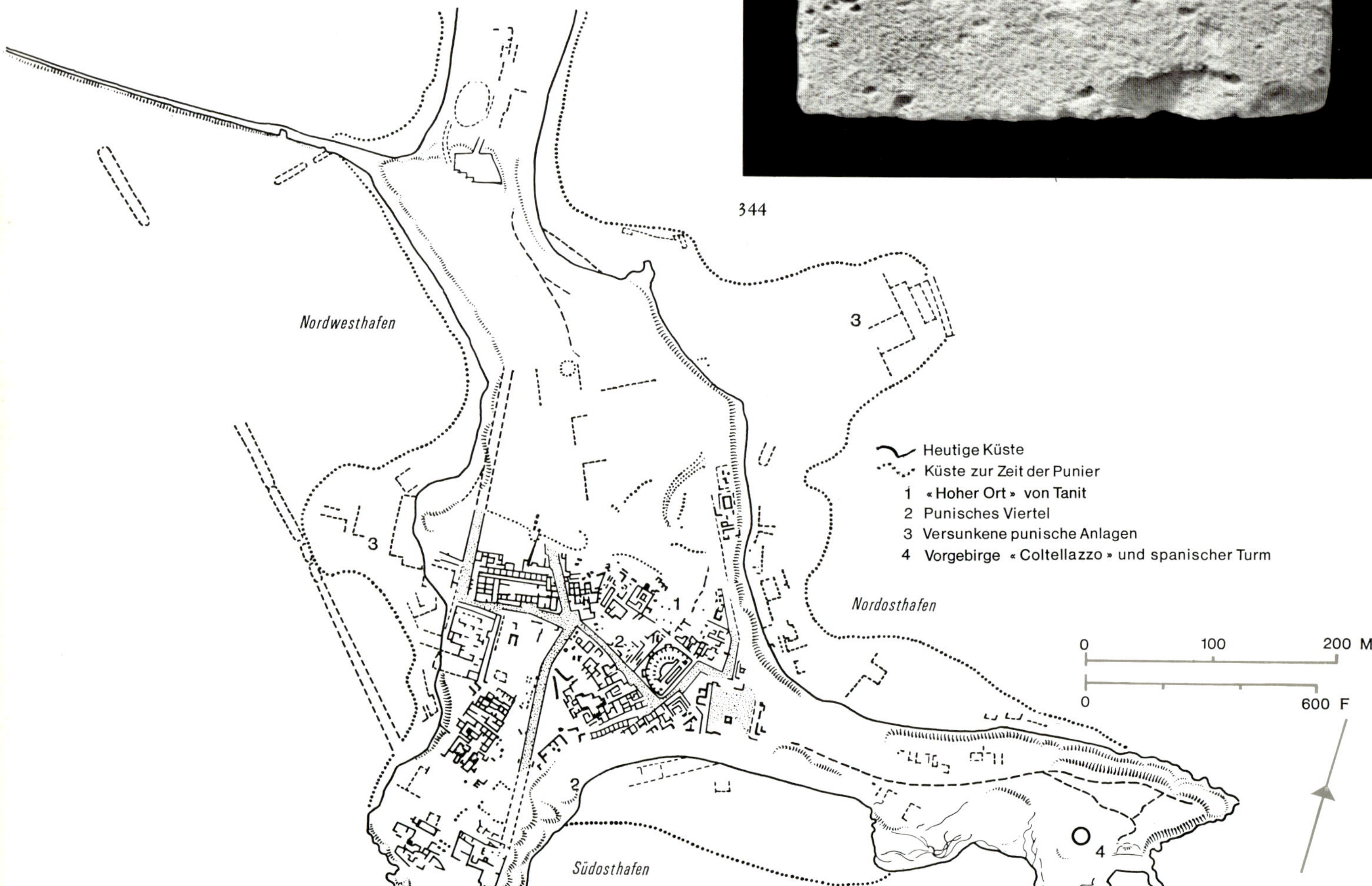

345 - Nora - Grundriß der Stadt

343 - punisch - Tharros, Nekropole - Maske eines Silen (3.-2. Jh. v. Chr. [?]) - Cagliari
344 - punisch - Sulci, ‹tophet› - Stele: Frau, die eine Scheibe vor der Brust hält (4.-3. Jh. v. Chr.) - Cagliari

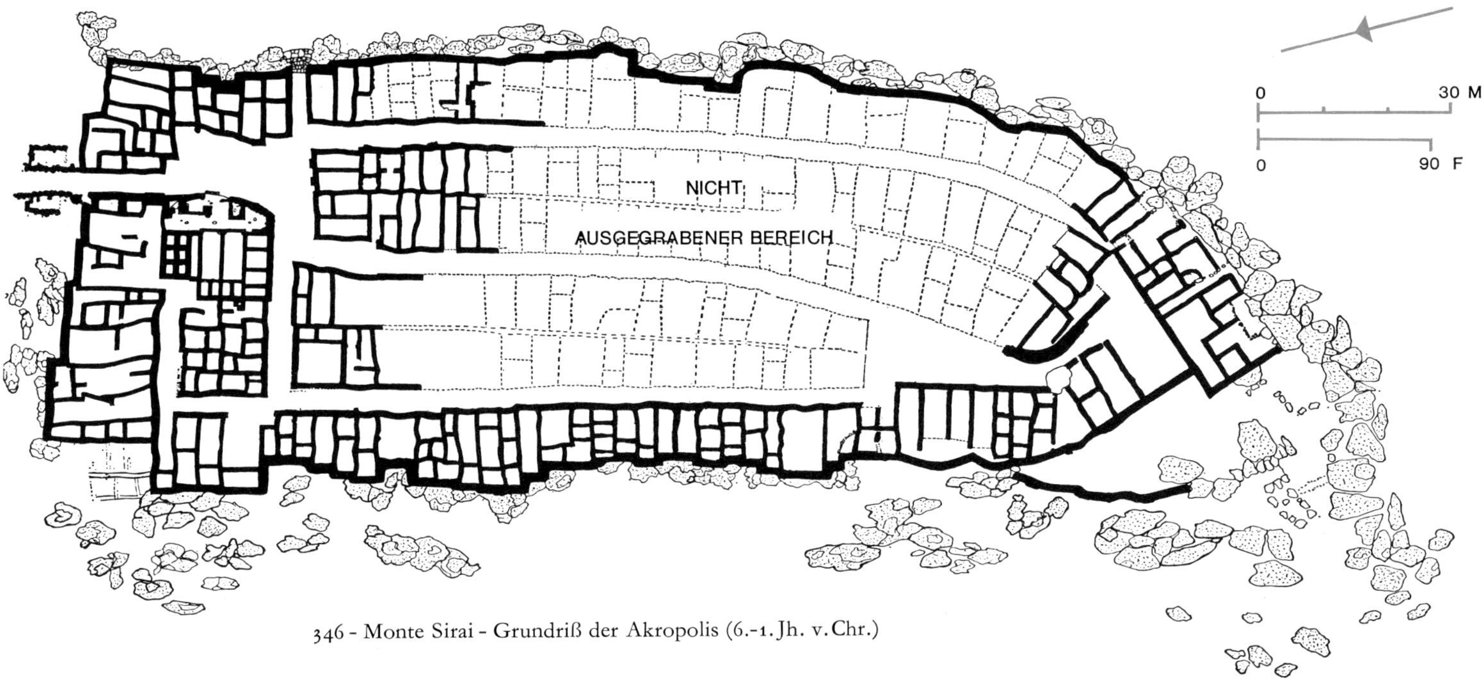

346 - Monte Sirai - Grundriß der Akropolis (6.-1. Jh. v. Chr.)

347 - Die Halbinsel Sinis mit Tharros und dem Kap S. Marco

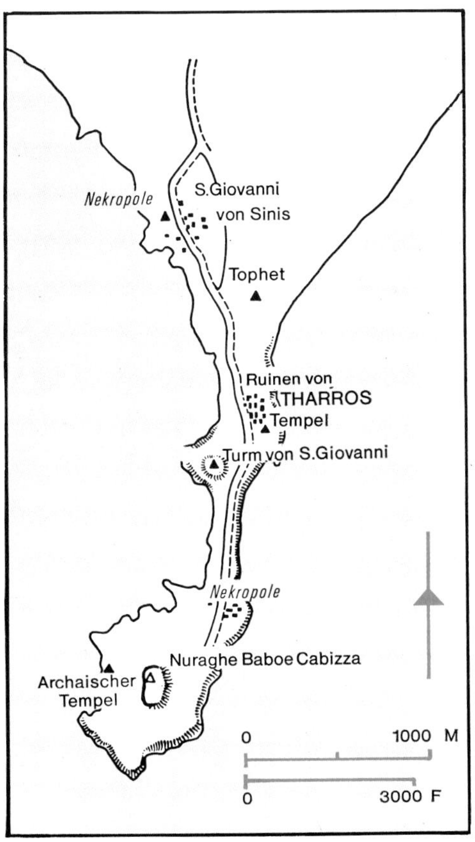

348 - punisch - Carmona - Täfelchen: Krieger zwischen einem Greifen und einem Löwen (7.-6. Jh. v. Chr.) - New York

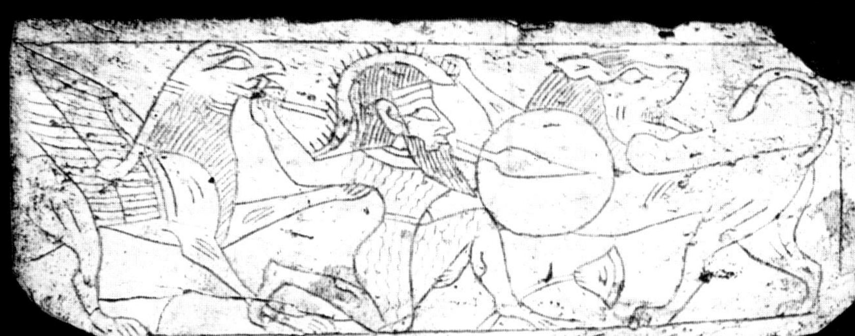

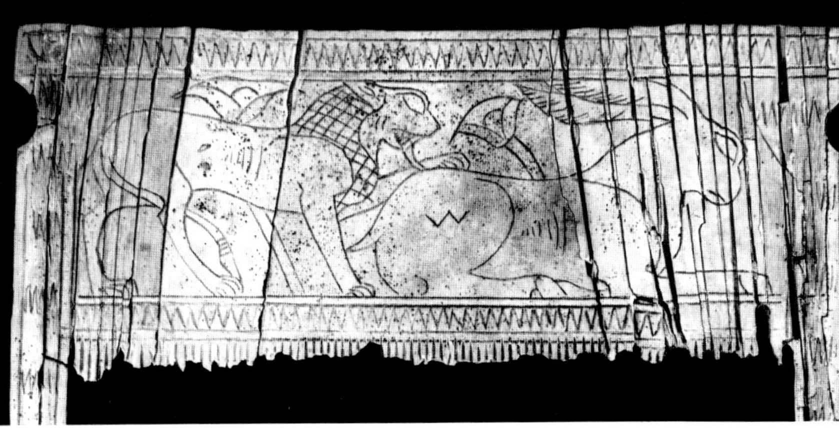

349 - punisch - Carmona - Kamm: Löwe, der einen Hasen anfällt (7.-6. Jh. v. Chr.) - New York

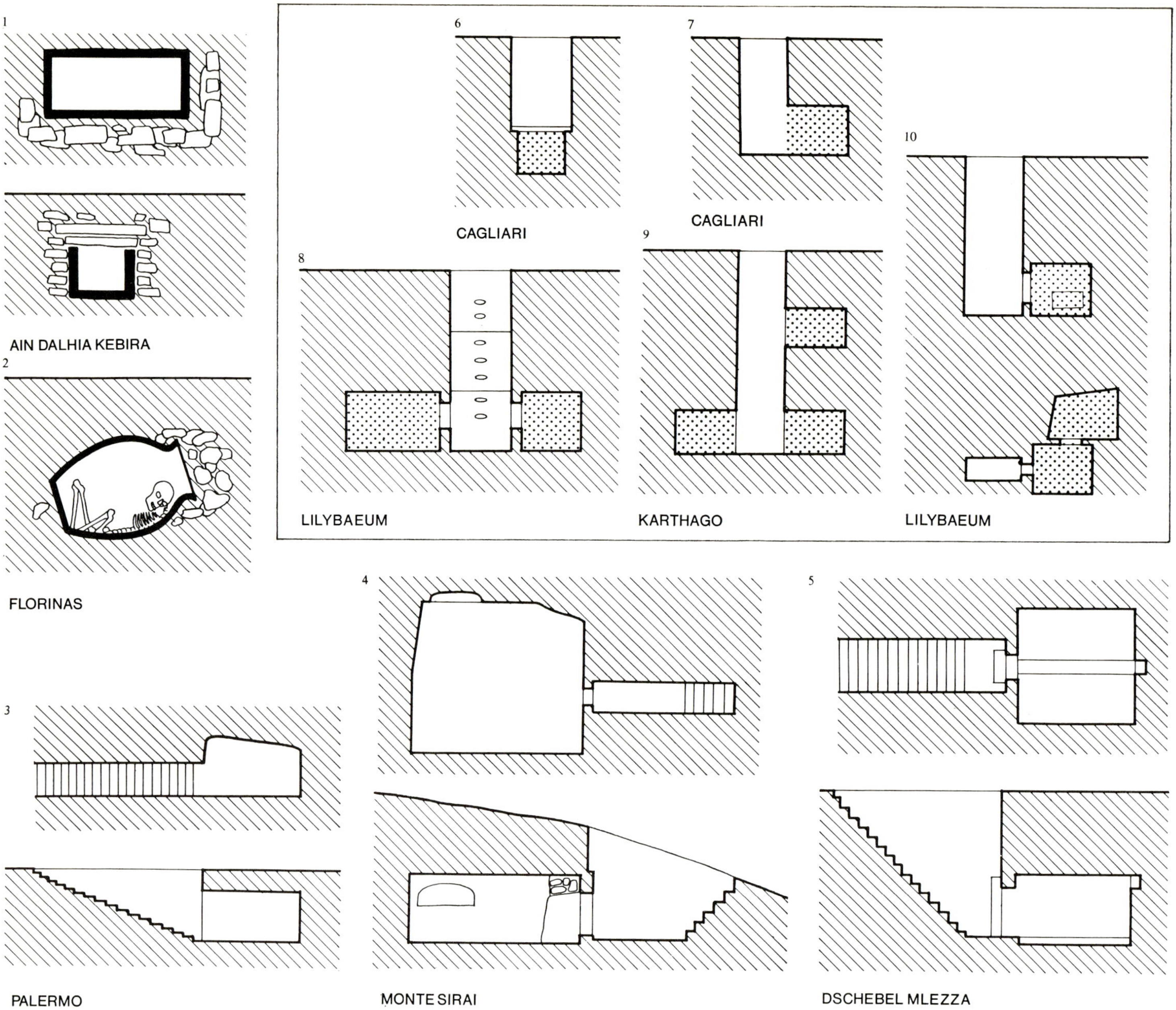

350 - Verschiedene Typen punischer Bestattungen: Gruftgräber (1 und 2), ‹dromos›-Gräber (3–5) und Schachtgräber (6-10)

Die punischen Grabmäler

Bei den Gräbern in Karthago wurden wie bei denen zahlreicher anderer nordafrikanischer Orte die schon in Phönizien verwendeten Formen wiederaufgegriffen; dabei unterschied man zwei Hauptgruppen: die Schachtgräber mit Kammern, die sich in verschiedenen Positionen in die Wände oder die Grundfläche des Schachts selbst öffnen; und die *dromos*-Gräber mit einem schräg abwärts in den Untergrund gegrabenen Zugang und einer Grabkammer, die ein Satteldach hat und deren Wände mit Steinplatten verkleidet sind. In einer früheren Zeit gab es auch Grüfte, also Gräber, die unmittelbar in den Boden eingelassen und mit Steinplatten bedeckt wurden und die sich ebenfalls auf phönizische Vorbilder beziehen (Chalde). In der Spätzeit schließlich kommen Mausoleen vor, bei denen man unschwer den hellenistischen Einfluß erkennt, so in Dugga, Sabratha, in Algerien, im ‹Medracen› und im ‹Grab der Christin›.

Bei den sehr zahlreichen Nekropolen im punischen Sardinien wird die in Karthago festgestellte und in Sizilien bestätigte Typologie wiederaufgegriffen: Schachtgräber mit einer oder mehreren Kammern, die sich in die Wände an der Grundfläche öffnen, finden sich in Olbia, Cagliari und Nora; *dromos*-Gräber mit einem abwärts führenden, mit Stufen versehenen Gang, die in weite Grabkammern mit in die Wände gebrochenen *loculi* überleiten, sind in Sulci und Monte Sirai anzutreffen. Ebenso gibt es Beispiele für Grüfte oder Kastengräber in Cagliari, Nora und Olbia. Erdbestattungen und Verbrennungen wechseln miteinander ab, wenn auch die erstere Bestattungsart überwiegt.

ZEITTAFEL

I. Die Phönizier im Nahen Osten
II. Die Phönizier im Westen

I. DIE PHÖNIZIER IM NAHEN OSTEN

	PHÖNIZIEN			ÄGYPTEN
6000	*Neolithikum*	Jericho	Heiligtum	
5000		Byblos	Heiligtümer, Baitylien, Figurinen, Wohnbauten, Grabmäler	
				VORGESCHICHTE
4000	*Chalkolithikum*	Byblos	Wohnbauten, Topfgräber, Silberschmuck, Perlen aus Gold, Silber und Karneol	
	Kanaanäer	Byblos	Stadtmauer, Häuser mit sieben Säulen, Tempel der Baalat, Siegelzylinder, zoomorphe Vasen und Geschenke der Pharaonen	*1. und 2. Dynastie*
3000	*Frühe Bronzezeit (3000–2100)*			Chasechemui (um 2800)
		Tyros	*Gründung (um 2750)*	ALTES REICH (2778–2160) *4. Dynastie (2723–2563)* Pyramiden des Snofru, Cheops, Chephren, Mykerinos *6. Dynastie (2423–2263)* Teti Pepi I. und II.
	Erste Zwischenzeit (um 2280–2050)	Byblos	*Invasion der Amoriter*, Brandschatzung; Häuser der Amoriter	MITTLERES REICH (2160–1675)
2000	*Mittlere Bronzezeit (2000–1700)*			*12. Dynastie (2000–1785)* Gräber von Dahschur
	Abi-schemu	Byblos	Obeliskentempel: Exvotos, Statuetten, Waffen	
		Byblos	Grab des Abi-schemu, Königsschmuck	
1900		Ugarit	Tempel	
				Amenemhet III. (1849–1801)
1800	Japi-schemu-abi	Byblos	Grab des Japi-schemu-abi, Königsschmuck	Amenemhet IV. (1800–1792)
		Beirut	Sphinx	*13. Dynastie*
		Tell Hizzîn	Statuetten Erste ‹phönizische› Buchstabenzeichen	Sebekhotep IV.
1700	*Zweite Zwischenzeit (1700–1600)*			HYKSOS (1675–1580)
			Einfall der Hyksos	
		Kfar Dscharra	Gräber	
		Byblos	Gräber	
		Beirut	Gräber	
		Sinn el-Fil	Gräber, Keramik	*14.–17. Dynastie*
		Tell Hizzîn	Gräber	

SUMERER, KASSITEN	SEMITEN	VERSCHIEDENE VÖLKER	GRIECHENLAND	
				6000
Hassuna SUMERER				5000
Tell Halaf Tell Obeid		ELAMITER Susa I Susa II		4000
			FRÜHMINOISCH (3000–um 2000)	3000
	AKKADER Sargon (2371–2316)			
		GUTÄER (2285–2132)		
Lagasch	Narâm-Sin (2291–2255)			
3. Dynastie von Ur (2124–2016)	AMORITER MESOPOTAMIENS Isin und Larsa (2022–1761)		MITTELMINOISCH (2000–1570)	2000
	I. Dynastie von Babylon (1849–1595)			1900
			Die ersten Paläste	1800
Zimrilim von Mari (1779–1761)	Hammurabi (1792–1750)			
KASSITEN (1730–1155)				
		HETHITER		1700
	Einnahme Babylons (1651)	Murschili I. (1620–1590)		
	Joseph, Sohn Jakobs			

	PHÖNIZIEN			ÄGYPTEN
1600	*Späte Bronzezeit (1600–1200)*			
				NEUES REICH (1580–1090)
				18. Dynastie (1580–1320)
				Tutmosis III. (1504–1450)
				Karnak und Luxor
1500				Megiddo (1483)
1400				
	Abi-Milki	Tyros		Echnaton (1370–1352)
	Zimrida	Sidon		Tutenchamun (1352– um 1342)
	Rib-Addi	Byblos		
	Niqmad	Ugarit		
		Tyros	Stele	*19. Dynastie (1320–1200)*
				Sethos I. (1318–1298)
1300		Tyros	Stelen	
		Nahr el-Kelb	Stelen	
		Qadesch	*Schlacht zwischen Muwatalli und Ramses II. (1294)*	Ramses II. (1298–1232)
		Byblos	Portal	
	Ahiram	Byblos	Königssarkophag: älteste phönizische Inschrift	Merenptah I. (1232– um 1225)
1200	*Eisenzeit (1200–587)*	Ugarit	Nekropole, Elfenbeine	*20. Dynastie (1200–1085)*
		Ugarit	Zerstörung	Ramses III. (1198–1166)
		Sidon	Zerstörung	
1100	Zakarbaal			*21. Dynastie (1085–950)*
		Byblos	Reise des Wen-Amon	Smendes und Herihor (1085–1054)
			Zeit der phönizischen Expansion	
1000				
	Hiram I. (969–935)	Tyros	Städtebauliche Aktivitäten; Melqart-Tempel und Tempel in Jerusalem	*22. und 23. Dynastie (950–730)*
	Abibaal	Byblos	Phönizische Inschrift auf einer Statue Scheschonks I.	Scheschonk I. (950–929)
				Osorkon I. (929–893)
900	Elibaal	Byblos	Phönizische Inschrift auf einer Statue Osorkons I.	
			Zeit der assyrischen Herrschaft (9.–7. Jh.)	
	Ittobaal I. (887–856)	Tyros	Vater der Isebel	Osorkon II. (870–847)
	Elissa	Tyros	*Gründung von Karthago (um 814)*	
800		Tyros	Figurinen	

SUMERER, KASSITEN	SEMITEN	VERSCHIEDENE VÖLKER		GRIECHENLAND	
	Moses			Die zweiten Paläste	1600
				SPÄTMINOISCH (1550– um 1180)	
					1500
	Chabiru (14. Jahrhundert)				1400
		Suppiluliuma (1380–1346)			
	AMORITER SYRIENS Abdi-Aschirta Aziru				
		Muwatalli (1306–1282)			1300
		ISRAEL IN KANAAN			
		SEEVÖLKER (um 1191)			1200
		PHILISTER			
Tiglatpileser I. (1112–1074)					1100
		Saul (1025–1010) David (1010–955)			
					1000
		Salomo (955–935) *Teilung in zwei Reiche (930)*			
		JUDA	ISRAEL		900
	Hadadezer				
		Josaphat (874–849)	Ahab-Isebel (873–851)		
Salmanassar III. (858–824) *1. Schlacht von Qarqar (854)*	Hasa'el Ben Hadad II.	Joram-Athalja	Jehu (um 840–814)		
		Joas (836–802)	Joahas (814–798)		
Adadnirari III. (805–782)	Mari		Joas (798–783)		800

	PHÖNIZIEN			ÄGYPTEN
		Chalde	Nekropole	
				24. Dynastie (730–715)
				25. Dynastie (715–656)
700	Elulaios (701)	König von Sidon und Tyros	*Schiffe auf dem Euphrat*	
		Tyros	Assyrische Inschrift	Taharka (689–663)
	Abd-Milkuti	Sidon	*Zerstörung durch die Assyrer (676)*	*26. Dynastie (663–525)*
		Sidon	Älterer Eschmun-Tempel	
			Die Phönizier umschiffen Afrika	
600		Nahr el-Kelb, Wadi Brissa, Wadi el-Sabaa	Stelen des Nebukadnezar	Necho II. (609–594)
	Ittobaal III.	Tyros	*Belagerung durch Nebukadnezar (586–573)*	Apries (588–568)
	Merbaal	Tyros	*Unterwerfung unter Nebukadnezar (573)*	
			Zeit der persischen Vorherrschaft (555–330)	
		Byblos	Achämenidische Festung	*Erste persische Besetzung*
	Tabnit	Sidon	Sarkophag	
	Eschmunazar	Sidon	Sarkophag	*Feldzüge nach Nubien und Libyen*
		Sidon	Eschmun-Tempel	
	Bodaschtart	Sidon	Eschmun-Tempel; Modeln für Figurinen	*27. Dynastie (525–404)*
500		Sidon	Basis der 5. Satrapie	
		Sidon	Palast und ‹paradeisos›, anthropoide Sarkophage, Schmuck	
	Straton, der Philhellene	Sidon	Eschmun-Tempel; Kinderstatuen	
400	Tennes	Sidon	*Phönizisches Bündnis*; Brand	*28. Dynastie (404–398)*
		Sidon	Sogenannter ‹Sarkophag des Satrapen›; ‹Sarkophag des Lykiers›	*29. Dynastie (398–378)*
		Sidon	Sogenannter ‹Alexander-Sarkophag›; sogenannter ‹Sarkophag der weinenden Frauen›	*30. Dynastie (378–343)*
	Jehomilk	Byblos	Stele	
	Adarmelek	Byblos	Münzen	*Zweite persische Besetzung (341–330)*
		Tyros	*Belagerung und Kapitulation (333)*	
		Tyros	*Einnahme durch Alexander den Großen (332)*	*Gründung von Alexandria (331)*
			Hellenistische Epoche (323–63)	*Herrschaft der Ptolemäer (323–30)*
		Charâjib	Terrakottafigurinen	
		Tyros	Figurinen; Tempel	

ASSYRER	SEMITEN	HEBRÄER		GRIECHENLAND	
			Jerobeam II. (786–746)		
Tiglatpileser III. (745–727) Sargon II. (721–705)		Hiskia (722–698)	*Annexion durch die Assyrer (721)*		
2. Schlacht von Qarqar (721)					
Sanherib (704–681)		Manasse (698–643)			700
Asarhaddon (680–669) Assurbanipal (668–626)					
		Josia			
BABYLONIER		JUDÄA			
Nebukadnezar II. (604–562)		*Einnahme von Jerusalem (586)*			600
PERSER					
Kyros II. (558–528)					
Kambyses II. (528–522)		*Rückkehr aus dem Exil (538)*			
Dareios I. (521–486)					
Xerxes I. (486–465)				Marathon (490) Salamis (480) Zerstörung Athens (480)	500
				Parthenon (447–438) *Peloponnesischer Krieg (431)*	
					400
Artaxerxes III. (358–338) Dareios III. (335–330)				Philipp von Makedonien (356–336)	
Schlacht bei Issos (333)				Alexander der Große (336–323)	

	Phönizien		Ägypten
300	Tyros	Statue des Philopator	
			Ptolemäus IV. Philopator (222–205)
200			
100			
		Einnahme durch Pompeius (64)	
		Römische Epoche (63 v. Chr. – 395 n. Chr.)	
			Kleopatra (51–30)
0	Baalbek	Sogenannter ‹Jupiter-Tempel›	
	Beirut	Colonia Julia Augusta Berytus	
	Beirut	Monument des Herodes	
	Tyros	Inschrift	
	Tyros	Erste Arena	
	Beirut	Rechtsakademie	
100			
	Tyros	Hadrians-Statue	
	Tyros	Triumphbogen	
	Tyros	Sarkophage mit Relief	
	Tyros	Straße	
	Tyros	Hippodrom	
	Baalbek	Hof des sogenannten ‹Jupiter-Tempels›	
	Tyros	Kopf des Septimius Severus	
200	Tyros	Säule des Ulpianus	
	Byblos	Odeon, Mosaiken	
	Baalbek	Propyläen	
	Baalbek	Sogenannte ‹Bacchus-› und ‹Venus-Tempel›	
	Tyros	Thermen, Stelen des Odaenathus, Nekropole, Mithräum	
	Sidon	Mithräum	
	Baalbek	Mosaik der Sieben Weisen	
	Baalbek	Alexander-Mosaik	
300			
	Tyros	Große Straße; zweite Arena	
	Afqa	Neue Blütezeit des Tempels	
	Baalbek	Kirche im sogenannten ‹Jupiter-Tempel›	
400			

NAHER OSTEN	ROM	
		300
		200
		100
	Eroberung Syriens durch Pompeius (64–63)	
Herodes der Große, König der Juden (40–4)		
	Schlacht bei Actium (31) Augustus (27 v. Chr. – 14. n. Chr.)	
Christus		0
	Tiberius (14–37)	
Herodes Agrippa II., König der Juden (52–68)	Nero (54–68)	
Einnahme Jerusalems durch Titus: Zerstörung des Tempels (70)	Vespasian (69–79) Titus (79–81)	
		100
	Hadrian (117–138) Antoninus Pius (138–161) Mark Aurel (161–180) Commodus (180–192)	
	Septimius Severus (193–211)	
		200
	Caracalla (211–217)	
Odaenathus, Fürst von Palmyra	Gallienus (260–268)	
Zenobia, Königin von Palmyra	Aurelian (270–275)	
	Diocletian (284–305)	
		300
	Constantin (306–337)	
Kirche in Jerusalem	Constantius II. (337–361) Julian Apostata (361–363)	
	Theodosius (379–395)	
OSTRÖMISCHES REICH, Hauptstadt: Byzanz (395)		
		400

II. DIE PHÖNIZIER IM WESTEN

	KARTHAGO UND DIE PUNISCHE EXPANSION	SIZILIEN UND MALTA	SARDINIEN	IBERISCHE HALBINSEL UND BALEAREN
1200				
1100	Gründung von Utica	Die Phönizier in Sizilien		Gründung von Cádiz (1110)
1000				
900				
			Inschrift von Nora	
	Gründung Karthagos durch Elissa (Dido) und die Tyrer (814)			
		Die Phönizier auf Malta		Funde in Los Toscanos und Almuñecar
800			Gründung von Sulci und Tharros	
700			Gründung von Bitia	Gründung von Ibiza (654)
600			Gründung von Monte Sirai	
		Die Karthager in Sizilien (550–530)		
	Sieg der Karthager und Etrusker über die Griechen bei Alalia (535)		Die Karthager in Sardinien (um 525)	
	Erster Vertrag zwischen Karthago und Rom (um 509)			
500	Schlacht bei Himera (480)			
	Afrika-Umschiffung des Karthagers Hanno (425)			
		Zerstörung von Himera und Selinunt (409)		
		Zerstörung von Agrigent (406)		
		Erster Vertrag zwischen Karthago und Dionysius von Syrakus (405)		
400		Zerstörung von Motye durch Dionysius von Syrakus (397)		
		Zweiter Vertrag zwischen Karthago und Dionysius von Syrakus (396)		
		Mago in Sizilien		
		Dritter Vertrag zwischen Karthago und Dionysius von Syrakus (393–372)		

	KARTHAGO UND DIE PUNISCHE EXPANSION	SIZILIEN UND MALTA	SARDINIEN	IBERISCHE HALBINSEL UND BALEAREN
		Vierter Vertrag zwischen Karthago und Dionysius von Syrakus (375)		
	Zweiter Vertrag zwischen Karthago und Rom (348)			
		Schlacht am Krimisos (339)		
	Agathokles in Afrika (310–306) Dritter Vertrag zwischen Karthago und Rom (306)			
		Vertrag zwischen Karthago und Agathokles (305)		
300				
	Vierter Vertrag zwischen Karthago und Rom (279–278)	Pyrrhus in Sizilien (278–276)		
	Erster Punischer Krieg (264–241)			
			Sieg der Römer bei Sulci (258–257)	
	Attilius Regulus in Afrika (256–255)			
	Friedensvertrag zwischen Karthago und Rom (241)	Seeschlacht bei den Ägatischen Inseln, Ende des Ersten Punischen Krieges (241)		
	Beginn des Söldnerkrieges (240)		Söldneraufstand (240)	
	Ende des Söldnerkrieges (237)	Römische Herrschaft in Sizilien	Abtretung Sardiniens an die Römer (238)	Hamilkar Barkas in Spanien (237)
	Vertrag Hamilkars mit Rom (226)			
				Gründung von Cartagena durch Hasdrubal (221) Hannibal folgt Hasdrubal als Heerführer (um 220) Belagerung von Saguntum (219)
	Zweiter Punischer Krieg (218–201) Hannibal überquert die Alpen (218) Schlacht am Ticinus und an der Trebia	Malta kommt unter römische Herrschaft (218)		
	Schlacht bei Cannae, Abfall von Capua (216)			
			Aufstand des Hampsicora; Schlacht von Cornus (215–214)	

	KARTHAGO UND DIE PUNISCHE EXPANSION	SIZILIEN UND MALTA	SARDINIEN	IBERISCHE HALBINSEL UND BALEAREN
				Tod der Scipionen (211)
				P. Cornelius Scipio Prokonsul von Spanien (210)
				Die Römer erobern Cartagena (209–208)
	Schlacht am Metaurus (207)			
				Die Römer erobern Cádiz (206)
	Scipio in Afrika (204)			
	Schlacht bei Zama (202)			
	Friedensvertrag zwischen Karthago und Rom (201)			
200				
	Dritter Punischer Krieg (149–146)			
	Einnahme Karthagos (146)			

BIBLIOGRAPHIE

1. ACANFORA, M. Ornella, Panormo punica. In: Memorie dell'Accademia Nazionale dei Lincei, 8. Serie I, 1947, S. 197 bis 248.
2. ACQUARO, Enrico, I rasoi punici = Pubblicazioni del Centro di Studio per la civiltà fenicia e punica XI. Studi semitici XLI. - Rom, 1971.
3. ACQUARO, Enrico, und andere, Ricerche puniche ad Antas. Rapporto preliminare della Missione archeologica dell'Università di Roma e della Soprintendenza alle Antichità di Cagliari. - Rom, 1969.
4. ALBRIGHT, William Foxwell, New Light on the Early History of Phoenician Civilization. In: Bulletin of the American Schools of Oriental Research LXXXIII, 1941, S. 14-22.
5. ALBRIGHT, William Foxwell, Syria, the Philistines and Phoenicia. In: The Cambridge Ancient History II, XXXIII (Heft 51), S. 24-58. - Cambridge, 1966.
6. ALMAGRO GORBEA, María Joséfa, Excavaciones arqueológicas en Ibiza = Excavaciones arqueológicas en España LVI. - Madrid, 1967.
7. AMADASI, Maria Giulia, und andere, Monte Sirai II. Rapporto preliminare della Missione archeologica dell'Università di Roma e della Soprintendenza alle antichità di Cagliari = Studi semitici XIV. - Rom, 1965. *Grabungsbericht 1964.*
8. AMADASI, Maria Giulia, und andere, Monte Sirai III. Rapporto preliminare della Missione archeologica dell'Università di Roma e della Soprintendenza alle antichità di Cagliari = Studi semitici XX. - Rom, 1966. *Grabungsbericht 1965.*
9. AMADASI, Maria Giulia, und andere, Monte Sirai IV. Rapporto preliminare della Missione archeologica dell'Università di Roma e della Soprintendenza alle antichità di Cagliari = Studi semitici XXV. - Rom, 1967. *Grabungsbericht 1966.*
10. ARRIBAS, A., und WILKINS, J., La necrópolis fenicia del Cortijo de las Sombras (Frigiliana, Málaga). In: Pyrenae V, 1969, S. 185-244.
11. ASTRUC, Miriam, Nouvelles Fouilles à Djidjelli (Algérie). In: Revue africaine LXXX, 1937, S. 199-253.
12. ASTRUC, Miriam, La necrópolis de Villaricos. - Madrid, 1951.
13. ASTRUC, Miriam, Supplément aux fouilles de Gouraya. In: Libyca II, 1954, S. 9-48.
14. ASTRUC, Miriam, Traditions funéraires de Carthage. In: Cahiers de Byrsa VI, 1956, S. 29 bis 58.
15. ASTRUC, Miriam, Exotisme et localisme. Étude sur les coquilles d'œufs d'autruche décorées d' Ibiza. In: Archivo de Prehistoria Levantina VI, 1957, S. 47 bis 112.
16. AUBET, Maria Eugenia, La cueva d'Es Cuyram (Ibiza). In: Pyrenae IV, 1969, S. 1-60.
17. AUBET, Maria Eugenia, Los depósitos votivos púnicos de Isla Plana (Ibiza) y Bithia (Cerdeña). - Santiago de Compostela, 1969.
18. BALDACCHINO, J. G., Punic Rock-Tombs near Pawla, Malta. In: Papers of the British School at Rome XIX, 1951, S. 1-22.
19. BARADEZ, Jean Lucien, Tipasa, ville antique de Maurétanie. - Algier, 1952.
20. BARADEZ, Jean, Nouvelles Recherches sur les ports antiques de Carthage. In: Karthago IX, 1958-1960, S. 45-78.
21. BARAMKI, Dimitri, Phoenicia and the Phoenicians. - Beirut, 1961.
22. BARNETT, Richard D., The Nimrud Ivories and the Art of the Phoenicians. In: Iraq II, 2, 1935, S. 179-210.
23. BARNETT, Richard D., Phoenicia and the Ivory Trade. In: Archaeology IX, 2, 1956, S. 87 bis 97.
24. BARNETT, Richard D., Early Shipping in the Near East. In: Antiquity XXXII, 1958, S. 220 bis 230.
25. BARRECA, Ferruccio, La città punica in Sardegna. In: Bollettino del Centro di Studi per la storia dell'architettura XVII, 1961, S. 27-48.
26. BARRECA, Ferruccio, La civiltà di Cartagine. - Cagliari, 1964.
27. BARRECA, Ferruccio, und andere, Monte Sirai I. Rapporto preliminare della Missione archeologica dell'Università di Roma e della Soprintendenza alle antichità di Cagliari = Studi semitici XI. - Rom, 1964. *Grabungsbericht 1963.*
28. BARRECA, Ferruccio, und andere, Ricerche puniche nel Mediterraneo centrale. Relazioni del colloquio in Roma, 5.-7. Mai 1969 = Pubblicazioni del Centro di Studio per la civiltà fenicia e punica VI, Studi semitici XXXVI. - Rom, 1970.
29. BARRECA, Ferruccio, und andere, L'espansione fenicia nel Mediterraneo. Relazione del Colloquio in Roma, 4.-5. Mai 1970 = Pubblicazioni del Centro di

Studio per la civiltà fenicia e punica VIII, Studi semitici XXXVIII. - Rom, 1971.

30. BAUER, Hans, Die alphabetischen Keilschrifttexte von Ras Shamra = Kleine Texte für Vorlesungen und Übungen CLXVIII. - Berlin, 1936.

31. BAUMGARTNER, Walter, Ras-Schamra und das Alte Testament. In: Theologische Rundschau XII, 1940, S. 163-188, XIII, 1941, S. 1-20, 85-102 und 157-183.

32. BEA, Augustin, Archäologisches und Religionsgeschichtliches aus Ugarit-Ras Šamra. In: Biblica XX, 1939, S. 436-453.

33. BÉRARD, Victor, Les Phéniciens et ‹l'Odyssée›. 2 Bde. - Paris, 1902 und 1903; 2. Aufl. 1927.

34. BERCHEM, Denis van, Sanctuaires d'Hercule-Melqart. Contribution à l'étude de l'expansion phénicienne en Méditerranée. In: Syria XLIV, 1967, S. 73-109 und 307-338.

35. BERTHIER, André, und CHARLIER, René, Le Sanctuaire punique d'El-Hofra à Constantine. - Paris, 1955.

36. BERTHIER, André, und LEGLAY, M., Le Sanctuaire du sommet et les stèles à Baal-Saturne de Tiddis. In: Libyca VI, 1958, S. 23-58.

37. BEVILACQUA, Fernanda, und andere, Mozia VII. Rapporto preliminare della Missione congiunta con la Soprintendenza alle antichità della Sicilia occidentale = Pubblicazioni del Centro di Studio per la civiltà fenicia e punica X, Studi semitici XL. - Rom, 1972.
Grabungsbericht 1970.

38. BIANCHI BANDINELLI, Ranuccio, und andere, Leptis Magna. - Mailand, 1964.

39. BIROCCHI, E., La monetazione punico-sarda. In: Studi sardi II, 1935, S. 64-164.

40. BISI, Anna Maria, Le stele puniche = Studi semitici XXVII. - Rom, 1967.

41. BISI, Anna Maria, Favignana, dalla preistoria all'epoca romana. In: Sicilia Archeologica I, 1968, S. 24-33.

42. BISI, Anna Maria, Le matrici fittili puniche della Sardegna e della Sicilia. In: Sefarad. Revista del instituto arias montano de estudios hebraicos y oriente proximo XXVIII, 1968, S. 289-308.

43. BISI, Anna Maria, I Pettini d'avorio di Cartagine. In: Africa II, 1968, S. 10-73.

44. BISI, Anna Maria, La ceramica punica. Aspetti e problemi. - Neapel, 1970.

45. BISI, Anna Maria, Influenze italiote e siceliote sull'arte tardopunica: le stele funerarie di Lilibeo. In: Archeologia classica XXII, 1970, S. 92-130.

46. BISI, Anna Maria, Erice (Trapani). Scoperta della necropoli punica e ricerche archeologiche nell'agro ericino. In: Notizie degli scavi di antichità 1971, S. 640-661.

47. BISI, Anna Maria, und andere, Grotta Regina I. Rapporto preliminare della Missione congiunta con la Soprintendenza alle Antichità della Sicilia Occidentale = Pubblicazioni del Centro di Studio per la civiltà fenicia e punica IV, Studi semitici XXXIII. - Rom, 1969.

48. BISI, Anna Maria, und TUSA CUTRONI, Aldina, Lilibeo (Marsala). Nuovi scavi nella necropoli punica (1969-1970). In: Notizie degli scavi di antichità 1971, S. 662-769.

49. BLANCO, Antonio, LUZÓN, J. M., und RUIZ, D., Excavaciones arqueológicas en el Cerro Salomón (Riotinto, Huelva). - Madrid, 1970.

50. BLANCO FREIJEIRO, Antonio, Los marfiles de Carmona. In: Archivo español de arqueologia XXXIII, 1960, S. 3-25.

51. BLANCO FREIJEIRO, Antonio, La colonización de la Península Ibérica en el primer milenio antes de Cristo. In: GÓMEZ-TABANERA, José Manuel, Las raíces de España, S. 167-197. - Madrid, 1967.

52. BLÁSQUEZ, J. M., Tartessos y los orígines de la colonización fenicia en Occidente = Acta Salmanticensia LVIII. - Salamanca, 1968.

53. BLÁSQUEZ, J. M., und LUZÓN Y DE RUIZ MATA, J.M., La factoría púnica de Aljaraque en la provincia de Huelva. In: Noticiario arqueológico hispánico XIII-XIV, 1969-1970 [1971], S. 304-331.

54. BONELLO, Vincenzo, und andere, Missione archeologica italiana a Malta. Rapporto preliminare della campagna 1963 = Serie archeologica V. - Rom, 1964.

55. BONSOR, Georges Edward, Early Engraved Ivories in the collection of the Hispanic Society of America from excavations. - New York, 1928.

56. BOSCH-GIMPERA, P., Fragen der Chronologie der Phönizischen Kolonisation in Spanien. In: Klio XXII, 1929 (Nachdruck 1964), S. 345-368.

57. BOUCHENAKI, M., Le Mausolée royal de Maurétanie. - Algier, 1970.

58. BOZZI, Clara, CAGIANO DE AZEVEDO, Michelangelo, CAPRINO, Caterina, CIASCA, Antonia, DAVICO, Alberto, MONACO, Rosanna del, GARBINI, Giovanni, PUGLIESE, Bice, und ROSSIGNANI, Maria Pia, Missione archeologica italiana a Malta. Rapporto preliminare della campagna 1967 = Serie archeologica XV. - Rom, 1968.

59. BRAIDWOOD, Robert J., Report on Two Sondages on the Coast of Syria, South of Tartous. In: Syria XXI, 1940, S. 183-226.

60. BRANCOLI, Isabella, und andere, Mozia III. Rapporto preliminare della Missione archeologica della Soprintendenza alle antichità della Sicilia occidentale e dell'Università di Roma = Studi semitici XXIV. - Rom, 1967.
Grabungsbericht 1967.

61. BREGLIA, Laura, Le antiche rotte del Mediterraneo documentate da monete e pesi. In: Rendiconti dell'Accademia di Archeologia, Lettere e Belle Arti di Napoli XXX, 1955, S. 211-326.

62. BUHL, Marie Louise, The Late Egyptian Anthropoid Stone Sarkophagi = Nationalmuseets Skrifter. Arkaeologisk Historisk Raekke VI. - Kopenhagen, 1959.

63. BUSUTTIL, Giuseppe, und andere, Missione archeologica italiana a Malta. Rapporto preliminare della campagna 1968 = Serie archeologica XVII. - Rom, 1969.

64. CAGIANO DE AZEVEDO, Michelangelo, und andere, Missione archeologica italiana a Malta. Rapporto preliminare della campagna 1964 = Serie archeologica IX. - Rom, 1965.

65. CAGIANO DE AZEVEDO, Michelangelo, und andere, Missione archeologica italiana a Malta. Rapporto preliminare della campagna 1965 = Serie archeologica XI. - Rom, 1966.

66. CAGIANO DE AZEVEDO, Michelangelo, und andere, Missione archeologica italiana a Malta. Rapporto preliminare della campagna 1966 = Serie archeologica XII. - Rom, 1967.

67. CAGIANO DE AZEVEDO, Michelangelo, und andere, Missione archeologica italiana a Malta. Rapporto preliminare della campagna 1969 = Serie archeologica XVIII. - Rom, 1972.

68. CARCOPINO, Jérôme, Le Maroc antique. - Paris, 1943; 7. durchgeseh. Aufl. 1948.

69. CARPENTER, Rhys, Phoenicians in the West. In: American Journal of Archaeology LXII, 1958, S. 35-53.

70. CARRIAZO, Juan de Mata, El tesoro y las primeras excavaciones en ‹el Carambolo› (Camas, Sevilla) = Excavaciones arqueológicas en España LXVIII. - Madrid, 1970.

71. CARRIAZO, Juan de Mata, El tesoro y las primeras excavaciones de Ebora (Sanlúcar de Barrameda) = Excavaciones arqueológicas en España LXIX. - Madrid, 1970.

72. CARTER, Theresa Howard, Western Phoenicians at Lepcis Magna. In: American Journal of Archaeology LXIX, 1965, S. 123-132.

73. Carthage. Sa naissance, sa grandeur. Les collections puniques des musées du Bardo, de Carthage et d'Utique = Archéologie vivante I, 2. - Paris, 1969.

74. CASTRO, F. de, Melilla prehispánica. - Madrid, 1945.

75. CAVALLARO, G., Panormos pre-romana. In: Archivio storico siciliano IV, 1950-1951, S. 7-182.

76. CECCHINI, Serena Maria, I ritrovamenti fenici e punici in Sardegna = Pubblicazioni del Centro di Studio per la civiltà fenicia e punica II, Studi semitici XXXII. - Rom, 1969.

77. CHARLES-PICARD, Gilbert und Colette, La Vie quotidienne à Carthage au temps d'Hannibal, IIIe siècle avant Jésus-Christ. - Paris, 1958.

78. CHARLES-PICARD, Gilbert und Colette, Vie et mort de Carthage. - Paris, 1970.

79. CHÉHAB, Maurice, Trois Stèles trouvées en Phénicie. In: Berytus I, 1934, S. 44-46.

80. CHÉHAB, Maurice, Un trésor d'orfèvrerie syro-égyptien. In: Bulletin du Musée de Beyrouth I, 1937, S. 7-21.

81. CHÉHAB, Maurice, Tombe phénicienne de Sin el Fil. In: Mélanges syriens offerts à Monsieur René Dussaud II, S. 803-810. - Paris, 1939.

82. CHÉHAB, Maurice, Tombes phéniciennes, Majdalouna. In: Bulletin du Musée de Beyrouth IV, 1940, S. 37-53.

83. CHÉHAB, Maurice, Tombes de chefs d'époque énéolithique trouvées à Byblos. In: Bulletin du Musée de Beyrouth VIII-IX, 1949-1950, S. 75-85.

84. CHÉHAB, Maurice, Les Terres cuites de Kharayeb = Bulletin du Musée de Beyrouth X-XI. 2 Bde. - Paris, 1951 und 1954.

85. CHÉHAB, Maurice, Nouvelles Stèles d'Oum el-Awamid. In: Bulletin du Musée de Beyrouth XIII, 1956, S. 43-52.

86. CHÉHAB, Maurice, Mosaïques du Liban = Bulletin du Musée de Beyrouth XIV-XV. 2 Bde. - Paris, 1957 und 1959.

87. CHÉHAB, Maurice, Tyr à l' époque romaine. Aspects de la cité à la lumière des textes et des fouilles. In: Mélanges de l'université Saint-Joseph XXXVIII, 1962, S. 13-40.

88. CHÉHAB, Maurice, Sarcophages à reliefs de Tyr = Bulletin du Musée de Beyrouth XXI. - Paris, 1968.

89. CHÉHAB, Maurice, Noms de personnalités égyptiennes découverts au Liban. In: Bulletin du Musée de Beyrouth XXII, 1969, S. 1-47.

90. CHÉHAB, Maurice, Observations au sujet du sarcophage d'Ahiram. In: Mélanges de l'université Saint-Joseph XLVI, 6, 1970, S. 107-117.

91. CIASCA, Antonia, und andere, Mozia I. Rapporto preliminare della Missione archeologica della Soprintendenza alle antichità della Sicilia occidentale e dell' Università di Roma = Studi semitici XII. - Rom, 1964. *Grabungsbericht 1964.*

92. CIASCA, Antonia, und andere, Mozia II. Rapporto preliminare della Missione archeologica della Soprintendenza alle antichità della Sicilia occidentale e dell' Università di Roma = Studi semitici XIX. - Rom, 1966. *Grabungsbericht 1965.*

93. CIASCA, Antonia, und andere, Mozia IV. Rapporto preliminare della Missione archeologica della Soprintendenza alle antichità della Sicilia occidentale e dell' Università di Roma = Studi semitici XXIX. - Rom, 1968. *Grabungsbericht 1967.*

94. CIASCA, Antonia, und andere, Mozia V. Rapporto preliminare della Missione congiunta con la Soprintendenza alle antichità della Sicilia occidentale = Studi semitici XXXI. - Rom, 1969. *Grabungsbericht 1968.*

95. CIASCA, Antonia, und andere, Mozia VI. Rapporto preliminare della Missione congiunta con la Soprintendenza alle antichità della Sicilia occidentale = Studi semitici XXXVII. - Rom, 1970. *Grabungsbericht 1969.*

96. CINTAS, Pierre, Amulettes puniques. - Tunis, 1946.

97. CINTAS, Pierre, Le Sanctuaire punique de Sousse. In: Revue africaine XCI, 1947, S. 1-80.

98. CINTAS, Pierre, Fouilles puniques à Tipasa. In: Revue africaine XCII, 1948, S. 263-316.

99. CINTAS, Pierre, Céramique punique = Publications de l'Institut des Hautes Études de Tunis III. - Paris, 1950.

100. CINTAS, Pierre, Deux Campagnes de fouilles à Utique. In: Karthago II, 1951, S. 1-88.

101. CINTAS, Pierre, Nouvelles Recherches à Utique. In: Karthago V, 1954, S. 87-154.

102. CINTAS, Pierre, Manuel d'archéologie punique I. - Paris, 1970.

103. CINTAS, Pierre, und GOBERT, E. G., Les Tombes du Jbel-Mlezza. In: Revue tunisienne XXXVIII-XL, 1939, S. 135-198.

104. CITRO, C., Topografia, storia, archeologia di Pizzo Cannita. In: Atti della Accademia di Scienze, Lettere e Arti di Palermo XIII, 1952-1953 [1953], S. 265-299.

105. CLERMONT-GANNEAU, Charles, Études d'archéologie orientale. L'imagerie phénicienne et la mythologie iconologique chez les Grecs. I: La coupe phénicienne de Palestrina. - Paris, 1880.

106. CLERMONT-GANNEAU, Charles, Recueil d'archéologie orientale. 8 Bde. - Paris, 1888 bis 1924.

107. COLLART, Paul, und COUPEL, Pierre, L'Autel monumental de Baalbek = Institut français d'archéologie de Beyrouth, Bibliothèque archéologique et historique LII. - Paris, 1951.

108. COLOMINAS ROCA, Josep, Les terracuites cartagineses d' Eivissa. - Barcelona, 1938.

109. CONTENAU, Georges, Mission archéologique à Sidon (1914). - Paris, 1921.

110. CONTENAU, Georges, Deuxième Mission archéologique à Sidon (1920). In: Syria IV, 1923, S. 261-281 und V, 1924, S. 9-23, 123-134.

111. CONTENAU, Georges, La Civilisation phénicienne. - Paris, 1926; 4. Aufl. 1949.

112. COOKE, G. A., Phoenicia. In: Encyclopaedia Britannica XXI, S. 449-457. - London und Chicago, 1965.

113. CROWFOOT, John Winter und Grace M., Early Ivories from Samaria, Samaria Sebaste, Reports of the work of the joint Expedition in 1931-1933 and of the British expedition in 1935 II. - London, 1938.

114. CULICAN, W., Almunécar. Assur and Phoenician Penetration of the Western Mediterranean. In: Levant II, 1970, S. 28-36.

115. DECAMPS DE MERTZENFELD, Christiane, Inventaire commenté des ivoires phéniciens et apparentés découverts dans le Proche-Orient. 2 Bde. - Paris, 1954.

116. DENEAUVE, Jean, Lampes de Carthage. - Paris, 1969.

117. DHORME, E., Première Traduction des textes phéniciens de Ras Shamra. In: Revue biblique 1931, S. 32-56.

118. DIETRICH, Albert, Phönizische Ortsnamen in Spanien = Abhandlungen für die Kunde des Morgenlandes XXI. - Leipzig, 1936.

119. DIODORUS SICULUS, Bibliotheca historica. 6 Bde. - Stuttgart, 1964-1970; deutsche Ausgabe, übersetzt von Julius Friedrich Wurm: Diodor's von Sicilien historische Bibliothek. 19 Bde. - Stuttgart, 1827-1840.

120. DOSSIN, Georges, Kengen, pays de Canaan. In: Rivista degli Studi Orientali XXXII = Scritti in onore di Giuseppe Furlani, S. 35-39. - Rom, 1957.

121. DUNAND, Maurice, Sondages archéologiques effectués à Bostan-ech-Cheikh, près Saida. In: Syria VII, 1926, S. 1-8.

122. DUNAND, Maurice, Les Égyptiens à Beyrouth. In: Syria IX, 1928, S. 300-302.

123. DUNAND, Maurice, L'Énéolithique à Byblos. In: Proceedings of the First International Congress of Prehistoric and Protohistoric Sciences, London, 1932, S. 173-176. - London, 1934.

124. DUNAND, Maurice, Les Ivoires d'Arslan Tash et l'art préhellénique. In: Proceedings of the First International Congress of Prehistoric and Protohistoric Sciences, London, 1932, S. 201 bis 203. - London, 1934.

125. DUNAND, Maurice, Fouilles de Byblos I, II, III und V = Études et Documents d'archéologie I, III und VI. - Paris, 1937-1939, 1950-1954 und 1973.

126. DUNAND, Maurice, Spatule de bronze avec épigraphe phénicienne du XIIIe siècle. In: Bulletin du Musée de Beyrouth II, 1938, S. 99-107.

127. DUNAND, Maurice, Stèle araméenne dédiée à Melqart. In: Bulletin du Musée de Beyrouth III, 1939, S. 65-76.

128. DUNAND, Maurice, La Maison de la Sagesse. In: Bulletin du Musée de Beyrouth IV, 1940, S. 69-84.

129. DUNAND, Maurice, Les Sculptures de la favissa du temple d'Amrit. In: Bulletin du Musée de Beyrouth VII, 1944/1945, S. 99-107, und VIII, 1946/1948, S. 81-107.

130. DUNAND, Maurice, Byblia grammata. Documents et recherches sur le développement de l'écriture en Phénicie = Études et Documents d'archéologie II. - Beirut, 1945.

131. DUNAND, Maurice, Byblos au temps du bronze ancien et de la conquête amorite. In: Revue biblique LIX, 1952, S. 82-90.

132. DUNAND, Maurice, Recherches archéologiques dans la région de Marathus. Note préliminaire. In: Annales archéologiques de Syrie III, 1953, S. 164 bis 170.

133. DUNAND, Maurice, Phénicie. In: Supplément au Dictionnaire de la Bible VII, Sp. 1141-1204. - Paris, 1961.

134. DUNAND, Maurice, Byblos, son histoire, ses ruines, ses légendes. - Beirut, 1963, Paris, 1964; 2. Aufl. 1968.

135. DUNAND, Maurice, L'Architecture à Byblos au temps des Achéménides. In: Bulletin du Musée de Beyrouth XXII, 1969, S. 93-99.

136. DUNAND, Maurice, La Piscine du trône d'Ashtarté dans le temple d'Eshmoun à Sidon. In: Bulletin du Musée de Beyrouth XXIV, 1971, S. 19-26.

137. DUNAND, Maurice, SALIBY, Nessib, und KHIRICHIAN, Agop, Les Fouilles d'Amrith en 1954 et 1955. Rapport préliminaire. In: Annales archéologiques de Syrie IV-V, 1954/1955, S. 189-204, und VI, 1956, S. 3-10.

138. DUNAND, Maurice, und DURU, Raymond, Oumm el-Amed, une ville de l'époque hellénistique aux échelles de Tyr = Études et Documents d'archéologie IV. 2 Bde. - Paris, 1962; 2. Aufl. bis 1967.

139. DUNAND, Maurice, und SALIBY, Nessib, Le Sanctuaire d'Amrit. In: Annales archéologiques de Syrie XI-XII, 1961 bis 1962, S. 3-12.

140. DUNAND, Maurice, und REY COQUAIS, J. P., Tombe peinte dans la campagne de Tyr. In: Bulletin du Musée de Beyrouth XVIII, 1965, S. 5-51.

141. DUPONT-SOMMER, André, L'Inscription phénicienne de la spatule dite d'Asdrubal. In: Archiv Orientální XVII, Teil 1, 1949, S. 158-167.

142. DUSSAUD, René, Le Panthéon phénicien. In: Revue de l'École d'anthropologie, 1904, S. 101 bis 112.

143. DUSSAUD, René, La Chronologie des rois de Sidon. In: Revue archéologique V, 4. Serie 1, 1905, S. 1-23.

144. DUSSAUD, René, Le Dieu phénicien Echmoun. In: Journal des Savants V, 1907, S. 36-47.

145. DUSSAUD, René, Le Rôle des Phéniciens dans la Méditerranée primitive. In: Scientia XIII, 1913, S. 81-90.

146. DUSSAUD, René, Le Sacrifice en Israël et chez les Phéniciens. - Paris, 1914.

147. DUSSAUD, René, Byblos et la Mention des Giblites dans l'Ancien Testament. In: Syria IV, 1923, S. 300-315.

148. DUSSAUD, René, Le Sanctuaire phénicien de Byblos d'après Benjamin de Tudèle. In: Syria VII, 1926, S. 237-256.

149. DUSSAUD, René, Les Découvertes de Ras Shamra (Ugarit) et l'Ancien Testament. - Paris, 1937; 2. durchgeseh. Aufl. 1941.

150. DUSSAUD, René, Temples et Cultes de la triade héliopolitaine à Ba'albeck. In: Syria XXIII, 1942-1943, S. 33-77.

151. DUSSAUD, René, L'Origine de l'alphabet et son évolution première d'après les découvertes de Byblos. In: Syria XXV, 1946 bis 1948, S. 36-52.

152. DUSSAUD, René, L'Art phénicien du IIe millénaire. - Paris, 1949.

153. EISSFELDT, Otto, Philister und Phönizier. In: Der Alte Orient XXXIX, 4, 1936, S. 1-42.

154. EISSFELDT, Otto, Phoiniker und Phoinikia. In: PAULY-WISSOWA, Real-Encyklopädie der classischen Altertumswissenschaft XX, Sp. 350-380. - Stuttgart, 1941.

155. FALSONE, G., La statue fenicio-cipriota dello Stagnone. In: Sicilia Archeologica X, 1970, S. 54-61.

156. FANTAR, Mhamed, Carthage, la prestigieuse cité d'Elissa. - Tunis, 1970.

157. FERRON, Jean, Les Relations de Carthage avec l'Étrurie. In: Latomus XXV, 1966, S. 689 bis 709.

158. FÉVRIER, J. G., L'Ancienne Marine phénicienne et les découvertes récentes. In: Nouvelle Clio III, 1949-1950, S. 128-143 und 189.

159. FORTELEONI, Lorenzo, Le emissioni monetali della Sardegna punica. - Sassari, 1961.

160. FOUCHER, Louis, Hadrumetum. - Paris, 1964.

161. FRAZER, James Georges, Adonis, Attis, Osiris; Studies in the History of Oriental Religion. - London und New York, 1906; französische Ausgabe: Adonis; étude de religions orientales comparées. - Paris, 1921.

162. GALLING, Kurt, Eschmunazar und der Herr der Könige. In: Zeitschrift des Deutschen Palästina-Vereins LXXIX, 1963, S. 140-151.

163. GALLING, Kurt, Der Weg der Phöniker nach Tarsis in literarischer und archäologischer Sicht. In: Zeitschrift des Deutschen Palästina-Vereins LXXXVIII, 1972, S. 1-18 und 140-181.

164. GARBINI, Giovanni, L'espansione fenicia nel Mediterraneo. In: Cultura e scuola VII, 1963, S. 92-97.

165. GARBINI, Giovanni, I Fenici in Occidente. In: Studi Etruschi XXXIV, 1966, S. 111-147.

166. GARCÍA Y BELLIDO, Antonio, Fenicios y Carthagineses en Occidente. - Madrid, 1942.

167. GARCÍA Y BELLIDO, Antonio, Protohistória: Tartessós. In: MENÉNDEZ PIDAL, Ramon, Historia de España I, 2, S. 279-492. - 2. durchgeseh. Aufl. Madrid, 1960.

168. GAUCKLER, Paul, Nécropoles puniques de Carthage I und II. - Paris, 1915.

169. GRACE, Virginia R., The Canaanite Jar. In: The Aegean and the Near East. Studies presented to Hetty Goldman, S. 80-109. - New York, 1956.

170. GSELL, Stéphane, Histoire ancienne de l'Afrique du Nord I-IV. - 2. Aufl. Paris, 1921-1929.

171. GSELL, Stéphane, Cherchel, antique Iol-Caesarea. - Algier, 1952.

172. GUADAN, Antonio Manuel de, Las monedas de Gades. - Barcelona, 1963.

173. GUIGUES, P.-E., Lébé'a, Kafer-Garra, Qrayé, nécropole de la région sidonienne. In: Bulletin du Musée de Beyrouth I, 1937, S. 35-76; II, 1938, S. 27-72; und III, 1939, S. 53-63.

174. GUZZO AMADASI, Maria Giulia, Le iscrizioni fenicie e puniche delle colonie in Occidente = Studi semitici XXVIII. - Rom, 1967.

175. HACHMANN, Rolf, und andere, Vademecum der Grabung Kamid el-Loz = Saarbrücker

Beiträge zur Altertumskunde VI. - Bonn, 1969.

176. HACHMANN, Rolf, und KUSCHKE, Arnulf, Bericht über die Ergebnisse der Ausgrabungen in Kamid el-Loz (Libanon) in den Jahren 1963 und 1964 = Saarbrücker Beiträge zur Altertumskunde III. - Bonn, 1966.

177. HACHMANN, Rolf, und KUSCHKE, Arnulf, Rapport préliminaire sur les travaux au tell Kamid el-Loz. In: Bulletin du Musée de Beyrouth XIX, 1966, S. 107-136, und XXII, 1969, S. 49-65; deutsch: Kāmid el-Lōz 1963/64 + 1966/67. In: Saarbrücker Beiträge zur Altertumskunde III, 1966, S. 7-68, und IV, 1970, S. 7-24, 45-58 und 71-86.

178. HANKEY, Vronwy, A Marble Quarry at Karystos. In: Bulletin du Musée de Beyrouth XVIII, 1965, S. 53-59.

179. HARDEN, Donald Benjamin, The Pottery from the Precinct of Tanit at Salammbo, Carthage. In: Iraq IV, 1937, S. 59-89.

180. HARDEN, Donald Benjamin, The Phoenicians = Ancient Peoples and Places XXVI. - London und New York 1962; 2. Aufl. 1971.

181. HERODOT, Historien. Griechisch-deutsch. Hrsg. von Josef Feix. 2 Bde. - München, 1963.

182. HILL, Georges Francis, Catalogue of the Greek Coins of Phoenicia = A catalogue of the Greek Coins in the British Museum. - Bologna, 1965.

183. HITTI, Philip Khûri, Lebanon in History from the Earliest times to present. - London und New York, 1957.

184. HOMERI Opera, hrsg. von David B. Monro und Thomas A. Allen. 5 Bde. - London und New York, 1957-1959; Ilias und Odyssee, griechisch und deutsch, hrsg. von Eduard Schwarz, übersetzt von Johann Heinrich Voss, bearb. von Hans Rupé, Neuausgabe von Bruno Snell. 2 Bde. - Berlin, 1966.

185. HOURS-MIÉDAN, Madeleine, Carthage. - Paris, 1949; 3. Aufl. 1964.

186. HOURS-MIÉDAN, Madeleine, Les Représentations figurées sur les stèles de Carthage. In: Cahiers de Byrsa I, 1951, S. 15-160.

187. HUBERT, Henri, De quelques objets de bronze trouvés à Byblos. In: Syria VI, 1925, S. 16-29.

188. ISSERLIN, B. S. J., Mozia (Trapani). Scavi eseguiti nel 1970. In: Notizie degli scavi di antichità 1971, S. 770-774.

189. ISSERLIN, B. S. J., und andere, Motya, 1955. In: Papers of the British School at Rome XXVI, 1958, S. 1-29.

190. ISSERLIN, B. S. J., und andere, Motya, a Phoenician-Punic Site near Marsala, Sicily. Preliminary Report of the Leeds-London-Fairleigh Dickinson Expedition 1961-1963. In: The Annual of Leeds University Oriental Society IV, 1962-1963 [1964], S. 84-131.

191. ISSERLIN, B. S. J., COLDSTREAM, J. N., und SNODGRASS, A., Motya (Trapani). Rapporto preliminare sugli scavi degli anni 1961-1965. In: Notizie degli scavi di antichità 1970, S. 560-583.

192. JENKINS, G. K., und LEWIS, R. B., Carthaginian Gold and Electrum Coins. - London, 1963.

193. JIDEJIAN, Nina, Byblos through the Ages. - Beirut, 1968.

194. JIDEJIAN, Nina, Tyre through the Ages. - Beirut, 1969.

195. JODIN, André, Mogador, comptoir phénicien du Maroc atlantique. - Tanger, 1966.

196. JOSEPHUS, Flavius, Opera. Hrsg. von B. Niese. - Berlin, 1955; deutsche Ausgabe, übersetzt von Heinrich Clementz. 4 Bde. - Nachdruck Köln, 1959 bis 1960.

197. JULIEN, Charles André, Histoire de l'Afrique du Nord: Tunisie, Algérie, Maroc. 2. Aufl., durchgeseh. und auf den neuesten Stand gebracht von C. Courtois und R. La Tourneau. 2 Bde. - Paris, 1951-1952.

198. JUSTINUS, M., Iuniani Iustini Epitoma historiarum Philippicarum Pompei Trogi . . . - Leipzig, 1935; deutsche Ausgabe: Weltgeschichte von den Anfängen bis Augustus [von] Pompeius Trogus, im Auszug des Justin. Eingel., übers. und erläut. von Otto Seel. - Zürich, 1972.

199. KAWKABANI, B., Les Monuments de Wadi Cana. In: Bulletin du Musée de Beyrouth XXIV, 1971, S. 27-38.

200. KELSEY, Francis Willey, Excavations at Carthage 1925. A preliminary report. - London und New York, 1926.

201. KENYON, K., New Evidence on Salomon's Temple. In: Mélanges de l'université Saint-Joseph XLVI, 9, 1970-1971, S. 137-150.

202. KLENGEL, Horst, Der Libanon und seine Zedern in der Geschichte des Alten Vorderen Orients. In: Das Altertum XIII, 1967, S. 67-76.

203. KLENGEL, Horst, Syria Antiqua. Vorislamische Denkmäler der Syrischen Arabischen Republik. - Leipzig, 1971.

204. KRAHMALKOV, Charles, The Punic Speech of Hanno. In: Orientalia XXXIX, 1970, S. 52 bis 74.

205. KUENTZ, Charles, La Bataille de Qadech = Mémoire publiée par des membres de l'Institut Français d'Archéologie Orientale du Caire LV. - Paris, 1928.

206. KUKAHN, Erich, Anthropoide Sarkophage in Beyrouth und die Geschichte dieser sidonischen Sarkophagkunst. - Berlin, 1955.

207. KUSCHKE, Arnulf, La Statuette en ivoire (KL 64:534). In: Bulletin du Musée de Beyrouth XIX, 1966, S. 130-134.
Statuette aus Kamed el-Loz.

208. LANCEL, S., Tipasitana III. La nécropole préromaine occidentale de Tipasa. Rapport préliminaire (campagnes de 1966 et 1967). In: Bulletin d'archéologie algérienne III, 1968, S. 85-166.

209. LANGHE, Robert de, Les Textes de Ras Shamra-Ugarit et leurs rapports avec le milieu biblique de l'Ancien Testament. 2 Bde. - Gembloux und Paris, 1945.

210. LAPEYRE, Gabriel G., Carthage punique 814-146 avant J.-C. - Paris, 1942.

211. LECLANT, J., Les Relations entre l'Égypte et la Phénicie, du voyage d'Ounamon à l'expédition d'Alexandre. In: WARD, W. A., The Role of the Phoenicians in the Interaction of Mediterranean Civilizations, S. 9-31. - Beirut, 1968.

212. LECLERQ, H., Phénicie. In: Dictionnaire d'archéologie chrétienne et de liturgie XIV, 1, Sp. 674-682. - Paris, 1938.

213. LESCHI, Louis, Tipasa de Maurétanie. - Algier, 1950.

214. LEVI, Doro, Le necropoli puniche di Olbia. In: Studi sardi IX, 1950, S. 5-120.

215. LÉZINE, Alexandre, Architecture punique. Recueil de documents. - Paris, 1962.

216. LÉZINE, Alexandre, Utique. - Tunis, 1970.

217. LILLIU, Giovanni, Rapporti fra la civiltà nuragica e la civiltà fenicio-punica in Sardegna. In: Studi Etruschi XVIII, 1944, S. 323-370.

218. LILLIU, Giovanni, Le stele puniche di Sulcis (Cagliari). In: Monumenti antichi dell'Accademia Nazionale dei Lincei XL, 1944, Sp. 293-418.

219. LIVERANI, Mario, Storia di Ugarit nell'età degli archivi politici = Studi semitici VI. - Rom, 1962.

220. LOUD, Gordan, The Megiddo Ivories = Oriental Institute Publications LII. - Chicago, 1939.

221. LOUD, Gordan, Megiddo. II: Seasons of 1936-1939 = Oriental Institute Publications LXII. - Chicago, 1948.

222. MACRIDI-BEY, Theodor, Le Temple d'Echmun à Sidon; fouilles du Musée impérial ottoman. - Paris, 1904.

223. MALLOWAN, Max Edgar Lucien, Phoenician Carrying Trade, Syria. In: Antiquity XIII, 1939, S. 86-87.

224. MALLOWAN, Max Edgar Lucien, Nimrud and its Remains. 3 Bde. - New York, 1966.

225. MAREC, Erwan, Hippone la Royale, antique Hippo Regius. - 2. durchgeseh. Aufl. Algier, 1954.

226. MASPERO, Gaston, Les Contes populaires de l'ancienne Égypte. - Paris, 1882; 4. Aufl. 1911.

227. MAYR, Albert, Die Insel Malta im Altertum. - München, 1909.

228. MÉLIDA, José Ramón, Tesoro de Aliseda; noticia y descripción de los joyas que le componen. - Madrid, 1921.

229. MEURDRAC, M., und ALBANÈSE, L., À travers les nécropoles gréco-romaines de Sidon. In: Bulletin du Musée de Beyrouth II, 1938, S. 73-98, und III, 1939, 37-51.

230. MINGAZZINI, Paolino, Cagliari. Resti di santuario punico e di altri ruderi a monte di piazza del Carmine. In: Notizie degli scavi di antichità III, 1949, S. 213-274.

231. MISSONNIER, F., Fouilles dans la nécropole punique de Gouraya (Algérie). In: Mélanges d'archéologie et d'histoire de l'École française de Rome L, 1933, S. 87-119.

232. MONTET, Pierre, Le Pays de Negaou près de Byblos, et son dieu. In: Syria IV, 1923, S. 181 bis 192.

233. MONTET, Pierre, Byblos et l'Égypte. Quatre campagnes de fouilles à Gebeil, 1921-1922-1923-1924. 2 Bde. - Paris, 1928 und 1929.

234. MONTET, Pierre, Les Reliques de l'art syrien dans l'Égypte du Nouvel Empire = Publications de la Faculté des lettres de l'Université de Strasbourg LXXVI. - Paris, 1937.

235. MONTET, Pierre, Notes et documents pour servir à l'histoire des relations entre l'ancienne Égypte et la Syrie. III: Byblos et les navires giblites. In: Kêmi XIII, 1954, S. 63-70.

236. MOREL, Jean-Paul, Kerkouane, ville punique du cap Bon. Remarques archéologiques et historiques. In: Mélanges d'archéologie et d'histoire de l' École française de Rome LXXXI, 1969, S. 473-518.

237. MORET, Alexandre, Histoire de l'Orient = Histoire générale, 1. Teil, I und II. - Paris, 1936.

238. MOSCATI, Sabatino, I predecessori d'Israele. Studi sulle più antiche genti semitiche in Siria e Palestina = Università di Roma. Studi Orientali IV. - Rom, 1956.

239. MOSCATI, Sabatino, Il mondo dei Fenici. - Mailand, 1966; deutsche Ausgabe: Die Phöniker. - Zürich, 1966.

240. MOSCATI, Sabatino, Fenici e Cartaginesi in Sardegna. - Mailand, 1968.

241. MOSCATI, Sabatino, Sulla più antica storia dei Fenici in Sicilia. In: Oriens Antiquus VII, 1968, S. 185-193.

242. MOSCATI, Sabatino, Le stele puniche di Nora nel Museo Nazionale di Cagliari. Con un catalogo di Maria Luisa UBERTI = Pubblicazioni del Centro di Studio per la civiltà fenicia e punica V, Studi semitici XXXV. - Rom, 1970.

243. MOSCATI, Sabatino, Tra Cartagine e Roma. - Mailand, 1971.

244. MOSCATI, Sabatino, I Fenici e Cartagine = Società e costume VIII. - Turin, 1972.

245. MOSCATI, Sabatino, und PALLOTTINO, Massimo, Rapporti tra Greci, Fenici, Etruschi ed altre popolazioni italiche alla luce delle nuove scoperte = Accademia Nazionale dei Lincei. Problemi attuali di scienza e di cultura LXXXVII. - Rom, 1966.

246. MOUTERDE, René, Le Nahr el-Kelb (Fleuve du Chien). Guide archéologique. - Beirut, 1932.

247. MOUTERDE, René, Deux Statuettes de la région de Tyr. In: Studies presented to David Moore Robinson. Bd. I, S. 727 bis 729. - St. Louis, Miss., 1951.

248. MUÑOZ GAMBERO, J. M., Corpus punicum. I: Cerro Doblas, Cerro del Peñón y Colmenar. - Málaga, 1969.

249. NASTER, Paul, Les Influences du style grec en Phénicie à l'époque achéménide. In: Atti di Settimo Congresso internazionale di archeologica classica, Rom, 1958, I, S. 329-335. - Rom, 1961.

250. NIEMEYER, Hans Georg, Orient im Okzident. Die Phöniker in Spanien. Ergebnisse der Grabungen in der archäologischen Zone von Torre del Mar (Málaga). In: Mitteilungen der Deutschen Orient-Gesellschaft zu Berlin CIV, 1972, S. 5-44.

251. NIEMEYER, Hans Georg, PELLICER CATALÁN, M., und SCHUBART, Hermanfrid, Altpunische Funde von der Mündung des río Algarrobo. In: Madrider Mitteilungen V, 1964, S. 73-90.

252. NIEMEYER, Hans Georg, PELLICER CATALÁN, Manuel, und SCHUBART, Hermanfrid, Eine altpunische Kolonie an der Mündung des Río Vélez. In: Archäologischer Anzeiger III, 1964, Sp. 476-493.

253. NIEMEYER, Hans Georg, und SCHUBART, Hermanfrid, Toscanos und Trayamar. Vorbericht über die Grabungskampagne 1967. In: Madrider Mitteilungen IX, 1968, S. 76-105.

254. NIEMEYER, Hans Georg, und SCHUBART, Hermanfrid, Toscanos. Die altpunische Faktorei an der Mündung des Río de Vélez = Madrider Forschungen VI. 1. Lfg.: Grabungskampagne 1964. - Berlin, 1969.

255. NORTH, Robert, Phoenicia-Canaan Frontier ‹LeBÔ› of Hama. In: Mélanges de l'université Saint-Joseph XLVI, 5, 1970-1971, S. 69-104.

256. ORSI, P., Pantelleria. In: Monumenti antichi dell'Accademia Nazionale dei Lincei IX, 1899, Sp. 449-540.

257. PACE, Biagio, Arte e civiltà della Sicilia antica. I: I fattori etnici e sociali. - 2. erg. Aufl. Mailand, 1958.

258. PAIS, E., La Sardegna prima del dominio romano. In: Memorie dell'Accademia Nazionale dei Lincei, Serie III, VII, 1881, S. 259-378.

259. PANEDDA, Dionigi, Olbia nel periodo punico e romano. - Rom, 1952.

260. PARETI, Luigi, Sicilia antica. - Palermo, 1959.

261. PARROT, André, Le Temple de Jérusalem = Cahiers d'archéologie biblique V. - Neuchâtel und Paris, 1954.

262. PARROT, André, und andere, Mission archéologique de Mari. II: Le Palais = Bibliothèque archéologique et historique LXVIII-LXX. 3 Bde. - Paris, 1958-1959.

263. PARROT, André, Sumer = L'Univers des Formes. - Paris, 1960; 2. durchgeseh. Aufl. 1968; deutsche Ausgabe: Sumer = Universum der Kunst. - München, 1960, 2. durchgeseh. Aufl. 1962; 3. Aufl. 1970.

264. PATRONI, Giovanni, Nora. Colonia fenicia in Sardegna. In: Monumenti antichi dell'Accademia Nazionale dei Lincei XIV, 1904, Sp. 109-268.

265. PELLICER CATALÁN, Manuel, Excavaciones en la necrópolis púnica ‹Laurita› del Cerro de San Cristóbal (Almuñécar, Granada) = Excavaciones arqueológicas en España XVII. - Madrid, 1963.

266. PESCE, Gennaro, Nora. Guida agli scavi. - Cagliari, 1957; 2. Aufl. 1972.

267. PESCE, Gennaro, I rasoi punici di Sardegna. In: Bollettino d'arte pubblicato dal Ministero della Pubblica Istruzione XLVI, 1961, S. 293-299.

268. PESCE, Gennaro, Sardegna punica. Le fonti letterarie sulla storia sarda prima del dominio romano. - Cagliari, 1961.

269. PESCE, Gennaro, Il tempio punico monumentale di Tharros. In: Monumenti antichi dell'Accademia Nazionale dei Lincei XLV, 1961, Sp. 333-440.

270. PESCE, Gennaro, Le statuette puniche di Bithia. - Rom, 1965.

271. PESCE, Gennaro, Tharros. - Cagliari, 1966.

272. PESCE, Gennaro, Chia (Cagliari). Scavi nel territorio. In: Notizie degli scavi di antichità, 1968, 309-345.

273. PFEIFFER, Ch. E., Phoenicians. In: A Dictionary of Biblical Archaeology, S. 449-455. - Michigan, 1966.

274. Les Phéniciens = Archeologia XX. - Paris, 1968.

275. PHILO VON BYBLOS (HERENNIOS), Erhaltene Fragmente, griechisch und lateinisch, hrsg. von Karl Müller = Fragmenta historicorum graecorum III. - Paris, 1849.

276. PICARD, Charles Gilbert, Catalogue du musée Alaoui. Nouvelle série ‹Collections puniques› I. - O. J. und O. [Tunis, 1957].

277. PICARD, Colette, Carthage. - Paris, 1951

278. PICARD, C., Sacra punica. Étude sur des masques et rasoirs de Carthage. In: Karthago XIII, 1965-1966, S. 1-115.

279. PICARD, Colette, Installations cultuelles retrouvées au tophet de Salammbo. In: Rivista degli Studi Orientali XLII, 1967, S. 189-199.

280. PICARD, Colette, Genèse et évolution des signes de la bouteille et de Tanit à Carthage. In: Studi Magrebini II, 1968, S. 77 bis 87.

281. PICARD, Gilbert, Le Monde de Carthage. - Paris, 1956; deutsche Ausgabe: Das wiederentdeckte Karthago. - Frankfurt a. M., 1957.

282. PLINIUS SECUNDUS DER ÄLTERE, C., Naturkunde, lateinisch-deutsch, hrsg. und übersetzt von Roderich König in Zusammenarbeit mit Gerhard Winkler. - München, 1973ff.

283. PLUTARCH, Über Isis und Osiris. Übersetzung und Kommentar von Theodor Hoppner. 2 Bde. - Darmstadt, 1967.

284. POIDEBARD, Antoine, Un grand port disparu, Tyr. Recherches aériennes et sous-marines (1934-1936) = Bibliothèque archéologique et historique XXIX. - Paris, 1939.

285. PONSICH, Michel, Nécropoles phéniciennes de la région de Tanger = Études et travaux d'archéologie marocaine III. - Tanger, 1967.

286. POSENER, Georges, Sur les inscriptions pseudo-hiéroglyphiques de Byblos. In: Mélanges de l'université Saint-Joseph XLV, 13, 1969, S. 223-241.

287. PRITCHARD, James B., Ancient Near Eastern Texts Relating to the Old Testament. - Princeton, 1950; 3. Aufl. 1969.

288. PUGLISI, Salvatore, Cagliari. Scavi nella necropoli punica a inumazione di S. Avendrace. In: Notizie degli scavi di antichità 1942, S. 92-106.

289. QUINTERO DE ATAURI, Pelayo, und GIMENES, C., Excavaciones en Tamuda; memoria resumen de las excavaciones practicadas. - Madrid und Tetuan, 1941-1945.

290. QUINTUS CURTIUS, Rufus, Historiarum Alexandri Magni Macedonis libri qui supersunt. - München, o. J.; deutsche Ausgabe: Geschichte Alexanders des Großen, übers. und mit Anmerkungen verseh. von W. Felsing. - Leipzig, 1929.

291. REINACH, Théodore, und HAMDY BEY, Osman, Une nécropole royale à Sidon. - Paris, 1892.

292. RENAN, Ernest, Mission de Phénicie. - Paris, 1854.

293. RIIS, P. J., L'Activité de la mission archéologique danoise sur la côte phénicienne en 1958. In: Annales archéologiques de Syrie VIII-IX, 1958-1959, S. 107-132.

294. RONZEVALLE, Sébastien, L'Alphabet du sarcophage d'Aḥīrām. In: Mélanges de l'université Saint-Joseph XII, 1, 1927, S. 3-40.

295. RONZEVALLE, Sébastien, Jupiter héliopolitain: nova et vetera. In: Mélanges de l'université Saint-Joseph XXI, 1937-1938, S. 3-28.

296. ROUVIER, J., Numismatique des villes de la Phénicie. In: Journal international d'archéologie numismatique III, 1900, S. 125-168 und 237-312.

297. SAIDAH, Roger, Fouilles de Khaldé. Rapport préliminaire sur la première et deuxième campagnes (1961-1962). In: Bulletin du Musée de Beyrouth XIX, 1966, S. 51-90.

298. SCHAEFFER, Claude Frédéric Armand, Ugaritica. Nouvelles études relatives aux découvertes de Ras Shamra I-III = Bibliothèque archéologique et historique XXXI, XLVII und LXIV. - Paris, 1939, 1949 und 1956.

299. SCHAEFFER, Claude Frédéric Armand, Stratigraphie comparé et chronologie de l'Asie occidentale, IIIe et IIe millénaires: Syrie, Palestine, Asie Mineure, Chypre, Perse et Caucase. - London, 1948.

300. SCHLUMBERGER, Daniel, L'Orient hellénisé. L'art grec et ses héritiers dans l'Asie non méditerranéenne = L'Art dans le monde. - Paris, 1970.

301. SCHULTEN, Adolf, Tartessos. Ein Beitrag zur ältesten Geschichte des Westens. - 2. umgearb. Aufl. Hamburg, 1950.

302. SELTMAN, Charles, The Ancient Coinage of Malta. In: Numismatic Chronicle VI, 1946, S. 81-90.

303. SEYRIG, Henri, Heliopolitana. In: Bulletin du Musée de Beyrouth I, 1937, S. 77-100.

304. SEYRIG, Henri, Antiquités syriennes. XXX: Les Bas-Reliefs, prétendus d'Adonis aux environs de Byblos. XXXI: Bas-relief de Tyr. In: Syria XXI, 1940, S. 113-122.

305. SEYRIG, Henri, Antiquités syriennes. XLVII: Antiquités de Beth-Maré. In: Syria XXVIII, 1951, S. 101-123.

306. SEYRIG, Henri, Nouveaux Monuments de Baalbek et de la Beqaa. In: Bulletin du Musée de Beyrouth XVI, 1961, S. 109-135.

307. SPEISER, E. A., The Name Phoinikes. In: Language XII, 1936, S. 121-126.

308. STRABOnis rerum geographicarum libri XVII. 3 Bde. - Leipzig, 1819; deutsche Ausgabe: STRABO's Geographie, übersetzt von Karl Kärcher. 12 Bde. - Stuttgart, 1829-1836.

309. TACITUS, Historien. Lateinisch-deutsch, hrsg. von Joseph Borst. - München, 1959.

310. TAMBURELLO, Ida, I rinvenimenti nella necropoli di Palermo dal 1746 al 1953. In: Archeologia classica XX, 1968, S. 302 bis 320.

311. TAMBURELLO, Ida, Palermo-Necropoli: campagna di scavo 1967. In: Notizie degli scavi di antichità XXIII, 1969, S. 305-315.

312. TARRADELL I MATEU, Miquel, Lixus. - Tetuan, 1959.

313. TARRADELL, Miquel, Marruecos púnico. - Tetuan, 1960.

314. Tartessos y sus problemas. V. Symposium Internacional de Prehistoria Peninsular Jerez de la Frontera, September 1968. - Barcelona, 1969.

315. THEOKRIT, Die Syrakuserinnen am Adonisfest. Gorgo und Praxinoa. 15. Gedicht. In: Gedichte, Griechisch-deutsch, hrsg. von F. P. Fritz, S. 98-113. - München, 1970.

316. THIMME, Jürgen, Phönizische Elfenbeine. Möbelverzierungen des 9. Jahrhunderts v. Chr. = Bildhefte des Badischen Landesmuseums Karlsruhe. - Karlsruhe, 1973.

317. THUREAU-DANGIN, François, und andere, Arslan Tash = Bibliothèque archéologique et historique XVI. - Paris, 1931.

318. TORREY, Charles C., A Phoenician Necropolis at Sidon = The Annual of the American School of Oriental Research in Jerusalem I, 1919/1920 [1920], S. 1-27.

319. TUSA, V., Testimonianze fenicio-puniche in Sicilia. In: Kokalos X-XI, 1964-1965, S. 589 bis 602.

320. TUSA, V., Solunto nel quadro della civiltà punica della Sicilia Occidentale. In: Sicilia Archeologica XVII, 1972, S. 27-44.

321. VAUX, R. de, La Phénicie et les peuples de la Mer. In: Mélanges de l'université Saint-Joseph XLV, 29, 1969, S. 481-498.

322. VELLAY, Charles, Les Cultes et les fêtes d'Adônis-Thammoux dans l'Orient antique. - Paris, 1904.

323. VERCOUTTER, Jean, Les Objets égyptiens et égyptisants du mobilier funéraire carthaginois = Bibliothèque archéologique et historique XL. - Paris, 1945.

324. VINCENT, Hugues, Canaan d'après l'exploration récente =

Études bibliques. - Paris, 1907; 2. Aufl. 1914.

325. VIROLLEAUD, Charles, Découverte à Byblos d'un hypogée de la douzième dynastie égyptienne. In: Syria III, 1922, S. 273 bis 290.

326. VIROLLEAUD, Charles, La Légende phénicienne de Danel; texte cunéiforme alphabétique avec transcription et commentaire, précédé d'une introduction à l'étude de la civilisation d'Ugarit = Bibliothèque archéologique et historique XXI. - Paris, 1936.

327. VIROLLEAUD, Charles, La Légende de Kéret, roi des Sidoniens, publiée d'après une tablette de Ras Shamra = Bibliothèque archéologique et historique XXII. - Paris, 1936.

328. VIROLLEAUD, Charles, Littérature phénicienne. In: Histoire des littératures I, hrsg. von R. Queneau = Encyclopédie de la Pléiade, S. 277-291. - Paris, 1955.

329. VITA, Antonino di, L'elemento punico a Selinunte nel IV e nel III sec. a. C. In: Archeologia classica V, 1953, S. 39-47.

330. VITA, Antonino di, Le stele puniche dal recinto di Zeus Meilichios a Selinunte. In: Annuario dell'Accademia Etrusca di Cortona XII, 1961-1964, [1964], S. 235 bis 250.

331. VIVES Y ESCUDERO, Antonio, Estudio de arqueología cartaginesa. La necrópolis de Ibiza. - Madrid, 1917.

332. VIVES Y ESCUDERO, Antonio, La moneda hispánica. 5 Teile. - Madrid, 1924-1926.

333. VUILLEMOT, Gustave, Fouilles puniques à Mersa Madakh. In: Libyca II, 1954, S. 299-342.

334. VUILLEMOT, Gustave, La Nécropole punique du phare dans l'île de Rachgoun (Oran). In: Libyca III, 1955, S. 7-76.

335. VUILLEMOT, Gustave, Reconnaissances aux échelles puniques d'Oranie. - Autun, 1965.

336. WARD, William A. (Hrsg.), The Role of the Phoenicians in the Interaction of Mediterranean Civilizations = Archaeological Symposium, American University of Beirut. - Beirut, 1968.

337. WARD-PERKINS, J. B., The imported Sarkophagi of Roman Tyre. In: Bulletin du Musée de Beyrouth XXII, 1969, S. 110 bis 145.

338. WARMINGTON, Brian Herbert, Carthage. - London und New York, 1960; 2. Aufl. 1969; deutsche Ausgabe: Karthago; Aufstieg und Untergang einer antiken Weltstadt. - Wiesbaden, 1963.

339. WEILL, Raymond, La Phénicie et l'Asie occidentale = Collection Armand Colin CCXXI. - Paris, 1939.

340. WHITAKER, Joseph Isaac Spadafora, Motya. A Phoenician Colony in Sicily. - London, 1921.

341. WIEGAND, Theodor, Baalbek. Ergebnisse der Ausgrabungen und Untersuchungen in den Jahren 1898 bis 1905. 3 Bde. - Berlin und Leipzig, 1921-1925.

342. WILL, Ernest, Un sarcophage romain à sujet eschatologique au musée de Beyrouth. In: Bulletin de Beyrouth VII, 1946-1948, S. 109-127.

343. WILSON, John A., The Meggido Ivories. In: American Journal of Archaeology XLII, 1938, S. 333-335.

344. YEIVIN, S., Canaanite and Hittite Strategy in the Second Half of the Second Millenium B. C. In: Journal of the Near Eastern Studies IX, 1950, S. 101-107.

ANALYTISCHER INDEX, NACH ERSCHEINUNGSDATEN GEORDNET

DIE PHÖNIZIER IN VORDERASIEN

DIE PHÖNIZIER IM OKZIDENT

VERZEICHNIS DER ABBILDUNGEN

27 - *phönizisch* - Byblos - Pektorale des Königs Abi-schemu, verziert mit einem Falken, der Palmen hält. *18.Jh. v. Chr. - Paris, Louvre (Gold; Breite 0,205 m) (Ph. U.D.F. - Photothek)*

28 - *phönizisch* - Byblos - Medaillon mit dem in eine Kartusche eingesetzten Namen des Königs Japi-schemu-abi. *18.Jh. v.Chr. - Beirut, Nationalmuseum (Gold, Stegemail und Edelsteine; Breite 0,071 m) (Ph. U.D.F. - Photothek)*

29 - *phönizisch* - Byblos - Pektorale des Königs Japi-schemu-abi. *18.Jh. v.Chr. - Beirut, Nationalmuseum (Gold, Stegemail und Edelsteine; Breite 0,059 m) (Ph. U.D.F. - Photothek)*

30 - *phönizisch* - Byblos - Krone des Königs Japi-schemu-abi. *18.Jh. v.Chr. - Beirut, Nationalmuseum (Gold und Bronze; Breite 0,312 m) (Ph. U.D.F. - Photothek)*

31 - *phönizisch* - Byblos - Zepter des Königs Japi-schemu-abi mit Hieroglypheninschrift. *18.Jh. v.Chr. - Beirut, Nationalmuseum (Gold und Bronze, Niellodekor; Höhe 0,65 m) (Ph. U.D.F. - Photothek)*

32 - *phönizisch* - Medaillon mit einem Skarabäus, der in eine Lotosblüte kriecht. *19.Jh. v. Chr. - Beirut, Nationalmuseum (Gold und Stegemail; Durchmesser 0,056 m) (Ph. U.D.F. - Photothek)*

33 - *phönizisch* - Byblos - Vase des Königs Abi-schemu in Form einer Teekanne. *19.Jh. v.Chr. - Beirut, Nationalmuseum (Silber; Höhe 0,19 m) (Ph. U.D.F. - Photothek)*

34 - *phönizisch* - Medaillon in Form einer Rosette. *19.Jh. v.Chr. - Beirut, Nationalmuseum (Gold; Durchmesser 0,086 m) (Ph. U.D.F. - Photothek)*

35 - *phönizisch* - Zylinderförmiges Ringpetschaft. *19.Jh. v.Chr. - Beirut, Nationalmuseum (Gold und Lapislazuli; Breite 0,026 m) (Ph. U.D.F. - Photothek)*

36 - *phönizisch* - Gefäß mit deutlichem Schulterknick. *19.Jh. v.Chr. - Beirut, Nationalmuseum (Gold; Höhe 0,090 m) (Ph. U.D.F. - Photothek)*

37 - *phönizisch* - Gefäß in Form eines Kessels. *19.Jh. v.Chr. - Beirut, Nationalmuseum (Gold; Höhe 0,060 m) (Ph. U.D.F. - Photothek)*

38 - *phönizisch* - Byblos - Messer des Königs Japi-schemu-abi mit geometrischem Dekor. *18.Jh. v.Chr. - Beirut, Nationalmuseum (Gold und Silber; Länge 0,28 m) (Ph. U.D.F. - Photothek)*

39 - *phönizisch* - Byblos - L-förmiger Tempel, Gesamtansicht. *III.Jt. (Stein) (Ph. U.D.F. - Photothek)*
Vgl. Abb. 298 und 300

40 - *phönizisch* - Byblos - Obeliskentempel, Gesamtansicht. *19.-18.Jh. v. Chr. (Stein) (Ph. U.D.F. - Photothek)*
Vgl. Abb. 298 und 305

41 - *phönizisch* - Byblos - Obeliskentempel, Teilansicht. *19.-18.Jh. v.Chr. (Stein) (Ph. U.D.F. - Photothek)*
Vgl. Abb. 40, 298 und 305

42 - *phönizisch* - Byblos - Gruppe schreitender Statuetten mit der ‹lubbâde› auf dem Kopf. *19.-18.Jh. v.Chr. - Beirut, Nationalmuseum (Bronze, mit Goldblech überzogen; Höhe 0,16 m) (Ph. U.D.F. - Photothek)*

43 - *phönizisch* - Byblos - Phönizier, der eine ‹lubbâde› mit Kinnriemen trägt. *18.Jh. v.Chr. - Beirut, Nationalmuseum (Terrakotta; Höhe 0,089 m) (Ph. U.D.F. - Photothek)*

44 - *phönizisch* - Byblos - Statuette eines bärtigen Mannes mit der ‹lubbâde›. *19.-18.Jh. v.Chr. - Beirut, Nationalmuseum (Bronze; Höhe 0,245 m) (Ph. U.D.F. - Photothek)*

45 - *phönizisch* - Byblos - Statuette eines Phöniziers mit ägyptisierendem Kopf (Ausschnitt). *19.-18.Jh. v.Chr. - Beirut, Nationalmuseum (Terrakotta; Gesamthöhe 0,197 m) (Ph. U.D.F. - Photothek)*

46 - *phönizisch* - Chalde (bei Beirut) - Statuette einer sitzenden Gottheit mit erhobener Hand (Ausschnitt). *8.Jh. v.Chr. - Beirut, Nationalmuseum (Bronze; Gesamthöhe 0,144 m) (Ph. U.D.F. - Photothek)*

47 - *phönizisch* - Byblos - Statuette der Fruchtbarkeitsgöttin. *18.Jh. v.Chr. - Beirut, Nationalmuseum (Terrakotta; Höhe 0,128 m) (Ph. U.D.F. - Photothek)*

48 - *phönizisch* - Byblos - Statuette der Fruchtbarkeitsgöttin, die der mesopotamischen Ischtar ähnelt. *18.Jh. v. Chr. - Beirut, Nationalmuseum (Bronze; Höhe 0,087 m) (Ph. U.D.F. - Photothek)*

49 - *phönizisch* - Byblos - Stele. Ausschnitt: Der König Jehomilk vor der Baalat als Isis-Hathor. *4.Jh. v.Chr. - Paris, Louvre (Stein; Gesamthöhe 1,14 m) (Ph. U.D.F. - Photothek)*

50 - *phönizisch* - Tyros - Fragment einer Statuette der Muttergöttin in Form einer Frau, die ihr Kind stillt. *Ende 4.Jh. v.Chr. - Beirut, Nationalmuseum (Terrakotta; Höhe 0,06 m) (Ph. U.D.F. - Photothek)*

51 - *phönizisch* - Byblos, Obeliskentempel - Fragment einer Statuette des löwenköpfigen Gottes Bes. *19.-18.Jh. v.Chr. - Beirut, Nationalmuseum (Kalkstein; Höhe 0,056 m) (Ph. U.D.F. - Photothek)*

52 - *phönizisch* - Byblos, Obeliskentempel - Ägyptisierende Groteskstatuette. *19.-18.Jh. v.Chr. - Beirut, Nationalmuseum (Fritte; Höhe 0,063 m) (Ph. U.D.F. - Photothek)*

53 - *phönizisch* - Byblos, Obeliskentempel - Katzenfigurine. *19.-18.Jh. v. Chr. - Beirut, Nationalmuseum (Fritte; Höhe 0,054 m) (Ph. U.D.F. - Photothek)*

54 - *phönizisch* - Byblos, Obeliskentempel - Figurine einer Löwin. *19.-18.Jh. v.Chr. - Beirut, Nationalmuseum (Fritte; Länge 0,054 m) (Ph. U.D.F. - Photothek)*

55-57 - *phönizisch* - Byblos, Obeliskentempel - Flußpferde in verschiedenen Stellungen: schreitend, brüllend und liegend. *19.-18.Jh. v.Chr. - Beirut, Nationalmuseum (Fritte; Länge 0,20 m, 0,17 m und 0,19 m) (Ph. U.D.F. - Photothek)*

58 - *phönizisch* - Byblos - Vasenverzierung: Kopf eines röhrenden Cerviden (Hirsch?). *19.-18.Jh. v.Chr. - Beirut, Nationalmuseum (Silber; Höhe 0,158 m) (Ph. U.D.F. - Photothek)*

59 - *phönizisch* - Byblos - Figurine einer schreitenden Löwin. *19.-18.Jh. v.Chr. - Beirut, Nationalmuseum (Bronze; Länge 0,067 m) (Ph. U.D.F. - Photothek)*

60 - *phönizisch* - Byblos, Obeliskentempel - Dolchgriff: Rücken an Rükken stehende und vorüberziehende Hirsche. *19.-18.Jh. v.Chr. - Beirut,*

Nationalmuseum (Gold und Elfenbein; Höhe des Griffs 0,175 m) (Ph. U.D.F. - Photothek)

61 - *phönizisch* - Byblos, Obeliskentempel - Dolchscheide: Zug von Tieren mit zwei Männern, die sich auf den König zubewegen. *19.-18.Jh. v. Chr. - Beirut, Nationalmuseum (Gold; Länge 0,225 m) (Ph. U.D.F. - Photothek)*
Vgl. Abb. 3

62 - *phönizisch* - Byblos, Obeliskentempel - Krieger, bewaffnet mit Lanze, Dolch und Fensteraxt mit geradem Griff. *19.-18.Jh. v.Chr. - Beirut, Nationalmuseum (Bronze; Höhe 0,10 m) (Ph. U.D.F. - Photothek)*

63 und 64 - *phönizisch* - Byblos, Obeliskentempel - Fensteräxte, die mit Reliefs eines Widders und eines Hundes verziert sind. *19.-18.Jh. v.Chr. - Beirut, Nationalmuseum (Gold; Höhe 0,102 m und 0,117 m) (Ph. U.D.F. - Photothek)*

65 - *phönizisch* - Byblos - Fensteraxt. Ausschnitt des Griffs: Opferszene vor einer Gottheit. *19.-18.Jh. v.Chr. - Beirut, Nationalmuseum (Gold, Filigran; Höhe des Ausschnitts 0,047 m) (Ph. U.D.F. - Photothek)*

66 - *phönizisch* - Byblos, Obeliskentempel - Fensteraxt mit Filigranverzierung. *19.-18.Jh. v.Chr. - Beirut, Nationalmuseum (Gold, Filigran; Höhe 0,142 m) (Ph. U.D.F. - Photothek)*

67 - *phönizisch* - Byblos - Fensteraxt. Ausschnitt der Blende: Gilgamesch und Enkidu. *19.-18.Jh. v.Chr. - Beirut, Nationalmuseum (Gold, Filigran; Höhe der Axt 0,116 m) (Ph. U.D.F. - Photothek)*

68 - *phönizisch* - Byblos, Obeliskentempel - Rad mit vier strahlenförmig angeordneten eingravierten Palmen. *19.-18.Jh. v.Chr. - Beirut, Nationalmuseum (Gold und Karneol; Durchmesser 0,131 m) (Ph. U.D.F. - Photothek)*

69 - *phönizisch* - Bekaa - Statuette des Gottes Reschef. *II.Jt. - Beirut, Nationalmuseum (Bronze; Höhe 0,166 m) (Ph. U.D.F. - Photothek)*

70 - *phönizisch* - Bekaa - Statuette einer Gottheit. *II.Jt. - Beirut, Nationalmuseum (Bronze; Gesamthöhe 0,166 m) (Ph. U.D.F. - Photothek)*

71 - *phönizisch* - Sinn el-Fil - Gefäß mit einem Dekor aus gepunkteten Dreiecken und einem Doppelhenkel. *17. Jh. v.Chr. - Beirut, Nationalmuseum (Terrakotta; Höhe 0,155 m) (Ph. U.D.F. - Photothek)*

72 - *phönizisch* - Ugarit - Stele: Begegnung zweier Gestalten. *14.Jh. v.Chr. - Aleppo, Archäologisches Nationalmuseum (Kalkstein) (Ph. U.D.F. - Photothek)*

73 und 74 - *phönizisch* - Ugarit - Verzierungen eines Betts: Der König richtet einen knienden Feind - König und Königin, sich umarmend. *14.Jh. v.Chr. - Damaskus, Nationalmuseum (Elfenbein; Höhe 0,24 m) (Ph. U.D.F. - Photothek)*

75 - *phönizisch* - Ugarit - Opferschale: Szenen einer Königsjagd. *15.-14.Jh. v.Chr. - Paris, Louvre (Gold; Durchmesser 0,19 m) (Ph. U.D.F. - Photothek)*

76 und 77 - *phönizisch* - Byblos - Sarkophag des Königs Ahiram. Ausschnitte: Vier Klageweiber über zwei Löwenprotomen. *13.Jh. v.Chr. - Beirut, Nationalmuseum (Kalkstein; Höhe vom Deckel bis zum Boden 1,04 m) (Ph. U.D.F. - Photothek)*
Vgl. Abb. 6

78 - *phönizisch* - Byblos - Sarkophag des Ahiram. Ausschnitt: Der König empfängt seinen Sohn und eine Prozession von Opfergabenträgern. *13. Jh. v.Chr. - Beirut, Nationalmuseum (Kalkstein; Gesamtlänge 2,84 m) (Ph. U.D.F. - Photothek)*
Vgl. Abb. 6

79 - *phönizisch* - Byblos - Sarkophag des Königs Ahiram. Ausschnitt des Deckels: Ahiram und sein Sohn Ittobaal. *13.Jh. v.Chr. - Beirut, Nationalmuseum (Kalkstein; Gesamtlänge des Deckels 2,84 m) (Ph. U.D.F. - Photothek)*
Vgl. Abb. 6

80 - *phönizisch* - Ugarit - Stele: Der Gott Baal, bewaffnet mit einer Keule und einer belaubten Lanze. *19.-18.Jh. v.Chr. - Paris, Louvre (Kalkstein; Höhe 1,42 m) (Ph. U.D.F. - Photothek)*

81 - *phönizisch* - Ugarit - Statuette einer Gottheit mit einem Halsring. *20.-19. Jh. v.Chr. - Paris, Louvre (Silber und Gold; Höhe 0,283 m) (Ph. U.D.F. - Photothek)*
Abguß eines Originals, das sich in Aleppo befindet.

82 - *phönizisch* - Ugarit - Statuette einer Gottheit mit einem Halsring. *20.-19. Jh. v.Chr. - Paris, Louvre (Silber und Gold; Höhe 0,155 m) (Ph. U.D.F. - Photothek)*

83 - *phönizisch* - Ugarit - Zwei Gestalten auf einem Votivwagen. *13.Jh. v. Chr. - Paris, Louvre (Fritte; Höhe 0,18 m) (Ph. U.D.F. - Photothek)*

84 - *phönizisch* - Ugarit - Deckel einer Pyxis: Göttin zwischen zwei Steinböcken. *14.Jh. v.Chr. - Paris, Louvre (Elfenbein; Höhe 0,137 m) (Ph. U.D.F. - Photothek)*

85 - *phönizisch* - Ugarit - Becher mit weiblichem Kopf. *14.-13.Jh. v.Chr. - Paris, Louvre (Fritte; Höhe 0,16 m) (Ph. U.D.F. - Photothek)*

86 - *phönizisch* - libanesisch-syrische Küste - Opferschale mit getriebenem Dekor in mäanderartigen Windungen. *14.Jh. v.Chr. - Beirut, Nationalmuseum (Gold; Durchmesser 0,17 m) (Ph. U.D.F. - Photothek)*

87 - *phönizisch* - Byblos - Scheibe mit Ritzdekor: Antithetische Greifen. *13.Jh. v.Chr. - Beirut, Nationalmuseum (Elfenbein; Höhe 0,10 m) (Ph. U.D.F. - Photothek)*

88 - *phönizisch* - Byblos - Stier, der von einem Greifen und einem Löwen angegriffen wird. *13.Jh. v.Chr. - Beirut, Nationalmuseum (Elfenbein; Länge 0,065 m) (Ph. U.D.F. - Photothek)*

89 - *phönizisch* - Kamid el-Loz (Bekaa) - Statuette einer sitzenden Göttin vom ägyptisierenden Typus. *Ende II.Jt. - Beirut, Nationalmuseum (Elfenbein; Höhe 0,07 m) (Ph. U.D.F. - Photothek)*

90 - *phönizisch* - Sidon - Schminkdose in Form einer Ente mit einem Vogel auf dem Rücken. *14.Jh. v.Chr. - Beirut, Nationalmuseum (Elfenbein; Länge 0,15 m) (Ph. U.D.F. - Photothek)*

91 - *phönizisch* - Ugarit - Kopf einer Frau mit hohem Kopfputz. *14.Jh. v. Chr. - Damaskus, Nationalmuseum (Elfenbein und Gold) (Ph. U.D.F. - Photothek)*

92 - *assyrisch* - Chorsabad, Palast des Sargon - Holztransport (Ausschnitt).

7.Jh. v.Chr. - Paris, Louvre (Kalkstein; Gesamtlänge 2,44 m) (Ph. U.D.F. - Phototek)

93 - *phönizisch* - Qarâje (bei Sidon) - Kelchförmige Schale mit Dekor der Philisterkeramik. *11.Jh. v.Chr. - Beirut, Nationalmuseum (Terrakotta; Höhe 0,195 m) (Ph. U.D.F. - Phototek)*

94 - *phönizisch* - Chalde (bei Beirut) - Mit Enten verziertes Gefäß (Ausschnitt). *9.Jh. v.Chr. - Beirut, Nationalmuseum (Terrakotta; Durchmesser 0,42 m) (Ph. U.D.F. - Phototek)*

95 - *phönizisch* - Tyros - Tonnenförmiges Gefäß mit einem Dekor aus konzentrischen Kreisen. *8.Jh. v.Chr. - Beirut, Nationalmuseum (Terrakotta; Höhe 0,31 m) (Ph. U.D.F. - Phototek)*

96 - *phönizisch* - Arslan Tasch - Verzierung eines königlichen Bettes: Hirsch. *9.Jh. v.Chr. - Paris, Louvre (Elfenbein; Länge 0,125 m) (Ph. U.D.F. - Phototek)*

97 - *phönizisch* - Byblos - Zwei Könige leisten zu beiden Seiten einer Palme einen Eid (Ausschnitt). *Etwa 10.Jh. v.Chr. - Beirut, Nationalmuseum (Steatit; Gesamthöhe 0,10 m) (Ph. U.D.F. - Phototek)*

98 - *phönizisch* - Arslan Tasch - Verzierung eines königlichen Bettes: Zwei antithetische Flügelsphingen mit Widderkopf. *9.Jh. v.Chr. - Aleppo, Archäologisches Nationalmuseum (Elfenbein; Länge 0,196 m) (Ph. U.D.F. - Phototek)*

99 - *phönizisch* - Arslan Tasch - Verzierung eines königlichen Bettes: Sitzende Sphinx. *9.Jh. v.Chr. - Aleppo, Archäologisches Nationalmuseum (Elfenbein; Höhe 0,078 m) (Ph. U.D.F. - Phototek)*

100 - *phönizisch* - Arslan Tasch - Verzierung eines königlichen Bettes: Geburt des Horus. *9.Jh. v.Chr. - Paris, Louvre (Elfenbein; Höhe 0,085 m) (Ph. U.D.F. - Phototek)*

101 - *phönizisch* - Tyros - Ägyptisierende Statue. *8.Jh. v.Chr. - Beirut, Nationalmuseum (Kalkstein; Höhe 0,54 m) (Ph. U.D.F. - Phototek)*

102 - *phönizisch* - Sidon, Eschmun-Tempel - Büste des zyprischen Typus. *6.Jh. v.Chr. - Beirut, Nationalmuseum (Kalkstein; Höhe 0,31 m) (Ph. U.D.F. - Phototek)*

103 - *phönizisch* - Chalde (bei Beirut) - Bemalte Maske. *8.Jh. v.Chr. - Beirut, Nationalmuseum (Terrakotta; Höhe 0,086 m) (Ph. U.D.F. - Phototek)*

104 - *phönizisch* - Tyros - Sitzende Gottheit in einer Nische. *7.Jh. v.Chr. - Beirut, Nationalmuseum (Terrakotta; Höhe 0,115 m) (Ph. U.D.F. - Phototek)*

105 - *phönizisch* - Chalde (bei Beirut) - Reiter des zyprischen Typus. *8.Jh. v.Chr. - Beirut, Nationalmuseum (Terrakotta; Höhe 0,238 m) (Ph. U.D.F. - Phototek)*

106 - *phönizisch* - Sidon - Anthropoider Sarkophag. *4.Jh. v.Chr. - Beirut, Nationalmuseum (Marmor; Länge 2,17 m) (Ph. U.D.F. - Phototek)*

107 - *phönizisch* - Sidon - Anthropoider ägyptisierender Sarkophag (Ausschnitt). *5.Jh. v.Chr. - Beirut, Nationalmuseum (Marmor; Gesamtlänge 2,08 m) (Ph. U.D.F. - Phototek)*

108 - *phönizisch* - Sidon - Anthropoider Sarkophag des griechischen Typus (Ausschnitt). *4.Jh. v.Chr. - Beirut, Nationalmuseum (Marmor; Gesamtlänge 2,06 m) (Ph. U.D.F. - Phototek)*

109 - *phönizisch* - Sidon - Eschmun-Tempel, Gesamtansicht. *6.-3.Jh.v.Chr. (Kalkstein) (Ph. U.D.F. - Phototek)*

110 - *phönizisch* - Byblos - Perserzeitliche Festung: Mauerecke mit Löwenprotome. *5.-4.Jh. v.Chr. (Kalkstein) (Ph. U.D.F. - Phototek)*

111 - *phönizisch* - Sidon - Halsschmuck mit Medaillon in Form eines grinsenden Gorgonenhauptes (Ausschnitt). *5.-4.Jh. v.Chr. - Beirut, Nationalmuseum (Gold, Filigran; Höhe des Medaillons 0,03 m) (Ph. U.D.F. - Phototek)*

112 - *phönizisch* - Sidon - Halsschmuck mit zwei rings von Entenköpfen umgebenen Achaten (Ausschnitt). *5.-4. Jh. v.Chr. - Beirut, Nationalmuseum (Achate, Gold und Filigran; Durchmesser eines Achats 0,02 m) (Ph. U.D.F. - Phototek)*

113 - *phönizisch* - Sidon - Krone mit zentraler Rosette (Ausschnitt). *5.-4. Jh. v.Chr. - Beirut, Nationalmuseum (Gold, Stegemail, Karneole und Türkise; Durchmesser der Rosette 0,038 m) (Ph. U.D.F. - Phototek)*

114 - *phönizisch* - Sidon - Kamm. Ausschnitt: Bärtige Sphinx des semitischen Typus. *4.Jh. v.Chr. - Beirut, Nationalmuseum (Bein; Gesamthöhe 0,142 m) (Ph. U.D.F. - Phototek)*

115 - *phönizisch* - Sidon - Kamee eines Armbands: Opferszene. *4.Jh. v.Chr. - Beirut, Nationalmuseum (Amethyst; Höhe 0,034 m) (Ph. U.D.F. - Phototek)*

116 - *phönizisch* - Sidon, Eschmun-Tempel - Votivthron der Astarte, von Sphingen flankiert und von Löwen umgeben. *3.Jh. v.Chr. (Kalkstein) (Ph. U.D.F. - Phototek)*
Vgl. Abb. 109

117 - *ionisch* - Sidon - Sogenannter ‹Sarkophag der weinenden Frauen›. Ausschnitt: Eine der Weinenden. *360-350 v. Chr. - Istanbul, Archäologisches Museum (Farbiger Marmor) (Ph. U.D.F. - Phototek)*
Vgl. Abb. 120

118 - *graeco-anatolisch* - Sidon - Sogenannter ‹Alexander-Sarkophag›: Schlacht zwischen den Griechen und Persern (Ausschnitt). *Um 305 v.Chr. - Istanbul, Archäologisches Museum (Farbiger Marmor; Gesamtlänge 3,18 m, Höhe des skulptierten Teils 0,58 m) (Ph. U.D.F. - Phototek)*

119 - *ostionisch* - Sidon - Sogenannter ‹Sarkophag des Satrapen›. Ausschnitt: Vorführung des Wagens. *Um 440-430 v.Chr. - Istanbul, Archäologisches Museum (Marmor; Gesamtlänge 2,863 m) (Ph. U.D.F. - Phototek)*

120 - *ionisch* - Sidon - Sogenannter ‹Sarkophag der weinenden Frauen›. *360-350 v.Chr. - Istanbul, Archäologisches Museum (Farbiger Marmor; Länge 2,653 m, Höhe 1,797 m) (Ph. U.D.F. - Phototek)*

121 - *phönizisch* - Umm el-Amad (bei Tyros) - Stele des Baaljaton (Ausschnitt). *3.-2.Jh. v.Chr. - Kopenhagen, Ny Carlsberg Glyptotek (Kalkstein; Gesamthöhe 1,81 m) (Ph. Ny Carlsberg Glyptotek, Kopenhagen)*

122 - *phönizisch* - Amrit - Stele: Baal auf einem Löwen. *5.Jh. v.Chr. - Paris, Louvre (Kalkstein; Höhe 1,80 m) (Ph. U.D.F. - Phototek)*

123 - *phönizisch* - Umm el-Amad (bei Tyros) - Stele des Baalschamar. *2. Jh. v. Chr. - Beirut, Nationalmuseum (Harter, sandhaltiger Stein; Höhe 1,17 m) (Ph. U.D.F. - Phothothek)*

124 - *phönizisch* - Charâjib - Statuette eines Jünglings mit einer ägyptisierenden Räucherpfanne in der Hand (Ausschnitt). *4.-3. Jh. v. Chr. - Beirut, Nationalmuseum (Terrakotta; Gesamthöhe 0,15 m) (Ph. U.D.F. - Phothothek)*

125 - *phönizisch* - Charâjib - Fragment einer Statuette: Bärtiger, nach persischer Mode gekleideter Mann. *4. Jh. v. Chr. - Beirut, Nationalmuseum (Terrakotta; Höhe des Fragments 0,105 m) (Ph. U.D.F. - Phothothek)*

126 - *phönizisch* - Charâjib - Fragment einer Statuette: Gestalt des orientalischen Typus. *4. Jh. v. Chr. - Beirut, Nationalmuseum (Terrakotta; Höhe des Fragments 0,055 m) (Ph. U.D.F. - Phothothek)*

127 - *phönizisch* - Charâjib - Figurine des Gottes Bes, der Schlangen erwürgt. *4. Jh. v. Chr. - Beirut, Nationalmuseum (Terrakotta; Höhe 0,14 m) (Ph. U.D.F. - Phothothek)*

128 - *phönizisch* - Charâjib - Figurine des Papposilen, der den jungen Dionysos an der Hand führt. *3.-2. Jh. v. Chr. - Beirut, Nationalmuseum (Terrakotta; Höhe 0,162 m) (Ph. U.D.F. - Phothothek)*

129 - *phönizisch* - Charâjib - Gruppe: Demeter und Kore. *3.-2. Jh. v. Chr. - Beirut, Nationalmuseum (Terrakotta; Höhe 0,152 m) (Ph. U.D.F. - Phothothek)*

130 - *phönizisch* - Charâjib - Figurine: Tanzendes Kind. *3.-2. Jh. v. Chr. - Beirut, Nationalmuseum (Terrakotta; Höhe 0,112 m) (Ph. U.D.F. - Phothothek)*

131 - *phönizisch* - Charâjib - Figurine: Tänzerin mit Trigonon. *3. Jh. v. Chr. - Beirut, Nationalmuseum (Terrakotta; Höhe 0,140 m) (Ph. U.D.F. - Phothothek)*

132 - *phönizisch* - Sidon, Eschmun-Tempel - Statue eines Kindes mit einer phönizischen Inschrift auf dem Sockel (Ausschnitt). *4. Jh. v. Chr. - Beirut, Nationalmuseum (Marmor; Höhe 0,35 m) (Ph. U.D.F. - Phothothek)*

133 - *phönizisch* - Kleine Amphora mit stilisiertem vegetabilischem Dekor. *Anfang 1. Jh. n. Chr. - Beirut, Nationalmuseum (Opakes Glas; Höhe 0,11 m) (Ph. U.D.F. - Phothothek)*

134 - *phönizisch* - Alabastron mit Zickzackmuster. *7.-6. Jh. v. Chr. - Beirut, Nationalmuseum (Opakes Glas; Höhe 0,10 m) (Ph. U.D.F. - Phothothek)*

135 - *phönizisch* - Oinochoe mit kleeblattförmigem Ausguß. *Anfang 1. Jh. n. Chr. - Beirut, Nationalmuseum (Opakes Glas; Höhe 0,10 m) (Ph. U.D.F. - Phothothek)*

136 - *phönizisch* - Umm el-Amad (bei Tyros) - Bärtiger Kopf des semitischen Typus. *2. Jh. v. Chr. - Beirut, Nationalmuseum (Opakes Glas; Höhe 0,06 m) (Ph. U.D.F. - Phothothek)*

137 - *Kunst Phöniziens in römischer Zeit* - Tyros - Monumentalbogen, von Nordosten aus gesehen. *2. Jh. n. Chr. (Kalkstein; Höhe 20 m) (Ph. U.D.F. - Phothothek)*

138 - *Kunst Phöniziens in römischer Zeit* - Tyros - Hippodrom: Die Tribünen (Ausschnitt). *2. Jh. n. Chr. (Kalkstein) (Ph. U.D.F. - Phothothek)*

139 - *Kunst Phöniziens in römischer Zeit* - Byblos - Das am Meer rekonstruierte Odeon. *Ende 2. Jh. n. Chr. (Kalkstein) (Ph. U.D.F. - Phothothek)*
Vgl. Abb. 298

140 - *Kunst Phöniziens in römischer Zeit* - Tyros - Hippodrom: Perspektivischer Durchblick unter den Sitzreihen her. *2. Jh. n. Chr. (Kalkstein) (Ph. U.D.F. - Phothothek)*

141 - *Kunst Phöniziens in römischer Zeit* - Tyros - Säulengang der Palästra und Straße mit aus Säulen gestalteten Portiken (Ausschnitt). *3.-4. Jh. n. Chr. (Säulen aus Cipollinmarmor und grauem Granit) (Ph. U.D.F. - Phothothek)*

142 - *Kunst Phöniziens in römischer Zeit* - Baalbek - Sogenannter ‹Jupiter-Tempel›, die sechs Säulen des Südperistyls. *1. Jh. n. Chr. (Kalkstein; Höhe 20 m, Durchmesser 2,20 m, Höhe des Gesimses 5,30 m) (Ph. U.D.F. - Phothothek)*
Vgl. Abb. 320 und 322

143 - *Kunst Phöniziens in römischer Zeit* - Baalbek - Sogenannter ‹Bacchus-Tempel›, Wand der Cella: Eingebundene Säulen und Nischen. *2. Jh. n. Chr. (Kalkstein) (Ph. U.D.F. - Phothothek)*
Vgl. Abb. 11, 320 und 322

144 - *Kunst Phöniziens in römischer Zeit* - Baalbek, sogenannter ‹Jupiter-Tempel›, rechteckiger Hof - Wasserbekken. Ausschnitt: Venus. *2. Jh. n. Chr. (Kalkstein) (Ph. U.D.F. - Phothothek)*
Vgl. Abb. 320 und 322

145 - *Kunst Phöniziens in römischer Zeit* - Baalbek - Kopf des Gottes Pan. *3. Jh. n. Chr. - Beirut, Nationalmuseum (Kalkstein; Höhe 0,40 m) (Ph. U.D.F. - Phothothek)*

146 - *Kunst Phöniziens in römischer Zeit* - Baalbek - Kalliope, umgeben von Sokrates und den Sieben Weisen (Ausschnitt). *3. Jh. n. Chr. - Beirut, Nationalmuseum (Mosaik) (Ph. U.D.F. - Phothothek)*

147 - *Kunst Phöniziens in römischer Zeit* - Dschena (bei Beirut) - Tiere umgeben den Guten Hirten (Ausschnitt). *6. Jh. n. Chr. - Beirut, Nationalmuseum (Mosaik) (Ph. U.D.F. - Phothothek)*

148 - *Kunst Phöniziens in römischer Zeit* - Baalbek, sogenannter ‹Bacchus-Tempel› - Das Portal. Ausschnitt: Vegetabilischer Dekor und Szenen aus dem Leben des Bacchus. *2.-3. Jh. n. Chr. (Kalkstein) (Ph. U.D.F. - Phothothek)*
Vgl. Abb. 11 und 143

149 - *Kunst Phöniziens in römischer Zeit* - Baalbek, sogenannter ‹Jupiter-Tempel› - Gesimsfragment mit Wasserspeier in Form eines Löwenkopfes (Ausschnitt). *1. Jh. n. Chr. (Kalkstein) (Ph. U.D.F. - Phothothek)*

150 - *Kunst Phöniziens in römischer Zeit* - Tyros, Eingang der byzantinischen Kapelle - Bodenmosaik. Ausschnitt: Achtzackiger Stern. *5.-6. Jh. n. Chr. (Farbiger Marmor) (Ph. U.D.F. - Phothothek)*

151 - *Kunst Phöniziens in römischer Zeit* - Baalbek, sogenannter ‹Bacchus-Tempel› - Decke des Portikus. Ausschnitt: Gottheiten und geometrischer Dekor. *3. Jh. n. Chr. (Kalkstein) (Ph. U.D.F. - Phothothek)*

152 - Die Insel Su Cardulinu und der Turm von Chia an der Stelle des antiken Bitia. *(Ph. U.D.F. - Phothothek)*

153 - Karthago - Der Handelshafen. *(Ph. U.D.F. - Phothothek)*
Vgl. Abb. 323

154 - Tharros und das Kap S. Marco. *(Ph. U.D.F. - Photothek)*
Vgl. Abb. 347

155 - Motye - Der ‹kothon› oder künstliche Hafen. *(Ph. U.D.F. - Photothek)*

156 - *punisch* - Karthago, Nekropole Dermesch - Figurine einer sitzenden Frau (Ausschnitt). *8.-7.Jh. v.Chr. - Tunis, Bardo-Museum (Gemodelter Ton; Gesamthöhe 0,25 m) (Ph. U.D.F. - Photothek)*

157 - *punisch* - Kelibia - Punische Substruktionen der Festung. *6.-5.Jh. v. Chr. (Ph. U.D.F. - Photothek)*

158 - *punisch* - Kerkuân - Bauten und rechtwinklig sich schneidende Straßen. Hellenistische Epoche *(Ph. U.D.F. - Photothek)*

159 - *punisch* - Karthago, Hügel von Byrsa - Punische Ruinen. Hellenistische Epoche *(Ph. U.D.F. - Photothek)*
Vgl. Abb. 324

160 - *punisch* - Karthago, ‹tophet› - Die Votivstelen (Ausschnitt). *8.-2.Jh. v. Chr. (Ph. A. Jodin, Paris)*

161 - *punisch* - Mogador - Ein Baitylion. *Etwa 6.Jh. v.Chr. (Stein; Höhe etwa 1,50 m) (Ph. U.D.F. - Photothek)*

162 - *punisch* - Karthago, ‹tophet› - Glockenförmige männliche Figurine. *7.-6.Jh. v. Chr. - Karthago, Nationalmuseum (Mit der Töpferscheibe geformter, bemalter Ton; Höhe 0,12 m) (Ph. U.D. F. - Photothek)*

163 - *punisch* - Karthago, Nekropole Ard el-Morali - Hellenisierende weibliche Figurine mit einem Tamburin (?) in der Hand. *6.-5.Jh. v.Chr. - Tunis, Bardo-Museum (Gemodelter und bemalter Ton; Höhe 0,34 m) (Ph. U.D.F. - Photothek)*

164 - *punisch* - Karthago, Nekropole Duimes - Ägyptisierende weibliche Figurine. *Etwa 6.Jh. v.Chr. - Karthago, Nationalmuseum (Gemodelter und bemalter Ton; Höhe 0,19 m) (Ph. U.D.F. - Photothek)*

165 - *punisch* - Stein mit eingeschnittenem stilisiertem menschlichen Gesicht. *5.Jh. v.Chr. - Tunis, Bardo-Museum (Grauer Granit; Höhe 0,32 m) (Ph. U.D.F. - Photothek)*

166 - *punisch* - Karthago, ‹tophet› - Stele: Ein Baitylion. *5.-4.Jh. v.Chr. (Sandstein; Höhe 0,95 m) (Ph. U.D.F. - Photothek)*

167 - *punisch* - Karthago, ‹tophet› - Stele: Astralsymbole, ‹Tanit-Zeichen›, ‹Flaschenidol›. *Anfang 4.Jh. v.Chr. - Tunis, Bardo-Museum (Marmor; Höhe 0,49 m) (Ph. U.D.F. - Photothek)*

168 - *punisch* - Karthago, ‹tophet› - Stele: Stilisierte Gestalt von vorn. *Etwa 5.Jh. v.Chr. (Sandstein; Höhe 0,90 m) (Ph. U.D.F. - Photothek)*

169 - *punisch* - Karthago - Stele: Doppelte Trias von Baitylien, Astralsymbole und ‹Tanit-Zeichen›. *4.-3.Jh. v.Chr. - Paris, Louvre (Sandstein; Höhe 0,44 m) (Ph. U.D.F. - Photothek)*

170 - *punisch* - Karthago - Stele. Ausschnitt: ‹Tanit-Zeichen› und Fisch. *4.-3.Jh. v.Chr. - Paris, Louvre (Schiefer; Gesamthöhe 0,56 m) (Ph. U.D.F. - Photothek)*

171 und 172 - *punisch* - Karthago, ‹tophet› - Stele: Priester, der auf dem linken Arm ein Kind trägt (Gesamtansicht und Ausschnitt). *Etwa 4.Jh. v.Chr. - Tunis, Bardo-Museum (Schwarzer Kalkstein; Gesamthöhe 1,18 m) (Ph. U.D.F. - Photothek)*

173 - *punisch* - Karthago - Stele: ‹Tanit-Zeichen› zwischen ‹caducei›; Astralsymbole und Inschrift. *4.-3.Jh. v.Chr. - Paris, Louvre (Schiefer; Höhe 0,67 m) (Ph. U.D.F. - Photothek)*

174 - *punisch* - Sousse, ‹tophet› - Stele. Ausschnitt: Sitzende Göttin mit einer Scheibe in der Hand vor einem Altar. *5.Jh. v. Chr. - Sousse, Museum (Kalkstein; Gesamthöhe 0,29 m) (Ph. U.D.F. - Photothek)*

175 - *punisch* - Sousse, ‹tophet› - Stele. Ausschnitt: Glockenförmiges Idol. *Etwa 3.Jh. v.Chr. - Tunis, Bardo-Museum (Kalkstein; Gesamthöhe 0,24 m) (Ph. U.D.F. - Photothek)*

176 - *punisch* - Karthago, ‹tophet› - Stele. Ausschnitt: Gestalt im Profil mit dem ‹Tanit-Zeichen› auf dem Gewand. *Etwa 4.Jh. v.Chr. - Tunis, Bardo-Museum (Kalkstein; Gesamthöhe 0,58 m) (Ph. U.D.F. - Photothek)*

177 - *punisch* - Karthago, Nekropole Sancta Monica - Deckel des Sarkophags des Baalschillek (Ausschnitt). *Etwa 3.Jh. v.Chr. - Karthago, Nationalmuseum (Kalkstein; Höhe der Gestalt 0,33 m) (Ph. U.D.F. - Photothek)*

178 - *punisch* - Karthago, Nekropole Sancta Monica - Sarkophagdeckel: Geflügelte Gestalt einer Priesterin. *4.-3.Jh. v.Chr. - Karthago, Nationalmuseum (Marmor; Länge 1,93 m) (Ph. U.D.F. - Photothek)*

179 - *punisch* - Karthago, Nekropole Sancta Monica - Sarkophagdeckel. Ausschnitt: Segnender Priester. *4.-3. Jh. v.Chr. - Paris, Louvre (Marmor; Gesamtlänge 1,99 m) (Ph. U.D.F. - Photothek)*

180 - *punisch* - Karthago, Nekropole Bû Mnidschel - Groteskmaske. *7.-6. Jh. v.Chr. - Tunis, Bardo-Museum (Gemodelter, von Hand nachgearbeiteter Ton; Höhe 0,15 m) (Ph. U.D.F. - Photothek)*

181 - *punisch* - Karthago, Nekropole Dermesch - Groteskmaske des negroiden Typus. *7.-6.Jh. v.Chr. - Tunis, Bardo-Museum (Gemodelter, von Hand nachgearbeiteter Ton; Höhe 0,19 m) (Ph. U.D.F. - Photothek)*

182 - *punisch* - Utica, Nekropole - Männliche Protome. *Etwa 6.Jh. v.Chr. - Utica, Museum (Gemodelter, von Hand nachgearbeiteter Ton; Höhe 0,15 m) (Ph. U.D.F. - Photothek)*

183 - *punisch* - Karthago, Hügel von Byrsa - Männliche Protome. *Etwa 5.Jh. v.Chr. - Tunis, Bardo-Museum (Gemodelter, von Hand nachgearbeiteter Ton; Höhe 0,19 m) (Ph. U.D.F. - Photothek)*

184 - *punisch* - Karthago, Nekropole Duimes - Weibliche Protome (Ausschnitt). *Etwa 6.Jh. v. Chr. - Karthago, Nationalmuseum (Gemodelter, von Hand nachgearbeiteter Ton; Gesamthöhe 0,17 m) (Ph. U.D.F. - Photothek)*

185 - *punisch* - Karthago, Nekropole Dermesch - Weibliche Protome (Ausschnitt). *Etwa 6.Jh. v.Chr. - Tunis, Bardo-Museum (Gemodelter, von Hand nachgearbeiteter Ton; Gesamthöhe 0,31 m) (Ph. U.D.F. - Photothek)*

186 und 187 - *punisch* - Karthago - Amulette: Horus als Kind - Patäk. *7.-4.Jh. v.Chr. - Karthago, Nationalmuseum (Glaspaste; Höhe 0,042 m und 0,05 m) (Ph. U.D.F. - Photothek)*

188 - *punisch* - Karthago - Amulett: Bes. *7.-4.Jh. v.Chr. - Tunis, Bardo-Museum (Glaspaste; Höhe 0,06 m) (Ph. U.D.F. - Phothothek)*

189 - *punisch* - Karthago, ‹tophet› - Amulett: Ägyptisierende Ritualszene. *Etwa 6.Jh. v.Chr. - Tunis, Bardo-Museum (Gold; Länge 0,136 m) (Ph. U.D.F. - Phothothek)*

190 - *punisch* - Karthago, Nekropole Dermesch - Amulettständer mit dem Kopf der Sachmet. *Etwa 6.Jh. v.Chr. - Tunis, Bardo-Museum (Gold; Höhe 0,046 m) (Ph. U.D.F. - Phothothek)*

191 - *punisch* - Karthago, Nekropole Dermesch - Skarabäus mit dem Kopf der Hathor. *7.-6.Jh. v.Chr. (?) - Tunis, Bardo-Museum (Grüner Jaspis; Höhe 0,014 m) (Ph. U.D.F. - Phothothek)*

192 - *punisch* - Karthago - Medaillons: ‹Flaschenidol› zwischen zwei Uräen. *7.-6.Jh. v.Chr. - Karthago, Nationalmuseum (Gold; Höhe 0,022 m) (Ph. U.D.F. - Phothothek)*

193 und 194 - *punisch* - Karthago - Körbchenförmige Ohrgehänge. *7.-6. Jh. v.Chr. - Karthago, Nationalmuseum (Gold; Höhe 0,04 m) (Ph. U.D.F. - Phothothek)*

195 - *punisch* - Karthago, Nekropole Duimes - Medaillon des Jadamilk. *Etwa 7.Jh. v.Chr. - Karthago, Nationalmuseum (Gold; Höhe 0,018 m) (Ph. U.D.F. - Phothothek)*

196 - *punisch* - Karthago, Nekropole Bordsch Dschedid - Ringfassung: Held, der einen Löwen erlegt. *Etwa 6.Jh. v.Chr. - Tunis, Bardo-Museum (Gold; Höhe 0,014 m) (Ph. U.D.F. - Phothothek)*

197 - *punisch* - Karthago, Nekropole Duimes - Spiegelgriff: Frau mit Kopftuch. *Etwa 7.Jh. v.Chr. - Karthago, Nationalmuseum (Elfenbein; Höhe 0,13 m) (Ph. U.D.F. - Phothothek)*

198 - *punisch* - Karthago, Nekropole der Juno - Kamm: Sphinx und Lotosblüten. *Etwa 6.Jh. v.Chr. - Tunis, Bardo-Museum (Elfenbein; Länge 0,10 m) (Ph. U.D.F. - Phothothek)*

199 und 200 - *punisch* - Karthago, Nekropole Sancta Monica - Rasiermesser: Gottheit mit Falkenkopf - Der Gott Melquart. *Etwa 3.Jh. v.Chr. - Karthago, Nationalmuseum (Bronze; Höhe 0,133 m und 0,139 m) (Ph. U.D.F. - Phothothek)*

201 - *punisch* - Dschebel Mlezza - Grabwand: Stadt mit zinnenbekrönten Häusern. *4.-3.Jh. v.Chr. (Wandmalerei) (Ph. Institut National d'Archéologie et d'Arts, Tunis)*

202 - *punisch* - Karthago - Apotropäische Maske. *4.-3.Jh. v.Chr. - Karthago, Nationalmuseum (Bemalte Straußeneierschale; Breite 0,078 m) (Ph. U.D.F. - Phothothek)*

203 - *punisch* - Karthago - Gefäß in Form einer knienden Frau. *6.Jh. v. Chr. (?) - Karthago, Nationalmuseum (Glaspaste; Höhe 0,092 m) (Ph. U.D.F. - Phothothek)*

204 - *punisch* - Karthago - Salbgefäß. *7.-6.Jh. v.Chr. - Tunis, Bardo-Museum (Gefärbte Glaspaste; Höhe 0,09 m) (Ph. U.D.F. - Phothothek)*

205 - *punisch* - Karthago - Krug mit weit ausgezogener Lippe. *7.Jh. v.Chr. - Karthago, Nationalmuseum (Teilweise glasierte Terrakotta; Höhe 0,17 m) (Ph. U.D.F. - Phothothek)*

206 - *punisch* - Karthago, ‹tophet› - Widderförmiger Askos. *Etwa 8.Jh. v.Chr. - Utica, Museum (Bemalte Terrakotta; Länge 0,155 m) (Ph. U.D.F. - Phothothek)*

207 - *punisch* - Karthago, Nekropole Duimes - Runde Model mit geometrischem Dekor. *7.-6.Jh. v.Chr. - Karthago, Nationalmuseum (Terrakotta; Durchmesser 0,13 m) (Ph. U.D.F. - Phothothek)*

208 - *punisch* - Karthago, ‹tophet› - Vogelförmiger Askos. *Etwa 8.Jh. v. Chr. - Tunis, Bardo-Museum (Bemalte Terrakotta; Länge 0,19 m) (Ph. U.D.F. - Phothothek)*

209 - *punisch* - Karthago, Nekropole Duimes - Scheibe: Bewaffneter Reiter mit einem Hund. *Etwa 6.Jh. v.Chr. - Karthago, Nationalmuseum (Terrakotta; Durchmesser 0,095 m) (Ph. U.D.F. - Phothothek)*

210 - *punisch* - Motye - Teilansicht des ‹tophet›. *7.-4./3.Jh. v.Chr. (Ph. U.D.F. - Phothothek)*

211 - *phönizisch (?)* - An der Küste bei Selinunt gefunden - Figurine einer Gottheit. *14.-13.Jh. v.Chr. - Palermo, Museo Archeologico Nazionale (Bronze; Höhe 0,38 m) (Ph. U.D.F. - Phothothek)*

212 - *punisch* - Motye, Umfassungsmauer - Das Nordtor. *Etwa 6.Jh. v. Chr. (Ph. U.D.F. - Phothothek)*

213 - *punisch* - Motye - Kasematte südlich der Umfassungsmauer. *Etwa 6.Jh. v.Chr. (Ph. U.D.F. - Phothothek)*

214 - *punisch* - Motye - Die nördliche Umfassungsmauer (Ausschnitt der Stützmauer). *Etwa 6.Jh. v.Chr. (Ph. U.D.F. - Phothothek)*

215 - *punisch* - Tas Silg - Das Heiligtum. *Etwa Mitte des II. Jt. v. Chr. bis etwa Mitte des I. Jt. n. Chr. (Ph. Università di Roma, Rom)*

216 - *punisch* - Im Teich von Marsala gefunden - Torso eines Mannes. *Etwa 6.-5.Jh. v.Chr. - Palermo, Museo Archeologico Nazionale (Stein; Höhe 1,27 m) (Ph. U.D.F. - Phothothek)*

217 - *punisch* - Halaesa - Fragment einer Tiergruppe: Stier im Kampf mit einem Löwen. *6.Jh. v.Chr. (?) - Palermo, Museo Archeologico Nazionale (Stein; Höhe ohne Sockel 0,66 m) (Ph. U.D.F. - Phothothek)*

218 - *punisch* - Motye, ‹tophet› (?) - Glockenförmige Figurine. *Etwa 6.Jh. v.Chr. - Motye, Museo Whitaker (Auf der Töpferscheibe geformte, mit der Hand überarbeitete Terrakotta; Höhe 0,165 m) (Ph. Università di Roma, Rom)*

219 - *punisch* - Pizzo Cannita (?) - Fragment der Statue einer thronenden Gottheit zwischen zwei Sphingen. *Etwa 6.Jh. v. Chr. - Palermo, Museo Archeologico Nazionale (Tuff; Höhe 0,77 m) (Ph. U.D.F. - Phothothek)*

220 - *punisch* - Motye, ‹tophet› - Stele: ‹Flaschenidol›. *6.-5.Jh. v.Chr. - Motye, Museo Whitaker (Sandstein; Höhe 1,32 m) (Ph. Università di Roma, Rom)*

221 - *punisch* - Motye, ‹tophet› - Doppelstele. Ausschnitt: Antithetische Figuren. *Etwa 6.Jh. v.Chr. - Motye, Museo Whitaker (Kalkstein; Gesamthöhe 0,39 m) (Ph. Università di Roma, Rom)*

222 - *punisch* - Motye, ‹tophet› - Stele. Ausschnitt: Frau mit vor der Brust verschränkten Armen. *Etwa 5.Jh. v.*

Chr. - Motye, Museo Whitaker (Kalkstein; Gesamthöhe 0,96 m) (Ph. Università di Roma, Rom)

223 - *punisch* - Motye, ‹tophet› - Stele: Schematisierte weibliche Gestalt. *Etwa 6.Jh. v.Chr. - Motye, Museo Whitaker (Kalkstein; Höhe 0,50 m) (Ph. Università di Roma, Rom)*

224 - *punisch* - Motye, ‹tophet› - Stele. Ausschnitt: Adorant im Profil. *Etwa 5.Jh. v.Chr. - Motye, Museo Whitaker (Kalkstein; Gesamthöhe 0,42 m) (Ph. Università di Roma, Rom)*

225 - *punisch* - Lilybaeum - Stele. Ausschnitt: Priester vor einem Weihrauchgefäß und religiösen Symbolen. *3.-2.Jh. v.Chr. - Palermo, Museo Archeologico Nazionale (Kalkstein; Gesamthöhe 0,45 m) (Ph. U.D.F. - Photothek)*

226 - *punisch* - Lilybaeum - Bemalte Stele: Szene eines Grabbanketts zwischen zwei Säulen. *1.Jh. n.Chr. - Palermo, Museo Archeologico Nazionale (Stuckierter und bemalter Tuff; Breite an der Basis 0,58 m) (Ph. U.D.F. - Photothek)*

227 - *punisch* - Pizzo Cannita - Anthropoider Sarkophag: Weibliche Gestalt mit drapiertem Gewand. *6.-5.Jh. v.Chr. - Palermo, Museo Archeologico Nazionale (Marmor; Länge 2,30 m) (Ph. U.D.F. - Photothek)*

228 - *punisch* - Motye - Arula: Greifenkampf. *3.-2.Jh. v.Chr. (?) - Palermo, Museo Archeologico Nazionale (Gemodelter Ton; Länge 0,23 m) (Ph. U.D.F. - Photothek)*

229 - *punisch* - Lilybaeum - Askos in Form eines Wildschweins. *Etwa 3.Jh. v.Chr. - Palermo, Museo Archeologico Nazionale (Bemalte Terrakotta; Länge 0,13 m) (Ph. U.D.F. - Photothek)*

230 und 231 - *punisch* - Sizilien - Münze (Kopf- und Rückseite): Sogenannter ‹Tanit-Kopf›, umgeben von Delphinen - Pferdeprotome und Palme. *Etwa 4.Jh. v.Chr. - Palermo, Museo Archeologico Nazionale (Silber; Durchmesser 0,026 m) (Ph. U.D.F. - Photothek)*

232 - *punisch* - Monte Sirai, Akropolis - Kultstatue. *7.-6.Jh. v.Chr. - Cagliari, Museo Archeologico Nazionale (Kalkstein; Höhe 0,40 m) (Ph. U.D.F. - Photothek)*

233 - Nora - Das Vorgebirge Coltellazzo. *(Ph. U.D.F. - Photothek)*
Vgl. Abb. 345

234 - *punisch* - Tharros - Der ‹tophet› (Ausschnitt). Im Hintergrund Reste der Befestigungsanlagen. *7.-2.Jh. v.Chr. (Ph. U.D.F. - Photothek)*

235 - *punisch* - Monte Sirai - Der Tempel des ‹tophet›. *Ende 6.Jh. v.Chr. (Ph. U.D.F. - Photothek)*

236 - *punisch* - Monte Sirai - Die Umfassungsmauer und der Zugang zur Akropolis. *5.-4.Jh. v.Chr. (Ph. U.D.F. - Photothek)*
Vgl. Abb. 346

237 - *punisch* - Bitia, Tempel - Statue des Bes. *Hellenistische Zeit - Cagliari, Museo Archeologico Nazionale (Sandstein; Höhe 1,52 m) (Ph. U.D.F. - Photothek)*

238 - *punisch* - Bitia - Glockenförmige Figurine mit langen Armen (Ausschnitt). *3.-2.Jh. v.Chr. - Cagliari, Museo Archeologico Nazionale (Terrakotta; Gesamthöhe 0,20 m) (Ph. U.D.F. - Photothek)*

239 - *punisch* - Bitia - Glockenförmige Figurine: Frau mit einem Kind im Arm (Ausschnitt). *3.-2.Jh. v.Chr. - Cagliari, Museo Archeologico Nazionale (Mit der Töpferscheibe geformter und von Hand nachgearbeiteter Ton; Gesamthöhe 0,17 m) (Ph. U.D.F. - Photothek)*

240 und 241 - *punisch* - Bitia - Glockenförmige Figurinen. *3.-2.Jh. v.Chr. - Cagliari, Museo Archeologico Nazionale (Mit der Töpferscheibe geformter und von Hand nachgearbeiteter Ton; Höhe 0,17 m und 0,21 m) (Ph. U.D.F. - Photothek)*

242 - *punisch* - Nora, Nekropole - Fragment der Statuette einer nackten Göttin, die ihre Brüste hält. *Etwa 6.Jh. v.Chr. - Cagliari, Museo Archeologico Nazionale (Gemodelter Ton; Höhe 0,17 m) (Ph. U.D.F. - Photothek)*

243 - *punisch* - La Nurra, Nuraghe Fluminilongu - Fragment einer Baal-Statuette. *8.Jh. v.Chr. - Cagliari, Museo Archeologico Nazionale (Bronze; Höhe 0,092 m) (Ph. U.D.F. - Photothek)*

244 - *punisch* - S. Cristina di Paulilatino, Brunnen eines Nuraghe - Figurine einer fadenförmigen sitzenden Gestalt. *Etwa 8.Jh. v.Chr. - Cagliari, Museo Archeologico Nazionale (Bronze; Höhe 0,08 m) (Ph. U.D.F. - Photothek)*

245 und 246 - *punisch* - Monte Sirai, Akropolis - Figurinen eines Opfernden und eines Lyraspielers. *Etwa 6.Jh. v.Chr. - Cagliari, Museo Archeologico Nazionale (Bronze; Höhe 0,056 m) (Ph. U.D.F. - Photothek)*

247 - *punisch* - Genoni - Figurine mit einer Federtiara, sogenannter ‹Sardus Pater›. *Etwa 4.Jh. v.Chr. - Cagliari, Museo Archeologico Nazionale (Bronze; Höhe 0,13 m) (Ph. U.D.F. - Photothek)*

248 - *punisch* - Nora, ‹tophet› - Stele: Baitylientrias. *6.-5.Jh. v.Chr. - Cagliari, Museo Archeologico Nazionale (Sandstein; Höhe 0,74 m) (Ph. U.D.F. - Photothek)*

249 - *punisch* - Nora, ‹tophet› - Stele: ‹Flaschenidol›. *Etwa 5.Jh. v.Chr. - Cagliari, Museo Archeologico Nazionale (Sandstein; Höhe 1,03 m) (Ph. U.D.F. - Photothek)*

250 - *punisch* - Sulci, ‹tophet› - Stele: Frau mit einer Scheibe vor der Brust. *6.-5.Jh. v.Chr. - Cagliari, Museo Archeologico Nazionale (Trachyttuff; Höhe 0,69 m) (Ph. U.D.F. - Photothek)*

251 - *punisch* - Sulci, ‹tophet› - Stele: Frau mit Stola, die den ‹anch› oder das ‹Tanit-Zeichen› in der Hand hält. *3.-2.Jh. v.Chr. - Cagliari, Museo Archeologico Nazionale (Marmor; Höhe 0,18 m) (Ph. U.D.F. - Photothek)*

252 - *punisch* - Sulci, ‹tophet› - Stele: Schreitender Widder. *Etwa 3.Jh. v.Chr. - S. Antioco, Museo Comunale (Trachyttuff; Höhe 0,21 m) (Ph. U.D.F. - Photothek)*

253 - *punisch* - Tharros, Nekropole - Pyramidenförmiger Cippus: Held, der ein geflügeltes Monstrum tötet. *6.Jh. v.Chr. (?) - Cagliari, Museo Archeologico Nazionale (Kalkstein; Höhe 0,28 m) (Ph. U.D.F. - Photothek)*

254 - *punisch* - Monte Sirai, ‹tophet› - Stele. Ausschnitt: Frau mit einer Scheibe vor der Brust. *Etwa 6.Jh. v.Chr. - Cagliari, Museo Archeologico Nazionale (Trachyttuff; Gesamthöhe 0,71 m) (Ph. U.D.F. - Photothek)*

255 - *punisch* - S. Sperate, Nekropole - Groteskmaske mit einem Ring in der

Nase. *Etwa 6.Jh. v.Chr. - Cagliari, Museo Archeologico Nazionale (Gemodelter, von Hand nachgearbeiteter Ton; Höhe 0,16 m) (Ph. U.D.F. - Photothek)*

256 - *punisch* - Tharros, Nekropole - Groteskmaske. *Etwa 5.Jh. v.Chr. - Cagliari, Museo Archeologico Nazionale (Gemodelter, von Hand nachgearbeiteter Ton; Höhe 0,19 m) (Ph. U.D.F. - Photothek)*

257 - *punisch* - Tharros, Akropolis - Weibliche Protome. *Etwa 6.Jh. v.Chr. - Cagliari, Museo Archeologico Nazionale (Gemodelter, von Hand nachgearbeiteter Ton; Höhe 0,16 m) (Ph. U.D.F. - Photothek)*

258 und 259 - *punisch* - Sardinien - Amulette: ‹udjat›-Auge. *7.-4.Jh. v. Chr. - Cagliari, Museo Archeologico Nazionale (Glaspaste; Länge 0,025 m und 0,038 m) (Ph. U.D.F. - Photothek)*

260 - *punisch* - Tharros, Nekropole - Skarabäus: Isis und Horus. *Etwa 4.Jh. v.Chr. - Cagliari, Museo Archeologico Nazionale (Grüner Jaspis; Höhe 0,017 m) (Ph. U.D.F. - Photothek)*

261-266 - *punisch* - Olbia, Nekropole Fontana Noa - Verschiedene Teile von Halsschmuck. *4.-3.Jh. v.Chr. - Cagliari, Museo Archeologico Nazionale (Glaspaste; durchschnittliche Höhe der Köpfe 0,07 m) (Ph. U.D.F. - Photothek)*

267 - *punisch* - Tharros, Nekropole - Armschmuck. *7.-6.Jh. v.Chr. - Cagliari, Museo Archeologico Nazionale (Getriebenes Gold mit Granulationen; Länge 0,128 m) (Ph. U.D.F. - Photothek)*

268 - *punisch* - Sulci, Nekropole - Papageienförmiger Griff. *Etwa 3.Jh. v. Chr. - Cagliari, Museo Archeologico Nazionale (Bein; Höhe 0,12 m) (Ph. U.D.F. - Photothek)*

269 - *punisch* - Sardinien - Rasiermesser: Sitzende Gestalt im Profil. *3.-2. Jh. v.Chr. - Cagliari, Museo Archeologico Nazionale (Bronze; Höhe 0,11 m) (Ph. U.D.F. - Photothek)*

270 - *punisch* - Sardinien - Kleine Groteskmaske. *6.Jh. v.Chr. (?) - Cagliari, Museo Archeologico Nazionale (Bein; Höhe 0,026 m) (Ph. U.D.F. - Photothek)*

271-273 - *punisch* - Sardinien - Münzen: Pferd - Drei Ähren - Sogenannter ‹Tanit-Kopf›. *4.-3.Jh. v.Chr. - Cagliari, Museo Archeologico Nazionale (Bronze; Durchmesser 0,027 m, 0,02 m und 0,027 m) (Ph. U.D.F. - Photothek)*

274 - *punisch* - Monte Sirai, Nekropole - Lampe mit mehreren Ausgüssen. *Etwa 6.Jh. v.Chr. - Cagliari, Museo Archeologico Nazionale (Terrakotta; Höhe 0,24 m) (Ph. U.D.F. - Photothek)*

275 - *punisch* - La Aliseda - Aus zweiundsechzig Teilen zusammengesetztes Degengehenk. Ausschnitt: Mann im Kampf mit einem Löwen, und Palmetten. *7.Jh. v.Chr. - Madrid, Museo Arqueológico Nacional (Getriebenes Gold mit Granulationen; Höhe jedes Einzelteils 0,068 m) (Ph. Manso Martin, Madrid)*

276 und 277 - *punisch* - Los Toscanos - Teile archaischer Mauern. *8.-7.Jh. v.Chr. (Ph. Deutsches Archäologisches Institut, Madrid)*

278 - *punisch* - Trayamar, Nekropole - Das Innere eines Grabes. *7.-6.Jh. v. Chr. (Ph. Deutsches Archäologisches Institut, Madrid - H.G. Niemeyer)*

279 - *punisch* - Galera, Nekropole - Statuette einer thronenden Göttin zwischen zwei Sphingen. *6.-5.Jh. v.Chr. - Madrid, Museo Arqueológico Nacional (Alabaster; Höhe 0,178 m) (Ph. Mas, Barcelona)*

280 - *punisch* - Isla Plana (Ibiza) - Glockenförmige männliche Figurine. *Etwa 5.Jh. v.Chr. - Barcelona, Museo Arqueológico (Mit der Töpferscheibe geformter, von Hand nachgearbeiteter Ton; Höhe 0,19 m) (Ph. Mas, Barcelona)*

281 - *punisch* - Isla Plana (Ibiza) - Lampe in Gestalt einer glockenförmigen männlichen Figurine. *6.-5.Jh. v.Chr. - Barcelona, Museo Arqueológico (Mit der Töpferscheibe geformter, von Hand nachgearbeiteter Ton; Höhe 0,18 m) (Ph. Mas, Barcelona)*

282 - *punisch* - Isla Plana (Ibiza) - Männliche Figurine mit eiförmigem Körper. *Etwa 4.Jh. v.Chr. - Barcelona, Museo Arqueológico (Mit der Töpferscheibe geformter, von Hand nachgearbeiteter Ton; Höhe 0,24 m) (Ph. Mas, Barcelona)*

283 - *punisch* - Puig d'es Molins (Ibiza), Nekropole - Ägyptisierende weibliche Figurine. *6.-5.Jh. v.Chr. - Madrid, Museo Arqueológico Nacional (Gemodelter Ton; Höhe 0,38 m) (Ph. Mas, Barcelona)*

284 - *punisch* - Puig d'es Molins (Ibiza), Nekropole - Fragment einer weiblichen Figurine. *4.-3.Jh. v.Chr. - Madrid, Museo Arqueológico Nacional (Terrakotta; Höhe 0,22 m) (Ph. Mas, Barcelona)*

285 - *punisch* - Puig d'es Molins (Ibiza), Nekropole - Reich verzierte weibliche Statuette. *5.-4.Jh. v.Chr. - Madrid, Museo Arqueológico Nacional (Terrakotta; Höhe 0,32 m) (Ph. Mas, Barcelona)*

286 - *punisch* - Puig d'es Molins (Ibiza), Nekropole - Figurine eines nackten Adoranten. *Etwa 4.Jh. v.Chr. - Madrid, Museo Arqueológico Nacional (Terrakotta; Höhe 0,37 m) (Ph. Mas, Barcelona)*

287 - *punisch* - Cádiz - Figurine des Ptah (?). *7.-6.Jh. v.Chr. - Madrid, Museo Arqueológico Nacional (Bronze mit goldener Maske; Höhe 0,13 m) (Ph. Manso Martin, Madrid)*

288 - *punisch* - Sevilla - Figurine einer sitzenden Astarte. *Etwa 7.Jh. v.Chr. - Sevilla, Museo Arqueológico Provincial (Bronze; Höhe 0,16 m) (Ph. Mas, Barcelona)*

289 - *punisch* - Cádiz, Punta de la Vaca - Anthropoider Sarkophag (Ausschnitt). *Etwa 5.Jh. v.Chr. - Cádiz, Museo Arqueológico Provincial (Marmor) (Ph. Museo Arqueológico Provincial, Cádiz - F. Fernandez Fernandez)*

290 - *punisch* - Puig d'es Molins (Ibiza), Nekropole - Groteskmaske. *4.Jh. v.Chr. (?) - Barcelona, Museo Arqueológico (Terrakotta; Höhe 0,15 m) (Ph. Mas, Barcelona)*

291 - *punisch* - Puig d'es Molins (Ibiza), Nekropole - Weibliche Protome (Ausschnitt). *5.Jh. v.Chr. (?) - Sitges, Museo del Cau Ferrat (Terrakotta; Gesamthöhe 0,13 m) (Ph. Mas, Barcelona)*

292 und 293 - *punisch* - La Aliseda - Zwei ähnliche Armreifen mit Spiraldekor. *Etwa 7.Jh. v.Chr. - Madrid, Museo Arqueológico Nacional (Gold; Durchmesser 0,066 m) (Ph. Manso Martin, Madrid)*

294 - *punisch* - La Aliseda - Ohrring mit einem Dekor aus Lotosblüten und

Palmetten. *Etwa 7. Jh. v. Chr. - Madrid, Museo Arqueológico Nacional (Gold; Durchmesser 0,08 m) (Ph. Manso Martin, Madrid)*

295 - *punisch* - La Aliseda - Diadem. *Etwa 7. Jh. v. Chr. - Madrid, Museo Arqueológico Nacional (Gold; Länge 0,20 m) (Ph. Manso Martin, Madrid)*

296 - *iberisch-phönizisch* - Elche - Kopf einer Frau, sogenannte ‹Dame von Elche› (Ausschnitt). *4.-3. Jh. v. Chr. - Madrid, Museo del Prado (Kalkstein, leichte Spuren von Bemalung; Gesamthöhe 0,56 m) (Ph. Tel-Vigneau, Paris)*

297 - *mesopotamisch* - Warka - Kopf einer Frau, sogenannte ‹Dame von Warka›. *Anfang III. Jt. - Bagdad, Museum (Weißer Marmor; Höhe 0,20 m) (Ph. U.D.F. - Photothek)*

298 - Byblos - Schematischer Grundriß. *(Zeichnung von Emir Maurice H. Chéhab)*

299 - Byblos - Tempel der Baalat Gebal. *III. Jt. v. Chr. (Zeichnung von Emir Maurice H. Chéhab)*

300 - Byblos - L-förmiger Tempel. *III. Jt. v. Chr. (Zeichnung von Emir Maurice H. Chéhab)*

301 und 302 - *phönizisch* - Byblos - Gefäße zur Aufbewahrung von Opfergaben. *19.-18. Jh. v. Chr. - Beirut, Nationalmuseum (Terrakotta; Höhe 0,31 m und 0,28 m) (Ph. U.D.F. - Phototbek)*

303 - *phönizisch* - Byblos - Siegelabdruck: Krieger, der mit einer Lanze und einer Fensteraxt bewaffnet ist. *19.-18. Jh. v. Chr. - Beirut, Nationalmuseum (Steatit; Höhe 0,063 m) (Ph. U.D.F. - Phototbek)*

304 - *phönizisch* - Byblos - Medaillon mit Rosetten und Halbmonden. *19. Jh. v. Chr. - Beirut, Nationalmuseum (Gold und Stegemail; Durchmesser 0,057 m) (Ph. U.D.F. - Phototbek)*

305 - Byblos - Obeliskentempel. *19.-18. Jh. v. Chr. (Zeichnung von Emir Maurice H. Chéhab)*

306 - *phönizisch* - Byblos - Gottheit in einem Umhang mit Fellbesatz. *19.-18. Jh. v. Chr. - Beirut, Nationalmuseum (Bronze; Höhe 0,10 m) (Ph. U.D.F. - Phototbek)*

307 - Ugarit - Täfelchen mit dem ugaritischen Keilschriftalphabet. *14. Jh. v. Chr. - Damaskus, Nationalmuseum (Terrakotta; Länge 0,05 m) (Ph. U.D.F. - Phototbek)*

308 - *phönizisch* - Byblos - Sarkophag des Königs Ahiram (Ausschnitt der Inschrift). *13. Jh. v. Chr. - Beirut, Nationalmuseum (Kalkstein) (Ph. U.D.F. - Phototbek)*

309 - *griechisch* - Theben - Münze. Rückseite: Kadmos unterweist die Thebaner im phönizischen Alphabet. *Paris, Bibliothèque Nationale, Cabinet des Médailles (Bronze; Durchmesser 0,029 m) (Ph. U.D.F. - Phototbek)*

310 - Byblos - Täfelchen mit einer unentzifferten Schrift. *II. Jt. v. Chr. - Beirut, Nationalmuseum (Bronze; Höhe 0,21 m) (Ph. U.D.F. - Phototbek)*

311 - Entwicklung des Alphabets im Orient und Okzident. *(Zeichnung von Emir Maurice H. Chéhab)*

312 und 313 - *phönizisch* - Byblos - Münze des Adarmelek, Königs von Byblos (Kopfseite und Rückseite). *4. Jh. v. Chr. - Beirut, Nationalmuseum (Silber; Durchmesser 0,027 m) (Ph. U.D.F. - Phototbek)*

314 - *Kunst Phöniziens in römischer Zeit* - Bêt Miri - Doppellampe in Form eines Schiffs. *Anfang 2. Jh. n. Chr. - Beirut (Bronze; Länge 0,38 m) (Ph. U.D.F. - Phototbek)*

315 - *phönizisch* - Tell el Raschadije - Grabgefäß. *8. Jh. v. Chr. - Beirut, Nationalmuseum (Bemalte Terrakotta; Höhe 0,32 m) (Ph. U.D.F. - Phototbek)*

316 - Arslan Tasch - Dekor eines Königsbetts: Gottheit (?). *9. Jh. v. Chr. - Paris, Louvre (Elfenbein; Höhe 0,207 m) (Ph. U.D.F. - Phototbek)*

317 - *phönizisch* - Umm el-Amad - Stele: Nach persischer Art gekleideter Adorant. *4.-3. Jh. v. Chr. - Beirut, Nationalmuseum (Marmor; Höhe 0,62 m) (Ph. U.D.F. - Phototbek)*

318 - *Kunst Phöniziens in römischer Zeit* - Tyros - Fragment eines Kranzgesimses (Ausschnitt). *2. Jh. n. Chr. (Kalkstein) (Ph. U.D.F. - Phototbek)*

319 - *Kunst Phöniziens in römischer Zeit* - Tyros - Sarkophag. Ausschnitt: Trunkene Kinder. *2. Jh. n. Chr. - Beirut, Nationalmuseum (Marmor; Höhe des Kindes an der Ecke 0,55 m) (Ph. U.D.F. - Phototbek)*

320 - *Kunst Phöniziens in römischer Zeit* - Baalbek - Rekonstruktion des Jupiter- und des Bacchus-Tempels. *1.-3. Jh. n. Chr. (Nach P. Collart und P. Coupel, ‹L'Autel monumental de Baalbek› = ‹Institut français d'archéologie de Beyrouth› LII, Paris, 1951)*

321 - *Kunst Phöniziens in römischer Zeit* - Baalbek, Jupiter-Tempel - Rekonstruktion des Monumentalaltars. *1. Jh. n. Chr. (Nach P. Collart und P. Coupel, ‹L'Autel monumental de Baalbek› = ‹Institut français d'archéologie de Beyrouth› LII, Paris, 1951)*

322 - *Kunst Phöniziens in römischer Zeit* - Baalbek - Gesamtplan des Jupiter-Tempels und der Höfe sowie des Bacchus-Tempels. *1.-3. Jh. n. Chr. (Zeichnung von Emir Maurice H. Chéhab)*

323 - Karthago - Der Handelshafen. *(Ph. U.D.F. - Phototbek)*

324 - Karthago - Gesamtplan der Stadt. *(Nach P. Cintas, ‹Les Carthaginois dans leur cité›. In: ‹Archéologie vivante› I, Paris, 1969)*

325 und 326 - *punisch* - Karthago - Amphora mit einem Dekor aus gemalten Metopen - Kanne mit Kleeblattmündung. *7. Jh. v. Chr. - Karthago, Nationalmuseum (Terrakotta; Höhe 0,355 m und 0,30 m) (Ph. U.D.F. - Phototbek)*

327 - *punisch* - Karthago, ‹tophet› - Stele mit Giebel. Ausschnitt: Gestalt einer Opfernden. *Etwa 4. Jh. v. Chr. - Tunis, Bardo-Museum (Kalkstein; Gesamthöhe 0,64 m) (Ph. U.D.F. - Phototbek)*

328 - *punisch* - Karthago, Nekropole Dermesch - Groteskmaske. *Etwa 7. Jh. v. Chr. - Tunis, Bardo-Museum (Gemodelter, von Hand nachgearbeiteter Ton; Höhe 0,17 m) (Ph. U.D.F. - Phototbek)*

329 - *punisch* - Karthago, ‹tophet› - Cippus in Form eines Throns mit einem doppelten Baitylion. *Etwa 6. Jh. v. Chr. (Kalkstein; Höhe 0,54 m) (Ph. U.D.F. - Phototbek)*

330 - *punisch* - Karthago, Nekropole Ard el-Cherâib - Skarabäus: Bes hält eine Antilope. *Etwa 4. Jh. v. Chr. - Tunis, Bardo-Museum (Jaspis; Höhe 0,015 m) (Ph. U.D.F. - Phototbek)*

331 - *punisch* - Utica, Nekropole - Skarabäus: Thronende Gottheit. *Etwa*

4. Jh. v. Chr. - Tunis, Bardo-Museum (Jaspis; 0,013 m) (Ph. U.D.F. - Phototek)

332 - *punisch* - Karthago, Nekropole Dermesch - Fassung eines Rings: Thronende Gottheit. *Etwa 7. Jh. v. Chr. - Tunis, Bardo-Museum (Gold; Höhe 0,015 m) (Ph. U.D.F. - Phototek)*

333 - *punisch* - Motye - Teilansicht des ‹tophet› mit den Stelen und Cippi. *7.-4./3. Jh. v. Chr. (Ph. U.D.F. - Phototek)*

334 - *punisch* - Motye, ‹tophet› - Unvollendete Stele: Entwurf einer frontalen Gestalt. *6.-5. Jh. v. Chr. (Kalkstein; Höhe 0,33 m) (Ph. Università di Roma, Rom)*

335 - *punisch* - Motye, ‹tophet› - Stele: Gestalt mit parallelepipedischem Körper. *6.-5. Jh. v. Chr. (Sandstein; Höhe 0,41 m) (Ph. Università di Roma, Rom)*

336 - *punisch* - Motye, ‹tophet› - Stele: Schematisierte Gestalt im Profil. *6.-5. Jh. v. Chr. - Motye, Museo Whitaker (Kalkstein; Höhe 0,29 m) (Ph. Università di Roma, Rom)*

337 und 338 - *punisch* - Motye - Teilansicht der Umfassungsmauer mit dem Nordtor in Richtung auf das Meer und auf Birgi - Der Tempel. *Etwa 6. Jh. v. Chr. (Ph. U.D.F. - Phototek)*

339 - *punisch* - Tas Silg - Halbkapitell mit Palmette. *7.-6. Jh. v. Chr. - La Valetta, Nationalmuseum (Elfenbein mit Goldfolie; Höhe 0,078 m) (Ph. Università di Roma, Rom)*

340 - *punisch* - Tas Silg - Unterarm und rechte Hand. *Hellenistische Zeit - La Valetta, Nationalmuseum (Elfenbein; Höhe 0,04 m) (Ph. Università di Roma, Rom)*

341 - *punisch* - Tas Silg - Linkes Ohr. *Etwa 6. Jh. v. Chr. - La Valetta, Nationalmuseum (Elfenbein; Höhe 0,06 m) (Ph. Università di Roma, Rom)*

342 - *punisch* - Sizilien - Münze. Rückseite: Pferd und Palme. *Etwa 4. Jh. v. Chr. - Palermo, Museo Archeologico Nazionale (Silber; Durchmesser 0,024 m) (Ph. U.D.F. - Phototek)*

343 - *punisch* - Tharros, Nekropole - Maske eines Silen. *3.-2. Jh. v. Chr. (?) - Cagliari, Museo Archeologico Nazionale (Gemodelter, von Hand nachgearbeiteter Ton; Höhe 0,20 m) (Ph. U.D.F. - Phototek)*

344 - *punisch* - Sulci, ‹tophet› - Stele: Frau, die eine Scheibe vor der Brust hält. *4.-3. Jh. v. Chr. - Cagliari, Museo Archeologico Nazionale (Trachyttuff; Höhe 0,345 m) (Ph. U.D.F. - Phototek)*

345 - Nora - Grundriß der Stadt. *(Nach S. M. Cecchini, ‹I ritrovamenti fenici e punici in Sardegna›, Rom, 1969)*

346 - Monte Sirai - Grundriß der Akropolis. *6.-1. Jh. v. Chr. (Nach F. Barreca und andere, ‹Ricerche puniche nel Mediterraneo centrale›, Rom, 1970)*

347 - Die Halbinsel Sinis mit Tharros und dem Kap S. Marco. *(Nach S. M. Cecchini, ‹I ritrovamenti fenici e punici in Sardegna›, Rom, 1969)*

348 - *punisch* - Carmona, El Bencarrón - Täfelchen: Krieger zwischen einem Greifen und einem Löwen. *7.-6. Jh. v. Chr. - New York, The Hispanic Society of America (Elfenbein; Länge 0,127 m) (Ph. The Hispanic Society of America, New York)*

349 - *punisch* - Carmona, Cruz del Negro - Kamm: Löwe, der einen Hasen anfällt. *7.-6. Jh. v. Chr. - New York, The Hispanic Society of America (Elfenbein; Länge 0,13 m) (Ph. The Hispanic Society of America, New York)*

350 - Verschiedene Typen punischer Bestattungen: Gruftgräber (1 und 2), ‹dromos›-Gräber (3-5) und Schachtgräber (6-10). *(Nach S. Moscati, ‹I Fenici e Cartagine›, Turin, 1972)*

351 - Karte: Das Mittelmeerbecken

352 - Karte: Phönizien

NAMEN- UND SACHREGISTER

A

nach Antarados, dem heutigen Tartus, gegenüber der Insel Arados (heute Ruâd), reichen . . . . . . *S.* 16, 98, 117, 127 *Abb.* 122

AMU - Name, mit dem die Ägypter die in ihr Land eingewanderten Asiaten bezeichneten. Vielleicht ist das Wort die Pluralform des semitischen ‹Am›, das ‹Volk› bedeutet *S.* 47, 62

ANCH - Symbol für das Leben bei den Ägyptern . . *S.* 226 *Abb.* 251

ANDALOUSES, LES - heutiger Name eines punischen Ortes an der Küste des westlichen Algerien; sein Ursprung reicht bis ins 4.-3. Jh. v. Chr. zurück . . . . . . *S.* 152

ANSÂB - Plural von arabisch ‹nas(a)b› = «alles, was in die Erde gepflanzt und aufgerichtet ist»; verwandt mit hebräisch ‹masseba› = ‹aufgerichteter Stein›, Plural ‹massebot›. Solche ‹Masseben› symbolisierten bei nomadischen Völkern die Gottheit . . . . *S.* 48

ANTIOCHIA - Stadt am Orontes; Hauptstadt der Seleukiden und erster Bischofssitz des heiligen Petrus; heute Antakya in der Türkei *S.* 25

APADANA - Audienzhalle in den Palästen der achämenidischen Könige . . . . *S.* 106

APHRODITE - s. VENUS

APIS - heiliger Stier, der von den Ägyptern verehrt wurde, auf kleinen karthagischen Vasen aus Glaspaste dargestellt . . . . . *S.* 186

APOLLODOROS - griechischer Architekt aus Damaskus, der zu Beginn des 2. Jh. n. Chr. lebte und beim Bau des Trajans-Forums in Rom mitwirkte . . . . . *S.* 134

ARADOS - Insel und Stadt im Norden Phöniziens, gegenüber von Antarados; heute Ruâd, nördlich von Tartus, das biblische Arvad *S.* 5, 148

ARSLAN TASCH - s. CHADATU

ARTAXERXES III. - achämenidischer König (358-338 v. Chr.), gegen den sich die Phönizier unter Führung von Tennes, König von Sidon, erhoben . . . . . *S.* 107

ARULA - kleiner Altar, gewöhnlich aus Terrakotta . . *S.* 208 *Abb.* 228

ARVAD - s. ARADOS

ASARHADDON - König von Assyrien (680-669 v. Chr.), Sohn Sanheribs . . . . *S.* 5

ASKLEPIOS - griechischer Gott der Heilkunst, der phönizische Eschmun, der mit Asklepios viele Züge gemeinsam hat und mit ihm gleichgesetzt wurde . . *S.* 122, 153, 183

ASKOS - kleine Vase mit seitlichem Ausguß und Bügelhenkel; ihre Form geht auf die Kürbisflasche zurück . . . *Abb.* 206, 208, 229

ASSUAN - Stadt in Oberägypten am Nil . . . . *S.* 127

ASSURNASIRPAL II. - König von Assyrien (883-859 v. Chr.) . . *S.* 5

ASTARTE - kanaanäische Fruchtbarkeitsgöttin, die Tanit Karthagos *S.* 3, 6, 15, 76, 104, 107, 109, 110, 187 *Abb.* 116, 288

ATARGATIS - griechischer Name einer nordsyrischen Göttin, der ‹dea syria› . . . . *S.* 18

ATHEN - hier genannt im Zusammenhang mit der Rolle, die die Phönizier als Mittelsmänner zwischen Athen und den Persern spielten . . . . *S.* 102

ATUM - ägyptischer Urgott und Schöpfergott; später wurde er dem Sonnengott Re angeglichen. Er wurde manchmal als Skarabäus dargestellt, der den Sonnenball vor sich herschiebt, so wie sein reales Vorbild, der Mistkäfer, Erdkügelchen rollt . . . . *S.* 42

B

BAAL - eigentlich ‹Herr›; Name verschiedener Hauptgötter der Phönizier . . . . *S.* 6, 9, 17, 29, 76 *Abb.* 5, 80, 122, 243

BAALAT GEBAL - ‹Herrin von Gebal›, die Stadtgöttin von Byblos (= Gebal) *S.* 6, 32 *Abb.* 49, 299

BAALBEK - Stadt im Libanon in der Bekaa, am Fuß des Antilibanon, in der Ptolemäerzeit Heliopolis. Unter der römischen Herrschaft war sie eine der ersten Städte des Orients, die den Titel ‹colonia› erhielten und die den römischen Städten durch Verfassung und Privilegien gleichgestellt wurden . . *S.* 17, 18, 127, 133-136 *Abb.* 12, 145, 146
Bacchus-Tempel . . . . *S.* 18, 133, 134, 136, 139 *Abb.* 11, 143, 148, 151, 320, 322
Jupiter-Tempel oder großer Tempel . . . . *S.* 18, 127, 130, 133, 134 *Abb.* 142, 144, 149, 320-322

BAAL HAMMON - im phönizischen Mutterland beheimateter Gott, zuerst im 9. Jh. v. Chr. in Zindschirli erwähnt. Seine Hauptrolle spielte er in Afrika; Hauptgott von Karthago. Entspricht dem Kronos und Saturn . . . . *S.* 240

BAALJATON - gräzisierter phönizischer Name mit der Bedeutung ‹Baal hat gegeben›; entsprechend dem hebräischen ‹Jonathan› . . . *S.* 117 *Abb.* 121

BAALSCHAMAR - auf einer Stele des 2. Jh. v. Chr. aus Umm el-Amad dargestellte Person *Abb.* 123

BAAL SCHAMÊM - ‹Herr des Himmels›, semitischer Gott, dessen Kult weit verbreitet war . . *S.* 29

BAALSCHILLEK - Name eines Sarkophaginhabers in Karthago (etwa 3. Jh. v. Chr.) . . . . . *Abb.* 177

BACCHUS - bei den Römern Gott des Weins, entsprechend dem Dionysos der Griechen; Sohn Jupiters und der Semele, der Tochter des Phöniziers Kadmos, Königs von Theben . . . . *S.* 120, 127, 133, 139 *Abb.* 128, 148

BAITYLIEN (griech. baitylia, Einzahl baitylion) - Bezeichnung, die auf die semitische Wortverbindung ‹Beit-El› = ‹Haus des Gottes› zurückgeht und für Steinidole gebraucht wurde . . . *S.* 6, 26, 47, 48, 156, 162, 166, 202, 217, 225 *Abb.* 13, 161, 166, 169, 248, 329

BALAWAT - assyrische Stadt östlich von Ninive; Fundort von Bronzetüren mit historischen Reliefs *S.* 5

BANASA - punischer Ort im heutigen Marokko, südlich von Lixus, 30 km von der Atlantikküste; seine

C

D

K

als deren Sohn der Pharao sich betrachtete, sehen wollen . . *S.* 13, 34, 39, 41, 42, 241 *Abb.* 28

KARYSTOS - Ort an der Südwestspitze von Euböa im Ägäischen Meer, berühmt durch seinen grünen Marmor (Cipollinmarmor) . . *S.* 127

KASSETTENMAUER - Mauerwerk, bei dem Orthostaten mit mehr oder weniger großen Zwischenräumen angeordnet und kleinere Steine zwischen die Orthostaten gesetzt werden . . . . . . *S.* 196, 215, 217 *Abb.* 214

KAUNAKES - s. ZOTTENROCK

KAUSIA - typisch griechisches Barett, das ein auf einer Stele dargestellter Orant trägt . . . *S.* 118

KELIBIA - punische Stadt im Nordosten Tunesiens, auf dem Kap Bon, südlich von Kerkuân; von den Römern Clupea genannt . . . . *S.* 151 *Abb.* 157

KENISSIA, EL- - Ort im Osten Tunesiens bei Sousse, aus dem eine bedeutende Gruppe spätpunischer Stelen (2. Jh. v. Chr. - 2. Jh. n. Chr.) stammt . . . . *S.* 168

KERKUÂN - punischer Ort im Nordosten Tunesiens, auf dem Kap Bon; seine Gründung geht auf das 6. Jh. v. Chr. zurück . . . *S.* 151-153 *Abb.* 158

KFAR DSCHARRA - Dorf im Libanon am untersten Hang der Berge, die die Ebene von Sidon beherrschen. Dort wurden an einem Ruaissi genannten Ort von Paul-Émile Guigues zahlreiche Gräber aus der Mitte des II. Jt. entdeckt *S.* 82

KFAR HILDA - Dorf im libanesischen Gebirge bei Batrûn, nordöstlich von Byblos . . . . *S.* 44

KORE - griechisch ‹Mädchen, Jungfrau›, Bezeichnung für das freistehende griechische weibliche Standbild . . . . *S.* 256

KORE oder PERSEPHONE - Tochter des Zeus und der Demeter, bei den Griechen Göttin der Unterwelt, die von Hades entführt wurde. Da sie Granatapfelkerne gegessen hatte, die sie für immer an die Unterwelt banden, entschieden die Götter, sie solle sechs Monate bei Hades bleiben, die übrigen sechs Monate aber auf der Erde weilen, wodurch der Jahresablauf im Leben der Samen symbolisiert wird . . *S.* 120 *Abb.* 129

KORE-ARETHUSA - griechische Göttin, die auf den Münzen von Syrakus, später auf denen von Karthago dargestellt wurde *S.* 187

KOROPLAST - Bildhauer, der Koren herstellt . . . . . *S.* 183, 237

KOTHON - der künstliche Binnenhafen von Karthago und anderen phönizischen und punischen Städten (griechisches Wort, ursprünglich Bezeichnung für eine Art Krug) *S.* 107, 153, 195, 196 *Abb.* 155

KRONOS - s. BAAL HAMMON

KUASS - punischer Ort in Marokko, an der Westküste südlich von Tanger, im Delta des Wadi Garifa *S.* 152

KUMIDI - Stadt in Phönizien im Süden der Bekaa, in den Briefen von Tell el-Amarna zitiert. Ein Tempel, ein Palast und eine Umfassungsmauer wurden dort entdeckt, ebenso wie Keilschrifttafeln, Statuetten und Keramik aus dem 14. Jh. v. Chr. Die Grabungen werden von Rolf Hachmann von der Universität Saarbrücken geleitet; heute Kamid el-Loz . . . . *S.* 54, 86 *Abb.* 89

KURION - Küstenstadt im Süden der Insel Zypern, wo bedeutende phönizische Funde gemacht wurden . . . . *S.* 169

KUROTROPHE - ‹die die streitbaren jungen Männer (kuroi) großzieht›; Beiname der Artemis und der Athene . . . . *S.* 227

L

LAYARD, Sir Austen Henry (1817-1894) - englischer Archäologe, der Ausgrabungen in Ninive, Assur, Babylon, Nimrud und Kisch durchführte . . . . *S.* 10, 13

LEPTIS MAGNA - Küstenstadt in Tripolitanien, östlich von Tripolis, Mittelpunkt einer phönizischen Kolonie, deren Gründung wahrscheinlich auf das 7.-6. Jh. v. Chr. zurückgeht . . . . . *S.* 151, 156

LILYBAEUM - Küstenstadt im Westen Siziliens, von den Karthagern gegründet, die dorthin die Bewohner von Motye nach dessen Zerstörung durch Dionysios von Syrakus im Jahre 397 v. Chr. brachten; heute Marsala . . . . *S.* 197, 198, 202, 206, 207, 209 *Abb.* 216, 225, 226, 229, 350

LIXUS - punische Stadt an der atlantischen Küste Marokkos, nördlich von Larache (arab. el-Ara'isch), nach der Tradition am Ende des II. Jt. v. Chr. gegründet *S.* 148, 152

LOFTUS, Sir William Kennet - englischer Ausgräber des 19. Jh. (Susa, Nippur, Uruk, Ur, Eridu, Larsa, Nimrud) . . . . . *S.* 10

LOLLA - Hof in sardischen Bauernhäusern, der vor dem Wohnbereich liegt und wahrscheinlich auf ein punisches Vorbild zurückgeht . . . . *S.* 217

LUBBÂDE - arabische Bezeichnung für eine konische Kopfbedeckung aus Filz, die auf zahlreichen phönizischen Statuetten wiedergegeben ist . . . *S.* 49 *Abb.* 24, 42-44

M

MACRINUS - römischer Kaiser im Jahre 217 n. Chr. . . . . . *S.* 6

MÄNADEN - Bacchantinnen im Gefolge des Dionysos . . . . *S.* 134

MAHANAT - das Lager oder Feldlager der Karthager; das Wort erscheint als Legende auf sikulisch-punischen Münzen . . . . *S.* 209

MAHDIA - Stadt an der Ostküste Tunesiens, nördlich von Acholla; dort befand sich ein punischer Ort, dessen antiken Namen wir nicht kennen . . . . *S.* 151

MAIKOP - Stadt im nördlichen Kaukasus, Fundort bedeutender antiker Schätze . . . . *S.* 46

MAKTAR - Stadt im Innern Tunesiens, südlich von Thugga, Herkunftsort einer Reihe von punisch-römischen Stelen . . . . *S.* 168

MÁLAGA - punisches Zentrum an der Südküste Spaniens . . *S.* 240

U

Die Pläne wurden von Claude Abeille, die Karten von Jacques Person angefertigt.
Deutsche Kartographie: Alfred Beron

KARTEN

DAS MITTELMEERBECKEN

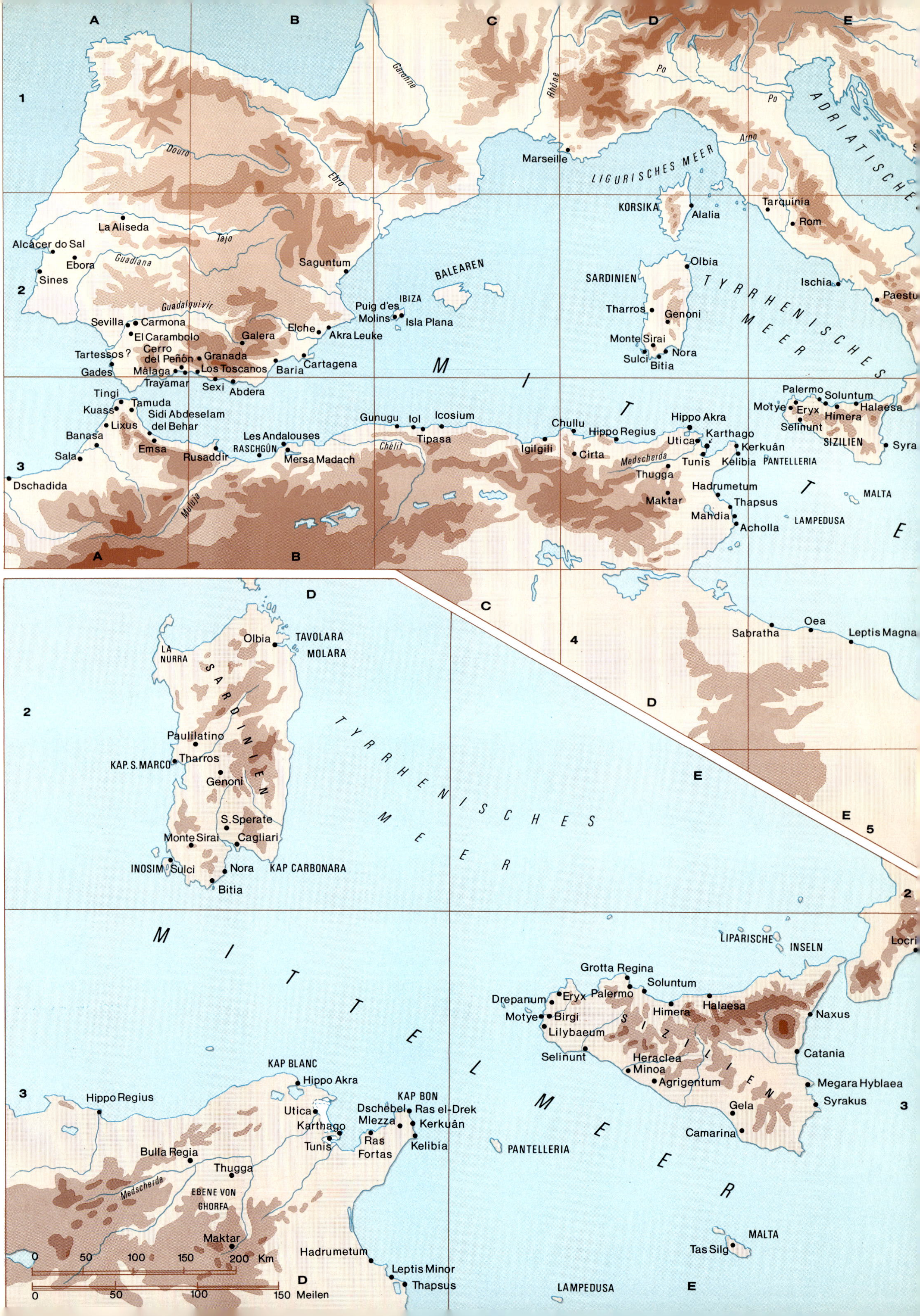

A
B
C
D
E
1
2
3
4
5
Garonne
Rhône
Po
Arno
Douro
Ebro
Tajo
Guadiana
Guadalquivir
Moluja
Chélif
Medscherda
ADRIATISCHES
LIGURISCHES MEER
TYRRHENISCHES MEER
MITTELMEER
Marseille
KORSIKA
Alalia
Tarquinia
Rom
Ischia
Paestum
SARDINIEN
Olbia
Tharros
Genoni
Monte Sirai
Sulci
Nora
Bitia
BALEAREN
IBIZA
Puig d'es Molins
Isla Plana
La Aliseda
Alcácer do Sal
Ebora
Sines
Saguntum
Sevilla
Carmona
El Carambolo
Tartessos ?
Cerro del Peñón
Granada
Gades
Málaga
Los Toscanos
Trayamar
Sexi
Abdera
Galera
Elche
Akra Leuke
Baria
Cartagena
Tingi
Tamuda
Kuass
Sidi Abdeselam del Behar
Lixus
Banasa
Emsa
Sala
Rusaddir
Dschadida
Les Andalouses
RASCHGÛN
Mersa Madach
Gunugu
Iol
Icosium
Tipasa
Chullu
Igilgili
Hippo Regius
Cirta
Hippo Akra
Utica
Karthago
Tunis
Kerkuân
Kelibia
PANTELLERIA
Thugga
Maktar
Hadrumetum
Thapsus
Mahdia
Acholla
LAMPEDUSA
MALTA
Palermo
Soluntum
Motye
Eryx
Halaesa
Selinunt
Himera
SIZILIEN
Syrakus
Sabratha
Oea
Leptis Magna
TAVOLARA
MOLARA
LA NURRA
Paulilatino
KAP. S. MARCO
S. Sperate
Cagliari
INOSIM
KAP CARBONARA
LIPARISCHE INSELN
Locri
Grotta Regina
Drepanum
Birgi
Lilybaeum
Naxus
Catania
Heraclea Minoa
Agrigentum
Megara Hyblaea
Gela
Camarina
KAP BLANC
KAP BON
Dschebel Mlezza
Ras el-Drek
Ras Fortas
Bulla Regia
EBENE VON GHORFA
Leptis Minor
Tas Silg
0 50 100 150 200 Km
0 50 100 150 Meilen

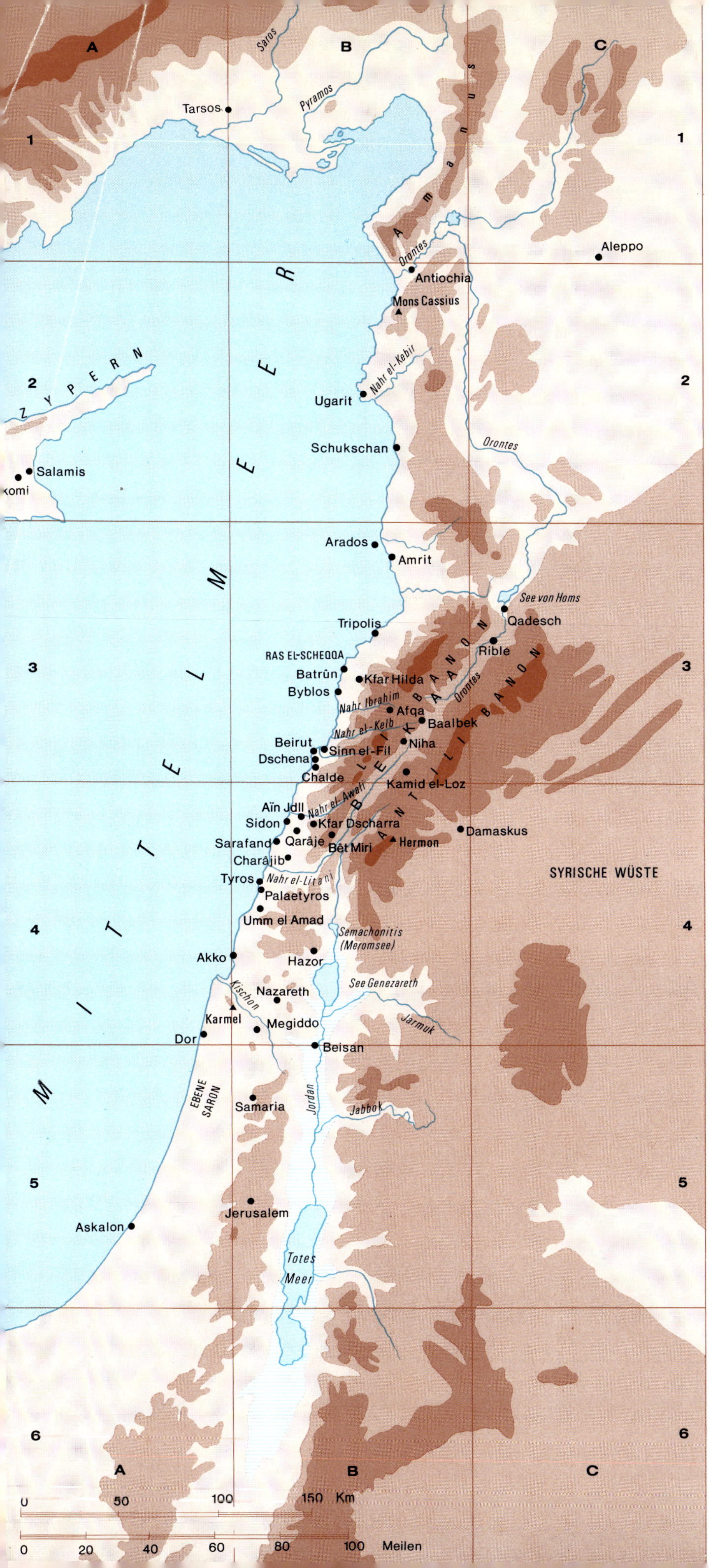

PHÖNIZIEN

352 – Phönizien

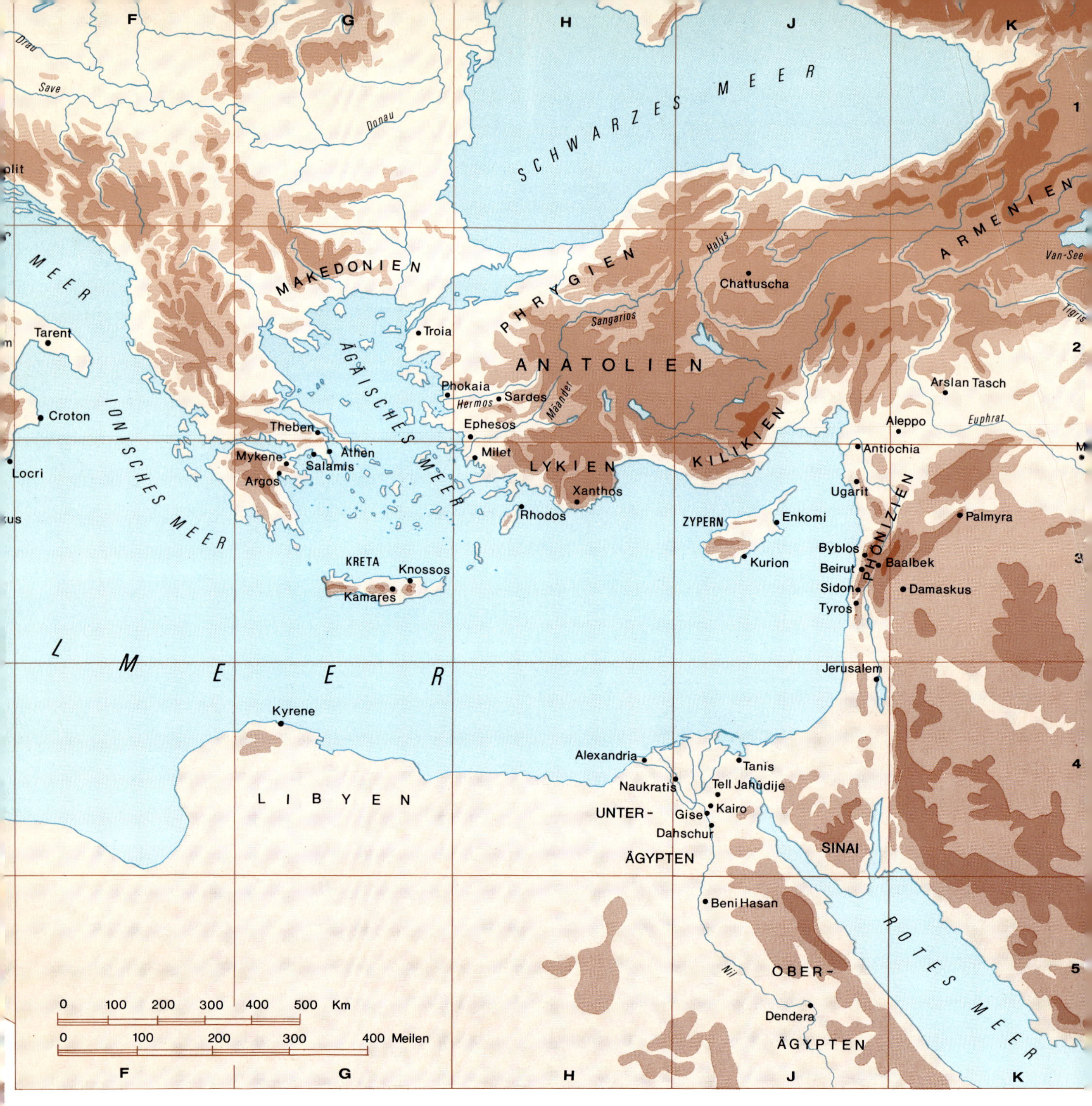

351 – Das Mittelmeerbecken

INHALT